लोक और वेद

डॉ. बद्रीप्रसाद पंचोली अभिनंदन-ग्रंथ

लोक और वेद

डॉ. बद्रीप्रसाद पंचोली अभिनंदन-ग्रंथ

प्रधान संपादक

प्रो. नन्द किशोर पाण्डेय

संपादक

डॉ. अखिलेश कुमार शर्मा

अनामिका पब्लिशर्स एंड डिस्ट्रीब्यूटर्स (प्रा.) लिमिटेड
4697/3, 21-ए, अंसारी रोड, दरियागंज, नई दिल्ली 110002
फोन : 011-23281655, 011-43708938
E-mail: anamikapublishers@yahoo.co.in

प्रथम संस्करण : 2019

आई.एस.बी.एन. 978-81-7975-903-5

कवर पृष्ठ चित्रांकन : हरिशेखर शर्मा, नोहर (राजस्थान)

भारत में मुद्रित

अनामिका पब्लिशर्स एंड डिस्ट्रीब्यूटर्स (प्रा.) लिमिटेड, 4697/3, 21-ए, अंसारी रोड, दरियागंज, नई दिल्ली 110002 द्वारा प्रकाशित। शिवानी कम्प्यूटर्स, दिल्ली 110093 द्वारा शब्दांकित एवं विकास कंप्यूटर एंड प्रिंटर्स, ट्रॉनिका सिटी, गाजियाबाद में मुद्रित।

अनुक्रम

संस्मरण : जो भुलाया न जा सके

कविता : सुरों ने ताज सजाया है

समीक्षा : लेखनी की कसौटी पर

साक्षात्कार : बात ही बातों में

चिट्ठी-पत्री : जो आई-गई!

हस्तलिपि : एक पृष्ठ रोजाना—अनवरत

प्रस्तावना

लोक और वेद के उपासक

डॉ. बद्रीप्रसाद पंचोली का नाम लेते ही पूरी वैदिक परंपरा के साथ राजस्थान का आधुनिक जीवन प्रत्यक्ष हो जाता है। जिन लोगों ने एक बार भी उन्हें देखा या सुना है, वे उन्हें विस्मृत नहीं कर सकते। पंचोली जी जिनसे मिल लेते हैं, उन्हें भी वे विस्मृत नहीं करते। उनका लेखन विशाल है। कुल 160 से अधिक पुस्तकें उन्होंने लिखी हैं। लगातार अपनी सनातन दिनचर्या के साथ लिखते-पढ़ते हैं। पंचोली जी आर्य समाजी हैं। दयानंद सरस्वती वैदिक सनातन आग्रहों के साथ आधुनिकता के पुरोधा थे। आर्य समाजियों में आधुनिकता का वह बोध कूट-कूट कर भरा हुआ है। कथित प्रगतिशील आधुनिकतावादियों से भेद यह है कि आर्य समाजी संस्कारों में रचे-बसे लोगों का भारत-बोध प्रबल तो है ही, भारतीय संदर्भों में सकारात्मक और ऊर्जस्वित भी है। आर्य समाजी आचार्यों ने भारतीय इतिहास व संस्कृति पर जितना शोधपरक लेखन पश्चिमी जगत् के विद्वानों के संदर्भों के साथ किया है, उतना अन्य धार्मिक-सामाजिक संगठनों ने नहीं किया है। उनके लेखन का मूल्यांकन अभी बाकी है।

डॉ. बद्रीप्रसाद पंचोली महान् वैदिक आर्य-परंपरा के योद्धा हैं। पूरा व्यक्तित्व निष्कलंक और गांगेय शुचिता से आप्लावित है। कही कोई कुंठा नहीं है। जीवन में कोई बेचैनी और हड़बड़ी नहीं है। कुछ छूट जाने का, कुछ बिखर जाने का, अप्राप्य का न कोई गम है, न कोई मलाल है। ऐसा नहीं है कि उन्होंने आकांक्षारहित जीवन जीया है; लेकिन आकांक्षा पूर्ति के लिए किसी की गरदन पर चढ़ जाने का भाव या कुचल देने का भाव, मुझे नहीं लगता कि कभी स्वप्न में भी उनके मन में आया हो। पंचोली जी बड़े प्रतापी हैं। उनके परिचय का संसार बहुत बड़ा है। प्रशासन से लेकर राजनीति तक उनको मानने व चाहने वालों की बड़ी संख्या है। लगभग 24 वर्ष पहले काशी हिंदू विश्वविद्यालय के हिंदी विभाग में मेरा पहला परिचय हुआ। 24 वर्षों में एक भी व्यक्ति अपवाद स्वरूप भी उनकी शिकायत करने वाला नहीं मिला। ऐसा विरल होता है।

उन्होंने अपने जीवन को संपूर्णता में गार्हस्थिक सदाचार के साथ जिया है। नाती-पोतों से भरा-पूरा सुपठित बड़ा परिवार है। यह भरा-पूरा परिवार भारतीय बोध को जिये और आगे बढ़ाए उसके लिए उन्होंने अपने व्यक्तित्व से और अपनी जीवनशैली से उदाहरण प्रस्तुत किया है। बारहों मास नियमित अपने संकल्प के अनुसार हवन-पूजन और अध्ययन-लेखन करते हैं। गृहस्थ वैदिक कर्मों और अध्ययन से प्रमाद नहीं कर सकता। यह उपनिषद् के ऋषियों की शिक्षा है। उस शिक्षा को उन्होंने अपनाया है। इसका संस्कार उनके वृहद् परिवार पर पड़ा है। इतना कठोर अनुशासन तो नई पीढ़ी नहीं अपना पाई, लेकिन कुसंस्कारों से बच गई। वेद और लोक भारतीय परंपरा में

साथ-साथ चलते हैं। लोकमान्य को वैदिक ठुकराता नहीं है। लोक कहीं हवा में नहीं उपजता। अलग-अलग क्षेत्रों का लोक-बोध एक जैसा नहीं होता।

यह ठीक है कि प्रत्येक देश में सामान्यत: विश्व के लोक की भी कुछ चीजें समान होती हैं। भारतीय लोक की विवृति में शास्त्र की बड़ी भूमिका है। कुछ जोड़ते, कुछ छोड़ते हुए लोक अपनी दुनिया रचता है। वह केवल नाचना-गाना नहीं है। उसके भीतर सनातन स्व की बड़ी और मुखर स्वीकृति है। इसी कारण वह शास्त्र को चुनौती देता है। शास्त्र भी उस चुनौती को न केवल स्वीकार करता है; बल्कि उसका होकर जीता है। लगभग ढाई दशकों में मैंने पंचोली जी को कई बार सुना है। उनकी दो दर्जन पुस्तकों को उलटा-पुलटा है। पंचोली जी जब तुलसीदास पर बात करते हैं तो राम वन गमन के उस प्रसंग की चर्चा अवश्य करते हैं जिसमें ग्राम-वधुएँ सीता से राम-लक्ष्मण का परिचय पूछती हैं। तुलसीदास ने उस प्रसंग को लोक से लिया। एक भारतीय स्त्री अपने पति का नाम नहीं लेती। तुलसीदास ने इसे बहुत ही रोचक ढंग से प्रस्तुत किया है :

'तिरछे करि नैन दे सैन तिन्हें, समुझाइ कछू मुसुकाइ चली।'

तुलसीदास पर बात करते हुए पंचोली जी उनके दर्शन, विशेष रूप से द्वैत, अद्वैत, विशिष्टाद्वैत पर अच्छी चर्चा करते हैं। अलग-अलग गोष्ठियों में वे अलग-अलग प्रस्तुति कर सकते हैं। लोक से जुड़े हुए प्रसंगों की चर्चा वे न केवल तुलसीदास के संदर्भ में, अपितु राजस्थान के शास्त्रीय साहित्य के संदर्भों से करते हैं। तमाम साहित्यिक किस्से उनके कंठ पर हैं। कुछ लोग उन्हें किस्सागो कहते हैं। किसी भी प्रसंग को छेड़िए, उसमें वे कुछ जोड़ते हैं। कई बार ऐतिहासिक संदर्भों से, कई बार अपने जीवनानुभवों से तथा कई बार सुनी-सुनाई बातों के आधार पर। कभी-कभी ऐसा भी लगता हैं कि वे गढ़ रहे हैं, गढ़ते चले जा रहे हैं। इसका अपना आनंद है। साहित्य की कोई भी विधा कल्पना के बिना नहीं चलती। साहित्य शुद्ध इतिहास तो है नहीं। इसलिए उनके कल्पित को इतिहासेतर या साहित्येतर नहीं कह सकते। आधुनिक हिंदी साहित्य की जितनी यथार्थवादी रचनाएँ हैं उनको अति यथार्थ बनाने के लिए कल्पित किया गया है। चाहे वह प्रेमचंद का *'गोदान'* उपन्यास या 'कफन' कहानी ही क्यों न हो।

प्रसाद के सभी नाटक इतिहास के गर्भ में कल्पना के बीज से पल्लवित हुए हैं। जिन प्रसंगों की चर्चा पंचोली जी करते हैं, वे प्रसंग यदि पढ़े हुए हैं तो आप उसके समक्ष बहस कर सकते हैं। यह बहस आपको समृद्ध करती है।

वेद और वैदिक साहित्य को लेकर वे आग्रही हैं। कई कार्यक्रम और गोष्ठियों को लेकर विषयवस्तु और संख्या के संदर्भ में भी वे अपने संकल्प को मनोनुकूल बनाकर रखते हैं। वेद के सूत्र राष्ट्र को मजबूत बनाने के साथ ही भौतिक उन्नति में सहायक हैं। इसकी चर्चा वे बार-बार करते हैं। सुकर्म सात्त्विकता को जगाता है और उससे चारित्रिक दीप्ति प्रकट होती है। इस बात को वे वैदिक सूत्रों से समझाते हैं। हर सुकर्म और सत्कर्म को वे राष्ट्र सेवा के मान से स्वीकार करने को कहते हैं। उदाहरण देते हैं कि—गोविंद की वस्तु गोविंद को समर्पित करने की परंपरा भक्तों की है। उसी तरह 'इदं राष्ट्राय इदं न मम' से यह राष्ट्र का और राष्ट्र को समर्पित है। राष्ट्र को धारण करने वाले लोगों को इस बात को समझना चाहिए। *ऋग्वेद* के एक मंत्र में पर्वत की तरह अविचलित होकर, सुप्रतिष्ठित होकर जीने की बात कही गई है। मंत्र में ध्रुव के दर्शन की भी बात है। पंचोली जी की व्याख्या है :

'इह राष्ट्रम् उत्धारय—यहाँ राष्ट्र को धारण कर। मंत्र में ध्रुव का दर्शन है। ध्रुव्रता प्राप्त करने की कामना है।

धुव्रता स्थायी प्रतिष्ठा को कहा जाता है। स्थायी प्रतिष्ठा राष्ट्र को धारण करने से मिलती है। राष्ट्र प्रकाशत्व का नाम है। उसे अपने भीतर धारण कर। उससे राष्ट्र के संगठित बाह्य रूप को भी बल मिलता है। यदि व्यक्ति में राष्ट्रभाव न जागे, समाज में राष्ट्र प्रतिष्ठित न हो तो राष्ट्र का बाहरी स्वरूप सुदृढ़ कैसे होगा?' स्मृतियों में पढ़ने और पढ़ाने को परम धर्म माना है। स्वयं प्रकाशित होने के साथ ही अन्यों को प्रकाशित करने की बात कही गई है। मनु के अनुसार पृथ्वी के सभी लोग अपने-अपने चरित्र की शिक्षा भारतवासियों से लेते हैं। यह शिक्षा इसलिए है कि भारतीय अपने चरित्र को उद्दीप्त करें। भगवान बुद्ध 'अप्पदीपो भव' की बात करते हैं। स्वयं दीपक बन।

स्वयं दीपक बनना कोई सामान्य बात नहीं है। यह आत्मदीप्ति यों ही नहीं आ जाती है। इसके लिए तमाम प्रकार के गुणों को जानने, समझने के साथ प्रत्यक्षत: चरितार्थ करना पड़ता है। स्मृतियों में कई प्रकार से धर्म को परिभाषित किया गया है। पंचोली जी उसकी व्याख्या संस्कृत साहित्य से लेकर हिंदी साहित्य के उदाहरणों तक से करते हैं। चैतन्य को हमेशा मर्यादा का पालन करना चाहिए। जो एक लक्ष्य के साधक हैं एक विचार के अनुवर्ती हैं, उन्हें सम्यक् मन रखना चाहिए। पंचोली जी कहते हैं—'जिनकी एक जैसी इंद्रियाँ हैं उनको सखा कहा जाता है और एक जैसा मन हो उसको संमनस् या संमनस्क कहा जाता है।'

वैदिक चिंतन अध्यात्म का चिंतन ही नहीं है। वह लौकिक जीवन की कला को भी सिखाता है। वेद की ऋचाएँ कहती हैं कि मुझे पृथ्वी का यश प्राप्त हो, मुझे इंद्र और बृहस्पति का यश प्राप्त हो, जीवन में यश मुझे कभी नहीं छोड़े, यश के कारण मैं संसद् का प्रवक्ता बन जाऊँ। जिन वैदिक मंत्रों के ये अर्थ हैं उनकी बहुत अच्छी व्याख्या डॉ. बद्रीप्रसाद पंचोली करते हैं। वे बताते हैं कि अग्निहोत्र के समय भी इच्छा ही यह होती है कि सत्य, यश और श्री मुझमें आश्रय ग्रहण करें। द्युलोक और पृथ्वी दोनों की शांति की कामना मनुष्य की होती है। वैदिक ऋषि प्रकाशयुक्त और निरंतर बढ़ते जाने वाले यश की कामना करता है। भारतीय चिंतन परंपरा ने कर्म को हमेशा ही प्रधानता दी है। इंद्र वैदिक देवता है। इंद्र आचारवान् व्यक्ति का सखा होता है। पता नहीं पुराणों में आकर क्यों इंद्र के चरित्र को पतनशील दिखाया गया। आधुनिक कवि नरेश मेहता ने उस बात पर चिंता प्रकट की कि भारतीयों ने स्वयं अपने वैदिक देवता के चरित्र का हनन किया है। उसका परिणाम अच्छा नहीं हुआ। देवता उसके सखा बनते हैं जो अनथक श्रम करता है। बृहस्पति वाणी का स्वामी है, इसलिए बृहस्पति जैसे यश की कामना ऋषियों ने की है। सभा में बैठने की योग्यता रखने वाला उसका रूप बतलाता है। उसी रूप से सम्यक् रूप से बैठने का स्थान संसद् है। सांसद में ज्ञान अपेक्षित है। रूप में सत्य के निर्माण की योग्यता भी अपेक्षित है।

बद्रीप्रसाद पंचोली ने ऐसे तमाम शब्दों की व्याख्या अपनी पुस्तकों में की है। ज्ञान की प्राप्ति सभी को नहीं होती। ज्ञान प्राप्ति के लिए श्रद्धावान् व जितेंद्रिय होना आवश्यक है। ज्ञान का फल है—परम शांति। श्रद्धावान् और इंद्रियजयी अपने समस्त कर्मों को ईश्वर की प्रेरणा और ईश्वर की पूजा मानकर करता है। सभी कर्म ईश्वर-केंद्रित होने के कारण भटकाव नहीं होता। भटकाव नहीं होने के कारण कार्य की सिद्धि सत्वर होती है। संशयी विनष्ट होता है। संशय वैसे ही अज्ञान के कारण होता है। ज्ञान के कारण निश्चय की प्राप्ति होती है। वे *गीता* की व्याख्या भी वैदिक सूत्रों के संदर्भ से करते हैं।

बद्रीप्रसाद पंचोली जी ने शब्दों की व्युत्पत्ति के साथ-साथ आधुनिक संदर्भों में इसकी व्याख्या की है। वैदिक मंत्रों के अंश का एक संस्कृतनिष्ठ प्राय: हिंदी में प्रचलित शब्द उन्होंने दिया है। फिर उसे विस्तारित करते हैं। वेद मंत्रों को लोक तक पहुँचाने का यह एक अद्‌भुत प्रयास है। जिन्हें वैदिक शब्दों का अर्थ ग्रहण नहीं होता है या सुनते

ही अधीर और विचलित होने लगता है, उन्हें पंचोली जी की के *गति साध्यों की साध्य, श्रुतिविमर्शिनी, नवगति नवलय, श्रुति-संदीपनी* तथा *शब्दलोक* जैसे ग्रंथों का अध्ययन करना चाहिए। शब्दों की व्याख्या के क्रम में वे जो हिंदी कवियों के उदाहरण देते हैं वे दुर्लभ हैं। प्रवाह की व्याख्या के क्रम में कहते हैं—'द्रुत-प्रवाह का अर्थ है—तेज गति से उत्कृष्ट बहाव। सूर्य की रश्मियाँ धरती पर निरंतर बरसती रहती हैं—यह रश्मिप्रवाह या ज्योतिप्रवाह ही है। जयशंकर प्रसाद ने कहा है—

उषा सुनहले तीर बरसती जयलक्ष्मी-सी उदित हुई।
उधर पराजित कालरात्रि भी जल में अंतर्निहित हुई।

डॉ. पंचोली जी ने *शरीरमाद्यं खलु शब्दसाधनम्* नाम से देह से जुड़ी शब्दावली का लोक व शास्त्र की दृष्टि से अद्‌भुत विश्लेषण किया है। पुस्तक में बहुत-सी कहावतों-मुहावरों का उपयोग सुंदर ढंग से शास्त्रीय व ऐतिहासिक संदर्भों में किया गया है। वे अंग की चर्चा करते हुए एक तरफ वेदांग की चर्चा करते हैं दूसरी तरफ *वाल्मीकि रामायण* के उस प्रसंग की चर्चा करते हुए कहते हैं कि भैया! मैं केवल नूपुर को पहचान सकता हूँ क्योंकि चरणवंदना के समय मैंने इनको देखा है। शरीर के ऊपरी अंगों के आभूषण मैं नहीं पहचान सकता। दूसरी तरफ बिहारी का एक दोहा उद्‌धृत करते हैं। फिर देह के अंगों की चर्चा करते हैं।

बद्रीप्रसाद पंचोली योग्य और नैष्ठिक शिक्षक हैं। साहित्यिक सम्मेलनों की शोभा हैं वे। बड़ी संख्या में उनके विद्यार्थी हैं। उन्होंने विद्यार्थियों को पढ़ाया भी, पाला भी है। कोई दुराव-छिपाव उनके व्यक्तित्व में नहीं है। वैयक्तिक रूप से कही गई उनकी बातों का असर बहुत गहरा होता है। इस ग्रंथ में उनके कई ऐसे संस्मरणों की चर्चा है, जो उनकी विद्या, बुद्धि व सहृदयता को स्थापित करती है। व्यक्तिगत रूप से अजमेर आने पर मैं प्राय: उनके घर पर ही ठहरता था। अरुणाचल जाने के पश्चात् अजमेर आया। रात्रि के समय उनके घर गया। मेरे पास एक छोटा बैग था। भोजनोपरांत मैंने पंचोली जी को बताया कि मैं संघ कार्यालय में ठहरा हूँ। वहीं जा रहा हूँ। पंचोली जी ने अपलक थोड़ी देर देखा और कहा कि—'घर में भीड़-भाड़ को देखकर तुम जा रहे हो! गर्मी की छुट्टियाँ थीं। उनके बेटी-दामाद परिवार सहित आए हुए थे। एक बेटी कुँवारी थी। पंचोली जी ने कहा कि जया की शादी भी हुई होती तो उसका परिवार भी इस समय आता। वह भी इसी घर में रहता। तुम मेरे परिवार के सदस्य हो। परिवारिकों के लिए घर में जगह कम नहीं होती। तुम यहीं रहोगे। मैं ना नहीं कर पाया। उन्होंने कमरे में नीचे बिस्तर बिछाया। देर रात तक बातें होती रहीं। मेरे सोने के बाद पंचोली जी सोये। जगा तो देखा कि वे हवन कर चुके हैं। हवन की धूम से घर सुवासित हो रहा था। उठते ही मैं उनको ढूँढ़ने लगा। देखा घर की पिछली चौखट पर बैठकर तख्ती पर कागज रखकर गुजरात के किसी समाचारपत्र के लिए संपादकीय लिख रहे हैं। थोड़ी देर बाद उसे भेजा जाना जरूरी था। पारिवारिक भीड़-भाड़ के बीच नित्य और नैमित्तिक कार्यों के लिए वे समय निकाल लेते थे, अस्सी पार होने पर भी निकाल लेते हैं। यह अनुशासन न तो सहज है और न ही एक दिन में आता है।

बद्रीप्रसाद पंचोली के कारण राजस्थान में, विशेष रूप में हाड़ौती में लेखकों-कवियों की एक बहुत बड़ी संख्या खड़ी हुई और प्रतिष्ठित हुई है। अर्चना प्रकाशन, अजमेर ने कितने ही लेखकों को पहली बार छापा। आज वे लोग साहित्य-जगत् में प्रतिष्ठित हैं। प्रेस खोलकर चलाना, कोई आसान काम नहीं है। वे इस कार्य को आज भी कर रहे हैं। अर्थ की चिंता नहीं करते। बार-बार पैंट और शर्ट की प्रेस खराब न हो इसलिए उसी प्रकार का वस्त्र

धारण करते हैं। उनके संपर्क का दायरा विस्तृत है। वे लोगों को याद करते है। लोग उन्हें याद करते हैं। अजमेर की पहचान के लिए बहुत-सी चीजें हैं। पर अजमेर की जीवित पहचान डॉ. बद्रीप्रसाद पंचोली हैं।

इस महत् ग्रंथ के संपादन के लिए विद्वानों ने मुझे चुना इसके लिए सभी शुभचिंतकों का आभार। मैं इसे एक अवसर मानता हूँ। पंचोली जी के कृतित्व की जितनी चर्चा होनी चाहिए थी, उतनी नहीं हुई। *लोक और वेद : डॉ. बद्रीप्रसाद पंचोली अभिनंदन-ग्रंथ* निश्चित रूप से पंचोली जी के कृतित्व-व्यक्तित्व से अकादमिक जगत् को गहराई से परिचय कराने में सफल होगा।

प्रो. नन्द किशोर पाण्डेय

(निदेशक, केंद्रीय हिंदी संस्थान, आगरा)

❖❖❖

शुभकामना

जीवेम शरदः शतम्!

जगद्गुरु श्रीनिंबार्काचार्यपीठाधीश्वर

श्रीराधासर्वेश्वरशरणदेवाचार्य श्री 'श्रीजी' महाराज

अ.भा. श्रीनिंबार्काचार्यपीठ, श्रीनिंबार्कतीर्थ (सलेमाबाद) पुष्कर क्षेत्र, किशनगढ़, जि.अजमेर

शुभाशीर्वादात्मक मंगलकामना

मूर्धन्य विद्वान् श्री (डॉ.) बद्रीप्रसाद पंचोली के 81वें वर्ष के मंगलमय अवसर पर 'अभिनंदन ग्रंथ' प्रकाशित किया जा रहा है। इस वृत्तांत से हम स्वयं परम प्रसन्नता की अनुभूति कर रहे हैं। संस्कृत एवं हिंदी दोनों भाषाओं के कुशल साधक, ओजस्वी वक्ता, शिक्षार्थ पूर्णतः समर्पित निष्ठावान् शिक्षक के रूप में आपका धवल यश अजमेर मंडल में ही नहीं, अपितु समस्त भारतवर्ष में प्रसरित है।

अ.भा. जगद्गुरु श्रीनिंबार्काचार्यपीठ में समय-समय पर समायोजित बृहद् सनातन धर्म सम्मेलनादि में सहभागी बनकर श्रीनिंबार्क संप्रदाय एवं आचार्यपीठ की आपने जो सेवा की वह अविस्मरणीय है। आपकी साहित्य साधना की धारा एवमेव अविरल प्रवाहित होती रहे, इस भावना के साथ हम भगवान् श्रीराधामाधव सर्वेश्वर प्रभु के युगलचरणारविंदों में मुहुर्मुहुः मंगलमयी अभ्यर्थना करते हैं।

श्री राधासर्वेश्वरशरणदेवाचार्य

❖❖❖

श्री निंबार्क पीठ, काचरिया

किशनगढ़ (अजमेर) राजस्थान

आशीर्वचन

धन्य धन्य बदरी प्रसाद पनचोली जू को,
धन्य वंश आप धन्य धन्य पितु मायो है।
हिय को उजासिबे अविद्यातम नासिबे को,
ज्ञान को प्रकाशिबे को भूतल पे आयो है॥
गुणवान मृदुल विमल शांत शीलवान,
विद्यावान एतो मानो शारदा को जायो है।
बदरी प्रसाद तो प्रसाद है प्रभु को मिल्यो,
मेट्यो है विषाद व प्रसाद विकसायो है॥

भगवद्कृपा से अत्यंत प्रसन्नता का विषय है कि चिरायुष्मान् विद्यावारिधि सरस्वती पुत्र श्रीमान् बद्रीप्रसाद जी पंचोली ने अपने गौरवयुक्त, निर्दोष, प्रेम व पुण्यमय वयक्रम में सानंद सहस्रचंद्र दर्शन का लाभ प्राप्त कर लिया है।

आजीवन ब्राह्मणोचित कर्म अध्यापन का निर्वहन किया। वेद-वारिधि के रत्नों को सभी के लिए सुलभ किया। हिंदी व संस्कृत साहित्य की अनुपम सेवा की।

श्री निंबार्क पीठ, काचरिया के प्रति आपकी सदैव श्रद्धा रही है। तुलसी-जयंती, नागरीदास-जयंती व अन्य कई कार्यक्रमों में पीठ पर आपका पधारना होता रहता है।

वर्तमान में आप एक ऋषितुल्य जीवन जी रहे हैं, यह मानव मात्र के लिए अनुकरणीय है। श्री गोपाल प्रभु से यही प्रार्थना है कि आप शतायु होकर माँ सरस्वती की इसी प्रकार सेवा करते हुए जनमानस को ज्ञान से आलोकित करते रहें।

इसी मंगल-कामना के साथ–

सरस्वती सेवा करी, कियो जगत आलोक।
शरद शतम् जीवन रहे, अमल अनूप अशोक॥

(जयकृष्ण देवाचार्य)

Dr. (Mrs.) Mridula Sinha
Governor of Goa
डा. (श्रीमती) मृदुला सिन्हा
राज्यपाल, गोवा

सत्यमेव जयते

Raj Bhavan
Goa-403004
राज भवन
गोवा–403004

अक्तूबर 01, 2015

शुभकामना संदेश

मुझे यह जानकर प्रसन्नता हुई कि डॉ. बद्री प्रसाद पंचोली जी ने अपने सहज, सरल, सक्रिय, शांत और सकारात्मक जीवन के अस्सी वर्ष पूरे किए हैं। उन्होंने समाज को बुहत कुछ दिया है। शिक्षा, साहित्य और समाज जीवन के कृतज्ञ लोग इस अवसर पर एक अभिनंदन ग्रंथ का प्रकाशन कर रहे हैं। मैं जानती हूँ कि उनके व्यक्तित्व और कृतित्व पर एक क्या, सौ ग्रंथ भी कम पडेंगे। आजीवन सहजता और सरलता से वे अपने छात्रों के आदर्श बने रहे, उन्हें आत्मीयता का बोध कराते रहे, अपने मौलिक एवं चिंतनपरंत लेखनी से समाज को करणीय और अकरणीय का ज्ञान कराते रहे।

मुझे यह विश्वास है कि उनके जीवन के अगले दो दशक और उससे भी आगे सक्रियता में ही बीतेंगे। हम मान सकते हैं कि जो उन्होंने समाज को दिया है, वह बहुत है, परंतु मैं अनुमान लगा सकती हूँ कि उनके मन में अभी बहुत कुछ देने का संकल्प है।

ईश्वर से प्रार्थना है कि वे स्वस्थ्य, और दीर्घायु रहे। अंतिम समय तक समाज को कुछ न कुछ देते रहें। उनके विचार, चिंतन, आलेख, साहित्य कालजयी हो जाएं। ऐसी आशा करते हुए मैं अपने मन के उद्‌गार प्रगट करती हूँ – "भूयसी शरदःशताः।"

मुझे विश्वास है कि यह अभिनंदन ग्रंथ संग्रहणीय ही होगा। समाज उससे लाभ प्राप्त करता रहेगा।

शुभकामनाओं सहित,

मृदुला सिन्हा

(मृदुला सिन्हा)

प्रो. नन्द किशोर पाण्डेय
अखिलेश कुमार शर्मा
प्रकाशन समित, अभिनंदन ग्रंथ
बी–6, दाता नगर, रेम्बल रोड,
अजमेर (राजस्थान)– 305001

बी.एल. जोशी
पूर्व राज्यपाल

जी–3, यमुना पथ, दुर्गा मार्ग,
बनी पार्क, जयपुर 302016

शुभकामना संदेश

1953 से अनवरत लेखन कर रहे डॉ. बद्रीप्रसाद पंचोली जी ने समाज के प्रत्येक आयु–वर्ग के व्यक्तियों व शोधार्थिओं को अपनी लेखनी से बहुत कुछ दिया है। मुझे जानकर प्रसन्नता है कि पंचोली जी की इस साहित्यिक–प्रेरणादायी जीवन–यात्रा में उनके 80वें जन्मदिन के अवसर पर 'डॉ. बद्रीप्रसाद पंचोली अभिनंदन ग्रंथ' का प्रकाशन किया जा रहा है।

यह अत्यंत हर्ष का विषय है कि शिक्षाविद् एवं वरिष्ठ साहित्यकार डॉ. बद्रीप्रसाद पंचोली जी अपनी साहित्यिक जीवन–यात्रा के 80 वसंत पूर्ण कर 81वें वर्ष में प्रविष्ट हो रहे हैं। पंचोली जी की वेद, भारतीय संस्कृति व लोक के प्रति गहरी निष्ठा रही है। हिंदी भाषा व साहित्य एवं संस्कृत के अध्ययन–अध्यापन एवं लेखन के प्रति समर्पित रहा डॉ. पंचोली जी का नाम हिंदी संसार में एक जाना–पहचाना नाम है। साथ ही, साहित्य की विविध विधाओं में उनके ग्रंथ, वेद–चिंतन पर आपकी व्याख्याएँ, भाषावैज्ञानिक, गांधीवादी, लोकपरकचिंतन, कथाएँ, लघुकथाएँ, शोधग्रंथ व समीक्षा में भी आपने अपनी पहचान बनाई हैं।

अनवरत लेखन के लिए विभिन्न सम्मानों से सम्मानित पंचोली जी का जीवन आपने–आप में एक प्रेरणा–पुंज है। ग्रंथ के प्रकाशन पर मैं अपनी सद्भावनाएँ प्रेषित कर रहा हूँ।

(बी.एल. जोशी)

न्यायाधिपति एस.एस. कोठारी
लोकायुक्त, राजस्थान

सत्यमेव जयते

शासन सचिवालय परिसर
जयपुर – 302 005
फोन : 0141 - 2227284
ईमेल : rajlokayukta@gmail.com

संदेश

दिनांक: 20 अक्टूबर, 2016

यह प्रसन्नता का विषय है कि प्रतिष्ठित शिक्षाविद् एवं मूर्धन्य साहित्यकार डॉ. बद्री प्रसाद जी पंचोली अपनी जीवन यात्रा के 80 बसन्त पूर्ण कर 81 वें वर्ष में प्रविष्ट हो रहे हैं और सुखद बात यह है कि इस उपलक्ष्य में उनके व्यक्तित्व एवं कृतित्व को उजागर करने के लिए गठित अभिनन्दन ग्रंथ प्रकाशन समिति "डॉ. बद्री प्रसाद पंचोली अभिनन्दन ग्रंथ" का प्रकाशन करने जा रही है। ऐसा शिवसंकल्प और इसे क्रियान्वित करने का यह प्रयास निश्चित ही प्रशंसनीय है।

डॉ. बद्री प्रसाद जी पंचोली हिन्दी भाषा के विद्वान् एवं प्रतिष्ठित साहित्यकार ही नहीं अपितु वेद, भारतीय संस्कृति और शिक्षा के प्रति समर्पित व्यक्तित्व के धनी हैं। वर्ष 1967 से वर्ष 1970 के मध्य मुझे भी उनसे स्नातक शिक्षा के दौरान हिन्दी साहित्य का अध्ययन करने का सौभाग्य मिला। उनके व्याख्यानों में उनके अगाध ज्ञान, विद्वत्ता व विद्यार्थियों के प्रति स्नेह भाव का दिग्दर्शन होता था। उनके ज्ञान से असंख्य शिक्षार्थी लाभान्वित हुए हैं।

श्रद्धेय डॉ. पंचोली मेरे पूज्य पिता स्वर्गीय श्री धर्म सिंह जी साहब कोठारी जिनकी वेद, आयुर्वेद और आर्ष साहित्य में गहरी अभिरुचि रही, के भी निरन्तर संपर्क में रहे।

डॉ. पंचोली का साहित्यिक जगत् में महत्त्वपूर्ण योगदान है जिसकी विविध विधाओं पर उनके लगभग 150 ग्रंथ प्रकाशित हो चुके हैं। वे राजस्थान सरकार से संस्कृत सेवा प्रचार हेतु एवं राजस्थान साहित्य अकादमी द्वारा विशिष्ट साहित्यकार सम्मान से नवाजे जा चुके हैं। अन्य कई संस्थाएं भी आपको सम्मानित कर चुकी हैं। इसके अतिरिक्त भी अनेकानेक महत्त्वपूर्ण संस्थाओं एवं प्रतिष्ठानों से सम्बद्ध हो साहित्य जगत् को अपना बहुमूल्य योगदान प्रदान कर रहे हैं। यह प्रेरणास्पद है कि इस आयु में भी आप साहित्य सृजन के लिए समर्पित हैं।

मुझे विश्वास है कि "डॉ. बद्री प्रसाद पंचोली अभिनन्दन ग्रंथ" श्री पंचोली जी के आदर्श तथा सार्थक जीवन के विभिन्न पहलुओं को तथा शिक्षा और वैदिक मूल्यों के प्रति उनकी निष्ठा को सही अर्थो में प्रकाशमान कर सकेगा। यह शुभेच्छा है कि प्रकाश्य ग्रन्थ में समाविष्ट सामग्री से अधिकाधिक जन प्रेरणा प्राप्त कर अपने जीवन को वेदज्ञान की ओर उन्मुख कर उत्कृष्टता की ओर ले जायें। ऐसी शुभाशंसा के साथ ऐसे समाजोपयोगी ग्रन्थ के प्रणयन के लिए उन सभी महानुभावों को हार्दिक बधाई जो इसके प्रकाशन से सम्बद्ध हैं।

इस सुखद अवसर पर मैं ससम्मान डॉ. बद्री प्रसाद जी पंचोली के दीर्घायुष्य, सुस्वास्थ्य एवं उज्जवल भविष्य के लिए मंगलकामनाएं व्यक्त करता हूँ।

शुभेच्छु

कोठारी 20.10.16

(एस.एस.कोठारी)

निवास : I/33, गांधी नगर, जयपुर – 302 015, फोन : 0141 - 2707330, 94141 80188
ईमेल : sajjankothari@rediffmail.com

ओंकार सिंह लखावत
अध्यक्ष

राजस्थान धरोहर संरक्षण एवं
प्रोन्नति प्राधिकरण, जयपुर

शुभकामना संदेश

श्री (डॉ.) बद्रीप्रसाद जी पंचोली केवल शिक्षाविद् ही नहीं; अपितु भारतीय वाङ्मय में वर्णित श्रेष्ठ गुरु परंपरा के आदर्श वाहक हैं। जिस विद्यार्थी का कोई सहारा या मार्गदर्शक न हो उसका विगत पाँच दशकों से एक ही स्थान चला आ रहा है और वह है—डॉ. श्री बद्रीप्रसाद जी पंचोली।

मैं उन्हीं परिस्थितियोंवश एक आदर्श गुरुजी की तलाश में डॉ. बद्रीप्रसाद जी पंचोली के सान्निध्य में आने का सौभाग्य ढूँढ़ पाया हूँ। आशावादी शिक्षक के सभी गुणों से ओतप्रोत श्री बद्रीप्रसाद जी पंचोली से पहली बार 1968-69 में कालाबाग, अजमेर स्थित उनके आवास पर मिला। उनसे मिलने के बाद मुझे एक गुरु के रूप में संस्थागत संरक्षण प्राप्त हुआ। श्री पंचोली जी ने सैकड़ों बेसहारा विद्यार्थियों को सहारा प्रदान कर उनकी शैक्षणिक व्यवस्था में मार्गदर्शन के साथ-साथ सभी प्रकार का योगदान भी दिया। उनके आवास पर मुझ जैसे विद्यार्थियों का जमावड़ा लगा रहता है।

भारतीयता और भारतीय जीवनपद्धति, शैक्षणिक व्यवस्था, साहित्यिक और सांस्कृतिक चिंतन से जुड़े हुए सभी आयोजन एवं अल्पकालीन तथा दीर्घकालीन गतिविधियाँ अजमेर क्षेत्र में श्री बद्रीप्रसाद जी पंचोली के मार्गदर्शन में ही संपन्न होती आ रही हैं।

यदि हिंदी साहित्य में कुछ होना है, तो श्री पंचोली जी के मार्गदर्शन और सक्रिय सहयोग के बिना संभव नहीं। संस्कृत, वेद, साहित्य या भारतीयता से ओतप्रोत किसी भी विषय पर कार्यक्रम के आयोजन की भूमिका में श्री पंचोली जी ही होते हैं। उनका अत्यधिक सहज, सरल और आत्मीयतापूर्ण व्यवहार उनके प्रति श्रद्धाभाव उत्पन्न करता है। किसी भी समस्या के समाधान के लिए जब कोई रास्ता नहीं मिलता तो हम श्री पंचोली के सान्निध्य में बैठकर हर समस्या का हल ढूँढ़ ही लेते हैं।

राजकीय सेवा के नियमानुसार वे सेवानिवृत्त हो गए हैं; परंतु सेवाकाल से अधिक सक्रिय हो गए हैं। 150 से अधिक ग्रंथों का प्रकाशन, विभिन्न दायित्वों का निर्वहन अपने आप

में एक कीर्तिमान है। श्री पंचोली जी 80 वर्ष के होकर भी एक ऊर्जावान् गुरु के रूप होकर हम सबको प्रेरणा देते हैं।

मैं इस अवसर पर ईश्वर से प्रार्थना करता हूँ कि ईश्वर उनको इतनी उम्र और ऊर्जा प्रदान करे जितनी ईश्वर के हाथ में है। डॉ. पंचोली जी को मिलने वाली ऊर्जा और आयु से हम सर्वशक्तिमान् ईश्वर की कृपा का अनुमान कर लेंगे। सादर

(ओंकार सिंह लखावत)

❖❖❖

डॉ. देवेंद्र दीपक
निदेशक

निराला सृजन पीठ
डी–15, शालीमार गार्डन कोलार रोड,
भोपाल – 462042

एक सांस्कृतिक योद्धा

डॉ. बद्रीप्रसाद पंचोली का सम्मान एक सांस्कृतिक योद्धा का सम्मान है। देश और समाज पर हो रहे सांस्कृतिक आक्रमण का वह सार्थक और प्रभावी प्रतिरोध सतत अपनी लेखनी से करते रहे हैं।

डॉ. बद्रीप्रसाद पंचोली उन विरल विद्वानों में अग्रणी हैं जो परंपरा और युगानुकूलता को सामने रखकर अपनी कलम चलाते हैं।

डॉ. बद्रीप्रसाद पंचोली एक रचनाकार के रूप में बहुमुखी प्रतिभा के धनी हैं। साहित्य की सभी विधाओं में उन्होंने अधिकारपूर्वक लिखा है।

डॉ. बद्रीप्रसाद पंचोली भारतीय प्रगतिशीलता के क्लासिकल सम्मान के रचनाकार है।

मेरे लिए डॉ. पंचोली एक 'संदर्भ-पुरुष' के रूप में रहे हैं। मैंने जब किसी आख्यान पर कार्य किया, उनसे संपर्क किया और विमर्श से लाभान्वित हुआ।

उनका सम्मान एक तेजोद्दीप्त सतत साधनारत व्यक्तित्व का सम्मान है।

(डॉ. देवेंद्र दीपक)

❖❖❖

प्रो. वासुदेव देवनानी
राज्य मंत्री (स्वतंत्र प्रभार)
प्राथमिक, माध्यमिक शिक्षा एवं भाषा विभाग
राजस्थान सरकार

सत्यमेव जयते

कमरा नं. 6303, मंत्रालय भवन
शासन सचिवालय, जयपुर-302 005
फोन : 0141-2227250 (कार्या.)
0141-2362672 (निवास)
ई-मेल : mosrajeducation@gmail.com

अ.शा. पत्र क्रमांक : 873
जयपुर, दिनांक : 19-06-201

संदेश

मुझे यह जानकर अत्यन्त हर्ष हुआ कि डॉ. बद्रीप्रसाद पंचोली अभिनंदन ग्रंथ प्रकाशन समिति द्वारा श्रद्धेय शिक्षाविद् एवं वरिष्ठ साहित्यकार डॉ. बद्रीप्रसाद जी पंचोली के 80वें जन्मदिवस के सुखद अवसर पर ''डॉ. बद्रीप्रसाद पंचोली अभिनंदन ग्रंथ'' का प्रकाशन किया जा रहा है।

डॉ. पंचोली जी ने कॉलेज शिक्षा में अध्यापन कराते हुये विभिन्न शोध कार्यो के साथ-साथ सहित्यिक, सामाजिक, सांस्कृतिक कार्य परिषद, अकादमी में विभिन्न पदो पर रहते हुये अपना अमूल्य रचनात्मक योगदान संस्थाओ एवं समाज को दिया।

डॉ. पंचोली जी ने युवाकाल से ही लेखन कार्य प्रारम्भ कर लेखन के लगभग प्रत्येक क्षत्र नाटक, एकांकी, काव्य, वेद चिन्तन, कथाएँ, शोधग्रन्थ, समीक्षा, बालसाहित्य एवं अन्य विविध विधाओं में लिखा है। उनके लगभग 150 ग्रन्थ प्रकाशित हुये। डॉ. पंचोली जी ने मात्र लेखन कार्य ही नहीं अपितु शोध एवं सम्पादन का कार्य भी बखूबी किया है।

डॉ. पंचोली जी को शिक्षा एवं साहित्य के क्षेत्र में अमूल्य योगदान के लिये राजस्थान साहित्य अकादमी उदयपुर, राजभाषा संस्थान देहरादून, भारतेन्दु समिति कोटा एवं राजस्थान सरकार द्वारा पुरस्कृत किया जा चुका है।

डॉ. पंचोली जी के दीर्घायु एवं स्वस्थ जीवन की कामना करते हुये ''डॉ. बद्रीप्रसाद पंचोली अभिनंदन ग्रंथ'' के सफल प्रकाशन की हार्दिक शुभकामनाएं प्रेषित करता हूँ।

शुभेच्छु

(प्रो० वासुदेव देवनानी)

श्री अखिलेश कुमार शर्मा,
सह संपादक,
डॉ. बद्रीप्रसाद पंचोली अभिनंदन ग्रंथ प्रकाशन समिति,
बी-6, दातानगर, रेम्बल रोड, अजमेर

डॉ. विमल प्रसाद अग्रवाल
पूर्व अध्यक्ष, माध्यमिक शिक्षा बोर्ड, राजस्थान
अध्यक्ष, अखिल भारतीय राष्ट्रीय शैक्षिक महासंघ
अध्यक्ष, केशव विद्यापीठ समिति, जामडोली, जयपुर

52/80, वीर तेजाजी मार्ग,
क्षिप्रा पथ, मानसरोवर, जयपुर

आदर्श, संस्कार एवं मूल्यों के पालक प्रसिद्ध साहित्यकार

प्रो. बद्रीप्रसाद पंचोली से मेरा लंबा संपर्क और परिचय रहा है। मेरा जब भी उनसे मिलना हुआ, सदैव उन्हें सादगीपूर्ण आदर्श की प्रतिमूर्ति पाया है। सामान्य व्यवहार परंतु ज्ञान व संस्कार का धरातल अति उच्च। जब तक साहित्य चर्चा आरंभ नहीं हो तब तक उनके सहज व्यवहार के कारण आभास ही नहीं हो पाता है कि हिंदी के एक अति श्रेष्ठ विद्वान् से वार्ता हो रही है।

ग्रामीण परिवेश में पले–बढ़े होने के कारण आपका संस्कार पक्ष अत्यधिक प्रबल है। संस्कार व सम्मान की दृष्टि से सदैव सजग एवं उनके पालनकर्ता हैं आप। गाँव की प्राचीन एवं श्रेष्ठ परंपराओं से आज की पीढ़ी लगभग अपरिचित है, इस कारण उनका मानना या पालन करना उनके लिए संभव नहीं हो पाता है, परंतु ये परंपराएँ पुरातनकाल से समाज को जोड़ने में अत्यधिक सहायक रही हैं। प्रो. पंचोली उनके प्रति आस्थावान् होने के कारण उनका सहज निर्वाह करते हैं।

प्रो. पंचोली जी को संस्कृत भाषा पर भी समान अधिकार है। इस कारण शब्द रचना, शब्दों की व्युत्पत्ति की जानकारी के कारण शब्दों के सम्यक् प्रयोग से हिंदी भाषा को अधिक स्पष्ट एवं प्रांजल बनाने में सक्षम हैं तथा अपने इस ज्ञान का पूर्ण उपयोग करते हैं। संस्कृत की स्पष्टता एवं निकटता उनको संस्कृति के भी निकट लाती है।

परमपिता परमेश्वर से प्रार्थना है कि ऐसे साहित्य मनीषी, सहज एवं स्नेहिल व्यवहार के धनी, संस्कारों एवं जीवन मूल्यों के प्रति दृढ़ आस्थावान् प्रो. बद्रीप्रसाद पंचोली को स्वस्थ, गतिशील, कृतिशील रखते हुए दीर्घायु प्रदान करे ताकि वे दीप स्तंभ बनकर समाज को दिशा एवं रोशनी प्रदान करते रहें।

(डॉ. विमल प्रसाद अग्रवाल)

❖❖❖

आचार्य डॉ. शिवसागर त्रिपाठी
संस्कृत विभागाध्यक्ष (पूर्व)
राजस्थान विश्वविद्यालय, जयपुर

शुभाशंसा

मुझे यह जानकर अपार हर्ष का अनुभव हो रहा है कि हमारे अभिन्न मित्र, वेद-साहित्य और संस्कृति के माध्यम से भारतीय मनीषा का प्रतिनिधित्व करने वाले, प्रख्यात हस्ताक्षर, शिक्षाविद् डॉ. बद्रीप्रसाद पंचोली पर अभिनंदन ग्रंथ प्रकाशित हो रहा है। भगवान बदरीविशाल के प्रसादस्वरूप पं. राधाकृष्ण पंचोली के यहाँ डॉ. पंचोली का व्यक्तित्व एक कर्मनिष्ठ, उदारमना, सुशीलजन के रूप में प्रकाश में आया। अध्ययन, अध्यापन, शोध, लेखन तथा सामाजिक एवं सांस्कृतिक संस्थाओं के लिए समर्पित आपका जीवन सारस्वत क्षेत्र में एक आदर्श एवं प्रेरणाप्रद रहा है। एतदर्थ आपको सरकार एवं संस्थाओं द्वारा समय-समय पर अनेकशः सम्मानित तथा पुरस्कृत किया गया है। ऐसे युगद्रष्टा का अभिनंदन चिरप्रतीक्षित था। सुहृदवर प्रो. नंद किशोर पांडेय इसे मूर्त रूप दे रहे हैं, वे कोटिश धन्यवाद के पात्र हैं।

डॉ. पंचोली का कर्तृत्व सुविस्तृत है। सतत लेखन, संपादन, प्रकाशन के अतिरिक्त विविध क्षेत्रों में चिंतन आदि का ही प्रतिफलन है कि आप द्वारा पद्य, गद्य, नाट्य, कथा, भाषाविज्ञान, समीक्षा, कोश आदि विविध विधाओं में लिखित सार्द्धशतक ग्रंथ आपके वैदुष्य को प्रमाणित करते हैं। इसी प्रकार विभिन्न संस्थाओं, आयोजनों, सभाओं, सम्मेलनों में अध्यक्ष, उपाध्यक्ष, सचिव, निदेशक, सदस्य और संचालक के रूप में दी गई आपकी वक्तृताएँ आपके सारस्वत गौरव की साक्षी हैं। इन्हीं समस्त गुणों के कारण आप विद्वत्समुदाय में और छात्र-छात्राओं में अतिलोकप्रिय रहे हैं। आचार्य चाणक्य के अनुसार लेखक को मेधावी, वाक्पटु, विद्वान्, सत्यनिष्ठ, संयमी और समस्त शास्त्रों में दखल रखने वाला होना चाहिए।

मेधावी वाकपटुः प्राज्ञः, सत्यवादी जितेन्द्रियः।
सर्वशास्त्र समालोकी ह्येष साधुः स लेखकः॥

पंचोली जी की सारस्वत साधना में चाणक्य का यह कथन पूर्णतः घटित होता है।

पंचोली जी के और मेरे गुरुवर्य एवं सतीर्थ्य डॉ. फतहसिंह, साधना के क्षेत्र में सदा प्रेरणास्रोत रहे हैं। आपने एक पत्र में पंचोली जी को आशीर्वाद संदेश दिया था कि 'कृण्वन्तो

विश्वमार्यम्' के परिप्रेक्ष्य में वैदिक संस्कृति के प्रचार-प्रसार में सदा अग्रसर रहना। इस संदेश का पालन वह आज भी कर रहे हैं। इसके अतिरिक्त विश्वबंधुत्व का भाव उनमें प्रबल था, जो उनकी सर्जना में यत्र तत्र सर्वत्र झलकता है।

मेरी कामना है कि डॉ. पंचोली जी 'जीवेम शरदः शतम्' की भावभूमि में आजीवन सारस्वत साधना में संलग्न रहकर मानवता का कल्याण करते रहें और निरामय दीर्घायुष्य प्राप्त करें।

मुझे विश्वास है कि डॉ. पंचोली जी के अवदान को यह अभिनंदन ग्रंथ चिरस्थायी बनाने में लाभप्रद सिद्ध होगा और आगामी पीढ़ी का मार्गदर्शन करेगा।

(शिवसागर त्रिपाठी)

❖❖❖

देवर्षि कलानाथ शास्त्री
पूर्व अध्यक्ष, राजस्थान संस्कृत अकादमी, जयपुर
निदेशक, संस्कृत शिक्षा एवं भाषा विभाग, राजस्थान सरकार

सी-8, पृथ्वीराज रोड
जयपुर (राज.)

शतशः शुभकामनाएँ

डॉ. बद्रीप्रसाद पंचोली एक ऐसा नाम है जिससे देश का कोई भी संस्कृतसेवी, भाषाविद्, वेदविद्या में श्रद्धा रखने वाला, हिंदी प्रेमी अथवा शिक्षा-जगत् का बुद्धिजीवी अपरिचित नहीं हो सकता। पंचोली जी न केवल बहुआयामी प्रतिभा के धनी हैं; बल्कि उस प्रतिभा की अभिव्यक्ति वैदिक संस्कृति पर, हिंदी भाषा की शब्द संपदा पर और संस्कृत और हिंदी साहित्य की अमूल्य देन के मूल्यांकन पर अनेक पुस्तकें लिखकर करते रहे हैं। यही कारण है कि राजस्थान में संस्कृत शिक्षा और हिंदी शिक्षा दोनों क्षेत्रों में इन्होंने एक प्रतिष्ठित विद्वान्, संदर्भ पुरुष और ज्ञान की खान के रूप में महनीय प्रतिष्ठा अर्जित की है। मैं तो गत आधी सदी से इनकी लिखी वेदविद्या संबंधी पुस्तकों को पढ़ता रहा हूँ। आर्यसमाज जिस प्रकार इन्हें आदरणीय मानता है उसी प्रकार प्राच्यविद्या के सभी उपासक इन्हें सम्मान की दृष्टि से देखते हैं।

मुझे स्मरण आता है कि ऐसे अनेक अवसरों का जब व्याख्याताओं की नियुक्ति के लिए राजस्थान लोक सेवा आयोग द्वारा चयन हेतु साक्षात्कार लिए जाते थे तो विशेषज्ञ और निर्णायक के रूप में संस्कृत विषय के व्याख्याताओं के साक्षात्कार में भी इन्हें बुलाया जाता था और हिंदी विषय के व्याख्याताओं के लिए भी। हिंदी की भाषिकी, प्राच्य भाषाविज्ञान आदि पर इनका गहरा अध्ययन है और इन विषयों पर बोलते और लिखते समय ये ऐसी अछूती जानकारी दे देते थे जो किसी अन्य पुस्तकों में नहीं मिल सकती। मूलतः राजस्थान के होने के कारण राजस्थानी बोलियों की शब्द संपदा का भी ये विपुल ज्ञान रखते हैं। उसके साथ संस्कृत की शब्दावली का तुलनात्मक अध्ययन इनकी रुचि का क्षेत्र रहा है। मैंने इन विषयों पर लिखे इनके अनेक निबंध पढ़े हैं।

मावन जीवन को प्रेरणा देने वाला मूल्यपरक लेखन भी इन्होंने बहुत लिखा है जो पत्र-पत्रिकाओं में भी छपता रहा है और समय-समय पर पुस्तकाकार में भी प्रकाशित हुआ है। इनकी ऐसी अनेक पुस्तकें आज भी मैंने सँजोकर रखी हैं। अनेक मनीषी और लेखक लेखन में तो निरंतर सक्रिय रहते हैं; किंतु प्रकाशन में सक्रियता या मुद्रण की सुविधा उनके पास न होने

के कारण उनके कृतित्व की जानकारी पूरी तरह प्रसारित नहीं हो पाती। पंचोली जी के साथ यह सीमा बंधन नहीं है। वे प्रकाशन एवं मुद्रणकला में भी परिनिष्ठित हैं। इस प्रकार के बहुआयामी व्यक्तित्व के धनी कम ही संस्कृत-हिंदी विद्वान् देखने में आते हैं। इन्होंने अपने कृतित्व से अपने गृहनगर अजमेर को भी गौरवान्वित किया है, अपने राज्य राजस्थान को भी और संपूर्ण भारतवर्ष को भी।

यह अत्यंत हर्ष का विषय है कि डॉ. बद्रीप्रसाद पंचोली जी अपने यशस्वी जीवन के आठ दशक पूरे कर रहे हैं और आज भी सक्रिय हैं। यह अत्यंत सराहनीय उपक्रम है कि इस अवसर पर उनका अभिनंदन किया जा रहा है और एक अभिनंदन ग्रंथ भी प्रकाशित किया जा रहा है। कृतज्ञ समाज का यह प्रमुख कर्त्तव्य है कि ऐसे यशस्वी साहित्यकारों का सम्मान करे। उनके अनुकरणीय कार्यों से नई पीढ़ी को अवगत कराएँ जिससे वे भी ऐसे सक्रिय जीवन की दिशा में प्रेरित हो सकें। अत: इस प्रशंसनीय कार्य में लगे समस्त सहयोगी बंधुओं के लिए मैं शतश: साधुवाद प्रेषित करता हूँ।

बंधुवर डॉ. बद्रीप्रसाद पंचोली को शतश: शुभकामनाएँ प्रेषित हैं। चराचरनियंता को मेरी प्रार्थना है कि वे इन्हें शतायु करें तथा इसी प्रकार स्वस्थ, सानंद एवं सक्रिय रखें ताकि ये माँ भारती की सतत सेवा कर हम जैसे शुभचिंतकों को इन पर गर्व करने का अवसर निरंतर प्रदान करते रहें।

(देवर्षि कलानाथ शास्त्री)

❖❖❖

डॉ. दयाकृष्ण विजयवर्गीय 'विजय'
पूर्व विधायक,
पूर्व अध्यक्ष, राजस्थान साहित्य अकादमी, उदयपुर
पूर्व राष्ट्रीय अध्यक्ष, अखिल भारतीय साहित्य परिषद्, दिल्ली
पूर्व राष्ट्रीय अध्यक्ष, अखिल भारतीय विजयवर्गीय (वैश्य) महासभा

विजय भवन,
228-बी, सिविल लाइंस
कोटा (राज.)

शुभकामना संदेश

यह जानकर हृदय आनंद से गद्‌गद है कि मेरे अभिन्न आत्मीय बंधु, लब्धप्रतिष्ठ वेद-विद्वान्, शब्द एवं शिक्षा के चूड़ांत विशेषज्ञ, वरिष्ठ साहित्यकार एवं पूर्व प्राध्यापक डॉ. बद्रीप्रसाद जी पंचोली का इक्यासीवाँ जन्मदिन समारोहपूर्वक आयोजित किया जा रहा है तथा इस अवसर पर एक बृहद् ग्रंथ (अभिनंदन ग्रंथ) का प्रकाशन भी किया जा रहा है।

डॉ. पंचोली जी से मेरा परिचय तब से है, जब ये कोटा राजकीय महाविद्यालय के स्वनामधन्य प्राचार्य श्रीमान डॉ. फतहसिंह जी के अतीव आत्मीय शिष्य थे। वे मेरे भी गुरु थे। अजमेर जाकर भले ही ये वहाँ के स्थायी निवासी हो गए हों, लेकिन पारस्परिक आत्मीयता में रंच मात्र भी कमी नहीं आ पाई है। इन्होंने अपने अर्चना प्रकाशन से लगातार मेरी दस-ग्यारह पुस्तकें ही नहीं छापीं; बल्कि तत्कालीन प्रधानमंत्री माननीय मोरार जी भाई देसाई से *आञ्जनेय* महाकाव्य का विमोचन कराने स्वयं कोटा आए। आपातकाल में जब मैं अज्ञातवास के क्षण जी रहा था, तब एक सप्ताह से अधिक समय अजमेर में इन्हीं के आवास पर रहा था। निश्चय ही यह आत्मीयता की पराकाष्ठा थी। इसकी पृष्ठभूमि में सांस्कृतिक राष्ट्रवाद का ध्वज उठा, हमारा एक ही पथ का पथिक होना भी है।

मैं हृदय के गहन तल से इनकी स्वस्थता, पारिवारिक कुशलता तथा दीर्घायु की मंगल कामना करते हुए, 'जीवेम शरदः शतम्' वाली संस्कृत उक्ति को चरितार्थ करने हेतु नत शिर प्रभु से प्रार्थित हूँ।

(दयाकृष्ण विजयवर्गीय 'विजय')

❖❖❖

अटल बिहारी वाजपेयी हिंदी विश्वविद्यालय, भोपाल

भोज (मुक्त) वि.वि.परिसर, कोलार रोड, भोपाल (म.प्र.) पिन कोड - 462016
दूरभाष : 0755-2491051, 39, मोबाइल: +91 94250 18651, +91 94140 75161
अणु डाक: mchhipa@rediffmail.com, वेबस्थल: www.abvhv.org

प्रो. मोहनलाल छीपा
कुलपति

संदर्भः
दिनाँकः 5-12-201

संदेश

मुझे यह जानकर प्रसन्नता है कि डॉ0 बद्रीप्रसाद पंचोली अभिनन्दन ग्रंथ समिति द्वारा वरिष्ठ साहित्यकार डॉ0 बद्रीप्रसाद पंचोली की साहित्यिक जीवन यात्रा के संबंध में अभिनदंन ग्रंथ का प्रकाशन किया जा रहा है। डॉ0 पंचोली ने संस्कृत एवं हिंदी भाषा की अपने जीवन काल में अविस्मर्णीय सेवा की है। वह आजीवन भारतीय संस्कृति एवं भारतीय जीवन मूल्यों को प्रतिष्ठित करने की दृष्टि से कार्य करते रहे। मैं डॉ0 बद्रीप्रसाद पंचोली जी के स्वस्थ एवं सुधीर्घ जीवन की मंगल कामना करता हूँ तथा अभिनंदन ग्रंथ के प्रकाशन की सफलता हेतु अपनी हार्दिक शुभकामनाएं प्रेषित करता हूँ।

(प्रो. मोहनलाल छीपा)

निवास : डी-3/7, चार इमली, भोपाल - 462 016 (म.प्र.) दूरभाष : 0755-2429762

हीरालाल सेवदा
प्रधान संपादक, *विप्रसेतु* (मासिक पत्रिका)

सूर्य सदन, जी.एस. रोड,
बीकानेर (राज.)

अभिनंदन

डॉ. बद्रीप्रसाद जी पंचोली से विगत वर्षों से मेरा निकट का संपर्क रहा है। बीकानेर से प्रकाशित *विप्रसेतु* में प्रकाशित आपकी रचनाओं ने मुझे आपकी ओर आकर्षित किया। डॉ. पंचोली जी बाल सुलभ सरलता की प्रतिमूर्ति, मधुरभाषी होने के साथ साथ साहित्य सेवी एवं समाजसेवी हैं। मैंने पाया कि—

विद्वद्वंदित अजस्त्रप्रेरणास्त्रोत डॉ. पंचोली शैक्षिक, सांस्कृतिक, सामाजिक एवं साहित्य के पुरोधा हैं। एतदर्थ वंदनीय हैं। आप साहित्यकार हैं, साहित्यकारों के प्रभाव से ही साहित्य का सर्जन होता है, संस्कृति सुरक्षित रहती है।

आप वैदिक संस्कृति, ज्ञान-विज्ञान, वेदोपनिषद् के ज्ञाता होने के साथ-साथ आज भी इनके प्रचार प्रसारार्थ तन-मन-धन से लगे हुए हैं तथा आस्थावान् धर्मानुयायी महानुभावों को वेद शास्त्रोपनिषदों के प्रति आकर्षणोत्पन्न हेतु प्राणपण से जुटे हैं। अस्तु आपका यह अनुदान शलाघ्य एवं अनुकरणीय है।

आज के इस युग में कोई बड़ा आदमी तो मिल सकता है; किंतु भला आदमी मिलना बड़ा कठिन है। डॉ. पंचोली एक भले आदमी हैं इसीलिए ये बड़े हैं। यह अभिनंदन ग्रंथ आपको साहित्य एवं संस्कृति के समुत्थान के प्रति आपकी लगन, निष्ठा का यह स्मरणीय इतिहास बनेगा।

अंतर्मन से हार्दिक शुभकामनाओं के साथ आपके सुस्वास्थ्य युक्त दीर्घायुष्य की मंगल कामना में समर्पित है।

(हीरालाल सेवदा)

❖❖❖

पं. भवानी शंकर शर्मा
एडवोकेट

रंगपुर, रोड नं. 2,
डडवाड़ा, कोटा जंक्शन (राज.)

शुभकामना

प्रिय मित्र डॉ. बद्रीप्रसाद जी पंचोली,

सस्नेह मिलन।

आपके इक्यासीवें (81) जन्मोत्सव पर हमारी ओर से बहुत-बहुत बधाइयाँ एवं शुभकामनाएँ।

यह अत्यंत हर्ष का विषय है कि आप और मैं प्रारंभ से ही गवर्नमेंट कॉलेज, कोटा में सहपाठी रहे हैं और अपना मैत्री भाव संबंध अक्षुण्ण रहा है।

मैं जगन्नियंता परम पिता परमात्मा से आपकी दीर्घायु एवं स्वस्थ वर्धापन की कामना करता हूँ। कामयेऽहम्—

चिरं जीवतु सुस्वस्थः, शरीरं व्याधिवर्जितम्।
शतायुर्जीवनं स्वच्छं, समातेशतपत्रवत्॥

(पं. भवानी शंकर शर्मा)

❖❖❖

पंजीयन क्रमांक : ४१४१/४, दिनांक २.१२.१९९८

अखिल भारतीय साहित्य परिषद् न्यास

कार्यालय : आपटे भवन, केशव कुंज, झण्डेवाला, नई दिल्ली-110055

e-mail : shridhargovind@gmail.com

अखिल भारतीय साहित्य परिषद्

समस्त भारतीय भाषाओं एवं साहित्य के कवियों, लेखकों तथा मनीषियों की संस्था

दिनांक १५ जून २०१६

प्रिय अखिलेश शर्मा,

आपके पत्र से ज्ञात हुआ कि डॉ.बद्रीप्रसाद पंचोली जी अपने जीवन के यशस्वी ८० वर्ष पूर्ण कर ८१वें वर्ष में प्रवेश कर रहे हैं। इस अवसर पर उनके सम्मान में अभिनन्दन ग्रंथ का प्रकाशन करने की योजना है। आपका सद्प्रयास प्रशंसनीय है।

श्री पंचोलीजी कठोर सिद्धान्तवादी हैं। उनका जीवन आदर्श से परिपूर्ण रहा है। उनकी साहित्यिक प्रतिभा व प्रेरणास्पद व्यक्तित्व को नवीन साहित्यकारों व समाजिक गतिविधियों में संलग्न कार्यकर्ताओं के सम्मुख रखने से उनमें नवीन ऊर्जा का संचार होगा।

आपके प्रयास की सफलता की कामना करते हुए इस महत् कार्य में रत सभी बंधुओं के प्रति अपनी शुभेच्छा व्यक्त करता हूँ।

आपका

(श्रीधर पराडकर)

डॉ. किरन पाल सिंह
पूर्व अधिकारी (विकृति-विज्ञान-विभाग)
ओ.एन.जी.सी.लि. चिकित्सालय, देहरादून

दक्षिण वनस्थली,
मंदिर मार्ग, बल्लूपुर,
देहरादून-248001 (उत्तराखंड)

शुभकामना संदेश

श्रद्धेय डॉ. पंचोली जी,

सादर प्रणाम!

मान्यवर!

आपने अपनी आयु के अस्सी वर्ष पूर्ण कर लिए। इसके लिए आपको हार्दिक शुभकामनाएँ। ईश्वर से हमारी यही प्रार्थना है कि आप नीरोग एवं चिंतामुक्त रहते हुए शतायु हों। आपका आशीर्वाद हमें इसी प्रकार मिलता रहे।

एक बार पुनः मंगलकामनाएँ।

(किरन पाल सिंह)

❖❖❖

मि० सं० 01-1/2017 निदेशक

Phone : Off. : 26100758, 26105211
Tele Fax No. : 26100758, 26101220
www.hindinideshalaya.nic.in

तार : राजभाषा
Tele : RAJBHASHA

सत्यमेव जयते

निदेशक
DIRECTOR

भारत सरकार
GOVERNMENT OF INDIA
केंद्रीय हिंदी निदेशालय
CENTRAL HINDI DIRECTORATE
मानव संसाधन विकास मंत्रालय
MINISTRY OF HUMAN RESOURCE DEVELOPMENT
(उच्चतर शिक्षा विभाग)
(Department of Higher Education)
पश्चिमी खण्ड-VII, रामकृष्ण पुरम्
WEST BLOCK-VII, R.K. PURAM

नई दिल्ली-110066
New Delhi-110066

दिनांक : 6-1-2017
Date :

प्रो. बद्रीप्रसाद पंचोली: एक सौम्य व्यक्तित्व

प्रो. बद्रीप्रसाद पंचोली एक शिक्षक एवं एक भाषाविद् के रूप में जाने जाते हैं। हिंदी, संस्कृत और सिंधी आदि भारतीय भाषाओं सहित विश्व की कई भाषाओं पर अधिकार रखने वाले प्रो. पंचोली की छवि राजस्थान और पूरे भारत में पौर्वात्य साहित्य के विद्वान के रूप में रही है।

राजकीय महाविद्यालय, अजमेर में अध्यापन करते हुए डॉ. पंचोली अपने छात्रों के बीच बहुत लोकप्रिय हुए। वैदिक एवं लौकिक संस्कृत साहित्य, हिंदी के भक्ति साहित्य(मीरांबाई) एवं भाषाविज्ञान से संबंधित आपके लेखन से साहित्य जगत् समृद्ध हुआ है।

एक समाज सेवी के रूप में डॉ. पंचोली की निष्ठा अनुकरणीय है। आप समाज सेवा एवं धर्मप्रचार के कई संस्थाओं से सक्रिय रूप से जुड़े रहे हैं। जनसामान्य के कल्याण के लिए आपकी प्रतिबद्धता एक उदाहरण है।

व्यक्तिगत रूप से मुझे विगत पच्चीस वर्षों से(लगभग 1993 से) आपका मार्गदर्शन मिल रहा है। एम.ए. (सिंधी) व पीएच.डी. करते समय मेरे गुरु प्रो. मुरलीधर कृष्णचंद्र जैतली जी के अभिन्न मित्र होने के कारण आपका विशेष स्नेह मुझे प्राप्त हुआ।

इस अभिनंदन ग्रंथ के प्रकाशन हेतु शुभकामनाएँ प्रेषित करता हूँ। आप शतायु हों और अपनी सृजनशीलता से भारतीय वाङ्मय को उपकृत करते रहें; ऐसी कामना है।

आपके मार्गदर्शन और स्नेह का आकांक्षी,

रवि टेकचंदाणी

(डॉ. रवि प्रकाश टेकचंदाणी)
निदेशक,
केंद्रीय हिंदी निदेशालय

व्यक्तित्व एवं कृतित्व

जिंदगी ने जैसा बना दिया

वेदाध्ययन परंपरा के रचनाकार

प्रो. सूर्यप्रसाद दीक्षित

मानव जाति वेद माता की संतान है। माँ का वात्सल्य, उसका पोषण और संरक्षण सबको प्राप्त होना चाहिए, इसी भाव से पंचोली जी ने दोग्धा बनकर वेदमाता का अमृतोपम दुग्ध सर्वसाधारण को पिलाने का संकल्प धारण किया है। उन्होंने यों तो कई विधाओं में सैकड़ों ग्रंथों की रचना की है, जिनमें काव्य, नाटक, समीक्षा, शोध ग्रंथ आदि हैं, किंतु मेरी दृष्टि में उनके वेद चिंतन का महत्त्व सर्वोपरि है।

इस क्षेत्र में वेद व्याख्या से संबद्ध उनकी 10 कृतियाँ प्रकाशित हैं। पंचोली जी ने बैद्धिक मंत्रों को बड़ी सहज सुपाच्य शैली में अनूदित तथा व्याख्यायित किया है और उन्हें सर्वथा बोधगम्य बना दिया है। उनकी बहुत बड़ी देन यह है कि वेद की तथाकथित क्लिष्टता, जटिलता और अलौकिकता का भय दूर कर दिया है। उन्होंने अकारथ वैदुष्य प्रदर्शन नहीं किया, तर्कशास्त्र और दर्शन के ऊहापोह का सहारा नहीं लिया और किसी एक मतवाद की कट्टरता का समर्थन नहीं किया। वे वेद सर्वस्व को जन साधारण को संप्रेषित करने हेतु कटिबद्ध रहे हैं और इस अभियान में उन्हें यथेष्ट सफलता प्राप्त हुई है।

वेद चिंतन शृंखला की उनकी एक कृति है *श्रुति विमर्शिनी* इसमें 81 मंत्रों की जीवनपरक व्याख्याएँ हैं। मंत्र शब्द मनन क्रिया से संबंधित है। वेद सर्वसिद्धि प्रदाता है। वेद मंत्रों का संदेश है कि जीवन को हर्ष, उल्लास और उत्साहपूर्वक जीओ। अवसाद से बचो। पलायन मत करो। जीवन परिवर्तन को सहज रूप से ग्रहण करते रहो। सारी कामनाओं, समस्याओं के समाधान खोजकर जीवन को कैसे सार्थक बनाया जा सकता है, इस वेद मत को पंचोली जी ने सविस्तार प्रस्तुत किया है।

इस कृति में एक-एक ऋचा का बड़ी निष्ठा और तत्परता के साथ अनुवाद किया गया है, साथ ही समांतर टिप्पणी दी गई है। ऐसा तभी संभव है जब श्रोत ग्रंथ सुपचित हो जाता है। पंचोली जी ने आस्थापूर्वक *वेद वाङ्मय* को आत्मसात् किया है और पूरी क्षमता के साथ हिंदी में उसे भाषांतरित कर दिया है।

गति साध्यों की साध्य उनकी दूसरी महत्त्वपूर्ण कृति है। इसमें गौतम-राहूगण के 20 सूक्त (जो *ऋग्वेद* के प्रथम मंडल में हैं) व्याख्यायित किए गए हैं। इस कृति में 204 मंत्रों की व्याख्या है। इनमें गति को सर्वाधिक

लेखक प्रसिद्ध साहित्यकार एवं साहित्य अकादमी, दिल्ली के संयोजक हैं।
'साहित्यिकी', डी-54 निराला नगर, लखनऊ - 2260020 (उ.प्र.)
मो. : 09451123525

महत्त्व दिया गया है।

नव गति नव लय नामक पुस्तक में नोधा गौतम द्रष्ट मंत्रों की जीवनपरक व्याख्या की गई है। नोधा का अर्थ है नवीनता को धारण करने वाला और गौतम है गतिमान।

इस कृति में अग्नि, इंद्र, मरुद्गण, सोम की स्तुति की गई है। इसमें कुल 85 मंत्र हैं। इन मंत्रों में भौतिक प्रगति तथा आध्यात्मिक उत्कर्ष का समांतर विवेचन है। इस अंतर्यात्रा को पंचोली जी ने इस कृति में सर्वथा सुगम बना दिया है। इसमें आधुनिकता की बड़ी सुंदर व्याख्या की गई है।

पंचोली जी की एक विशिष्ट कृति है *जीवन शतपथ* इसमें व्यष्टि-समष्टि, निवृत्ति-प्रवृत्ति, यम-नियम आदि की जनोपयोगी विवेचना की गई है। लेखक ने 101 अध्यायों में विभिन्न मनोभावों पर सूत्र शैली में विचार किया है। ये मनोभाव या मनोविकार मन:शास्त्र अथवा मनोविज्ञान के विषय हैं, जैसे क्षमा, समता, उत्साह, धीरता, वीरता आदि। पूर्ववर्ती विद्वानों ने भी इन पर बहुत लिखा है। पंचोली जी ने इस भाव चक्र का विमर्श *वेद* के अनुषंग में किया है, यही उनका निजता है। उनकी प्रामाणिकता तो निर्विवाद है ही।

डॉ. पंचोली का एक और महत्त्वपूर्ण ग्रंथ है *नवगति नवलय* इसमें अनेक वैदिक देवों की विवेचना एवं अर्चना की गई है। सबमें नवता का सन्निवेश है। लेखक ने दुरूह समझे जाने वाले मंत्रों को इतना सरल, सुबोध बना दिया है कि वेद विषयक भय स्वत: दूर हो जाता है।

श्रुति संजीवनी में लेखक ने परम ज्योति की उपासना की है। इस प्रकार इन लेखों में जीवनादर्शों की प्रतिष्ठा का प्रयास किया गया है। इस कृति में 16 अध्याय हैं जिनमें स्वराज्य, प्रभु परम पुरुष, आनंद बंधुत्व, समाज, श्रद्धा, अनुशासन आदि का विवेचन किया गया है। मंत्रों का अनुवाद गद्य-पद्यात्मक है। पंचोली जी के कवि रूप के दर्शन इसमें हो जाते हैं।

इनके अतिरिक्त इस पक्ष पर लिखे हुए उनके शताधिक निबंध प्रकाशित हैं, जो इस मत की पुष्टि करते हैं कि वेद विवेचन में उनका विशिष्ट स्थान है।

डॉ. पंचोली का लेखन परिमाण-बहुल है, स्तरीय है और उपयोगी है। अजमेर से महर्षि दयानंद जी का संबंध रहा है। उसी भूमि पर *वेद वाङ्मय* का विवेचन करते हुए पंचोली जी उस परंपरा को अक्षुण्ण रखे हुए हैं। आज के पत्रकारों, प्रशासकों और तथाकथित बुद्धिजीवियों की चूँकि इन विषयों में यथेष्ट गति एवं रुचि नहीं है। अत: जितना महत्त्व इन कृतियों को मिलना चाहिए, उतना नहीं मिल पाया है, फिर भी यह चिंतन लेखन कभी न कभी जन मन में अपना स्थान बनाएगा, ऐसा मेरा विश्वास है। मैं पंचोली जी के इस लेखन को अत्यंत प्रासंगिक और प्रयोजनीय मानता हूँ।

❖❖❖

भारत भूमि के पुत्र

डॉ. कमल किशोर गोयनका

डॉ. बद्रीप्रसाद पंचोली अस्सी वर्ष के हो रहे हैं। यह उनकी जीवन यात्रा का ऐसा पड़ाव है जब उनका अभिनंदन होना चाहिए और जीवन की उपलब्धियों का लेखा-जोखा करना चाहिए। डॉ. पंचोली भारत भूमि के वास्तविक पुत्र हैं। वे वेद, दर्शन, संस्कृति और भारतीय चेतना के मर्मज्ञ विद्वान् हैं तथा यह कहना उचित होगा कि भारतीय ज्ञान का ऐसा कोई बिंदु नहीं है जिस पर उन्होंने अपनी लेखनी का चमत्कार एवं सौंदर्य न दिखाया हो। उनकी लगभग 150 पुस्तकें तथा 6000 लेख प्रकाशित हो चुके हैं। मेरी जानकारी में ऐसा बहुज्ञानी, बहुप्रतिभावान् तथा ज्ञान के लिए जीवन का एक-एक क्षण देने वाला विद्वान दूसरा कोई नहीं है। हमारे बीच ऐसा विद्वान है यह अनुभूति ही आनंद देती है। मैं जानता हूँ, वे इस ज्ञान-साधना से थकने वाले नहीं हैं क्योंकि इससे उन्हें ब्रह्मानंद की अनुभूति होती है। आज ऐसे ज्ञान-साधक तथा ज्ञान-अन्वेषक दुर्लभ हैं और रहेंगे। भारतीय आत्मा की रक्षा के लिए प्रत्येक युग में भारत को ऐसे ही तपस्वियों की आवश्यकता होगी।

मैं ऐसे तपस्वी, ऐसे ज्ञान साधक तथा ऐसे भारतीय चेतना के विवेचक एवं भारतीयता के साक्षात् प्रतिरूप डॉ. बद्रीप्रसाद पंचोली को सादर प्रणाम करता हूँ और उनका अभिनंदन करता हूँ। वे दीर्घजीवी हों, स्वस्थ रहें और भारतीय समाज का मार्गदर्शन करते रहें।

❖❖❖

अ-सुर का अर्थ है—अ-देव, अ-दिव्य। अ-सुर का अर्थ है—प्राणों में रमने वाला। अपने प्राणों की अधिक परवाह करने वाला। उसको आत्म विकास या आत्मोन्नति में कोई रुचि नहीं होती। वह अंधा होता है और घनांधकार से घिरा रहता है। अपने प्राणों के लिए जीने वाला दूसरों का क्या हित करेगा?

– *श्रुति संजीवनी* पुस्तक से

लेखक सुप्रसिद्ध आलोचक, साहित्यकार तथा प्रेमचंद साहित्य के प्रामाणिक अध्ययन के पर्याय हैं।
उपाध्यक्ष, केंद्रीय हिंदी शिक्षण मंडल, मानव संसाधन विकास मंत्रालय, भारत सरकार।
ए/98, अशोक विहार, फेज प्रथम, दिल्ली-110052
मो. : 09811052469

मनीषी विद्वान्

डॉ. भँवरलाल जोशी

''मैं अस्सी वर्ष का हो गया हूँ।'' यह सुनकर परम प्रसन्नता है कि आप अस्सी वर्ष के हो गए। आपको हार्दिक बधाई और उत्तम स्वास्थ्य तथा बहुत सुखमय दीर्घायुष्य के लिए अनेक-अनेक शुभकामनाएँ।

साहित्यिक, सामाजिक, शैक्षिक क्षेत्रों के आपके अपनों, सुहृज्जनों, छोटे-बड़ों, हम सभी के लिए प्रसन्नता अनुभव करने का अवसर उपस्थित हुआ कि साहित्य-सर्जना और शैक्षिक यशोपलब्धियों के साथ आपने अस्सी वर्षों की आयु सानंदपूर्ण कर सावन मास में अपनी आयु के स्वर्णिम इक्यासीवें वर्ष में प्रवेश कर लिया है। शारीरिक बल और बौद्धिक ऊर्जा के आनंद के साथ आयु के नौवें दशक में आपका प्रवेश आपकी ऋषितुल्य जीवन जीने की पद्धति को प्रमाणित करता है। इस उल्लासजनक अवसर पर मेरी अंतश्चेतना के पट पर आपकी आलस्य से अपरिचित कर्मनिष्ठा और अनवरत साहित्य-सर्जना की तथा बहुत अच्छे शिक्षक के गुणों के उदाहरण बने आपके व्यक्तित्व की विशिष्टताओं की छवि उभर आई है, जिसे मैं भाषिक अभिव्यक्ति दूँ तो थोड़े शब्दों में यही कहना यथार्थ है कि वैदिक साहित्य का व्यापक अध्ययन, गंभीर चिंतन एवं शोध तथा तद्विषयक रसात्मक लेखन आपकी प्राणवायु है। भारतीय पुरातन समाज-व्यवस्था, राष्ट्र और संस्कृति के उज्ज्वल पक्षों के उद्घाटन द्वारा आज के व्यक्ति और समाज के जीवन को उदात्त बनाना, नाटक-निबंध, कविता-कथा आदि-आदि अनेक साहित्य-विधाओं में रचित आपकी बहुसंख्यात्मक लालित्यपूर्ण कृतियों का प्रयोजनमूलक उद्देश्य है। तो वेदों तथा वेद-इतर वैदिक साहित्य पर लिखित विद्वत्तापूर्ण शोधग्रंथ और शोध अनुप्राणित आपकी प्रज्ञा से प्रसूत नवीन भाव-बोध को प्रेरक रचनाएँ भारत के पुरातन वैदिक चिंतन के पुनरुद्धार एवं प्रचार-प्रसार की प्रभावकारी प्रेरणाएँ लिये हुए हैं।

उपर्युक्त विशेषताओं को अपने में समाविष्ट करने वाली आपकी साहित्यिक कृतियों में से *ध्रुवश्री, उत्सर्ग, हम नचिकेता, नींव के स्वर, सूत्रधार* आदि पंद्रह-बीस नाट्य कृतियाँ; *चितवन की सीमाएँ, इतिहास का आत्मनिवेदन, धनुर्भंग, विधृता* (खंडकाव्य) आदि काव्यकृतियाँ; *सबै भूमि गोपाल की, उद्घाटन : एक यात्रा का आदिचार* आदि एकांकी-संग्रह—इनमें से अनेक कृतियाँ (नाटक और काव्य) माध्यमिक, उच्च माध्यमिक एवं उच्च कक्षाओं के

लेखक हिंदी विषय विशेषज्ञ और प्रसिद्ध वैयाकरण हैं।
पूर्व प्राचार्य तथा हिंदी विभागाध्यक्ष, राजकीय महाविद्यालय, अजमेर (राज.)
पूर्व प्रोफेसर तथा निदेशक (डिस्टेंस एजुकेशन) जैन विश्व भारती (मान्य) विश्वविद्यालय, लाडनूँ (राज.)
संपर्क नंबर-0145-2625240

पाठ्यक्रमों में इस कारण रही हैं कि उक्त कक्षाओं में विद्यार्थियों के चारित्रिक निर्माण में सहायक बनने वाली हैं और भारत के स्वर्णिम इतिहास का ज्ञान कराती हैं। उपर्युक्त विधाओं वाली इन सभी रचनाओं की 'वस्तु' और 'अभिव्यंजना-शिल्प' सहृदय पाठक के मन को प्रभावित करने में इतने सक्षम हैं कि इन रचनाओं को पढ़ने वाले के मन में इन्हें पुन: पढ़ने की इच्छा बनी रहती है। भाषा विज्ञान का क्षेत्र, परिश्रमी शिक्षकों को छोड़कर, सामान्यत: लुभाने वाला नहीं होता है, किंतु *शब्दलोक, शब्दानुचिन्तन, शब्दानुशीलन, शब्दार्थ चिंतन, शब्द विवेक* आदि आपकी पुस्तकें, भाषा वैज्ञानिक विवेचन की शुष्कता-नीरसता से हटकर, उनमें निहित शब्दगत चिंतन और शब्द-व्युत्पत्तियों में शिल्प-शैली लोकजीवन में युगों से रचे-बसे संदर्भों को और जीवन मूल्यों को अनावृत करती हुई पाठक के ज्ञान-क्षितिज को विस्तृत एवं रागानुरंजित किये बिना नहीं रहतीं। शब्द-मर्मज्ञ पाठक का मन: प्रसादन करने में आपकी गद्यात्मक व्युत्पत्ति-व्याख्याएँ 'गद्यं कवीनां निकषं वदन्ति' की स्मृति कराती हैं।

मनु का संकल्प, सागर चुप हो गया, निंदक नियरे राखिये आदि अनेकानेक लघुकथाएँ भी आपके स्रष्टा मन की कल्पना और रागात्मकता से पाठक को लुभाने में सक्षम हैं।

ऋग्वेद में गोतत्त्व नामक आपके शोधप्रबंध की प्रसिद्धि विद्वज्जगत् में है। उसे पढ़ने का अवसर मुझे अब तक नहीं मिला। अत: उसके वैशिष्ट्य के विषय में आगे कभी अपने विचार व्यक्त करूँगा। *उपनिषन्नवनीत, गीता नवनीत, अनुचिंतन, आस्था के आयाम* आपके विद्वत्तापूर्ण गंभीर शोध ओर बौद्धिक प्रज्ञा की अच्छी प्रसूतियाँ हैं और पुरातन वैदिक चिंतन को उद्घाटित-विवेचित करने के लक्ष्यबद्ध प्रयत्न के कारण बहुप्रशंसित हुई भी हैं।

आपकी बहुसंख्यात्मक साहित्यिक कृतियों में से कतिपय के नामों का और उनकी अंतर्वस्तु का संक्षिप्त में मेरा यह प्रकटीकरण कोई साभास बौद्धिक प्रयत्न नहीं है, यह तो मेरे अध्येता मन पर आपकी उक्त कृतियों को पढ़ने से पड़े प्रभाव की रसमयी स्मृति की अभिव्यक्ति है। आपकी रचनाओं का संख्या-बाहुल्य और गुणात्मक उत्तमता शिक्षकों को, चाहे वे विद्यालयों के हों, महाविद्यालयों के हों और विश्वविद्यालयों के हों, यह संदेश और प्रेरणा देती हैं कि शिक्षक जीवन का अधिकांश अन्यान्य भौतिक उपलब्धियों में व्यतीत न होकर ज्ञानार्जन, साहित्य-सर्जन और निष्ठात्मक शिक्षण में ही व्यतीत हो।

मेरी शुभकामनाएँ हैं कि परमेश्वर आपकी आयु को ऋषि-मुनियों की आयु करे और आपके विचारों तथा कर्म में श्रेष्ठत्व भरे। जगन्माता सीताजी के आशीर्वचनों में मैं आपको आशीष देता हूँ—

होहु तात बल सील निधाना।
अजर अमर गुननिधि सुत होहू।
करहुँ बहुत रघुनायक छोहू।

❖❖❖

प्रेरणास्पद व्यक्तित्व

श्रीधर पराडकर

महाभारत की एक क्षेपक कथा है। राजसूय यज्ञ के अवसर पर प्रथम पूजन की बात थी। जिस भी व्यक्ति का नाम आता उस पर आपत्ति उठाई जाती थी। तब युधिष्ठिर व दुर्योधन से कहा गया कि वे दोनों उपस्थित लोगों के बारे में विचार कर तय करें कि प्रथम पूजन किस व्यक्ति का किया जाए। युधिष्ठिर ने एक-एक व्यक्ति के व्यक्तित्व पर दृष्टि डाली। उन्हें प्रत्येक व्यक्ति में सद्गुण ही दिखाई दिए। कोई व्यक्ति बुरा नहीं दिखा। उनकी दृष्टि में सभी प्रथम पूजन के अधिकारी थे। उधर दुर्योधन को प्रत्येक में कमी ही कमी दिखायी दी। पूजन लायक कोई नहीं दिखा। दोनों ने अपना अवलोकन गुरुजन के सम्मुख रखा। वही लोग एक को अच्छे दिख रहे थे और एक को बुरे।

आज समाचार पत्र पढ़ें तो ऐसा लगता है कि लोग दिन भर अपराध, भ्रष्टाचार, अनैतिक कृत्यों में ही लगे हुए हैं। यदि दूरदर्शन की विभिन्न वाहिनियों के समाचार देखें, उन पर हो रही चर्चाओं को सुनें तो पाप व अनाचार की जानकारी ही मिलती है। तो क्या समाज, मनुष्य इतना पतित हो गया है कि अच्छाई बची ही नहीं, पुण्यात्मा है ही नहीं, धर्म का लोप होकर अधर्म ही शेष है।

मुझे ऐसा लगता है कि अच्छाई व बुराई हमारी दृष्टि पर निर्भर है। हमारा मन, हमारे सामने आए दृश्य को उसी भाँति प्रदर्शित करता है। कार्य-कारण संबंध की हमें पूरी जानकारी होती नहीं। होना संभव भी नहीं। करने वाले ने उस कार्य को क्यों किया होगा? यह न जानते हुए अपने मन के निर्णय के आधार पर हम अच्छाई अथवा बुराई का निर्णय करते हैं।

कहीं ऐसा तो नहीं है कि अहर्निश बुराई की चर्चा करते, सुनते, देखते हमारी दृष्टि ही दोषपूर्ण व दूषित हो गई है। मेरे विचार से ऐसा कालखंड कभी भी नहीं रहा है कि पृथ्वी पर अच्छाई ही अच्छाई का अस्तित्व रहा हो अथवा बुराई ही बुराई रही हो। तब वर्तमान उसका अपवाद क्यों कर होगा। यह निरूपण इसलिए किया है ताकि हम विचार करें।

किसी भी कारण से क्यों न हो। समाज में सर्वत्र सेवा कार्य चल रहे हैं। धार्मिक आयोजन हो रहे हैं। सामाजिक संस्थाएँ कार्य कर रही हैं। लोग ऐसे कार्यों में लगे हुए हैं। भरपूर सहायता कर रहे हैं। इस ओर हमारा

संगठन मंत्री, अखिल भारतीय साहित्य परिषद् न्यास, नई दिल्ली
राष्ट्रोत्थान भवन, माधव महाविद्यालय के सामने, नई सड़क, ग्वालियर – 474001
मो. : 09425407471

ध्यान जाना चाहिए।

हम यह विचार कर सकें कि मनुष्य जी रहा है। जन्म-मृत्यु अबाध गति से जारी है। शादी-विवाह हो रहे हैं। लोग नौकरी-धंधा कर रहे हैं। यदि जीवन दुश्वार हो गया है तो यह अबाध गति क्यों कर है ?

निश्चित ही आज भी समाज में ऐसे लोग हैं जो बाकी बातों से विचलित हुए बिना जो सीखा है, जो जाना है, उसके अनुसार अपने जीवन को चलाते हैं। आवश्यकता है अपने ध्यान से देखने की और सकारात्मक दृष्टि रखने की। हमें ऐसे अनेक लोग व संस्थाएँ दिखेंगी जो आज भी बड़े मनोयोग से आदर्श मार्ग पर क्रमण कर रही हैं।

मेरे देखने में ऐसे लोग आए हैं, उनमें से एक हैं—डॉ. बद्रीप्रसाद पंचोली। अखिल भारतीय साहित्य परिषद् से जुड़ने के बाद उनसे मिलने का मुझे अवसर मिला। पंचोलीजी उद्‌भट विद्वान् हैं। गरिमामय पद पर रहे हैं। आयु के साथ साथ ज्ञान समृद्ध भी हैं; लेकिन आयु विद्वत्ता, ज्ञान उनके व्यक्तित्व पर प्रभावी नहीं है। भलमनसाहत, सरलता, सादगी, सहजता की प्रतिमूर्ति हैं।

उनका रहन-सहन सादगीपूर्ण व एक समान होता है। कार्यक्रम में उपस्थित होना है या मंच पर बैठना है तो अतिथि अपने परिधान की विशेष चिन्ता करता है। उसका व्यवहार भी विशिष्ट हो जाता है; लेकिन पंचोलीजी को मैंने न तो कभी अपनी वेशभूषा में परिवर्तन करते देखा और न ही अतिथि बनने पर विशिष्ट व्यवहार करते। सामान्य व्यवहार में भी उनका बोलना बड़ा संतुलित रहता है। हास-परिहास भी मर्यादा में रह कर ही करते हैं। उनका व्यवहार भी सबसे समान ही रहता है।

परिषद् में अनेक दायित्वों का निर्वहन उन्होंने किया है। राष्ट्रीय उपाध्यक्ष भी रहे हैं; लेकिन उनकी विशेषता है कि वे अपने को सदैव कार्यकर्ता की भूमिका में रखते हैं। संगठन के लिए क्या कर सकते हैं, इसी ओर उनका ध्यान रहता है। संगठन से अपेक्षा तो कभी की ही नहीं।

कोई कितना भी विद्वान् हो, ज्ञानवान् हो, संदर्भ के लिए ग्रंथों में सिर खपाता मिल जाएगा। पंचोली जी को अपनी बात कहने अथवा लिखने के लिए ग्रंथों की आवश्यकता नहीं होती। ग्रंथों की बातें उन्हें केवल मुखोद्‌गत ही नहीं हैं, उन्होंने उन्हें आत्मसात् भी किया है। तभी तो संदर्भ के लिए ग्रंथों की आवश्यकता नहीं रहती।

परिषद् समय-समय पर साहित्यिक संगोष्ठियों का आयोजन करती है। उसमें विद्वानों व साहित्यकारों से शोध आलेख भेजने के लिए अनुरोध करती है। अभी तक का अनुभव रहा है कि आलेख भेजने के लिए प्रेषित अनुरोध-पत्र को पढ़ने का कष्ट विद्वान् व साहित्यकार उठाते ही नहीं है। दूरभाष पर जब उनसे आग्रह किया जाता है तब अनभिज्ञता सुनने को मिलती है। फिर कई-कई बार आग्रह करने पर आलेख मिल जाए तो बड़ी बात; लेकिन आज तक पंचोली जो को कभी स्मरण कराने अथवा आग्रह करने की आवश्यकता नहीं पड़ी।

यही गति संगोष्ठी में उपस्थिति के लिए भेजे गए सूचना पत्र की होती है। संगोष्ठी में उपस्थिति के एक दिन पहले तक आएँगे अथवा नहीं की निश्चित जानकारी नहीं देते। लेकिन रेलवे स्टेशन पर उनके स्वागत के लिए न पहुँचे तो दुर्वासा बनने में जरा विलंब नहीं होता। इस मामले में भी पंचोली एकदम अलग हैं। वे किसी को रेलवे स्टेशन अथवा बस स्टैंड पर स्वागत के लिए आने का अवसर ही नहीं देते। बिना किसी अपेक्षा के सीधे कार्यक्रम स्थल पर पहुँच जाते हैं।

एक अनुभव और आता है कि सरकार की कृपा के कारण संगोष्ठी में रहने वालों को रेलवे की उच्च श्रेणी की यात्रा व सर्वसुविधायुक्त आवास का अभ्यास हो गया है। यह गैर सरकारी संस्थाओं के कार्य के लिए बाधा बन गया

है। दूरभाष पर ही अपेक्षा की जाती है कि उनके लिए अलग कक्ष की व्यवस्था की जाए। वे किसी के साथ नहीं रहेंगे। डॉ. बद्रीप्रसादजी ने आज तक कभी इस प्रकार की माँग नहीं की। हमें ही ध्यान रखना पड़ता है कि उनके रहने की ठीक व्यवस्था हो जाए। उन्होंने आजकतक निवास व यात्रा को लेकर कभी कोई शिकायत भी नहीं की। कष्ट तो निश्चित ही उन्हें हुआ होगा। ऐसे ही संगोष्ठी में आने पर मार्ग व्यय को लेकर कई बार प्रतिनिधियों से विवाद की स्थिति उत्पन्न हो जाती है। पंचोलीजी द्वारा मार्ग व्यय को लेकर कभी किसी प्रकार की आपत्ति प्रस्तुत नहीं की गई।

विद्वानों के साथ एक और समस्या आती है कि वे पूरे समय संगोष्ठी में रहना नहीं चाहते। उनका व्याख्यान पहले हो जाए और व्याख्यान होते ही वापसी हो जाती है। पंचोलीजी ने कभी नहीं कहा कि उन्हें जल्दी लौटना है। उन्हें व्याख्यान देने के लिए कहा तो भी ठीक। नहीं कहा तो भी कोई आपत्ति नहीं। एक-दो बार तो यह भी हुआ कि वक्ताओं की अधिकता होने पर श्रोता की भूमिका में रहे; लेकिन माथे पर शिकन तक नहीं।

विद्वानों के साथ विशेषकर साहित्यकारों के साथ एक अनुभव यह भी आता है कि वे अपने में ही व्यस्त और मस्त रहते हैं। सामान्यत: यह देखने में आता है कि वे नए हस्ताक्षरों के प्रति विशेष रुचि नहीं रखते। यह भी कह सकते हैं कि वे किसी को आगे नहीं आने देते। लेकिन पंचोलीजी सदैव अपने साथ नए-नए नवयुवकों को रखते हैं, उन्हें लिखने के लिए प्रोत्साहित करते हैं।

मेरे कहने का आशय यह है कि दिखाए और बताए जा रहे गंदले वातावरण से कमलपत्र की तरह अलिप्त रह कर जीवन के शाश्वत सिद्धातों के आधार पर सादगी, सरलता, सहजता से आदर्शमय जीवन किस प्रकार जीया जा सकता है, पंचोलीजी उसके आदर्श मूर्तिमंत उदाहरण हैं। इस मार्ग पर चलते हुए उन्होंने अपने जीवन के 80 वसंत सक्रियता के साथ पारिवारिक तथा सामाजिक उत्तरदायित्वों को सफलता के साथ निभाते हुए पूर्ण किए हैं। उनके स्वस्थ, सक्रिय जीवन की शुभेच्छा की कामना करता हूँ।

❖❖❖

वेदमाता व लोकमाता के सच्चे पुजारी

मुकुल कानिटकर

वेद भारतीय संस्कृति का मूल आधार हैं। यद्यपि वेदवाक्यं प्रमाणम् कहा गया है; किंतु लौकिक अर्थ में वेद कोई ग्रंथ नहीं है। जीवन के सनातन सिद्धांतों का अनुभूत ज्ञान वेद कहलाता है। अत: केवल तीन अथवा चार ग्रंथों में संगृहीत मंत्र ही सच्चा वेद नहीं है; अपितु उसमें से मुखरित जीवन के सनातन तत्त्व वास्तविक अर्थ में वेद हैं।

वेद किसी प्रवाहित नदी के समान गतिमान् है। इस बात का प्रत्यय हमें स्पष्ट मिलता है जब वेद के मंत्रों को लोकजीवन की सामान्य कहावतों में प्रतिबिंबित हुआ देखते हैं। डॉ. बद्रीप्रसाद पंचोली आधुनिक काल में ऐसे वैदिक ऋषि हैं जिन्होंने भारतीय जीवन धर्म की दोनों माताओं वेदमाता और लोकमाता की समान रूप से सेवा की है। इस विषय में उनकी इतनी गहरी निष्ठा है कि वे दावे के साथ चुनौती देते हैं कि आप कोई भी लोकभाषा की कहावत बताएं और उसका मूल वैदिक मंत्र तुरंत बता देते हैं। विवेकानंद केंद्र के अनेक युवा शिविरों में उन्होंने इस बात का प्रत्यक्ष प्रमाण उदाहरण सहित प्रस्तुत किया है। कुछ उदाहरण तो कभी नहीं भूल सकते। 'अपना हाथ जगन्नाथ' या 'सफलता तो मेरे बाएँ हाथ का खेल है', जैसी कहावतों के मंत्र तो बद्रीप्रसाद लीलया बताते थे। 'कृतं मे दक्षिणे हस्ते जयो मे सव्य आहित:', मेरे दाहिने हाथ में मेरा पराक्रम हो तो सफलता बाएँ हाथ का खेल है।

भारतीय संस्कृति के चिरंतन अस्तित्व का सबसे बड़ा रहस्य यह है कि इसके सिद्धांत केवल ग्रंथों की शोभा नहीं हैं, अपितु लोकजीवन के आचरण का विषय हैं। ग्रंथ भूल भी जाएँ तो भी समाज में यह सिद्धांत आचरित होते रहेंगे। पंचोलीजी जैसे व्यक्ति इस बात के जीते जागते उदाहरण हैं। सनातन धर्म युगानुकूल परिवर्तनों के साथ युगधर्म बनकर समाज को धारण करता रहा है। यह कार्य एक ओर स्मृति लेखन से हुआ तो दूसरी ओर धर्म को साक्षात् जीवन में उतारने वाले जीवित आदर्शों के साथ युगधर्म की स्थापना हुई। पंचोलीजी ने ये दोनों कार्य किए सहज भाषा में गहन चिंतन को लिखने, बोलने की उनकी शैली किसी स्मृतिकार अथवा पुराणवेत्ता से कम नहीं है। उनका अपना जीवन अत्यंत पवित्र गंगोत्री के समान धर्माचरण का आदर्श बना हुआ है। मुझ जैसे अनेक लोगों ने उनके सान्निध्य मात्र से जीवन के लिए अनमोल पाथेय प्राप्त किया है। अध्ययन, अध्यापन का कार्य उन्होंने संपूर्ण जीवन पूरी निष्ठा से किया। महाविद्यालय से सेवानिवृत्ति के बाद संकल्पपूर्वक प्रतिदिन कुछ घंटे नि:शुल्क

लेखक भारतीय चिंतनधारा के उद्घोषक, प्रबुद्ध ओजस्वी वक्ता एवं गंभीर विश्लेषक हैं।
राष्ट्रीय संगठन मंत्री, भारतीय शिक्षण मंडल, नागपुर
मो. : 9405774820

अध्यापन का कार्य वे किया करते हैं। स्वयं के व्यय से पूरे देश में भ्रमण कर वेदमाता व लोकमाता के समन्वय को समाज में प्रचारित करने का कार्य गत कई दशकों से निरंतर चल रहा है। एक बार जब पंचोली जी से इस बारे में चर्चा हुई तो उन्होंने बताया कि अध्ययन-अध्यापन को आजीविका के रूप में स्वीकार करना हमारी परंपरा में निषिद्ध है। अत: जीवनभर इस हेतु प्राप्त किए प्रतिफल का प्रतिदान समाज को करना आवश्यक है। समाजपोषित शिक्षण व्यवस्था के समाप्त होने के कारण आज गुरुकुलों के समान नि:शुल्क ज्ञानदान कर केवल गुरुदक्षिणा से परिवार के योगक्षेम वहन की बातें असंभव प्रतीत होती हैं। उसके उपाय के रूप में यह वैकल्पिक मार्ग पंचोलीजी ने अपने आचरण द्वारा प्रस्थापित किया है। आचार्य, प्राध्यापक के रूप में वेतन तो मिलेगा ही उसके बदले में संकल्प के साथ निश्चित समय निकालकर निष्काम ज्ञानदान करना यह ब्रह्मकर्म का युगधर्म हुआ।

विश्व में अतुलनीय आक्रमणों के बाद भी भारतीय संस्कृति के जीवंत होने का यही रहस्य है। जब तक पंचोलीजी जैसे शिक्षक आदर्शों के माध्यम से लोकजीवन में वैदिक तत्त्व प्रवाहित करते रहेंगे तब तक इस संस्कृति का कोई कुछ नहीं बिगाड़ सकता।

❖❖❖

कर्मठता

कृष्वा कृत्नो अकृतं यत्ते अस्ति।

ऋग्वेद ६.१८.१५

हे कर्मठ ? तूने जो (पुरुषार्थ अब तक) नहीं किया (वह) कर।

मंत्र में नित्य नए होने की पद्धति की ओर संकेत है। यह पुरुषार्थ की वाणी है। जैसा आज तक नहीं सुना, नहीं किया, वैसा करना है। एक तो हमने वह नहीं किया जो कल हमसे अधूरा छूट गया था; उसे पूरा करो। तुम्हारे अनेक नामों में एक नाम 'कृत्नु' भी है। यह यत्न से मिलता हुआ शब्द है। प्रयत्न करो, नवीनता भरो। नवीनता जीवन का सौंदर्य है।

क्षणे क्षणे यन्नवतामु उपेति तदैव रूपं रमणीयताया:।

प्रत्येक क्षण नवीनता भरी जानी चाहिए। सौंदर्य की अनेक परिभाषाओं में एक परिभाषा यह भी हो सकती है, सम्+दर। 'असु' का विपरीत 'सु' है। असु प्राण है, सु है निष्प्राणता। इस निष्प्राणता को जो फाड़ता हो उसका नाम सुन्-दर है। ढर्रे की जिंदगी जड़ता की द्योतक है। जड़ता को नष्ट करना है। **नवो नवो भवति हि जायमान:**, ईश्वर का एक रूप सुंदर भी है।

–*श्रुति-संदीपनी* पुस्तक से

वैदिक संस्कृति के गंभीर अध्येता

डॉ. बलदेव वंशी

किसी व्यक्ति को जानना कितना कठिन होता है, फिर किसी लेखक के साहित्य को जानना और उस के संबंध में अधिकारपूर्वक कुछ लिखना और अन्य लोगों को उससे परिचित कराना कितना दुष्कर कार्य हो सकता है! मुझसे फोन पर कहा गया कि मैं डॉ. बद्रीप्रसाद पंचोली के संबंध में एक लेख लिखूँ, तो मैं सोच में पड़ गया। 'न' भी नहीं कर सका, तुरंत। सोचने लगा, फोन पर ही, कि मैं लिखूँ भी, यदि हाँ कहूँ, तो क्या लिखूँ? मैं उन्हें जानता भी कितना हूँ? फिर एक विचार कौंधा, क्योंकि डॉ. पंचोली के व्यक्तित्व की हल्की-सी छाप उभरी थी भीतर, जो उन्हें नितांत अपरिचित भी नहीं रहने देती। और जो छाप उभरी उसने 'हाँ' कहने को प्रेरित किया और आधार की ओर भी संकेत किया मैंने कहा कि मुझे उनकी (डॉ. पंचोली) दो-एक पुस्तकें भिजवा दें, जिनके आधार पर मैं लेख लिख सकूँ। विशेषकर उन की वैदिक धर्म-संबंधी पुस्तकें। इस बीच मैंने डॉ. पंचोली संबंधी स्मृतियों को उलटना-पलटना आरंभ कर दिया।

कुछ हफ़्तों के बाद तीन पुस्तिकाएँ आईं—(1) *श्रुति-मंगला,* (2) *श्रुति-संदीपनी,* (3) *श्रुति-संजीवनी*। तब मैंने उनके द्वारा संपादित, मेरे आग्रह पर रची गई पुस्तक—*संत शिरोमणि दयानंद सरस्वती* संतों पर लिखी-लिखवाई तथा दर्जनों पुस्तकों में सहेजी पुस्तक भी ढूँढ़कर सामने रख लीं। *विश्व संत पुस्तक माला* की शृंखला-क्रम में यह पुस्तक मेरे द्वारा ही लिखवाई गई है, जो 2012 ई. में प्रकाशित हुई थी। इनके अतिरिक्त एक संदर्भ और है डॉ. पंचोली का मेरी स्मृतियों में, वह है जयपुर (राजस्थान) में मेरी प्रथम भेंट का। वहाँ जगद्गुरु रामानंद आचार्य पीठ को सुशोभित करने वाले वर्तमान आचार्य स्वामी रामनरेशाचार्य जी प्रवास पर वाराणसी से पधारे हुए थे। मुझे, मेरे मित्र डॉ. उदय प्रताप सिंह के माध्यम से जयुपर के उस अध्यात्म कार्यक्रम में सम्मिलित होने का संदेश प्राप्त हुआ। उस कार्यक्रम में प्रथमतः औपचारिक भेंट की सुखद स्मृतियाँ भी मन में थीं तथा इधर पढ़े हुए डॉ. पंचोली के कुछेक लेख भी। एक खाका उभरने लगा।

सबसे पहले पहल 32 पृष्ठीय एक पुस्तिका मैंने हाथ में ली और पढ़ने लगा। *श्रुति-मंगला* (वेदाधारित-जीवनदृष्टि) को आर्य समाज ने अपने शताब्दी-समारोह के अवसर पर 1976 में प्रकाशित किया था ताकि *जनशिक्षण*

वरिष्ठ लेखक, साहित्यकार एवं संपादक।
बी-684, सैक्टर-49, सैनिक कॉलोनी, फ़रीदाबाद - 121001
मो. : 09810749703

ग्रंथ माला-1 से यह कार्य आरंभ किया जाए। शताब्दी के अवसर पर यह उचित ही था कि वैदिक अध्यवसाय के प्रभावों-परिणामों का जायजा लिया जा सके। डॉ. पंचोली ने पाया कि वैदिक चिंतन की प्रवृत्ति यज्ञार्थपरक है; किंतु यह मनुष्य के व्यावहारिक जीवन से असंबद्ध रही है। अन्यथा भारत में यज्ञ को—वेद को अखिल धर्म का मूल स्वीकार किया गया है। स्वामी दयानंद ने वेदों के धर्मशास्त्रीय स्वरूप को तथा उस के आधार को जीवन से जोड़ कर उजागर कर दिया। उनसे पहले वेदों के मनमाने अर्थ करके पाठकों को चमत्कृत करने के यत्न होते रहे; किंतु दयानंद ने उन की बोधगम्य यथार्थ व्यावहारिक व्याख्याएँ दीं। भले ही उनसे सब लोग पूर्णतया 'संतुष्ट' नहीं हुए। वेदों के विचारों का विरोध पश्चिमी विद्वानों ने किया और भारत में भी सनातनी विचारों के विद्वानों द्वारा भी हुआ; किंतु दयानंद और आर्य समाज के वैदिक चिंतन ने भारत के विद्वानों पर जो प्रभाव डाले वे आधुनिक भारत के सांस्कृतिक इतिहास का अभिन्न अंग बन चुके हैं। अनेक विद्वानों, धर्माचार्यों ने स्वामी दयानंद के विचारों की श्लाघा की है। जैसे मैक्समूलर, विवेकानंद, अरविंद घोष आदि ने। क्योंकि वेद जीवन की श्रेष्ठ व्याख्या करता है और श्रेष्ठ-जीवन जीने की प्रेरणाएँ जगाता है। श्रमपूर्ण जीवन के साथ रस लेते हुए यात्रा पूर्ण करने की सीख देता है वैदिक दर्शन। यही मूल संदेश है। श्रुति संस्कृति समूची मानवता को एकत्व में देखती है और एक ही परमेश्वर की संतान मानती है। अतः वेद को सब पढ़ें, पढ़ाएँ तथा घर-घर पहुँचाएँ! इस पुस्तिका में बीस श्लोकों की व्याख्या दी गई है।

दूसरी पुस्तक है—*श्रुति-संदीपनी*। इसमें भी वेद-मंत्रों का जीवनोपयोगी अर्थ एवं चिंतन दिया गया है। इन चुने हुए कुछ श्लोकों में हमें जीवन की दिशा प्राप्त होती है; जैसे आज की स्वार्थ, अधिक लाभ, आलस्य, व्यक्तिवादिता की जीवन शैली, पाश्चात्य प्रभावों में स्वीकारी हुई वैचारिकता, नीतिमत्ता के विपरीत *ऋग्वेद* 6.18.15 के वेदमंत्र में 'कर्मठता' का संदेश है—'हे कर्मठ! तूने जो पुरुषार्थ अब तक नहीं किया, वह कर।' इसी प्रकार 'शासक' के लिए एक अन्य श्लोक में *ऋग्वेद*—1.73.3 में 'विश्व-पोषक हितकारी मित्रों वाला वह अग्निदेव हमारा राजा हो कर निवास करता है।' स्पष्ट ही शासक को अग्निधर्मा होने का अर्थात् विश्व-मानव का—जगत् का पोषण करने का संदेश है। इसी से राजनीति शब्द बना अर्थात् राजा की जन-हितैषी नीति, जो आज विडंबनापूर्ण अर्थों में राजा-हितैषी अर्थों में व्यवहृत हो रही है।

तीसरी पुस्तक *श्रुति-संजीवनी* है जो डॉ. बद्रीप्रसाद जी की निष्ठा और श्रम के साथ एक साहित्यकार के हृदय के मानव हितैषी भावों को हम तक लाती है। वेद मात्र पुस्तकें नहीं हैं। वे धरती के सभी मानवों द्वारा कमाए हुए प्रकाश के द्योतक हैं। डॉ. पंचोली कहते हैं, "वेदाध्ययन परम ज्योति की उपासना है। वेदाध्ययन से वेदमाता का आशीर्वाद मिलता है। ऋचाएँ वेदमाता की लोरियाँ हैं—भूतल के सभी मनुष्यों के लिए। सबके उत्कर्ष और समुचित विकास के लिए माता की यह शब्द-संपदा संचित की हुई है। इसके शब्द-शब्द के रक्षण-संरक्षण हेतु मानवजाति ने बड़ा श्रम किया है। उस श्रम की सार्थकता तभी है जब वेदमाता के ये शब्द जीवन में उन उद्देश्यों की पूर्ति करते रहें, जिनके लिए इन की सृष्टि हुई है।" इस पुस्तक में *यजुर्वेद* के तीन अध्यायों और *ऋग्वेद* के तेरह सूक्तों की सरल तथा जीवनोपयोगी व्याख्या है।

उक्त पुस्तक के अध्ययन के उपरांत हम पाते कि—द्वापर के अवतार श्री कृष्ण की सोलह कलाओं में एक कला 'योग' भी है, जिस कारण वह पूर्ण अवतार माने जाते है तथा योगीराज भी कहलाते हैं। वह श्री राम की बारह कलाओं से आगे सिद्ध होते हैं। जिस तरह हमारी इक्कीसवीं सदी में सन् 2015 में 'योग' को समूचे विश्व में प्रत्येक व्यक्ति तक पहुँचा कर बाबा रामदेव और नरेंद्र मोदी ने वैश्विक संपदा और सरोकार बना दिया है, उसी प्रकार

स्वामी दयानंद सरस्वती ने वेद को पुनरुपलब्ध करा कर बीसवीं सदी को धन्य कर दिया। यह हम भारतवासियों की आलस्यमय उपेक्षा रही या इतनी बड़ी थाती का वास्तविक उत्साह में सहेज पाने की अक्षमता कि भारत में वेद पताका फहरी तो जरूर, वेद-वाणी भी गूँजी अवश्य; किंतु संपूर्ण विश्व का, विश्व मन का श्रृंगार न बन पाई, काश ऐसा हुआ होता! यदि यह संभव हो गया होता तो विश्व-परिदृश्य ऐसा न होता, जैसे आज है। वेद हमें संवेदना—संवेदनशीलता की घुट्टी पिला कर परस्पर संवेदित धरातल पर मानवीयता के अक्षय सूत्र में बाँध देता। आज हमारी इस धरती और संसार पर जो क्रूरतम, घृणित, वीभत्स, अमानवीय आक्रमण, हमारे ही बीच के धरती-पुत्र कर रहे हैं, चार-पाँच वर्ष की बालिकाओं-बालकों के हाथों में ए.के. सैंतालीस (शस्त्र) थमा कर अधमता का नंगा नाच कर रहे है, ऐसा न कर पाते। अब कारण जो भी हों। इन कृत्यों को नाम कुछ भी दें, इनके पीछे कारण जो भी रहे हों। सब देश-समाज इसमें सम्मिलित हैं। चाहे सभ्यता संघर्ष कहो या क्रिया-प्रतिक्रिया या अविकसित मानवीय संवेदना। कुछ भी हो, यह मानना पड़ेगा कि हम वेद को अपना स्वभाव, चरित्र, बोध, अपनापन, न सौंप सके। एक सदी और पीछे चले गए। जहाँ नैतिकता, मानवीयता, भावनामयता, विचारशीलता की अब तक कमाई हुई अक्षय पूँजी हम गँवाने पर उतारू हो गए हैं। लज्जा की कोई भी, झीनी से झीनी परत भी, हम ने आँखों से खुरच कर बाहर फेंक दी है। अब घोर से घोर, बड़े से बड़े सामूहिक वध के तरीके और उपकरण बनाने में बढ़-चढ़ कर डींगें हाँकने में व्यस्त हैं, जबकि इसी धरती पर पसरी हुई भूख, बेहाली हमारी युद्ध-हत्या की पिपासा को छू तक नहीं पा रही।

इसी संसार में भारत में वेद मर्म और उस की महाकरुणा को उपलब्ध करके बुद्ध तथा महावीर ने हुँकारें भरी थीं। मानवता का पाठ पढ़ाया था। पुन: मध्यकाल में संतों ने रामानंद, कबीर, रैदास, नानक, तिरुवल्लुवर, तुकाराम, ज्ञानदेव, नामदेव, रामदास, दादू, मलूक आदि ने वेद को संवेद-संवेद्य बना कर मनुष्यता, मानवता, मानवीयता को सुरक्षित, संरक्षित करने को सैकड़ों वर्षों तक सुदीर्घ अभियान चलाए।

आज इक्कीसवीं सदी पुन: अपने अंत:करण में झाँक कर अपनी असहायता की स्थिति में उपाय खोजती है, अपनी पूर्व संपदा अपनी थाती को टटोलती है, जो उसे एक जाज्वल्यमान एक स्वर स्वामी दयानंद सरस्वती का सुनाई पड़ता है और दारुण दुखों में घिरी मानवता का अमोघ उपचार 'वेद' में दिखाई पड़ रहा है।

अपनी संपादित पुस्तक— *संत शिरोमणि दयानंद सरस्वती* में पंचोली जी ने स्वामी दयानंद के विचारों, स्वप्नों, आदर्शों का, विश्व समाज को श्रेष्ठ मानवों का समाज बनाने के मंतव्यों को विस्तारपूर्वक रखा है। स्वामी दयानंद ने किस प्रकार सन् 1875 में आर्य समाज की स्थापना की और आर्य समाज के दस नियमों के आधार पर नई वैदिक विश्व-व्यवस्था तथा संस्कृति के विकास का अभियान चलाया। यहीं डॉ. पंचोली अपने मन के दु:ख को व्यक्त करते हैं कि लाखों मिशनरी ईसा के मतानुसार ईश्वरीय साम्राज्य की स्थापना करने में जुटे हैं तथा इस्लामीकरण के कार्य में लाखों मौलवी योजनाबद्ध ढंग से कार्य कर रहे हैं, पर हिंदुत्व की रक्षा का दावा करने वाले आर्य स्वयं को हिंदुओं' से अलग घोषित कर अपनी हांडी में डेढ़ चावल का भात पकाने को ही सबसे बड़ी उपलब्धि मान कर इठला रहे हैं। बाँट कर संसार में कौन जीवित रह सका है? दयानंद का सांस्कृतिक जागरण का सपना इस तरह पूरा होने वाला नहीं है। संसार की तीन अरब जनसंख्या तक दयानंद का संदेश पहुँचाने वाले कम से कम 30 लाख मिशनरी अगले 10 वर्ष में तैयार हों तब कुछ बात बने। केवल दयानंद की स्मृति में मत्था टेकने से काम नहीं चलेगा। जिस दिखावे और छलावे भरे कर्मकांड का वे विरोध करते थे उस को अपना कर उनकी आत्मा को दु:खी ही किया जा सकता है, (*संत शिरोमणि दयानंद सरस्वती*, पृ. 195) इतना ही नहीं पंचोली जी आगे यह भी कहते

हैं कि ''दयानंद अपने दस नियमों में अपने सपनों का संसार कैसा रचना चाहते थे। वे अपने जीवन में आखिरी साँस तक अपने सपनों को साकार करने लगे रहे, पर उनके द्वारा अधूरे छोड़े काम को तो उनके अनुयायियों को पूरा करना था।'' (पृ. 194, वही)।

अत: हम देखते हैं कि अपने विचारों में क्रांतिकारी सामाजिक परिवर्तन की ज्वालाएँ धधकाने वाले वैज्ञानिक युग के अभिनव ऋषि दयानंद की सत्यनिष्ठ वेद-चेतना से जुड़ कर, व्यापक-गहन अध्ययन के आधार पर अपने चिंतनपरक एवं चिंतायुक्त विचारों को डॉ. बद्रीप्रसाद पंचोली जी ने पाठकों के समक्ष रखा है, जड़-पुरातन, मृत विचारों को, अन्यायपूर्ण गैर-बराबरी, छुआछूत के अपमानजनक व्यवहारों के विरुद्ध पाखंड खंडनी पताका गाड़ कर पाखंडियों को ललकारने वाले दयानंद को, वेद-वैदिक संस्कृति तथा वेद की असीम संकल्पना को साकार कर नया विश्व बनाने का स्वप्न देखने वाले, विश्व के अद्वितीय महानायक स्वामी दयानन्द के चिंतन को हमारे सामने लाकर डॉ. पंचोली ने भारतीय अस्मिता के सामने एक चुनौती खड़ी की है। यह चुनौती भारतीयों के समक्ष ही नहीं, विश्व के चिंतकों के सामने भी है, जो वर्तमान विश्व को वर्तमान हिंसा-संस्कृति से मुक्त कराने में व्याकुल और व्यग्र हैं।

❖❖❖

ज्ञान और आदर्शवाद के प्रतिनिधि

डॉ. पी.एल. चतुर्वेदी

मुझे यह जानकर अतीव प्रसन्नता है कि मेरे अनन्य मित्र एवं सहयोगी आचार्य बद्रीप्रसाद पंचोली जीवन के 80 वर्ष पूर्ण कर 81वें वर्ष में प्रवेश कर रहे हैं। मेरा उनसे गत 50 वर्षों से अधिक निकट का संबंध रहा है। हम दोनों के मध्य अनेक समानताएँ होने के कारण पत्र-व्यवहार से प्रारंभ हुआ सामान्य परिचय प्रगाढ़ मित्रता में परिवर्तित हुआ है। 34 वर्ष तक राजस्थान कॉलेज शिक्षा सेवा में शिक्षक के रूप में कार्य प्रारंभ कर वे प्राचार्य पद से सेवानिवृत्त हुए। पंचोली जी ने ज्ञान के प्रति समर्पित एक आदर्श शिक्षक के रूप में अपना अब तक संपूर्ण जीवन निर्वहन किया है। भारतीय संस्कृति की अमूल्य निधि, वेद एवं उसके विभिन्न पक्षों का उन्होंने गहनतम अध्ययन कर अपने शिक्षण, व्याख्यान और लेखों के माध्यम से प्रसारित किया है। प्रदेश के श्रेष्ठतम साहित्यकारों में वे आज गिने जाते हैं। एक श्रेष्ठ आचार्य के रूप में छात्रों में ज्ञान के प्रति ललक पैदा कर चारित्रिक दृढ़ता लाने के लिए उन्होंने सदैव सभी को प्रेरित किया है। सभी छात्रों के प्रति अत्यधिक स्नेहिल व्यवहार और उनके स्नेह के साथ उन्होंने छात्रों को सर्वांगीण विकास की ओर प्रेरित किया है। उनका जीवन हिंदी, संस्कृत के प्रति समर्पित रहा है।

राजकीय महाविद्यालय, अजमेर एवं महर्षि दयानंद सरस्वती विश्वविद्यालय में पाठ्यक्रम निर्धारण से लेकर भारत विद्या अध्ययन संकुल के कार्य में मुझे उनका अपूर्व योगदान प्राप्त हुआ। वे शोध के प्रति सदैव समर्पित रहे और एक श्रेष्ठ शोध मार्गदर्शक के रूप में उन्होंने हिंदी साहित्य से लेकर संस्कृति के विभिन्न पक्ष और वेद के अगाध ज्ञान के विषयों में छात्रों को शोध कार्य हेतु प्रेरित किया और सफलतापूर्वक मार्गदर्शन किया और आज भी वे इस कार्य में लगे हुए हैं। मौलिक और चिंतनपरक लेखनी के धनी पंचोली जी का साहित्यिक अवदान उनके द्वारा लिखित और प्रकाशित ग्रंथों में अध्येताओं को प्रेरणा देता है। वे एक उत्कृष्ट वक्ता भी रहे हैं, और इस नाते से विभिन्न साहित्यिक, सामाजिक और शैक्षिक कार्यक्रमों में उन्होंने लोगों को मंत्रमुग्ध करते हुए अपने विषय का प्रतिपादन किया है।

अनेकानेक शैक्षिक, साहित्यिक और भाषा ज्ञान संस्थाओं में उनका योगदान रहा है। अखिल भारतीय साहित्य परिषद्, दिल्ली से लेकर विभिन्न अकादमियों में उन्होंने विभिन्न पदों पर रहते हुए अनुपम योगदान दिया है। वे

पूर्व कुलपति, महर्षि दयानंद सरस्वती विश्वविद्यालय, अजमेर
पूर्व अध्यक्ष, मध्य प्रदेश व्यावसायिक महाविद्यालय नियामक आयोग, भोपाल
निवास : 365 बी, सिविल लाइंस, जयपुर। मो. : 9414050669

विवेकानंद केंद्र कन्याकुमारी के राजस्थान के प्रांत संचालक के रूप में स्वामी विवेकानंद जी के प्रेरणास्पद जीवन और उनके द्वारा बताये मार्ग पर चलने के लिए प्रदेशभर में अत्यधिक सक्रियता से कार्य करते रहे हैं। उन्होंने अनेक पत्र-पत्रिकाओं के संपादन में भी लेखन एवं अपने विचारों से समाज को दिशा दी है। शिक्षा के प्रसार हेतु वे राजस्थान प्रौढ़ शिक्षण समिति के उपाध्यक्ष के नाते समाज के प्रौढ़ वर्ग में शिक्षा का अलख जगाते रहे हैं।

एक श्रेष्ठ लेखक के रूप में डॉ. पंचोली जी ने अनेक लेख, नाटक, एकांकी, कथाएँ, काव्य, समीक्षाएँ, बाल-साहित्य आदि की विपुल सामग्री प्रकाशित की है। वेद उनकी रुचि का विषय होने के कारण उन्होंने अनेक व्याख्यापरक पुस्तकें प्रकाशित की हैं। सम-सामयिक विषयों पर उनके लेख, कविताएँ और एकांकी देश के अनेक पत्र-पत्रिकाओं में प्रकाशित होते रहे हैं। भाषा के विकास की दृष्टि से एक भाषा-वैज्ञानिक चिंतक के रूप में उन्होंने अनेक पुस्तकें लिखकर भाषा साहित्य को समृद्ध किया है। भारतीय प्राचीन ग्रंथ *ऋग्वेद*, *उपनिषद्* और *गीता* पर भी उनकी श्रेष्ठ कृतियाँ उपलब्ध हैं।

ऐसे श्रेष्ठ साहित्यिक मनीषी को देश-विदेश ही नहीं; अपितु देश की अनेक साहित्य अकादमी एवं साहित्यिक संस्थाओं ने अपने श्रेष्ठतम पुरस्कारों से सम्मानित किया है। राजस्थान सरकार ने भी उन्हें संस्कृत सेवा प्रचार हेतु सम्मान से विभूषित किया है। ऐसे आचार्य के प्रेरणादायी व्यक्तित्व को समाज के समक्ष प्रस्तुत करने के लिए उनके 81वें जन्मदिवस पर अभिनंदन ग्रंथ प्रकाशित करने का जो कार्य हाथ में लिया है उससे स्वाभाविक रूप से उनके स्नेही मित्र और साहित्यिक साथी हर्षित हैं। मैं अपनी इस अभिलाषा के द्वारा उनके व्यक्तित्व के प्रति नमन करता हूँ और ईश्वर से उनकी स्वस्थ दीर्घायु की कामना करता हूँ। आगे के अपने जीवन में वे समाज को वर्तमान की चुनौतियों का समाधान इन समस्त विधाओं के द्वारा मार्गदर्शक के रूप में करते रहें, ऐसी प्रभु से कामना है।

स्नेहांकित

❖❖❖

ओरणी शब्द का अर्थ है—बोवनी, बीज बोने का कार्य। बोवनी अथवा बौनी का समानार्थक शब्द बुवाई है। इसी अर्थ में ओरणी के साथ उराई शब्द भी प्रचलित है। उराई करने वाला किसान खेत में बीज ओरता है—बोता है। जब उराई शुरू करता है तब उत्सव मनाता है। उराई संपन्न हो जाती है तब भी आनंद मनाने के लिए घूघरी पकाता है और गुड़-घूघरी की दावत देता है। सब मिलकर एक साथ भोजन करते हैं। एक कहावत चल पड़ी है—जैसी तेरी घूघरी वैसे मेरे गीत। घूघरी अच्छी—मीठी हुई तो खाने वाले आनंदोल्लास के सूचक गीत भी मीठे गाएँगे।

–*शब्दार्थ-सन्धान* पुस्तक से

वेदश्रमी साधक

डॉ. दयानंद भार्गव

अपने विद्यार्थी जीवन में एक स्वर निरंतर सुनाई पड़ता था—'वेदानां विश्वतो मुखम्।' उस समय इस वाक्य का अर्थ ठीक से समझ नहीं आया था। अब धीरे-धीरे यह समझ में आ रहा है कि किस प्रकार वेद-मंत्रों की व्याख्या भिन्न-भिन्न दिशाओं में की जा सकती है।

यास्काचार्य ने वैदिक शब्दों की व्याख्या का आधार यह बताया कि सभी शब्द धातुओं से निष्पन्न हुए हैं—सर्वाणि नामान्याख्यातजानि। यास्क का यह दावा बहुत साहसपूर्ण था, क्रांतिकारी भी था। संसार की कोई दूसरी भाषा शायद ही यह दावा कर सके कि उसके सारे शब्द धातुओं से निकले हैं। यह प्रश्न भाषा की उत्पत्ति से जुड़ा है। क्या ऐसा संभव है कि किसी समय धातुओं की सूची लेकर उन धातुओं से शब्द गढ़े गए हों? अथवा कि शब्द तो पहले से ही थे, बाद में उनमें धातुएँ खोजी गई हों? कुछ भी हो यास्क का प्रयत्न वेद की व्याख्या में एक महत्त्वपूर्ण स्थान रखता है।

तदनंतर सायणाचार्य ने एक दूसरा प्रयत्न किया जिसके अनुसार वेद के प्रत्येक सूक्त का ही नहीं, प्रत्येक मंत्र का भी किसी न किसी श्रौतयज्ञ में उपयोग है और इसी पृष्ठभूमि में उसका अर्थ भी करना चाहिए। इस दिशा में सायणाचार्य का पुरुषार्थ इतना तेजस्वी है कि आश्चर्य होता है कि एक व्यक्ति इतना बड़ा कार्य कैसे कर सका कि उसने चारों वेदों पर ही नहीं, अनेक ब्राह्मणग्रंथों पर भी पांडित्यपूर्ण भाष्य लिख दिया। निश्चित ही उन्हें राज्याश्रय प्राप्त था और उन्हें अनेक सहायक भी भाष्य कार्य करने के लिए मिले होंगे। वैदिक कर्मकांड में श्रद्धा रखने वालों के लिए तो सायणाचार्य आज भी अंतिम प्रमाण हैं ही; किंतु अन्य विचारधाराओं वालों के लिए भी भले ही वे पश्चिमी विद्वान् ही क्यों न हों—सायणाचार्य की उपेक्षा करना संभव नहीं है।

इसके अनंतर स्वामी दयानंद सरस्वती का नाम आता है। उन्होंने भारतीयों का ध्यान इस ओर दिलाया कि वेद हमारी संस्कृति के मूल स्रोत हैं और परमप्रमाण हैं। उनके समय वेद कंठस्थ करने वाले वेदपाठी तो थे; किंतु उनका अर्थ पढ़ने पढ़ाने वाले कम ही रह गये थे। स्वामी दयानन्द सरस्वती ने वेदों की व्याख्या इस प्रकार की कि

लेखक संस्कृत के मूर्धन्य विद्वान एवं सेवानिवृत्त प्राफेसर (दिल्ली विश्वविद्यालय, दिल्ली, जयनारायण व्यास विवि, जोधपुर और ज.रा.सं. विवि, जयपुर) हैं।
जे-1/7 जीवन सुरक्षा फ्लैट्स, विद्याधरनगर सैक्टर-II, जयपुर - 302039
मो. : 0141-2232856

जनसामान्य के बीच भी वेदों का प्रवचन किया जा सके। जनसामान्य के लिये श्रौतयागों की जटिलता का विवरण अनावश्यक-सा था। अत: स्वामी दयानंद सरस्वती ने वेदों का सामाजिक महत्त्व उजागर किया। यह परंपरा दामोदर सातवलेकर जैसे मनीषियों द्वारा खूब पुष्पित पल्लवित हुई। प्रोफेसर बद्रीप्रसाद पंचोलीजी ने उसी परंपरा पर अत्यंत परिश्रम से जो विस्तारपूर्वक कार्य किया है, वह अत्यंत प्रशंसनीय है। निरन्तर इसी धारा में लिखकर छपते रहना डॉ. पंचोलीजी की गहरी निष्ठा का सूचक है। वे डॉ. फतहसिंहजी की शिष्य परंपरा की एक तपस्वी कड़ी हैं।

स्वामी दयानंद सरस्वती के पश्चात् हम महर्षि अरविंद के वैदिक भाष्यों को देखते हैं तो एक तीसरी परंपरा का प्रारंभ होता दिखाई देता है। यह परंपरा वेदों के शब्दों को प्रतीक मानकर वेदों का मनोवैज्ञानिक अर्थ करती है। डॉ. एस.पी. सिंह ने अपने ग्रंथ *वैदिक सिंबोलिज्म* के द्वारा इस परंपरा को आगे बढ़ाया।

दूसरी ओर पंडित मधुसूदन ओझा ने वेद-विज्ञान नाम से ब्राह्मणग्रन्थों को आधार बनाकर वेदानुसारी सृष्टिविद्या पर प्रकाश डाला। उनके शिष्यों में महामहोपाध्याय गिरधर शर्मा चतुर्वेदी, पंडित मोतीलाल शास्त्री आदि नाम अग्रगण्य हैं। डॉ. वासुदेवशरण अग्रवाल ने स्वामी दयानंद सरस्वती की संहिता-केन्द्रित दृष्टि तथा पण्डित मधुसूदन ओझा की ब्राह्मण-केंद्रित दृष्टि का समन्वय प्रस्तुत किया। डॉ. फतहसिंहजी का प्रयत्न भी ऐसा ही है। इस सारी पृष्ठभूमि में डॉ. बद्रीप्रसाद पंचोली के कार्य को मैं देखता हूँ तो मैं उन्हें वेद विद्वानों में बहुत ऊँचे स्थान पर पाता हूँ। उनके आठ ग्रंथ इस समय मेरे सामने हैं। इन सभी ग्रंथों में वेदमंत्रों का वैदुष्यपूर्ण तथा हृदयग्राही रहस्य उद्घाटित हुआ है। ये ग्रंथ 1987 से 2004 के बीच प्रकाशित किए गए। इन ग्रंथों में जीवन के लिए एक उदात्त संदेश है। 2016 में डॉ. पंचोलीजी ने *श्रुतिसन्दोह* नाम से वेद संबंधी कुछ लेखों का संपादन भी किया जो इनके इस अवस्था में भी तप:-स्वाध्याय-निरत रहने का प्रमाण है।

इनका ग्रंथ *जीवन-सुरभि* वैदिक परंपरा की कुछ आख्यायिकाओं का संकलन है जो युवाओं के लिए विशेष उपयोगी है क्योंकि यह सीधा उपदेश न देकर कथाओं का रोचक माध्यम अपनाता है। गहरे विस्तृत अध्ययन के बिना ऐसा ग्रंथ बनाना संभव नहीं है।

एक अन्य ग्रंथ 'संदीप्त जीवन' वैदिक दृष्टि पर लिखे गए 40 लेखों का संकलन है। ऐसा संकलन पी-एचडी. के नाम पर लिखे गए अनेक ग्रंथों की अपेक्षा कहीं अधिक समाजोपयोगी सिद्ध होता है।

डॉ. पंचोलीजी का ग्रंथ *वेदानुचिंतन* अपेक्षाकृत शोधात्मक अधिक है; किंतु उसमें भी युगानुरूपता सर्वत्र रखी गई है। इसमें पादटिप्पण में दिए गए संदर्भ लेखक की परिश्रमशीलता के प्रमाण हैं। मूल वेद-मंत्रों की व्याख्या के रूप में उनके चार ग्रंथ मेरे सामने हैं—*श्रुति-संजीवनी* (1999), *नव-गति नव-लय* (2003), *श्रुति-विमर्शिनी* (2003) तथा *गति साध्यों की साध्य* (2004)। इन सभी ग्रंथों में मंत्रों का शब्दार्थ, व्याकरणिक विवेचन तथा हिंदी पद्यानुवाद इस प्रकार दिया गया है कि ये सर्वजनसुलभ भी हैं और विद्वज्जनभोग्य भी।

आज जब तनाव, भ्रष्टाचार, बलात्कर, आतंकवाद, निर्धनता के कारण होने वाली आत्महत्याएँ, बेरोजगारी, आपसी फूट, जातिवाद, संप्रदायवाद आदि आदि समस्याएँ प्रतिदिन समाचारपत्रों में उजागर होती रहती हैं; किंतु उनका समाधान कहीं नजर नहीं आता, तब हम यदि डॉ. बद्रीप्रसाद पंचोलीजी के इन ग्रंथों के देखेंगे तो निश्चित ही एक मार्ग-दर्शन मिलेगा। यही इन कृतियों की प्रासंगिकता है। डॉ. बद्रीप्रसाद पंचोलीजी ने इतना विपुल साहित्य बिना किसी सरकारी अनुदान के अपने बलबूते पर प्रकाशित किया है। यदि कोई सरकारी संस्था उनके पूरे साहित्य

को नए रूप में अपने स्तर पर प्रकाशित करने का कार्य करे तो यह निश्चित ही राष्ट्र-सेवा का एक अनुपम कार्य होगा।

❖❖❖

चेष्टा या प्रयत्न की निरंतरता का नाम अभ्यास है। अभि+आस से बने हुए इस शब्द का सीधा अर्थ है—अभिमुख होकर बैठना। यह उपनिषद् (उप=निकट+नि-षद्=पूरी तरह बैठना) का पर्यायवाची प्रतीत होता है। लक्ष्य खो जाए तो प्रयत्न-शून्यता आती है। इसलिए सदैव लक्ष्य को सामने रखें। तब चेष्टा का क्रम रुकेगा नहीं।

—*जीवन-शतपथ* **पुस्तक से**

ज्ञान पुरुष

डॉ. श्रीराम परिहार

आदरणीय अग्रज डॉ. बद्रीप्रसाद पंचोली से प्रथम भेंट लगभग दस वर्ष पहले साहित्य संगोष्ठी में हुई थी। उन्हें पहली बार मैंने देखा और सुना। मानवीय मूल्यों से भरा-पूरा पीपल तरु की तरह उनका व्यक्तित्व है। माही नदी की तरल और निर्मल जलधारा के समान उनके पास ज्ञान समृद्धि है। किसी भी विषय पर प्रकाश डालते समय वे उस विषय के समग्र को आलोकित करने का प्रयास करते हैं। इस प्रयास में वह विषय अपने संपूर्ण कलेवर के साथ पाठक और श्रोता के समाने खुली किताब की तरह प्रस्तुत हो जाता है। ज्ञान की जितनी समृद्धि उनके पास है, उतनी ही विनयशीलता का रिक्थ भी उन्हें ईश्वर ने प्रदान किया है। वे संस्कृति के आख्याता पुरुष हैं। वे संस्कृति को जीते भी हैं और देशकाल में व्यक्ति और समाज स्तर पर उसके संस्थापना भी चाहते हैं। उनका वक्तव्य मनीषी का कथन होता है। उसमें तथ्य, चिंतन और मौलिकता इस तरह पिरोई रहती है कि श्रोता उसमें डूबकर अपनी मनीषी परंपरा से साक्षात्कार करने लगता है।

साहित्य, संस्कृति, इतिहास, अध्यात्म, दर्शन, पुरातत्त्व, समाज के वे गहरे और सूक्ष्मद्रष्टा हैं। उनकी पारख-परख मानवीय सद्व्यवहार और उदात्त जीवन दर्शन के आस-पास अपनी यात्रा करती है। इस यात्रा में वे संस्कृति के उन पड़ावों का और तीर्थों का निर्माण करना चाहते हैं, जिनसे मानुषभाव का विकास होता है और समाज, राष्ट्र और विश्व प्रगति एवं शांति के मार्ग पर अग्रसर होता है। वास्तव में यह सनातन ऋषि की सनातन ज्ञान परंपरा का ऐसा प्रकल्प है, जिसे भारत में अनादिकाल से अपने मन, अपनी वाणी और अपने व्यवहार में समुद्भूत किया गया है। डॉ. पंचोली जी निरंतर चिंतन की उस राह पर चलते रहे हैं जो राह गंगा और नर्मदा की है। यह राह जनमन को सींचने की है। स्नान कराने की है। आत्मबोध कराने की है। स्वयं के स्वरूप को पहचानने की है। मानव से विश्व मानव हो जाने की है।

डॉ. पंचोली जी अपनी जीवन यात्रा में ज्ञान-विज्ञान के माध्यम से विद्यार्थियों की एक ऐसी पीढ़ी राष्ट्र और विश्व को दे सके हैं, जो संस्कृतिनिष्ठ नागरिकों की है जिसमें साहित्यकार, कलाकार और राष्ट्रीय भावों से ओतप्रोत मानवों की है। ऋषि परंपरा के हमारे समय के अग्रज डॉ. पंचोली जी के मानुषभाव से भरे व्यक्तित्व को हार्दिक अभिवादन। स्वस्थ, सुदीर्घ, यशस्वी जीवन की कोटिशः शुभकामनाएँ। इति शुभम्।

❖❖❖

लेखक वरिष्ठ साहित्यकार एवं ललित निबंधकार हैं।
आजाद नगर, खंडवा-450001 (म.प्र.)
मो. : 942534274

साहित्य और संस्कृति को समर्पित व्यक्तित्व

डॉ. सत्यनारायण व्यास

कुछ लोग होते हैं जो साहित्य को पढ़ाते हैं और कुछ लोग संस्कृति पर अच्छा-खासा भाषण देते हैं; परंतु उनके इस पढ़ाने और भाषण देने से उनके निजी जीवन का कोई संबंध नहीं होता। वे प्रोफेशनल टीचर या 'ओरेटर' होते हैं—उनका अध्ययन, उनकी स्मृति और उनकी अलंकृत भाषा से तात्कालिक प्रभाव, तालियों की गड़गड़ाहट और बस! फिर एक शून्यता—जीवन में, विचारों में और यहाँ तक कि आचरण में भी।

इससे उलट, डॉ. बद्रीप्रसाद पंचोली साहित्य को पढ़ाने के साथ उसमें जीते हैं, संस्कृति में रमते हैं। साहित्य के द्वारा स्थापित जीवन-मूल्य और सामाजिक-मूल्य उनके जीवन का आधार हैं। वे संस्कृति पर नहीं बोलते, अपितु संस्कृति उनके मुँह से बोलती है। सही माने में, वे शिक्षक से बढ़कर एक आचार्य हैं। आचार्य का सीधा संबंध आचरण से है। आचरण, चरित्र का और चालचलन का पर्याय है—इस कसौटी पर वे खरे हैं। अंग्रेजी के 'प्रोफेसर' शब्द में जहाँ 'प्रोफेशन'—यानी व्यवसाय की गंध आती हैं, वहीं आचार्य शब्द में सच्चरित्रता की सुगंध और समस्त जीवनादर्शों की सुरभि व्याप्त है। इसी कारण, *उपनिषद्* 'आचार्यदेवो भव' की घोषणा करते हैं। भारतीय परिवेश में, चिंतन और विचारों से ऊपर 'आचरण' को वरीयता दी गई है। पंचोली साहब ऐसे ही सम्माननीय आचार्य हैं।

छात्रावस्था से ही डॉ. फतहसिंह जैसे दिग्गज वैदिक विद्वान् से शिक्षा ग्रहण करते हुए पंचोली जी के मानस पर, आर्य समाजी संस्कृति छा गई, जो उनके आगामी जीवन की एक पक्की आधारभूमि सिद्ध हुई। तब से ही इनका अनुराग संस्कृत, संस्कृति और वैदिक साहित्य की समाजोपयोगी सुधारवादी व्यवस्था के प्रति बढ़ने लगा और इस 'पूँजी' को लेकर वे हिंदी साहित्य में आचार्य के रूप में आए। संस्कृत-साहित्य की पृष्ठभूमि लेकर जो भी हिंदी में आए, वे उनसे ज्यादा श्रेष्ठ अध्यापक सिद्ध हुए, जो मात्र हिंदी-साहित्य पढ़कर हिंदी-साहित्य पढ़ाने के क्षेत्र में आए हैं। क्योंकि संस्कृत भाषा और साहित्य, हिंदी-साहित्य की पोषिका मातृभूमि है। इस अर्थ में, पंचोलीजी भाग्यशाली हैं और सामर्थ्यशाली भी।

एक भारतीय आचार्य में शिक्षा और शिक्षण के प्रति जो एक समर्पण, त्याग, तितिक्षा, जीवनमूल्य और सम्यक् चारित्र्य होता है—ये सब मानक पंचोलीजी के गुरुतर व्यक्तित्व में समाए हुए हैं। उनको देख-सुनकर यही लगता

वरिष्ठ लेखक एवं साहित्यकार
ए-85-बी, शिव शक्ति नगर, मॉडल टाउन, जगतपुरा रोड, जयपुर (राज.)
मो. : 9461392200

है कि जैसे वे शिक्षक बनने के लिए ही जन्मे हैं। वे अहर्निश शिक्षक हैं। दिनभर कॉलेज में पढ़ाने के बाद भी, उनके घर पर नि:शुल्क पढ़ने वाले स्वयंपाठी छात्रों का जमावड़ा लगा रहता था—जिसमें यह नाचीज़ भी शामिल था। हम ध्यान से देखते कि न उनका शरीर थकता था और न मन। बस, एक गिलास नींबू पानी या छाछ-मठ्ठा के साथ वे हम सबको पढ़ाना शुरू कर देते। जिसे व्याकरण पढ़नी हो तो उसे सुबंत और तिङन्त की बारीकियाँ समझाते, किसी को काव्य पढ़ना हो तो बिना किसी अंतराल के ललित व्याख्या के साथ कविता पढ़ाने लगते तो किसी अन्य को निबन्ध समझाने लगते। इसी बीच कोई मिलने वाला अतिथि आ जाता तो वह भी मामूली बातचीत के बाद इस 'गुरुकुल' का हिस्सा हो जाता।

दिन उगने से लेकर रात ग्यारह बजे तक—दिनचर्या और निद्रा-काल को छोड़कर वे हर पल शिक्षक हैं—लेखक हैं और वक्ता हैं। प्राण वायु के बाद, भोजन नहीं, मानो शिक्षण ही उनके जीवन का आधार तत्त्व रहा है। इसे, आप भले ही दीवानगी की हद पार करना कह लीजिए, लेकिन यह उनके जीवन की सत्य घटना है कि जिस दिन उनकी एक बेटी का विवाह होना था, उस दिन भी वे हमेशा की तरह क्लास को पढ़ाने में तन्मय थे। संसार के सारे क्रिया-कलाप और कर्म-विधान को निभाते हुए, उनकी आस्था का केंद्र अध्यापन रहा, शब्द-साधना रही।

कॉलेज में पढ़ाते समय इस बात पर पंचोलीजी निगाह रखते कि कौन सा छात्र फीस जमा कराने में अक्षम है—अपने वेतन से उसकी फीस जमा करा दी जाती। न किसी साथी-अध्यापक से इस त्याग की चर्चा और न ही घर वालों को इस बात का पता चलता। बची-खुची तनख्वाह की राशि से इन आधुनिक द्रोणाचार्य का घर खर्च चलता रहा है। न कोई बैंक बैलेंस बन पाया और न कोई लक्ष्मी-समृद्धि घर में अपना वर्चस्व बना सकी। जैसा कि लोग, कोचिंग, ट्यूशन, पास बुक्स आदि से बंगले खड़े कर शिक्षण-कार्य से 'सेठ' तो हो गए पर 'श्रेष्ठ' नहीं बन पाए।

डॉ. पंचोली साहब तकनीकी रूप से भले ही सेवानिवृत्त हो गए हों, पर वे शिक्षा-निवृत्त या साहित्य से निवृत्त कभी नहीं हुए। घर के तमाम हल्ले-गुल्ले के बीच वे शांत भाव से एकाग्र होकर साहित्य की रचना करते रहे हैं। काव्य, नाटक, निबंध के अलावा वैदिक साहित्य और भाषाविज्ञान संबंधी उनका लेखन बहुत विशद और गंभीर है। वे साहित्य के अनथक प्रवक्ता, स्रष्टा और व्याख्याता हैं। प्राय: सेमीनार और संगोष्ठियों में उनकी वक्तृता-क्षमता विराम लेने का नाम नहीं लेती। उनकी अजस्र वाग्धारा जिस विषय पर प्रवाहित होने लगती है तो श्रोता और संभागी जन देश-काल से अतिक्रमण की अवस्था में आ जाते हैं। वेद में वर्णित आध्यात्मिक, भौतिक या सामाजिक पक्ष पर वे बिना किसी नोट्स का आधार लिए घंटों बोलते रह सकते हैं। दूसरी ओर, व्याकरण, भाषा-विज्ञान या शब्द की प्रवृत्तियों पर उनका विवेचन प्रामाणिक और धाराप्रवाह चल सकता है। सुनने वाले ही कहेंगे कि 'सर, अब आज बहुत हो गया' तो वे अपने को विराम देंगे। इसी तरह, *रामायण* आदि आर्ष ग्रंथों की उनकी अपनी मौलिक व्याख्याएँ होती हैं—जिनसे श्रोताओं को नए संदर्भ, नई प्रासंगिकता की ताज़गी का अनुभव होता है।

यही नहीं, उनकी यायावरी क्षमता भी ग़ज़ब की है। भारत में कम ही जगह बची होंगी, जहाँ उनका व्याख्यान नहीं हुआ। उस पर खास बात यह कि वे जब संगोष्ठी समाप्त हो जाए, तभी वहाँ से जो भी साधन मिल जाए, उसी से वापसी यात्रा शुरू। फिर चाहे आधी रात हो या दुपहर या ब्राह्ममुहूर्त। पर्यटन, परिव्राजन और संभाषण सब घुल-मिलकर इनकी यात्रा की थकान को पास भी फटकने नहीं देते। खुद, पंचोलीजी ने अपने सेवाकाल में अनेक संगोष्ठियाँ ओर साहित्यिक सभाएँ आयोजित की हैं। ऐसी कई राष्ट्रीय संगोष्ठियों में मुझे भी जाने और बोलने

का अवसर मिला है। यथा, महापंडित राहुल सांकृत्यायन के कृतित्व पर राजकीय कॉलेज, अजमेर में एक राष्ट्रीय संगोष्ठी आपने आयोजित की थी, जिसमें स्वनामधन्य विद्वज्जन आए थे और वह एक स्मरणीय ऐतिहासिक संगोष्ठी रही, जिसमें हिंदी खड़ी बोली का उद्‌भव और विकास और राहुल सांकृत्यायन के शोध पर एक आलेख का वाचन मैंने किया था।

पंचोलीजी के सुदीर्घ रचनात्मक जीवन पर नज़र डालें तो दुष्यंत का वह शेर याद आ जाता है—'जिसे मैं ओढ़ता-बिछाता हूँ, वो ग़ज़ल आपको सुनाता हूँ।' उन्होंने जीवन में, एक बड़ा साहसिक कार्य यह भी किया कि, खुद ही वर्षों से 'न लाभ न हानि' के सिद्धांत पर सहकार-भावना के साथ पुस्तकों के प्रकाशन का काम प्रारंभ किया था। यह कार्य घर फूँक कर तमाशा देखने वाली हिम्मत का पर्याय है। यह वह अग्निपथ है, जिस पर प्रेमचंद *हंस* के प्रकाशन को लेकर चले और उनकी पत्नी शिवरानी देवी के गहने तक बिक गए और फाकाकशी तक की नौबत आ गई। इस फ़कीराना ठाठ में पंचोलीजी भी आगे रहे है और अनेक प्रतिभाओं की अनेक कृतियों का प्रकाशन करके घाटा झेलते रहे। इस शृंखला में मेरी भी एक काव्य कृति *संन्यास* जो आद्य शंकराचार्य के जीवन और दर्शन पर है, का प्रकाशन आपने सन् 1990 में किया था।

डॉ. बद्रीप्रसाद पंचोली जी से सन् 1975 से मेरे संबंध रहे हैं, जो क्रमश: फिर लगाव, जुड़ाव ओर आत्मीय रिश्ते में बदल गए हैं। वे हमारे उन्नायक और संरक्षक जैसे हैं। जब अजमेर में, मैं अपनी आजीविका को लेकर सपरिवार मझधार में हिचकोले खा रहा था और श्रमजीवी कॉलेज, अजमेर में अपनी सेवाएँ दे रहा था। तब से चालीस बरस बीत गए—पंचोली साहब की ज्ञानात्मक तपस्या निरंतर वर्धमान रही है। जब भी आप उनके पास बैठेंगे—केवल साहित्य, दर्शन और संस्कृति की ही चर्चा में भागीदार होते अनुभव करेंगे। सांसारिक बातें उनके मुँह से बहुत कम सुनने को मिलेंगी।

ऐसे शब्द-जीवी, शब्द-साधक, ज्ञानार्पित आराधक का हम हार्दिक अभिनंदन करते हुए उनके नीरोगता सहित शतायु पार जीवन की शुभकामना करते हुए स्वयं को कृतार्थ अनुभव करते हैं।

❖❖❖

वैष्णवजन वंदनीय व्यक्तित्व एवं वरेण्य कृतित्व

डॉ. ज्ञानप्रकाश पिलानिया

हजारों साल नरगिस, अपनी बेनूरी पर रोती है।
बड़ी मुश्किल से होता है, चमन में दीदावर पैदा।

डॉ. पंचोली एक ऐसे ही दीदावर हैं। अजमेर में नियुक्ति के दौरान शिक्षाविद्, वेदविद् एवं मौलिक चिंतन के धनी वरिष्ठ साहित्यकार डॉ. बद्रीप्रसाद पंचोली के सान्निध्य का, उनके सत्संग का सुअवसर प्राप्त हुआ। मैंने ज्यों-ज्यों उन्हें निकट से देखा त्यों-त्यों उनके अगाध ज्ञान से मैं अभिभूत होता गया। आज भी मैं उनके लेखों की जूठन बटोरता रहता हूँ। मैं जब सोचता हूँ तब हठात् संस्कृत के निम्न सुभाषित की सार्थकता का बोध होता है :

'मानुष्ये सति दुर्लभा पुरुषता, पुंस्त्वे पुनर्विप्रता विप्रत्वे बहुविद्यताति गुणता, विद्यावतोऽर्थज्ञता।
अर्थज्ञस्य विचित्रवाक्यपटुता, तत्रापि लोकज्ञता, लोकज्ञस्य समस्त शास्त्रविदुषो धर्मे मतिदुर्लभा॥'

(***सुभाषित रत्न भाण्डागारम्*** 1050)

अर्थात—मनुष्यों में 'पुरुष' को पाना बहुत दुर्लभ है (वहाँ पुरुष का अर्थ है वह व्यक्ति जो स्थिरता, दृढ़ता, धीरता, वीरता और गंभीरता आदि गुणों से युक्त हो)।...... यदि कुछ ऐसे मनुष्य मिल भी जाएँ तो उनमें 'विप्र' का मिलना बहुत दुर्लभ है (यहाँ 'विप्र' का अर्थ सात्त्विक गुणों से युक्त व्यक्ति है—उदार, दयालु, मृदुभाषी, आत्म नियंत्रित व्यक्ति)। इनमें भी ऐसे व्यक्ति मिलना दुर्लभ है जो 'बहुविध' हो—अर्थात अनेक विधाओं में पारंगत हो—चाहे वह विज्ञान हो, कला हो, तकनीकी ज्ञान हो, पर्यावरण विज्ञान हो, राजनीति हो, इतिहास हो आदि। ऐसे व्यक्तियों में भी जो इन विधाओं का अर्थ जानते हों (केवल पुस्तकीय ज्ञान नहीं) ऐसे लोग मिलना कठिन है। फिर इन लोगों में उस ज्ञान को जनभाषा में समझाने की योग्यता रखने वाले, ऐसे वाक्चातुर्य वाले व्यक्ति मिलना दुर्लभ हैं। यदि कुछ ऐसे व्यक्ति मिल भी गए तो उनमें ऐसे व्यक्ति विरले हैं जो लोगों को समझ सकते हैं—उनकी भावनाएँ, उनकी इच्छाएँ,

---

पूर्व महानिदेशक पुलिस, राजस्थान एवं संसद सदस्य (राज्य सभा)
D-148,/2, दुर्गा मार्ग,
बनीपार्क, जयपुर (राज.)
सम्पर्क नम्बर : 0141-220133

उनकी योग्यताएँ, उनकी कठिनाइयाँ, कमजोरियाँ, शक्तियाँ इन सबका जिन्हें भलीभाँति ज्ञान हो। ऐसे व्यक्तियों के बीच उन व्यक्तियों का पाना दुर्लभ है जो समस्त शास्त्रों में पारंगत हों। और अंत में, यदि कुछ ऐसे व्यक्ति मिल भी जाएँ तो उनमें उन व्यक्तियों का पाना कठिन है, जिनकी गति सदा धर्म में स्थित हो, जिनके सारे क्रियाकलाप उठना, बैठना, खाना, पीना, सोचना, सब धर्म पर आधारित हो।' डॉ. पंचोली ऐसे विरले व्यक्ति हैं, जिनमें उपर्युक्त विशेषताएँ विद्यमान हैं।

यदि डॉ. पंचोली के बहुआयामी विराट् व्यक्तित्व को एक शब्द में समेटना हो तो मैं निस्संकोच कहूँगा कि वे एक 'वैष्णव जन' हैं। वे 'पीड़ पराई' को जानते हैं और 'परदुःख' उपकार करते हैं। परंतु, 'मन अभिमान न आणे रे।' वे 'स्वयं अमानी, अन्य मानप्रद' हैं। ऐसे प्रभु-समर्पित वैष्णव-जन के लिए, नरसी मेहता ने कहा है—'सकल लोक माँ सहुने वंदे, निंदा न करे केनी रे। वाच काछ मन-निश्चय रखे, धन धन वां की जननी रे॥' 'समदृष्टि ने तृष्णा त्यागी, परस्त्री जेने मात रे। जिह्वा थकी असत्य न बोले, परधन नव झाले हाथ रे।'

डॉ. पंचोली समाज के लिए प्रेरणा-पुंज हैं। वे सरस्वती के वरद-पुत्र हैं। उनका भाषण श्रोताओं को सम्मोहित कर देता है। वास्तव में, डॉ. पंचोली ने अपने आचरण एवं जीवन दर्शन से, समाज के लिए, एक आदर्श और कीर्तिमान स्थापित किया है। ऐसे व्यक्ति-विशेष के लिए यह कहना उपयुक्त होगा—'कुलं पवित्रं जननी कृतार्था, वसुंधरा भाग्यवती च तेन।' अब वे जीवन के यशस्वी ८1वें वर्ष में प्रवेश कर रहे हैं। उनके लिए मंगलकामना है—'जीवेम शरदः शतं, अदीनाः श्याम शरदः शतं, भूयः च शरदः शताम्।'

❖❖❖

''सांसारिक विषयों को लोक में निन्यानबे का चक्कर कहा जाता है और पौराणिक परंपरा में भवचक्र। लोग कहते हैं कि यह भव या संसार का चक्र घूम रहा है—दौड़ते हुए इसमें कहीं से भी लटक जाइए। यह चक्र कभी रुक जाएगा और तब इसमें कहीं उपयुक्त स्थान मिल जाएगा—ऐसा मानना भूल है। ऐसा कभी नहीं होगा।

संसार-चक्र की तरह चलता हुआ चक्र कुम्हार का होता है—कुलाल-चक्र। बोलचाल की भाषा में उसे 'चाक' कहा जाता है। संसार-चक्र को ब्रह्मा चलाता है और उसका प्रयोग करके प्राणियों के विविध प्रकार के शरीर बनाता है। ब्रह्मा प्रजापति है। कुम्हार भी चाक से छोटे-छोटे घट बनाता है। उसे भी प्रजापति कहा जाता है। शरीर को घट कहने के पीछे भी यही कारण प्रतीत होता है।

कुम्हार मिट्टी भी तैयार करता है, चाक भी चलाता है और उस घट का पूर्वरूप भी तैयार करता है। जब वह कड़ा पड़ने लगता है तब पीट-पीट कर बड़े आकार में घड़े को निर्मित करता है। चाक की पूजा करके कुम्हार के इस श्रम की पूजा की जाती है।

***–जागो देव! देश में मेरे* पुस्तक से**

अथातो पंचोली जिज्ञासा

प्रो. त्रिभुवननाथ शुक्ल

एक ऐसे आचार्य जो शब्दमय हों, शास्त्रमय हों, श्रुतिमय हों तथापि विजीगिष्णु बन रहते हों, उनपर कुछ लिखना, उनको समझना, जानना और पहचानना ब्रह्म जिज्ञासा से कम नहीं। अब वे 80 वसंत पूरे कर चुके हैं। हम सबकी समवेत प्रार्थना है कि वे 'शताधिक जीवतु'। वैदिक एवं भारतीय भाषाचिंतन के शिखरस्थ आचार्य पंचोली जी की कृतियाँ *श्रुति संदीपनी, श्रुति संजीवनी, श्रुति मंगला, श्रुति विमर्शिनी, नव गति नव लय, गति साध्यों की साध्य* आदि वेद की दस व्याख्यापरक पुस्तकें इसका प्रत्यक्ष प्रमाण हैं। यहाँ मैं उनकी एक पुस्तिका (कुल 96 पृष्ठों की) *अथातो राष्ट्रधर्म जिज्ञासा* को आधार बनाकर अपना पक्ष रखने जा रहा हूँ। भारत दुर्दशा पर चिंतन करते हुए वे लिखते हैं, ''भारत का सारा चिंतन सद्‌गुण-विकृति बन कर रह गया है। वस्तुतः भारत अतिवादी राष्ट्र रहा है-अतिभोग से रुग्ण और जर्जरित तथा अतित्याग से दुर्बल और दीन। अदीन होकर जीवन-यापन करने की प्रेरणा देने वाला देश दर-दर पर हाथ पसारने वाला दीन-हीन कैसे बन गया - इस बात का विश्लेषण इतिहासविदों को करना चाहिए।'' (*अथातो राष्ट्रधर्म जिज्ञासा,* डॉ. बद्री प्रसाद पंचोली, अर्चना प्रकाशन, अजमेर, पृ.01)। इस उद्धरण में उनके शब्द-प्रयोग अपना गहरा प्रतीकार्थ रखते हैं—

1. **'सद्‌गुण विकृति'**—जब हम अपनी धरोहर को, अस्मिता को, उसके सामर्थ्य को सहेजने में असमर्थ हो जाते हैं, तब ऐसी स्थिति बन जाती है। इसका कारण है—जागरूकता के सातत्य का अभाव। भारत के पास सब कुछ होते हुए भी इस देश के प्राप्त होने के कारणों को इंगित करने वाले ये दो बीज शब्द अपना बहुत गहरा अर्थ रखते हैं।
2. **'भारत अतिवादी राष्ट्र रहा है'**—अतिवादिता विनष्टकारी होती है। घातक होती है। विपथकारी होती है। भले ही सतपक्षीय क्यों न हो। वे राष्ट्र के सामने इसका हल ढूँढ़ने के लिए अपना पक्ष रखकर हमें सचेष्ट करते हैं कि हम इससे बचे तो हमारा सब कुछ बच रह सकता है, नहीं तो कुछ चले जाने में यत्किंचित विलंब लगने वाला नहीं।

वरिष्ठ साहित्यकार एवं अध्यक्ष, अखिल भारतीय साहित्य परिषद् न्यास, नई दिल्ली
आचार्य एवं अध्यक्ष, हिंदी एवं भाषाविज्ञान विभाग, रानी दुर्गावती विश्वविद्यालय, जबलपुर 482001
मो. : 09425044685

देश के प्रति सोचने का उनका यह विचार भी हमें सोचने के लिए बाध्य करता है—"शताब्दियों तक ठोकरें खाकर भी हम नहीं सँभले सहस्राब्दियों तक भूलें करके भी हम गर्व से तनते रहे। उनसे कुछ सीखने का प्रयत्न हमने नहीं किया। संसार में इतने अवतार कहीं नहीं हुए। साथ ही, आदमी से भी इतनी गलती कहीं नहीं हुई। इसीलिए शताब्दियों तक हम पराजित होते रहे-अपने से भी और बाहरी आक्रमणकारियों से भी" (वही पृ.-2)। इस उद्धरण के कुछ वाक्यांश विचारणीय हैं—

1. **'गर्व से तनते रहे'**—'गर्व से तनना' एक मुहावरा है। जब हम क्रियाशून्यता में पहुँच जाते हैं, तब केवल भावलोक में रहकर ही अपने को गर्वित किए रहते हैं। यह स्थिति सदैव घातक होती है। अक्षमता का द्योतक होती है। सामर्थ्य की अनदेखी करने वाली होती है और पतनकारी होती है। इससे हमें बचना होगा। शिक्षा लेनी होगी। तभी हम कुछ इतिहास में सुरक्षित रह सकने वाला कार्य कर पाएँगे।
2. **'पराजित होते रहे-अपने से और बाहरी आक्रमणकारियों से'**—यह उपवाक्य पूरे कथन का बीजभाव है। अच्छा से अच्छा, श्रेष्ठ से श्रेष्ठ, बुरा से बुरा सब कुछ जिस जाति की आँखों से गुजरा हो वह पराजित हो, हत्भाग्य हो और सब कुछ गँवा देने वाला हो, केवल अपनों के कारण। हमारी पराजय का ज्यादा प्रतिशत अपनों से है। अपनों से पराजित होने के बाद बाहरियों से पराजित होने में देर नहीं लगती। आखिर अपने ऐसे क्यों हो गए? इस ओर हमारा ध्यान इस वाक्यांश में आकर्षित किया गया है।

ऐसा तो नहीं ही है कि किसी समस्या का समाधान न हो। आवश्यकता तो केवल इस बात की है कि हम थोड़ा थमकर और जमकर इस पक्ष पर चिंतन-मनन करें। डॉ. पंचोली इस विषय पर अपना पक्ष रखते हुए लिखते हैं—"क्या संसार के सबसे बड़े प्रजातंत्र के नागरिक होने के नाते आज हमारा यह कर्त्तव्य नहीं हो जाता कि हम अपनी भूलों को समझें, उन पर पश्चात्ताप करें और इस अभिशप्त जीवन से मुक्ति पाएँ? व्यावहारिकता के नाम पर कब तक हम बेईमानी और भ्रष्टाचार को स्वीकारते रहेंगे? आदर्श के नाम पर हम कब तक जीवन को भार समझते रहेंगे?"

उपर्युक्त उद्धरण में निम्नलिखित तथ्य ध्यातव्य हैं :

1. **अपनी भूलों को समझें :** भूलों को भूल जाना श्रेयस्कर नहीं होगा, अपितु उनसे हमें सीख लेनी चाहिए ताकि हम भविष्य में पुन: उन्हीं झंझावतों में न पड़ें जिनका दंश हमारी पीढ़ियों को भोगना पड़ रहा है।
2. **आदर्श के नाम जीवन को भार समझने से बचें :** आदर्श वहीं तक उपयुक्त है, जहाँ तक वह हमारा मार्गदर्शन करता है। यदि वह हमारे मार्ग की बाधा बनता है तो उसे हमें छोड़ने में कोई संकोच नहीं करना चाहिए। कभी-कभी हम आदर्श के नाम पर इतने ठग लिए जाते हैं कि हमारा स्वर्णिम विहान हमसे छिन जाता है।

राष्ट्र शब्द का अर्थ

'राष्ट्र' शब्द को लेकर भारतीय और पश्चिमी विचारकों में अनेक प्रकार के मतांतर हैं। डॉ. पंचोली ने इन मतांतरों का मंथन करते हुए इसे वैदिक स्रोत के साथ परिभाषित करने का अच्छा प्रयत्न किया है। उनका अभिमत है— "सायणमाधवीय-धातुवृत्ति के अनुसार राष्ट्र शब्द रा-दाने धातु से बहुलार्थक 'त्र' प्रत्यय जुड़कर अथवा राजृ-दीप्तौ धातु से ष्ट्रन् प्रत्यय जुड़कर निष्पन्न हुआ है। अराति शत्रु की संज्ञा है और इस प्रकार 'राति' शब्द का अर्थ मित्र हुआ। अतिशय दान अर्थवाची राष्ट्र शब्द का संबंध इस प्रकार सार्वजनिक मैत्री से है।" *विनयपिटक* में 'मैत्री विहारचर्या' का उल्लेख मिलता है। वैदिक विश्वामित्र-दर्शन भी मैत्री-विहार की पृष्ठभूमि पर समुचित प्रकाश डालता है। मैत्री-भाव के परस्पर रागात्मक संबंध में बँध कर जब समाज उन्नति के मार्ग पर अग्रसर होता है तो उसे राष्ट्र कहा जाता है। राष्ट्र की यह परिभाषा सामाजिक दृष्टिकोण से है। राजृ धातु से व्युत्पन्न राष्ट्र शब्द व्यक्तिगत जीवन-साधना के विशिष्ट स्तर व क्रम को व्यंजित करता है। जब व्यक्ति उत्कृष्ट जीवन-साधना का मार्ग अपना कर चिंतन और कर्म के मार्ग में दीप्तिमान् हो जाता है तो वह जीवन के लक्ष्य स्वराज्य को प्राप्त कर लेता है और अपनी दीप्तिमत्ता के कारण राष्ट्र कहलाने का अधिकारी बन जाता है (वही, पृ. 12-13)।

इस उद्धरण में व्यक्त भावों का निहितार्थ है :

— 'रागात्मकता' राष्ट्र की दीप्ति है।
— पारस्परिकता राष्ट्र की मूल चित्ति है।
— लक्ष्योन्मुखी भाव से सपूरकता के साथ समूहों की रचनात्मकता।

राष्ट्रीयता क्या है

राष्ट्रीयता को डॉ. पंचोली ने अपने ढंग से देखा है—इस संदर्भ में वे लिखते हैं—"राष्ट्रीयता तो सम्पूर्ण जीवन-दर्शन का नाम है जिसमें एक ओर तो व्यक्तित्व का विसर्जन देखने को मिलता है और दूसरी ओर जीवन में दिव्य-ज्योति का आविर्भाव होकर स्वराज्य की संसिद्धि होती है। राष्ट्र शब्द की 'रा' धातु से राष्ट्रीयता के प्रथम अर्थ की और राजृ धातु से द्वितीय अर्थ की व्यंजना होती है। व्यक्तित्व का विसर्जन समाज को जन्म देता है।"

उपर्युक्त उद्धरण से राष्ट्रीयता का निहितार्थ इस रूप में सामने आता है :

— राष्ट्रीयता में देश के प्रति आत्मसातीकरण का भाव है।
— राष्ट्र ही सर्वोपरि है।
— व्यक्तित्व को खपा देने से राष्ट्रीयता आती है।

महाभारत का साक्ष्य प्रस्तुत करते हुए इस संदर्भ को आगे बढ़ाते हुए वे कहते हैं :

> "*महाभारत* में कहा गया है कि व्यक्ति को परिवार के प्रति, परिवार को ग्राम के प्रति, ग्राम को जनपद के प्रति और जनपद को देश के प्रति समर्पित हो जाना चाहिए। इस परंपरा को आगे बढ़ा कर यह कहा जा सकता है कि राष्ट्र को विश्व और विश्व को विश्वाधार के प्रति समर्पित कर देना चाहिए। भारतीयों ने इस प्रकार के समर्पण को केवल सैद्धांतिक स्तर पर ही नहीं जाना-परखा वरन् व्यवहार में भी अपनाया" (वही, पृ. 14)।

उपर्युक्त उद्धरण में वे कहना चाहते हैं :

1. **अपनी इकाई के प्रति समर्पण :** तात्पर्य यह कि हमें जो भी दायित्व मिला है, उसे ही सब कुछ मानकर यथायथ करना, सर्वश्रेष्ठ करना और उसको एक अनुकरणीय आदर्श के रूप में रखना अपना दायित्व है। कोई भी कार्य, दायित्व अथवा संस्था/संस्थान/ पद छोटा-बड़ा नहीं होता। बड़ा अथवा छोटा होता है उसका निष्पादन। हम अपने दायित्व के निष्पादन में जितने दक्ष होंगे, उतने ही राष्ट्रधर्मी एवं राष्ट्रकर्मी हो सकेंगे। लेखक का आशय इन सब में ही निहित है।
2. **'ठोकरें खाकर भी नहीं सँभले' :** हमें अतीत की भूलों से सबक लेना चाहिए। भविष्य में उसकी पुनरावृत्ति न हो, इसके प्रति सचेष्ट रहना चाहिए। यदि हम बातों पर दृढ़ रहेंगे तो शायद हम फिर से वंचित नहीं हो सकेंगे। सजगता, दृढ़ता, तत्परता, लगनशीलता, कर्तव्यनिष्ठा, कर्तव्यपरायणता और सर्वोत्कृष्ट—कार्यकारिता हमारे राष्ट्रोत्थान के सूत्र हैं।

राष्ट्ररक्षक का उत्साह

राष्ट्ररक्षक के करणीय आचरण पर प्रकाश डालते हुए डॉ. पंचोली ने लिखा है—'सोऽहम्-सेवी' असीम उत्साह से संयुक्त होता है। उत्साह सभी प्रकार के दक्षतापूर्ण कार्यों का प्रवेश द्वार है जिसे साहित्य में वीर रस का स्थायी भाव माना गया है। परिवार, ग्राम, जनपद, देश, विश्व आदि अहम् की उपर्युक्त प्रकार की यात्रा के बीच में पड़ने वाले विश्रांति-स्थल हैं। इस यात्रा को ब्रह्मचर्य भी कहा जाता है क्योंकि इसमें ब्रह्म की ओर चरण किया जाता है। *अथर्ववेद* में कहा गया है कि ब्रह्मचर्य से राजा राष्ट्र की रक्षा करता है—ब्रह्मचर्येण तपसा राजा राष्ट्रं वि रक्षति (*अथर्ववेद*, 11/5/7) यहाँ राजा शब्द राजत्व प्राप्त साधक के लिए प्रयुक्त हुआ है। इस कथन का तात्पर्य यह है कि ब्रह्मचर्य या स्वतंत्रता का मार्ग अपनाकर कठोर श्रम को जीवन का अंग बना लेने वाला व्यक्ति इस साधना द्वारा स्वयं को ज्योतिर्मय बना कर राष्ट्र की रक्षा के लिए समर्थ होता है।

उपर्युक्त उद्धरण हमारा मार्गदर्शन करता है।

उत्साह सभी प्रकार की दक्षता का प्रवेशद्वार है : उत्साह सफलता का प्रथम सोपान है। किसी कार्य को समग्रता में निष्पादित करने के लिए उत्साह को बनाए रखना आवश्यक है। उत्साह हमारी आंतरिक ऊर्जा में वृद्धि करता है। परिवार से लोकग्राम तक, जनपद से लेकर देश तक और देश से लेकर विश्व तक का समस्त कार्य उत्साह के बिना असंभव है। जैसा कि *मानस* में हनुमान के संदर्भ से कहा गया है :

''राम काजु कीन्हें बिनु मोहि कहाँ बिश्राम''

(रामचरित मानस, सुंदरकांड/1)

इसका तात्पर्य यह है कि आदि से अंत तक यह उत्साह बनाए रखना आवश्यक है।

भारत का दृष्टिकोण

भारत की मूलभित्ति क्या है ? वह व्यष्टि से समष्टि के प्रति क्या सोच रखता है ? उसका मनुष्य जाति के प्रति क्या दृष्टिकोण है ? इन सभी प्रश्नों का एक स्पष्ट चिंतन डॉ. पंचोली के लेखन में प्राप्त होता है। वे लिखते हैं—''वैदिक

दृष्टिकोण से मानव मर्त्यधर्मा न होकर अमृत-सन्तान हैं। '**शृण्वन्तु विश्वे अमृतस्य पुत्रः**' (*श्वेताश्वतरोपनिषद*) कह कर ऋषियों ने उसका आह्वान किया है। भारतभूमि को अन्य भोगभूमियों की तुलना में कर्मभूमि माना गया है। भारतीय का जन्म आकस्मिक रूप में न होकर प्रजापति की प्रेरणा से होता है और मृत्यु के समय उसे शिव अपने में लीन कर लिया करते हैं। वह शिव-संकल्प-युक्त होकर सत्पथ पर चलता है, समानमना होकर जागता है, सब दिशाएँ उसकी हितैषिणी होती हैं। कर्म उसके दाहिने हाथ में और सफलता बाएँ हाथ में। कर्म उसे देवी-मैत्री का अधिकारी बनाता है'' (पृ. 18)।

❖❖❖

आ+ह्वे+ल्युट् से व्युत्पन्न 'आह्वान' शब्द का अर्थ है—भली प्रकार से पुकारना, बुलाना, आमंत्रित करना। प्रचलित अर्थ है—ललकार, चुनौती, निमंत्रण। *मनुस्मृति* में आह्वान को इष्टदेव के संबोधन के रूप में स्वीकार किया गया है—

जन्मज्येष्ठेन चाह्वानं स्वाब्रह्मण्यास्वपि स्मृतम्।

(*मनु.* ९.१२६)''

–*शब्द-विवेक* **पुस्तक से**

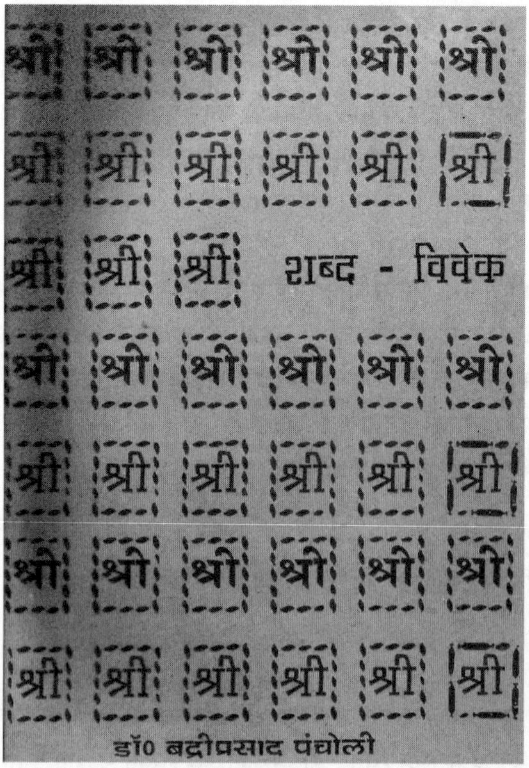

एक कालजयी कलमकार

वली उल्लाह खाँ .फ़रोग़

योगस्थः कुरु कर्माणि सङ्गं त्यक्त्वा धनंजय।
सिद्धयसिद्धयोः समो भूत्वा समत्वं योग उच्यते

(*गीता*–अध्याय–II–श्लोक 48)

दरम्याना क़द, गौरवर्ण, आर्य जातिनुमा चेहरे पर बड़ी बड़ी आँखें, मुस्कुराहट और स्वर में गंभीरता। इस बात के गवाह हैं कि पंचोली जी प्रकृति की खुली हवा में, जंगल और हरियाली के बीच परवान चढ़े हैं। घर के संस्कार पाठशाला में ढले हैं। उन्हें अजमेर की आबोहवा ने वरिष्ठ विद्वान् और शिक्षक बना दिया है। मैं उन्हें मानवता प्रेमी, संपादक, प्रकाशक, वेदविद्, शिक्षाविद्, वरिष्ठ साहित्यकार और चिंतक की हैसियत से वर्षों से जानता हूँ। वे एक ऐसा व्यक्तित्व रखते हैं जिसके दामन पर कोई धब्बा नहीं है। श्री पंचोली शोहरत और ज़ाहिरदारी से कोसों दूर रहे हैं लेकिन तराशा हुआ हीरा तो अपनी चमक-दमक ज़ाहिर करता ही है। बक़ौल शायर :

'वह अपनी ज़ात से एक अंजुमन हैं' डॉ. पंचोली गुणों का गुलदस्ता हैं। आप का नाम किसी प्रशंसा का मोहताज नहीं है। हिंदी साहित्य जगत् में आप का नुमाया मुक़ाम है। आप हिंदी भाषा को लोकप्रिय बनाने के साथ साथ उसे राष्ट्रीय स्तर पर स्थापित करने का कार्य भी ख़ामोशी से कर रहे हैं। इनके इस निःस्वार्थ सेवा भाव और जनसेवा के कारणों से मेरे जैसे लोग इनके सम्मुख नज़रे झुकाए बैठे रहते हैं। ये निस्सहाय की मदद करते हैं। डॉ. पंचोली निस्संदेह एक कालजयी क़लमकार हैं। संवादों, गोष्ठियों और कार्यशालाओं में भाग लेते रहते हैं। इस प्रकार से आप अभिव्यक्ति की स्वतंत्रता के प्रबल समर्थक हैं।

डॉ. इकबाल ने सही कहा है :

यक़ीन मोहकम, अमले पहम,
मोहब्बत फातह-ए-आ़लम
जहादे ज़िंदगी में यह हैं मर्दों की शमशीरें।

डॉक्टर साहब पर साहित्यिक, सामाजिक और सांस्कृतिक संगठनों के संचालन का भी दायित्व है। इस जिम्मेदारी को बख़ूबी निभा रहे हैं। *वेद*, *पुराण*, *उपनिषद्*, *महाभारत* और *रामायण* आदि पर आप की पकड़ मज़बूत है। इसी

कारण से आप एकीकृत भारत के सपने देखते हुए बड़े हुए हैं। डॉ. पंचोली प्राचीन भारतीय सभ्यता और इतिहास के विशेषज्ञ माने जाते हैं। आप इस संदर्भ में भारत के कुछ गिने-चुने विद्वानों में से हैं। आप निष्कपट बात कहते हैं। अस्सी आयु के पार भी आप की स्मरण शक्ति, काम करने की क्षमता में कमी नहीं आई है। जीवन के अस्सी के उत्तरार्द्ध में भी यह ऊर्जा बनी हुई है। मैं रब से प्रार्थना करता हूँ कि वे यों ही मेरे संरक्षक बने रहें। हजार वसंत उन की प्रतीक्षा करते रहें ताकि वे ज्ञान, सौहार्द और ख़ुशियाँ बाँटते रहें। जगत् को कलियुग में ऐसे ही व्यक्तियों की सख़्त आवश्यकता है। गुरु जी चाटुकारों की भीड़ से भी बचते हैं।

गुरु ढले हैं सत्य निष्ठा की मूरत में
बाँटते ज्ञान और प्यार हर सूरत में
गुरु विवेकानंद का पैग़ाम फैलाते
न भरोसा करते महूरत या अमूहरत में।

❖❖❖

शतपथ-व्रती

डॉ. कृष्णचंद्र गोस्वामी 'विभास'

आयु के पड़ावों को तो सभी मनुष्य पार करते हैं; किंतु इनमें कुछ ऐसे आत्मचेतस-मनीषी भी होते हैं जो जीवन-यात्रा को सतत अनुभव-संचय से सार्थकता प्रदान करने में लगे रहते हैं। डॉ. बद्रीप्रसाद पंचोली ऐसे ही एक आत्मचेतस-मनीषी का नाम है। संयम, स्वाध्याय और सक्रियता उनके स्वभाव के प्रकृत गुण हैं। जिन लोगों को उनके साहचर्य का; उनके साथ कभी किसी यात्रा पर उनका सहगामी बनने का सौभाग्य मिला है, वे जानते हैं कि वे किस तरह स्मृतियों के आश्रय हैं। इतिहास की; पुरातत्त्व की, साहित्य की, लोकपरंपराओं के वैविध्य और वैचित्र्य की; शब्दार्थ के साक्षात्कार की; तीर्थ-स्थानों के महत्त्व की, *वेद-उपनिषद* और *पुराणों* के नाना विधि संदर्भों की, न जाने कितनी ही स्मृतियाँ वे सहचारियों पर मुक्ता-मणियों की तरह लुटाते चलते हैं। उनके इस ज्ञानदान में न परानुग्रह का अभिमान होता है; न उपदेशक की-सी मनोभूमिका का स्पर्श। छोटे-बड़े सबके लिए वे मित्र-भर हैं और इसीलिए आत्मानुभवों को सहचारियों के साथ साझा करने की उनकी पद्धति कुछ ऐसी है जैसे कोई मित्र-संवाद चल रहा हो। नदियों की कल-कल; पक्षियों का कलरव, मेघों का मंद-मंद गर्जन, कोकिल की चित्ताकर्षक कुहुक और शीतल मंद पवन के सुखद स्पर्श लगता है जैसे उनका वाणी से निरंतर निर्झरित हो रहे हैं। उनके ऐसे आत्मानुभवों का संचयन है—उनका निबंध-संग्रह *जीवन-शतपथ*।

'आत्मानं विद्धि' इस संग्रह के प्रथम निबंध में वे प्रश्न करते हैं—'क्या आप जानते हैं कि आप एक व्यक्ति हैं?' फिर वे इस प्रश्न का समाधान प्रस्तुत करते हैं—'व्यक्ति इसलिए हैं कि आप में शक्ति है और वह व्यक्त हो सकती है। जिसमें आत्मशक्ति प्रकट हो सके—व्यक्त हो सके—वही व्यक्ति होता है।' स्पष्ट ही उपनिषदों की ओर से मनुष्य के सामने उक्त मंत्रांश द्वारा जो चुनौती खड़ी की गई है; उसका रहस्य ऊपापोह द्वारा नहीं, आत्मानुभूत सत्य के सहारे सर्वसुगम करने की जैसी क्षमता पंचोली जी में है; वह अद्भुत है। इस कोशिश में लोक-कल्याण की भावना—'सूत्रे मणिगण इव' विद्यमान है।

पूरे संकलन में 101 निबंध हैं। अधिकतर का कलेवर दो-ढाई पृष्ठ के भीतर समाविष्ट है। विषय *वेद* और लोक दोनों का स्पर्श करने वाले हैं। उठा-पटक, खंडन-मंडन कहीं नहीं है; सर्वत्र आत्मानुभवों की 'बतकही' है

वरिष्ठ साहित्यकार एवं प्राध्यापक-हिंदी, महारानी श्री जया महाविद्यालय, भरतपुर (राज.)
श्री निकुंज, बी-90, जवाहर नगर, भरतपुर (राज.)
मो. : 9414650383

जैसे कोई_नदी किनारे रेत पर बैठा मन की परतों को अनावृत्त कर रहा हो। कर्म-कौशल, क्षमा, समता, समरसता, उत्साह, धीरता, वीरता, शुचिता, दया, त्याग, करुणा, निर्भयता, निर्मलता, स्वाध्याय, चारित्र्य, भावना, धारणा, अपरिग्रह, ओज, उग्रता, स्निग्धता, श्री, आन-बान से लेकर मूल-धन पर्यंत जितने भी विषय यहाँ विमर्श के लिए चुने गए हैं; उनकी गंभीरता, उनकी अर्थवत्ता और उनकी सार्थकता किसी से छुपी नहीं है। सामान्य व्यवहार में हम जिन शब्दों का प्रयोग करते हैं; उनके अर्थवैशिष्ट्य को लेकर प्रायः उदासीन-से रहते हैं। अपढ़ों या कमपढ़ों के साथ ही ऐसा होता हो; सो बात नहीं; बड़े-बड़े विद्वान् कहे जाने वाले भी अनेक बार इसी तरह की उदासीनता का व्यवहार करते ध्यान में आते हैं।

'शक्ति' शीर्षक निबंध में पंचोली ने ध्यान दिलाया है कि व्यक्ति बल से बलवान् बनता है और शक्ति से शक्तिमान्। सामान्य रूप से बल और शक्ति पर्याय माने जाते हैं, पर दोनों में अंतर है। शक्ति कर सकने के सामर्थ्य का नाम है। शक्ति में सक्रियता रहती है। बल अपरिमित हो सकता है, पर आवश्यकता नहीं कि वह किसी कार्य में सहायक हो।

इसी तरह, 'भावना' शीर्षक में वे याद दिलाते है कि 'अत्यधिक भावुक होना अच्छी बात नहीं है'; पर साथ ही सावधान करते हैं कि 'भावना के बिना जीवन नहीं चल सकता। सारे मानव संबंधों का विकास भावना पर केंद्रित होता है। सारे कर्मों की परख भावना के आधार पर होती है।' वे प्रश्न करते हैं—'भौतिक चाकचिक्य ने मनुष्य को भावना-शून्य, जड़ बना दिया है; विचार करना चाहिए कि क्या यह स्थिति संतोषप्रद है ?'

यहाँ परिस्थितिगत दुर्बलता भी है और भाव का जीवन में अपरिहार्यता का संकेत भी है; किंतु उपदेश नहीं है; श्रोता को प्रश्न के द्वारा सोचने को उद्वेलित करने की शैली स्वयं में एक प्रकार से भाव-जागरण की कोशिश भर ही तो है।

पंचोली की प्रतिभा बहुमुखी है। उन्होंने जीवन में जो कुछ अनुभवों के रूप में अर्जित किया उसे केवल निबंधों के रूप में ही समाज को अर्पित नहीं किया, अपितु इन अनुभवों को उन्होंने कविता, कहानी, नाटक, एकांकी, संस्मरण, यात्रावृत्त न जाने कितने रचना रूपों में साकार और सार्थक होने दिया है। वेदों के मंत्र, कवियों की वाणी, लोक की उक्तियों ने उनके चिंतन-मनन को एक ऐसी गहराई देने में भूमिका निभाई है कि संदर्भित प्रसंग में पाठक मुग्ध हो कर रह जाता है। 'निर्भयता' के संदर्भ में दिनकर की ये दो पंक्तियाँ देखिए—

शूरधर्म है अभय दहकते अंगारों पर चलना।
शूर धर्म है असि पर चलते, धर कर पाँव मचलना॥

ऐसे शतपथ-व्रती डॉ. बद्रीप्रसाद पंचोली को सक्रिय-सुदीर्घ जीवन की शुभ मंगलकामनाएँ।

❖❖❖

शीलवंत आचार्य

शिवनारायण उपाध्याय

डॉ. पंचोली का नाम हिंदी साहित्य सेवियों में राजस्थान ही नहीं, वरन् संपूर्ण भारत में बड़े आदर के साथ लिया जाता है। उन्होंने हिंदी साहित्य की विविध विधाओं में जैसे बाल साहित्य, नाटक, कहानी, काव्य, भाषा विज्ञान, कथा, संपादन आदि में पर्याप्त लेखन कार्य किया है। उनके साहित्यिक कार्य को साहित्यिक जगत् में सम्मान के साथ देखा गया है और उनको अनेक पुरस्कारों से सम्मानित भी किया गया है।

कई साहित्यिक-सांस्कृतिक समितियों ने भी आपको महत्त्वपूर्ण पदों पर स्थापित कर आपकी सेवाओं का लाभ लिया है। अखिल भारतीय साहित्य परिषद्, राजस्थान साहित्य अकादमी, राजस्थान संस्कृत परिषद् जैसी प्रख्यात संस्थाओं ने भी आपके साहित्यिक कार्य को दृष्टि में रखकर कई महत्त्वपूर्ण पदों पर चुनकर लाभ लिया है।

अब मैं आपके जीवन मूल्यों के विषय में चर्चा करना पसंद करता हूँ।

पुराना अहदनामा में कहा गया है—"शिक्षा को पकड़े रखे, उसे छोड़ न दे, उसकी रक्षा करें, क्योंकि यही तेरा जीवन है।"[1] यह कथन बद्रीप्रसादजी पंचोली के जीवन पर एक सत्य मूल्यांकन के रूप में उचित टिप्पणी जैसा स्पष्ट दिखाई देता है। आपने अपनी महाविद्यालय शिक्षा डॉ. फतहसिंह जी, स्वामी सुरजनदास जी तथा आचार्य भीमसेन जी जैसे वरिष्ठ शिक्षा शास्त्रियों के मार्गदर्शन में करके अपने को संशयमुक्त बना लिया है। फिर लगातार 34 वर्षों तक महाविद्यालयों में प्रवक्ता, विभागाध्यक्ष तथा आचार्य पद पर कार्य करते हुए शिक्षा से जुड़े रहे।

आपके जीवन का एक मात्र लक्ष्य रहा निरंतर क्रियाशील रहकर समाज में ज्ञान का प्रचार-प्रसार करना। **'न हि ज्ञानेन सदृशं पवित्रमिह विद्यते'** (गीता/4/38) ज्ञान के समान जीवन को पवित्र बनाने वाला कोई दूसरा साधन नहीं है। अत: आपने इसी कर्म को अपनाया और **'कर्मण्येवाधिकारस्ते मा फलेषु कदाचन'**[2] को सामने रखकर बिना फल की आशा के ज्ञान को बाँटने में संपूर्ण जीवन खपा दिया। कितने ही शिष्यों को जाने बिना ही बिना जाति-वर्ण भेद के ज्ञान का खजाना लुटाते रहे।

आपका कार्य 'समय के तीन तीरों'[3] यथा विध्वंसक कार्यों से हटकर निर्माणात्मक कार्यों की तरफ, संकुचन से हटकर फैलाव की तरफ तथा भूतकाल से वर्तमान की तरफ, पर आधारित रहा है। आप अपने दीर्घकालीन साहित्यिक एवं सामाजिक कार्यों में सदैव निर्माण कार्यों में ही व्यस्त रहे। इसी का परिणाम है कि आप साहित्य में

73, शास्त्री नगर, दादाबाड़ी,
कोटा (राज.)

दो सौ के लगभग ग्रंथों की रचना करने के साथ-साथ कई पत्र-पत्रिकाओं का संपादन भी करते रहे। आपकी विचारधारा और जीवन व्यवहार कभी संकुचित नहीं रहा! जगदीश जी खींची, रघुराजसिंह हाड़ा और मेरे जैसे कई लोगों की गणना आप अपने परिवार में करते रहे हैं। सुख की प्राप्ति के लिए संकुचन से फैलाव से अधिक अच्छा कोई साधन नहीं है तभी तो उपनिषद् ने कहा, **'यो वै भूमा तत्सुखं नाल्पे सुखमस्ति।'**[4] (छांदोयोपनिषद् 7/23) इसी कारण आपने सदैव सुखमय जीवन जीया है। सामान्य व्यक्ति सदैव भूतकाल में निवास करता है और दु:खी जीवन जीता है। ऋषिगण भूतकाल को जान कर वर्तमान काल में रहते थे। वे भूतकाल में जो गलतियाँ हुई थीं, उनसे अपने को बचाते तथा जो सही निर्णय लिए गए और जिनसे समाज का विकास हुआ उसको अपने जीवन में धारण कर वर्तमान को श्रेष्ठ बना कर भविष्य के लिए साधन उपस्थित कर देते थे।

संदेह रहित ज्ञान का भंडार वेद के रूप में परमात्मा की मानव को सबसे बड़ी देन है। आपने इसे हृदयंगम कर वेदों का गहन अध्ययन किया और उसे जीवनोपयोगी बना कर समाज को देने में जुट गए। आपने जो भी ज्ञान प्राप्त किया उसे जीवन में धारण भी किया है। **'आचारवान् पुरुषो वेद:'** यह उक्ति आपके जीवन व्यवहार पर सटीक बैठती है।

आपने अपनी शोध उपाधि भी वेद पर ही ली। फिर आपने *श्रुति संदीपनी, श्रुति संजीवनी, श्रुति मंगला, श्रुति विमर्शिनी* आदि दस ग्रंथ वेद मंत्रों की व्याख्या के रूप में लिखकर समाज का ध्यान वेद ज्ञान की तरफ आकर्षित किया।

वैशेषिक दर्शन धर्म की व्याख्या, 'यतोऽयुदय नि:श्रेयस् सिद्धि: स धर्म:।'[5] जिससे अभ्युदय और नि:श्रेयस की सिद्धि होती है वह धर्म कहलाता है।

आपने अपनी जीवन यात्रा में अभ्युदय की सिद्धि तो कर ही ली है। नि:श्रेयस् की सिद्धि हेतु ऋषियों ने चार साधन बताये हैं। 1. विवेक, 2. वैराग्य, 3. षट् संपत्ति, (इसमें शम, दम, उपरति, तितिक्षा, श्रद्धा और समाधान सम्मिलित होते हैं) और चौथा मुमुक्षुत्व। इन पर भी आपकी यात्रा गतिशील हो गई है। मैं इन पर थोड़ा सा प्रकाश डालना उचित समझता हूँ।

विवेक का अर्थ है सृष्टि की उत्पत्ति, विकास और क्षरण के साथ-साथ शरीर के तीनों रूपों स्थूल, सूक्ष्म और कारण शरीर, शरीर की सुषुप्ति, स्वप्न और जाग्रत अवस्था। शरीर के पाँच कोश अन्नमय कोश, प्राणमय कोश, मनोमय कोश, विज्ञानमय कोश और आनंदमय कोश को जान लेना। धर्म, अधर्म, न्याय, अन्याय, सत्य को ठीक तरह से जान लेना और फिर वैराग्य में प्रवेश करना। वैराग्य का अर्थ है कि संसार के किसी भी पदार्थ में प्रीति न रख कर नि:श्रेयस पर ही ध्यान देना। मैंने आपके जीवन को गहरे से देखा है और इस आधार पर कह सकता हूँ कि आप राग से संबंध विच्छेद कर चुके हैं। प्रमाण स्वरूप मैं जब आपके पुत्र इंदु शेखर के विवाह में भाग लेने के लिए अजमेर गया तो आप अपने मित्रों के साथ पार्क में बैठ कर बातचीत में निमग्न थे। उधर विवाह संस्कार चल रहा था। तभी आपकी पुत्री अर्चना आई और मुझसे कहने लगी कि ताऊजी आप चलकर संस्कार सम्पन्न कराइए, यहाँ के पंडित तो कुछ जानते ही नहीं। मैंने (डॉ. पंचोली) पूछा कि आप संस्कार में उचित रूप से भाग क्यों नहीं ले रहे हैं तो कहने लगे कि सब ठीक हो जाएगा। फिर मुझे जाना पड़ा। कहा गया है, **'योग: कर्मसु कौशलम्'**[6] यह आप पर ठीक तरह से लागू होता है। पुत्रियों के विवाह में भी आप कार्य का विभाजन कर अलग-अलग व्यक्तियों को कार्य की जिम्मेदारी दे देते हैं और फिर आप स्वयं मित्रों के साथ चर्चा में व्यस्त हो जाते हैं। ऐसे एक विवाह का

प्रत्यक्षदर्शी मैं स्वयं हूँ। एक तरफ तो पुत्री का विवाह चल रहा था और दूसरी तरफ आप मुझसे बातचीत में व्यस्त थे। फिर मेरे साथ शयन करने लग गए। रात्रि के तीसरे पहर मैंने उठ कर कहा कि चलो बारात को विदा तो कर आएँ तो कहने लगे कि वहाँ सब व्यवस्थित है। हमारे चलने की आवश्यकता नहीं है।

षट् संपत्ति के छह ही अंगों पर आपका पूर्ण अधिकार है। शम का अर्थ है मन को इंद्रियों के विषय से हटा लेना। वास्तव में यह अति कठिन कार्य है तो अर्जुन ने कहा है, भगवन् मन को नियंत्रित करना तो इतना कठिन है जितना चलती हुई आँधी को रोक देना। इसके उत्तर में श्रीकृष्ण जी कहते हैं, '**अभ्यासेन तु कौन्तेय वैराग्येण च गृह्यते।**'[7]

आपने इस पर विजय प्राप्त कर ली है। 'दम' अर्थात् इंद्रियों को विषयासक्ति से हटा देना। यह भी आप द्वारा विजित कर लिया गया है। उपरति का अर्थ है दुष्ट पुरुषों से दूरी रखना। तितिक्षा का अर्थ है द्वंद्वों को सहन करना। अर्थात् सरदी-गरमी, लाभ-हानि, मान-अपमान में समता बनाए रखना, श्रद्धा का अर्थ है आप्त पुरुषों, आर्ष ग्रंथों और धर्म शास्त्रों पर पूर्ण विश्वास करना और अंत में अंत:करण में शंकाओं का न रहना समाधान कहलाता है। इन सभी अंगों पर आपकी दृढ़ पकड़ है। मुमुक्षुत्व अर्थात् मोक्ष प्राप्त करने की तीव्र इच्छा। इसकी तरफ आपकी यात्रा प्रारंभ नहीं हुई दिखाई देती है। आप पुनर्जन्म प्राप्त कर वेदों का प्रचार-प्रसार कर संसार को अविद्या अंधकार से हटाते रहने के इच्छुक हैं। अंत में लेख के शीर्षक में व्यक्त शीलवन्त पर विचार कर विषय को विराम देने की इच्छा है। शील की परिभाषा है मन, वचन और कर्म के द्वारा किसी भी प्राणी के प्रति द्रोह न करना शील स्वभाव कहा जाता है। कबीर ने शील पर कहा है,

'शीलवंत सबसे बड़े सबै रतन की खान।
तीन लोक की संपदा रही शील में आन॥'

विदुर-नीति में कहा गया है, **शीलमास्थाय वर्त्तन्ते सर्वा पै श्रेयसि क्रिया:**। अर्थात् सभी श्रेयस्क क्रियाएँ शील स्वभाव में ही स्थित होती हैं। इस विषय में *महाभारत* शांति पर्व अध्याय 124 में एक आख्यान आया है। उसे संक्षेप में देकर विषय को विराम दूँगा।

पांडवों ने राजसूय यज्ञ किया। यज्ञ में भाग लेने आए राजा-महाराजाओं द्वारा दी गई भेंट को स्वीकार करने का कार्य दुर्योधन को दिया गया। वहाँ इतना अधिक द्रव्य भेंट में आया कि दुर्योधन चकित हो गया। हस्तिनापुर आने पर उसने अपने पिता धृतराष्ट्र से कहा कि मैं भी इतना ही ऐश्वर्य चाहता हूँ। उत्तर में धृतराष्ट्र ने कहा कि '**शीलवान् भव पुत्रक**'।

बेटा युधिष्ठिर शीलवान् है इसलिए उसके पास इतने ऐश्वर्य है। फिर एक कथा सुना दी। एक समय भक्त प्रह्लाद ने इन्द्र पर चढ़ाई कर उसे जीत लिया। इंद्र अपने उद्धार के लिए बृहस्पति के पास गया। बृहस्पति ने उसे कुछ साधन बताए। इंद्र ने अधिक जानना चाहा तो कहा कि अधिक जानने के लिए शुक्राचार्य के पास जाओ। वह शुक्राचार्य के पास गया। शुक्राचार्य ने उसे कुछ और साधन बता दिए। अधिक जानने के लिए प्रह्लाद के पास जाने को कहा। इंद्र ब्राह्मण के रूप में प्रह्लाद की शरण में गया और उससे ज्ञान की भिक्षा माँगी।

प्रह्लाद उसकी विनम्रता और ज्ञान के प्रति जिज्ञासा से प्रभावित हुए और उसे श्रेष्ठतम ज्ञान और शील प्रदान कर वर माँगने को कहा। इंद्र ने उनसे उनका शील माँग लिया। प्रह्लाद ने शिष्य की इच्छा पूर्ण की और अपना शील

उसे प्रदान कर दिया। शील प्रह्लाद के पास से हट कर इंद्र के पास चला गया। इसके बाद तो धर्म, सत्य, सदाचार, बल और लक्ष्मी ने भी प्रह्लाद के पास रहना अस्वीकार कर इंद्र को वरण कर लिया। फलस्वरूप इंद्र पुनः प्रह्लाद पर विजय प्राप्त करने में सफल रहा।

इस आख्यान से हमें शिक्षा मिलती है कि शीलवंत पुरुषों में सभी श्रेष्ठ गुण स्वतः ही आ जाते हैं। डॉ. बद्रीप्रसाद पंचोली वास्तव में शील गुण के धारक हैं। मैं परमात्मा से उनके लिए आनंदमय स्वस्थ दीर्घ जीवन की याचना करता हूँ। इतिशम्।

संदर्भ ग्रंथ

1. *पुराना अहदनामा नीति वचन* 4.13
2. *गीता,* 2.47
3. A Brief History of Time
4. *छांदोग्य उपनिषद* 7.23
5. *वैशेषिक दर्शन* 1.1.2
6. *गीता* 2.50
7. *गीता* 6.35

❖❖❖

वोल्गा भी तीर्थ है भेंटो भले
आचमन को गंगजल ही चाहिए
जीत का लघुगीत अपना चाहिए।
जागरण की जीत होगी स्वप्न पर
साज जग का राग अपना चाहिए।

—'चितवन की सीमाएँ' पुस्तक से

गुरुदेव और गीता के चार श्लोक

शिव कुमार शर्मा

विश्व बधुत्व, मानव कल्याण और व्यष्टि तथा समष्टि के चारित्रिक एवं नैतिक विकास की दृष्टि से *गीता* के सोलहवें अध्याय के प्रारंभिक चार श्लोकों का बहुत महत्त्व है। श्रीकृष्ण ने अर्जुन को संबोधित करते हुए प्रथम तीन श्लोकों में दैवी संपदा के रूप में नैतिक और सामाजिक मूल्यों का बड़ा ही सुंदर एवं अनुकरणीय वर्णन किया है। चौथे श्लोक में आसुरी संपदा के रूप में मानव मन में छिपे हुए उन शत्रुओं का भी उल्लेख किया है जो समाज के लिए घातक हैं और पतन एवं वैमनस्य का कारण बनते हैं। दैवी संपदा के रूप में अंत:करण की शुद्धता, ज्ञान प्राप्ति के लिए सतत् प्रयत्न, भय का सर्वथा अभाव, दान, दम, स्वाध्याय, यज्ञ, तप, ऋजुता (सरलता), अहिंसा, सत्य, अक्रोध, त्याग, शांति, किसी की निंदा न करना, प्राणिमात्र के प्रति दयाभाव, निर्लिप्तता, कोमलता, क्षमा, धृति, शुचिता, अद्रोह, अभिमान का अभाव आदि का उल्लेख किया गया है। दंभ, पाखंड, घमंड, क्रोध, कठोरवाणी तथा उचित-अनुचित के ज्ञान के अभाव को आसुरी संपदा माना है। श्रीकृष्ण ने उक्त श्लोकों में अर्जुन को दैवी सम्पदा से युक्त तथा आसुरी सम्पदा से मुक्त एक अनुकरणीय पात्र के रूप में प्रस्तुत किया है।

श्रीकृष्ण ने गीता के उपर्युक्त श्लोकों में अर्जुन को संबोधित कर जिन सारगर्भित नैतिक और मानव मूल्यों को प्रतिष्ठित किया है, वे मूल्य वर्तमान समाज के लिए भी सर्वथा प्रासंगिक एवं उपयोगी हैं। वस्तुत: नैतिक और मानव मूल्य किसी भी समाज के मेरुदंड होते हैं। आज पूरी मानव जाति पर मूल्यहीनता और अराजकता का संकट निरंतर गहराता जा रहा है। सौहार्द, प्रेम, मैत्री, भाईचारा, करुणा, अहिंसा जैसे स्थापित मूल्यों का निरंतर मुंडपात हो रहा है। ऐसी विषम स्थिति में, मूल्यों के कबंध-वन में भटकते, परस्पर टकराते दिग्भ्रमित मानव समाज के लिए, अर्जुन के माध्यम से दिया गया श्रीकृष्ण का उक्त संदेश अत्यंत महत्वपूर्ण है। ग्रंथकर्ता ने उक्त श्लोकों में केवल सैद्धांतिकता पर जोर नहीं दिया है। *गीता* में उल्लिखित ज्ञान उसकी महत्ता, उपयोगिता एवं उसके व्यावहारिक पक्ष के कारण ही है। श्रीकृष्ण ने सर्वत्र ही अर्जुन को संबोधित करते हुए गूढ़ातिगूढ़ ज्ञान और लोककल्याणकारी जीवनमूल्यों को व्यावहारिता के धरातल पर प्रस्तुत किया है। इस प्रकार श्रीकृष्ण ने अर्जुन के माध्यम से पूरी मानवजाति के कल्याण का पथ प्रशस्त किया है।

लेखक हिंदी विषय विशेषज्ञ हैं।
प्राध्यापक (से.नि.)-हिंदी, राजकीय महाविद्यालय, अजमेर
3, विजयवर्गीय कंपाउंड, गांधीनगर, नाका मदार, अजमेर-305007। मो. : 9460243001

यह एक सत्य है कि किसी भी सिद्धांत को यदि व्यवहार में नहीं लाया जाए तो वह अपनी सार्थकता खो देता है। नैतिक मूल्य केवल ग्रंथों की शोभा बढ़ाते रहें, उनको केवल कंठस्थ करके ही हम अपनी पीठ थपथपाते रहें और व्यावहारिक जीवन में उनके विपरीत आचरण करें, तो ऐसे मूल्य कालांतर में अर्थहीन और अस्तित्वहीन हो जाते हैं। इसलिए जीवन में सिद्धांत और व्यवहार का ज्ञान और क्रिया का समन्वय परमावश्यक है। महाकवि जयशंकर प्रसाद ने *कामायनी* महाकाव्य में ज्ञान और क्रिया के समन्वय के अभाव से उत्पन्न आज के विडंबनापूर्ण सामाजिक जीवन का चित्र प्रस्तुत करते हुए ठीक ही कहा है—

ज्ञान दूर कुछ क्रिया भिन्न है, इच्छा क्यों पूरी हो मन की।
एक दूसरे से न मिल सकें, यह विडंबना है जीवन की।

(जयशंकर प्रसाद, *कामायनी*)

प्राचीन भारतीय साहित्य में सर्वत्र ही ज्ञान और क्रिया का, शास्त्र और लोक का, सिद्धांत और व्यवहार का सुंदर समन्वय देखने को मिलता है। भारतीय मनीषियों ने जीवन मूल्यों तथा मानवीय गुणों को, किसी न किसी पात्र या चरित्र के माध्यम से, व्यावहारिक एवं अनुकरणीय बनाने का प्रशंसनीय कार्य किया है। मर्यादा पुरुषोत्तम राम, योगेश्वर कृष्ण, महावीर स्वामी, गौतम बुद्ध आदि अनेक उदाहरण इसी बात की पुष्टि करते हैं। *गीता* में श्रीकृष्ण ने अर्जुन को भी एक अनुकरणीय आदर्श पात्र के रूप में प्रस्तुत किया है। विश्व की अनेक भाषाओं में *गीता* का अनुवाद हो चुका है और विभिन्न देशों ने, समग्र मानव जाति के कल्याण और विकास का उद्घोष करने वाले इस 'लघुकाय ग्रंथ' की उसमें अंतर्निहित संदेश की उपयोगिता एवं आवश्यकता स्वीकार की है। भारत में भी इस ग्रंथ के अध्ययन-मनन की, विवेचन-विश्लेषण की, एक दीर्घ परंपरा रही है। इसमें उल्लिखित नैतिक एवं मानव मूल्यों को, इसमें उद्घोषित कर्म के संदेश को प्राचीनकाल से लेकर आज तक भारतीय समाज में अनेक महापुरुषों, संतों, भक्तों, मनीषियों, समाज सुधारकों से लेकर प्रबुद्ध सामाजिकों, जागरूक और कर्मठ नागरिकों ने अपने-अपने ढंग से उन जीवन मूल्यों को आत्मसात् कर अपनी दैनिकचर्या और आचरण के द्वारा उसे सहज ग्राह्य और अनुकरणीय बनाया है। वर्तमानकाल में भी ऐसे अनेक महामना और प्रबुद्धजन हैं जो मानव मूल्यों की इस परंपरा को आगे बढ़ाने में अपने जीवन की सार्थकता समझते हैं। मुझे यह कहते हुए सात्त्विक आनंद और आत्म-तोष की अनुभूति हो रही है कि गुरुदेव डॉ. बद्रीप्रसाद जी पंचोली भी उसी परंपरा को आगे बढ़ाने वाले, गीता के सोलहवें अध्याय में उल्लिखित, देव दुर्लभ, मानवीय गुणों को सहज रूप से अपने जीवन और आचरण में धारण करने वाले ऋषिकल्प कर्मयोगी पुरुष हैं। यह मेरा ईश्वरदत्त सौभाग्य था कि मैं आपका विद्यार्थी भी रहा और लंबे समय तक आपके साथ काम करने का सुअवसर भी मिला। आपके सरल, निश्छल और बहुआयामी व्यक्तित्व तथा विद्वत्ता को सीमित शब्दों में बाँध पाना संभव नहीं है। छोटे से छोटे, साधारण लगने वाले शब्द तथा सरलतम से लेकर गूढ़तम विषय की व्याख्या-विवेचन-विश्लेषण को, उदाहरणपूर्वक, सरस और सर्वग्राह्य रूप में प्रस्तुत करना आपकी विलक्षण-प्रतिभा और लोक व्यावहारिक ज्ञान का सुंदर समन्वय है जो कि सचमुच अद्भुत एवं प्रशंसनीय है। गीता के सोलहवें अध्याय के प्रारंभिक श्लोकों में वर्णित नैतिक और मानवमूल्यों का अनुकरणीय व्यावहारिक रूप आपके आचरण और चरित्र में प्रतिबिंबित होता है। आपकी विद्वत्ता, सहज व्यवहार और आत्मीयभाव विद्यार्थियों, साथियों और संपर्क में आने वाले सभी व्यक्तियों पर अमिट छाप छोड़ते हैं। इस अवसर पर मैं आदरपूर्वक आपका वंदन, अभिनंदन करते हुए परमपिता परमात्मा से आपके स्वस्थ जीवन और दीर्घायु की प्रार्थना करता हूँ।

❖❖❖

आदर्श शिक्षक के अद्‌भुत उदाहरण

प्रो. परमेंद्र कुमार दशोरा

यह एक प्रामाणिक वैज्ञानिक तथ्य है कि प्रतिभा जन्मजात नहीं होती क्योंकि मनुष्य एक जैविकीय प्राणी के रूप में जन्म लेता है और समाज में उसके परिवेश के अनुसार ही उसका व्यक्तित्व और कृतित्व प्रतिबिंबित होता है। डॉ. बद्रीप्रसाद पंचोली जी के व्यक्तित्व और कृतित्व के संबंध में जो मैं समझ पाया वे वास्तव में एक आदर्श शिक्षक हैं तथा उनकी रचनाएँ अद्‌भुत प्रेरणा-स्त्रोत हैं। इस आलेख को तैयार करने में मेरे दो प्रमुख स्त्रोत हैं—प्रथम स्त्रोत है पंचोली जी से भेंट, मुलाकात, सङ्कपर्क-दर्शन। मुझे समय-समय पर पंचोली साहब से संपर्क करने का अवसर मिला अर्थात् उनके साथ अथवा उनके बारे में जब जब भी बातचीत हुई इन्हीं अवसरों के आधार पर मैं उनको एक आदर्श शिक्षक के रूप में समझ पाया। इससे संबंधित कुछ प्रसंगों का उल्लेख आगे करूँगा।

दूसरा स्त्रोत, जिसके आधार पर मैं उनके कृतित्व की बात करूँगा। पंचोली साहब की कुछ रचनाएँ जिनका मैं अवलोकन कर पाया उन रचनाओं से ही उनके कृतित्व की अद्‌भुत विशेषताएँ प्रकट होती हैं। जिन कृतियों का मैंने अवलोकन किया उनमें से कुछ प्रमुख इस प्रकार हैं—*धुवश्री, भारतीय लोक दर्शन, शब्दानुचिंतन, श्रुति-संदीपनी, गति साध्यों की साध्य*। इनके अतिरिक्त कुछ संपादित रचनाओं को पढ़ने का अवसर भी मिला इनमें मुख्य रूप से—*सिरजनतीर्थ : रमणतीर्थ रचना शिविर, साहित्य की लोकयात्रा, प्रेमयोगिनी मीरा', श्रुति प्रवाह,* राष्ट्रीय वेद सम्मेलन, स्मारिका, *डॉ. फतहसिंह जन्मशताब्दी समारोह* आदि।

अब मैं एक आदर्श शिक्षक के संदर्भ में पंचोली साहब में जो देखा उसकी चर्चा करूँगा। आदर्श शिक्षक के बारे में सामान्य धारणा यह होती है कि वह अध्ययन-अध्यापन के प्रति निष्ठावान हो, शोध कार्य में दक्ष हो, लेखन में रुचि हो, विद्यार्थियों के प्रति संवेदनशील हो, सदैव उन्हें सत्कर्मों और सेवा कर्म करने की प्रेरणा देते हों, स्वयं अपने आचरण से उच्च आदर्श मूल्य स्थापित करें, साथ ही विद्यार्थियों को सदाचरण करने की प्रेरणा दें, कमजोर विद्यार्थियों को होशियार बनाने का प्रयत्न करें, आवश्यकता के अनुसार उसकी सहायता करें आदि आदि। आदर्श शिक्षक के इस प्रकार के गुणों की सूची और भी लंबी है।

कुलपति,
कोटा विश्वविद्यालय, कोटा, राज.

पंचोली साहब के शैक्षिक जीवन में अब तक ऐसे अनेक विद्यार्थी निर्मित हो गए होंगे जो अपने आपको पंचोली साहब का आज्ञाकारी शिष्य मानकर-बनकर गर्व महसूस करते हैं। पिछड़े गाँवों से परिवार छोड़कर ऐसे अनेक बालक किसी आशा के साथ पंचोली साहब के पास आते रहे। गाँव से जब चले तब वे दिशाविहीन रास्ते की ओर चले होंगे। ऐसे बालक जिनके तन पर पूर्ण वस्त्र भी नहीं थे, नंगे पैर, भोजन प्रबंध का कोई ठिकाना नहीं, जेब में रुपये-पैसे की तो कल्पना भी नहीं की जा सकती उनको अपने परिवार का सदस्य बनाना, उन्हें पढ़ाना तथा उन्हें मानव मूल्यों से ओत-प्रोत करके संभ्रांत सेवा-भावी इंसान बनाना, अपने पैरों पर खड़े करने का कार्य निरंतर करते रहना ही पंचोली साहब के आदर्श शिक्षक होने का आदर्श प्रतिमान है। इस प्रकार भी भूमिका में पंचोली साहब के परिजन भी पूर्ण मनोयोग से उनके साथ हैं। एक आदर्श शिक्षक की इससे अधिक मूल्यवान पूँजी और क्या हो सकती है।

थोड़ी सी बात पंचोली साहब के अध्ययन की भी करना चाहूँगा। मूलतः वैदिक साहित्य में डॉक्टरेट हैं। वैदिक साहित्य के साथ हिंदी एवं संस्कृत साहित्य के ज्ञान से आपके विद्यार्थी एवं आपके साथ बौद्धिक चर्चा करने वाले लोग अधिक रुचि के साथ ज्ञान अर्जित करते हैं। आपके अध्ययन के प्रति समर्पण को एक छोटे से दृष्टांत से समझ सकते हैं। आपकी पुत्री का विवाह का अवसर था, बारात आने वाली थी और आप कॉलेज क्लास लेने चले गए। कॉलेज के अन्य शिक्षक साथियों ने आपको टोका भी था। लेकिन कर्तव्य के प्रति निष्ठा सदैव बनी रही और प्राथमिकता दी अपने अध्यापन को, अपने विद्यार्थियों को। राजकीय सेवा काल केवल औपचारिक रूप से जन्म तिथि के आधार पर पूर्ण हुआ; लेकिन पंचोली साहब ने अपने अध्यापन कार्य की निरंतरता को अभी तक भी बनाए रखा है।

अध्यापन भी हिंदी साहित्य, संस्कृत साहित्य, वैदिक साहित्य के साथ योग शिक्षा एवं पत्रकारिता का। आपके विद्यार्थी विविध सेवा क्षेत्रों में प्रतिष्ठत पदों पर सेवा के कार्यों में सदैव आपको आदर्श गुरु के रूप में मानते हैं।

अब कुछ बात आपके कृतित्व की भी करना चाहूँगा ताकि आपके आदर्श व्यक्तित्व को भली प्रकार से समझ सकें। प्रारंभ में मैंने आपकी उन कृतियों का उल्लेख किया जिनको पढ़ने का अवसर मुझे भी मिला। इन कृतियों से यह स्पष्ट हो जाता है कि पंचोली साहब भारतीय संस्कृति, दर्शन, भारतीय मूल्य, भारतीय परंपरा को संधारित करने, इनके महत्त्व को तथ्यात्मक रूप से प्रस्तुत करने एवं इन सभी को आत्मसात् करते हुए देश के नागरिकों को मानव मूल्यों के अनुसार आचरण करने का संदेश देते हैं।

साहित्य की रचना केवल कल्पना पर आधारित नहीं होती। साहित्यकार जो अनुभव करता है तथा समाज में जो घटित हुआ अथवा होता है वही साहित्यकार के मस्तिष्क से लेखनी पर आता रहता है। पंचोली साहब निरंतर वास्तविक धरातल की सच्चाई को समझ कर उसका समाधान भी उसी परिवेश में बताते हैं। *सिरजनतीर्थ : रमणतीर्थ* रचना शिविर एक श्रेष्ठ उदाहरण है। इस रचना से ज्ञात होता है कि उन्होंने उन भक्त साहित्यकारों के वंदनीय स्थानों की साहित्यिक यात्रा का आयोजन करवाया। इस प्रकार के अतीव अभिनव प्रयोग कितने कठिन होते हैं; परंतु हम जानते हैं कि कठिन प्रयोग के द्वारा ही कोई नवीन उपलब्धि प्राप्त होती है, नवनीत निकलता है।

सरलता और दृढ़ता का अनुपम संगम भी पंचोली जी में देखने को मिलता है। आपके मस्तिष्क की कल्पनाएँ दृढ़ता को प्रस्तुत करती हैं। साथ ही उन कल्पनाओं की क्रियान्विति आपकी सरलता का अहसास करवा देती हैं। आज के शिक्षक चिंतन करें, मनन करें कि उनके जीवन का लक्ष्य क्या है। अब भी देर नहीं हुई है। उनकी कुछ अनुकरणीय बातों को आत्मसात् करने का प्रयास अवश्य करें

❖❖❖

एक प्रबुद्ध आत्मीय व्यक्तित्व

डॉ. विद्या बिंदु सिंह

डॉ. पंचोली जी के दर्शन मैंने विभिन्न साहित्यिक गोष्ठियों और समारोहों में किए। उनका सहज वत्सल भाव सभी को अभिभूत कर देता है।

उन्होंने मेरा आकाशवाणी लखनऊ द्वारा प्रसारित धारावाहिक *मंगल भवन अमंगल हारी* सुनकर अपनी प्रतिक्रिया व्यक्त की जो मेरे लिए प्रेरक और उत्साहवर्द्धक रही। उन्होंने *रामलला नहछू* सोहर छंद में कभी मुझसे सुना था उसका ध्वन्यांकन सी.डी. में चाह रहे थे; किंतु मैं उपलब्ध नहीं करा सकी। किसी से विशेष अनुरोध करके उन्हें भेजने का मैंने प्रयास किया था। संभवत: उन्हें मिल भी गया।

खंडवा में भाई श्रीराम परिहार के आमंत्रण पर एक संगोष्ठी में मैं भी गई थी और आदरणीय पंचोली जी भी आए थे। श्रीगंगानगर में अखिल भारतीय साहित्य परिषद् न्यास द्वारा आयोजित संगोष्ठी में भी उनसे बात करके उनका आशीर्वाद लेने का सुयोग मिला। फिर विश्व हिंदी सम्मेलन, भोपाल में मिलते ही उन्होंने अजमेर में आयोजित अखिल भारतीय महिला साहित्यकार सम्मेलन 25 से 27 अक्टूबर, 2015 के आयोजन में आने का निमंत्रण दिया। अजमेर आई थी। अजमेर के महिला साहित्यकार सम्मेलन में उन्होंने मुझे मुख्य वक्ता के रूप में आमंत्रित कर मुझे अभिभूत किया। उनकी सहृदयता, उदारमना व्यक्तित्व और स्नेह-सत्कार से भीगते-भीगते अजमेर से लौटी; पर अजमेर व उनकी मनुहार मेरे स्मृति पटल पर जीवंत हो गई है।

कई बार उन्हें सुनने का सुअवसर मिला। हर बार गहन अध्ययन तथा समाज और साहित्य के बारे में उनकी विचारधारा जानकर ज्ञानवर्द्धन हुआ।

आदरणीय पंचोली जी मनसा, वाचा और कर्मणा से अध्यापक हैं। उनकी अन्य साहित्यिक, सांस्कृतिक गतिविधियाँ भी उल्लेखनीय हैं। अनेकानेक साहित्यिक, सांस्कृतिक, सामाजिक संस्थाओं से उनकी संबद्धता यह प्रमाणित करती कि वे कितने सक्रिय और जागरूक हैं।

साहित्य की विविध विधाओं यथा—नाटक, एकांकी, काव्य में उनकी लेखनी निरंतर सक्रिय है। उनकी चिंतनधारा में वेद चिंतन, भाषा वैज्ञानिक चिंतन, लोक चिंतन, मनोवैज्ञानिक चिंतन, समसामयिक चिंतन के समावेश से अनेक कृतियाँ प्रकाश में आ चुकी हैं।

लेखिका लोक साहित्य की मर्मज्ञ विदुषी और वरिष्ठ साहित्यकार हैं।
'श्रीवत्स' 45, गोखले विहार मार्ग, लखनऊ (उ.प्र.)। मो. : 09335904429

उन्होंने बाल साहित्य भी प्रचुर मात्रा में अनेक विधाओं में लिखा है। महापुरुषों के जीवन चरित्र से बाल मन को संस्कारित करने का उनका संकल्प प्रशंसनीय है। शोध और समीक्षा जगत् को भी आपका योगदान सराहनीय है।

ऐसे यशस्वी रचनाकार के व्यक्तित्व और कृतित्व को समादर देने के लिए अभिनंदन ग्रंथ प्रकाशित हो रहा है, यह जानकर हार्दिक प्रसन्नता हुई।

मेरी प्रभु श्री राम से प्रार्थना है कि वे स्वस्थ रहते हुए दीर्घजीवी हों और समाज का मार्गदर्शन अपनी लेखनी और व्यवहार से इसी प्रकार निरंतर करते रहें।

अभिनंदन ग्रंथ प्रकाशन समिति को हार्दिक साधुवाद और शुभकामनाएँ।

❖❖❖

'आपत्ति से घबराता कौन है! जितनी आएँगी, उनका सामना कर लूँगा। एक साथ आएँगी तो उनसे भी भिड़ जाऊँगा। रामानुज नाम है मेरा।' किसी भी आपत्ति-विपत्ति से न घबराने वाला रामानुज केशव भट्ट का बेटा था। दक्षिण-भारत के तिरुकुन्नर ग्रम में पैदा हुआ था। पिता लक्ष्मण के ओजस्वी चरित्र से बहुत प्रभावित थे। इसलिए उन्होंने अपने पुत्र का नाम रखा—रामानुज (अर्थात् राम को छोटा भाई—लक्ष्मण जैसा)। रामानुज ने होश सँभाला उसके पहले ही पिता का स्वर्गवास हो गया। पिता ने जो प्रेरणाप्रद नाम रख दिया था वही उसके लिए सर्वस्व था—सर्वश्रेष्ठ संबल भी और सर्वश्रेष्ठ संपदा भी।''

—***जीवन-दीप्ति* पुस्तक से**

सहज और सादे व्यक्तित्व के धनी

डॉ. श्रीगोपाल बाहेती

एक सरल, सहज और सादे व्यक्तित्व के धनी डॉ. बद्रीप्रसाद जी पंचोली की पहचान अजमेर शहर ही नहीं; अपितु देश के विद्वज्जगत् में एक विद्वान् के रूप में है। विद्या ददाति विनयम् की जीवंत प्रतिमूर्ति डॉ. पंचोली हमारे लिए Encyclopedia हैं। चाहे संस्कृत की बात हो, चाहे हिंदी, मारवाड़ी, ढूँढाड़ी या अन्य किसी भाषा की, जब भी कहीं अटकाव होता है। एक ही फोन नं. सूझता है 0145-2425664 घंटी बजते ही डॉ. साहब का स्वर सुनाई देता है—वंदे मातरम! और हमें हमारी समस्या का समाधान प्रायः मिल जाता है। एक वैदिक विद्वान् के रूप में आपकी सेवाएँ सदा इतिहास में स्थान पाएँगी। भाषा की सरलता आपकी लेखनी की विशेषता है तथा वेदमंत्रों की सरल व्याख्या पाठक व श्रोता को सहज ही समझ आती है।

डॉ. बद्रीप्रसाद जी पंचोली ने अजमेर, राजस्थान एवं भारत में विद्वज्जगत् में एक उच्च स्थान प्राप्त किया जो स्तुत्य है, वंदनीय है। हम इनका अभिनंदन करते हैं। बहुआयामी व्यक्तित्व के धनी डॉ. पंचोली ने विद्वान्, विचारक, लेखक, वक्ता व प्रकाशक के रूप में समाज को अपनी सेवाएँ प्रदान कीं तथा आज भी सक्रिय रूप में अपनी सेवाएँ प्रदान कर रहे हैं। सुयोग्य संतान को जन्म देकर पितृ ऋण, विद्वत्ता के कार्य कर ऋषि ऋण तथा माता, पिता, गुरु आदि की सेवा शूश्रूषा कर देव ऋण से उऋण होने वाले व्यक्तित्व को 80 वर्ष की आयु पूर्ण करने पर बहुत-बहुत बधाई।

जीविते यस्य जीवन्ति, मित्रा विप्राणां बान्धवः।
सफलं जीवितं तस्य, आत्माऽर्थे को न जीवति।

❖❖❖

लेखक आर्य समाज की कई संस्थाओं के संस्थापक, प्रधान एवं विद्वान् हैं।
पूर्व विधायक, अजमेर, राजस्थान
मो. : 9829070186

समय प्रबंधन और श्रेष्ठ लेखन

डॉ. सुरेश चंद्र राजोरा, स्नेहलता

साहित्य सर्जन करने वाले क्या अपनी दिनचर्या में से सबसे अधिक समय केवल लेखन के लिए ही देते हैं? संभवतया ऐसा ही करते होंगे। लेकिन डॉ. बद्रीप्रसाद पंचोली का व्यक्तित्व कुछ भिन्नता लिए हुए है। इनके समय प्रबंधन को जैसा हम समझ पाए वह तो ईश्वर प्रदत्त अनुपम उपहार के रूप में है। जिस प्रकार से किसी फल और सब्जी का गूदा, बीज और छिलका भी उपयोगी बनाया जा सकता है। अर्थात् व्यर्थ तो कुछ भी नहीं होता। उपयोग करने वाला साधक उचित प्रकार से उपयोग कर लेता है इसी को यदि साहित्य से संदर्भ में कहें तो *'अमंत्रं अक्षरम् नास्ति ....'* उपयुक्त होगा। ठीक इसी प्रकार पंचोली साहब की दिनचर्या समय प्रबंधन और श्रेष्ठ लेखन का दुर्लभ उदाहरण है। चौबीस घंटे, सात दिन का प्रबंधन किसी मैनेजमेंट के गुरु को सीखना हो तो आदरणीय डॉक्टर बद्रीप्रसाद जी पंचोली का जिज्ञासु शिष्य बनकर सीखना होगा।

पंचोली साहब एक विद्वान, आदर्श शिक्षक हैं, साथ ही, श्रेष्ठ लेखक, चिंतक, कवि, मनीषी, वैदिक साहित्य, संस्कृत साहित्य, भारतीय दर्शन, हिंदी साहित्य एवं राजस्थानी साहित्य के पुरोधा हैं। वैदिक संस्कृति से लेकर लौकिक संस्कृति के वाहक हैं। योग, आयुर्वेद से लेकर जड़ी-बूटी एवं वनस्पति के संपूर्ण ज्ञान को सहजता से बाँटने वाले। प्राचीन भारतीय इतिहास से लेकर विश्व इतिहास के प्रति रुचि रखने वाले। भूगोल, खगोल, खेल, राजनीति, सिनेमा, दैनिक विज्ञान एवं सामान्य ज्ञान के ज्ञाता। विभिन्न विषयों के प्रति आपका लेखन कार्य अविरल प्रवाह के समान है। प्रतिदिन कम से कम एक रचना का प्रकाशन निरंतर होता है। चाहे वह प्रतिष्ठित दैनिक अखबार का संपादकीय हो, व्याख्यान हो, शोध पत्रिका का लेख हो, समीक्षा हो अथवा आपका ही कोई ग्रंथ हो। किसी न किसी रूप में प्रतिदिन कहीं न कहीं अवश्य प्रकाशित होता है। यही तो हम सब के लिए अनुकरणीय है।

आप निरंतर चिंतन करते हैं, चर्चा करते हैं, समीक्षा करते हैं और लिखते भी रहते हैं। यहाँ पर मुख्य प्रश्न समय प्रबंधन का है। इसका उत्तर हम आपके साथ जो अनुभव करते हैं, अवलोकन करते हैं उसी आधार पर दे सकते हैं। आपके स्वाध्याय का समय कभी निश्चित नहीं; परंतु नियमित अवश्य है। चिंतन सदैव करते हैं, समीक्षा

लेखकद्वय पंचोली जी के दामाद एवं पुत्री हैं।
वरिष्ठ लेखक एवं सेवानिवृत आचार्य,
कोटा विश्वविद्यालय, कोटा (राज.)
मो. : 9414777635

सबसे अच्छी होती है, जब सामने चर्चा करने वाला हो अथवा गोष्ठी, संगोष्ठी, सम्मेलन हो। इन सभी कार्यों के लिए यदि पूर्व निर्धारित आयोजन होता है तो अच्छा है। नहीं तो अपने निवास पर प्रबुद्ध जनों का आगमन तो होता रहता है और इसी को श्रेष्ठ अवसर समझ कर आयोजन कर लिया जाता है।

अब बात करते हैं लेखन के लिए समय प्रबंधन की। सामान्यतया जो लेखक हैं उनके लिए लेखन हेतु कोई न कोई समय भी निर्धारित होता है। एक शांत वातावरण की आवश्यकता होती है। एक स्वतंत्र कक्ष होता है, एकांत होता है, अध्ययन सामग्री का ढेर लगा होता है, संदर्भ हेतु अनेक ग्रंथ, पत्र पत्रिकाएँ आदि भी ले कर बैठते हैं और सबसे महत्त्वपूर्ण बात जो देखी जाती है कि लेखक का जब मूड होता है तब लेखन कार्य प्रारंभ होता है।

मनीषी डॉक्टर पंचोली साहब का समय प्रबंधन इस प्रकार के तामझाम से रहित है। जो अनेक अपने आत्मीय हैं वे तो सब जानते हैं। प्रत्येक दिवस शुभ दिन होता है। समय सबसे अच्छा वही है जब मन में कार्य के प्रति उत्साह हो। लेखनी है, खाली कागज है, और बैठने का स्थान है तो मान्यवर के लिए यही सर्वश्रेष्ठ संसाधन है। हमने अनेक अवसरों पर आपको लेखन करते देखा है। अवसर से हमारा तात्पर्य केवल स्थान और समय से है। जैसे स्थान बस अड्डा है, रेलवे प्लेटफार्म है, कहीं प्रतीक्षा के लिए बैठे हैं तो आम व्यक्ति फालतू ही बैठा रहेगा। पंचोली साहब आम आदमी की तरह दिखते तो हैं लेकिन ऐसे समय पर भी हमने उनको लिखते देखा है। यह उनका अपना समय प्रबंधन है। एक और खास बात उनका संप्रेषण प्रभावी सरल, सहज और मधुर है। लिखने में भी पूरे समाजवादी लोकतांत्रिक मूल्यों को ध्यान में रखते हैं। चाहे राष्ट्रपति और प्रधानमंत्री हो अथवा अन्य आत्मीयजन सभी को अवसर एवं प्रयोजन के अनुसार भारतीय डाक विभाग का सम्मान करते हुए पोस्टकार्ड ही लिखते रहे हैं। अब देखिए पोस्टकार्ड लेखन में भी समय प्रबंधन का तत्त्व है। इसको लिखने के लिए कम से कम समय की आवश्यकता होती है तथा कहीं भी हो आराम से लिखा जाता है। पंचोली साहब द्वारा लिखे पोस्टकार्ड में प्रत्येक शब्द ही पूर्ण संदेश एवं मंत्र हैं। सबके लिए शिक्षाप्रद एवं अविस्मरणीय है। हम भी कभी कभी पढ़ कर प्रेरित होते हैं।

हमारे पूज्य बाउजी की संपूर्ण दिनचर्या चाहे मुख्यावास पर हो या प्रवास पर वे तो केवल समसामयिक एवं प्रासंगिक विषयों पर चिंतन, लेखन और प्रकाशन के साथ *चरैवेति चरैवेति चरैवेति* की सीख देती है। यह तो उनके समय प्रबंधन का एक छोटा सा पहलू है। हम इस प्रकार के व्यापक पहलुओं को आत्मसात् करके उनकी दिव्य शिक्षा से गौरवान्वित होते रहते है।

❖❖❖

विद्वन्मणि

डॉ. प्रह्लाद दुबे

ईश्वर की सृष्टि में सब कुछ गतिमान् है। गति का आभास–अनुभव समय सापेक्षता से होता है। काल स्वयं स्थिर नहीं है। वस्तुतः गत्यात्मकता ही काल का अभिलक्षण है। मनुष्य के जीवन–चक्र के चरण भी काल ही निर्धारित करता है। आयु समय से ही निर्धारित होती है। जन्म से मृत्युपर्यंत समयावधि जीवन दृष्टि से देखी–समझी जाती रही है। विधायक दृष्टि वाले इसे उपलब्धि, उल्लास और उत्सव और ऋणात्मक दृष्टि वाले इसे शनैः शनैः मृत्यु की ओर बढ़ते हुए जीवनावधि घटने के रूप में लेते हैं। जन्म के बाद अवस्था 'बढ़ती' है और हम रजत, स्वर्ण, प्लेटिनम एवं हीरक जयंती के रूप में उल्लसित होते हैं। प्रश्न है कि जीवनावधि घटने अथवा जी लिए गए वर्ष बढ़ने पर उत्सव क्यों मनाया जाए? चिंतन करने, मनन करने पर ज्ञात होता है कि जन्म के बाद आज तक धारण किए इस नश्वर शरीर का पंचभूत सृष्टि को अवदान क्या? अगर यह जीवन सार्थक है, देश–समाज के काम आया है, 'आहार निद्रा भय मैथुनञ्च' के अतिरिक्त आत्मिक–आध्यात्मिक स्तर पर गतिमान हुआ है तो निश्चय ही हर्ष–उल्लास का अवसर है। डॉ. बद्रीप्रसाद पंचोलीजी की हीरक जयंती निश्चय ही हमें उनके देश–समाज को अवदान पर चिंतन एवं विमर्श का अवसर देती है।

जीवनवृत्त की दृष्टि से डॉ. बद्रीप्रसाद पंचोली का परिवार वर्तमान बाराँ जिले एवं पूर्ववर्ती कोटा रियासत के ग्राम बोहत का मूल निवासी है। कालानुक्रम में यह परिवार कोटा रियासत के ही ग्राम–जोगड़ा (सांगोद तहसील, जिला–कोटा) में रहने लगा। कृषि कर्म से जुड़े पं. फतहलाल जी के सुपुत्र पं. राधाकृष्ण पंचोली के एकमात्र पुत्र बद्रीप्रसाद का बचपन जोगड़ा एवं खानपुर (जिला–झालावाड़) में अपने नाना गोरधन व्यास के यहाँ प्रकृति के उन्मुक्त आँगन एवं खेतों की विस्तीर्ण हरीतिमा में बीता। प्रकृति की इसी विशालता ने डॉ. पंचोली के हृदय, व्यक्तित्व और कृतित्व को अपना विराट् स्वरूप प्रदान किया। आपकी एकमात्र बहन कमला वर्तमान में खानपुर में अपने परिवारजनों के साथ निवास कर रही हैं। डॉ. पंचोली की आरंभिक शिक्षा खानपुर में हुई। आपके पिताश्री राज्य की पुलिस सेवा में थे। आपकी आगे की स्कूली शिक्षा बाराँ एवं महाविद्यालयी शिक्षा कोटा में हुई। आपने एम.ए., पीएच.डी. (डॉ. सुधीर कुमार गुप्त के निर्देशन में) तक शिक्षा ग्रहण की। अपने विद्यार्थी जीवन में आपको

वरिष्ठ लेखक एवं प्राध्यापक—प्राणिशास्त्र, राजकीय महाविद्यालय, कोटा
एवं कोर्स कोर्डिनेटर डिपार्टमेंट ऑफ लाइफ साइंस, कोटा विश्वविद्यालय, कोटा
मो. : 9414257301

अनेक गुरुजन का मार्गदर्शन और आशीष मिला परंतु डॉ. चन्द्रशेखर भट्ट एवं डॉ. फतहसिंह का आपके जीवन पर अमिट प्रभाव पड़ा। डॉ. फतहसिंह ने इनकी रुचि वेदों की ओर तथा डॉ. चंद्रशेखर भट्ट ने शिक्षा एवं अर्जित ज्ञान को समाज के प्रति समर्पण करने की ओर मोड़ दिया जो कि आज तक इनके जीवन के ध्येय हैं। आपके पाँच पुत्रियाँ एवं एक पुत्र हैं जो कि सभी उच्च शिक्षित हैं।

आपने अपना व्यावसायिक जीवन पत्रकारिता से आरंभ किया तथा स्वतंत्रता संग्राम में कोटा में अपना योगदान भी दिया। आप मल्टीपरपज स्कूल, कोटा में अध्यापक रहे एवं राजस्थान लोक सेवा आयोग द्वारा व्याख्याता, कॉलेज शिक्षा के रूप में चयन के पश्चात् श्रीगंगानगर, किशनगढ़, ब्यावर एवं अजमेर के राजकीय महाविद्यालयों में हिंदी विभाग में कार्यरत रहे। संस्कृत विषय ने शुरू से ही डॉ. पंचोली को आकृष्ट किया और वेद विज्ञान से जुड़ने के बाद तो मानो हिंदी-संस्कृत इनकी श्वास-प्रश्वास हो गई। डॉ. पंचोली ने अपनी मातृभाषा (हाड़ौती-राजस्थानी) से भी तादात्म्य बनाये रखा तथा इस भाषा त्रयी में अध्ययन-अध्यापन-लेखन किया। आप विभागाध्यक्ष भी रहे और आपने अधिकतर समय—26 वर्ष—राजकीय महाविद्यालय, अजमेर में कार्य किया। यहीं से वे राज्य सेवा से निवृत्त भी हुए।

आपका विवाह 17 नवंबर, 1952 को श्रीमती कमला जी से हुआ जो खानपुर (जिला झालावाड़) के प्रतिष्ठित प्रभुलाल जी भांगुरल्या की सुपुत्री हैं। आपश्री के जीवन में माताजी का महत्त्व सीमेंट-कंक्रीट की बहुमंजिला इमारत में 'सरिये' से कम नहीं है। स्पष्टतः आदरणीय पंचोली साहब का जीवनवृत्त एक सामान्य भारतीय के जीवनवृत्त से भिन्न नहीं है। मूल प्रश्न पर लौटते हुए, हम विमर्श करें कि उनकी हीरक जयंती महत्त्वपूर्ण क्यों है? अगर उनके जीवन को गहराई और समीपता से देखें तो हम पाते हैं कि उनके जीवन का महत्त्व एक शिक्षक के रूप में, एक समाजसेवी के रूप में तथा एक साहित्य सर्जक के रूप में सर्वाधिक है। इन रूपों में उनका अवदान डॉ. साहब को अनुपेक्षणीय बनाता है। समाज सेवा का विस्तार उन्होंने राष्ट्राराधन में कर लिया है।

शिक्षक के रूप में अपनी कक्षा समयचक्रानुसार पढ़ाकर वेतन गिन लेना, सभी करते हैं, किंतु डॉ. साहब का योगदान इस रूप में स्मरण रखने योग्य एवं भिन्न है कि वे चौबीसों घंटे, जीवनपर्यंत शिक्षक हैं। पाठ्यक्रमानुसार विषयवस्तु का कक्षा में अध्यापन करने के अलावा, विद्यार्थियों का चरित्र, व्यक्तित्व और जीवन निर्माण उन्हें अनूठापन प्रदान करता है। विद्यार्थियों में नेतृत्व और संगठन-प्रबंधन के गुणों का विकास इन्होंने छोटे-छोटे और बाद में बड़े आयोजनों की जिम्मेदारी देकर किया।

समाजसेवी के रूप में उन्होंने अपने जाति समाज-गुर्जर गौड़ ब्राह्मण समाज के विद्यालय की स्थापना, संचालन और प्रबंधन में महती भूमिका निभाई। शिक्षा को जन-जन तक पहुँचाने में मिशनरी भाव से जुट गए। अखिल भारतीय संस्थाओं से जुड़ कर विद्यार्थी हितार्थ, साहित्य हेतु तथा विवेकानंद जी की शिक्षाओं को जन जन तक पहुँचाया। राज्य संदर्भ केंद्र के निदेशक के रूप में आपने अपने कार्यालय को सक्रियता देकर सेवाभावी रूप दिया। आपने लेखकों को अर्चना प्रकाशन के माध्यम से प्रकाश में लाने एवं प्रसिद्ध करने में महती भूमिका निभाई है। व्यक्तिशः मैं डॉ. साहब के उपर्युक्त दो रूपों से कम ही परिचित रहा। उनके द्वारा आयोजित साहित्यिक कार्यक्रमों में भागीदारी के कारण उनके शिक्षक-संगठनकर्त्ता-प्रबंधक-समाजसेवी रूप से रूबरू हो सका।

डॉ. साहब का तीसरा रूप मुझे बहुत प्रिय है और सुपरिचित भी-साहित्यकार का। आप कवि, गद्यकार, नाटककार (नाटक लेखक एवं मंचनकर्त्ता), समालोचक एवं उच्चकोटि के चिंतनपरक निबंधकार हैं। गद्य लेखन में

आपने कहानियों एवं लघुकथाओं का सर्जन किया है। आप अन्वेषक एवं शोधकर्त्ता के रूप में साहित्य की अल्पज्ञात विधाओं को खोज निकालते हैं तथा उत्तम कोटि की गहन शोध आपकी विशेषता है। आपने अनेक विषयों पर स्थानीय, क्षेत्रीय, राज्य, राष्ट्रीय और अंतरराष्ट्रीय संगोष्ठियाँ करवाईं और उनमें पढ़े गए आलेखों को विस्मृति के गर्त में जाने से बचाने के लिए पुस्तकाकार रूप में प्रकाशित किया। आप अच्छे वक्ता एवं गंभीर व्याख्यानकर्त्ता हैं। यही नहीं, आपने अपने भाषणों को भी पुस्तक का रूप देकर चिरस्थायी कर दिया।

साहित्य सर्जक के रूप में आपने हिंदी, राजस्थानी और संस्कृत में प्रचुर लेखन किया है। आपकी 160 पुस्तकें प्रकाशित हैं, इतनी ही अप्रकाशित हैं। उनकी काव्य यात्रा का मूल स्वर राष्ट्र-आराधना एवं समाज में उत्कृष्टता के भाव के संचार का है। पद्य विधा में उन्होंने सर्जनात्मकता के नए-नए आयाम प्रस्तुत किए हैं। आप प्रारंभिक रूप से मूलतः कवि हैं। अतः अन्य विधाओं की रचनाओं में भी पाठकगण उसका प्रभाव अनुभव करते हैं। डॉ. साहब की काव्यरचना जीवन की चुनौतियां और संघर्ष की आवाज़ बन कर सामने आती है, वहीं दूसरी ओर वह जीवन को सार्थक दिशा भी देती है। आपकी मानवतावादी और राष्ट्रवादी दृष्टि आपकी कविता यात्रा की मार्गद्रष्टा है। आपकी पद्य रचनाओं में राष्ट्रभक्ति, दर्शन, समाज के प्रति जिम्मेदारी, इतिहास, संस्कृति, प्रकृति एवं पर्यावरण आदि खुलकर रचनात्मकता के साथ अभिव्यक्ति पाते हैं। जैसा कि मैंने ऊपर कहा लेखन, लेखक के जीवन से संपृक्त रहता है। डॉ. साहब का जीवन अनुकरणीय एवं उच्चादर्शों से सुरभित है, अतः उनका लेखन भी प्रभावी, सटीक और प्रेरणास्पद है। यही उनकी उर्वरता की शक्ति है। हम उनका कवि रूप में मूल्यांकन तो क्या करेंगे क्या हस्ती है हमारी ? परंतु हमारे अनुभूत भाव यह हैं कि उनका काव्य लोकानुभाव और राष्ट्रबोध से अनुप्रेरित है जिसमें भावों की गहराई, प्रभावी चित्रण, देश-काल की बाध्यता से मुक्ति एवं साहित्यिक मूल्यों की पुनःस्थापना परिलक्षित होती है। कविताएँ हमारी सांस्कृतिक जड़ों से जुड़कर सिंचित करती हैं, वहीं दूसरी ओर वैश्वीकरण से उपजे वर्तमान परिप्रेक्ष्य को भी चित्रित करती हैं। वर्तमान का स्वागत करने के साथ ही अपनी राष्ट्रीय अस्मिता के प्रति आस्थावान् है उनकी पद्य विधा।

डॉ. साहब ने गद्य विधा को भी अपने विविध रंगी लेखन से समृद्ध किया है। एक कुशल, सिद्धहस्त नाटककार के रूप में आप सुपरिचित हैं। आपके निबंध गांभीर्य के साथ सरलता लिए हुए हैं। विषय की स्पष्टता और शब्दों की सहजता इनका अलंकरण है। आपका लघुकथा साहित्य पठनीय, रोचक, सोद्देश्य, यथार्थपरक एवं हृदयग्राही है। यात्रा वृत्तांत, रिपोर्ट/रिपोर्ताज, शोध आलेख आदि भी विलक्षण हैं। मोटे तौर पर विधा-रचना-निरपेक्ष वक्तव्य के रूप में यह कहा जा सकता है कि आपकी गद्य कृतियाँ कविता की तरह गहन अनुभूतियों और संवेदनाओं की गहराई और व्यापकता से अभिव्यक्त हुई हैं। आपका प्रचुर अध्ययन, अनुभवों का संपदाकोश तथा बाह्य संवेदन उद्दीपनों को आत्मसात् कर नवनीत सदृश हर विधा की रचना को सार्थकता देता है। कलागत और विधागत ढाँचे का निर्वाह करते हुए भी अपनी स्वतंत्रता और अनुभूति की उड़ान को ताज़गी के साथ बनाए रखा है।

डॉ. साहब ने कथा एवं लघुकथा विधा में कई पुस्तकें लिखीं व प्रकाशित की हैं। इसमें सामाजिक, ऐतिहासिक, नैतिक एवं यथार्थ जीवन की मनःस्थिति को चित्रित किया गया है। लघुकथा में कलेवर की सीमितता से लेकर व्यंग्यलेखन की असीमितता में जीवन की शक्ति एवं संवेदना को प्रभावी रूप से कथ्य को प्रस्तुत करने में डॉ. साहब सिद्धहस्त हैं।

साहित्य सर्जक के साथ ही डॉ. साहब एक अच्छे गुणग्राही हैं। नए लेखकों को ढूँढ़-ढूँढ़ कर प्रकाशित करना

मानो उनकी अभिरुचि है। हर नए लेखक को प्रोत्साहित करना, मार्ग दिखाना और उन्हें इस तरह कमियाँ बताना कि उसे नीचा दिखाए बगैर सुधार करने को प्रवृत्त कर दें—आपकी विशेषता है।

समग्र रूप से यह कहना समीचीन होगा कि डॉ. साहब प्रेरक शिक्षक, अनुकरणीय समाजसेवी और उच्चकोटि के साहित्यसर्जक हैं। अपने उच्च मानवीय गुणों, संवेदनशीलता और उदात्त मानवीय जीवनशैली से भरपूर कर्मयोगी डॉ. साहब विनोदप्रिय भी हैं। अनेक अवसरों पर उनकी विनोदी टिप्पणी गंभीर माहौल को हलका-फुलका बना देती है। हमारी ईश्वर से यही शुभेच्छा हैं कि डॉ. साहब दीर्घजीवी, स्वस्थ एवं सानन्द हों।

'चिरञ्जीवी आस्तामिमौ सकुटुम्बौ स्वस्थौ समृद्धौ च'

❖❖❖

सं गच्छध्वं सं वदध्वं सं वो मनांसि जायताम्।

(ऋग्वेद ,१०.१९१.२)

अर्थात् साथ-साथ चलो, साथ-साथ बैठकर बात करो और मिल-जुलकर एक-दूसरे के मन की बात जानो। किसी के मन की चाहत को परस्पर बातचीत करके ही पहचाना जा सकता है। इसलिए मंत्र में **'वदध्वं'** पहले कहा और **'मनांसि जानताम्'** बाद में कहा। एक-दूसरे के मन की चाहत जान लेने के बाद ही मनुष्य और मनुष्य में घनिष्ठता स्थापित होती है। संस्कृत भाषा इसको संभव बनाती है।

—'श्रुति-विमर्शिनी' पुस्तक से

सौम्य अध्येता

डॉ. सुदेश बत्रा

आदरणीय गुरुदेव डॉ. बद्रीप्रसाद पंचोली का सौम्य एवं ज्ञान प्रातिभ व्यक्तित्व सदा प्रेरक रहा है। लगभग 45 वर्ष पूर्व उनसे भाषा विज्ञान की जटिल गुंजलकों को रोचक ढंग से आत्मसात् करने का अवसर मिला। उनका सतत् वात्सल्यपूर्ण एवं स्नेह संबल सहयोग प्राप्त होता रहा। हिंदी, संस्कृत, धर्म, अध्यात्म के अतिरिक्त जीवनमूल्यों का सहज व्यावहारिक रूप उनकी विशिष्टता के रूप में मार्गदर्शक बना रहा। न केवल विद्यार्थी काल में, अपितु राजस्थान विश्वविद्यालय में नौकरी के दौरान भी उनका सहयोग और मार्गदर्शन सदा प्राप्त हुआ। गुरु गंभीर गरिमा से युक्त डॉ. पंचोली का सहज विनयशील एवं आडंबरहीन व्यक्तित्व किसी भी विद्यार्थी के लिए आदर्श हो सकता है। मैंने जब भी अपने शोध छात्रों की मौखिकी के लिए उनको परीक्षक के रूप में निवेदन किया, उन्होंने सहजता से मेरा अनुरोध स्वीकार किया। मुझे सदा एक विश्वास रहता था कि उनके द्वारा छात्रों के प्रति अन्याय नहीं होगा। गुरुदेव के आने से परीक्षा का जैसे कोई आतंक ही नहीं रहता था।

प्रत्येक विद्यार्थी के मन में गुरु की एक छवि रहती है और वह अपने गुरु जैसा बनने का प्रयास भी करता है; किंतु जीवन के इस लंबे अंतराल में, मैं उनके ज्ञान और स्वाध्याय की छाया भी नहीं छू पाई। डॉ. पंचोली सतत् अध्ययनशील एवं कर्मठ विद्वान् हैं, प्रायः उनके आलेख यत्र-तत्र-सर्वत्र प्रकाशित होते रहते हैं। उनके सौम्य भाव और सज्जनता के प्रायः चर्चे होते रहते हैं। उनकी सादगी और सहजता से आडंबर सदा दूर ही रहे।

आचार्य पंचोली जी को याद करते हुए बहुत पीछे लौटना पड़ेगा। वे नई पीढ़ी को सदा साथ लेकर चलते रहे हैं। वे प्रतिभाओं को पहचानते हैं और सहज ही सबसे आत्मीय संबंध बना लेते हैं। वे सही अर्थों में सरस्वती पुत्र हैं। इतने लंबे समय तक अथक रूप से लिखना, चिंतन-मनन करना, जीवन मूल्यों को अपने व्यवहार में सहज सिद्ध करना बहुत कठिन कार्य है; किंतु विद्वत्ता के साथ उनकी सहजता उनके व्यक्तित्व की पहचान और विशेषता है।

भारतीय संस्कृति, दर्शन, धर्म आदि पर उनके आलेख उनके व्यक्तित्व के ही दर्पण हैं। आधुनिक सभ्यता के परिवर्तित दौर में गुरु-शिष्य संबंध अपनी अर्थवत्ता खोते जा रहे हैं; किंतु आचार्य पंचोली जी की शिष्य परंपरा नई

वरिष्ठ लेखिका एवं पूर्व प्रोफेसर,
हिंदी विभाग, राजस्थान विश्वविद्यालय, जयपुर (राज.)
मो. : 9314625098

ऊँचाइयाँ छू रही हैं।

आज उच्च शिक्षा के संदर्भ में बार–बार यह दंश उभरता है कि गुरु से सदा सर्वदा ज्ञान लाभ लिया जा सकता है; किंतु आत्मकेंद्रित और सदा भागमभाग में लगी पीढ़ी के पास यह ज्ञान लाभ प्राप्त करना शायद आवश्यक नहीं रह गया है, ऐसे में डॉ. पंचोली जी एक दीपस्तंभ की भाँति है जो निरंतर निश्छल स्नेह और मार्गदर्शन के लिए तत्पर हैं। मेरे मन में भी आज यह कसक है कि परिस्थितियों की बीहड़ता में फँसकर आचार्य से अधिक ज्ञान लाभ नहीं ले सकी; किंतु मेरी चेतना में वे संस्कार, सहृदयता और उदारता की प्रतिमूर्ति के रूप में सदा दीपित हैं।

व्यक्तित्व निर्माण की बेला में आचार्य से जो प्रसाद पाया, वह अमूल्य है। मैं भाग्यशाली भी हूँ कि इतने वर्षों के बाद आचार्य ने मुझे याद किया और अपना वरदहस्त मुझ पर बनाए रखा।

विद्यार्थी जीवन पर पड़े प्रभाव समय के साथ परिवर्तित होते रहते हैं; किंतु जीवन क्रम में अनेक उतार चढ़ावों और अपने अनुभवों के पश्चात् भी डॉ. पंचोली की गरिमामयी छवि आज भी मेरे लिए आदर्श है।

यद्यपि एक लंबे समय अंतराल से उनसे संवाद करने का अवसर प्राप्त नहीं हुआ; परंतु आज भी मैं अपने गुरु के प्रति नतमस्तक हूँ और उनकी दीर्घायु एवं स्वस्थ जीवन की कामना करती हूँ।

❖❖❖

आप्त-निबंधों के लेखक

डॉ. विनय षडंगी राजाराम

''भारतीय समाज मूलत: वैदिक समाज है, जिसका आधार परिवार है,'' यह कहना है वैदिक संस्कृति के मर्मज्ञ डॉ. बद्रीप्रसाद पंचोली जी का। डॉ. पंचोली वैदिक वाङ्मय के अप्रतिम अध्येता हैं। यही कारण है कि उनके लेखन में वैदिक विचारों का सर्वाधिक प्रभाव देखने को मिलता है। यद्यपि *रामायण, महाभारत* तथा अन्य संस्कृत-साहित्य सह लोक-साहित्य के दृष्टांत भी पंचोली जी के लेखन में प्रमुखता से मिलते हैं, परंतु उनके विचारों की आत्मा वेदों में बसती है।

वैदिक ऋचाओं के जीवन-रस से सींच कर डॉ. बद्रीप्रसाद ने अनेक लघु-निबंधों की रचनाएँ की हैं। *जीवन-शतपथ* तथा *संदीप्त जीवन* नाम के निबंध संकलन इस प्रकार के लघु-निबंधों के बेहतर संकलन हैं। इन दोनों संकलनों के निबंध आकार में पर्याप्त लघु होने के बाद भी अपने कथ्य की गहनता, विचारों की व्यापकता एवं अभिव्यक्ति की सटीकता के कारण श्रेष्ठ वैचारिक अभिव्यक्तियाँ हैं।

वेदों के महासागर में छुपे अनेकानेक गहन जीवन-दर्शन रूपी रत्नों से एक-एक, अनेक अनूठे जीवन-दर्शन को चुन कर डॉ. बद्रीप्रसाद ने उनकी सटीक व्याख्याएँ प्रस्तुत की हैं। चयनित विषय के व्याख्यात्मक विस्तार विविध उद्धरणों से सज कर अधिक से अधिक अर्थपूर्ण बनते गए हैं। विषय का सूत्रात्मक विस्तार ही उन्हें लघु-निबंध बनाते हैं, अन्यथा विषय तथा विषय-प्रस्तुति दोनों ही इन निबंधों के प्रबंधात्मक स्वरूप बनने के लिए समर्थ हैं। इन लघु-निबंधों की शैली बहुत कुछ रामचंद्र शुक्ल के विस्तृत निबंधों के अनुरूप ही है। शुक्ल जी के निबंध यदि जहाज हैं तो पंचोली जी के निबंध नौकाओं से कम नहीं है। दोनों में भावोद्रेक को पार लगाने की एक-सी क्षमता दिखाई देती है।

जीवन शतपथ के एक निबंध 'सच्चाई' के माध्यम से पंचोली जी के निबंधों की गहराई के बारे में चर्चा करना अधिक उपयुक्त होगा।

'सच्चाई' निबंध में लेखक ने 'सत्य-पालन' के विविध निहितार्थों की पुष्टि करने हेतु अनेकानेक आप्त वाक्यों का सहारा लिया है। प्रारंभ में ही लेखक लिखते हैं:

प्राध्यापक, अध्यक्ष एवं शोध निदेशक, स्नातकोत्तर हिंदी विभाग,
श्री सत्य साई महिला महाविद्यालय, भोपाल।
एच-आठ, 'सप्तवर्णी', सूर्या परिसर, राजा भोज (कोलार) मार्ग, भोपाल, (म.प्र.) मो. : 09826215072

'सत्यं यशः श्रीर्मयि श्रयताम्।'

(*कर्मकांड भास्कर*)

अर्थात् प्रत्येक भारतीय की कामना है कि 'सत्य', 'यश' एवं 'श्री' उनके जीवन में साकार हों। वह जब बोले सत्य ही बोले।

अथर्ववेद के उदाहरण देकर लेखक कहते हैं—*'सत्येन उत्तभिता भूमिः।'* सत्य ने धरती को स्थिर किया है। *अथर्ववेद, रामायण, महाभारत* और लोकोक्ति के माध्यम से लेखक द्वारा सत्य, सत्यनिष्ठा, सत्य आचरण, सत्य स्वभाव, सत्य-कथन और 'जीवन का परम लक्ष्य सत्य' के विविध स्वरूपों को स्पष्ट ही नहीं किया गया है; अपितु सत्य और सच्चाई को तथा सच्चाई के महत्त्व को भी संवर्धित-संपोषित किया गया है।

लेखक ने भारतीय संस्कृति की विविध महत्त्वपूर्ण वैचारिक आस्थाओं को निबंधों के माध्यम से स्थापित किया है। क्षमा, समरसता, त्याग, सरलता, स्वाध्याय, शक्ति, ओज, प्रतिश्रुति, शांति, स्वस्ति जैसे शताधिक विचार-बिंदुओं के महत्त्व को अनेकानेक आप्त वाक्यों, लोकोक्तियों, मुहावरों, वेद-उपनिषदीय विचारों आदि से सुसज्जित कर ऐसे प्रतिस्थापित किया है कि वे पाठक के मन-मस्तिष्क में रमणीय ग्राह्य भावों के रूप में घर कर जाते हैं। यही इन निबंधों की सार्थकता भी है और उनका महत्त्व भी।

पंचोली जी के निबंधों को 'आप्त निबंध' कहा जाए तो अतिशयोक्ति न होगी क्योंकि उनके निबंधों में भारतीय वाङ्मय के 'आप्त-तत्त्वों' का सहज समाविष्ट है। विषय को भली-भाँति जानने वाले, पूर्व तत्त्वज्ञों द्वारा कहे हुए प्रामाणिक शास्त्रानुसार कथन को प्रमाणित करने वाले रचनाकार डॉ. बद्रीप्रसाद पंचोली को 'आप्त निबंधकार' कहना निश्चित ही उनके सश्रम लेखन की सार्थकता के प्रति कृतज्ञता ज्ञापित करना होगा।

एक अभीप्सा यह भी कि *जीवन शतपथ, संदीप्त जीवन, जीवन दीप्ति, जीवन सुरभि, गीता-नवनीत, ङ्क्चतन के आयाम, भारतीय लोक-दर्शन, अनु-चिंतन, शब्दानुचिंतन, शब्दार्थ चिंतन* जैसे महत्त्वपूर्ण संकलनों का एक विषद सम्मिलित ग्रंथ अकारादि क्रम में विषयानुक्रम के साथ 'अनुशीलन-कोष' के रूप में संपादित कर प्रकाशित किया जाए तो डॉ. बद्रीप्रसाद पंचोली जैसे विचारवान्, सांस्कृतिक, राष्ट्रवादी लेखक के जीवन भर के कार्य के प्रति सच्चा न्याय करना संभव हो सकेगा।

पंचोली जी को 'शत-शरत' जीवन की कामना के साथ शत-शत अभिनंदन!!

❖❖❖

जनता की भावनाओं को उत्प्रेरित करने के प्रमुख साधन के रूप में नाटक का महत्त्व सर्वोपरि है। जनता की रुचियाँ अनेक विध होती हैं तो तदनुकूल ही यह उनके समाराधन का साधन बनता है—'नाट्य भिन्नरुचेर्जनस्य बहुधाप्येकं समाराधनम्।' इसमें सौंदर्यबोध का अद्भुत रूप देखने को मिलता है। सौंदर्य के सामाजिक हित में विनियोजन का साधन होने से ही इसे महाकवि कालिदास ने आँखों का अभिलषणीय यज्ञ कहा है—'कान्तं क्रतुं चाक्षुषम्।' नाटक के इस महत्त्व को देख कर उसे युग की आवश्यकताओं के अनुरूप बाना पहना कर प्रस्तुत करने का प्रयत्न सदा से होता आया है। प्रस्तुत नाटक भी उसी प्रयत्न-परंपरा का अंग समझा जाना चाहिए।''

–*उत्सर्ग* नाटक के प्राक्कथन से

भारतीय वाड्मय के वरिष्ठ पुरोधा

डॉ. राजेश मिश्र

श्रद्धेय बद्रीप्रसाद पंचोली जी एक महान् शिक्षाविद्, साहित्यकार एवं भारतीय वाङ्मय के वरिष्ठ पुरोधा हैं। साहित्य की ऐसी कोई विधा नहीं, जिस में पूज्य पंचोली जी ने अपना योगदान न दिया हो।

उनके व्यक्तित्व की सादगी और उनकी वाणी में जो ओज और गांभीर्य है, वह वर्तमान के साहित्यकारों एवं मनीषियों में बहुत कम देखने को मिलता है। विगत पचीस वर्षों से मुझे उनके सान्निध्य एवं संपर्क में रहने का सुअवसर प्राप्त हुआ है। वे क्षेत्रीय शिक्षा संस्थान, अजमेर में विभिन्न शिक्षण-प्रशिक्षण कार्यक्रमों में विषय विशेषज्ञ के तौर पर शरीक होते रहे हैं और देश के विभिन्न प्रांतों से आए हुए शिक्षकों को प्रशिक्षण एवं मार्गदर्शन प्रदान करते रहे हैं। किसी भी कार्यक्रम में उनकी उपस्थिति ही उसकी सफलता का द्योतक होती है। हम लोग वर्षों से उनके ज्ञान से लाभान्वित होते आ रहे हैं। वे जिस स्नेह और आत्मीयता से संबोधित करते हैं, उससे थोड़ी देर के लिए छोटे-बड़े का अंतर समाप्त हो जाता है।

श्रीयुत पंचोली जी भाषा, साहित्य, भाषाविज्ञान एवं वैदिक साहित्य के अध्येता ही नहीं; बल्कि इन समस्त विषयों पर जिस ओजस्विता और पांडित्यपूर्ण ढंग से अपने विचारों को प्रस्तुत करते हैं, वह ज्ञान-पिपासुओं और जिज्ञासुओं को बरबस अपनी तरफ आकर्षित एवं सम्मोहित कर लेता है। भाषा एवं साहित्य से संबंधित किसी भी जिज्ञासा का तत्काल समाधान करने में सदैव सक्षम एवं तत्पर रहते हैं।

मैं पंचोली जी के उत्तम स्वास्थ्य एवं दीर्घायु की कामना करता हूँ और संपादक मंडल को अभिनंदन ग्रंथ के प्रकाशन हेतु अपनी शुभकामनाएँ प्रेषित करता हूँ।

❖❖❖

लेखक उर्दू के प्रोफेसर, भारतीय साहित्य मनीषी एवं प्रबुद्ध वक्ता हैं।
प्रोफेसर (उर्दू), क्षेत्रीय शिक्षा संस्थान, अजमेर (राज.)
मो. : 9414002662, 850207162

समग्रयोगी

डॉ. राघव प्रकाश

मनीषी डॉ. पंचोली की चेतना का रेशा-रेशा साहित्य-सर्जन को समर्पित। नि:स्पृह और *वेद*, *उपनिषद्* और *गीता* के निर्द्वंद्व सामरस्य के साधक। शब्द की वैयाकरणीय मीमांसा से लेकर उसके सर्जनात्मक उजास को प्रसारित करने वाले। अध्यापन, लेखन, संपादन और संस्था-संचालन में सिद्ध।

डॉ. पंचोली के हिंदी और संस्कृत के सामंजस्यपूर्ण अध्ययन-लेखन ने भाषा-प्रयोग को गंभीरता और तराशगी दी तो संस्कृत साहित्य के संस्कार ने उनके संपूर्ण लेखन में जीवन की आधारभूत मूल्यवत्ता को केंद्रित किया; इसीलिए वैचारिक क्षेत्र में न तो विचलन और न ही मचलन। भावों की अभिव्यक्ति में भारतीय मनीषा की वैचारिक गंभीरता सदैव रही।

जितना लंबा पंचोली जी का अध्यापन-लेखन-काल (छह दशकों में फैला हुआ) तो उतनी ही उनकी स्पृहा, आत्मश्लाघा, संग्रहणीयता सिमटी हुई। वैसे आप मितव्ययी किंतु 'मसी-कागज' के उपयोग में परम उदार। कितना लिखा है! 160 ग्रंथ, 6,000 से अधिक लेख। नाटक, एकांकी, काव्य, वेद-चिंतन, भाषावैज्ञानिक चिंतन, कथा, लघुकथा, शोधग्रंथ, समीक्षा, भूमिका, बाल साहित्य, कोश-संपादन और विद्यार्थियों का शोध-निर्देशन। लगता है कलम हाथ से छूटी ही नहीं, सर्जन का मानस अनवरत बना रहा। यह सब तब होता है जब आप दुनियादारी के दरवाजों पर ताला लगा देते हैं; व्यवसायी कारगुजारियों से अपने-आपको मुक्त कर लेते हैं; और जो-कुछ अपने पास है उसे दे देने के संकल्प ये सदैव बाँधे रखते हैं।

आचार्य डॉ. पंचोली जी ने उच्च शिक्षा के ध्वस्त होते मानकों के बीच स्वयं को निश्चल भाव से अपने-आपको स्तंभवत् बनाए रखा। भारतीय परंपरा व ज्ञान को अपनी विचार-शैली में उगाया और पुष्पित किया, आचार्यत्व को स्थापित किया। मन और कर्म को एक सारणी में ढाला और उसे लेखनबद्ध किया। आज के दुहराव, अलगाव और एकलपंथी जीवनशैलियों के बीच मन-मचन-कर्म की सामंजस्यपूर्ण समग्रता बहुत दुलर्भ है। डॉ. पंचोली जी ने यही दुर्लभ जीवन सहज सुलभता से जिया है और अपने आसपास के परिवेश-मित्र, सहकर्मी, विद्यार्थी, पाठक सबको प्रेरित किया है। ऐसे भाव-योगी, ज्ञानयोगी और कर्मयोगी का सादर हार्दिक अभिनंदन!

❖❖❖

लेखक प्रसिद्ध वैयाकरण, नाटककार एवं परिष्कार कॉलेज समूह, जयपुर के निदेशक हैं।
मो. : 09414350966

संस्कृत एवं हिंदी साहित्य के निर्वाहक

राम जैसवाल

डॉ. बद्रीप्रसाद पंचोली, एक सहृदय व्यक्ति हैं, उनके संदर्भ में, उनके गहन अध्ययन ज्ञान से अधिक महत्त्वपूर्ण उनकी सहृदयता के विषय में कहना; अधिक महत्त्वपूर्ण है—वे सौहार्दपूर्ण और उदार व्यक्ति हैं।

यों, डॉ. पंचोली अजमेर नगर के ही नहीं, वरन् राजस्थान के बहुआयामी व्यक्तित्व हैं। संस्कृत और हिंदी साहित्य में उनकी गहरी पैठ है। साहित्य में उनकी रुचि केवल पुस्तकीय नहीं है, वह उनके व्यवहार में परिलक्षित होती है।

मैं जब केवल उनके नाम से परिचित था, लगभग चार दशक पूर्व की स्मृति है।

वे, राजस्थान के, विशेषकर अजमेर के, अपने नगर के साहित्यधर्मियों का सर्जन पाठकों तक पहुँचाने के लिए, प्रयत्नरत रहते थे। साहित्य का प्रकाशन, विशेष रूप से लेखकों के लिए व्यय साध्य तो रहता ही है, दुष्कर भी है, प्रकाशकों के नित्य के व्यवहार को निर्वहना कठिन होता है। डॉ. पंचोली, उन दिनों भी समसामयिक लेखकों के सर्जन को, लेखकों के लिए मात्र व्यय-आधार पर प्रकाशित कर रहे थे और जो कार्य था, उपलब्धि लेखकों के लिए कठिन थी उसे वे सहज और सरल बना कर प्रस्तुत कर रहे थे। उनका यह सहयोग, प्रयत्न, समसामयिक-साहित्य क्षेत्र में, व्यावसायिक नहीं था, उनकी महत्त्वाकांक्षा (साहित्यिक) और सहृदयता का प्रतीक था, कि समसामयिक साहित्य और साहित्य सर्जनधर्मी अपरिचित न रह जाएँ। सहज ही, उनका उद्देश्य, पाठकों तक सहज-साध्य होकर पहुँचे।

इसका यह भी कारण है कि वे राजस्थान उच्चशिक्षा में प्राध्यापक रहे हैं। उन्होंने जो अध्ययन के क्षेत्र में पाया था उसे अपने छात्र-छात्राओं के मध्य सहज ही बाँटा है। यही अध्यापकीय उदारता, निष्ठा, साहित्य के व्यावहारिक-जगत् में प्रतिष्ठित हुई, व्यवहृत हुई। अपनी इसी निजता के कारण वे राजस्थान के अधिकतर, सम्मान्य आयोजनों-चर्चाओं में सम्मान्य मंच पर, प्रतिष्ठित आसनों पर आमंत्रित किए जाते रहे हैं। अपने प्राध्यापन में शोध कार्यों के उदार निदेशक तो रहे ही, महर्षि दयानंद सरस्वती विश्वविद्यालय, अजमेर में, 2006 से 2009 की अवधि में, 'भारत

लेखक देश के जाने-माने चित्रकार एवं कहानीकार हैं।
सेवानिवृत्त, डीन एंड हेड फेकल्टी ऑफ फाइन आर्ट्स, एम.डी.एस. यूनीवर्सिटी, अजमेर
'कला लक्ष्मी सदन' न्यू कॉलोनी, रामगंज, अजमेर (राज.)
मो. : 8290095176

विद्या अध्ययन संकुल' आरंभ हुआ तो, यहाँ भी उन्हें, 'एम.फिल्.' कक्षाओं में शिक्षण का दायित्व सौंपा गया। छात्र-छात्राओं से उनके अपनेपन के संबंध फिर से व्यवहृत हुए।

डॉ. पंचोली मात्र 'संरक्षक-प्राध्यापक' या साहित्यिक निष्ठा मात्र के व्यक्ति नहीं है वे अच्छे कवि और सर्जनधर्मी भी है।

संस्कृत भारतीय साहित्य और संस्कृति का मूल है और इसके संस्कार डॉ. पंचोली में उनकी चेतना की अतल गहराई में पोषित होते रहे हैं, व्यक्त हुए हैं।

ऋग्वेद में गो तत्त्व की अवधारणा उनकी ऐसी ही अभिव्यक्ति है।

आज गौ रक्षा को लेकर अनेक आवश्यक-अनावश्यक राजनीतिक-सामाजिक चर्चाएँ, प्रतिक्रियाएँ हो रही हैं, गौ-महत्व पर उनका यह ग्रंथ वैदिक-अवधारणा के संदर्भ में उल्लेखनीय है।

राजस्थान की लोक-संस्कृति, भाषा, भाषा में निहित लोक-मान्यताओं के अंश, व्यावहारिक संदर्भ वे सहज ही उद्धृत कर देते हैं, इसी मानसिकता से प्रेरित उन्होंने, *राजस्थानी हिंदी शब्दकोश* रचने का निश्चय किया।

डॉ. पंचोली स्वयं अच्छे कवि तो हैं ही, कवि हृदय हैं और समकालीन साहित्य-सर्जन के प्रति उनके मन में एक, स्पर्धा या ईर्ष्या नहीं है, इसके विपरीत उसकी प्रतिष्ठा जैसे उनकी महत्त्वाकांक्षा है और वे मात्र कवि हृदय या भावुक मन के ही व्यक्ति नहीं है, व्यावहारिक हैं और व्यावहारिक-जगत् को समझना, उसमें चलना, खड़े रहना भलीभाँति जानते हैं। यह गुण बहुधा सर्जनधर्मियों में अनुपस्थित रहता है; परंतु वे सामयिक-साहित्य को, संकलनबद्ध करके, लेखकों को उनके सर्जन के साथ पाठकों तक सुगमता से पहुँचा देते हैं। यह साधारण काम नहीं है, यदि अभिव्यक्ति पाठकों तक न पहुँचे तो उसका रूपायित होना ही निरर्थक हो जाता है, परंतु उसकी प्रतिष्ठा-प्रसार, प्रकाशन, उनकी महत्त्वाकांक्षा का बड़ा अंश रहता है।

अभी निकट-अतीत में ही उन्होंने, अजमेर-मेरवाड़ा के तीन सौ कवि-कवयित्रियों की कविताओं के संकलन, काव्यार्चन-1, काव्यार्चन-2, कविमना पाठकों के लिये संपादित-रूपायित किए। यह कार्य इतना सहज था। एक तो कवि स्वभाव से 'केयर फ्री' होते हैं, बहुधा अव्यावहारिक उनसे आज के इस अर्थ प्रधान युग में रचनाएँ प्राप्त करना ही एक कठिन खेल, उन्होंने अपनी यह कठिनाई, *काव्यार्चन-1* की 'प्रस्तुति' में व्यक्त की है,..'जब यह संकलन प्रकाशित करने का विचार मन में आया, तब यह नहीं सोचा था कि यह काम तराजू में मेढक तोलने से भी ज्यादा कठिन है।'

तथापि यह कठिन कार्य उन्होंने निष्पादित किया, *काव्यार्चन-1-2* में तीन सौ कवियों की रचनाएँ संकलित हैं।

आज के व्यावसायिक युग में साहित्यिक उद्देश्य से ऐसा कुछ करना संघर्षपूर्ण तो है ही, जोखिम भरा भी है।

डॉ. बद्रीप्रसाद पंचोली जी की यह साहित्य-संवेदना जैसे उनके समय के साथ, उनके संसर्ग से उनके छात्र-छात्राओं में प्रवाहित हुई है, ऐसे ही उनके परिवार में भी उनके छोटों में भी उनके सोच और स्वभाव में समाहित हुई है।

बहुत सम्भव है, अजमेर के युवा साहित्यकार उन्हें अतीत के साथ जोड़ कर देखें, देखते हों, पर वे अपने समय में, अपनी पहचान के साथ प्रतिष्ठित हैं। यही कारण है कि उनके छात्र/छात्राएँ, शुभचिंतक उनके सम्मान में,

'अभिनंदन ग्रंथ' प्रकाशित कर रहे हैं, यह उनके प्रति सम्मान और कृतज्ञता का ज्ञापन ही है।

वर्तमान में वे, अपनी आयु के आठ-दशक पूरे कर चुके हैं।

मेरी कामना है वे शरीर-मन से पूर्ण स्वस्थ रहें और साहित्य के व्यावहारिक तथा सर्जन क्षेत्र में उनकी सहृदय महत्वाकाक्षाएँ संपन्न होती रहें।

❖❖❖

सामान्यतया यह समझा जाता है कि अपनी मातृभूमि व पितृभूमि के प्रति अनुराग ही राष्ट्रीयता है, परंतु यह तो राष्ट्रीयता का एक पहलू मात्र है। राष्ट्रीयता तो पूर्ण-जीवन-दर्शन का नाम है जिसमें एक ओर तो व्यक्तित्व का विसर्जन देखने को मिलता है और दूसरी ओर जीवन में दिव्य-ज्योति का आविर्भाव होकर स्वराज्य की संसिद्धि होती है। राष्ट्र शब्द की रा धातु से राष्ट्रीयता के प्रथम अर्थ की और राज़ धातु से द्वितीय अर्थ की व्यंजना होती है। व्यक्तित्व का विसर्जन समाज को जन्म देता है।

–*अथातो राष्ट्रधर्म जिज्ञासा* पुस्तक से

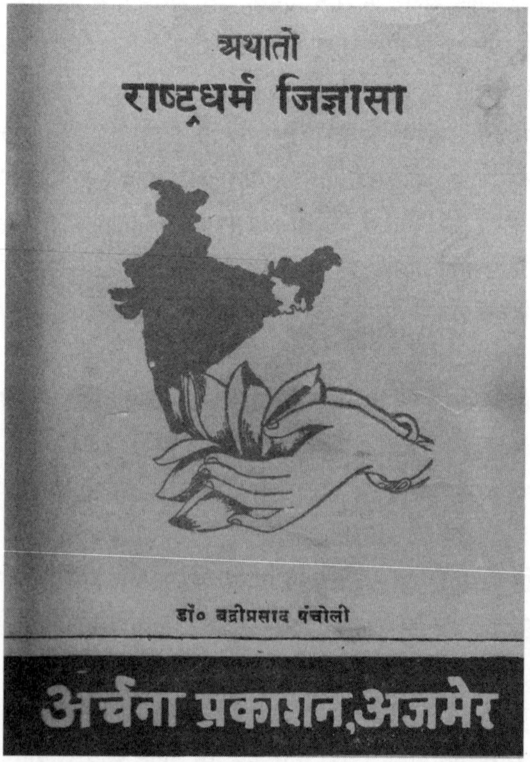

ऋषित्व, बहुश्रुत विद्वत्ता और सक्रिय रचनाधर्मिता का संगम

डॉ. नवल किशोर भाभड़ा

डॉ. बद्रीप्रसाद पंचोली से मेरा व्यक्तिशः परिचय अक्टूबर, 1978 में हुआ, जब मैं राजकीय महाविद्यालय, अजमेर के हिंदी विभाग में पदस्थापित होकर आया। पंचोली जी वहाँ पहले से कार्यरत थे। तब से लेकर अब तक उनसे घनिष्ठ परिचय और संपर्क अनवरत बना हुआ है।

पंचोली जी एक बहुत ही अनुशासन प्रिय, विद्वान् और प्रेरणास्पद शिक्षक रहे। उनके गुरुत्व और प्रेरणास्फूर्त मार्गदर्शन के साक्षी हैं उनके शिष्यों की बहुसंख्यक समर्पित टोली। वे छात्र-वत्सल हैं, विद्यार्थियों की भी उनके प्रति असीम श्रद्धा और स्नेह-समर्पण भावना सर्वविदित है।

पंचोली जी स्वभाव से सरल, सहज और स्नेहिल हैं। वे एक गृहस्थ ऋषि हैं, चिंतनशील मनीषी हैं। संस्कृत और हिंदी भाषा-साहित्य के बहुश्रुत विद्वान् हैं। भाषा के अनुशीलन और शब्दसंधान के प्रति भी उनकी रुचि है। विशेषतः वैदिक साहित्य के तत्त्वद्रष्टा मनीषी हैं। उनकी लोकदृष्टि भी स्पृहणीय हैं। उनके द्वारा रचित एवं संपादित सैकड़ों पुस्तकें उनके अनवरत रचनात्मक अध्यवसाय एवं सक्रिय साहित्य-साधना की अविस्मरणीय धरोहर है। नाटक, खंडकाव्य, निबंध, एकांकी, शब्दानुसंधान और वैदिक साहित्य, भारतीय संस्कृति और लोक जीवन पर उनकी विपुल एवं मूल्यपरक रचनात्मक साधना अनूठी और स्तुत्य है। वे सच्चे अर्थों में लेखक हैं। प्रतिदिन निश्चय ही कुछ न कुछ लिखते हैं। वे एक कर्मठ और अध्यवसायी रचनाकार हैं। लिखना, पढ़ना, पढ़ाना उनका जीवनधर्म है। भारतीय जीवन-मूल्यों का प्रेरणापरक संदेश उनके संपूर्ण रचनाकर्म में व्याप्त है।

पंचोली जी का व्यक्तित्व बहुआयामी है। वे सरल और सहज हैं, उनके पूरे व्यक्तित्व और जीवन में एक स्वाभाविक सादगी है। उनकी प्रसन्न मुखमुद्रा, निश्छल, खिलखिलाती सी बाल सुलभ हँसी स्नेहसिक्त मुसकान प्रथम दृष्ट्या बहुत ही आकर्षक एवं मनमोहक प्रभाव डालती है। मैंने कभी उन्हें गुस्से में, आक्रोश में या विचलित मुद्रा में नहीं देखा। ऊपर सहज-प्रसन्न मुख मुद्रा, भीतर निष्ठापूर्ण धीरता-गंभीरता।

पंचोली जी भारतीय संस्कृति और जीवन मूल्यों के समर्पित उपासक हैं। वे न केवल वेद-पुराण, भारतीय शास्त्रों और साहित्य के मर्मज्ञ विद्वान् हैं, अपने आचरण, प्रवचन, लेखन और उद्‌बोधन में भी भारतीय जीवन-

---

पूर्व शिक्षा आयुक्त, राजस्थान
पंचशील नगर, अजमेर (राज.)
मो. : 09414306775

पद्धति और आदर्शों के उन्नायक और वाहक हैं।

पंचोली जी एक व्यक्ति नहीं, अपने आप में एक जीवंत संस्था हैं। वे स्वयं कई संस्थाओं के पुरोधा, पदाधिकारी और सक्रिय सदस्य हैं। उनकी संगठन क्षमता अद्‌भुत है। उन्होंने अनेक समारोह आयोजित किए हैं। कोई तैयारी नहीं, मिले तो अचानक कहा—'परसों फलाँ जगह इस उपलक्ष्य में समारोह है, आपको आना है।' पता नहीं कहाँ से सारे संसाधन, लोग, तैयारी चुटकियों में एकत्र हो जाते हैं। कई बार तैयारी वांछित स्तर की नहीं हो पाती, लोग भी कम जुटते—पर नहीं, उन्होंने तय कर लिया तो आयोजन होकर रहेगा। यह उनकी दृढ़ इच्छाशक्ति, संकल्प, आत्मविश्वास और निःस्पृह सहजता का द्योतक है।

एक और महत्त्वपूर्ण बात। पंचोली जी अक्षय ऊर्जा के स्रोत हैं और भंडार भी। मैंने कभी उन्हें निष्क्रिय और थका हुआ नहीं देखा। वे सच्चे अर्थों में '*चरैवेति-चरैवेति*' के व्यावहारिक आदर्श हैं। हमेशा चलते रहो, कुछ करते रहो, फिर जो हो सो हो। उनकी सक्रिय, अथक जीवन-यात्रा अनवरत उसी उत्साह और अध्यवसाय के साथ चलती रही है और ईश्वर करे, वह इसी तरह चलती रहे। उम्र के इस पड़ाव पर उनका चलना-फिरना जरूर पहले जैसा नहीं रहा, अन्यथा वे कभी वाहन और साधन पर आश्रित नहीं रहे। वे खूब पैदल चले हैं, यह उनकी सहज स्फूर्ति और सक्रियता का मूल मंत्र है।

उन्होंने जीवन के अस्सी बसंत देखें हैं, भरपूर जीये हैं, अनगिनत लोगों के चहेते प्रेरणास्रोत रहे हैं। उनके द्वारा अपने क्षेत्र में विपुल कार्य निष्पादित किया गया है—उनका अध्ययन, अध्यापन, गुरुत्व, संगठन-क्षमता, लेखन, संपादन, प्रकाशन—सबने उनकी अथक जीवन-यात्रा को सफल, सार्थक बनाया है। मैं इस अवसर पर उन्हें राशि-राशि शुभकामनाएँ अर्पित करता हूँ, पूरी श्रद्धा ओर भाव-विह्वलता के साथ। ईश्वर से यही प्रार्थना कि उहें स्वस्थ दीर्घायु प्रदान करे। वे इसी तरह सहज भाव से सक्रिय-समर्थ बने रहें—शतं जीवेम शरदः।

❖❖❖

वैदिक दृष्टिकोण से स्वराज्य या स्वाराज्य जीवन का लक्ष्य है। *छांदोग्योपनिषद्* के अनुसार आत्मा को सर्वत्र व्याप्त मान कर उसमें क्रीडा करने वाला विद्वान् स्वराट् होता है—आत्मक्रीड आत्ममिथुन आत्मानन्दः स्वराट् भवति (छा.उ. 7/25/2)। सर आर्थर एवलोन ने योगसाधना का उद्देश्य स्वाराज्य सिद्धि माना है (*महामाया तंत्र*, पृ. 155)। *ऋग्वेद* में भी स्वाराज्य की सिद्धि के लिए प्रयत्नरत रहने की बात कही गई है—यतेमहि स्वराज्ये (*ऋग्वेद*, 5/66/6)।

—*वेदानुचिंतन* पुस्तक से

लोकप्रिय-कर्मयोगी शिक्षक

डॉ. लोकेश शेखावत

नो दानैर्न तपोभिरप्यतितरां नो चेज्यया विद्यया, नो काषायपटैरखण्डविभवैः स्यात् संस्कृतो मानवः।
हित्वा स्वार्थपरायणैकधिषणां धृत्वा च सेवाव्रतं, लोकाराधननिष्ठयैव पुरुषः संस्कार्यते धार्यते॥

*(**जनता लहरी**, 5)*

मनुष्य न दान के द्वारा, न तपस्याओं के द्वारा, न प्रभूत यज्ञ विद्या के द्वारा, न गेरुए वस्त्रों के द्वारा और न ही अखंड वैभव के द्वारा परिष्कृत होता है। मानव स्वार्थपरायण बुद्धि का परित्याग करके, सेवाव्रत को धारण करके, लोक को आनंदित करनेवाली निष्ठा से संस्कृत अर्थात् परिष्कृत होता है।

ऐसी निष्ठा से परिष्कृत शिक्षित एवं संकल्पित होकर डॉ. बद्रीप्रसादजी पंचोली ने अहर्निश स्वअर्जित, शोध आधारित साहित्यिक ज्ञान को अपने शिष्यों व साहित्य से जुड़े विद्वानों, साहित्यकारों व शिक्षकों के मध्य बाँटते हुए अपने विषय को प्रदेश व देश के स्तर पर समृद्ध करते हुए उच्च शिक्षा व शोध के क्षेत्र में विभिन्न विश्वविद्यालयों के शोध निदेशक के रूप में स्वर्णिम इतिहास की रचना कर स्वयं के परिवार व वंश का ही नहीं; बल्कि देश व प्रदेश के गौरव को बढ़ाने में अविस्मरणीय भूमिका का निर्वहन किया है। डॉ. पंचोली निरंतर अपने शोधकार्य एवं साहित्य साधना के माध्यम से उच्च शिक्षा के क्षेत्र में सक्रिय व प्रभावी बने रहें यही ईश्वर से मेरी हार्दिक कामना है।

डॉ. पंचोली ने विभिन्न साहित्यिक, सांस्कृतिक एवं सामाजिक संस्थाओं में अपनी सक्रिय प्रभावी भूमिका निभाते हुए प्रदेश व राष्ट्रीय स्तर पर अपनी विशिष्ट पहचान से जो यश व कीर्ति अर्जित की है प्रशंसा के योग्य है। इन्हीं प्रयासों व उपलब्धियों का सुखद परिणाम है कि उन्हें राजस्थान सरकार ने संस्कृत सेवा व प्रचार हेतु सम्मानित किया।

डॉ. पंचोली का साहित्य व शिक्षा के प्रति सक्रिय समर्पण व प्रतिबद्धता उनकी संपूर्ण जीवनयात्रा में हमें देखने को मिलता है। इस आधार पर उनको महान् लोकप्रिय-कर्मयोगी शिक्षक व साहित्य साधक की संज्ञा देना अतिशयोक्ति नहीं होगा। मेरी मान्यता व अनुभव है कि श्रेष्ठ बुद्धि, आचरण और व्यवहार वाला व्यक्ति ही धनवान् होता है। अतः डॉ. पंचोली का जीवन इसी अर्थ में धनवान् व्यक्ति का चरित्र है। डॉ. पंचोली ने अपने साहित्यिक

पूर्व कुलपति,
जयनारायण व्यास विश्वविद्यालय, जोधपुर
मो. : 0983885077

व शैक्षिक कार्यों से समाज की अनथक उपयोगी सेवा से यह सिद्ध किया है कि सम्मान से बड़ा कर्म है। इसलिए उनको सच्चा, ईमानदार व लोकप्रिय कर्मयोगी शिक्षक कहने में हमें कोई संकोच नहीं होता। ऐसे प्रेरक व्यक्तित्व साहित्य, शिक्षा व शोध के क्षेत्र में कार्य करने वालों के लिए प्रेरणास्रोत होते हैं। इसी तरह की प्रेरणा की जोत से अनेक व्यक्तियों के मन में उत्साह की जोत जले और यह कड़ी निरंतर आगे बढ़ती रहे तो शैक्षिक समाज की मजबूती और संबल बना रहता है। मेरी मान्यता है कि डॉ. पंचोली जैसा व्यक्ति समाज में प्रेरणा का कार्य तो करेगा ही, साथ ही, अनेक रूपों में उपयोगी सिद्ध होगा। कहा भी गया है कि

कर्मवीर आगे बढ़कर जब मार्ग नया बनाते हैं,
उन पदचिह्नों पर चलने वाले हर पथिक प्रेरणा पाते हैं।

डॉ. पंचोली ने शिक्षा व साहित्य के क्षेत्र में जो ख्याति व यश अर्जित किया है उसके आधार पर यही कहा जाए कि 'कोट खिसे देवल डिगे वृख ईंधन हो जाय, जसरा आखर जदिहया, जाता जुगा न जाय।' कबीर ने भी सच ही कहा है कि 'कबीरा जब तुम पैदा हुए जग हंसा तुम रोय, ऐसी करनी कर चलो तुम हंसो जग रोय।' डॉ. पंचोली सच्चे गुरु के रूप में अपने शिष्यों को सदैव यही शिक्षा देते रहे कि 'जीना हो ज्योति बन जीना, जीना हो मोती बन जीना, बहुत बड़ा अभिशाप जगत् में, अंधकार का जीवन जीना।' आज भी जीवन के संध्या-काल में वे अपनी सक्रियता के आधार पर हम सबको यही प्रेरणा देते हैं कि 'लक्ष्य तक पहुँचे बिन, पथ में पथिक विश्राम कैसा ?'

मेरी लेखनी रुक नहीं रही; किंतु विवश होकर अपने भावों को अपनी सीमा का ध्यान रखते हुए इन पंक्तियों के रूप में विराम देना चाहूँगा :

आपको (डॉ. पंचोली) मिलना चाहिए उचित सम्मान,
हक आपकी प्रशंसा जितनी भी की जाए कम है,
असंभव को संभव बनाने का आप में अभी दम है,
आप तो चिर युवा हैं, प्रभु से मेरी यही दुआ है,
आप शतायु होवें, सुखी-स्वस्थ जीवन बिताएँ,
सफलता के सोपान चढ़ते जाएँ,
कभी दु:ख की घड़ी न आए, पूरी हो सब कामनाएँ।

(कवि गौरीशंकर मधुकर की संचित कविता)

प्रसिद्ध विदुषी कवयित्री महादेवी वर्मा के शब्दों में मैं सपरिवार कामना करता हूँ कि 'जीवन जागरण है, सुषुप्ति नहीं, उत्थान है, पतन नहीं। पृथ्वी के तमसाच्छन्न अंधकारमय पथ से गुजर कर दिव्य ज्योति से साक्षात्कार करना है।' अंत में, मैं सबके साथ मिलकर डॉ. पंचोली के दीर्घ कर्ममय और स्वस्थ जीवन की कामना निम्न शब्द-भावों के रूप में करता हूँ :

शशि, भानु का पुण्य प्रकाश, धरा प्रकाशित करती जैसे।
आप चिरायु रहें धर पर,आशीषों का पुण्य प्रकाश लें।।

❖❖❖

अभिनव भरत

श्रीकृष्ण शर्मा

जिनके दुग्ध धवल अंत:करण से निर्गत जीवन संगीत भारतीय वाङ्मय के सुमेरु श्रृंग पर स्वर्ण-लेखा-अंकित करता है, जिनके अध्यात्म का अनहदनाद वीणापाणि के तारों पर ध्वनित होता रहता है, जिनके प्रखर मस्तिष्क प्रभाकर की रश्मियाँ भारतीय वाङ्मय शतदल के विकास में नितनूतन छंद बनाती हैं, वे हैं सरस्वती के वरदपुत्र डॉ. बद्रीप्रसाद पंचोली। आपकी जीवनयात्रा भारतीय संस्कृति और लोकसंस्कृति की मंदाकिनी में सदैव निमज्जित रही है। राष्ट्रभाषा, मातृभाषा, संपर्क भाषा हिंदी तथा देववाणी संस्कृत के अध्ययन अध्यापन तथा साहित्य-सर्जन के प्रति अर्पित और समर्पित रहे हैं आपश्री।

आप ने *ध्रुवश्री, उत्सर्ग, हम नचिकेता, नींव के स्वर, सूत्रधार* जैसे अभिनेय नाट्यों का प्रणयन कर हिंदी नाट्य साहित्य के भंडार को समृद्ध किया है। यही नहीं, राजस्थानी भाषा में भी आप ने *पाणी पहली पाळ* नाटक की रचना की। हिंदी में पूर्णांकी नाट्कों का भारी अभाव रहा है और नाट्यकर्मी आगा हश्र कश्मीरी, नारायणप्रसाद बेताब, पं. राधेश्याम कथावाचक के पारसी नाटकों पर निर्भर रहते रहे, पर रात रात भर चलने और संवादों में गीतात्मक होने से उन्हें अत्यधिक परेशानी का सामना करना पड़ता। बंगला, मराठी व अंग्रेजी नाट्यों के अनुवाद के सहारे भी रंगकर्मी अपना शौक पूरा करने लगे, जिनमें बादल सरकार व शंभू मित्र को प्राथमिकता दी जाती रही। मराठी नाट्यकार विजय तेंदुलकर, बसंत कानेटकर, जयंत दलवी के नाटक समसामयिक समस्याओं को लेकर होने से रुचिकर लगते। विदेशी भाषाओं के नाट्यों के अनुवाद भी नाट्य निर्देशकों की आवश्यकता पूर्ति में सहायक हुए पर उनमें भारतीय परिवेश की कमी खटकती रही, हाँ! हिंदी में भी सुरेंद्र वर्मा, हमीदुल्ला, हरिकृष्ण प्रेमी, हबीब तनवीर, मोहन राकेश, डॉ. रामकुमार वर्मा, डॉ. कुसुम कुमार, रमेश मेहता आदि के अतिरिक्त डॉ. बद्रीप्रसाद पंचोली के नाटक भी उपलब्ध होने से रंगकर्म वर्ष पर्यंत चलने लगा। यद्यपि नाट्य कर्म से आजीविका नहीं चलने से नाट्य कर्म शौकिया ही बना रहा। शासकीय संस्थान भी कुछ अधिक नहीं कर पाए।

डॉ. बद्रीप्रसाद पंचोली ने एकांकी नाटक प्रणीत कर नाट्यकर्मियों को राहत दी। पंचोली जी ने *सबै भूमि गोपाल की, उद्घाटन एक यात्रा का* आदि सौ से अधिक एकांकियों को लिख लेखकों को प्रेरित और प्रोत्साहित

अध्यक्ष, शब्द संसार
'गीतांजलि', 26, मंगल मार्ग, बापू नगर, जयपुर-302015
संपर्क नंबर : 0141-2710920

किया। आपके एकांकी सहज और सरल तथा बोधगम्य भाषा में होने से दर्शकों पर जादू का-सा प्रभाव डालने लगे हैं।

साहित्य की ऐसी कोई विधा नहीं जिसमें डॉ. पंचोली ने अपनी लौह लेखनी न चलाई हो, फिर वह काव्य का क्षेत्र ही क्यों न हो। विस्मयकारी तो यह है कि 1943 के प्रथम *तार सप्तक* के बाद चारों *तार सप्तकों* में प्रयोगधर्मी कविताओं ने डॉ. पंचोली को प्रलुब्ध किया, पर वे सनातनी सूर्यादयी कविता सहज कविता, विनिर्देशामयी कविता, विचार कविता, साठोत्तरी कविता, ताजा कविता, अधुना कविता, अकविता, भूखी पीढ़ी की कविता, विद्रोही पीढ़ी की कविता, अभिशप्त पीढ़ी की कविता, शमशानी पीढ़ी की कविता, अस्वीकृत कविता, युयुत्सावादी कविता, प्रतिबद्ध कविता तथा प्रतिश्रुत पीढ़ी की कविता के आंदोलन से नहीं जुड़े।

डॉ. पंचोली को अपने खेमे में शामिल करने के लिए जगदीश चतुर्वेदी, राजकमल चौधरी, निर्भय मल्लिक, अलख नारायण, मुद्राराक्षस, डॉ. रणजीत, ओमानंद सरस्वती, डॉ. महीप सिंह, हरीश भादानी ने भरपूर कोशिश की; पर बद्रीप्रसाद जी पंचोली लयबद्ध, रससिद्ध और छंदबद्ध कविता के सिरमौर बने रहे और उन्होंने *चितवन की सीमाएँ, इतिहास का आत्मनिवेदन, धनुर्भंग* जैसी श्रेष्ठ रचनाएँ दीं। आपने एक खंडकाव्य—*विधृता* भी रसिक पाठकों को समर्पित किया। यही नहीं, आपने तीन सौ लघु कथाओं का *लघुकथार्चन* (3 भाग) देकर साहित्य भंडार की श्रीवृद्धि की। कथा साहित्य के क्षेत्र में आपने *मन का संकल्प, सागर चुप हो गया, नारद नियरे राखिए* जैसी मूल्यवान कृतियाँ हमें सौंपी हैं। जिन पर साहित्यकारों को गर्व है।

आपश्री की जनोपयोगी चिंतनपरक कृतियों में *जीवन शतपथ, जीवन सुरभि, जीवन दीप्ति, संदीप्त जीवन, जागो देव देश में मेरे* के बाद *जीवन पथ सफल और सार्थक हो जाता* है। हजारों निबंध लिख कर आपने समसामयिक विषयों पर अपना अभिमत व्यक्त किया।

मौलिक कृतियों के अतिरिक्त डॉ. पंचोली ने शताधिक पुस्तकों के पुरोवाक्, भूमिका, दो शब्द, प्रस्तावना लिख कर लेखकों के मार्ग को प्रशस्त किया है। ऐसी सक्रियता आज भी जारी है। अनेक लेखकों को आप प्रकाश में लाए हैं।

यद्यपि बाल साहित्य जैसा कोई साहित्य नहीं होता; किंतु कई लेखक बाल उपयोगी साहित्य लिख कर बाल साहित्य की संज्ञा से उसे मंडित करते हैं। इसी अर्थ में आपने कथा, नाटक लिखे हैं, जो बालकों को प्रेरित और प्रोत्साहित करने के निमित्त हैं।

चौंतीस वर्ष शासकीय महाविद्यालय सेवा में प्रवक्ता, विभागाध्यक्ष एवं प्राचार्य पद पर आपने कार्य किया और हर पद पर जिनके अध्यात्म का अंत:श्रवण स्थूल रूप से दृष्टिगोचर होता है, वे जहाँ भी पदस्थापित रहे ज्योति शिखावाही के पुण्यस्थल बन गए। वहाँ संबद्धों को अग-जग के गूढ़ रहस्यों का परिचय करवाया। मानव प्रकृति के प्रति जिज्ञासा को शांत करवाते रहे। आपने साधना-समाधि से जीवन-जगत् को जानने, समझने और समझाने का सफलतापूर्वक प्रयोग किया। आपने अध्यात्म और दर्शन के ज्वार से मानवता को परिप्लावित किया। निश्चित ही पंचोली जी के सत्प्रयासों ने जीवन और जगत् के ज्ञानशक्ति स्रोत उमड़कर पतनशील और क्षीण मानवता को प्रेरणा और तेज-ओज प्रदान किया है। अराजकता, अव्यवस्था और अनैतिकता तथा अंधकार में भटकी दिग्भ्रांत मानवता को आपने धुरी पर केंद्रित किया है। आपने राष्ट्र के अभ्युदय और निरंतर विकास के लिए धर्म-निर्देश को ही विधेय माना है।

क्षेत्रीय अहंकारों, भाषायी अभिमानों एवं संकीर्ण अवचेतन और उसके नाद को अनसुना कर राष्ट्रभाषा हिंदी की शुचिता के प्रति समर्पित डॉ. पंचोली भाषा परिष्कार के अप्रतिहत अभियान में अहर्निश लगे हुए हैं। *श्रुति संदीपनी, श्रुति संजीवनी, श्रुति मंगला, श्रुति विमर्शिनी, नव गति नव लय, गति साध्यों की साध्य* आदि वेद व्याख्यापरक कृतियाँ भाषायी शुचिता का प्रमाण हैं। यही नहीं, *शब्दलोक, शब्दानुचिंतन,* शब्दानुशीलन, *शब्दार्थ-चिंतन, शब्द-विवेक* आदि कृतियाँ तथा शब्द विचार शीर्षक से शताधिक निबंध शब्दों में नई अर्थवत्ता प्रकाशित करने में समर्थ एवं सार्थक सिद्ध हुए हैं।

स्वयं मैं (इन पंक्तियों का लेखक) पंचोली जी से दूरभाष पर 'तत् त्वंऽसि' और 'त्वम् प्रधान आत्मज्ञान' की बारीकियों से साक्षात्कार कर चुका हूँ। एक विषय में परमात्मपरायणता तथा दूसरे में आत्मपरायणता की ग्रंथि का विमोचन कर बोध प्राप्त कर चुका हूँ। तत् पद पर ब्रह्मपरमात्मा की परायणता में विधि पक्ष की प्रधानता है जबकि आत्मपरायण की साधना में निषेध पक्ष ही प्रधान है। अर्थात् 'तत्' पद में जो कुछ है वह सब परमात्मा ही है, आत्मा के अतिरिक्त कुछ भी नहीं, जबकि 'त्वम्' पद में मैं ही मैं हूँ—चाहे तू ही तू कहो या मैं ही मैं कहो साधना की सिद्धि में दोनों में एक ही तत्त्व का साक्षात्कार है।

गांधीवादी चिंतन में लिप्त डॉ. पंचोली ने *महात्मा गांधी द्रष्टा और दर्शन* तथा गांधी सूक्ति रत्नावली का प्रणयन कर गांधीजी के विचारों को जन-जन तक पहुँचाया है। *शैक्षिक शब्दावली का पारिभाषिक कोश* तथा *मानव मूल्यपरक शब्दावली कोश* का निर्माण का राष्ट्रभाषा को समृद्ध किया है।

भारतीय संस्कृति के मूर्तिमान् प्रतीक डॉ. बद्रीप्रसाद पंचाली ने नाटक, काव्य, वेद चिंतन, भाषा, समसामयिक चिंतन के क्षेत्र मे अद्‌भुत साधना की है, जो अभिनव भरत के पद पर अभिषिक्त करना समीचीन है। आप स्वस्थ एवं दीर्घायु हों।

❖❖❖

तबीयत से पत्थर उछालने वाले

डॉ. रमा सिंह

'कौन कहता है कि आसमां में छेद नहीं हो सकता, एक पत्थर तो तबीयत से उछालो यारो' ग़ज़लकार दुष्यंत कुमार ने क्यों ये शेर कहा, मैं नहीं जानती, पर इसकी अनुगूँज बड़ी दूर तक जाती है। हर शब्द जिसका जहाँ प्रयोग होता है अपनी एक अलग ही ध्वनि रखता है, यहाँ भी 'तबीयत से उछालो' की अपनी अलग व्यंजना है। जहाँ व्यक्ति को जीवन को जीने की कला ही नहीं आती हो वहाँ तबीयत से पत्थर का उछालना तो बहुत दूर की कौड़ी है। जिसने जिन्दगी को जीना सीख लिया उसी का पत्थर तबीयत से उछलता है और आसमान में छेद भी करता है। ऐसा व्यक्तित्व जीवट होता है, संघर्षशील होता है, अनुशासनप्रिय होता है, धैर्य, दृढ़ता, व्यवहारकुशलता, समर्पण, सद्भाव उसके व्यक्तित्व के अंश स्वयं ही बन जाते हैं। इन सबकी पृष्ठभूमि में उसका पारिवारिक पर्यावरण रहता है, उसके संस्कार ही पहले पगडंडी बनते हैं फिर उन्हीं पर चलते-चलते कब रास्ते चौड़े बन जाते हैं, पता ही नहीं चलता।

डॉ. बद्रीप्रसाद पंचोली राजस्थान की माटी की वह सौंधी खुशबू हैं जिसे जितना भी बाँधने का प्रयास किया जाए, वह उतनी ही फैलती चली जाती है। जिसके व्यक्तित्व को हिंदी, संस्कृत साहित्य ने सँवारा हो, जो वेदों का अध्येता हो उसे कोई क्या बाँधेगा, वह तो स्वयं बँधता है अपने अंतर्मन से, जगत् के कार्य से, फिर अपने प्रिय छात्रों से। वह एक ऐसे गुरु हैं जिसमें सूर्य-सी ऊष्मा है, चंद्रमा-सी शीतलता है, बसंत की मादक बयार है और है ज्ञान की झड़ी लगा देने वाली सावन की फुहार, जिसे धरती धीरे-धीरे आत्मसात् करती है। उसमें विचारों के नवांकुर फूटते हैं, कुछ वृक्ष बनते हैं तो कुछ लताएँ। कहीं-कहीं पैरों को सहला देने वाली नर्म दूब भी। एक नई ऊर्जा, जीवन जीने की एक नई संजीवनी, जो उनकी आँखों से झलकती है।

डॉ. बद्रीप्रसाद पंचोली अपने जीवन के अस्सी वर्ष पूरे कर चुके हैं। जीवन का आधा भाग शिक्षण कार्य में बाकी साहित्यिक व सांस्कृतिक संस्थाओं से जुड़ कर उन्हें ऊँचाइयाँ देने में लगा दिया। वास्तव में ऐसे व्यक्तित्व स्वयं के लिए नहीं, वरन् समाज के लिए जीते हैं। कहते हैं कि ईश्वर मनुष्य को धरती पर भेजने से पूर्व ही उसके

लेखिका वरिष्ठ कवयित्री एवं साहित्यकार हैं।
सदस्य, केंद्रीय हिंदी समिति, भारत सरकार, नई दिल्ली
के.एम. 159, कवि नगर, गाजियाबाद (उ.प्र.)।
मो. : 09810636112

कार्य निर्धारित कर देता है, हम तो उसके हाथ की कठपुतली हैं वह जैसा चाहता है वैसा नचाता है; किंतु कुछ लोग धरती पर ऐसे भी होते हैं जो प्रारब्ध को अपने कर्म से बदल देते हैं। वे छोटी रेखा के आगे बड़ी रेखा खींचना जानते हैं, वे बहानों से दूर रह केवल कर्म को अपने जीवन का ध्येय बना लेते हैं, अगर ऐसा नहीं होता तो डॉ. पंचोली काव्य, नाटक, एकांकी, वेद चिंतन, बाल साहित्य, लोकोपयोगी, बालकथाएँ, सामयिक चिंतन-संपादन के साथ-साथ अपने शोधार्थियों से विभिन्न विषयों पर शोधकार्य कैसे पूर्ण कराते। वे आजकल के गुरु नहीं हैं, वे उस परंपरा के गुरु हैं जब गुरु पहले अध्ययन कर विचारों को, भावों को आत्मसात् कर लेते हैं, तब चिंतन-मनन शुरू होता है, उसके पश्चात् छात्रों/छात्राओं तक अपनी बात सरल शब्दावली में पहुँचा कर सुख पाते हैं। अध्ययन व अध्यापन ही उनका लक्ष्य रहा, ज्ञान का प्रसार ही उनका अभीष्ट रहा। निश्छल, निःस्पृह रह कर उन्होंने ज्ञान बाँटा, तभी तो आज उनके शिष्य विश्व भर में अपने गुरु के नाम का ध्वज लिए उनके कार्य को आगे बढ़ा रहे हैं। गुरु का मार्गदर्शन उन्हें प्रत्यक्ष-अप्रत्यक्ष रूप में निरंतर मिल रहा है।

डॉ. पंचोली का अपना स्वयं निर्दिष्ट जीवन-तंत्र है, आशा और विश्वास उनकी श्वास है, शांति, सत्य व संयम उनमें समाहित हैं। जीवन में सफलता की जिन ऊँचाइयों को उन्होंने छुआ-पाया है वह उनकी कर्मठता का द्योतक है। वे साहित्य के अध्येता ही नहीं वरन् स्वयं साहित्यकार हैं इसलिए संवेदनाओं की प्रतिमूर्ति हैं, सत्य शिवं-सुंदरम् के अनुसार जीवन जीने की कला वे जानते हैं। स्वयं आगे बढ़ना, साथियों को साथ लेकर चलना व अपने प्रिय विद्यार्थियों को आजीवन विद्यार्थी बने रहने का पाठ पढ़ाने वाले अब भी जीवन में सक्रिय हैं। यह सक्रियता ही उनके अनुगामियों का मार्ग निरंतर प्रशस्त करती चलती है। वे उस गहरे समुद्र के समान हैं, जिसके गर्भ में अनेक रहस्य छिपे हैं। समयानुसार ये रहस्य ही समुद्र की विभिन्न तरंगों की भाँति दोलायमान होकर अपने भीतर से कुछ विशेष, अपने किनारे पर छोड़ कर पुनः समुद्र में विलीन हो जाते हैं। गुरु के पास गुरुत्व का आकर्षण होता है। पंचोली जी पुरानी पीढ़ी के गुरु हैं, उन्होंने साहित्य को केवल पढ़ा ही नहीं, उसे आत्मसात् भी किया है, जो आत्मसात् किया उसे प्रसाद रूप में बाँटा भी है। उन्होंने जितना बाँटा उतना ही लौट कर फिर आ गया, आया भी तो श्रद्धा व सम्मान का सूद लेकर। बहुत बड़भागी हैं वे गुरु और शिष्य जिनमें लेने की क्षमता है तो है देने की भी।

मेरा मन कहता है कि आदरणीय डॉ. बद्रीप्रसाद पंचोली शतायु होंगे क्योंकि उनके साथ उनके साथी साहित्यकारों, उनके प्रिय शिष्यों का प्यार, स्नेह, श्रद्धा व सम्मान व मेरी शुभकामनाएँ हैं। बहुत-बहुत शुभकामनाओं के साथ।

❖❖❖

सरलता की प्रतिमूर्ति

डॉ. मोक्षराज

"मैं जब कहीं प्रवास पर जाता हूँ तो खाली पेट नहीं निकलता, चाहे रात के 3 बजे हों या सुबह के छह। सुबह उठते ही पलंग से पैर उतारते समय दाहिना हाथ ऊपर की ओर तथा दाहिना पैर नीचे की ओर खींचता हूँ, इसी प्रकार बाँया हाथ व पैर में खिंचाव पैदा करता हूँ, इससे हृदय रोग से बचा जाता है। शरीर में रक्त का संचार ठीक रहता है। मेरे जीवन के दो नियम हैं—प्रतिदिन न्यूनतम एक पृष्ठ लिखना तथा किसी अपरिचित व्यक्ति को नमस्ते करना। यही कारण है कि विश्व के सभी कोनों में मेरा कोई न कोई परिचित मिल ही जाता है। पैसा कहाँ से आएगा, स्थान कौन सा होगा, अतिथि कौन होंगे ? ये विचार हम बाद में करते हैं, पहले कार्यक्रम तय कर लेते हैं, संकल्प शक्ति से सब ठीक हो जाता है। आप तो हनुमान हैं, किसी भी संकट से पार उतरने के लिए हम आपको याद कर लेते हैं। आप तो बता देना विश्वविद्यालय कब जाना है, आप जब कहेंगे चल देंगे, चाहे मोटर साइकिल या कार न हो टैंपों से चल देंगे या पैदल ही सही, वेद का काम सदैव करते रहना ही अपना ध्येय है।"

उक्त प्रकार से व्यवहृत शांतात्मा, सौम्यमूर्त्ति, सरलता की प्रतिमा, आकर्षक एवं मधुर व्यक्तित्व के धनी डॉ. बद्रीप्रसाद पंचोली से मेरा प्रथम परिचय बसंतोत्सव के समय अजमेर में पट्टी कटला स्थित लक्ष्मीनारायण जी के मंदिर में सन् 2002 में हुआ था।

बहुत सारे पीले व केसरिया फूलों की बौछार में आप और मैं एक सुंदर आसन पर आरूढ़ थे। कार्यक्रम के संचालन कर्त्ता जब अपने उद्बोधन में आपका नाम पुकारते तब आप अपने निमेष को उन्मीलित कर स्मित अवस्था को प्राप्त होते व पुनः अंतर्जगत् में लीन हो जाते थे। मुझे आश्चर्य हुआ कि ये विद्वान् महाशय मंच पर ही तुरीय अवस्था से पूर्व की अवधि का सुख चख रहे हैं।

धीरे-धीरे आपके आशीर्वाद व स्नेह ने मुझे ऐसा बाँध लिया कि विगत 8 वर्ष से (महर्षि दयानंद सरस्वती विश्वविद्यालय, अजमेर में) वेद विद्या के प्रचार लक्ष्य में जब-जब अनुकूलता-प्रतिकूलता रही, आप प्रत्यक्ष-परोक्ष रूप से साथ-साथ सहयोग-निर्देशन देते रहे।

संस्कृत, संस्कृति एवं वेद के प्रचारक एवं उद्भट व्याख्याता-मनीषी।
पूर्व सदस्य, राजस्थान संस्कृत अकादमी, जयपुर
वैशाली नगर, अजमेर (राज.)
मो. : 8696429696

प्राय: हमें वैदिक वाङ्मय के छात्रों का शुल्क श्रेष्ठियों व वेदभक्तों से एकत्र करना होता है। इस संबंध में आपसे जब कभी कहीं जाने का अनुरोध किया, आप झट से साथ हो लेते, आपकी सरलता अद्वितीय है।

दैनिक नवज्योति अखबार में उपनिषदों पर आधारित लेखों की श्रृंखला ने अध्यात्म पिपासुओं को वर्षों तक तृप्त किया। आपकी प्रस्तुति के प्रवाह में निमग्न भक्तों के सात्त्विक भावों ने आपके पुण्यकोष को निश्चय ही समृद्ध किया।

राजस्थान विश्वविद्यालय, जयपुर, कोटा विश्वविद्यालय, कोटा एवं महर्षि दयानंद सरस्वती विश्वविद्यालय, अजमेर में आपकी विशेष सेवाएँ प्राप्त होती रही हैं। आप द्वारा लिखे गए समीक्षात्मक निबंध पढ़ाए जाते रहे, जिनकी गहनता की थाह लेने में छात्रों का श्वास फूल जाता था। वे कपालभाति करते हुए स्वेद प्रवाहित करते थे। भारतीय प्रशासनिक सेवा, राजस्थान प्रशासनिक सेवा, विश्वविद्यालय, न्यायालय तथा अनेक क्षेत्रों में आपके छात्र उत्कृष्ट उपलब्धियों को प्राप्त कर सेवानिवृत्त हो रहे हैं; किंतु आप आज भी ज्ञान का दीप जलाकर सहस्रों प्रतिभाओं को तराशने के लिये उद्यत रहते हैं। महर्षि दयानंद सरस्वती के सर्वहितकारी सिद्धांत आपकी प्रेरणा के प्रमुख स्रोत हैं। नगर आर्यसमाज, ऋषि उद्यान, वेद संस्थान व भारत विद्या अध्ययन संकुल को आपने जो सेवाएँ प्रदान कीं, उनका उल्लेख कर आप आनंदित होते रहते हैं।

झालावाड़ क्षेत्र के मूल से अवलंबित होकर आपकी सुरभित पुष्पित प्रभा ने जो छटा ऋषि निर्वाण स्थली अजमेर में बिखेरी, वह चिर स्मरणीय रहेगी।

आपका स्वास्थ्य उत्तम है, आपकी कर्मशीलता, सजगता व पावन भावाभिव्यक्ति आदर्श प्रस्तुत करती है।

आप सदैव काव्यशास्त्रों के अनुरागी रहे हैं व अब भी उन्हीं में अनुरक्त रहते हैं, यही कारण है कि आपमें धर्मेतर दोष उदित नहीं हो पाते। संस्कृत के कवियों ने आप सदृशों के लिए ही मुख खोला—

काव्यशास्त्रविनोदेन कालो गच्छति धीमताम्।

❖❖❖

यदि 'मीराँ' नाम का संबंध 'मिहिर' से है तो निश्चय ही मीराँ को सूर्य की एक विद्रोही किरण कहा जा सकता है। किरण का विद्रोह अंधकार के प्रति ही हो सकता है। मीराँ भी समाज में व्याप्त रूढ़ियों, अंधविश्वासों और मिथ्याचार के प्रति विद्रोहिणी थीं। वे उन दीवारों को हिला कर धराशायी कर देना चाहती थीं जो मनुष्य को मनुष्य से अलग कर देती हैं और उसे मनुष्य हीं कुछ और बना देती हैं। निरर्थक मान-मर्यादा के नाम पर समाज के शरीर पर पलता हुआ कोढ़ जितना वे हटा सकती थीं, उन्होंने हटाया। विद्रोह का ऐसा स्वर उस काल में किसी अन्य के मुख से सुनाई पड़ा तो वह कबीर का था। मीराँ पुरुष होती तो वे कबीर के समकक्ष होतीं और कबीर स्त्री होते तो वे मीराँ जैसे ही होते। दोनों ही समान रूप से विद्रोही थे। दोनों में अंतर था तो वह स्त्री और पुरुष होने का था और इसी नाते अपनी-अपनी सीमाओं का था। मीराँ ने विद्रोह परिवार से किया था। उधर कबीर का विद्रोह जाति से था। मध्यकालीन सामाजिक संगठन के दो ही आधार थे—परिवार और जाति। इनमें रहने वाला समाज का नेता बन सकता है; पर इनसे विद्रोह करने वाला? ....उसे तो पीड़ा ही भोगनी होगी।

–*अनुचिंतन* पुस्तक से

विचार से व्याख्यायित एक घटना

प्रबोध कुमार गोविल

यह किस्सा मुझे एक प्रकाशक ने सुनाया था। बद्रीप्रसाद जी किसी कार्य से उधर आये थे और उनके प्रिंटिंग प्रेस पर बैठे थे। उन दिनों प्रेस 'छापाखाना' हुआ करता था। वहाँ कट-पेस्ट-डिलीज-नेट और फोटोशॉप नाम की सुविधाजनक चीज़ें नहीं हुआ करती थीं। लड़के साइकिलों से चलकर दूर-दूर से आया करते थे और प्रेस के अहाते में घुसते ही कमीज-पैंट उतार कर खूँटी पर टाँगते और तब चड्ढी को हाथ से नीचे खींचते हुए फ़रमा खोल कर चिमटी से लोहे का एक-एक अक्षर पकड़ कर कंपोज़िंग किया करते थे। ऐसे में संपादक या लेखक को उनके पास जाकर बैठना पड़ता था ताकि वे फ़रमा बाँध कर प्रूफ़ दिखाए और संपादक या लेखक अक्षर-अक्षर बाँच कर गलतियों को दुरुस्त करें। तभी रचनाकार अक्षर-शिल्पी कहलाते थे।

वहाँ शायद कांग्रेस के किसी पार्षद के कार्यक्रम का निमंत्रण पत्र छप रहा था। कंपोज़िटर लड़का आया और बोला—फ़रमा तो छप गया, अब ये फोटो-ब्लॉक फेंक दूँ या वे वापस ले जाएँगे? ब्लॉक में कांग्रेस के पूर्व और तत्कालीन प्रधानमंत्रियों की छोटी सी गोल तस्वीर थी।

लड़के की बात का जवाब प्रेस मालिक की जगह बद्रीप्रसाद जी ने दिया। सहजता से बोले—'भैया फेंको मत, कांग्रेसियों के तो मुंडन-कनछेदन के निमंत्रण पत्रों पर भी लक्ष्मी-गणेश की जगह यही तस्वीरें छपेंगी।'

ये एक गंभीर सर्जक का ऐसा सहज व्यंग्य था जो शायद व्यंग्य की कई पोथियों पर भारी था। लेकिन ऐसी बात वही व्यक्ति कह और समझ सकता है जो विचार और विचारधारा के बनने के शाश्वत सिलसिले को समझने में सक्षम हो।

जिस तरह तुलसी के लिए राम ज़रूरी हैं, उसी तरह राम के लिए तुलसी भी आवश्यक हैं। विचार घटना से जनमता है और घटना विचार से व्याख्यायित होती है।

❖❖❖

वरिष्ठ कथाकार एवं कवि हैं।
बी-301, मंगलम् जागृति रेजिडेंसी, 447, कृपलानी मार्ग, आदर्श नगर, जयपुर (राज.)
मो. : 9414028938

कर्मयोगी शिक्षाविद् एवं साहित्यकार

डॉ. कुसुम माथुर

एक विद्वान्, कर्मठ ऊर्जावान् व्यक्ति के विषय में लिखना जहाँ एक ओर दुष्कर कार्य है वहीं उसे सीमित करना भी कठिन है। डॉ. बद्रीप्रसाद *वेद, पुराण, प्राचीन इतिहास, व्याकरण व साहित्य* आदि अनेक विषयों के विशेषज्ञ तो हैं ही साथ ही आप संस्कृत, प्राकृत, अपभ्रंश, हिंदी व राजस्थानी भाषाओं के निष्णात पंडित भी हैं। ऐसे दुर्लभ व्यक्तित्व के धनी डॉ. बद्रीप्रसाद जी अपना ज्ञान स्वेच्छा व उदार मन से विद्यार्थियों व शोधकर्ताओं में बाँटते रहे हैं। आपकी क्रियाशीलता तथा सहयोग की प्रवृत्ति ने ही आपको समाज में एक कर्मयोगी के रूप में स्थापित किया है। पंचोलीजी ने कर्म को ही अपना जीवन बना लिया है। आप सुख को 'सार्थकता' में पाने के पक्षधर है—

'देवो ने जो आयु दी है
फैला जीवन डोर
अर्पित कर दें, मोड़ दें
शुभ कर्मों की ओर'

(ऋग्वेद 1/89/8 का पंचोलीजी द्वारा गीतानुवाद)

डॉ. बद्रीप्रसादजी ने साहित्य की सभी विधाओं में सर्जन किया है जिनमें आपकी जीवन-दृष्टि समाहित है तथा आपका संपूर्ण साहित्य उच्च मूल्यों से युक्त एवं समाज के लिए प्रेरणाप्रद है। *लहर लहर मधुपर्क* और *ध्रुवश्री* ऐतिहासिक कथानकों पर आधारित सशक्त नाटक हैं, जो युद्ध की निरर्थकता, राष्ट्रीय एकता, सामाजिक हित-साधना एवं नारी-शक्ति का निदर्शन करते हैं। *चितवन की सीमाएँ* और *प्रभाती* राष्ट्र-प्रेम से ओतप्रोत कविता संग्रह हैं। आप 'जवान' तथा 'किसान' दोनों का जय जयकार करते हैं। *जागो देव! देश में मेरे* में भारतीय संस्कृति पर आधारित विचारपूर्ण निबंध हैं। ये समस्त निबंध डॉ. पंचोली की व्यापक जीवन-दृष्टि का दिग्दर्शन करते हैं और आपके भारतीय संस्कृति का साकार रूप होने की साक्षी देते हैं। वस्तुतः, आपने जो जैसा जिया है वैसा ही लिखा है। .....और जो जैसा लिखा है.....वैसा ही जिया है। अजमेर के साहित्यकारों व साहित्य-प्रेमियों की कविताओं के

वरिष्ठ लेखिका एवं पूर्व अध्यक्ष, हिंदी विभाग, सावित्री कन्या महाविद्यालय, अजमेर
कैलाशपुरी, अजमेर
मो. : 09828073940

संकलन *काव्यार्चन* का संपादन कर पंचोलीजी ने सभी को एक साथ जोड़ने का महत्त्वपूर्ण कार्य भी किया है।

किसी भी अच्छे काम में सहायता करने के लिए पंचोलीजी सदैव तत्पर रहते हैं। मुझे याद है कि जब हमारे कॉलेज (सावित्री कन्या महाविद्यालय, अजमेर) में हिंदी की स्नातकोत्तर कक्षाएँ प्रारंभ हुई थीं तब आपने काफी अरसे तक भाषा विज्ञान की कक्षाएँ ली थीं। इसके बाद वर्ष 1995 में जब हमारे कॉलेज में व्यावसायिक विषय 'फंक्शनल हिंदी' आरंभ हुआ था तब भी आपने व्याकरण संबंधी अनेक व्याख्यान दिए थे। आप हमेशा सामान्य ज्ञान से संबंधित कोई न कोई नई बात बहुत ही सरल ढंग से समझाते हैं। सरलता, सहजता व सादगी आपके व्यक्तित्व के विशिष्ट आयाम हैं। व्यक्तियों के दु:ख-दर्द से भी आपको हमेशा जुड़ाव रहता है तथा आप पीड़ितों को उनकी व्याधि के उपचार हेतु कुछ अनुभव आधारित घरेलू नुस्खे भी सुझाते रहते हैं।

डॉ. बद्रीप्रसादजी की जीवटता को प्रणाम है। उम्र आपकी क्रियाशीलता में कभी व्यवधान नहीं बन पाई और अस्सी वर्ष की उम्र में भी आप पूर्णत: सक्रिय हैं। बड़े-बड़े आयोजन करना आपके लिए अत्यंत सरल कार्य है। हाल ही में डॉ. पंचोली जी ने पाँच दिवसीय एक कार्यशाला में सुबह से शाम तक व्याख्यान देकर शिक्षकों को लाभान्वित किया है। किसी भी समारोह में आपकी उपस्थिति ही उसे गौरवान्वित करने के लिए काफी होती है। पंचोलीजी की अपने विद्यार्थियों पर स्नेह की कोई सीमा नहीं है तथा उनके विद्यार्थी भी आपको सम्मान देते हैं। आप अनेक शिक्षकों व शोधार्थियों की प्रेरणा रहे हैं। जीवन के प्रति आपकी दृष्टि और मूल्यों को लेकर आपके मन में कोई द्वंद्व या संशय नहीं है, सब कुछ सुस्पष्ट है, दृढ़ है। आपका समसामयिक उच्च भाव-बोध देखिए—'आज संपूर्ण भारत एक सूत्र में बँधा हुआ है। यह एकता ही इसकी शक्ति का स्रोत है। इसकी रक्षा के लिए प्राणापण से चेष्टा करना हमारा प्रथम धर्म है। इस राष्ट्र में कोई पराया नहीं है, यह भूमि हमारी माता है, हम सब इस भूमि की संतान हैं।'

पंचोलीजी स्वस्थ रहें, वे शतायु हों तथा हमें उनके सान्निध्य का लाभ मिलता रहे, मेरी यही मंगल-कामना है।

❖❖❖

मीरां : तब क्या हुआ?

गोपाल : नचिकेता ने मौत से जीवन मांगा।

मीरां : मौत से जीवन?

गोपाल : हाँ, मौत से जीवन। यमराज के सामने पहुँच गया वह। यमराज ने उसका मन लेना चाहा। कहा तीन वर मांग लो तुम।

मीरां : अच्छा क्या वरदान मांगे उसने?

गोपाल : विद्रोह किया उसने। वह पिता की आज्ञानुसार तो मौत ही मांग सकता था मृत्यु-मंदिर में।

मीरां : हाँ ऐसा ही कर सकता था वह।

गोपाल : पर उसने जीवन मांगा, जीवन से परिचय मांगा।

मीरां : यह स्पष्ट ही विद्रोह था।

गोपाल : हां विद्रोह! पिता से विद्रोह; मृत्यु से विद्रोह, मृत्यु के राजा से भी विद्रोह।

–हम नचिकेता पुस्तक से

लोकधर्मी साहित्यकार

प्रो. लक्ष्मी अय्यर

साहित्य समाज का दर्पण है, साथी है, दीपक है। इस संदर्भ में कई मत-राय मिल सकते हैं। साहित्यकार अपने सर्जनात्मक साहित्य द्वारा सामाजिक मूल्यों की स्थापना करते हैं। आज के उत्तर-आधुनिक समाज में साहित्यकार भी कई प्रकार के होते हैं। अपने परिवेश से प्रभावित स्वानुभूति से साहित्य सर्जन करने वाले, अपने वैयक्तिक मूल्यों के अस्तित्व को भूलकर समाजोपयोगी लिखने वाले और अपने देश की विराट् प्राचीन संस्कृति से अभिन्न सांस्कृतिक मूल्यों से सने हुए भारतीय साहित्य रचने वाले।

अजमेर के वरिष्ठ, कर्मठ और मूर्धन्य विद्वान् डॉ. बद्रीप्रसाद पंचोली रचनाकारों की उस श्रेणी में आते हैं जो प्राचीन भारतीय मूल्यों एवं संस्कृति को अपने लेखन कर्म के द्वारा जन-जन तक पहुँचाकर प्रेरणा प्रदान करते हैं। बहुमुखी प्रतिभा के धनी पंचोली जी अपने व्यक्तिव और कृतित्व से आमजन और नवयुवकों के प्रेरणास्रोत हैं।

पंचोली जी से मेरा परिचय मेरे प्रिय शोध छात्र अखिलेश कुमार शर्मा द्वारा हुआ। जब वे मेरे आमंत्रण को स्वीकार कर पहली बार राजस्थान केंद्रीय विश्वविद्यालय, अजमेर के हिंदी विभाग में मार्च 2013 में आयोजित *भारतीय सिनेमा में सांस्कृतिक मूल्य : हिंदी एवं अन्य भारतीय भाषाओं के संदर्भ में* राष्ट्रीय संगोष्ठी में पधारें। उसके बाद मेरे श्रद्धेय, परम हितैषी, वरिष्ठ भ्राता और हिंदी के विद्वान् प्रोफेसर नंद किशोर जी पांडेय (निदेशक, केंद्रीय हिंदी संस्थान, आगरा) ने पंचोली जी से मेरा परिचय करवाया।

विद्वान् पंचोली जी से जब भी मैं बात करती हूँ तो मुझे लगता है कि उनकी वाणी में साक्षात् माँ शारदा बैठी है। संस्कृतनिष्ठ शब्दावली से पूर्ण वाणी पंचोली जी की पहचान है। उन्होंने साहित्य के हर कोने को झाँका है। उनके लेखन एवं वक्तव्य में वेद, *लोक, रामायण, महाभारत* और *भगवद्गगीता* के श्लोक-कथन की पंक्तियाँ अनायास ही देखने को मिल जाती हैं।

पंचोली जी का निबंध संग्रह *जीवन शतपथ* आदर्श मानवीय समाज के लिए मील का पत्थर है। निबंध संकलन की भूमिका में पंचोली जी सामाजिक दायित्व का निर्वहन करते हुए कहते हैं कि ''परिवार टूटने से मनुष्य का व्यक्तित्व क्षरित हो रहा है। उसे रोकने के लिए मनुष्य को मनुष्य के रूप में विकसित होना है उसके लिए

लेखिका भारतीय साहित्य, विशेषकर तुलनात्मक साहित्य की अध्येता एवं विशेषज्ञ हैं।
आचार्य एवं अध्यक्ष, हिंदी विभाग, राजस्थान केंद्रीय विश्वविद्यालय, अजमेर।
मो. : 9680276038

मानवीय मूल्यों की स्थापना करनी है।'' चाहे कविता हो या निबंध हों, भारतीय सामाजिक, धार्मिक, सांस्कृतिक मूल्यों की स्थापना और उनका समर्थन करना ही पंचोली जी का ध्येय रहा है।

उनकी रचना *इतिहास का आत्मनिवेदन* में कवि की आध्यात्मिक दृष्टि, ईश्वर में आस्था व अटूट श्रद्धा, मानवीय मूल्यों को समाज में स्थापित करने की उत्कंठा, सत्य की आराधना, आदर्श समाज की स्थापना, वसुधैव कुटुंबकम् की भावना अभिव्यक्त हुई है। इसी काव्य संग्रह में कवि अपनी तुलना एक सपेरा से करके अद्‌भुत विचार रखते हुए कहता है—

मैं उनको
अपना स्वर साध-साधकर
युग युग से आश्वासन देता आया हूँ
समझाता आया हूँ
क्योंकि मैं कवि नहीं सपेरा हूँ।

'कब तक शब्द गढ़ूँ', 'ऊँचाई मत नापो', 'एक ब्रह्मांड' कविताओं में कवि की दार्शनिकता से पूर्ण रहस्यानुभूति दृष्टिगोचर होती है।

उनकी एक और स्वाभाविक विशेषता है और वह है उनकी सकारात्मक सोच।'हो जाएगा, जरूर करेंगे' ऐसे उत्तरों से सामने वालों के मन में संतृप्ति पैदा कराकर हौसले को बढ़ाते हैं। नारी को शक्ति का रूप मानने वाले पंचोली जी का मन सदा नारी शक्तीकरण के विचार से भरकर, समाज में नारी के विकास हेतु आवश्यक कार्यक्रमों की ओर सतर्क रहता है। भाषा में, भाव-संप्रेषण में मर्यादावाद, शिष्टता उनके भव्य भारतीय संस्कारों के परिणाम हैं।

उत्तर-आधुनिक युग में रहते हुए भी सचल भाष (मोबाइल) का प्रयोग वे नहीं करते। दूरभाष में संपर्क करते समय प्रथम शब्द उनके मुँह से निकलता है, 'वंदे मातरम्' यह उनकी देशभक्ति, भारत भूमि के प्रति निष्ठा और उनकी संकल्पशक्ति का उदाहरण है।

पंचोली जी अपने शिष्यों की श्रेष्ठता, प्रतिभाओं की चर्चा करते वक्त विशेष गर्व महसूस करते हुए कहते हैं इन्हें शिष्य कहलाने में मुझे महा आनंद मिल रहा है। एक कर्तव्यनिष्ठ श्रेष्ठ गुरु का दर्शन हमें तब मिलता है जब पंचोली जी पांडेय जी (प्रो. नंद किशोर पांडेय) की चर्चा करते हैं और उनकी आँखों में 'यह मेरा शिष्य है' भाव झलकता है। जब पांडेय जी पंचोली जी का संबोधन सदा 'गुरुवर' कहते हुए करते हैं तो मुझे अनायास से तमिल संत तिरुवल्लुवर के निम्नलिखित कुरल याद आते हैं।

मुझ सम ही अन्य को, देता मन में मोद
इससे ही बुध चाव से, करते ज्ञान-विनोद
जो कुछ सीखा जीव ने, एक जन्म में ज्ञान
उससे अग्रिम जन्म भी, होते उच्च महान्।

शिष्यगण गुरु के नाम व संस्कारों को उजागर करते हुए उनसे भी महान् बनते हैं; तो कर्मठ, वात्सल्य से भरे गुरु का आनंद वर्णनातीत होता है। पंचोजी जी ने कितने ही शिष्यों की प्रगति को पास में रहकर, दूर से सुनकर देखा

होगा...अपने अस्सी वसंतों में...।

एक सफल और अनुभवी साहित्यकार, श्रद्धेय पंचोली जी अपनी साहित्यिक जीवन यात्रा के 81वें जन्मदिवस के शुभ अवसर पर मैं तिरुपति भगवान तिरुमलेश श्रीवेंकटेश्वर से यही मंगलकामना करती हूँ कि भगवान उन्हें शतायु प्रदान करें। वे निरंतर माँ सरस्वती की आराधना, सेवा करते रहें और हमारे जैसे लोगों का निरंतर मार्गदर्शन और प्रेरणा प्रदान करते रहें। सादर प्रणाम सहित।

❖❖❖

एक शख्स पवित्र ग्रंथ-सा

जेबा रशीद

मैं मान जोग बद्रीप्रसाद पंचोलीजी को ऋषि समान व्यक्तित्व का एक ऐसा मनीषी मानती हूँ जो आत्म प्रसिद्धि से दूर साहित्य के श्रीवर्द्धन में एक तपस्वी की भाँति कार्यरत हैं। आपके अभिनंदन अमृतोत्सव में पूरे भारतवर्ष के साहित्यकारों की शुभकामनाएँ जुड़ी हुई हैं। नाना गुणों से विभूषित अपनी जीवन यात्रा में दृढ़ संकल्पबद्ध, विकासोन्मुख आचार्य बद्रीप्रसाद पंचोलीजी ने सर्व बाधाओं को स्वयं तो पार किया ही, अपने संगी-साथियों, अपने छात्र-छात्राओं को भी ऐसी ही प्रेरणा दी। आप अकेले नहीं चले, सबको साथ लेकर चले। यही तो आपकी सफलता का मूलमंत्र है। मेहनत करने वाला ही सफलताओं से सम्मानित होता है। जो अपने लक्ष्य के प्रति जागरूक रहते हैं, सफलताएँ उसका मार्गप्रशस्त करती हैं। आपने अपने लक्ष्य के प्रति जागरूक रहकर ही सफलताएँ अर्जित की हैं।

आप साहित्यानुरागी के साथ धार्मिक-वृत्ति के व्यक्ति हैं। धार्मिक स्वभाव के कारण आपका मन, वाणी, व्यक्तित्व एवं कृतित्व सर्वथा दुग्ध धवल-से हैं। जैसे मन से वैसे बाहर से। आपका आंतरिक सौंदर्य उनके कर्म क्षेत्र में प्रकट होता है। अत्यंत सरल सहृदय, बहुआयामी व्यक्तित्व की कीर्ति गाथा सबके मानस में अंकित है। श्रद्धेय बद्रीप्रसाद पंचोलीजी जिन्होंने संजीदगी से जीया है और संजोया भी है हर पल। बहुमुखी प्रतिभा के धनी, उपलब्धियों भरा एक सहज व्यक्तित्व साहित्य के क्षेत्र में आपका उल्लेखनीय योगदान है। विराट् कार्य समग्र दृष्टिकोण हर वर्ग, हर महिला, हर जाति, हर छात्र के लिए कई श्रेष्ठ योजनाओं के द्वारा कार्य कर प्रोत्साहन किया।

आप एक व्यक्ति के रूप नहीं; बल्कि अपने आप में एक विराट् संस्था हैं। उम्र के इस पड़ाव पर भी आपके अंदर एक नवयुवक की तरह ऊर्जा भरी हुई है। ईश्वर ने आपको जो सर्जनात्मक ऊर्जा व दृष्टि दी है, वह निस्संदेह वंदनीय है, अभिनंदनीय है। सचमुच प्रेरणास्पद है कि आज भी आपके उत्साह और लगनशीलता देख कर कोई भी कह सकता है, 80 साल के युवा हैं। प्रभु से प्रार्थना है कि आप शतायु हों और हम सभी को मार्गदर्शन देते रहे। इस अमृत-महोत्सव में मेरी कामना है कि स्वस्थ रहें, समाज को कुछ ना कुछ देते रहें। आप एक ऐसे ज्योति स्तंभ हैं कि जिससे निकला प्रकाश हमारे मन को सदैव आलोकित एवं प्रकाशवान् करता रहेगा।

❖❖❖

जानी-मानी वरिष्ठ कथा लेखिका।
151, चौपासनी चुंगी के पीछे, जोधपुर (राज.) - 342008
मो. : 9829332268

कीर्तिर्यस्य सः जीवति

डॉ. निरञ्जनसाहुः

परिवर्तिनि संसारे प्रतिदिनं बहवः जायन्ते म्रियन्ते च। जनैः ते एव स्मर्यन्ते यैः स्वार्थं विहाय समाजस्य राष्ट्रस्य कृते किमपि विशिष्टं कृतम्। ते महापुरुषाः सदा वन्दनीयाः पूजनीयाः स्मरणीयाश्च भवन्ति। अतः शास्त्रकारैः प्रोक्तम्—

जयन्ति ते सुकृतिनोः रससिद्धाः कवीश्वराः।
नास्ति येषां यशः काये जरामरणजं भयम्। (भतृहरि, नीतिशतक/24)
सरसाः कवयः कदापि न म्रियन्ते। जयन्ति तेषां जीवने जरामरणजं भयं नैव तिष्ठति।

श्लोकोऽयं गुरुश्रेष्ठानां श्रीमतां डॉ. बद्रीप्रसादपञ्चोलीमहोदयानां जीवनप्रसंगे संयोज्यते चेत् नास्ति अतिशयोक्तिः। सततं परोपकारिणः शिष्यवत्सलाः सरलाः सहृदयाः संस्कृत-संस्कृतिसमुपासकाः वेदज्ञाः बहुशास्त्रपारङ्गताः भाषणसम्भाषणपटवः कलाकुशलाः मधुरभाषिणः आशुवक्तारश्च श्रीमन्तः पञ्चोलीमहोदयाः।

अहं महानुभावानां दर्शनं १९८७ तमे वर्षे वेदसंस्थाने संस्कृतभाषायाः प्रचारसमये कृतवान्। देवभाषायाः प्रचारप्रसारयोः कृते महोदयानां महद् योगदानं चिरस्मरणीयं विद्यते। सर्वप्रथमं श्रीमतां द्विचक्रयाने आरुह्य समग्रे अजयेमरुनगरे संस्कृत-संभाषणशिविराणि संचालयामि स्म। संप्रति लोकभाषाप्रचारसमिति-राजस्थानशाखायाः कोषाध्यक्षः सन्ति। प्रचारकर्मणि साहित्यानां प्रकाशनं धनसंग्रहं च एते कुर्वन्ति स्म। एतेषां वचने कदाचिदपि नास्ति इति पदं न श्रूयते स्म। उत्कलतः समागतानां संस्कृत-प्रचारकाणां योगक्षेमस्य दायित्वं पितृवत् संपादयन्ति स्म। एतेषां जीवनं सुसंस्कृतमयं विद्यते।

एतेषां प्रातःस्मरणीयानां गुरुणामभिनन्दन-समाचारं श्रीमतः अखिलेशमहोदयात् श्रुत्वा अहं प्रमुदितः।

अनन्तानन्तस्य ब्रह्माण्डाधिपतेः सर्वात्मनः सच्चिदानन्द-परमात्मनः सर्वनियन्तुः सर्वाधारस्य सर्वज्ञस्य सर्वशक्तिमतः परमेश्वरस्य सविधे गुरुचरणानां श्रीमतां चिरायुष्यं नीरोगतां च कामये।

ॐ तच्चक्षुःर्देवहितं पुरस्ताच्छुक्रमुच्चरत्। पश्येम शरदः शतं जीवेम शरदः शतं शृणुयाम शरदः शतं प्रब्रवाम शरदः शतमदीनाः स्याम शरदः शतंभूयश्च शरदः शतात्॥ ॐ शान्तिः शान्तिः शान्तिः। (***शुक्ल यजुर्वेद*** 36.24 *)*

❖❖❖

लेखक संस्कृत भाषा के प्रसारक-प्रचारक हैं।
संभागीय-संस्कृत-शिक्षाधिकारी, अजमेरसंभागः अजमेरम् (राज.)
मो : 9414709494

वेदों की महान विभूति

मनीष विदेह

डॉ. बद्रीप्रसाद पंचोली जी पर अभिनंदन ग्रंथ प्रकाशित किया जा रहा है, यह जानकर अति प्रसन्नता हुई। संस्कृत और हिंदी में एम.ए. एवं वेद पर पीएच.डी. करने वाले बद्रीप्रसाद जी वेद और संस्कृत में गहरी निष्ठा रखते हैं। आपने अपनी 80 साल की आयु में अब तक 150 से अधिक ग्रंथ लिखे हैं और दर्जनों पत्र–पत्रिकाओं का संपादन किया है। वेद संस्थान, नई दिल्ली की *वेद सविता,* मासिक पत्रिका का भी आपने कुशल संपादन किया और सैकड़ों सत्रों के माध्यम से जिज्ञासुओं को वेद मंत्रों की सरल अर्थ करने की शिक्षा दी। 80 वर्ष की आयु में आप देश के ऐसे अखबारों, जो आर्य विचारधारा से प्रेरित हैं, अपने आलेख आदि भेजते रहते हैं। इस उम्र में भी आपकी लेखनी अनवरत जारी है, यह हर्ष एवं उल्लास का विषय है। अपने जीवनकाल में आप दर्जनों सरकारी एवं गैर सरकारी संस्थाओं के सदस्य एवं अध्यक्ष रहे।

वेदों पर गहन अनुसंधान करने वाले और देश में दर्जनों वेद संस्थान स्थापित करने वाले स्वामी विद्यानंद विदेह जी आपके परम प्रशंसक रहे हैं एवं स्वामी विदेह जी के सुपौत्र विश्व विभूति विदेह एवं मैं स्वयं (प्रपौत्र मनीष विदेह) शिक्षण काल के दौरान आपके शिष्य रहे हैं, जिन्होंने एक ओर जहाँ वेद संस्थान की गतिविधियाँ बढ़ाईं, वहीं जयपुर, जोधपुर, दिल्ली और अहमदाबाद से राष्ट्रीय दैनिक समाचार पत्रों को निकालकर स्वच्छ पत्रकारिता की आधारशिला रखी। आपने मेरे बाबा *न्याय* के संपादक पंडित विश्वदेव शर्मा जी के साथ मिलकर पत्रकारिता में सहयोग दिया।

पंचोली जी की वेद, भारतीय संस्कृति और लोक के प्रति गहरी निष्ठा को देखकर लगता है कि निस्संदेह यह आपके पूर्वजन्म के संस्कारों का ही परिणाम है। जीवन के इस पड़ाव पर जब आराम और ईश्वर स्मरण में ही समय गुजारना चाहिए, तब पंचोली जी राष्ट्र की चिंता करते हुए निरंतर अपने लेखन के माध्यम से लोगों को जागरूक करते रहते हैं। दैनिक *गुजरात वैभव* एवं *विराट वैभव* के लिए यह गौरव की बात है कि पंचोली जी के आलेख प्रकाशित करने का सौभाग्य हमें निरंतर मिलता रहा है और मिलता रहेगा। धर्म, संस्कृति एवं राष्ट्रीयता की जीवंत मूर्ति पंचोली जी हमेशा यही कहते हैं कि वे कुछ ऐसा करने चाहते हैं, जिससे यह समाज लोगों के रहने योग्य बन जाए और इसी के निमित्त वे लेखन को अपना हथियार बनाए हुए हैं। सच में लेखनी किसी तलवार से कम नहीं होती, जो लोगों के कुविचारों का विनाश करती है, कुसंस्कारों की काट करती है और लोगों में सद्भावना भरके उन्हें सुपथ

प्रधान संपादक—*गुजरात वैभव* (अहमदाबाद) एवं *विराट वैभव* (नई दिल्ली)

का अनुकरण करने के लिए प्रेरित करती है। पंचोली जी की लेखनी भी ऐसी ही आदर्श लेखनी है। वे कलम के सच्चे सिपाही हैं, आदर्श शिक्षक हैं और उच्च कोटि के विचारक एवं चिंतक हैं।

अभिनंदन ग्रंथ के कुशल संपादन के लिए प्रधान संपादक प्रोफेसर नंद किशोर पांडेय जी एवं सह-संपादक अखिलेश कुमार शर्मा जी को हार्दिक बधाई और शुभकामनाएँ। आदरणीय बद्रीप्रसाद पंचोली जी को सादर चरण-स्पर्श!

❖❖❖

शिक्षण के प्रति मूल्यप्रधान दृष्टिकोण

(स्व.) डॉ. रामगोपाल पुरोहित

विद्या तो वही है जो इस जन्म में पुनर्जन्म कराए, हमें द्विज बना दे। पंचोली जी ने शिक्षण कराते समय हमें बार-बार समझाया कि शिक्षण का मुख्य उद्देश्य है चरित्र निर्माण और चरित्र निर्माण के लिए शिक्षण मूल्य प्रधान होना चाहिए। उनके दृष्टिकोण में मूल्यप्रधान एक वृहत् विषय है, जिसमें समय एवं देश, समाज की बदलती परिस्थितियों के अनुरूप विविध बिंदुओं का समावेश किया जा सकता है। उनके अनुसार समाज के सामने जो समस्याएँ आती हैं उनके समाधान का सामर्थ्य शिक्षक में होना चाहिए। इसलिए बालकों के मन में प्रारंभ से ही ऐसी ही क्रांति के बीज डालने चाहिए जो लोभ, द्वेष और अनर्गल इच्छाओं से मुक्त करे जिससे देश सेवा की, त्याग की प्रेरणा मिल सके। अपने देश समाज की गौरवशाली संस्कृति, इतिहास, भौगोलिक परिस्थितियों, जीवनयापन के संसाधनों एवं रहन सहन के तरीकों की जानकारी सहज मिल सके। डॉ. पंचोली के अनुसार मूल्य प्रधान शिक्षण बालक के लिए ग्राह्य हो, यह देखना अत्यावश्यक है।

जिस प्रकार दस दिन की भूख के लिए आज नहीं खा सकते, केवल आज की भूख के लिए ही खाते हैं। उसी प्रकार बालक के आज के जीवन में जिस ज्ञान की आवश्यकता होती है, वह ज्ञान ही उसे आज दिया जाए। यही है शिक्षण की यथार्थता का सूत्र। यदि हम बालक की ग्राह्यक्षमता से अधिक उड़ेलने का प्रयत्न करेंगे तो फिर ज्ञान का परिग्रह ही होगा। उसका बोझ या तो बच्चा उठाता नहीं, पटक देता है या उससे वह उठवाया जाए तो उसकी बुद्धि शक्ति पर बोझ पड़ता है और जीवन-विकास कुंठित होता है। जीने की सामान्य क्रियाओं में शिक्षण मिलना चाहिए। जब जीने की क्रिया से भिन्न शिक्षण नाम की कोई स्वतंत्र क्रिया बन जाती है तब ऐसी शिक्षा का भी मन पर विषैला और रोगयुक्त प्रभाव पड़ता है।

इन सबके शिक्षण हेतु जिस प्रकार *भगवद् गीता* कुरुक्षेत्र में कही गई, उसी प्रकार यह मूल्य प्रधान शिक्षण का कार्य सामान्य पाठ्यक्रम शिक्षण के दौरान ही किया जा सकता है। आवश्यकता है शिक्षकों में इच्छा शक्ति की। छिपे हुए ज्ञान को व्यक्त करवाना शिक्षक का प्रमुख कर्त्तव्य एवं कर्म है। तो फिर बालकों के चरित्र निर्माण के दायित्व से एक सच्चा शिक्षक कैसे विरत रह सकता है।

अत: ऐसे मूल्य प्रधान शिक्षण का उत्तरदायित्व शिक्षक पर अधिक है तो थोड़ा अभिभावकों पर भी है। अगर

प्राचार्य (प्रशा.) एवं अकादमिक निदेशक,
के.डी. जैन महाविद्यालय, मदनगंज, किशनगढ़, अजमेर (राज.)

संपूर्ण शिक्षक समुदाय और अभिभावक मूल्य प्रधान व्यक्तित्व निर्माण के लक्ष्य को क्रियान्वित करने में मन से जुट जाए तो फिर पूरा समाज स्वतः ही बदल जाएगा। फिर समाज–सुधार, समाज–जागरण, जैसे आंदोलन पृथक् से चलाने की कोई आवश्यकता नहीं रह जाएगी। अगर हम डॉ. पंचोली के उपर्युक्त स्वप्न को साकार कर सकें तो भारत पुनः विश्व गुरु बनने में समर्थ हो सकेगा। ऐसे गुरुवर के चरणों में सादर नमन।

❖❖❖

प्रेरणा-स्त्रोत के पुंज

मंजुला शर्मा

आत्मीयता, अनुराग, सत्योपदेश, संस्कार व संस्कृति से बदले अनगिनत जीवन, सिद्धांत विहीन को संमार्ग दिखाकर मानव को सच्चा मानव बनाया। ज्ञान की आगस्त्य पिपासा 'यावज्जीवनमधीते विप्र:' को चरितार्थ करने वाले 'गुरु' के सान्निध्य व आशीर्वाद का मुझे सौभाग्य मिला। रोम-रोम में समाई जिनकी प्रेरणा। विद्याव्यसनी, नक्तं-दिवा, अध्ययन-अध्यापन परिधि का विस्तार करना, ज्ञान ज्योति विकीर्ण करना ही उद्देश्य व लक्ष्य रहा।

शिष्यों के अज्ञानांधकार के निरोधक, 'गुरु' हृदय में शुभसंस्कारों के सर्जक 'ब्रह्मा' रक्षण, संवर्धन करने के कारण 'विष्णु' कुप्रवृत्तियों, कुसंस्कारों, अंतर्विकारों के अपाकरण करने वाले 'प्रलयकारी शंकर।'

अंत:करण में सहानुभूति, आवश्यकता पड़ने पर वर्जना से श्रेष्ठ शिष्यों के निर्माता, राष्ट्र की संस्कृति के चतुर-चितेरे स्वयं के श्रम से सींच-सींच कर महाप्राण शक्तियों के रचयिता। स्वामी-भृत्य, जेलर-कैदी नहीं, अपितु अर्जुन, कर्ण व एकलव्य में कभी भेदभाव न करने वाले शालीन, निष्कपट, सादा-जीवन उच्च विचारों के साक्षात् आदर्श, निर्मल-विशुद्ध जीवन के द्योतक, राग-द्वेष से दूर, स्नेही, कर्त्तव्यपरायणता ही जिनका धर्म है।

ऐसे आदर्श शिक्षक को मैं अकिंचन क्या कहूँ—यही आकांक्षा, अभिलाषा रही है, आप दीर्घायु, स्वस्थ प्रसन्न रहते हुए, अध्ययन-अध्यापन कार्यों में सक्रिय रह कर, हम सभी को प्रेरणा और आशीर्वाद देते रहें।

❖❖❖

वरिष्ठ शिक्षिका—हिंदी एवं संस्कृत
हरिभाऊ उपाध्याय नगर-विस्तार, पुष्कर रोड, अजमेर (राज.)
मो. : 9214485923

राष्ट्रीय सामाजिक सरोकारों के पैरोकार

डॉ. रामनिवास

डॉ. बद्रीप्रसाद पंचोली अजमेर नगर के सुपरिचित हिंदी सेवी हस्ताक्षर हैं। उनसे मेरा परिचय लगभग 16 वर्ष पूर्व क्षेत्रीय शिक्षा संस्थान, अजमेर में हुआ था। उनके विनम्र व्यवहार से मैं प्रभावित हुआ और हिंदी के प्रशिक्षण कार्यक्रमों में उन्हें संदर्भ व्यक्ति के रूप में आमंत्रित करने लगा। हिंदी साहित्य, भाषा, बोली से लेकर शिक्षण विधियों तक उनकी पकड़ मजबूत है। ठीक ऐसे ही लेखन में भी वे कुशल हैं। दो अपरिचित व्यक्तियों को प्रतिदिन नमस्ते करना और कम से कम एक पृष्ठ लिखना उनकी दिनचर्या में शामिल है। जो अन्य परिचितों को भी प्रेरणा देता है। अपने व्यवहार, लेखन, भाषण में वे परिश्रमी हैं। उनके द्वारा लिखी गई कई पुस्तकें विश्वविद्यालय और विद्यालय के हिंदी पाठ्यक्रम में भी शामिल रही हैं। पंचोली जी से परिचय के बाद जितने भी हिंदी प्रशिक्षण कार्यक्रम मैंने आयोजित किए हैं सभी में डॉ. साहब को सम्मानित संदर्भ व्यक्ति के रूप में शामिल किया। उनके प्रखर और विस्तृत ज्ञान एवं सदाचरण के कारण एस.सी.ई.आर.टी. (राज्य शैक्षिक अनुसंधान एवं प्रशिक्षण परिषद् हरियाणा, गुड़गाँव) तथा चंडीगढ़ तक हम संदर्भ व्यक्ति के रूप में साथ-साथ गए हैं ताकि अधिक से अधिक शिक्षकों को उनके ज्ञान का लाभ मिल सके।

व्यवहार में वे मृदुभाषी हैं सरल, सहज एवं विनम्र हैं और विरोधी पक्ष के सम्मुख अपनी बात अत्यंत प्रखरता से रखने की कला में वे माहिर हैं। साहित्यिक स्तर पर कुछ विषय, मुद्दों को लेकर मेरा उनसे भिन्न मत रहा है; लेकिन उन्होंने कभी भी मत भिन्नता को उपेक्षा या तिरस्कार की दृष्टि से नहीं देखा। वे सभी समस्याओं का समाधान भारतीय विचारधारा के एक संतुलित दायरे में ही स्वीकार करते हैं, अलग से किसी साहित्यिक मत, वाद को महत्त्व नहीं देते। आधुनिक प्रगतिशील साहित्य की समस्त धाराओं और विमर्श को वे भारतीय चिंतन मत से जोड़कर देखना अधिक उचित मानते हैं। भारतीय संस्कृति के प्रति उनके मन में अटूट आस्था और विश्वास है। वे हमारी परंपराओं और प्रथाओं को जड़मूल से खत्म करने के पक्ष में नहीं हैं। वे चाहते हैं कि इन्हीं में आवश्यक संशोधन कर पुनः लागू किया जाए। धर्म के नाम पर पल रहे पाखंड के प्रति चिंता व्यक्त करते हुए समाचार पत्रों में वेद मंत्र आधारित

लेखक कहानी-संस्मरण के चितेरे एवं संत रैदास साहित्य के अध्येता हैं।
एसोसिएट प्रोफेसर एवं अध्यक्ष, सामाजिक विज्ञान एवं मानविकी शिक्षा विभाग,
क्षेत्रीय शिक्षा संस्थान (एन.सी.ई.आर.टी.), अजमेर (राज.)
मो. : 9549737800

लेख लिखते रहे हैं ताकि धर्म के नाम पर नई पीढ़ी और जनसाधारण गुमराह नहीं हो। धर्म के क्षेत्र में हो रहे लगातार क्षरण को खत्म करने का वे एक ही उपाय सुझाते हैं और वह है—वेद मंत्रों की सही जनोपयोगी व्याख्या जिससे भूली-भटकी जनता सही मार्ग पर आए। बड़ों को सम्मान देना और आदरभाव को वे विद्यार्थी जीवन और शिक्षण का अंग स्वीकार करते हैं इसके लिए स्वयं उदाहरण भी प्रस्तुत करते हैं। एक बार हिंदी प्रशिक्षण कार्यक्रम में वे पाँच दिन के लिए क्षेत्रीय शिक्षा संस्थान, अजमेर में बुलाए गए थे संदर्भ व्यक्ति के रूप में। मध्याह्न में भोजन कर वे मेरे आवास पर मेरे पिताजी का कुशलक्षेम जानने आए। मेरे पिताजी हम सभी बहन-भाइयों को आशीर्वाद प्रदान कर अधिकतर प्रभु भजन भक्ति में ही लीन रहते थे। वे गार्डन में चारपाई पर बैठे प्रभु नाम स्मरण कर रहे थे। पंचोली जी पास आए और चरण स्पर्श कर हाल चाल पूछा।

मैं यह दृश्य देखकर आश्चर्यचकित रह गया। इस दृश्य का वर्णन मैंने अपने पिताजी के ब्रह्मलीन होने के बाद सन् 2014 में उनकी स्मृति में छपी पुस्तक *भगत जी : पुण्य स्मरण* में भी किया है, जिसकी भूमिका डॉ. कृष्णचंद्र गुप्त जी, पूर्व हिंदी विभागाध्यक्ष, सनातन धर्म कॉलेज, मुजफ्फरनगर, उ.प्र. ने लिखी है। पंचोली जी द्वारा स्वयं अपने जीवन कर्म और आचरण से भरपूर यह घटना ऐसी थी कि मेरे जीवन और संस्कारों में भारी बदलाव आया। मैंने भी बड़ों के चरण स्पर्श करना प्रारंभ किया, बेझिझक होकर। शिक्षा, पद, प्रतिष्ठा इत्यादि का अभिमान त्यागकर। इतना ही नहीं, विभाग में भी अध्यक्ष पद पर रहते हुए भी अपने से आयु और ज्ञान-वृद्ध सहकर्मियों के चरण-स्पर्श करने में कोई संकोच ही नहीं रहा। पंचोली जी जहाँ एक सफल शिक्षक, विभागाध्यक्ष से लेकर प्राचार्य के पद तक पहुँचे वहीं साहित्य साधना में भी लीन रहे हैं। मैं कई बार शिष्टाचार भेंट और सरकारी कार्य से उनके आवास पर भी गया हूँ जहाँ वे सदा पढ़ते-लिखते ही मिले। उनके जीवन का यह प्रभाव भी पास आने वाले व्यक्तियों को कर्मठ और परिश्रम करने की प्रेरणा देता है।

बृहत् हिंदी साहित्यकार संदर्भ कोश हिंदी साहित्य निकेतन, बिजनौर, उत्तर प्रदेश से डॉ. गिरिराजशरण अग्रवाल एवं डॉ. मीना अग्रवाल के संपादन में सन् 2014 में प्रकाशित हुआ है। जिसमें हिंदी सेवियों की सेवाओं का उल्लेख किया गया है। इस ग्रंथ में भी पृष्ठ 432 पर डॉ. पंचोली जी की सेवाओं और साहित्य का उल्लेख किया गया है। निबंध, नाटक, एकांकी, बाल नाटक, आलेख, कथा, कविता, समीक्षा सहित विभिन्न विधाओं में उनकी लेखनी चली है। हिंदी में वे बहुमुखी प्रतिभा के धनी हैं। भारतीय संस्कृति के गौरव से वे अभिभूत हैं जो कि उनके लेखन से भी स्पष्ट होता है। युगबोध भी उनकी रचनाओं में अपना स्थान रखता है। वे रूढ़िवादी और अंधपरंपराओं के विरोध में भी अपना स्वर मुखर करते दिखाई देते हैं। उनसे अनेक बार मैंने स्वयं कई विषयों पर चर्चाएँ की हैं और उनका निजी विचार भी जाना है। उनसे मिलकर और चर्चा करके ज्ञान में वृद्धि होती है। साथ ही, एक आत्मसंतोष का भाव भी पुलकित करता है। व्यक्तिगत जीवन में भी मैंने उनमें कभी तनाव, निराशा या चिंता की लकीरें नहीं देखी। जाति-पाँति में भी उनका विश्वास नहीं है उनका मानना है कि —'सब बंदे एक राम के' इस प्रकार वे एक मानवतावादी दृष्टि का परिचय देते रहे हैं। जो वर्तमान परिस्थितियों में आवश्यक है। मोक्ष, कर्मफल, सेवा, त्याग, न्याय और परमात्मा में उनकी आस्था है। साथ ही वे—'कर्म ही पूजा है' के सिद्धांत को भी आत्मसात् किए हुए हैं। उन्होंने भाषा और साहित्य पर अपनी लिखी कई पुस्तकें भी मुझे दी थीं जिससे मुझे शिक्षण प्रशिक्षण में पर्याप्त सहायता मिल सके। उनका जीवन और कार्यक्षेत्र विस्तृत है। इसलिए दो-चार पृष्ठों तक उसे सीमित नहीं किया जा सकता। राष्ट्रवादी विचारधारा का प्रभाव उनके लेखन और सामाजिक सरोकारों में झलकता रहा है। पंचोली

का लेखन उनके साहित्य अनुराग के साथ-साथ मानवतावादी दृष्टि को भी दर्शाता है। अस्सी वर्ष पूर्ण करने पर उनके शुभचिंतकों और शिष्यों ने उनके ऊपर अभिनंदन ग्रंथ प्रकाशित करने की जो योजना बनाई है वह निश्चित ही एक साहित्य सर्जक प्रेमी, शिक्षक का सम्मान है जो उनके जीते जी किया जा रहा है। यह सुखद अनुभूति है उनके मित्रों, प्रशंसकों, परिचितों और शिष्यों के लिए।

वे शतायु, हों स्वस्थ रहें और जनकल्याणकारी साहित्य की रचना करते रहें ऐसी कामना है। शुभकामनाओं सहित।

❖❖❖

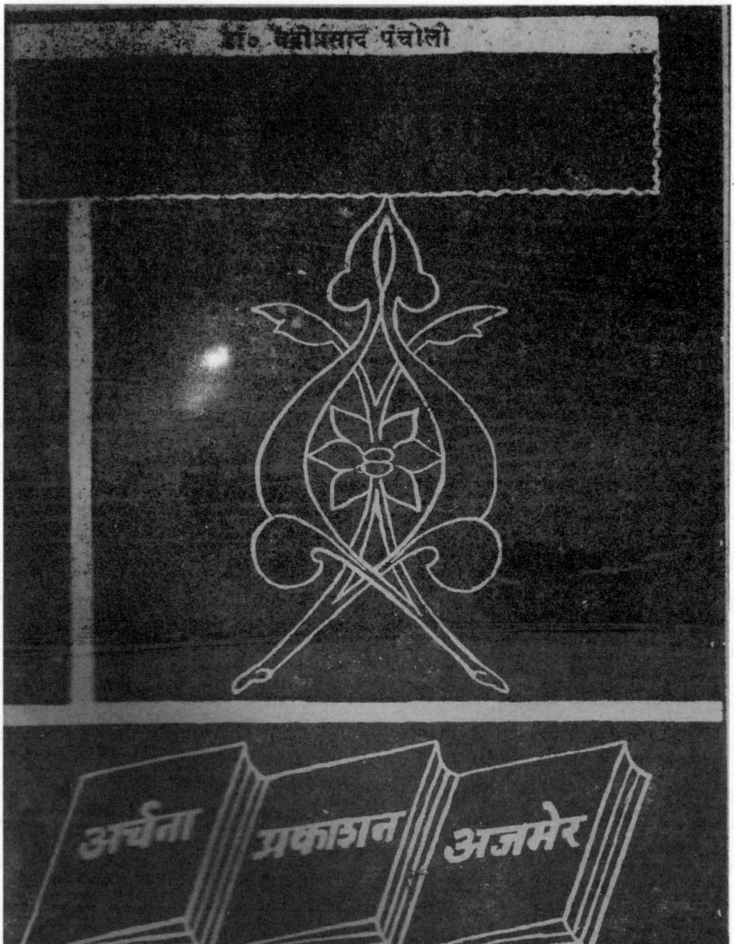

वेदों के उन्नायक

डॉ. अनिता खुराना

आयने ते परायणे दूर्वा रोहतु पुष्पिणीः।
उत्सो वा तत्र जायतां ह्रदो वा पुण्डरीकवान्॥

(***अथर्ववेद*** 6.106.1

अर्थात्

श्रेष्ठ कर्म के स्थल बने, सब जन हित घर द्वार
गमन और आगमन हो, मनहारी सुखकार।
दूर्वा पुष्पित हो उगे, सदा नयन अभिराम
फूटें जल के स्रोत हों कमलयुक्त जलधाम।

वेद भारतीय विचारों और विश्वासों के मूल हैं और इस देश की सभ्यता और संस्कृति के विकास में वेद का महत्त्वपूर्ण योगदान रहा है। वेद जीवन–विज्ञान और जीवन–कला को प्रतिपादित करते हैं। दुर्भाग्य से वेद के विचारों को न समझ पाने के कारण देश में अनेक विसंगतियाँ और भ्रांतियाँ दिखाई पड़ती हैं। जापान के याकोहाम विश्वविद्यालय के प्रोफेसर तासुआ नेती ने कुछ वर्ष पहले कहा था—'वेद तो जीवन की शिक्षा है। जब तक जीवन है आप इसे अनदेखा नहीं कर सकते। पता नहीं कैसे ज्ञान के इस अथाह भंडार की कीमत इनका जनक भारत ही नहीं जान पा रहा।'

ऐसे समय में वेदों की गरिमा को मंडित कर रहे हैं संस्कृत व हिंदी के मूर्धन्य विद्वान् डॉ. बद्रीप्रसाद पंचोली। आप वेद, धर्म, दर्शन, इतिहास, पुराण, संस्कृति के प्रकांड ज्ञाता हैं। देश की संस्कृति, सांस्कृतिक मान्यताओं और शाश्वत जीवन मूल्यों में आपकी अनन्य आस्था है। आपने अपने तापस व्यक्तित्व और युगानुरूप साहित्य सर्जन से नवयुग के पाठकों, लेखकों को चिंतन के नए आयाम प्रदान किए हैं। आपकी लेखनी 1953 से वर्तमान समय तक सारस्वत साधना में लीन है।

लेखिका संस्कृत की विदुषी व्याख्याता हैं।
राजकीय महाविद्यालय, अजमेर (राज.)
मो. : 9829200275

आपने जो भी साहित्य साधना की—चाहे नाटक हों या काव्य, निबंध हों या शोध पत्र, समीक्षा हो या संस्मरण, वेद को केंद्र मान कर लिखा। आपके अनुसार नेत्रों में ज्योतिर्मय आभा, शीश में हिमालय की प्रभा जगानी है तो वेदमाता की गोद में बैठिए। माता आपको पुकार रही है। उस परम स्थान में आपके लिए ठौर ही ठौर है। स्तुता मया वरदा वेद माता—कहकर तो देखिए। वह सूरज-चाँद में आपके लिये रोशनी भर देगी। जीवन आभामय हो जाएगा। खोई हुई मुस्कान मुखमंडल पर लौट आएगी। वेद माता की शरण में जाने के लिए आपका प्रेरक उद्‌बोधन है—

मन की चाह अनेक, मन मनभावन में रमे।
मन की राह अनेक, चलने से पर्वत झुकें।
सारे लक्ष्य समान, एक साध लो सब सधें।
करना है संधान, उसी एक का रात दिन।
पावन प्रेम प्रवाह, जीवन में बहता रहे।
गंगा में अवगाह कर, भाता है पोखर किसे।
जननी जन की वेद, गोद खुली सबके लिए।
मन के परदे भेद, मानवता को देख लो।

जीवन बहुरंगी है। सब मनुष्यों को एक जैसी परिस्थिति नहीं मिलती। सुख और दु:ख का क्रम धूप-छाया के खेल की तरह चलता रहता है। इसी क्रम में नई-नई कामनाएँ जागती हैं। नई-नई समस्याएँ खड़ी होती हैं। उनका समाधान खोजना पड़ता है। वेद माता सब साधो को सिद्ध कर देती है—वेदात् सर्व प्रसिद्ध्यति।

आपने लगभग 30 वर्ष तक वेद की व्याख्यापरक पत्रिका *वेद सविता* का संपादन कार्य किया। लगभग 46 वर्षों तक वेद के लगभग 1000 मंत्रों की व्याख्या की। वेदाध्ययन के माध्यम से जीवन को सँवारने की आत्मप्रेरणा के लिए *श्रुति संदीपनी, श्रुति संजीवनी, श्रुति विमर्शिनी, नवगति नवलय, संदीप्त जीवन, जीवन शतपथ, जीवन सुरभि, जीवन दीप्ति* आदि कृतियों का सर्जन किया।

आपने अपने जीवन में अनेक लोकयात्राएँ की हैं, आपके अनुसार वेद लोगों के जीवन में व्याप्त है—लोके वेदे च।

आपके 3000 से अधिक लेख—कविता, निबंध, नाटक, राष्ट्र, लोक दर्शन से संबंधित विभिन्न राष्ट्रीय, राज्य स्तरीय पत्र-पत्रिकाओं में प्रकाशित हो चुके हैं। आपने 3 वर्ष तक संस्कृत पत्रिका *स्वर-मंगला* का प्रकाशन भी किया।

आपने लगभग 300 सम्मेलन सफलतापूर्वक आयोजित किए हैं, जिनमें प्रमुख है—महाकवि कालिदास समारोह, महाकवि माघ समारोह, अखिल भारतीय कवि सम्मेलन।

आपको उत्कृष्ट संस्कृत सेवाओं के लिए राजस्थान सरकार ने सम्मनित किया है। राजस्थान साहित्य अकादमी ने 'मनीषी सम्मान' प्रदान किया है। आपको भारतीय लोक दर्शन पर 'देवराज पुरस्कार' से नवाजा गया है।

वेद माता से प्रार्थना है आप दीर्घायु हों, नीरोग रहें, आपके मुखमंडल की आभा हमें निरंतर ऊर्जावान् बनाए, आपकी लेखनी निर्बाध सारस्वत साधना में लीन रहे, जीवन मधुमय हो—

मधुर मधुर आपका जीवन हो
मधु रस सिंचित जग हो
हाथों से मधु धनु दुहें
क्षण क्षण जीवन आकर्षण हो।

परम श्रद्धेय गुरु जी को सादर समर्पित।

❖❖❖

शिक्षा जगत् के अमिट हस्ताक्षर

डॉ. ममता चतुर्वेदी

आदरणीय गुरु जी—डॉ. बद्रीप्रसाद पंचोली शिक्षा-जगत् के वे नक्षत्र हैं, जिनके प्रकाश से समस्त शिक्षाजगत् दीप्तिमान् है। डॉ. पंचोली जी प्रारंभ से ही हिंदी व संस्कृत भाषा के हितैषी रहे हैं। अपनी जीवन शैली और सिद्धांतों के कारण यह व्यक्तित्व सदैव भीड़ से अलग रहा है। उनके व्यक्तित्व पर *गीता* का यह श्लोक सटीक बैठता है—

संतुष्टः सततं योगी यतात्मा दृढ़निश्चयः।
मय्यर्पितमनोबुद्धिः र्यो मद्‌भक्तः स मे प्रियः॥

(***गीता***, 12.14)

जो सदा संतुष्ट रहता है, योगी है, जिसका अपने ऊपर नियंत्रण है, जो दृढ़निश्चयी है और जिसने अपने मन और बुद्धि मुझे (ईश्वर) अर्पित की है। ऐसे भक्त मुझे प्रिय हैं।

आपका बुनियादी स्वरूप एक कुशल शिक्षक का रहा है। आपने कॉलेज शिक्षा में हिंदी विषय पर अनेक पुस्तकों का लेखन तथा विद्यार्थियों हेतु अनेक नवाचारों को मूर्त रूप दिया। आपने अनेक कार्यशालाओं का आयोजन तथा हिंदी भाषा के उन्नयन के लिए अपना संपूर्ण जीवन समर्पित किया है। आपके उत्कृष्ट और मौलिक लेखन के लिए हिंदी जगत् आपका सदैव ऋणी है।

अपने अध्यापन काल में डॉ. पंचोली जी ने बालक को ही अपना इष्ट देव माना। उनकी मान्यता है कि बालक ही साक्षात् भगवान् होता है। इसलिए उस बालक रूपी भगवान् से कभी बेईमानी नहीं करनी चाहिए।

डॉ. पंचोली जी की मान्यता है कि शिक्षा कोई व्यवसाय नहीं है। यह तो एक शैक्षिक यज्ञ है जिसका उद्देश्य सद्‌बुद्धि का सर्जन होता है, बालक की दुर्बुद्धि यदि सद्‌बुद्धि में परिवर्तित हो जाए तो इससे बढ़कर आत्मक्रांति और क्या हो सकती है। डॉ. पंचोली जी का यह शैक्षिक दर्शन संपूर्ण समाज के लिए प्रेरणास्रोत है। वे मानते हैं कि अध्यापक का जीवन एक साधक का जीवन होता है। उसकी जीवनशैली यदि साधनामय होगी तभी अपने विद्यार्थियों को शिक्षा दे पाएगा।

डॉ. पंचोली जी ने हमें सिखाया है कि बेईमानी की जड़ है लोभ, मोह और लिप्सा। हमें जो मिले उसी में

लेखिका हिंदी अध्ययन-अध्यापन से जुड़ी हुई रचनाकार हैं।
'रुद्राक्ष' ए-586 पंचशील नगर, अजमेर (राज.)

संतोष करना है और आवश्यकतानुसार सकारात्मक प्रयास करने चाहिए। हमारा मूल्यांकन इस बात पर निर्भर नहीं करता कि हमने क्या पाया है, अपितु हमारी महत्ता इससे परखी जाती है कि हमने क्या किया है और समाज को क्या दिया है। सरलता के साथ ऊँची सोच रखें तो सारा आसमां आपका है। गुरु जी के ऐसे विचारों से कौन अभिभूत नहीं होगा? गुरु जी निश्चित रूप से वर्तमान जगत् के असाधारण व्यक्तित्व हैं।

जीवन और जगत् के प्रति आपका दृष्टिकोण सदैव प्रगतिशील रहा है। यह प्रगतिशीलता केवल विचारों तक ही सीमित नहीं रही अपितु, अपने व्यवहार में भी उसे घटित कर दिखाया है। आपके महान् व्यक्तित्व को शब्दों में बाँधना किसी के बस की बात नहीं है फिर भी मैं इन दो पंक्तियों में आपकी विशेषता प्रकट करना चाहती हूँ—

आदमी तो यहाँ पर सभी हैं मगर,
आप इनसान हैं यह बड़ी बात है

आप सदैव स्वस्थ रहें, प्रसन्न रहें, इसी तरह सार्थक जीवन जीते रहें और हम आपकी प्रेरणा से सदैव गतिमान् होते रहें। आप शतायु हों। यही शुभकामना है।

❖❖❖

अजातशत्रु व्यक्तित्व के स्वामी

दिग्विजय नारायण पांडेय

परम पूज्य गुरुवर बद्रीप्रसाद पंचोली जी से मेरा परिचय पिछले दस सालों से है। जब मैं डेमोंस्ट्रेशन स्कूल, अजमेर का प्रधानाध्यापक बन कर आया। क्षेत्रीय शिक्षा संस्थान, अजमेर, जिसका यह विद्यालय एक अंग है, की विभिन्न साहित्यिक गतिविधियों, साक्षात्कारों एवं शिक्षक प्रशिक्षणों के कई कार्यक्रमों एवं एक ही मंच से भाषण आदि में आपका सान्निध्य एवं आशीर्वाद प्राप्त हुआ।

संस्कृत एवं हिंदी के विशद ज्ञान से बढ़कर इनकी सज्जनता नई पीढ़ी को आगे बढ़ाने में तत्पर है। अजातशत्रु व्यक्तित्व के स्वामी पंचोली जी एक प्रतीक हैं मानव एवं मानवता के दुर्लभ संयोग का। अच्छी स्मरणशक्ति, प्रतिदिन एक पृष्ठ लिखने एवं दो नवीन व्यक्ति से परिचय करने का व्रत-कर्मठता की सीख देते हैं।

अपने 80 वर्षों का संचित अनुभव एवं ज्ञान किसी के सामने निस्संकोच एक चलचित्र की तरह दृश्यमान कर देना शब्द चित्रों के माध्यम से इनकी अभिव्यक्ति कुशलता का ही नहीं वरन् बाणभट्ट की तरह विशद; रोचक एवं गद्यशील रचनात्मकता का द्योतक है।

सर्वपूज्य होने के बाद भी कोई अहंकार इन्हें छू तक नहीं पाया है। अजमेर निवासी, साहित्यकर्मी, सज्जनों के एकछत्र हृदयसम्राट् एवं अभिभावक हैं पंचोली जी। जिस उत्साह एवं परिश्रम से इन्होंने कवि हृदयों का *काव्यार्चन* संकलन प्रस्तुत किया एवं अभी गद्य रचनाओं की प्रस्तुति हेतु सन्नद्ध हैं यह स्पृहणीय है।

अजमेर एवं निकटस्थ जनपदों के साहित्य सेवियों के लिए इनका निर्देशन एवं काव्यकर्म सदा पाथेय बना रहेगा।

ईश्वर से प्रार्थना है कि वह इन्हें दीर्घायु करे तथा वे हमारे इसी प्रकार प्रेरणा स्रोत बने रहें।

महाप्राण निराला के शब्दों में मैं उनकी चरण वंदना करता हूँ :

'तुम तुङ्ग हिमालय शृङ्ग और,
मैं चञ्चल-गति सुरसरिता'

❖❖❖

प्रधानाचार्य,
प्रायोगिक विद्यालय (डेमोंस्ट्रेशन स्कूल), क्षेत्रीय शिक्षा संस्थान, अजमेर (राज.)
मो. : 8875652187

एक गृहस्थ-साधक

नंदिनी जोशी

श्रद्धेय बाऊजी (श्रीमान् बद्रीप्रसाद जी पंचोली) का संपूर्ण जीवन सादगी, सहजता, सदाचार व सौहार्द से परिपूर्ण रहा है। उनकी विद्वत्ता एवं उपलब्धियों का उल्लेख करते हुए मेरी लेखनी शब्दों का परिसीमन करने में पूर्णत: असमर्थ है। वे अपने जीवन-काल में एक प्रतिष्ठित व्याख्याता, विभागाध्यक्ष एवं प्राचार्य पद को सार्थक रूप से सुशोभित कर चुके हैं। आपकी कीर्ति पताका राष्ट्र के विभिन्न प्रांतों में अपनी अपरिमित ऊँचाइयों को छूते हुए विश्व गगन में भी पूर्ण गौरव और आभा के साथ लहरा रही है।

आपको जानकारियों का सुमेरु या ज्ञान का अंबुधि कहना अतिशयोक्ति नहीं है। अनेक ऐसे दुर्लभ चरित्रों जिनके हमने केवल नाम सुने हैं या चित्र देखे हैं या ऐसा भी हो कि हम परिचित ही न हों, उनके विषय में आपको छोटी से छोटी घटना से लेकर, उनके संपूर्ण जीवन वृत्तांत स्मरण हैं। क्षेत्रीय भाषाओं (विशेषत: हाड़ौती संभाग) के शब्दों, लोक-कलाओं, प्रथाओं, रीति-रिवाज़ों आदि के संबंध में आप अद्‌भुत ज्ञान रखते हैं। इतिहास की विचित्र; किंतु सत्य घटनाओं की जानकरी बाऊजी के सान्निध्य में रहकर सहज ही प्राप्त की जा सकती है। आप उन्हें इतनी सरलता से सुनाते हैं कि श्रोता अनायास ही यह कल्पना व्यक्त करने लगता है कि मैं अब तक वंचित क्यों रहा?

आपने साहित्य की सेवा की है; किंतु इतिहास, अर्थशास्त्र, मनोविज्ञान, राजनीतिशास्त्र आदि अनेक विषयों पर भी आपका पूर्ण अधिकार है।

आपने सदैव 'माँ अन्नपूर्णा' का दायित्व वहन किया है, क्योंकि आपके घर आया कोई भी अतिथि कभी भोजन ग्रहण किए बिना न जा सका है। ऐसा व्रत पालन अद्‌भुत एवं स्तुत्य है।

आपका व्यक्तित्व इतना विराट एवं प्रभावी है कि आपकी कृपा से, आपके संसर्ग में आने वाले शिष्य भी शिक्षा-जगत् एवं इतर क्षेत्रों में आज उल्लेखनीय स्थान प्राप्त कर चुके हैं। यदि वे आपके संपर्क में न आते तो कदाचित् यह संभव नहीं होता।

आपके 'गुरु रूप' को प्रकट करता हुआ यह श्लोक मुझे अक्षरक्ष: सत्य प्रतीत होता है :

शास्त्री नगर, अजमेर (राज.)
मो. : 9414986855

'वन्दे बोधमयं नित्यं गुरुं शङ्कररूपिणम्।
यमाश्रितो हि वक्रोऽपि चन्द्रः सर्वत्र वन्द्यते।'

*(**रामचरितमानस**, बालकांड, 3)*

आपने साहित्य जगत् एवं सभी संपर्कित व्यक्तियों को उपकृत किया है। हम आपके दीर्घ, स्वस्थ एवं प्रसन्न जीवन की परम पिता से सविनय प्रार्थना करते हैं।

सादर नमन!

❖❖❖

अलौकिक गुणों के धनी

डॉ. कृष्णा जैमिनी

यह क्रांति-शान्ति का अग्रदूत,
नवरचना का सर्जनहार है।
मोड़ दे हवाओं के रुख को,
अपना यह योद्धा कलमकार है!!
इसके लेखन की ताकत का
लोहा माने सब कर्णधार हैं!
इसके अपने अलग हैं सपने,
इसकी अपनी ही जीत-हार है॥

अपने साहित्यिक जीवन में मैंने लगभग संपूर्ण भारत का भ्रमण किया है। इनमें से कुछ यात्राएँ आध्यात्मिक और अधिकतर साहित्यिक यात्राएँ हैं। हिंदी अधिवेशन, प्रादेशिक एवं अखिल भारतीय साहित्य परिषद् द्वारा आयोजित सभी कार्यक्रमों में भाग लेती रही हूँ। इन साहित्यिक कार्यक्रमों में अनेक शिक्षाविदों, साहित्यकारों, लेखकों, प्रशासकों एवं प्रकाशकों से मिलना हुआ है। ज्ञान का दायरा लगातार बढ़ता ही जाता है। कुछ लोग अपनी अमिट छाप छोड़ते हैं जिनके लिए मन श्रद्धा से अपने आप नतमस्तक हो जाता है। अंतस् के उद्गार स्वयं ही झरने की भाँति कलकल की ध्वनि करते हुए बहते रहते हैं।

25-27 अक्टूबर, 2015 को राजस्थान के अजमेर में अखिल भारतीय महिला साहित्यकार सम्मेलन, अखिल भारतीय साहित्य परिषद्, अजमेर द्वारा तय हुआ, जिसका निमंत्रण हमें भी मिला। गुड़गाँव से महिला साहित्यकारों ने रेल आरक्षण करा लिया। इसी माह में 25-27 अक्टूबर, 2015 को अखिल भारतीय साहित्य परिषद्, दिल्ली द्वारा दूसरा कार्यक्रम तय हो गया। गुड़गाँव की कुछ महिलाओं ने रेल आरक्षण रद्द करवा लिया। मैंने *महिला महीयसी* (सम्मेलन की स्मारिका) पर अपना लेख पहले ही भेज दिया था। अतः चार महिला साहित्यकार

प्रसिद्ध कवयित्री एवं लेखिका।
1079/5, पटेल नगर, गुरुग्राम - 122001
मो. : 7838274452

अजमेर जाने के लिए तैयार हो गईं। सबका एक ही मत था कि महिला साहित्यकार सम्मेलन में अवश्य जाना चाहिए। निमंत्रण पत्र पर लिखे फोन नंबर से मैंने संपर्क किया। फोन पर अखिलेश शर्मा जी ने कहा कि ''मैम आप आइए, आपका स्वागत है और अजमेर पहुँच कर फोन कीजिएगा।'' 24 अक्टूबर की रात को हम लगभग 9.30 बजे अजमेर पहुँच गए। मैं पहले भी अजमेर कई बार आ चुकी थी; लेकिन इस बार रात हो गई थी। मुझे डर लग रहा था कि पता नहीं कैसा प्रबंध होगा ? रात को कहाँ ठहरेंगे ? क्योंकि अधिकतर सम्मेलनों में कार्यक्रम प्रारंभ होने के दिन से प्रबंध होता है। मैं बेकार ही घबरा रही थी। मेरे साथ साहित्यकार डॉ. कृष्णलता यादव भी तो थी। इसी समय अखिलेश जी हमारे पास आए और बोले—''मैम आपका प्रबंध गेस्ट हाउस में आज रात के लिए कर दिया है। कल हम जहाँ कार्यक्रम है वहीं पर रुकेंगे। अभी होटल वाले को बोल कर आया हूँ। उसने खाना तैयार कर रखा है।'' भूख भी जोरों से लगी थी। खाना खाकर हम गेस्ट हाउस में आ गए। हमारी दो साहित्यकारों को सुबह पहुँचना था।

मैं रात को देर से सोई। मैं सोच रही थी आदरणीय बद्रीप्रसाद पंचोली जी के बारे में और उनके द्वारा किए गए प्रबंध के बारे में। पहली बार मुझे लगा कि हम सही जगह आए हैं और इस सागर में से कुछ मोती अवश्य लेकर जाएँगे। मैंने डॉ. योगेश वशिष्ठ जी से आदरणीय पंचोली जी के बारे में बहुत सुना था। आज मेरा सौभाग्य उदय हुआ है। मुझे आदरणीय बद्रीप्रसाद पंचोली के दर्शन का शुभ अवसर मिला। मुझे इनके प्रत्यक्ष दर्शन और इनके जीवन के बारे में जानने का अवसर प्राप्त हुआ।

अगले दिन सुबह महर्षि दयानंद सरस्वती विश्वविद्यालय में कार्यक्रम प्रारंभ होना था। अखिलेश जी ने हम महिला साहित्यकारों को विश्वविद्यालय में ठहरने का प्रबंध किया। हमने अनेक कार्यक्रम देखे लेकिन ऐसे अनुशासित, कर्त्तव्यपरायण सम्मेलन में पहली बार भाग ले रहे थे। आदरणीय बद्रीप्रसाद पंचोली की टीम के प्रत्येक सदस्य आने-जाने वाले मेहमानों की सुख-सुविधा का पूरा ध्यान रख रहे थे। आदरणीय बद्रीप्रसाद पंचोली जी से मेरा परिचय हुआ। देखने में साधारण, मध्यम कद, गौर वर्ण, सफेद चमचमाते बाल और चेहरे पर तेज झलक रहा था। इनके व्यवहार में जिस तरह का सौम्यभाव और अपनापन है वैसा अन्य साहित्यकारों में नहीं। गुणों के भंडार बद्रीप्रसाद जी को अभिमान छू भी नहीं पाया। कहते हैं कि फल से लदा वृक्ष जमीन की ओर झुक जाता है। उसी तरह के गुण और ठहराव आदरणीय पंचोली जी के व्यक्तित्व में हैं। उनके बारे में परिचय देना सूरज को दीपक दिखाने के समान है। मैं तो केवल अपने विचार प्रस्तुत कर रही हूँ :

गुरुवर परम महान आपका जीवन।
मन करता कर लूँ सादर अभिनंदन।
कितने ही साहित्यकार बनाए हैं आपने,
आपकी आशीष से हर्षाता है मन।।

प्रथम दिवस कार्यक्रम के शुभारंभ पर मैं सरस्वती वंदना गाना चाहती थी। मैंने इनसे आग्रह किया और वे सहर्ष मान गए। अपनों का सम्मान हर व्यक्ति करता है लेकिन मेहमानों को सम्मान देना कोई इनसे सीखे। भोजन करते समय मैंने पंचोली जी से आग्रह किया कि हमें कोई वाहन उपलब्ध करवा दें ताकि हम पुष्कर जी के दर्शन कर आएँ। इन्होंने कहा, ''अपनी गाड़ी है कार्यक्रम शुरू होने से पहले आ जाना।'' इतनी कृपा क्या कोई अन्य कर सकता था।

त्याग, सहनशीलता, विनम्रता और विलक्षण प्रतिभा के धनी आदरणीय पंचोली जी ने शिक्षण कार्य और शोध कार्य के अलावा पाठ्यक्रम समिति, अटल बिहारी वाजपेयी हिंदी विश्वविद्यालय, भोपाल (म.प्र.) में अनुपम योगदान दिया। अनेक साहित्यिक एवं सांस्कृतिक संस्थाओं के राष्ट्रीय अध्यक्ष और उपाध्यक्ष रह चुके हैं। संस्कृत अकादमी के सदस्य रहे। राजस्थान साहित्य अकादमी और राजस्थानी भाषा, साहित्य संस्कृति अकादमी के सदस्य रहे। विवेकानंद केंद्र, कन्याकुमारी, राजस्थान के प्रांत के संचालक हैं। अनेक सामाजिक संस्थाएँ जैसे राजस्थान प्रौढ़ शिक्षण समिति, जयपुर के निदेशक रहे हैं।

ऐसी महान् विभूति को सम्मानित करते हुए संस्थाएँ स्वयं सम्मानित एवं गौरवान्वित होती है। जैसे कहा गया है :

कविता कर के तुलसी न लसै,
कविता लसी पा तुलसी की कला।

ठीक उसी प्रकार पंचोली जी के सम्मान से स्वयं सम्मान और कविता सुशोभित होते हैं।

पंचोली जी का लेखन और संबोधन सभी साहित्यकारों के लिए प्रेरणा का मार्ग प्रशस्त करता है। अंतर्मन को आनंदित करता है। आध्यात्मिक और साहित्यिक नवोन्मेष की सर्जना करता है। यही उनकी लोकप्रियता का रहस्य है। *महिला महीयसी* कार्यक्रम में इनके अध्यक्षीय वक्तव्य ने सभी को सोचने और विचारने पर विवश कर दिया। पंचोली जी असाधारण और अलौकिक प्रतिभा के धनी हैं। तीन दिवसीय सम्मेलन में सभी महिला साहित्यकारों की हर सुख-सुविधा और मान-सम्मान का ध्यान बखूबी रखा। यहाँ तक कि वापसी में रास्ते का भोजन और रेलवे स्टेशन तक पहुँचाने का प्रबंध किया गया। उनकी टीम के सदस्य कार्यक्रम की शोभा में चार चाँद लगा रहे थे।

आदरणीय बद्रीप्रसाद पंचोली जी के अमृत महोत्सव पर उनके चरणों में अपने श्रद्धा-सुमन अर्पित कर स्वयं को धन्य मान रही हूँ और परमेश्वर से उनकी शतायु, दीर्घायु और उत्तम स्वास्थ्य की कामना करती हूँ। गुरुवर आपका साथ पाकर हम कुछ और नया सीख सकेंगे। आप अभी वृद्ध नहीं हुए हैं; बल्कि युवाओं से अधिक सक्रिय हैं। अतः अमृत महोत्सव पर अंत में यही कहना चाहूँगी :

संजीदगी हैं वृद्ध की आप,
हर युवा की आन हैं।
वीर का साहस हैं आप,
हिमालय-सी सबल-चट्टान हैं।
आज क्या दूँ? अमृत महोत्सव पर,
झुक जाए खुद सम्मान,
बस यही आपका सम्मान है।

❖❖❖

सान्निध्य के संस्पर्श की स्मृति

डॉ. विष्णुदत्त शर्मा

वह विशाल और सघन वट वृक्ष जिसने अपनी संपूर्णता पाई है, समय की धूप-छाँह, शीत, ग्रीष्म, वर्षा, प्रकृति के सब रंग देखे हैं। वह अपने में प्रकृति के, सुख-दुःख संपूर्ण अनुभव रखता है। दूर रेगिस्तान से आने वाले काफिले के लिए अमृत-सी छाया रखता है। राहगीरों को विश्राम व ताजगी प्रदान करता है। मानव मात्र के लिए ही नहीं, संपूर्ण सृष्टि जगत् के लिए आश्रय स्थल है। उसका विशाल हृदय और खुला आँगन सबके लिए है। यही तो प्रकृति का अवदान है, जितनी अधिक उच्चता, विशालता उतना अधिक परोपकार, स्नेह, अपनापन; महान् व्यक्तित्वों की ऐसी ही प्रकृति होती है। गुरु श्रेष्ठ बद्रीप्रसाद पंचोली का व्यक्तित्व भी कुछ ऐसा ही है।

अपने विद्यार्थियों के लिए सदैव उनके मन में संतति के समान स्नेह का सोता बहता है। विद्यार्थियों के लिए सदैव शुभ व कल्याण की कामना उनके सान्निध्य में अद्वितीय परिवेश उत्पन्न करता है। जीवन साधने के मार्ग में आई कठिन से कठिन बाधा व विकट से विकट प्रश्न आपके स्नेह स्पर्श से छूमंतर हो जाते हैं।

वेदों की उक्ति 'मनुर्भवः' (मनुष्य बन) आपका आदर्श रहा है। आपका साहित्य राष्ट्र के युवाओं का सदैव मार्गदर्शन करता रहेगा। युवाओं के चरित्र और राष्ट्र निर्माण के लिए आप द्वारा रचित साहित्य खाद-पानी ही नहीं, उर्वरक भी है। आपका साहित्य राष्ट्र जीवन के भूत, वर्तमान और भविष्य का प्रामाणिक दस्तावेज है। इस साहित्य का संस्पर्श मानव मात्र को अपनी रीढ़ पर खड़ा होकर ऊँचा मस्तक रखकर चलना सिखाता है। राष्ट्र की उन्नति के स्रोत उसके भौतिक संसाधन नहीं, अपितु वहाँ के नैतिक मूल्य व चारित्रिक गुण हैं। संपूर्ण शिक्षा एवं संपूर्ण विकास का प्रतिफल मानव के श्रेष्ठ गुणों का विकास है।

भाषा में अर्थ खोते शब्दों की चिंता मैंने प्रायः आपके मुखमंडल पर देखी है। प्रजातंत्र, लोकतंत्र जैसे शब्द वर्तमान में अपनी आत्मा ही खोते जा रहे हैं। वर्तमान की अनेकानेक विद्रूपताएँ एवं सामाजिक विषमताओं पर गहरी चिंता आपकी बातचीत में उभरती है।

आपका संस्पर्श उस पारस के समान है जो लोहे को सोना बना देता है। जड़ बुद्धि विद्यार्थी भी आपका सान्निध्य पाकर जीवन रूपी संघर्ष में श्रेष्ठ प्रदर्शन कर रहे हैं। एक साधारण को विशिष्ट बना देना यही एक अध्यापक

युवा लेखक व हिंदी के प्राध्यापक।
412, प्रगति नगर, कोटड़ा, अजमेर (राज.)
मो. : 9460091141

का अध्यापकत्व है।

किसी भी अरण्य की आत्मा जिस प्रकार सघन वृक्ष होते हैं; वैसे ही किसी नगर की आत्मा वहाँ का विद्वद्वर्ग होता है। उज्जयिनी के इतिहास में कालिदास का स्थान आज भी उतना ही प्रासंगिक है जितना तत्कालीन समय में था। श्रेष्ठी वर्ग के द्वारा बनवाई इमारतें भले ही अपनी चमक खो दें या खंडहर बन जाएं लेकिन साहित्य हमेशा युगों-युगों तक प्रासंगिक एवं प्रेरणाप्रद बना रहता है।

भारतीय संस्कृति जीवन जीने की कला एवं परंपरा है। भारतीय संस्कृति को सीखने के लिए आपकी जीवनचर्या का अवलोकन ही पर्याप्त है। मन, वचन, कर्म से आप भारतीयता को जी रहे हैं और अपने सान्निध्य में विद्यार्थियों को सिखा भी रहे हैं। अपनी विद्वत्ता पर कोई घमंड नहीं, नाम-ख्याति पाने की कोई चाह नहीं। निःस्पृह भाव से अपना करणीय करते रहना ही आपने अपना धर्म समझा है। आप जैसे लोगों के कारण ही आज भारत भारत है। मानव कल्याण के शुभ भावों से ओतप्रोत राष्ट्र व समाज में आये संकटों की चिंता ही नहीं, उनके निवारण का प्रयत्न भी निरंतर करते रहते हैं। आपका सहज सरल व्यक्तित्व निरंतर इसी भावना का उद्घोष करता प्रतीत होता है—

शिवमस्तु सर्वजगतां परहितनिरता भवन्तु भूतगणः।
दोषा प्रयान्तु नाशं शान्तिः सर्वत्र सुखी भवतु लोकः।

(**मालतीमाधवम्** १०.२५)

❖❖❖

जनपद में एक मुहावरा प्रचलित है—सूँपड़ा साफ करना। इसका अर्थ है—पूरी तरह से निःशेष कर देना, बचा कर कुछ भी न रखना। यह लाक्षणिक अर्थ हो सकता है। वाच्यार्थ तो साफ करना ही होगा। अन्न को सूँप में लेकर फटका जाता है। इससे तुस (तुष—भूसे के तिनके) उड़कर नीचे चले जाते हैं।

यदि कुछ दानों में घुन लग गया हो तो उनको भी फटक कर उड़ा दिया जाता है। हलके हो जाने के कारण वे अलग होकर उड़ जाते हैं। यदि गेहूं में मोटे कंकड़ हुए तो फटकने से भार के कारण वे पीछे आ जाते हैं। उनको टोल कर (ऊपर से समेट कर) निकाल फेंका जाता है। इस तरह सूँपड़ा अन्न-शोधन का प्रमुख साधन है।

सूँपड़ा का तत्सम रूप है—शूर्प। शूर्प से सुप्प, सूप, सूँप बना और उसमें स्वार्थक ड़ प्रत्यय जुड़कर सूँपड़ा शब्द विकसित हुआ।

शूर्पणखा रामकथा का ऐतिहासिक पात्र है। सूँप या सूँपड़े की तरह—बढ़े हुए नाखून हों जिसके वह शूर्पनख—स्त्री:शूर्पणखा। नख हिंसक वृत्ति के सूचक हैं। उनको बढ़ाया क्यों जाना चाहिए।

नख का अर्थ है—छिद्र या अवकाश का अभाव—न+ख (ख=आकाश, शून्य, अवकाश, खाली स्थान)। नख चमड़ी से चिपक कर रहते हैं। वे न बढ़े—तभी तक न-ख हैं। उनको शूर्प या सूँपड़े के बराबर बढ़ाने का उद्देश्य तो हिंसा-वृत्ति का प्रदर्शन ही हो सकता है।

—***शब्दार्थ-चिंतन*** **पुस्तक से**

राष्ट्रीयता के सजग प्रहरी

डॉ. रामप्रकाश शर्मा

भारत माँ के सपूतों ने अपने ज्ञान, तप, साधना, भक्ति, तेज, सेवा, समर्पण, त्याग और प्रेम के जो प्रतिमान विश्व समुदाय के समक्ष प्रतिस्थापित किए हैं वे राष्ट्र की प्रेरणा तो बने ही साथ ही अमूल्य निधि भी सिद्ध हुए हैं। विश्ववंदित इस राष्ट्र में गुरुओं की गौरवशाली परंपरा रही है। इन गुरुओं ने समय-समय पर अपने ज्ञान, विवेक और दर्शन से समाज को आलोकित करते हुए मार्गदर्शन किया है। आधुनिक समाज में यद्यपि सनातन भारतीय मूल्यों, सिद्धांतों और आदर्शों की मान्यता में क्षीणता देखी जा रही है फिर भी देश में ऐसे महापुरुषों का अस्तित्व बरकरार है जिनमें भारतीयता और राष्ट्रीयता पूर्ण रूप से रची-बसी हुई है। डॉ. बद्रीप्रसाद पंचोली राष्ट्र की उन प्रख्यात विभूतियों में से हैं जो मनसा-वाचा-कर्मणा पूर्णतः राष्ट्र के प्रति समर्पित हैं।

आपने सेवाकाल में श्रीगंगानगर, किशनगढ़, ब्यावर, अजमेर आदि महाविद्यालयों में सहस्रों विद्यार्थियों को अपने ज्ञान और अनुभव से तराशा है। औपचारिक रूप से भले सेवा से निवृत्त हो गए हों; किंतु आपका स्वाध्याय और निर्देशन आज भी देश-प्रदेश के अध्येताओं का मार्ग प्रशस्त कर रहा है। आपकी इस ऐतिहासिक शिक्षण यात्रा में एक लंबी एवं व्यापक शिष्य परंपरा का सूत्रपात हुआ। वर्तमान में आपके शिष्य प्रदेश ही नहीं, अपितु देश के उच्च एवं सम्मानित पदों पर पहुँच कर राष्ट्र सेवा कर रहे हैं।

9-10 फरवरी, 2013 को आपके सान्निध्य में अजमेर (राज.) के ऋषि उद्यान में आयोजित 'राष्ट्रीय वेद सम्मेलन' में श्रीगंगानगर के वरिष्ठ साहित्यकार एवं शिक्षाविद आदरणीय गुरुदेव डॉ. विद्यासागर शर्मा जी के प्रेरणा और कृपा से प्रथम बार आप से साक्षात्कार करने का परम सौभाग्य मिला। इस आयोजन के बाद से आपका औदार्य, स्नेह और आशीर्वाद अद्यावधि निरंतर मिलते रहना मेरे लिए विशेष उपलब्धि रही है। अजमेर में हुई अल्पकालीन भेंट के बाद आप से अनेकशः दूरभाष पर आशीर्वाद मिलता रहा और दिसंबर, 2014 में श्रीगंगानगर में अखिल भारतीय साहित्य परिषद् द्वारा आयोजित राष्ट्रीय सम्मेलन मे आपके पुनः दर्शन हुए। इस दौरान डॉ. भीमराव अंबेडकर राजकीय महाविद्यालय एवं 'राष्ट्रीय सम्मेलन' में आपकी ओजस्वी वाणी से व्याख्यान सुनने का सुअवसर भी कभी विस्मृत नहीं किया जा सकेगा। इससे पूर्व श्रीगंगानगर के वरिष्ठ साहित्यकारों, शिक्षाविदों एवं आपके पूर्व

2/100, हाउसिंग बोर्ड कॉलोनी,
जवाहर नगर, श्रीगंगानगर (राज.)
मो. : 09529071456

शिष्यों द्वारा आपकी कीर्ति के संबंध में कई बार सुन चुका था और अब भी सुनता रहता हूँ। टेलीफोन पर आप द्वारा 'वंदे मातरम्' संबोधन सुनकर हृदय में राष्ट्रप्रेम के प्रति लहर उठने लगती है। राष्ट्रभूमि के प्रति आपकी सच्ची निष्ठा का प्रतीक है आपका संबोधन 'वंदेमातरम्'।

गुरुवर्य डॉ. पंचोली जी का वेद, दर्शन, धर्म, साहित्य भाषा आदि पर विशेष अधिकार है। आपने अपने स्वाध्याय, अनुभव और चिंतन से इन विषयों के गूढ़ रहस्यों को आत्मसात् किया है। संभवत प्रदेश में वेद को गहराई से जानने और समझने वालों में आप सर्वोपरि हैं। वेदों में निहित ज्ञान का आलोड़न-प्रलोड़न कर जन सुमदाय को इससे लाभान्वित करवाना ही आपका उद्देश्य है। कवि कर्म में भी राष्ट्रीयता के पोषक इन्हीं विषयों को प्राथमिकता दी है। आप द्वारा की गई साहित्य-सर्जना का ही सुखद परिणाम है कि साहित्य, दर्शन, भाषा और वेद विषयक आपके अनेक ग्रंथ प्रकाश में आ चुके हैं। वाक् देवी, विद्या-ज्ञान की अधिष्ठात्री माँ सरस्वती की आप पर विशेष अनुकंपा का लाभ हमें मिल रहा है।

आज का युवा जहाँ अपने कर्तव्यों से विमुख होता जा रहा है वहीं आप आप 80 वर्ष की अवस्था में भी राष्ट्र सेवा में संलग्न हैं। आपकी यही ऊर्जा, आत्मविश्वास, समर्पण और सेवा भावना देश के युवाओं की प्रेरणा बनकर उभर रही है। आपका आशीर्वाद, सान्निध्य और मार्गदर्शन राष्ट्रप्रेमियों को दीर्घकाल तक मिलता रहे इन्हीं शुभापेक्षाओं के साथ।

❖❖❖

गांधीजी इस बात के पक्ष में नहीं थे कि वैयक्तिक पूँजीवाद के स्थान पर नया सरकारी पूँजीवाद पनपे। इसलिए साम्यवादी ढंग के राष्ट्रीयकरण को वे नहीं स्वीकार करते थे। इधर यांत्रिकयुग में बड़े-बड़े कारखानों में पूँजी के कतिपय हाथों में केंद्रित होने का भय बढ़ता जा रहा है। गाँधीजी यंत्रों का उपयोग कुछ लोगों के श्रम और समय की बचत के लिए नहीं, वरन् संपूर्ण मानवजाति की भलाई के लिए करने के पक्ष में थे। वे चाहते थे कि यंत्र आदमी के लिए हों आदमी यंत्रों के लिए नहीं। वह यंत्रों का दास न बने। भारत के लिए तो वे यंत्रीकरण को अभिशाप ही समझते थे क्योंकि इससे करोड़ों लोगों के बेकार हो जाने का भय था। इसका तात्पर्य यह नहीं है कि गाँधीजी विज्ञान की उपलब्धियों से लाभ उठाने के पक्ष में नहीं थे। वे गृहकार्यों और कुटीर उद्योगों में प्रयुक्त किए जाने योग्य छोटे-छोटे यंत्रों के निर्माण को प्रश्रय देने के पक्ष में थे।

—***महात्मा गांधी : द्रष्टा और दर्शन*** **पुस्तक से**

चरैवेति चरैवेति

डॉ. बीना चौधरी, डॉ. उषा देवपुरा

वेद की उपर्युक्त सूक्ति गुरुजी के जीवन पर अक्षरशः चरितार्थ होती है। गुरुजी से हमारा संपर्क लगभग 40 वर्ष पूर्व हुआ था जब हम विद्यार्थी थे। तब से अद्यावधि आपका स्नेह एवं आशीर्वाद हमारे ऊपर सतत् बना हुआ है। आपकी सहजता एवं सरलता से आकृष्ट होकर हम आपके निकट से निकटतर एवं निकटतम होते गए। इस सान्निध्य ने हमको आपकी विद्वता एवं कर्मठता का परिचय कराया। कोई भी विषय ऐसा नहीं पाया जो कि आपके लिए अगम्य अथवा दुर्बोध हो। आप किसी भी विषय पर चर्चा करने पर उसके मूल उत्स से प्रारंभ कर विषय की विस्तृत विवेचना द्वारा श्रोताओं को स्तब्ध कर देते हैं। किसी भी विषय पर व्याख्यान के लिए आपको पूर्व तैयारी की कभी भी आवश्यकता नहीं होती। आशुवक्ता के रूप में आप कभी भी, कहीं भी, किसी भी विषय पर अपनी वाग्मिता से सबको चमत्कृत कर देते हैं। आप केवल श्रेष्ठ वक्ता ही नहीं है; अपितु आप अनेक कार्यशालाओं, संगोष्ठियों, समारोहों एवं जन्म शताब्दियों का बहुत ही सहजता से आयोजन करवाते रहे हैं जिनमें विद्यार्थियों, शिक्षकों, विद्वज्जनों, गण्मान्य नागरिकों को एक संगम-सा उपस्थित हो जाता है। ऐसे में वेद के इस मंत्र *सहनाववतु सह नौ भुनक्तु, सहवीर्यं करवावहै* की भावना का साक्षात् दर्शन होता है।

आपके व्यक्तित्व का एक पहलु प्रखर पांडित्य एवं अटूट कर्मनिष्ठा है तो दूसरा पहलू दयालुता एवं वात्सल्य भाव है। आत्मीयता के इस सागर में समाज का प्रत्येक वर्ग सराबोर हो जाता है, जहाँ अपने पराये का भेद ही समाप्त हो जाता है।

आपके इस स्नेह निर्झर में **सं गच्छध्वं सं वदध्वं सं वो मनांसि जानताम्** की प्रतिच्छाया दृष्टिगत होती है जिसमें कृत्रिमता की कहीं भी गंध नहीं है।

आपकी प्रेरणा एवं प्रोत्साहन ने अनेक विद्यार्थियों को महनीय पदों पर प्रतिष्ठित किया है। उम्र के इस पड़ाव में आपकी स्फूर्ति एवं कार्य करने की तत्परता देखते ही बनती है जिसकी प्रतिस्पर्धा आज के युवा भी नहीं कर पाते हैं।

हिंदी एवं संस्कृत दोनो ही भाषाओं पर आपका समान अधिकार है। आपके स्वयं के शब्दों में, 'मैं आदमी संस्कृत का हूँ और रोटी हिंदी की खाता हूँ।' इस प्रकार आप भले ही हिंदी भाषा के व्याख्याता रहे हों; किंतु आपके आत्मा में संस्कृत निवास करती है। वेदों के प्रतिष्ठित विद्वानों में आपका नाम अग्रगण्य है।

लेखिका द्वय राजकीय महाविद्यालय, अजमेर के संस्कृत विभाग में प्राध्यापिका हैं।

स्वदेशे पूज्यते राजा, विद्वान् सर्वत्र पूज्यते सूक्ति को चरितार्थ करते हुए आपकी प्रतिष्ठा नगर व राज्य की सीमाओं को लाँघ कर राष्ट्र स्तर तक व्याप्त हो गई है। आपकी कीर्ति पताका इतनी फैली हुई है कि शायद ही कोई व्यक्ति ऐसा होगा जो आपके नाम से सुपरिचित न हो। आपकी लोकप्रियता का कोई सानी नहीं है। ऐसी महती लोक मान्यता सुप्रतिष्ठित विद्वानों के लिए भी दुर्लभ है।

आपके प्रभावशाली एवं विराट व्यक्तित्व तथा व्यापक मौलिक कृतित्व ने इस नगर की विद्वत् परंपरा में कालिदास-वत् आपको '**कनिष्ठिकाधिष्ठित**' के रूप में सुप्रतिष्ठित कर दिया है।

❖❖❖

धनुर्भंग

(खण्ड-काव्य)

•

लेखक—

विमल वात्स्यायन

•

अर्चना प्रकाशन अजमेर

अप्रतिम अध्येता

डॉ. सविता टाक

साहित्य, संस्कृति, वेद और इतिहास के अप्रतिम अध्येता डॉ. बद्रीप्रसाद पंचोली बहुआयामी प्रतिभा के धनी हैं। भारतीय साहित्य एवं संस्कृति के रूप में उनका नाम अग्रणी विद्वानों में पूरी श्रद्धा और आदर के साथ लिया जाता है। आपने साहित्य में मौलिक सर्जनात्मक रचना को सजीव रूप में प्रस्तुत किया। इनकी प्रथम रचना *उषा* है जो गद्य गीत है, जिसका प्रकाशन सन् 1953 में हुआ, तब से आज तक वे अनवरत धारा से अपनी लेखनी चलाते रहे।

आपका *ध्रुवश्री* (1968) नाटक संपूर्ण भारत के अनेक विश्वविद्यालयों में पाठ्यपुस्तक हेतु सम्मिलित किया गया। यह हमारे लिए अतुलनीय गौरव की बात है। एक पृष्ठ लेखन का दृढ़संकल्प ही था, जिसने उन्हें साहित्य जगत् में शीर्षस्थ स्थान पर विराजित किया है। उन्होंने भारतीय साहित्य और संस्कृति के बारे में लिखा वह हिंदी की अमूल्य निधि है। उनके साहित्य में उच्च कोटि की विचारशक्ति, संवेदनशीलता एवं आदर्श प्रवणता के दर्शन होते हैं। यह हिंदी साहित्य जगत् के लिए गौरव है। आपके अद्‌भुत व्यक्तित्व को शब्दों की सीमा में नहीं बाँधा जा सकता है।

मुझे भी अपने शोध कार्य हेतु आपका सान्निध्य प्राप्त हुआ। आपके आत्मीयतापूर्ण स्नेह एवं अमूल्य सुझावों से मुझे सहायता मिली है, वह मेरे लिए अविस्मरणीय है।

आपने हाल ही में 10वें विश्व हिंदी सम्मेलन में तथा इससे पूर्व भी कई विश्व हिंदी सम्मेलनों में भाग लेकर राजस्थान के हिंदी प्रेमियों का प्रतिनिधित्व किया और हिंदी का मान बढ़ाया।

हाल ही में आपने हमारे महाविद्यालय में हिंदी दिवस पर आकर विद्यार्थियों को हिंदी भाषा के शब्द-भंडार की विस्तृत जानकारी दी, जिससे विद्यार्थी लाभान्वित हुए। ये स्मृतियाँ मेरे लिए जीवनभर यादों का क्षण बनकर मेरे मन मस्तिष्क में सदा जीवंत रहेंगी।

आज भी उम्र 81 वर्ष के पड़ाव में आने पर आपकी कार्यक्षमता, दक्षता तथा लेखनी में किसी प्रकार का प्रश्न चिह्न नहीं लगाया जा सकता है। उनका साहित्यिक अवदान हिंदी भाषा साहित्य के लिए एक आधार स्तंभ है।

आप ऐसे ही अपनी लेखनी से अविराम प्रवहमान लिखते रहे, इसी आशा के साथ उनके जन्म दिवस पर बहुत-बहुत शुभकामनाएँ।

❖❖❖

व्याख्याता-हिंदी,
राजकीय महाविद्यालय, भीलवाड़ा (राज.)

कुम्हार रूपी गुरु

जगवीर सिंह खंगारोत

साहस के सुमेरु व चंदन चर्चित व्यक्तित्व के धनी प्रो. बद्रीप्रसाद पंचोली जी किसी परिचय के मोहताज नहीं हैं। हाड़ौती के ग्राम्यांचल से निकलकर तत्कालीन केंद्रशासित प्रदेश अजयमेरु में शिक्षा की अलख जगाते हुए महर्षि दयानंद सरस्वती विश्वविद्यालय के अंतर्गत राजकीय महाविद्यालय अजमेर में हिंदी विभागाध्यक्ष तक का सफर आपके संघर्ष, परिश्रम, लगन, धैर्य, निष्ठा, अद्‌भुत नेतृत्व क्षमता व अहर्निश सेवा की कहानी बयां करते हैं। आपका ओजस्वी मुख मंडल, अदम्य साहस व ऊर्जस्वी व्यक्तित्व छात्र वर्ग में अजस्र ऊर्जा का संचार करने में सफल रहा है। शिक्षा के क्षेत्र में निरंतर चिंतनशील रहते हुए पाठ्यक्रम में किए गए नवाचार शिक्षाजगत् में आपको विशिष्ट स्थान पर प्रतिष्ठापित करते हैं। भारतीय सनातन संस्कृति के स्तंभ वेद, पुराण व उपनिषदों के मर्मज्ञ विद्वान् के रूप में आपकी प्रतिष्ठा प्रसिद्धि के तुंग शिखर पर विद्यमान हैं। शिक्षा व साहित्य के रूप में आपकी लेखनी ने अनेक कालजयी रचनाओं का सर्जन किया है। आपके प्रेरणास्पद स्नेहिल आचरण के कारण गुरु ही ब्रह्मा, गुरु ही विष्णु, गुरु ही महेश्वर व गुरु को ही परब्रह्म के रूप में विद्यार्थी समुदाय आपको साक्षात् पाता है। आपने प्रखर वक्ता व कोमल स्वभाव एवं शिक्षक के रूप में कबीर की उक्ति—

गुरु कुम्हार शिष्य कुंभ है, घड़ घड़ काढ़े खोट।
भीतर वाहे हाथ इक, बाहर वाहै चोट।

को सर्वविध चरितार्थ किया।

साहित्यानुरागी, शिक्षाविद्, विचारक व दर्शनशास्त्र के मनीषी के रूप में छात्रवर्ग में अत्यंत लोकप्रिय होने के साथ प्रेरणास्त्रोत भी हैं। सहज, सरल, सौम्य, औदार्य, सौशिल्य गुण गण विभूषित व दया, करुणा, शालीनता के अवतार पूज्य गुरुदेव नेतृत्व, कृतित्व, दातृत्व व व्यक्तित्व में अद्वितीय हैं। सच्चे तपोनिष्ठ, ज्ञानशील व दोषविहीन गुणग्राही के रूप में महिमा मंडित गुरुदेव कटुता, मद, मत्सर व मोह से सर्वथा दूर हैं। 'वसुधैव कुटुंबकम्' की भावना से ओतप्रोत सच्चे राष्ट्रवादी के रूप में समग्र समाज के श्रद्धाभाजन रहे हैं।

प्रवक्ता—शिक्षा,
कंकु विजय शिक्षक प्रशिक्षण महाविद्यालय, खैरवा रोड, पाली-मारवाड़ (राज.)
मो. : 9214052051

आपका बहुआयामी व्यक्तित्व विद्यार्थी समुदाय में नवऊर्जा का संचार करता है। अनेक विद्यार्थियों ने आपके कुशल नेतृत्व व ऊर्ध्वमुखी मार्गदर्शन में शिक्षा के क्षेत्र में पीएच.डी. कर कीर्तिमान स्थापित कर समाज में डॉक्टर के रूप में सम्मान प्राप्त किया है। राजस्थान लोक सेवा आयोग में विषय विशेषज्ञ के रूप में साक्षात्कार मंडल के मानद सदस्य रहकर राजस्थान प्रदेश की महती सेवा कर प्रतिभाओं का मान बढ़ाया है।

मुझे भी महर्षि दयानंद सरस्वती विश्वविद्यालय परिसर में एम.फिल्. के लिए आपका मार्गदर्शन व आशीर्वाद मिला। आपके विपुल ज्ञान भंडार से कुछ अमृतकणों का आस्वादन कर मेरा जीवन भी धन्य धन्य हुआ और मेरे सदृश कई विद्यार्थी आपके कृपा प्रसाद से कृतार्थ होकर स्वयं को धन्य समझते हैं। सुखद अनुभूति के साथ आभास हो रहा है जैसे—

चारों ओर सुगंध का सागर उमड़ रहा है सीमा त्यागे।
लगा तुम्हारे मन का चंदन, डगर-डगर पर बिखर गया है।

आपकी कीर्ति कौमुदी की सुरभि दिग्दिगंत तक प्रसारित हाकर नवागत पीढ़ी को दिशाबोध देती रहेगी।

सुबह काम पर ही होती है, और काम पर शाम है,
मुल्क उठाना है ऊँचा तो, फिर आराम हराम है।

पंक्तियों का अनुसरण करते हुए आपका अवकाश रहित सेवाकाल समग्र समाज के लिए आदर्श व अनुकरणीय है।

महक आपके सत्कर्मों की, महक रही ज्यों चंदन।
है मानस के राजहंस, स्वीकार करें यह अभिनंदन।

❖❖❖

अनचीन्हे
कितने लेख लिखे
भक्ति को
पहचाना तुमने ?
धन्य हुआ
धन्यता
किंतु तुमसे ही
जुड़ी रही।
सबको तुम
साकार रहे तब
निर्गुण और
निराकार बन
मेरे हित क्यों पसरे ?

—देह-*कारा* पुस्तक से

बहुआयामी व्यक्तित्व के धनी

शिवराज शर्मा

डॉ. बद्रीप्रसाद जी पंचोली ने साहित्य जगत में देदीप्यमान सितारे के रूप में अजमेर को ही नहीं बल्कि सम्पूर्ण राजस्थान को गौरवान्वित किया है। साहित्य के तथा वैदिक वाङ्मय के क्षेत्र में तो आपका नाम क्षेत्रीय सीमाएँ लांघ कर सम्पूर्ण भारतवर्ष में विशेषत: विश्वविद्यालयों तथा साहित्य अकादमियों में अपना विशिष्ट स्थान रखता है। आपका हिंदी तथा संस्कृत दोनों भाषाओं पर समान अधिकार है। आपने वेद वेदांग व उपनिषदों का गहन अध्ययन किया है—इसी के परिणामस्वरूप आपने इन विषयों पर अनेक पुस्तकों की रचना की है जिनका लाभ शोध विद्यार्थियों को प्राप्त हो रहा है। आपने अपनी डाक्टरेट *ऋग्वेद की गोतत्त्व शाखा* पर की है।

डॉ. पंचोली जी ने पृथ्वीराज चौहान राजकीय महाविद्यालय, अजमेर में हिंदी विभागाध्यक्ष के पद पर रहते हुए न केवल ऐसे छात्रों को तराशा जो आज अनेक महाविद्यालयों व विश्वविद्यालयों में तथा प्रशासनिक क्षेत्र में कार्यरत रहकर हिंदी भाषा को बढ़ावा दे रहे हैं बल्कि स्वयं ने भी हिंदी भाषा की विकास यात्रा में अपना सर्वस्व देकर हिंदी भाषा को गौरव प्रदान किया है। आपकी विद्वत्ता को देखते हुए राजस्थान लोक सेवा आयोग द्वारा हिंदी व संस्कृत के अध्यापकों के चयन में विषय विशेषज्ञ के रूप में आपको आमंत्रित किया जाता है।

डॉ. पंचोली जी ने झालावाड़ जिलांतर्गत खानपुर गाँव में एक साधारण मध्य वर्ग परिवार में जन्म लेकर कोटा में माध्यमिक शिक्षा प्राप्त की। आप बताते हैं कि किस प्रकार आगे की शिक्षा के लिए धनाभाव की स्थिति में भी इनके गुरु डॉ. फतहसिंह जी ने विभिन्न प्रकार से सहयोग देकर उन्हें प्रोत्साहित किया। ये आज भी फतहसिंह जी के अनुग्रह का गुणगान करते हुए नहीं थकते हैं। अपने गुरु का आजीवन समुचित सम्मान व आदर प्रदान करने का यह एक उत्कृष्ट उदाहरण है।

डॉ. पंचोली जी एक विनम्र एवं सरल स्वभाव का व्यक्तित्व रखते हैं। **'विद्या ददाति विनयम्'** को इन्होंने पूर्ण रूपेण चरितार्थ किया है। विनम्रता व सरलता का एक विशिष्ट उदाहरण है कि महाविद्यालय में विभागाध्यक्ष के उच्च पद पर रहते हुए भी इन्होंने अपने आप को कभी भी प्रोफेसर न कहकर सदा अध्यापक ही कहा। साहित्य

प्रांत सह संचालक
विवेकानंद केंद्र, राजस्थान प्रांत, अजमेर
मो. : 9414284277

सृजन के क्षेत्र में भी आपने एक कीर्तिमान स्थापित किया है। गत पचास वर्ष से अधिक समय से आपने एक संकल्प के अंतर्गत प्रतिदिन कम से कम एक पृष्ठ लेख नव सृजित करने का क्रम निरंतर निभाया है।

डॉ. पंचोली जी अनेक संस्थाओं में अपनी सेवाएँ प्रदान कर रहे हैं। विवेकानंद केंद्र कन्याकुमारी के राजस्थान प्रदेश के प्रांत संचालक के रूप में गत आठ दस वर्षों से आप केंद्र कार्यकर्त्ताओं को मार्गदर्शन दे रहे हैं। आर्य समाज के सिद्धांतों व कार्यक्रमों में आपकी विशेष रुचि है।

आपके घर पर प्रत्येक रविार को वैदिक यज्ञ तथा यज्ञोपरांत धर्म-चर्चा निरंतर होती है। अजमेर व राजस्थान की कई साहित्यिक संस्थाओं में भी आपको समय-समय पर उद्‌बोधन के लिये आमंत्रित किया जाता है।

डॉ. पंचोली जी ने परिवार में अपनी पाँच पुत्रियों व एक पुत्र को उच्च शिक्षा प्रदान कराने में कोई कसर नहीं रखी है। सभी अपने-अपने क्षेत्र में साहित्य सेवा व राष्ट्र सेवा में संलग्न है। आपका पुत्र इंदुशेखर उत्तर प्रदेश के एक प्रमुख समाचारपत्र अमर उजाला के प्रधान संपादक के रूप में कार्यरत हैं।

मेरा डॉ. पंचोली जी से गत पचास से अधिक वर्षों से पारिवारिक संपर्क है। जीवन के हर क्षेत्र में मुझे आपका मार्गदर्शन मिलता रहा है। मेरे जीवन के अस्सी वर्ष पूर्ण होने पर आयोजित *सहस्र चंद्र दर्शन* महोत्सव में आपने ही यज्ञ के आचार्य के रूप में मुझे स्वस्तिवाचन दे अनुग्रहत किया। रिश्तों के महत्व का तो डॉ. पंचोली जी से अधिक संभवत: किसी और ने क्या निर्वाह किया होगा। मेरे साले बालकृष्ण जी जोशी को डॉ. पंचोली जी अपना लघु भ्राता मानते हैं और इसी नाते डॉक्टर साहब मुझे अपने बहनोई का सम्मान प्रदान करते हैं। यह इनकी महानता और अपनत्व का प्रत्यक्ष प्रमाण है। मैं इस अभिनंदन आलेख के माध्यम से डॉ. बद्रीप्रसाद जी पंचोली के **सुस्वस्थ शतम् जीवी** होने की कामना करता हूँ।

❖❖❖

गढार

गढार या गड़हार उस मार्ग को कहते हैं जिस पर बैलगाड़ी चल सकती है। वेद में रथ के लिए 'गर्त्त' शब्द प्रयुक्त हुआ है। उससे गर्त्त >गड्ड>गाड़ा/गाड़ी का विकास हुआ। रथ या गाड़ी जिधर चल पड़े उधर उसके पहियों के चील्हे (चिह्न या निशान) पड़ जाते हैं। उन चील्हों पर बार-बार चलने से गढार बन जाती है। यह होती तो बैलगाड़ी की सड़क है; इसके लिए सरकारी उपक्रम के अंतर्गत भारी खर्चा करने की आवश्यकता नहीं होती।

पैदल चलने पर पैरों के चिह्न—निशान बन जाएँगे। जानवरों के पैरों के चिह्न 'खोज' कहलाते हैं, आदमी के पैरों के निशान केवल निशान या चिह्न; किंतु रथ या बैलगाड़ी के पहियों के निशान चील्हे। आदमी के पैर बार-बार पड़े तो पगडंडी—पैरों के निशानों से बनी हुई दंडाकृति—डंडे जैसी सीधी रेखा। मार्ग वह होता है जिसे खोजना पड़े—जिसे खोज कर बनाना पड़े। पगडंडी अपने आप बनती जाती है। उसे खोजने की आवश्यकता नहीं है।

–'*शब्दानुशीलन*' पुस्तक से

जहाँ विद्या विनय की प्रतिमूर्ति है

डॉ. संजय पंकज

'विद्या ददाति विनयम्' विद्यालय के दिनों में ही खूब रट-रट कर याद किया था। वर्ग शिक्षक; विशेष रूप से संस्कृत के शिक्षक रोज-रोज यह श्लोक पूछते थे। याद न होने के कारण रोज-रोज अच्छी पिटाई होती थी। विद्या से विभूषित गुरुजी पूरी उदारता से कुछ-कुछ ऊटपटांग, अपसंस्कृत और अमर्यादित बोलते हुए अच्छी ठुकाई करते थे। उधम मचाने वाला छात्र-जीवन छड़ी की मार और गुरुजी की लगातार प्रताड़ना से अनुशासित हो गया था। वैसे पारिवारिक वातावरण शांत, संस्कारवान और नैतिक होने के कारण मैं स्वयं भी अशिष्ट और उच्छृंखल कभी नहीं रहा। मित्रों और छात्रों के बीच खुलकर हँसने और खेलने के कारण भी संस्कृत शिक्षक गाहे-बगाहे पीटते रहते थे। गाँव का विद्यालय था। पिताजी से शिक्षकों का अच्छा परिचय था। इसलिए शिक्षकों की शिकायत मेरे विरुद्ध मेरे पिताजी और अभिभावकों तक पहुँचती रहती थी। मुझे कभी ठीक-ठाक तब ज्ञात भी नहीं होता था पिट जाने का कारण। प्रतिवाद भी नहीं कर सकता था। गुरुजी ने कह दिया तो सच ही होगा। मेरी सफाई पिताजी के समक्ष काम नहीं आती थी। आज मैं कह सकता हूँ कि बिना किसी शरारत के भी गुरुजी अक्सरहां मेरी शिकायत किया करते थे। खैर! किसी तरह ब्रह्म मुर्हूत में उठकर और तोते की तरह रटते हुए इस श्लोक को मैंने याद कर लिया। और जिस दिन ठीक-ठाक पूरा का पूरा श्लोक मैंने वर्ग में सुनाया तब भी मेरी पिटाई हुई थी। और उस दिन का कारण गुरु जी ने यह बताया कि मन न लगाने के कारण इतने दिनों तक इतना छोटा-सा श्लोक तुम नहीं याद कर सके। आज जब गुरुजी की विद्या पर विचारता हूँ तो सच कहता हूँ गुरुजी की विद्या-निपुणता चाह जैसे और जितनी रही हो, उनके आचरण में और व्यवहार में विनयशीलता नहीं थी।

बहरहाल! जब मैंने डॉ. बद्रीप्रसाद पंचोली जी को पहली बार देखा और सुना तभी इस श्लोक का अर्थ साकार हो गया था। सही-सही अर्थ मेरे दिमाग में घुसा और हृदय आनंदित हुआ था। विद्या, विनम्रता और शालीनता की प्रतिमूर्ति डॉ. बद्रीप्रसाद पंचोली। इनका सान्निध, स्नेहशील, जिसको सुनना ज्ञानवर्द्धक। सान्निध के संवाद आत्मीय और मंच के संबोधन प्रेरक। परंपरा, संस्कृति और मूल्य हर जगह, हर स्थिति और हर भूमिका में

वरिष्ठ लेखक एवं कवि।
'शुभानंदी', नीतीश्वर मार्ग,
आमगोला, मुजफ्फरपुर - 842002
मो. : 9973977511

सुनिश्चित। आवश्यक भी। पूर्वजों का स्मरण करते हुए गौरवान्वित होना, समकालीनों की चर्चा करते हुए आनंदित होना और नई पीढ़ी को प्रेरित करते हुए आलोकित होना पंचोली जी की सहज प्रवृत्ति है। पहली बार जो देखा वही बार-बार देखते हुए आज भी देख रहा हूँ। कोई दंभ नही, किसी से द्वेष नहीं, किसी के लिए दुर्भाव नहीं। सबके लिए प्यार, सम्मान और सहयोग। उन्हें जब भी देखा निर्द्वंद्व देखा। ज्ञान से दीप्त देखा। स्नेह से छलकता हुआ देखा। वाक्धारा में समृद्ध ज्ञान के साथ अबाध बहते देखा। कभी किसी ने जिज्ञासावश कोई प्रश्न किया तो उसे सरलता के साथ संवाद करते हुए उत्तरित किया। प्रश्नकर्त्ता को संतुष्ट किया। पूछने वाले पूछते रहते हैं। अलग-अलग ढंग के प्रश्न। मगर वे बिना ऊबे और झल्लाए उसका उत्तर और समाधान देते तथा बताते रहते हैं। पूछने वाले चुक जाते हैं, मगर पंचोली जी अचूक उत्तर देते हुए भी अघाते नहीं हैं। वे हर तरह जिज्ञासा का समाधान करते हैं। कितना कुछ पढ़ा है, आत्मसात किया है, पचाया है और उचित अवसर पर यथायोग्य उसे प्रस्तुत भी कर देते हैं। साहित्य-संस्कृति के समृद्ध ज्ञानकोष हैं डॉ. बद्रीप्रसाद पंचोली।

पत्र-पत्रिकाओं में पंचोली जी की रचनाओं को पढ़ता रहा। विरासत को बचाए रखने की चिंता, परंपरा के प्रति सजल निष्ठा उनकी लेखकीय संवेदना में सदा आलोकित हुई। ज्ञान की अविरल धारा प्रवाहित हुई और अभिव्यक्ति की सुगंध प्रसरित हुई। पंचोली जी एक विद्वान के रूप में सम्मानित हैं। वक्ता के रूप में प्रतिष्ठित हैं। समादृत हैं, संपूर्ण हिंदी-जगत में। विषय चाहे जो हो, वे जब भी गंभीरता और तल्लीनता में बोलते होते हैं तो कोई टोकता नहीं, भले ही निर्धारित समय की सीमा पार हो रही हो। वैसे समय का सदा वे भरपूर ध्यान रखते हैं। वे बोलते हैं अपनी मस्ती में, अपने प्रवाह में। जैसे हिमालय से जल की धारा अनवरत बहती है जिसे देखते हुए आँखें नहीं थकतीं; बल्कि जुड़ाती रहती हैं, उसी तरह सुनते हुए पंचोली जी को मन कभी अघाता नहीं बल्कि तृप्त होता रहता है। श्रोता उनके संवाद में बँध जाता है। उसे भी किसी तरह की टोका-टोकी या व्यवधान सह्य नहीं। संचालक या आयोजक ने कभी टोकने की धृष्टा की तो पंचोली जी के झिड़की और श्रोताओं के कोप के शिकार हुए।

डॉ. बद्रीप्रसाद पंचोली एक स्वाभिमानी मगर बड़े की कुलीन व्यक्तित्व के स्वामी हैं। मान-सम्मान सबको देते हैं। कोई कमी नहीं रखते। प्यार से जो ले लें उस पर सब कुछ अर्पित है, मगर अहंकार और पद-मद में जब कभी किसी ने उन्हें टोका तो वैसे को कभी उन्होंने लगाया नहीं। भले ही वह व्यक्ति जितना भी कद्दावर रहा हो। स्नेह और संवेदना के कायल हैं। संस्कार और संस्कृति का सम्मान करते हैं। अब तक उनके साथ बिताए हुए समय, किये गए संवाद और सुने गए संभाषणों से मैं कह सकता हूँ कि उन्होंने कभी स्वाभिमान से समझौता नही किया होगा। नई पीढ़ी को प्यार और स्नेह से सहेजते, संभालते उसे ज्ञान-समृद्ध करने की आत्मीय ललक से भरे रहने वाले बद्रीप्रसाद पंचोली जी अमृतकलश की तरह छलक-छलक पड़ते हैं। इनका साहित्य और संस्कृति से गहरा सरोकार है। वेद, उपनिषद् और पुराणों में रमने वाली इनकी प्रज्ञाचेतना, व्यावहारिक स्तर पर भी संस्कृति-समृद्ध है। सलीका और सिलसिला हर संदर्भ में इनके लिए अपेक्षित है। संवाद-विवाद-विमर्श-व्याख्यान-लेखन सबमें क्रम-उपक्रम के साथ प्रवाहमयता के आग्रही डॉ. पंचोली व्यवहार की मर्यादा और भाषा की शालीनता का पूरा ध्यान रखते हैं। भारतीय संस्कृति और समृद्ध परंपरा पर अगर किसी ने आक्षेप या प्रहार किया तो उसका शौर्य और पराक्रम के साथ मगर तब भी शालीनता के आलोक में प्रविाद किया। तर्क और विवेकपूर्ण प्रतिवाद। पूरे ओज और विश्वास के साथ प्रतिवाद।

डॉ. बद्रीप्रसाद पंचोली प्राध्यापक रहे हैं। प्राध्यापक बहुत होते हैं। रोजी-रोटी के लिए अध्यापन करने वाले

और संस्कार-संस्कृति निर्मित करने वालों में बड़ा फर्क होता है। पंचोली जी के लिए अध्यापन का क्षेत्र एक बड़े प्लेटफार्म की तरह रहा जिस पर खड़ा होकर कई पीढ़ियों को संस्कार-संस्कृति से संपन्न करते हुए राष्ट्र पुरुष के रूप में उन्हें देखने का गौरवबोध करते रहे। इनके व्यक्तित्व में भारत प्रतिभाषित होता है। आलोकवलय में ऋषि-साधना उद्दीप्त होती है। चिंतक और मनीषी हैं पंचोली जी। लेखक तो बड़े हैं ही। लिखते हैं तो ज्ञान की संवेदना सुरसरी-सी प्रवाहित होती है। बोलते हैं तो संवेदनात्मक ज्ञान शिखर अभियान करता है। पंचोली जी के छोटे-छोटे निबंधों में भी ज्ञान के छंद ध्वनित होते हैं। दर्शन, परंपरा और लोक की जटिल गुत्थियों को भी आसानी से अपने लेखन और संवाद में सुलझाते हुए प्रस्तुत करने की कला इन्हें भली-भाँति आती है। समकालीनता को अच्छी तरह जानने-समझने वाले पंचोली जी किसी आधुनिकता और उत्तर-आधुनिकता के खोखले नारों और प्रपंचों से कभी चौंकते नहीं हैं। वे एक ऐसे चौकन्ने लेखक हैं जिनके लिए भारतीयता, राष्ट्रीयता, संस्कृति, संस्कार, मूल्य और मनुष्यता की रक्षा सर्वोपरि है। वादों के अकाल तांडव और विवादों की व्यर्थता पर ये कभी ध्यान नहीं देते। इनका अपना मार्ग है। अपना लक्ष्य है। 'चरैवेति-चरैवति' के मंत्र को गांठ बाँध 'वसुधैव कुटुंबकम्' के महान भारतीय भाव को नवीनता के साथ गढ़ना और प्रस्तुत करना इनका उद्देश्य है। प्रकृति के प्रति समादर, परंपरा के प्रति निष्ठा, समकालीनता के प्रति अनुराग, धरती के प्रति श्रद्धा, आकाश के प्रति कृतज्ञता और भावी पीढ़ी के प्रति विश्वास इनके अपने ऐसे सिद्धांत हैं जिनका प्रतिपालन वे व्यावहारिक रूप में भी करते हैं। कुछ शाश्वत कर्मकांड, कुछ व्यावहारिक आचार-संहिता, कुछ सांसारिक औपचारिकता और कुछ वैश्विक चिंतन के प्रत्यक्षीकरण के बावजूद इनके व्यक्तित्व में अंतर्निहित उस सत्य को देखने का आनंद और सुख एक अलौकिक स्वाद देता है जिसमें निहित है—अमंद मानव राग और लयात्मक संवेदना।

अखिल भारतीय साहित्य परिषद् के अनेक राष्ट्रीय आयोजनों में इनके स्नेह-सान्निध में रहने का ऐश्वर्य मुझे प्राप्त हुआ है। छोटे-बड़े समारोहों में भी ये अपनी संपूर्णता के साथ होते हैं। इनके प्रथम दर्शन से ही मैं प्रभावित हुआ। हर बार के अनुभव सुखकर और ज्ञानवर्द्धक रहे। इनसे बातें करते हुए मुझे कभी ऊब नहीं हुई। मेरी बकवास को सनुते हुए ये कभी झल्लाए नहीं। यह प्रक्रिया केवल व्यावहारिक या औपचारिकता नहीं; यह सुनने और सुनाने की शालीनता भर ही नहीं; बल्कि यह मानने और जानने की सरलचित्तता और सहज संवेदनशीलता है। जैसे ऋषि-मुनियों के आश्रमों में ब्रह्मचर्य व्रत का पालन करते हुए किशोर और युवा विद्यार्जन किया करते थे। गुरु के लिए काम करने में उन्हें प्रसन्नता होती थी। आश्रम उनके लिए अपने घर से भी कहीं अधिक अंतरंग होता था ठीक वैसे ही डॉ. बद्रीप्रसाद पंचोली के आस-पास होने पर भाव और निष्ठा का आत्मीय राग आलोकित हो उठता है। मिलते ही हाल-चाल पूछना। घर-परिवार के सारे सदस्यों का कुशल-क्षेम जानना। और साथ ही क्या लिखना-पढ़ना हो रहा है, इसके लिए उत्सुक होना; पंचोली जी का अभिभावक व्यक्तित्व है। परेशानियों को जानकर उसके समाधान के उपाय बताना उनका स्वजन व्यवहार है। साफ दृष्टि और सही दिशा देना उनका गुरु स्वभाव है। हर रूप में पंचोली जी वरेण्य और आदरणीय हैं। उन्हें देखते ही श्रद्धा उमड़ आती है। भीड़ में भी एकान्त दिखता उनका व्यक्तित्व अलग से ही उद्दीप्त होता रहता है। शोर में भी अंतर्मुखी उनकी शांति प्रतिध्वनित होती सी लगती है। हलचलों में अडिग उनका व्यक्तित्व बरबस तरंगित होता रहता है।

दर्जानाधिक्य पुस्तकों के प्रणेता डॉ. पंचोली के निर्देशन में अनेक शोधार्थियों ने साहित्य के विभिन्न गंभीर संदर्भों पर दायित्वपूर्ण कार्य किया है। इनके अधीन कार्य करने वाले शोधार्थी महज डिग्री भर प्राप्त करने की चेष्टा के

साथ नही रहे। ऐसे टिक भी नहीं सकते थे। जिम्मेवारी के साथ कार्य करने के आग्रही और विश्वासी पंचोली जी विषय के साथ पूर्ण न्याय करते हैं। उसे समग्रता में प्रस्तुत करने की बेचैनी से भरे रहते हैं। यथाप्रसंग शब्दों का सही प्रयोग करना इनकी अपनी विद्वता की कसौटी है। शब्दों के यथार्थ को जानने-समझने में माहिर पंचोली जी उसके कुशल प्रयोग करने में भी निष्णात हैं। संस्कृत साहित्य के गंभीर अध्येता हैं। शब्दों से खेलना और उसका सम्मान करना इन्हें अच्छी तरह आता है। उसे तोलना और उसका सही जगह इस्तेमाल करने की कला भी इन्हें आती है। पढ़ते हुए कहीं भी विभ्रम नहीं हो, इसलिए संदर्भों और प्रसंगों का यथास्थान उल्लेख करते हुए अपने आलेख को कसने और फैलाने की निपुणता इनमें है। साहित्य कला के लिए या जीवन के लिए जैसे सैद्धांतिक और विमर्शी प्रश्नों पर ध्यान दिए बिना कला और जीवन दोनों को साधकर अपने साहित्य को स्थायित्व प्रदान करने वाले डॉ. पंचोली मनुष्य और सत्य के पक्ष में अंगद पाँव जमाकर खड़े होते हैं। ऐसे ही साहित्य-सेवियों, साधकों और मनीषियों से समय और युग प्रभावित होता है। इनकी कृतियाँ कालजयी होती हैं। तात्कालिकता के प्रभाव में तथा फैशनपरस्ती में लिखा गया साहित्य दूर तक यात्रा नही कर सकता। इससे व्यापक जनसमुदाय का भला भी नहीं होता है। इसे लोग आत्मसात भी नही कर पाते हैं। क्षणिक गुदगुदी पैद करने वाले और व्यक्तित्व में आमूलचूल परिवर्तन ला देने वाले साहित्य में जो फर्क है, वह हम डॉ. बद्रीप्रसाद पंचोली जैसे साहित्यकारों के रचनाधर्मिता से अच्छी तरह जान-समझ सकते हैं। समय पर सवार होकर परंपरा का अमृततत्त्व निचोड़कर प्रगतिशीलता के सच्चे निकष पर खरा उतरने वाले एक साधक-सर्जक हैं डॉ. पंचोली। इनकी प्रगतिशीलता महान राष्ट्रवादी योद्धा संन्यासी विवेकानंद की प्रगतिशीलता है। भारतीय दर्शन, चिंतन और साहित्य में प्रगतिशीलता के बहुविध संदर्भ और अनेकशः तत्व समग्रता में देखे-जाने और समझे जा सकते हैं। भारतीय मनीषा सतत प्रगतिशील है। इसमें संस्कृति, अध्यात्म, वैज्ञानिकता और चेतना के प्रकर्ष हैं। पंचोली जी का साहित्य भारतीयता की वसुंधरा पर खड़ा हो, वैश्विकता का दिग्दर्शन कराता है।

एक बड़े लेखक, चिंतक और मनीषी डॉ. बद्रीप्रसाद पंचोली एक अच्छे मनुष्य हैं। यह बड़ी बात है। ज्ञानी होना और आदमी होना बहुत दूर तक संभव नहीं है। पंचोली जी के ज्ञान को आदमीयता के आकाश में आलोकित होते हुए मैंने हमेशा देखा है। विद्या से सचमुच विनय आती है। यह तभी जब सचमुच विद्या की प्राप्ति होती है। पंचोली जी विद्याप्राप्त, विनयशील बोधिवृक्ष हैं जो अपनी छाया में आने वाले को सुखकर छाँह भी देते हैं और ऊर्जा भी। मैं इसे अपना सौभाग्य ही मानता हूँ कि ऐसे व्यक्तित्व का स्नेह मुझे प्राप्त है। मैं चाहे दूरभाष से बात करूँ या इनके सम्मुख होकर सबमें लबालब आत्मीयता मिलती है। मैंने जब कभी भी इन्हें फोन किया, इन्होंने तत्काल उठाया और हाल-चाल पूछते हुए रचनात्मक क्रियाकलापों की भी जानकारी ली। नया कुछ लिखने के लिए प्रेरित किया। कई-कई विषयों को सुझाया भी। जब कभी भी इन्होंने किसी विषय को लेकर पुस्तक या स्मारिका संकलित-संपादित करने की योजना बनाई, मुझसे लेख के लिए अवश्य कहा। अखिल भारतीय साहित्य परिषद् के भुज (गुजरात) में हुए राष्ट्रीय अधिवेशन के आयोजन में साहित्य में आस्था तत्व पर मंच से मेरे विचार जानने-सुनने और साहित्य परिक्रमा के विषय केंद्रित विशेषांक में मेरे आलेख पढ़ने के बाद उन्होंने न केवल उसकी सराहना की; बल्कि मुझे मार्गनिर्देशित भी किया। अपना आशीर्वाद दिया। और वहीं समय और संस्कृति पर एक लेख देने का आग्रह भी किया। मैंने समय सीमा जानना चाहा तो उन्होंने कहा मेरा लगभग काम पूरा हो चुका है, मगर आप यहाँ से जाने के पंद्रह दिनों के भीतर भेज देंगे तब भी मैं आपके आलेख को संग्रह में सम्मिलित कर लूगाँ। यह कहने

के थोड़ी देर बाद उन्होंने फिर कहा कि आप तो तत्काल भी लिख सकते हैं। आपको सुनकर और पढ़कर मैं कह सकता हूँ कि यह विषय आपके लिए कठिन नहीं है। उन्होंने मुझे प्रेरित किया। मैं भुज के अधिवेशन स्थल जो स्वामी सत्यानंद जी द्वारा संचालित बड़ा सुव्यस्थित और भव्य योगाश्रम था; के बगीचे में एकांत के लिए चला गया। वातावरण अनुकूल था। आदरणीय पंचोली जी की प्रेरणा थी। मुझे ज्यादा समय नहीं लगा और एक घंटा पूरा होते-होते मैंने विषय केंद्रित लेख लिख दिया। जाकर पंचोली जी के हवाले किया तो उन्होंने इस विश्वास के साथ उसे अपने बैग में रख लिया कि ऐसा तो होना ही था। उनकी आँखें स्नेह उलींच रही थीं और मेरे भाव आकाशव्यापी हुआ चाहते थे।

❖❖❖

संस्मरण

जो भुलाया न जा सके

‘विद्या ददाति विनयम्’ की साकार मूर्ति

क्रांति कनाटे

आदरणीय बद्रीप्रसाद जी पंचोली से मेरा पहला परिचय राजकोट में जनवरी 2005 में हुआ। अवसर था अखिल भारतीय साहित्य परिषद् के एकादश राष्ट्रीय अधिवेशन का। मेरे लिए यह अधिवेशन विशेष महत्त्व रखता है क्योंकि पहली बार मैं परिषद् के राष्ट्रीय अधिवेशन में भाग ले रही थी अत: मेरे लिए सब कुछ नया नया-सा था। हाँ! इससे पहले परिषद् द्वारा बड़ौदा में 1996 या ’97 में आयोजित एक राष्ट्रीय संगोष्ठी में तथा 2001 में आयोजित गुरुग्रंथ साहिब की प्रतिष्ठा के त्रि-शताब्दी समारोह में मेरी सक्रिय भागीदारी रही थी; परंतु परिषद् के विस्तार तथा गतिविधियों की जानकारी मुझे राजकोट अधिवेशन में ही मिली। मेरे लिए इस अधिवेशन की उपलब्धि रही राजस्थान और मध्य प्रदेश से आए प्रतिनिधियों से सदा के लिए बना एक भावात्मक रिश्ता। इस अधिवेशन ने मुझे कुछ मित्र दिए तो कुछ वरिष्ठ लेखकों यथा डॉ. देवेंद्र दीपक (भोपाल), श्री जगदीश तोमर (ग्वालियर), देवेंद्र सिंह दाऊ (रौंड) देवेंद्रचंद्र दास ‘सुदामा’ (गुवाहाटी) मथुरेशनंदन कुलश्रेष्ठ (जयपुर), दयाकृष्ण विजयवर्गीय ‘विजय’ (कोटा) तथा पंचोली जी का स्नेहभाजन भी बनाया। राजकोट से लौटते समय ग्वालियर, भोपाल, कोटा, भरतपुर के कवियों के साथ ट्रेन में जमाई कवि गोष्ठी का स्मरण अब भी यदा-कदा होता है तो मन प्रसन्न हो जाता है।

राजकोट में पंचोली जी ने मुझे वेदव्याख्या की अपनी एक पुस्तक भेंट की थी। याद आता है कि उस पर अपना प्रतिभाव देते हुए एक अंतर्देशीय पत्र मैंने उन्हें लिखा था, जिस पर वे बहुत खुश हुए थे। उसके बाद तो पिछले दस वर्षों में परिषद् की राष्ट्रीय संगोष्ठियों में तथा अधिवेशनों में भी पंचोली जी से निरंतर मिलना होता रहा और उनकी पुस्तकें मुझे उपहारस्वरूप प्राप्त होती रहीं। एक बार मैंने कहा, ‘इस बार बहुत व्यस्त हूँ शीघ्र प्रतिक्रिया न भेज पाऊँगी’’ तो हँसते हुए कहने लगे, ‘कोई जल्दी नहीं है, आप पत्र बहुत अच्छा लिखती हैं, मुझे आपके अंतर्देशीय की प्रतीक्षा रहेगी।’ समय-समय पर उनसे पत्रों का विनिमय होता रहता है। पत्रों में वे आयुष्मती क्रांति का संबोधन करते हैं तो लगता है दीर्घायु होने का आशीर्वाद दे रहे हैं।

पंचोली जी के सर्जन संसार के संबंध में मैं क्या कहूँ; वह इतना विपुल तथा गहन है कि उस पर तो समग्र रूप से तथा गंभीरता से विद्वज्जन ही विचार करेंगे। मैं तो उनके लेखन के विविध पक्ष देखकर विस्मित हो जाती हूँ।

लेखिका प्रतिष्ठित समीक्षक, कवयित्री एवं *साहित्य परिक्रमा* की संपादक हैं।
203, टावर-3, साईनाथ स्क्वेयर, मदर्स स्कूल के पीछे, जलाराम चौकड़ी, बड़ौदा-390021 (गुजरात)
मो. : 09904236430

इसे मात्र एक पंक्ति में यह कहकर नहीं समेटा जा सकता कि उनके 150 ग्रंथ प्रकाशित हुए हैं तथा लगभग इतने ही ग्रंथ अप्रकाशित हैं क्योंकि इन ग्रंथों में साहित्य की बहुत-सी विधाओं का समावेश है। पंचोली जी ने बालोपयोगी साहित्य भी लिखा और वेदों की ऋचाओं की व्याख्या करते हुए अपने वेदाध्ययन को जनसामान्य तक पहुँचाने का गुरुतर कार्य भी किया; उन्होंने कविताएँ भी लिखीं और कहानियाँ भी; वे नाटक भी लिखते हैं और समीक्षाएँ भी करते हैं। कोई आश्चर्य नहीं कि पिछले छह दशकों से चले आ रहे उनके अबाधित श्रेष्ठ सर्जन का ही परिणाम है कि उनके साहित्य पर देश ही में नहीं, अपितु विदेशों में भी शोध प्रबंध लिखे जा रहे हैं।

पंचोली जी का कृतित्व जितना विविध है उनका व्यक्तित्व भी वैसा ही विविध आयामी है। उनसे मिलने पर आप उनकी विनम्रता, सज्जनता, सरलता तथा सहृदयता से प्रभावित हुए बिना ही नहीं रह सकते। उन्हें एक ओर जहाँ भारत के गौरवशाली अतीत के प्रति, अपनी संस्कृति के प्रति अभिमान है, वहीं भविष्य को लेकर वे चिंतित भी हैं और आशान्वित भी। स्वांतत्र्योत्तर भारत की दुर्दशा पर वे सदा विह्वल रहते हैं। उन्हें इस बात का हमेशा खेद रहता है कि नव भारत के निर्माण में जिन विभूतियों की पाये की भूमिका रही उन्हें हमने विस्मृत कर दिया, फिर वे लोग मातृभूमि की रक्षार्थ अपने जीवन की आहुति देने वाले क्रांतिकारी हों या फिर डॉ. फतहसिंह जैसे प्रज्ञापुरुष; जिन्होंने शिक्षा के माध्यम से बौद्धिक क्षेत्र में महनीय कार्य किए। पंचोली जी के व्यक्तित्व निर्माण में उन्हें डॉ. फतहसिंह से मिले मार्गदर्शन तथा संस्कार की बहुत बड़ी भूमिका है। अपने गुरु फतहसिंह जी का वे सदा सादर स्मरण करते हैं। पंचोली जी को इस बात का बड़ा खेद है कि अटल जी के शासन में कोटा के थामस को तो पद्मविभूषण की उपाधि प्राप्त हो गई जो प्रतिवर्ष चालीस हजार ईसाई बनाते हैं; परंतु ऐसा कोई सम्मान विश्वविश्रुत मनीषी डॉ. फतहसिंह को नहीं मिला। न ही उन पर डाक टिकट निकाला गया। पंचोली जी के सुझाव तथा सहयोग से ही *साहित्य परिक्रमा* का डॉ. फतहसिंह विशेषांक (अक्टूबर-दिसंबर 2014) आकार ले सका। और जब मैं पंचोली जी के शिष्य अखिलेश कुमार शर्मा, अशोक भागवत, लालसिंह पुरोहित तथा उमेश जी चौरसिया को उनके प्रति श्रद्धा-विनीत देखती हूँ तो लगता है, पंचोली जी ने अपने गुरु फतहसिंह जी से जो संस्कार पाए हैं उन्हें अपने शिष्यों को देने में जरा सी भी कमी नहीं की है। यह तो सर्वविदित है कि पौलेंड-जर्मनी की सीमा पर 1974 में आयोजित विश्वधर्म सम्मेलन में डॉ. फतहसिंह ने 'टूवाड्र्ज़ यूनिवर्सल मैनहुड' (विश्वमानुष की ओर) शीर्षक से एक वक्तव्य दिया था जिसकी बहुत चर्चा हुई थी; परंतु यह तथ्य कम ही लोगों को ज्ञात है कि इस अधिवेशन में मूलतः आमंत्रित तो पंचोली जी को किया गया था, लेकिन उन्होंने स्वयं न जाकर यह अवसर अपने गुरु फतहसिंह जी को दिया था।

पंचोली जी की एक विशेषता यह भी है कि वे अपने परिचितों का कार्य सदा बड़े उत्साह तथा स्नेह से करते हैं। मुझे याद आता है कि गत वर्ष वे दिल्ली गए थे, स्व. एकनाथ रानाडे की जन्मशताब्दी के अवसर पर भाग लेने, जिसे प्रधानमंत्री नरेंद्र मोदी संबोधित करने वाले थे। मुझसे इस विषय पर बात हुई तो मैंने उन्हें तुरंत मोदी जी को भेंट स्वरूप देने के लिए *साहित्य परिक्रमा* के दो विशेषांक तथा वंदना शांतुइंदु द्वारा किया मेरी हिंदी कविताओं का गुजराती अनुवाद *समय साक्षी छे* यहाँ से अजमेर भेज दिया। पंचोली जी ने बिना भूले मेरी प्रेषित की हुई पुस्तकें मोदी जी को भेंट की तथा लौटकर मुझे तत्परता से इसकी सूचना भी दी। मुझे जब भी संस्कृत या हिंदी के किसी शब्द का अर्थ जानना हो अथवा किसी सुभाषित को सही-सही ढंग से लिखना हो तो मैं उन्हें फोन करती हूँ और वे बड़ी प्रसन्नता से मेरी सहायता करते हैं।

डॉ. बद्रीप्रसाद पंचोली 'विद्या विनयेन शोभते' तथा 'विद्या ददाति विनयम्' की साकार मूर्ति हैं। वे राष्ट्र की चिंता करने वाले एक प्रखर विचारक हैं। उनका प्रबोध असाधारण है। समाज के प्रति उत्तरदायित्व का बोध उनके व्यक्तित्व का अभिन्न अंग है, युवा पीढ़ी की सहायतार्थ उनका उत्साह तथा उनकी तत्परता प्रशंसनीय है। उनके ८0वें जन्मोत्सव पर मैं अपनी ओर से तथा *साहित्य परिक्रमा* परिवार की ओर से उनका हार्दिक अभिनंदन करती हूँ तथा उनके स्वस्थ-दीर्घायु जीवन हेतु मंगलकामना करती हूँ।

❖❖❖

प्रेरणास्त्रोत

—भानुदास

बद्रीप्रसाद पंचोली ८0 वर्ष की अवस्था हो जाने पर भी विवेकानंद केंद्र के कार्यकर्ताओं को उद्‌बोधित करने के लिए अजमेर से कन्याकुमारी आए। वे युवा हैं और युवाओं के लिए प्रेरणास्त्रोत हैं।

राष्ट्रीय मंत्री,
विवेकानंद केंद्र, कन्याकुमारी

साहित्य को समर्पित व्यक्तित्व

प्रो. मोहनलाल छीपा

डॉ. बद्रीप्रसाद पंचोली को मैं 20 वर्षों से जानता हूँ। जब मैंने महर्षि दयानंद सरस्वती विश्वविद्यालय, अजमेर के अर्थशास्त्र विभाग में आचार्य के रूप में कार्यभार ग्रहण किया था। उस समय मैं विभिन्न विषयों में भारतीय ज्ञान परंपरा पर कार्य कर रहा था तथा प्रत्येक विषय में भारतीय योगदान को शिक्षक एवं विद्यार्थियों तक पहुँचाने की प्रबल इच्छा थी; परंतु यह जानकर बहुत असुविधा होती थी कि भारतीय ज्ञान परंपरा का अधिक साहित्य संस्कृत भाषा में था। उस समय आधुनिक ज्ञान की लोकप्रियता के आगे भारतीय ज्ञान परंपरा के संबंध में कोई सुनने को तैयार नहीं होता था। डॉ. बद्रीप्रसाद पंचोली इस दृष्टि से मेरे मार्गदर्शक सिद्ध हुए, जिनकी संस्कृत एवं हिंदी दोनों भाषाओं पर मजबूत पकड़ थी। डॉ. पंचोली जी ने न केवल भारतीय ज्ञान परंपरा से संबंधित संस्कृत साहित्य की जानकारी दी; बल्कि उन विद्वानों से भी परिचय कराया जो इन विषयों को आगे बढ़ा सकते थे। वर्ष 1998 में तथा 2002 में विभाग में भारतीय ज्ञान परंपरा तथा वैदिक चिंतन अधिष्ठान पर कुछ संगोष्ठियों का आयोजन किया गया। यह आश्चर्य की बात थी कि संगोष्ठी के प्रारंभ होने के दो दिन पूर्व तक इस विषय पर सहभागिता करने वालों का अकाल नजर आने लगा; परंतु मैं डॉ. पंचोली जी को बधाई देना चाहूँगा कि उन्होंने दो दिन में भारतीय ज्ञान परंपरा पर इस संगोष्ठी में सहभागिता करने के लिए 50 से अधिक विद्वानों को खड़ा कर दिया। यह डॉ. पंचोली जी की संस्कृत और हिंदी भाषा के प्रति निष्ठा का परिणाम था कि इस संगोष्ठी में आने वाले विद्वानों ने पहली बार वेदों, उपनिषदों, नीतियों, स्मृतियों, पुराणों के दर्शन किए।

डॉ. पंचोली जी का शिक्षक के रूप में 34 वर्ष से भी अधिक का अनुभव रहा; परंतु उन्होंने अपने आपको आज दिन तक भाषा एवं साहित्य का विद्यार्थी माना। कई विश्वविद्यालयों से जुड़कर उन्होंने हिंदी और संस्कृत के क्षेत्र में शोध की दृष्टि से नए कीर्तिमान स्थापित किए।

डॉ. पंचोली जी की साहित्य की विभिन्न विधाओं में बड़ी गहरी पकड़ है। उनका नाटक, एकांकी, काव्य, वेद चिंतन, भाषा वैज्ञानिक चिंतन, गांधीवादी चिंतन, लघु कथाएँ, बाल साहित्य आदि के क्षेत्र में महत्त्वपूर्ण योगदान रहा। डॉ. पंचोली जी की मूल्य आधारित शिक्षा में गहरी रुचि रही है। समाज में भारतीय जीवन मूल्यों की स्थापना हो, इस दृष्टि से वे चिंतनशील रहते थे। मुझे यह बताते हुए प्रसन्नता है कि डॉ. पंचोली जी डॉ. धर्मपाल मैनी के साथ मिलकर मानव मूल्यपरक शब्द कोषों की रचना की।

कुलपति, अटल बिहारी वाजपेयी हिंदी विश्वविद्यालय, भोपाल (म.प्र.)

मैं डॉ. पंचोली जी के योगदान को महर्षि दयानंद सरस्वती विश्वविद्यालय, अजमेर के कुलपति कार्यकाल (2004 से 2007) में नहीं भूल सकता। इस समय तक कार्य करते-करते भारत विद्या को प्रतिष्ठित करने की इच्छा जाग्रत हुई। डॉ. सुरेंद्र भटनागर के साथ मिलकर विश्वविद्यालय में भारत विद्या अध्ययन संकुल की स्थापना की गई और जिसमें भारत की विभिन्न विद्याओं पर शोध कार्य प्रारंभ हुआ। डॉ. पंचोली जी ने भी इस संकुल में सह-निदेशक के रूप में कार्य प्रारंभ किया। डॉ. पंचोली जी ने संकुल में वैदिक वाङ्मय में स्नातकोत्तर पाठ्यक्रम प्रारंभ कर विश्वविद्यालय में नई शुरुआत की। डॉ. पंचोली जी को संस्कृत सेवा प्रचार हेतु राजस्थान सरकार ने सम्मानित किया। राजस्थान साहित्य अकादमी, उदयपुर ने विशिष्ट साहित्यकार एवं देवराज उपाध्याय पुरस्कार प्रदान किया। भारतेंदु समिति कोटा ने उन्हें साहित्य मनीषी की उपाधि देकर उनका गौरव बढ़ाया।

मैं डॉ. बद्रीप्रसाद पंचोली, अभिनंदन ग्रंथ प्रकाशन समिति के प्रो. नंद किशोर पांडेय, निदेशक केंद्रीय हिंदी संस्थान, आगरा तथा अखिलेश कुमार शर्मा को बधाई देना चाहूँगा कि उन्होंने डॉ. पंचोली जी के व्यक्तित्व एवं कृतित्व पर अभिनंदन ग्रंथ का प्रकाशन कर समाज और साहित्य को एक महत्त्वपूर्ण एवं उल्लेखनीय ग्रंथ प्रदान कर गुरु गंभीर दायित्व का निर्वहन किया है।

❖❖❖

'राजस्थानी जनपद में जननी के लिए 'जामण' शब्द भी प्रचलित है—'जामण जायो वीर' सहोदर भ्राता को कहा जाता है। वेद में 'ज्मा' शब्द पृथिवी के लिए प्रयुक्त हुआ है—जन्मदात्री अर्थ में। अग्नि के लिए जन्मदाता अर्थ में 'जामिः' शब्द का प्रयोग भी हुआ है—त्वं जामिर्जनानाम, अग्ने! मित्रो असि प्रियः। सखा सखिभ्य ईड्यः (ऋ. 1/75/4)। ज्या या जामिः शब्द से हीड़ स्वार्थक प्रत्यय जुड़कर 'जामण' शब्द बना है—जन्मदात्री के अर्थ में अथा महत्ता में पृथिवी के तुल्य बताने के लिए। दक्षिणी जनपदों में 'अम्मा' शब्द का प्रचलन है जो अरबी अम८अम्न धातु से विकसित जान पड़ता है जिसका अर्थ होगा—शान्तिदायिनी। मामा शब्द का विकास भी इसी अर्थ में हुआ है—म+अम्न=शांति-स्थल। मा या माँ शब्द माता के संक्षिप्त रूप हैं।

जननी के इन सब नामों में महत्तरा या महत्तारी से अधिक भाव-भरा संबोधन कोई दूसरा नहीं है। यह सबसे अधिक गरिमामय है और आत्मीयता-भरा भी।

यदि किसी को बुरा-भला कहना हो तो महत्तारी के स्तन्यपान की याद दिलाई जाती है—यदि महत्तारी का दूध पिया है तो···। यहाँ माँ या माता का प्रयोग भी होता है; पर तब इसमें सामान्य-कथन का भाव ही होता है प्रखरता नहीं। महत्तारी का प्रयोग करके बड़ी से बड़ी तीखी चुनौती दी जा सकती है। इसमें यह भाव तो है ही कि माता जितनी महत्तरा या महीयसी है उसका स्तन्यपान करके यदि तदनुरूप गरिमामय काम पूरा नहीं किया तो तुम उतने ही छोटे या बौने या क्षुद्र प्रमाणित होओगे।'

–*शब्दानुचिंतन* पुस्तक से

एक आत्मीय स्मरण

रघुराज सिंह हाड़ा

आधी सदी से भी लगभग अधिक समय व्यतीत हो चुका है, भाई बद्रीप्रसाद जी पंचोली से पहचान हुए। हाँ! 'पहचान' जो कोटा राजकीय महाविद्यालय में विद्यार्थी जीवन के दौरान हुई थी। क्योंकि उनका भी मूल निवास खानपुर है और मेरा चौदह घरों की आबादी वाला जन्म स्थान और मूल निवास चमलासा गाँव भी खानपुर तहसील में ही है। मैं क्योंकि उनसे दो कक्षा आगे का विद्यार्थी था। बस, तब से अब तिरासी वर्ष की आयु तक बड़े भाई जैसा रिश्ता उन्होंने माना और निभा रखा है। ये तो हुई मात्र परिचय की बात; पर जिस सूत्र ने परिचय को आत्मीयता के स्तर तक ला रखा है, वह है, अर्चना प्रकाशन के संस्थापक, संचालक एवं प्रकाशक का मुझ जैसे भीरु रचनाकार की चौबीस पुस्तकों के प्रकाशन का हठात् प्रकाशन भार का स्वेच्छा से निर्वहन! ऐसे नि:स्पृह संबंधों को आत्मीयता से निभाने वाले हैं विद्वान् भाई पंचोली जी। उन्हें शतायुस्थ सुखी, स्वस्थ, सानंद यशस्वी जीवन की शुभकामना के साथ प्रणाम करूँ, तो हठ पर लड़ाई।

दूसरे संस्करण पर 'कृतज्ञता ज्ञापन' कहकर कुछ लिखने की अनुमति चाही तो तपाक से फोन पर ही भाई ने उत्तर दिया कि अरे 'कैसी कृतज्ञता आप मेरे बड़े भाई हो, आशीष देने के हकदार हो फिर कृतज्ञता किस बात की।'

कौन विश्वास करेगा कि मेरा लिखा हर अक्षर प्रकाशित करने हेतु भाई पंचोली जी जैसे अनुज ने एक पैसे का भी प्रकाशन व्यय हेतु सहयोग नहीं चाहा। मुझसे अनुज होकर भी सारा व्यय भार अर्चना प्रकाशन से ही वहन किया। कोई भी समझ सकता है कि प्रकाशन का व्यय भार कौन इतना अनौपचारिक होकर उठाने को तैयार होगा, आज के अर्थ प्रधान युग में।

दिन और दिनांक तो क्या अब तो वर्ष...भी याद नहीं आता; पर वह दृश्य और प्रसंग तो स्मृति में प्रत्यक्ष जैसा स्पष्ट है। मैं उन दिनों झालावाड़ राजकीय उच्च माध्यमिक विद्यालय में अंग्रेजी व हिंदी का शिक्षक था। एक दिन भाई पंचोली जी घर पर आए और बोले, 'अरे भाई साहब! कब से कविताएँ लिखते रहे हो, ग्राम सभाओं से दूर-दूर प्रदेश तक भी कविता पाठ करने जाते रहे हो। न तो कभी पत्रिकाओं में लिखते हो, ना कोई प्रकाशित पुस्तक नजर में आई। यदा-कदा काव्य पाठ के समाचार अखबारों में देखने में आते हैं। आप जल्दी से अपनी हाड़ौती और

राजस्थानी और हिंदी के प्रसिद्ध वरिष्ठ साहित्यकार और कवि।
गाँव-चमलासा, तह.-खानपुर, झालावाड़ (राज.)
मो. : 9413008923

हिंदी कविताओं की दोनों डायरियाँ निकाल कर मुझे दे दो, प्रकाशित करनी हैं।'

मैं उनके तपाक से किए गए आग्रह पर चौंककर बोला 'बैठो तो सही अस्यां ऊबे खेंजडे बेज पाडता ही कांई आया, खटी सूं आर्‌या छो खटी जार्‌या छो।' वे बोले, 'पत्नी और बाल बच्चे बस स्टैंड पर मेरी प्रतीक्षा कर रहे हैं। अजमेर जाना है। हो सके तो मुझे साइकिल से बस स्टैंड छोड़कर आओ।' तब झालावाड़ में ऑटो नहीं चलते थे, एक दो ताँगे जरूर थे उनमें भी छुट्टन भाई का मकान दूर था। बस! उस संस्मरण-प्रसंग को याद करता हूँ तो अतिशय रोमांच से भर उठता हूँ। ऐसे न जाने कितने-कितने स्नेहिल संस्मरण हैं जिन्हें याद करता हूँ तो एक तरफ मन खुशी से झूम भी उठता है तो दूसरी ओर मन भारी भी हो जाता है कि कैसे इस उपकार-स्नेह को निभा पाऊँगा। पंचोली जी न होते तो शायद ही मैं पुस्तकों के रूप में कवि-लेखक के रूप स्थान बना पाता। भाई पंचोली को नमन।

❖❖❖

एक संस्मरणात्मक रेखाचित्र

गोपाल प्रसाद मुद्गल

रंग गोरा। गोल मटोल चेहरा। चेहरे पर तेज! मध्यम कद काठी। कसा हुआ शरीर। पहनावे में बुशर्ट-पैंट। चिंतन में भारतीय संस्कृति के उपासक। चाल में फुर्ती। लगता है जैसे देह में बिजली दौड़ रही हो। कंधे पर एक बैग। हल्का सा, छोटा सा उसी में सब कुछ। कम जरूरत, कम सामान। संतोषी सदा सुखी की प्रतिमूर्ति। 'जब आवै संतोष धन, सब धन धूरि समान।' के सौ टंच हिमायती। अजमेर की सड़क पर ऐसा व्यक्ति मिल जाए तो किसी से पूछने की जरूरत नहीं। हर कोई समझ लेगा कि यही डॉ. बद्रीप्रसाद पंचोली हैं।

डॉ. पंचोली को मैंने देखा है। करीब से देखा है। बाहर से ही नहीं, भीतर से भी। उनके मन में रंग है। एक नहीं, दो नहीं, पूरे सात रंग। ये हैं-सतरंगी मन। यानि एकदम उज्ज्वल। हंस के समान। रंग में ही नहीं; गुण में भी। नीर-क्षीर विवेकी। वे शब्द शक्ति के पक्षधर हैं। उनका मानना है कि शब्द संकेतों के माध्यम से लोकयात्रा को मंगलमय बनाया जा सकता है। वास्तव में शब्द हमारे उत्थान और पतन के कारण हैं। शब्द साधना से जीवन में सुखद अनुभूति की जा सकती है। शब्द की शक्ति को माध्यम बनाकर अपना तो उत्थान होगा ही। समाज का उत्थान होगा। राष्ट्र का उत्थान होगा। विश्व का विकास होगा। विश्व का कल्याण होगा।

शब्द शक्ति अनमोल है, इसकी शक्ति अपार।
शब्द शक्ति को जान लें हो भव सागर पार॥

डॉ. पंचोली देश के गणतंत्र को सही अर्थों में देखना चाहते हैं। केवल नाम से ही गणतंत्र नहीं; अपितु प्रत्येक भारतीय के मन में गण-जीवन जीने की और गुण श्री बनने की पात्रता उत्पन्न हो। यह असंभव नहीं, संभव है। हाँ मन में आग हो। लगन हो। मस्त खिलाड़ी की तरह आगे बढ़ने की ललक हो। कहा भी है—

मस्त खिलाड़ी जीवन में शह-मात नहीं देखा करता है।
घड़ी मुहूरत कौन गिने, दिन रात नहीं देखा करता है।

लेखक वरिष्ठ साहित्यकार, कवि एवं ब्रजभाषा अकादमी के पूर्व अध्यक्ष हैं।
पांडेय मोहल्ला, डीग,
भरतपुर, राजस्थान

जिसके दिल में आग लगी या लाग लगी मंजिल पाने की।
ऐसा चलने वाला रुककर बाट नहीं देखा करता है ॥

सतत चलने (कर्मण्य) के पक्षधर डॉ. पंचोली का जोर अंतर्यात्रा पर विशेष रहा है। उन्होंने अपने *नवगति नवलय* ग्रंथ में स्पष्ट उल्लेख किया है, 'जब जीवात्मा अन्तर्यात्रा की ओर बढ़ता है तब वह अश्ववत् तीव्रगामी हो जाता है। वह स्थूल बंधनों से मुक्त होकर सूक्ष्म जगत में प्रवेश करता है। तब उसकी संज्ञा अश्व जैसी हो जाती है।''

मैं स्पष्ट करना चाहता हूँ कि डॉ. पंचोली व्यक्तिशः प्रत्यक्ष और परोक्ष रूप में सत्प्रेरक बनकर उभरे हैं। जीवन को गतिशील बनाने के लिए, सफल और सार्थक बनाने के लिए सदैव दृष्टिगोचर होते हैं। उनका देख कर मुझे लिखना पड़ा—

चलने का है नाम जिंदगी।
यह धरती भी चलती रहती, यह अंबर भी चलता रहता।
नदियों झरनों के साथ संमदर का सरगम चलता रहता॥
यह सूरज भी चलता रहता, यह चंदा भी चलता रहता।
चलता रहता है पाँव तो समझो हर मुश्किल आसान है।
धरती का संगीत यही है, यही गगन का गान है॥
चलन का है नाम जिंदगी॥''

डॉ. पंचोली भी डंके की चोट कहते हैं, 'जिंदगी साँस लेने और निकाल देने का नाम नहीं है। यह काम तो चमड़े की धौंकनी भी करती है। साँस-साँस में जीवन की नई विशेषता प्रकट होनी चाहिए। जीवन रस की झलक मिलनी चाहिए। जीवन रस ही जीवन की सार्थकता प्रदान करता है' (*जीवन सुरभि,* आत्म निवेदन से)।

जीवन में सतत कार्यरत रहने के पीछे डॉ. साहब का भी एक ही मंतव्य है—व्यक्ति की जीवन में गंध फैले। गंध को फैलाने में व्यक्ति के गुण ही सहायक और सार्थक होते हैं। सद्‌गुण ही उसकी यशः सुरभि को प्रकट कर पाते हैं। यशः सुरभि को बाँध कर नहीं रखा जा सकता। उसी तरह जैसे फूल की गंध को कोई बाँधकर नहीं रखा सकता। सच है—

फैले अपने आप ही, पुष्प गंध चहुँओर।
इसी तरह फैले सुयश, जिसका ओर न छोर॥

डॉ. पंचोली की यशः सुरभि चारों ओर फैल रही है। इसका कारण है उनका सच्चिंतन। सद्‌भाव। सतत सत्कर्म। बस इसी त्रयी ने उनका यश बढ़ाने में चार चाँद लगाए हैं। वास्तव में सुविचारों और सत्कर्मों की गंध से ही यशः शरीर बनता है। हाँ, इतना अवश्य है कि मनुष्य जब सत्कर्मों की ओर बढ़ता है तो उसके समक्ष कठिनाइयाँ आती हैं। उसके राह में अवरोधक आते हैं। जो उनसे घबराकर रास्ता बदल लेते हैं, वे भटक जाते हैं मंजिल पर नहीं पहुँच पाते। जो छाती पर सेल झेलते हुए बढ़ जाते है, वे बाजी मार लेते हैं। उनकी गंध चारों ओर बढ़ जाती है। रामचन्द्र जी की गाथा सभी के समक्ष है। जीवन में अनेक बाधाएँ आईं, किंतु अंत में विजय श्री मिली। तभी श्रीराम का यश सतत फैल रहा है।

कर्म पथ पर अडिग जो, चलता है दिन रात।
दुनिया देती है उसे, विजयश्री सौगात।

डॉ. पंचोली ने भी जीवन में कर्म को ही प्रमुखता दी है। जीवन का अर्थ ही यही है—'चलते रहो निरंतर पथ पर, चलते रहो निरंतर।' लेकिन डॉ. साहब की मान्यता यहीं तक नहीं है। उनका इससे आगे की ओर भी इशारा है। कर्म करने के साथ सूझ-बूझ का भी ध्यान रखना है। यदि यह ध्यान नहीं रखा तो चलनी में दूध काढ़ा और कर्मों को दोष देना व्यर्थ होगा। अगर नासमझी से काम किया तो सुरभि कैसे मिलेगी? सुरभि कैसे फैलेगी? अतः डॉ. साहब ने *जीवन सुरभि* के पृष्ठ 4 पर स्पष्ट लिखा है—'पुरुषार्थ के मार्ग पर चलना जीवन-गंध का सहज परिणाम है। यह गंध व्यक्ति की अपनी संपदा है। इसको प्रकट करके वह स्वयं महके और जगत् को महकाए। यह गंध धरती की है। मातृभूमि की है। मातृभूमि की गंध को प्रकट करे और सर्वत्र फैलाकर मातृभूमि का सपूत बने।'

ऐसी ही विचारधारा के प्रबल समर्थक डॉ. बद्रीप्रसाद पंचोली अपने सिद्धांतों पर अडिग लौ में दिन दूनी ख्याति प्राप्त कर रहे हैं। मैंने उनका प्रमुख अपनी आँखों से देखा है। एक बार उन्होंने लोकसभा के चुनावों में खड़े होने वालों को आमंत्रित किया। सभी की विचारधारा जाननी चाही। सभी की काबिलियत परखनी चाही। सभी की वाक्शक्ति का परिचय जानना चाहा। सभी उम्मीदवारों को एक सभा में बुला लिया। संयोग से मैं भी डॉ. साहब के साथ था। सभा विराट् थी। महत्त्वपूर्ण थी। डॉ. साहब ने सभा की अध्यक्षता के लिए मेरा नाम प्रस्तावित कर दिया। मैं ही जानता हूँ उस दिन मेरी क्या हालत थी। ऊपर की साँस ऊपर और नीचे की साँस नीचे। खैर! अपने पास कवि सम्मेलन का अच्छा अनुभव था। जनता की नब्ज की पकड़ थी। उसी के सहारे जमकर बैठे रहे। उस सभा में सभी उम्मीदवारों ने अपनी-अपनी बात बड़ी विनम्रता से रखी। दृश्य देखने के काबिल था। उम्मीदवारों की वाणी बड़ी विनम्र थी। उस समय रहीम का एक दोहा याद आया—

काज परे कछु और है, काज सरे कछु और।
रहिमन भँवरी के परे, नदी सिरावत मौर।

अब अपनी बारी आई। अध्यक्षता का निर्वाह करते हुए कुछ पंक्तियाँ संदर्भ और प्रसंग जोड़ते हुए पढ़ीं—

जो रहें चमन में खूब रहें किस्मत वाले,
मैं वीराने में ही चमन बुला लूँगा।
है मुझे भरोसा बहुत रोशनी दिल में है,
मैं अँधियारे में सौ सौ दीप जला लूँगा।।

कुछ ऐसी ही पंक्तियाँ और पढ़ी। वीराने में चमन लाने वालों को ही वोट मिलने की बात कही। लोगों ने खूब तालियाँ बजाई। और हमने अपनी जान बचाई। पर डॉ. साहब ने हमारी खूब तारीफ की। सच मानिए, डॉ. साहब अनेक लोगों को इसी तरह अखाड़े में उतारने के शौकीन रहे हैं और आज भी नहीं चूकते। पर मंशा उनकी सकारात्मक रही है जो काबिले तारीफ है।

डॉ. साहब की मुस्तैदी, कर्मण्यता और निर्लिप्तता हमने जयपुर में देखी है। जयपुर में एक संस्था है राज्य

संदर्भ केंद्र। उसके आप निदेशक रहे। आपकी एक शर्त थी रोज आएँगे, रोज जाएँगे। शर्त मान ली गई। डॉ. साहब ने अपनी शर्त को बखूबी निभाया। समय पर आना, समय से जाना। उनका यह क्रम बना रहा। इसी तरह उन्होंने अपनी ड्यूटी अंजाम दी। क्या मजाल जो समय की चूक हो जाए। जमकर मेहनत की। जमकर सेवा की। सभी के सामने एक आदर्श प्रस्तुत किया कि सेवा और समय का पालन कैसे किया जाता है। उनकी लौहपुरुष जैसी स्थिति देखकर सत्य हरिश्चंद्र की दो पंक्तियाँ याद आ जाती हैं—

चंद्र टरै, सूरज टरै, टरै जगत त्योहार।
पै सत हरिश्चंद कौ, टरै न सत व्योहार।

ऐसे सतपथ के टोही डॉ. पंचोली जी अभी-अभी अगस्त, 2015 में 80 बसंत पार कर चुके हैं। वे स्वस्थ हैं। सानंद हैं। अडिग हैं कर्मपथ पर। बात के धनी हैं। 'चरैवेति-चरैवेति' के सिद्धांत पर सतत अग्रसर हैं। सदैव अग्रजों और अनुजों को सम्मान, प्यार, स्नेह देने वाले। बराबर वालों को मुक्त हास लुटाकर सदा आगे बढ़ने की प्रेरणा देने वाले है। अपने से छोटों को उत्साहित करने वाले रहे हैं। ऐसे आदर्श व्यक्तित्व को 81वें वर्ष में प्रवेश करने पर हृदय से शुभकामना है। प्रभु से यही प्रार्थना है कि डॉ. साहब शतायु हों। स्वस्थ रहें। और सभी को नवगति नवलय प्रदान करते रहें। अंत में—

यही विनय, यह कामना, कृपा करें सर्वेश।
नवल शक्ति पाएँ सदा, सेवा करें स्वदेश।

❖❖❖

ऐसे हैं बाबूजी

अमर चंद शर्मा

ग्राम करकेड़ी, जिला अजमेर के नवक्रमोन्नत हाई स्कूल के प्रथम बैच से 1964 में, प्रथम श्रेणी में दसवीं बोर्ड की परीक्षा उत्तीर्ण एक मात्र विद्यार्थी का गौरव हासिल कर उच्च अध्ययन के लिए राजकीय कॉलेज, किशनगढ़ का रुख किया तो मन एक अजीब-सी उत्सुकता, जिज्ञासा एवं कौतूहल से भरा हुआ था। मेरी बुआ के लड़के, मेरे ज्येष्ठ भ्राता श्री राधाकृष्ण शर्मा उसी कॉलेज में पुस्तकालय में डिप्टी लाइब्रेरियन थे। मेरे पहले रोल मॉडल वही थे।

मैंने प्री-यूनिवर्सिटी में प्रवेश लिया हिंदी एवं अंग्रेजी साहित्य के साथ। हिंदी की कक्षा में प्रथम बार 'बाबूजी' के दर्शन हुए, पंचोली-सर के रूप में। एक-दो दिन में ही बाबूजी को पता नहीं मुझ में क्या लगा, उन्होंने मेरे व्यक्तित्व में क्या आँका और क्या मापा कि उनके आदेश को शिरोधार्य कर मैं हिंदी के बजाय संस्कृत का विद्यार्थी बन गया।

आज पीछे मुड़कर देखता हूँ तो अहसास होता है कि मेरे भावुक मन का सूक्ष्म आकलन उनकी तीक्ष्ण दृष्टि से छुपा नहीं रह सका। फलस्वरूप मैं इंग्लिश लिटरेचर एवं संस्कृत साहित्य साथ-साथ पढ़ते हुए पश्चिमी सभ्यता एवं पौरस्त्य संस्कृति का विद्यार्थी बन गया। यह संस्कृतियों के द्वंद्व एवं विरोधाभासों को समझाने का शायद अद्‌भुत अवसर था। कॉलेज में इन दोनों साहित्यों को एक साथ पढ़ने वाला मैं एकमात्र विद्यार्थी था। यह थी अपने शिष्यों में छिपे हुए गुणों एवं क्षमताओं की खोजपरक आकलन की, 'गुरु' की दिव्य एवं अद्‌भुत दृष्टि।

उन दिनों छात्र-अध्यापक के रिश्ते आज की तरह 'व्यावसायिक एवं अर्थ-प्रधान' नहीं थे। मेधावी, योग्य एवं जिज्ञासु छात्र कॉलेज के अलावा गुरुजन के घर पर भी संपर्क कर सकते थे। बाबूजी के चुंबकीय व्यक्तित्व में कुछ बात ही ऐसी थी कि मैं निरंतर उनकी ओर खिंचता चला गया। बस हमेशा यही लगन कि मैं उनके जैसा बनूँ।

किराये के एक कमरे में रहकर अध्ययन करते हुए भी मेरा अधिकतर समय, कॉलेज के बाद उनके घर पर ही बीतता। इतने किस्से, कहानियाँ, साहित्यिक प्रसंग एवं संस्मरण 'बाबूजी' हास्य-व्यंग्य की विधा में सुनाते कि घर जाने का मन ही नहीं करता था और रात होने पर कहते 'अब देर रात कहाँ जाउएगा ? यहीं सो जा।' ऐसा अकसर होता था। सहज रूप में ही, मैं कब उनके परिवार का सदस्य बन गया, पता ही नहीं चला! साहित्य को जितना मैंने

लेखक डॉ. पंचोली जी के प्रथम वे शिष्य हैं जो आई.ए.एस. बने।

आई.ए.एस, सदस्य, राजस्व मंडल (से.नि.) अजमेर।
मो. : 9414064579

पुस्तकों में पढ़ा, उतना ही शायद उनके श्रीमुख से सुना है। जो सुना उसका प्रभाव दीर्घकालिक रहा और अब भी बना हुआ है।

मुझे याद है 'पंचोली सर' से 'बाबूजी' संबोधन की वह आकस्मिक घटना! कॉलेज के शुरुआती दिनों में घर पर भी मैं उनको 'सर' कहकर ही संबोधित करता था। एक बार चाँदनी रात में छत पर कोई दीर्घ साहित्यिक प्रसंग सुनाते हुए, मेरे मुँह से बार-बार 'सर' का संबोधन सुनकर उनको कुछ अटपटा लगा, तो असहज होकर बोले, 'तूने यह बार-बार 'सर' की क्या रट लगा रखी है।' बिना किसी झिझक के सहज रूप में मैं भी बोल पड़ा, 'आज से मैं आपको 'बाबूजी' कहूँगा' वे कुछ बोले नहीं; पर उनकी आँखे भर आईं। मैं भी अनायास रो पड़ा। उनकी स्नेह-भरी थपकी से कब नींद लग गई, पता ही नहीं चला। असल में घर में सब बच्चे उन्हें बाबूजी ही कहकर पुकारते हैं। मैं भी यही चाहता था जो अनायास हो गया। वह दिन और आज का दिन, फिर कभी मेरे मुँह से उनके लिए 'सर' नहीं निकला।

'अम्माजी' का एक ममतामयी माँ के रूप में ऐसा स्नेह मिला कि घर से दूर रहते हुए भी अपनी माँ की कमी मुझे कभी महसूस नहीं हुई। वह जिस स्नेहपूर्ण आग्रह से खाना खिलातीं तो उन्हीं में अपनी माँ की छवि को देखकर मुझे संतुष्टि एवं शीतलता मिलती थी।

कालांतर में ग्रेजुएशन पूर्ण कर राजनीतिशास्त्र में एम.ए. करने के बाद मैं कॉलेज शिक्षा सेवा में चयनित होकर 1972 में व्याख्याता हो गया। मेरे मन की मुराद पूरी हुई। छह वर्ष तक सरदारशहर, करौली एवं राजकीय सनातन धर्म कॉलेज, ब्यावर में पढ़ाते हुए संयोगवश 1977 में राज्य प्रशासनिक सेवा में चुन लिया गया।

प्रशासनिक सेवा में विभिन्न पदों पर रहते हुए भी मैंने अपने अंदर के अध्यापक को कभी मरने नहीं दिया। वह इसलिए कि विद्यार्थी जीवन में बाबूजी ने मुझे तराशा ही इस तरह कि मेरे अंदर का 'अध्यापक' हमेशा जीवित रहे। इस अध्यापक-मन का ही वह प्रभाव था कि मेरे प्रशासनिक सेवाकाल की स्वर्णिम उपलब्धि राज्य प्रशासनिक सेवा प्रशिक्षण संस्थान (ओ.टी.एस.) में बिताए वे 3 वर्ष हैं, जब मैंने न केवल आर.ए.एस. एवं आई.ए.एस. के प्रशिक्षण पाठ्यक्रम तैयार किए, अपितु इस हेतु भारत-सरकार द्वारा 'संपूर्ण गुणवत्ता प्रबंध' पर उच्च अध्ययन के लिए इंग्लैंड भेजा गया, जहाँ सिविल सर्विस कॉलेज सन्निंगडेल (लंदन) में रहकर प्रशिक्षण लेते हुए जर्मनी, फ्रांस, स्विट्जरलैंड, ऑस्ट्रिया एवं इटली के प्रशिक्षण संस्थानों का भी अनुभव प्राप्त हुआ।

भारतीय प्रशासनिक सेवा में पदोन्नति पर जब राजस्व मंडल सदस्य के रूप में अपनी अंतिम सेवा देकर सन् 2007 में सेवानिवृत्त हुआ तो ऐसा लगा कि जीवन की प्रथम पारी का यह चक्र पूर्ण हुआ अर्थात् 1971 में जी.सी.ए. से एम.ए. कर वापस घूमकर अजमेर से ही सेवानिवृत्ति। राजकीय सेवा का सुखद एवं अविस्मरणीय समापन!

मेरे हृदय में कवि-मन का उत्स है। आज भी पूर्णतः सूखा नहीं है। 'बाबूजी' ने जो प्यास एक युवा हृदय में जगाई थी, उसके कारण काव्य, साहित्य और कला से अनुराग इस कदर है कि कॉलेज के दिनों में संस्कृत नाटकों के मंचन से लेकर संस्कृत ग्रंथों का अध्ययन तो किया ही, हिंदी साहित्य में जयशंकर प्रसाद की *कामायनी* से लेकर मुंशी प्रेमचंद के उपन्यासों को भी खूब पढ़ा है।

'बाबूजी' के बहुआयामी व्यक्तित्व को मैंने निकट से देखा है। हिंदी के प्राध्यापक होते हुए भी संस्कृत से समान अनुराग। वेदों के अध्ययन से लेकर लोक साहित्य व संस्कृत साहित्य का खोजपूर्ण अनुसंधान एवं विश्लेषण।

अपने अनवरत लेखन से दोनों भाषाओं के साहित्य को इतना समृद्ध किया है कि आने वाली युवा पीढ़ियाँ युग-युगांतर तक स्मरण रखेंगी।

'बाबूजी' के व्यक्तित्व एवं कृतित्व में हमारी संस्कृति के प्राचीन ऋषि-मुनियों की झलक दिखाई देती है। अनवरत, अविराम, भागीरथी के प्रवाह समान साहित्य सर्जन में रत इस मनीषी की संकल्प शक्ति अद्भुत है। मैं यदि यह कहूँ कि हिंदी और संस्कृत को इन्होंने केवल पढ़ा और लिखा ही नहीं बल्कि जिया है तो कोई अतिशयोक्ति नहीं होगी।

जीवन के अस्सी बसंत देख चुके इस चुंबकीय व्यक्तित्व में ऊर्जा का असीम उत्स है। इस चुंबकीय व्यक्तित्व की तरफ साहित्यानुरागी सहज ही खिंचे चले आते हैं। एक बार जो संपर्क में आया वह 'बाबूजी' का ही होकर रह गया।

परम पिता परमेश्वर से यही प्रार्थना है कि 'बाबूजी' के सौम्य एवं हँसमुख व्यक्तित्व ने अपनी संपूर्ण ऊर्जा से मानव समाज की साहित्य-सेवा की है वह पुण्य सलिला निरंतर प्रवाहमान रहे। 'बाबूजी' शतायु हों। मेरे 'बाबूजी' के लिए वेदध्वनि भी यही कह रही है, '**जीवेत् शरदः शतम्**॥'

❖❖❖

मौन की भाषा

वह बहुत निराश था—टूटी हुई लता जैसा। आमने-सामने हुए तो रामा-श्यामा पूछी। वह मौन था। मौन की भाषा जानने वाला ही जानता है। मैंने भी मौन साध लिया तो मुखर होकर वह बोला—'अरे! यों क्यों बैठ गए? मैंने तो सोचा था, आए हो तो कुछ आपबीती सुनाओगे। मेरी भी सुनोगे। मन हलका हो जाएगा। तुम तो ...।'

आगे न बोल सका। गले लिपट गया। जहाँ भाषा चुप्पी साध ले, वहाँ नई भाषा पैदा करनी पड़ती है। दोनों प्रगाढ़ आलिंगन में बँध कर वही करने लगे।

***–लघुकथार्चन* पुस्तक से**

वंदे मातरम्

डॉ. मथुरेशनंदन कुलश्रेष्ठ

यदि आप 0145-2425664 पर कभी भी फोन करेंगे तो आपको सावधान करने वाली, गरिमायुक्त और आपके चिंतन को एक झटके के साथ मोड़ देने वाली आवाज़ सुनाई पड़ेगी 'वंदे मातरम्' जिसकी लय और गंभीरता ने अपनी यह पहचान बनाई है वह आवाज़ है डॉ. बद्रीप्रसाद पंचोली की। 'वंदे मातरम्' पंचोली जी के लिए कोई नारा या मात्र अभिवादन करने का एक ढंग नहीं हैं। इसके प्रभाव और आकर्षण के पीछे इस व्यक्ति की जीवन-साधना, समर्पण, विद्वत्ता, कृत-संकल्प होने की शक्ति, राष्ट्रीयता, धार्मिकता, मानवतावादी सोच, कर्मठता और भावनात्मकता एकजुट होकर खड़ी है। सीमा पर या देश के किसी भी प्रसंग पर अपने प्राण देने वालों के प्रति हम श्रद्धावनत होकर पुष्प चढ़ाते हैं। गोली से मारे जाने वाले श्रद्धेय नौजवान के प्रति हम कृतज्ञ होते हैं; परंतु देश के लिए ही जीने वाले को नित न जाने कितनी गोलियाँ खानी पड़ती हैं और अपने चरित्र को अकलंकित रखने के लिए न जाने कितने पहाड़ों और खाइयों को पार करना पड़ता है। शहीद का जीवन हमें प्रेरणा देता है और देश के लिए जीने वाला हमें जीना सिखाता है, कंटकाकीर्ण मार्ग को पार करने की ताकत देता है। डॉ. बद्रीप्रसाद पंचोली देश के लिए ही जीने वाले एक ऐसे व्यक्तित्व हैं जो अपने बहुआयामी व्यक्तित्व से दूसरों के चरित्र और जीवन का निर्माण करते हैं।

विचारधारा और ज्ञान के क्षेत्र में वे वेदों से जुड़े हुए हैं, आर्य समाज के प्रति उनका भावनात्मक लगाव है और साहित्य उनका वास्तविक कर्मक्षेत्र है। ज्ञान, इच्छा और क्रिया का यह समन्वय उनके जीवन का प्रयत्नसाध्य कार्य नहीं है। जिस प्रकार एक सुसंगठित और शक्तिशाली देश के लिए उसकी स्वतंत्रता उसका एक स्वाभाविक लक्षण है उसी प्रकार जीवन में एक लक्ष्य लेकर चलने वाले व्यक्ति यह समन्वय एक स्वाभाविक प्रक्रिया के रूप में प्राप्त करते हैं। डॉ. बद्रीप्रसाद पंचोली के जीवन में यह समन्वय स्वत: ही सहज रूप में संपन्न हुआ है। उन्होंने कभी भी इस प्रकार के समन्वय की आवश्यकता अनुभव करते हुए उस ओर कोई प्रयत्न किया हो, ऐसा किसी को भी भान नहीं होता। वेद-चिंतन पर लिखी गई उनकी दस पुस्तकें उनके अध्ययन, मनन, चिंतन और विवेचन का प्रमाण तो हैं ही, उनके इस अध्ययन ने उनको स्वभावत: एक खोजी बना दिया है। वे शब्दों की अंतरात्मा तक पहुँचकर

लेखक अखिल भारतीय साहित्य परिषद्, राजस्थान के पूर्व प्रदेशाध्यक्ष एवं वरिष्ठ साहित्यकार हैं।
75/70, मानसरोवर, जयपुर (राज.)
मो. : 8764295011

उनकी शक्ति और उनके वास्तविक अर्थों के साथ हमारा साक्षात्कार कराते हैं। वेदों के प्रति उनकी आस्था अंधविश्वास पर नहीं, अध्ययन के ठोस धरातल पर अवस्थित है और इसी कारण वे संस्कृत के साथ गहराई से जुड़े रहे हैं। संस्कृत में एम.ए. करना या संस्कृत परिषद् का मंत्री बन जाना तो उनकी सहज मानसिकता और विचारधारा का सहज परिणाम है। संस्कृत और वेद के साथ उनका व्यक्तित्व रच-पच कर एक हो गया है। इसी एकरूपता ने उनके हिंदी-लेखन को औदात्त्य, वैष्णवी सत्त्वगुण और गंभीरता प्रदान की है। *ऋग्वेद, उपनिषद्* और *गीता* वे स्रोत हैं जहाँ से उनका व्यक्तित्व अपना जीवन-रस प्राप्त करता है। संस्कृत के प्रति उनकी निष्ठा उन्हें डॉ. फतहसिंह और सुरजनदास जी के निकट संपर्क में लाई। ज्ञान की गंभीर नींव पर खड़ा है उनका व्यक्तित्व। आर्य समाज के प्रति उनका लगाव उनकी भावुकता मात्र नहीं है। आज भी प्रतिदिन आर्य समाज के यज्ञों में उनके विचार सुने जा सकते हैं। आर्य समाज के शताब्दी वर्ष में अजमेर में किए गए कार्यक्रमों के पीछे सक्रिय रूप से व्यवस्था और कार्यक्रम संचालन उनके हाथों में कुछ इस प्रकार सुरक्षित था कि उस एकतंत्रात्मक नेतृत्व ने स्वत: ही लोकतंत्रात्मक रूप ग्रहण कर लिया था। आर्य समाज उनके लिए सामाजिक प्रतिष्ठा प्राप्त करने के लिए एक ओढ़ा हुआ लबादा न होकर, उनकी नस-नस में प्रवाहित होने वाला रक्त है। जहाँ तक कर्मक्षेत्र का प्रश्न है सामान्यत: बाह्य रूप से अंतर्मुखी दिखने वाला चेहरा पूरी तरह सामाजिक और गंभीरतापूर्ण ढंग से बहिर्मुखी है जो पूरी तरह सिद्धांतवादी होते हुए भी घर में बैठकर वेद, संस्कृत और भारत के प्राचीन इतिहास के गर्व में डूबा हुआ अतीतजीवी (Nostalgian) न होकर, वर्तमान से जूझता है, जो अपनी बात कह कर ही चुप नहीं हो जाता; वरन् कुछ करके दिखाता है। उनका गत 80 वर्ष का जीवन उनकी इस कर्मनिष्ठा का ही प्रत्यक्षीकरण है।

बाह्य रूप से उनका कर्मक्षेत्र उच्च शिक्षा और स्नातकोत्तर शिक्षण और अनुसंधान से जुड़ा रहा है। जीवन का अधिकतर भाग अजमेर के शासकीय महाविद्यालय से संबद्ध रहा है जो राजस्थान का सर्वश्रेष्ठ और आधुनिकतम महाविद्यालय माना जाता है और उसने एक विश्वविद्यालय का रूप धारण कर लिया है। शिक्षा की आधुनिकता से युक्त इस महाविद्यालय में लगभग आजीवन काम करते रहने के बावजूद (जो कि आजीविका के लिए अपरिहार्य भी था) उनके मन में गुरुकुल की शिक्षा-प्रणाली समाई हुई थी और उन्होंने इस आधुनिकता के बीच ही, आधुनिकता को अक्षुण्ण रखते हुए अपने घर को ही गुरुकुल का रूप दे दिया। यों उनके घर में रहने वाले सभी छात्र तकनीकी रूप से महाविद्यालय के ही छात्र थे; परंतु उनका घर उनके छात्रों का घर भी था। वे उनसे व्यक्तिगत रूप से इतने अधिक जुड़े हुए थे कि वे वहीं रहते, पढ़ते और सीखते थे। महाविद्यालय में हिंदी और संस्कृत के प्राध्यापक होने के कारण पंचोली जी लेखन से भी जुड़े हुए थे और लेखन के क्षेत्र की एक बड़ी व्यावहारिक समस्या से जूझ रहे थे। प्रकाशक लेखकों का शोषण कर रहे थे, लेखक के पास पैसा नहीं था। पुस्तक छपे तो कैसे छपे? जिन लोगों का उनके साथ थोड़ा-सा भी संबंध रहा है वे जानते हैं कि उन्होंने घर में ही एक प्रेस खोल रखा है। उन दिनों ऑफसैट प्रिंटिंग का नाम भी नहीं था। सारा काम ट्रेडिल से ही होता था। पंचोली जी ने अपने छात्रों को पढ़ाई के साथ-साथ कंपोजिंग और प्रूफ़ रीडिंग भी सिखायी और ऐसी व्यवस्था की कि सस्ते से सस्ते दामों में पुस्तक प्रकाशित हो सके और इस माध्यम से उन्होंने जिनकी पहली पुस्तक छापी आज वे विभूति के रूप में सिद्ध हुए है। डॉ. दयाकृष्ण 'विजय' और रघुराजसिंह हाड़ा जैसे साहित्यकारों को साहित्यकार सिद्ध करने और उन्हें प्रकाश में लाने का श्रेय पंचोली जी को ही है। पूरे राजस्थान में उनके द्वारा दर्जनों साहित्यकार सामने लाए गए। पुस्तक को कम से कम मूल्य पर उपलब्ध कराने का प्रयास उनका रहा। ऑफसैट प्रिंटिंग आने के बाद भी उनका ट्रेडिल प्रेस

चलता ही रहा। उनका पिता तुल्य स्नेह उनके घरेलू गुरुकुल को मिलता रहा। छात्रों के मन में उनके प्रति जो श्रद्धा और समर्पण का भाव है, वह वास्तविक है, औपचारिक नहीं हैं। उसमें कृतज्ञता का पूरा अंश है। दिखावा नहीं है। शोध-छात्रों में तो यह भाव और भी गहरा है। पैंतीस वर्ष के अध्यापन काल में हजारों की संख्या में आए छात्रों में प्रतिभाशाली छात्रों की कमी नहीं रही। श्री ओंकारसिंह लखावत जैसे राजनेता भी सीधे उनके चरण स्पर्श करते हैं।

उनका कर्म क्षेत्र केवल शिक्षा तक ही सीमित नहीं है। आयोजन करने की क्षमता भी उनमें अद्‌भुत है। सामान्यत: जब भी कोई आयोजन किया जाता है तो आयोजक पहले उसके आर्थिक पक्ष पर विचार करता है और उपलब्ध या संभावित राशि के आधार पर कार्यक्रम की रचना करता है। राशि के संभावित स्रोत पहले विचार कर विषय बनाते हैं। पंचोली जी का क्रम एकदम उलटा है। वे पहले कार्यक्रम बनाते हैं, वह जितना महत्त्वाकांक्षी हो सकता है, उसे उतना महत्त्वाकांक्षी रूप देते हैं। सभी को आवास, भोजन, संगोष्ठी के विषय और संचालन का काम बाँटते हैं। अंत में ढीला-ढाला अनुमानित व्यय मन में रखते हैं और यह कहकर उठ जाते हैं कि सब कुछ हो जायेगा। मेरे जैसे लोग अर्थ की चिंता में पड़ जाते हैं; परंतु उनके माथे पर बल नहीं पड़ता और अर्थ एकत्रीकरण की प्रक्रिया शुरू कर देते है। कभी-कभी दो-तीन घण्टे में और कभी दो-तीन दिन में व्यवस्था बैठ जाती है और जैसे ही अनुमानित राशि पूर्ण हो जाती है या व्यवस्था पूर्ण हो जाती हैं वे एकत्रीकरण बंद कर देते हैं। 'और अधिक इकट्ठा करके क्या करना है ?' यही उनका कथन हुआ करता है।

सन् 1995 की बात है, मैं 'अखिल भारतीय साहित्य परिषद्' का राष्ट्रीय संगठन मंत्री था और राजस्थान को तीन प्रांतों में बाँटकर तीन प्रदेशाध्यक्षों के नेतृत्व में तीन प्रांतीय कार्यकारिणियों की रचना करनी थी। मा. सोहन सिंह जी उस बैठक में रहने वाले थे। तीनों प्रांतों के सदस्यों की सम्मिलित बैठक अजमेर में तय की गई थी। कोष के नाम पर संस्था के पास एक पैसा भी नहीं था। कार्यक्रम का स्थल तय करके सदस्यों के ठहरने और भोजनादि की व्यवस्था करनी थी। सर्दी के कारण स्नान के लिए गर्म पानी की भी व्यवस्था अपेक्षित थी। संभाग प्रचारक शंकर जी से कोई उम्मीद नहीं थी। अत: मैं अपने बचपन के मित्र और क्षेत्र कार्यवाह पुरुषोत्तम जी परांजपे के पास पहुँचा। उन्होंने अपने प्रभाव का उपयोग कर महाराष्ट्र भवन का स्थान निश्चित कराया। किराया 1000 रु. के स्थान पर 500 रु. स्वीकार कर लिया गया। मैंने उनके साथ जाकर स्थान देखा और सभी को रात्रि को वहीं ठहराने तथा प्रात:काल कार्यक्रम वहीं कराने का निर्णय लिया। बात पक्की करने के लिए 500 रु. अपनी जेब से जमा कराए; परंतु संकोचवश व्यय की शेष राशि के विषय में मैं उनसे कुछ भी कह न सका। कुल मिलाकर लगभग चार हजार का व्यय था। मैं पंचोली जी के पास पहुँचा और अपनी समस्या सामने रखी। बोले, 'चलो अभी चलते हैं, सब हो जाएगा।' साथ चल पड़े और दो-तीन घंटे में चार हजार की व्यवस्था हो गई। उस राशि में से उन्होंने सबसे पहला जो व्यय किया वह था मेरे द्वारा महाराष्ट्र भवन के लिए जमा किए गए मेरे 500 रु. मुझे देना। उनकी व्यवहार कुशलता से मुझे प्रभावित होना ही था। इस संग्रह में हमारे साथ बी.एड. कॉलेज के प्रिंसिपल डॉ. सक्सेना भी थे। पंचोली जी हमें एक दुकान पर ले गए। उस दुकान का संचालन 40-45 वर्ष का एक युवक कर रहा था। मुझे कुछ पहचाना-सा लगा। वह तुरंत उठा और हम तीनों को आदरपूर्वक प्रणाम करके बिठाया और बताया कि आपातकाल के बाद पारीक कॉलेज जयपुर O.T.C. में उसका प्रथम वर्ष का शिक्षण हुआ था। मैं उस O.T.C. के बौद्धिक विभाग में नियुक्त था अत: वह मुझे और मेरे नाम को संघ के एक अधिकारी के रूप में जानता था। उसने हम दोनों के सामने हाथ जोड़ कर पूछा, 'कैसे पधारना हुआ ? क्या सेवा करूँ ?' पंचोली जी ने उद्देश्य बताया और उसने कहा

'मैं एक हजार रुपये दे दूँगा; परंतु इस प्रकार का लेन-देन दादाजी ही करते है अत: आप सायंकाल छह बजे किसी को भेज दें, राशि मिल जाएगी।' मेरा अनुमान है कि उसके दादाजी ने राशि देने के वायदे पर अवश्य ही झल्लाहट और नाराजगी व्यक्त की होगी। परिणाम यह हुआ कि शाम को जब डॉ. सक्सेना को वहाँ भेजा गया तो दादाजी ने एक हजार रुपये की अठन्नियाँ और चवन्नियाँ सामने रख दीं और कहा, एक हजार रुपये हैं ले जाइए। डॉ. सक्सेना खीझे, मुड़मुड़ाए और बिना गिने पोटली बाँध कर, लाकर मेरे सामने झल्लाहट भरे स्वर में पटक दी और कहा, 'हमें देने के लिए उनके पास अठन्नियाँ और चवन्नियाँ ही रह गई थीं? बिना गिने ले आया हूँ। गिन लीजिए।' पंचोली जी ने चुटकी लेते हुए कहा, 'लड्डू टेढ़ा हो तो भी मीठा तो होता ही है। हजार रुपये तो मिल गए न।' तात्पर्य यह कि किसी भी कार्यक्रम को करते समय वे अर्थ की चिंता करते नहीं देखे गए। पेंट और बुशर्ट पहने हुए (सर्दी में भी मैंने उन्हें कभी स्वेटर भी पहने नहीं देखा) यह फकीराना ठाठ उनके व्यक्तित्व का महत्त्वपूर्ण अंग है।

इसी प्रकार का एक अन्य उदाहरण। अखिल भारतीय साहित्य परिषद् की राष्ट्रीय कार्यकारिणी की 2010 की रुड़की की बैठक में मार्च में यह तय किया गया कि परिषद का 13वाँ राष्ट्रीय अधिवेशन अजमेर में किया जाए और डॉ. बद्रीप्रसाद पंचोली उसके संयोजक तथा व्यवस्थाओं के केन्द्र-बिन्दु रहेंगे। पूरे भारत में सूचना प्रसारित करने के पूर्व आदत और प्रथा के अनुसार राष्ट्रीय सहसंगठन मंत्री श्रीधर जी पराडकर (जो अब राष्ट्रीय संगठन मंत्री हैं) ने पूर्व सूचना देकर अजमेर का प्रवास किया जिससे व्यवस्थाओं का अवलोकन कर इस पक्ष की ओर से निश्चित हुआ जा सके। चार सौ प्रतिनिधियों के ठहरने, सोने के लिए 400 शय्याओं और भोजनादि के साथ कार्यक्रम-स्थल की व्यवस्थाओं पर दृष्टिपात करना उन्हें आवश्यक लगा। एक तो यही बात पराडकर जी को अखरी कि सूचना देने पर भी पंचोली जी द्वारा कार्यक्रम आयोजन जैसी तत्परता और सन्नद्धता का भी कोई अहसास उन्हें वहाँ नहीं हुआ। क्योंकि पंचोली जी का स्वभाव है कि ऐन वक्त पर वे सारी व्यवस्थाएँ तुरंत जमा लेते हैं। अत: पराडकर जी को केवल वह स्थान दिखाया गया जहाँ मुख्य कार्यक्रम होना था। उन्होंने निष्कर्ष निकाला कि पंचोली जी उतनी व्यवस्थाएँ नहीं कर पाएंगे जो अधिवेशन के लिए आवश्यक हैं। अत: उन्होंने अजमेर से वापस आकर कार्यकर्ताओं से सलाह करके अधिवेशन का स्थान गुजरात का भुज नगर तय कर दिया। अधिवेशन की तिथि आगे बढ़ाकर 8-9 जनवरी, 2011 कर दी गई और डॉ. बलवंत जानी पर व्यवस्थाओं का सारा भार डाल दिया। तदनुसार सूचना प्रसारित कर दी गई। यह सारा प्रकरण सीधे-सीधे पंचोली जी के आत्मसम्मान और अधिवेशन करा सकने की अक्षमता से जुड़ गया। प्रतिक्रिया होना स्वाभाविक था। उन्होंने तुरंत यह निर्णय लिया कि राष्ट्रीय अधिवेशन भले ही भुज में हो; परंतु उसके पहले स्थानीय साहित्य परिषद् के तत्त्वावधान में एक अखिल भारतीय सर्वभाषा साहित्यकार कुंभ का आयोजन अजमेर में किया जायेगा जिसका अखिल स्तर राष्ट्रीय अधिवेशन के स्तर से किसी भी प्रकार से कम नहीं होगा। और ऐसा हुआ भी। इस कुंभ में साहित्यकारों की उपस्थिति, उसकी अखिल भारतीय प्रकृति, गोष्ठियों और चर्चाओं का सारस्वत स्तर, ठहरने और भोजनादि की व्यवस्थाएँ सभी कुछ पर पंचोली जी के व्यक्तित्व की छाप थी। उनके छात्रों का एक बहुत बड़ा समूह निष्ठा के साथ काम में जुटा हुआ था। नगरपालिका के अध्यक्ष तथा सभी महत्त्वपूर्ण सरकारी पदों पर पग-पग पर उनके छात्र बैठे हुए थे। इसके उपरांत एक स्मारिका का भी प्रकाशन हुआ।

इस कार्यक्रम से उनके व्यक्तित्व की दो विशेषताएँ उजागर होती हैं। एक तो यह कि अधिवेशन के स्थान परिवर्तन और उनकी आयोजन-अक्षमता को लेकर उनके अंदर किसी भी प्रकार की नकारात्मक प्रतिक्रिया नहीं हुई।

प्रतिक्रिया सकारात्मक और प्रतिस्पर्द्धात्मक थी जिसने वास्तव में ही अखिल भारतीय साहित्यकार कुंभ को साकार रूप देकर साहित्य परिषद् की प्रतिष्ठा को बढ़ाया। ऐसी सकारात्मक प्रतिक्रिया जिस सक्रियता और सात्त्विकता को जन्म देती है वह आज के युग में दुर्लभ है। दूसरी विशेषता यह सामने आती है कि यद्यपि संघ के संस्कारों में दीक्षित परिषद् में कार्यकर्ताओं की सजगता, छोटी से छोटी व्यवस्था, कठिनाइयों का पूर्व आकलन, उसका हल तथा कार्य का सुनिश्चित विभाजन और एकसूत्रता में आबद्ध विकेंद्रीकरण सभी कुछ अपनी जगह उचित है और होना भी चाहिए अत: स्थान-परिवर्तन का निर्णय सही माना जा सकता है; परंतु अजमेर में इस साहित्यकार महाकुंभ ने यह सिद्ध किया कि 'कबीर ठाठ फकीराना' की विधि से भी व्यक्तित्व की गरिमा और दृढ़ निश्चय के आधार पर भी बड़े से बड़े कार्यक्रम किए जा सकते हैं। यह शैली किसी संस्था के लिए भले ही अस्वीकार्य हो; परंतु यह आयोजन पंचोली जी के व्यक्तित्व की प्रखरता, उनके व्यापक सामाजिक प्रभाव और आत्मसम्मान के प्रति उनकी सजगता को सिद्ध करता है।

बाबू गुलाबराय ने अपने बारे में लिखा है कि न तो मैं खाने के लिए जीता हूँ और न ही मात्र जीने के लिए खाता हूँ वरन् मेरे लिए जीवन के अनेक उपयोगों में से एक उपयोग अच्छा भोजन करना भी है। वे व्रत भी इसीलिए करते हैं कि उस दिन अच्छा-अच्छा खाने को मिलता है। बड़ा ही सुंदर और सन्तुलित दृष्टिकोण था उनका भोजन के प्रति। परंतु डॉ. बद्रीप्रसाद पंचोली के जीवन में भोजन के प्रति एक भिन्न प्रकार का आनंदवादी दृष्टिकोण मिलता है और वह यह है कि घर आए मेहमान को भोजन कराने में उनको जो आनन्द मिलता है वह जिह्वा के स्वाद से अलग ही प्रकार का आनंद है। यद्यपि उनके द्वारा परोसे गए भोजन में समृद्धि की कोई कमी नहीं होती; परंतु पंचोली जी की आत्मीयतापूर्ण वाणी और आग्रह से मेहमान को पूर्ण तृप्ति का अनुभव होता है। यह मेरा मात्र व्यक्तिगत अनुभव नहीं है, उनके घर जाने वाले प्रत्येक व्यक्ति का अनुभव है। वह उसे भोजन किए बिना जाने ही नही देना चाहते। इसका अर्थ यह नहीं है कि आप इसी का अनुभव लेने के लिए उनके घर पहुँच जाएँ।

एक अन्य बिन्दु जो उनके जीवन और तर्कशक्ति को प्रभावित करता है वह है उनकी स्मरण-शक्ति। जिन छोटी-छोटी बातों को पढ़कर उन्हें महत्त्वहीन समझकर भूल जाते हैं, वे उनकी तह में जाकर उसे अपनी चेतना में आत्मसात् कर लेते हैं और उचित तथा आवश्यक अवसर पर उसको व्यक्त करते है। संभवत: 2009 की बात है, मैं साहित्य परिषद् के एक प्रांत स्तरीय कार्यक्रम में प्रदेशाध्यक्ष के नाते भाषण दे रहा था। भाषण में मैंने दिनकर के ग्रंथ *संस्कृति के चार अध्याय* की तीखी आलोचना की थी। जब पंचोली जी ने भाषण दिया तो याद दिलाया कि दिनकर जी की इस पुस्तक से चिढ़कर ही किशोरीदास वाजपेयी को *संस्कृति का पाँचवाँ अध्याय* लिखना पड़ा था। भाषण करते समय मेरे ध्यान में यह बात नहीं आई। किशोरीदास वाजपेयी को द्वितीय विश्व हिंदी सम्मेलन में सम्मानित करने हेतु जब मंच पर आमंत्रित किया गया, इंदिरा गांधी पुष्प गुच्छ और शॉल लिए सम्मानित करने के लिए तैयार खड़ी थीं; परंतु वाजपेयी जी अपनी जगह से उठकर भी खड़े नहीं हुए। उनको टस से मस भी न होते देख इंदिरा गांधी स्वयं मंच से नीचे उतरकर आईं और उनके पास पहुँची तब वे कुर्सी से उठकर खड़े हुए और सम्मानित किए गए। ऐसे व्यक्ति के लेखन का महत्त्व मैं नहीं समझ सका, यह अनुभव मुझे उस दिन हुआ। किस साहित्यकार ने किस साहित्यकार को किस पत्र में क्या लिखा, किस साहित्यकार की प्रथम कृति कब और किन कठिनाइयों में प्रकाशित हुई, किस अधिवेशन में भले ही छोटी हो, क्या महत्त्वपूर्ण घटना घटित हुई यह सभी कुछ उनकी स्मरण शक्ति चमत्कृत रूप से उचित अवसर पर प्रस्तुत करती है। सबसे बड़ी बात यह है कि रामचंद्र शुक्ल और

डॉ. नगेंद्र के *हिंदी साहित्य के इतिहास* तो उनके लिए कक्षा में पढ़ाने के विषय हैं; परंतु अपने परिवेश के प्रति सजगता, आस-पास के लेखक, कवि और साहित्यकार के प्रति जानकारी पंचोली जी को लोकप्रिय तो बनाती ही है, साथ ही, अपने से जुड़े लेखकों को यह संदेश भी देती है कि केवल इतिहास की जानकारी ही पर्याप्त नहीं है, अपने आस-पास के वातावरण और साहित्यिकता को समझो और वर्तमान में जिओ। आधुनिकता के विकृत रूप से उनका कोई संबंध नहीं है; परंतु वे वर्तमान साहित्यिक प्रगति के साथ कदम-कदम मिलाकर चलते हैं। आधुनिक विकृतियों का एक बहुत बड़ा कारण वे शब्दों के अर्थों को उचित रूप में न समझना भी मानते हैं अत: उनके आजकल के भाषणों में कुछ न कुछ शब्दों में मूल अर्थों की व्याख्या रहा करती है। संस्कृत का व्याकरण-ज्ञान इसमें उनकी सहायता करता है। उनकी मनोवृत्ति में घृणा किसी के प्रति नहीं है। सभी का भारतीयकरण कर लेने की उनकी क्षमता अद्‌भुत है। अपने वचन का पालन करने की तत्परता इतनी अधिक है कि यदि आने का वायदा किया है तो बैलगाड़ी से लेकर हवाई जहाज तक जो भी साधन उपलब्ध होगा उसका उपयोग करके पहुँचेंगे अवश्य। यों प्रत्येक महत्त्वपूर्ण साहित्यिक कार्यक्रम में उनकी उपस्थिति देखी जा सकती है। मंच पर बैठने की कोई लालसा उनमें कभी दिखाई नहीं पड़ी, न ही अपनी उपस्थिति को रेखांकित करने की प्रवृत्ति उनमें है। अधिकतर स्थानों पर तो मंच से ही उनकी उपस्थिति का अहसास कराया जाता है।

एक व्यक्तिगत अनुभव—जो शायद अन्य बहुत से महानुभावों का भी हो—की चर्चा करके मैं अपनी बात समाप्त करना चाहूँगा। अनेक प्रकार के अखिल भारतीय पुरस्कारों और प्रतियोगिताओं का आयोजक होने के कारण मुझे निर्णायकों की एक ऐसी लंबी सूची रखनी पड़ती है जो कृतियों को पढ़कर निश्चित अवधि में उनकी श्रेष्ठता का निर्धारण कर परिणाम घोषित करने में सहायक हों। इस कार्य के लिए व्यस्तता के बीच समय निकाल कर Quick and correct judgement की आवश्यकता होती है। अन्य निर्णायकों को निर्धारित तिथि के बाद भी तीन-तीन बार फोन करने पर अंक प्राप्त होते हैं। वहाँ पंचोली जी का निर्णय निश्चित अवधि में प्राप्त होता है। वे कृति को पढ़ते हैं, मात्र पन्ने नहीं उलटते। उनका निर्णय अन्य निर्णयों से थोड़ा बहुत ही इधर-उधर होता है; परंतु पूर्णत: आश्वस्तकारी होता है। ऐसे कार्यों से जो भी कुछ थोड़ा बहुत धन मिलता है वे उसका उपयोग व्यक्तिगत कार्यों में न करके कुछ निश्चित सार्वजनिक कार्यों में करते हैं।

और अंत में, केवल इतना ही कि मेरे सामने रखी उनके द्वारा रचित 150 ग्रंथों की सूची, उनके शोध, शिक्षण, सामाजिक-सांस्कृतिक-साहित्यिक कार्यों, प्राप्त सम्मानों और पुरस्कारों का विस्तृत वर्णन डॉ. बद्रीप्रसाद पंचोली को समझने के लिए पर्याप्त नहीं है। 'हिन्दू तन-मन, हिंदू जीवन, रग-रग हिंदू जिसका परिचय' वाले इस व्यक्ति को समझने के लिए इसके अंत:करण में प्रविष्ट होने की आवश्यकता है, इसके साथ सत्संग करने की आवश्यकता है। अस्सी वर्ष पूर्ण कर 81वें वर्ष में प्रवेश करने के उपलक्ष में मेरी शुभकामनाएँ और ईश्वर से गंभीर रूप से यह प्रार्थना कि आगामी कम से कम बीस वर्षों तक उनको किए गए फोन पर हमें उनका गंभीर और गरिमामय शब्द सुनाई देता रहे —'वंदे मातरम्'।

❖❖❖

निष्काम कर्मयोगी

श्वेताश्व सिंह

सन 1968 में सिंधुलिपि के रहस्योद्घाटक, वेदमर्मज्ञ मेरे पिता डॉ. फतहसिंह जी के आभामंडल को विस्तार देने वाले शिष्यों में डॉ. बद्रीप्रसाद पंचोली जी का नाम सर्वोपरि है। अपने शिष्यों को पुत्रवत् स्नेह और संरक्षण प्रदान कर उन्होंने न केवल अपनी आचार्य परंपरा को आगे बढ़ाया, अपितु स्वयं को ऋषिऋण से भी मुक्त कर आज के शिक्षक समुदाय के लिए जीवंत उदाहरण प्रस्तुत किया है। उनके भाषणों में अपने गुरु के प्रति लहराता हुआ अथाह श्रद्धा का सागर जहाँ आधुनिक शिक्षकों को आचार्य बनने की प्रेरणा देता है वहीं विद्यार्थियों को भी कृतज्ञ शिष्य बनना सिखाता है। आपके संरक्षकत्व में ग्लोबल सिनर्जी समिति ने डॉ. फतहसिंह जी के जन्म-शताब्दी वर्ष 2013-14 को उनकी कर्मभूमि रहे राजस्थान के कोटा, जयपुर, अजमेर, ब्यावर शहरों में, उनके नए और पुराने शिष्यों के सान्निध्य में मनाया और समापन डॉ. फतहसिंह जी की जन्मभूमि ग्राम - भदेंग कंजा, जिला-पीलीभीत, उत्तर प्रदेश में किया गया। समापन कार्यक्रम को भदेंग में ही सम्पन्न होना चाहिए यह अनूठी संकल्पना अस्सीवें दशक में प्रवेश कर रहे उस शिष्य की थी जो जहाँ एक ओर अपने शिष्यवृंद को अपने महान् गुरु की पवित्र जन्मभूमि का दर्शन करवाना चाहते थे, वहीं दूसरी ओर ग्रामवासियों के समक्ष कृतज्ञ श्रद्धांजलि अर्पित कर उनमें भी स्वत्व बोध भावना जाग्रत करवाना चाहते थे।

वेदग्रुप से संस्कृत में एम.ए. करने के उपरांत आपने हिंदी साहित्य में एम.ए. किया और *वेद में गोतत्त्व* विषय पर पी-एच.डी. की उपाधि प्राप्त की। जीविकोपार्जन के लिए राजस्थान के महाविद्यालयों में हिंदी भाषा के शिक्षण के साथ-साथ, उन्होंने अपने ग्रंथों में गुरु के वेद-संबंधी आध्यात्मिक विचारों का पल्लवन किया और वेदमंत्रों में व्यक्तिगत साधना तथा सामाजिक व्यवहार के विचारों का सरल भाषा में अनेक ग्रंथों का प्रणयन कर सामान्यजन के लिए वेद को सुबोध बना दिया, यही तो गुरु की इच्छा थी और एक शिष्य की ओर से अपने महान् आचार्य के लिए अनूठी गुरुदक्षिणा है। प्रारंभ में हमारी संस्कृत-शिक्षा के शिक्षक और बाद में परिवार ने बड़े भाई के रूप में प्रतिष्ठापित पंचोली जी अत्यंत कर्मठ स्वभाव के व्यक्ति रहे हैं। कोटा से दूर खानपुर गाँव के निवासी बद्रीप्रसाद जी कॉलेज शिक्षा ग्रहण करने कोटा शहर में आए। कॉलेज की फीस जमा कराने में असमर्थ होने के कारण उन्होंने कक्षा

लेखक डॉ. पंचोली के गुरु डॉ. फतहसिंह जी के सुपुत्र हैं।
ग्राम - भदेंग कंजा, जिला - पीलीभीत (उ.प्र.)
मो. : 09837030729

में जाना बंद कर दिया। कुछ दिन बाद किसी साथी ने सूचना दी कि तुम्हारी तो फीस जमा हो गई है, फिर तुम कक्षा में क्यों नहीं आते? वास्तविकता जाँचने के लिये पंचोली जी अगले दिन सुबह कक्षा में पहुँचे तो प्राध्यापक द्वारा उनका नाम बोला जा रहा था। ऑफिस में पूछने पर पता चला कि उनकी फीस वाइस प्रिंसीपल डॉ. फतहसिंह जी (जो कि हिंदी और संस्कृत के प्रोफेसर थे) के द्वारा जमा करवाई गई है। 'कृतज्ञता और संकोच में डूबा हुआ जब मैं डॉ. साहब के पास पहुँचा तो उन्होंने कहा कि बद्रीप्रसाद शाम को घर पर आकर बच्चों को संस्कृत पढ़ाओ' (यह घटना और वाक्य पंचोली जी के मुख से उनके सभी शिष्यों ने सुना होगा)। इस प्रकार शिष्य बद्रीप्रसाद को सम्मानपूर्वक अध्ययन करने का तरीका सिखा दिया आचार्य ने और अपने जरूरतमंद विद्यार्थियों की हर संभव सहायता कर इसी परंपरा का निर्वहन पंचोली जी आज तक कर रहे हैं।

अगले दिन शाम को पंचोली जी से मेरा और मेरी छोटी बहन श्रद्धा का परिचय करवाया गया कि ये तुम्हारे मास्टर साहब हैं और आज से ये तुम्हें संस्कृत पढ़ाएंगे, यद्यपि संस्कृत हमारे पाठ्यक्रम में नहीं थी। शाम का समय हमारे खेलने का होता था। मैं अपनी बहन के साथ अपने खाली प्लॉट में मिट्टी के किले बनाया करता था। उस समय को पढ़ाई में गँवाना और अपने बड़े भाई की आयु के समकक्ष मास्टर से पढ़ना मुझे बिलकुल मंजूर नहीं था। इसलिए मास्टर साहब के आने के पूर्व मैं चुपचाप से घर के पिछवाड़े वाले प्लॉट में खिसक गया। मास्टर साहब आए और मेरे बारे में पूछा तो मेरी बहन उन्हें वहीं ले आई जहाँ हमारे द्वारा किले का निर्माण किया जा रहा था। पंचोली जी वहीं मिट्टी के ढेर पर बैठ गए और किले के बुर्ज बनाने में सहयोग करते हुए महाराणा प्रताप के बचपन की कहानी सुनाने लगे कि कैसे प्रताप ने अपने गुरु के पास अस्त्र-शस्त्र की विद्या के साथ साथ संस्कृत भाषा का भी ज्ञान प्राप्त किया था। इस प्रकार प्रतिदिन कहानियों के रस में लपेट कर बातों ही बातों में उन्होंने पाणिनि के माहेश्वर और संधि सूत्र हमें याद करवा दिए। लेकिन यह क्रम अधिक दिन नहीं चला, सन 1956 में पिताजी का कोटा से स्थानान्तरण प्रिंसीपल, राजकीय महाविद्यालय, श्रीगंगानगर के पद पर हो गया। माताजी और पिताजी मुझे और मेरी दोनों बहनों को लेकर गंगानगर चले गए। हमारे बड़े भाई रोहिताश्व जी (जो कि उस समय हर्बर्ट कॉलेज कोटा में बी.एससी. कर रहे थे) को मास्टर साहब और उनकी धर्मपत्नी कमला भाभीजी के संरक्षकत्व में कोटा रखा गया। उस समय हमारे मकान में पिताजी के एक अन्य शिष्य जगद्‌बहादुरसिंह जी और संस्कृत के प्रोफेसर स्वामी सुरजनदास जी भी निवास कर रहे थे। हमारी माताजी बताती थीं कि बड़ी कर्मठता, सजगता और अपनत्व के साथ उन्होंने न केवल भाई साहब अपितु अन्य दोनों के भोजन आदि का प्रबंध किया और हमारी गाय नंदिनी की सेवा भी की। संवेदनहीनता के इस युग में यह आत्मीयता और कर्त्तव्यनिष्ठा प्रत्येक जन के लिए अनुकरणीय है।

जीवन के 81वें वर्ष में भी वे संस्कृत और हिंदी-भाषा, वेद, मनुष्य, समाज और राष्ट्र के प्रति समर्पित भाव से कर्त्तव्य कर रहे हैं। अर्थ की दृष्टि से रिक्तपाणि होते हुए भी वेद के विचारों को हिंदी भाषा के माध्यम से जन-जन तक पहुँचाने के लिए प्रति वर्ष वेद सम्मेलन का आयोजन करना केवल पंचोली जी के बस की ही बात है। उनके शिष्य लोग जब यह कहते कि गुरु जी पैसा तो हाथ में है ही नहीं, इतना बड़ा आयोजन कैसे होगा? तो वे कहते हैं 'सब प्रबंध हो जायेगा आप लोग तो कार्य में जुट जाओ।' इतनी विषम परिस्थितियों के होते हुए भी मेरे मास्टर साहब अपने गुरुवर को सतत गुरु दक्षिणा देते हुए वेदमाता की आराधना में लगे हुए हैं। ईश्वर से प्रार्थना है कि जब मैं अगला जन्म लूँ तो मास्टर साहब मुझे अष्टाध्यायी के अगले सूत्र पढ़ाएँ।

❖❖❖

बहुस्पर्शी व्यक्तित्व

डॉ. दिनेश प्रताप सिंह

भारत भूमि ऋषियों की भूमि है। ऋषि चिंतन–परंपरा में यह मान्यता है कि प्रत्येक व्यक्ति का जन्म ईश्वर द्वारा निर्धारित किए गए कार्य को पूरा करने के लिए इस धरा पर होता है। वह व्यक्ति अपना संपूर्ण जीवन उसी कार्य को पूरा करने में लगा देता है। हरेक व्यक्ति के जन्म के पीछे कोई न कोई कारण अवश्य होता है। परमात्मा के इसी नियम के अंतर्गत महापुरुष भी जन्म लेते हैं और सामान्य जीवन व्यतीत करते हुए सफलता प्राप्त करते हैं। प्राप्त संस्कार और संसाधनों के द्वारा अपने जीवन का उद्देश्य वे पूर्ण करते हैं। इसीलिए वे महान् कहे जाते हैं। किसी भी महान व्यक्ति का जन्म चाहे जिस कालखंड में हुआ हो, उनके समय में देशकाल की परिस्थिति चाहे जैसी रही हो, सभी महान् व्यक्तियों में कुछ बातें समान रूप से दिखाई देती हैं। वे कष्टमय जीवन व्यतीत करते हुए भी मानव जाति के कल्याण की चिंता करते हैं। समाज को एक नया मार्ग दिखाते हैं। अपनी इच्छाशक्ति और अनुग्रह से समाज के प्राणियों को ज्ञान प्रदान करते हैं। नैसर्गिक रूप से असीमित सामर्थ्य होने के बावजूद सामान्य व्यक्ति की तरह जीवनयापन करते हैं। वे सदैव कर्मशील रहते हैं और सबसे महत्त्वपूर्ण यह है कि तत्कालीन परिस्थितियों के परिप्रेक्ष्य में सास्वत जीवन मूल्यों के महत्त्व को परिभाषित करते हैं। डॉ. बद्रीप्रसाद पंचोली जी के जीवन में भी ये सभी बातें स्पष्ट रूप से दिखाई देती हैं।

डॉ. बद्रीप्रसाद पंचोली जी के राजस्थान की भूमि पर जन्म लेने की आवश्यकता तथा उनके जीवनकार्य के आशय को समझने के लिए सबसे पहले उस भावभूमि पर विचार करना होगा, जिस पर उनका शिक्षा जगत् में आविर्भाव हुआ। डॉ. पंचोली जी ने शिक्षक के रूप में जिस समय अपना कार्य प्रारंभ किया, वह संक्रमण काल था। देश स्वतंत्र हो गया था। हरेक क्षेत्र में नए कार्य प्रारंभ हो रहे थे। शिक्षा के क्षेत्र में नए विषय और पाठ्यसामग्री निर्धारित की जा रही थी। शासन–प्रशासन के कर्ताधर्ता देश को भौतिक संसाधनों से संपन्न बनाने की नीति गढ़ने में लगे थे। आर्थिक उन्नति के सारे उपक्रम किए जा रहे थे। विज्ञान के माध्यम से मनुष्य को सब कुछ पाने में समर्थ बताया जा रहा था। विज्ञान और तकनीक को मनुष्य की प्रत्येक इच्छा को पूर्ण करने में सक्षम बताया जाने लगा था। इसका परिणाम यह दिखाई देने लगा कि भारतीय आध्यात्मिक ऋषि चिंतन को अनदेखा किया जाने लगा। दूसरे

लेखक अ.भा.सा.प., महाराष्ट्र के महामंत्री एवं राष्ट्रीय स्तर की कई पुस्तकों के रचयिता हैं।
401, नर्मदा, विजयबाग, मुरबाड रोड, कल्याण (प.) ठाणे 421301 (महाराष्ट्र)
मो. : 09869240572

शब्दों में कहा जाए तो वेद, *पुराण, उपनिषद, स्मृति, रामायण, महाभारत,* दर्शन इत्यादि का प्रयोजन ही समाप्त हुआ माना जाने लगा। ऐसी परिस्थिति में पश्चिमी जगत् के विज्ञान के प्रभाव और भौतिक जीवन की आकांक्षा से भारत भी अछूता नहीं रह सका। उसी कालखंड में एक अलग चिंतन और विचारधारा शिक्षित नवयुवकों की थी, जो विज्ञान के चमत्कारों से प्रभावित भले नहीं थे, किंतु समाज की दुर्दशा, शिक्षा-पद्धति, जीवनमूल्यों में ह्रास से दुःखी और चिंतित अवश्य थे। उस समय एक ऐसी गैर भारतीय विचारधारा प्रभावी रूप से अपनी जड़ जमा रही थी, जो भारतीय-संस्कृति, आध्यात्मिक-परंपरा, मानव मूल्य, जीवन में स्थापित नैतिकता को हीन और अनावश्यक सिद्ध करने में जुटी थी। पारिवारिक जीवन-पद्धति, विवाह-संस्था, यज्ञ-अनुष्ठान इत्यादि को अमान्य कर रही थी। वह विचारधारा शिक्षा में आमूल-चूल परिवर्तन की पक्षधर थी। उसके आदर्श राम और कृष्ण जैसे उदात्त महापुरुष नहीं थे। ऐसी परिस्थिति में विभिन्न विचारधाराओं के दलदल से समाज को निकाल कर एक नए मार्ग पर आगे ले चलने का सामर्थ्य रखने वाले महान् व्यक्ति की आवश्यकता जान पड़ने लगी थी। ऐसी भावभूमि पर डॉ. बद्रीप्रसाद पंचोली का पदार्पण समाजकार्य में हुआ।

स्वामी विवेकानंद, स्वामी दयानंद सरस्वती, रामकृष्ण परमहंस, डॉ. बाबा साहब अंबेडर, डॉ. केशव बलीराम हेडगेवार इत्यादि अनेक महापुरुषों ने एक ही दिशा में चिंतन-मनन करके कार्य किया था। इन सबके कार्यों का प्रभाव डॉ. पंचोली जी के जीवन पर पड़ा, परंतु वे सबसे अधिक स्वामी दयानंद सरस्वती और उनके द्वारा स्थापित आर्य समाज से प्रभावित हैं। स्वामी जी के आह्वान 'वेदों की ओर लौटो' को उन्होंने अपने जीवन का मूलमंत्र मान लिया और उसी के माध्यम से समाज कार्य को एक नई दिशा देने में जुट गए। इनके जीवन पर अजमेर में 'वेद संस्थान' की स्थापना करने वाले और अपने जीवन के पचपन वर्ष वेद-प्रचार में लगाने वाले स्वामी विद्यानंद विदेह का प्रभाव स्पष्ट रूप से पड़ा। डॉ. बद्रीप्रसाद पंचोली जी ने एक शिक्षक के रूप में राजकीय महाविद्यालय, किशनगढ़ और अजमेर में सेवारत रहते हुए *ऋग्वेद में गोतत्त्व* पर शोध प्रबंध प्रस्तुत किया और 'लोके वेदे च' सूत्र को आधार मानकर लोक एवं वेद की समन्वित दृष्टि विकसित की। *श्रुति मंगला, वेदानुचिंतन, जीवन शतपथ, गीता नवनीत, उपनिषन्नवनीत, श्रुति संदीपनी* इत्यादि ग्रंथ और एक हजार से अधिक लेख लिखकर सामाजिक जीवन के माध्यम से वेद-चिंतन का विस्तार करते हुए साहित्य जगत् में कार्य कर रहे साहित्यकारों को लेखन का नया पथ दिखाया। 'राष्ट्रीय वेद सम्मेलन' का प्रतिवर्ष आयोजन करके वे उसी ऋषि-परंपरा को पुष्ट करने में लगे हैं, जिसे हमारे पूर्वजों ने दुनिया को आध्यात्मिक उन्नति के लिए शुरू किया था।

डॉ. बद्रीप्रसाद पंचोली जी से मेरा प्रत्यक्ष परिचय पहली बार तब हुआ, जब वे अकादमिक कार्यों से अवकाश प्राप्त करके एक निष्ठावान् कार्यकर्ता की भाँति देश भर के आस्थावान साहित्यकारों को एकजुट करने का कार्य कर रहे थे। वर्ष 2005 में गुजरात के राजकोट में 'अखिल भारतीय साहित्य परिषद्' का राष्ट्रीय अधिवेशन था। पहली बार मैं भी साहित्य परिषद् के आयोजन में भाग ले रहा था। अधिवेशन के दूसरे दिन साहित्यकारों की ओर से प्रस्ताव पारित किए जाने थे। उस समय डॉ. पंचोली जी और डॉ. देवेंद्र दीपक जी चाय पान के समय किसी विषय पर चर्चा कर रहे थे। उन्हें देखकर मेरे मित्र डॉ. रवि प्रकाश टेकचंदानी दोनों की ओर बढ़े। मैं भी साथ-साथ था। समीप पहुँचकर प्रणाम करते हुए मैंने भी अपना परिचय दिया तो डॉ. पंचोली जी ने डॉ. देवेंद्र दीपक जी से कहा, 'राष्ट्रगान वाला प्रस्ताव इन दोनों युवा साहित्यकारों से प्रस्तुत कराया जाए।' उस समय तक मेरी समझ में कुछ नहीं आया, किंतु जब विस्तार से डॉ. पंचोली जी ने घटना पर प्रकाश डाला तो मैं तुरंत तैयार हो गया। बात यह थी कि

तत्कालीन केंद्र की कांग्रेस नीत सरकार राष्ट्रगान से 'सिंध' शब्द (पंजाब, सिंध, गुजरात, मराठा) हटाने का मसौदा प्रस्तुत करने वाली थी। इसकी चर्चा देशभर के संचार माध्यमों में चल रही थी। इसका विरोध करते हुए अखिल भारतीय साहित्य परिषद् ऐसा प्रस्ताव पारित करके भारत सरकार के पास भेजना चाहती थी। डॉ. रवि प्रकाश टेकचंदानी ने प्रस्ताव प्रस्तुत किया और मैंने उसका समर्थन किया। यह प्रस्ताव उचित माध्यम से शासन के पास भेजा गया और स्वीकार भी किया गया। दूरदर्शी और सही मार्ग का चयन करने वाले डॉ. पंचोली जी और डॉ. देवेंद्र दीपक जी के प्रयास से आज भी 'सिंध' शब्द हमारे राष्ट्रगान का अंश बना हुआ है।

राजकोट के अधिवेशन से मन में उत्साह भरकर लौटते ही मैंने और रवि जी ने *नारायणीयम्* के प्रकाशन का निर्णय लिया। संपादक का दायित्व मेरे अनुज उमेश सिंह ने सम्हाला। प्रवेशांक से ही ऋषि कुमार मिश्र जी को भी अपने साथ जोड़ा। इन बारह वर्षों में डॉ. बद्रीप्रसाद पंचोली जी का उत्कृष्ट मार्गदर्शन और विचारात्मक लेख हमें सदैव मिलते रहे। भारतीय परंपरा, श्रीगुरुजी जन्मशती, स्वामी विवेकानंद सार्धशती, प्रथम स्वतंत्रता संग्राम की सार्धशती, राष्ट्रीय महिला साहित्यकार, राष्ट्र चिंतन की कथाएँ इत्यादि विशेषांकों का स्वरूप सुनिश्चित करने और प्रकाशनार्थ सामग्री उपलब्ध कराने में उनका महत्त्वपूर्ण योगदान रहा। जब हमने अखिल भारतीय साहित्य परिषद् के पूर्व अध्यक्ष वेदमूर्ति डॉ. फतहसिंह जी की जन्म शताब्दी के अवसर पर विशेषांक प्रकाशित करने का निर्णय लिया तो सर्वप्रथम हमें डॉ. पंचोली जी का स्मरण हुआ। परिषद् के झांसी अधिवेशन में उनसे भेंट हुई। वहीं पर विषयवस्तु को लेकर विस्तार से चर्चा सुनी। उनके मार्गदर्शन में विशेषांक प्रकाशित करना तय हुआ और उनसे यह भी अनुरोध किया गया कि सामग्री इकट्ठा करने में वे हमारी सहायता करें। हमें सुखद आश्चर्य तब हुआ, जब अधिवेशन से लौटने के महीने भर के भीतर अनेक विद्वानों के लेखों का बंडल डाक द्वारा प्राप्त हुआ। उल्लेखनीय यह है कि उस समय तक हम लोगों ने 'डॉ. फतह सिंह विशेषांक' के लिए आलेख मंगाने का अनुरोध पत्र भेजना भी शुरू नहीं किया था। उन्होंने डॉ. श्रद्धा चौहान (डॉ. फतह सिंह की बेटी) का पता भी भेजा था ताकि मैं उनसे विशेषांक के संदर्भ में विस्तृत मार्गदर्शन प्राप्त कर सकूँ। डॉ. पंचोली जी की यह कार्यपद्धति हमारे जैसे कार्यकर्ताओं को सही दृष्टिकोण प्रदान करती है। उनके सहयोग से नारायणीयम् का 'वेदमूर्ति डॉ. फतह सिंह' विशेषांक उत्कृष्ट सामग्री के साथ प्रकाशित हुआ। उसकी चहुँओर प्रशंसा हुई।

वर्ष-2016 में सिंहस्थ काल के समय महाकाल की नगरी उज्जैन में अखिल भारतीय साहित्य परिषद् का राष्ट्रीय सम्मेलन आयोजित किया गया। श्रद्धेय उत्तम स्वामी जी महाराज के शिविर में कार्यक्रम, आवास और भोजन की सुखद व्यवस्था थी। 'शिवो भूत्वा शिवं यजेत्' विषय पर आयोजित सम्मेलन में मैं भी अपनी पत्नी गायत्री देवी और अनुज उमेश सिंह के साथ सहभागी हुआ था। एक सत्र में भाग लेने जाते समय देखा कि बद्रीप्रसाद पंचोली जी भी आगे-आगे जा रहे थे। उनकी गति बहुत धीमी थी। डॉ. अखिलेश कुमार शर्मा जी उनके साथ थे। बालसुलभ स्वभाव की भाँति डॉ. पंचोली जी अपने शिष्य डॉ. अखिलेश जी की बाँह पकड़कर चल रहे थे। अद्‌भुत दृश्य था। तेजी से आगे बढ़कर मैंने सपत्नीक उनका चरण स्पर्श किए। आशीर्वाद की मुद्रा में उठे उनके दोनों हाथ और प्रफुल्ल मुखमंडल जैसे स्नेह की निधि प्रदान कर रहे थे। रुककर पहले हमारे परिवार का कुशलक्षेम पूछी और फिर अपने साथ हमें भी लेकर कार्यक्रम स्थल की ओर बातें करते हुए बढ़ चले। भोजनोपरांत के उस सत्र की उन्हें अध्यक्षता करनी थी। विद्वानों के द्वारा विचार व्यक्त करने के उपरांत अध्यक्षीय संबोधन के लिए डॉ. पंचोली जी जब खड़े हुए तो पांडाल में बैठे सभी स्त्री-पुरुष उन्हें सुनने की उत्सुकता से भरे थे। 'शिवोऽहम शिवोऽहम्' विषय पर

उन्होंने लगभग दस मिनट तक ऐसा सारगर्भित वक्तव्य दिया कि सभी विद्वान् मुग्ध होकर सुनते ही रहे। वेदों के अध्येता के श्रीमुख से शिवजी का वृतांत सुनते हुए हम सब मंत्रगुग्ध थे। उन्होंने *अथर्ववेद* के कथन—'यो वः शिवतमो रसः। तस्य भाजयतेह नः' के उल्लेख से शुरू करके *श्रीमद्भगवद्गीता* के 'यो यच्छ्द्ध स एव सः' और संत तुलसीदास की वंदना 'भवानीशंकरौ वंदे श्रद्धा विश्वास-रूपिणौ। याभ्यां बिना न पश्यन्ति सिद्धा स्वान्तःस्थमीश्वरम्॥' से होते हुए 'नमः शंकराय च मयस्कराय च नमः शिवाय च शिवतराय च।' के साथ अपना संबोधन पूरा किया, तो उपस्थित संत-महात्माओं से लेकर विद्वज्जनों और सर्वसामान्य श्रद्धालु श्रोताओं के मुख से एक स्वर में 'शिवोऽहं शिवोऽहम्' निकल पड़ा। सौ-सौ मुख एक साथ उन्हें साधुवाद दे रहे थे।

डॉ. बद्रीप्रसाद पंचोली जी ने अपने दीर्घजीवन में एक लंबी शिष्य परंपरा का निर्माण किया है। एक शिक्षक, एक साहित्यकार, एक इतिहासकार, एक संगठनकर्ता, एक कुशल वक्ता और एक स्नेही गुरु के रूप में उनकी कीर्ति न केवल संपूर्ण भारतवर्ष में, अपितु इसके बाहर तक फैली है। उनकी इस परंपरा से जुड़कर हरेक व्यक्ति स्वयं को एक समृद्ध विरासत का अंग होने का गौरव अनुभव करता है। विगत बारह वर्षों से उनके साथ अनेक अवसरों पर मिलने और चर्चा करने का लाभ प्राप्त करके मैं स्वयं को धन्य मानता हूँ।

❖❖❖

सर्जनधर्मिता एवं स्नेहिल सान्निध्य के अन्वय

सत्यदेव संवितेंद्र

डॉ. बद्रीप्रसाद पंचोली जी से मेरा परिचय लगभग तीन दशक पूर्व अजमेर में आयोजित एक साहित्यिक समारोह में हुआ। हालाँकि मैं इससे पूर्व भी आपके बारे में जानता था। अजमेर के मेरे कई रचनाधर्मी मित्रों से पंचोली साहब के बारे में चर्चा होती रहती थी। मैं आपकी यशस्वी लेखनी से तो अवगत था ही; लेकिन जब हम मिले तो पहली ही मुलाकात में आत्मीयता से जुड़ गए।

वस्तुत: डॉ. पंचोली साहब ने जितना लिखा है वह अपने आप में एक उदाहरण है। इससे भी आगे बढ़ते हुए मैं यह कहना चाहूँगा कि आपने जैसा लिखा वह आपकी प्रज्ञता को रेखांकित करते हुए हमें सम्मोहित करता है। अनुभव की वह विराट्ता आपके चेहरे पर सदैव मौजूद रहती है जो स्तुत्य और विधेय है।

अस्सी के दशक में मैं एक नए कवि-लेखक के रूप में पहचाना जाने लगा था। पंचोली जी की विभिन्न विधाओं की रचनाएँ पढ़ने को मिल जाती थीं। इसके अलावा आपके कई शिष्यों और रचनाधर्मी मित्रों से संवाद भी होता रहता था। अत: मन में पंचोली जी से मिलने की इच्छा बनी रहती थी।

पंचोली साहब ने सबसे पहले मुझे एक समारोह में गीत पढ़ते हुए सुना और समारोह के बाद मुझे बुलाकर मेरी पीठ थपथपाई और आशीर्वाद दिया। मैं उन दिनों साहित्य की सभी विधाओं में लिखता था और मेरी रचनाएँ विभिन्न पत्र-पत्रिकाओं में प्रकाशित होती थीं। पंचोली साहब ने मुझे गीत विधा पर केंद्रित रहने का सुझाव दिया। यही स्नेहिल आग्रह मुझसे आदरणीय ताराप्रकाश जी जोशी व किशन जी दाधीच ने भी किया था। बाद के वर्षों में जब कभी मेरा गीत कहीं प्रकाशित हुआ तो पंचोली साहब ने मुझे प्रोत्साहित किया। इससे मुझे दिशा मिली।

उन्हीं दिनों डॉ. दयाकृष्ण विजयवर्गीय 'विजय' और मेरे मित्र डॉ. भैंरुलाल गर्ग ने मुझे बाल साहित्य लेखन का सुझाव दिया। मेरे लेखन के प्रारंभिक वर्षों में मैंने कुछ बाल कविताएँ व बाल गीत लिखे थे; लेकिन आगे चलकर वह सिलसिला टूट गया। इस बारे में जब पंचोली साहब से चर्चा हुई तो आपने बहुत ही आग्रह के साथ कहा कि बाल साहित्य लेखन के प्रति प्रत्येक लेखक का रुझान होना चाहिए क्योंकि इससे हम आने वाली पीढ़ी को साहित्य से जोड़ते हैं।

प्रसिद्ध गीतकार एवं लेखक।
45, आदिनाथ नगर, पीपली सर्किल, जोधपुर-342014 (राजस्थान)
मो. : 09828575800

मुझे याद आता है कि मुझे राजस्थान साहित्य अकादमी से बाल साहित्य लेखन के लिए शंभुदयाल सक्सेना बाल साहित्य पुरस्कार मिला तो इसकी पहली बधाई आदरणीय पंचोली साहब ने दी और इस पर आगे भी काम करते रहने के लिए प्रेरित किया।

अपने बाद की पीढ़ी के रचनाकारों से इतना स्नेहिल सद्भाव कुछ वरिष्ठ रचनाकार ही रखते हैं। मेरा यह सौभाग्य है कि ऐसा सद्भाव मुझे वरिष्ठ रचनाकारों से मिलता रहा। डॉ. पंचोली साहब उनमें एक रहे। यहाँ मैं यह भी कहना चाहूँगा कि अन्य रचनाकारों के प्रति भी पंचोली साहब का ऐसा ही कृपा-भाव रहता है।

नब्बे के दशक में जब देश भर में साक्षरता का वातावरण बन रहा था और अजमेर का नाम देश में चर्चित हो रहा था, उन्हीं दिनों राज्य संदर्भ केंद्र, जयपुर के विभिन्न आयोजनों में मेरी भागीदारी रही। अजमेर में विभिन्न कार्यक्रमों में मेरी भागीदारी से प्रभावित हो पंचोली साहब ने मुझे यह समझाया कि नवसाक्षर लेखन समाज के लिए किस तरह बेहद जरूरी है।

बाद के वर्षों में लेखकों व संस्कृतिकर्मियों की साक्षरता पदयात्रा खासी चर्चित रही जिसका नेतृत्व करने का सौभाग्य मुझे मिला। डॉ. पंचोली साहब ने साक्षरता विषयक मेरी रचनाओं और नारों की सराहना की व सोजत शहर (पाली) के मेरे सभी रचनाधर्मी साक्षरताकर्मियों को आशीर्वाद दिया। यह सब अपने जीवन काल में मैं कभी भुला नहीं पाऊँगा।

डॉ. बद्रीप्रसाद पंचोली ने विपुल और श्रेष्ठ साहित्य रचा है। आपका सर्जनात्मक लेखन और संपादन हम सभी को प्रेरित-प्रोत्साहित करता है। यह भी कम आश्चर्य की बात नहीं है कि आपका लिखा हुआ बहुत कुछ अभी तक अप्रकाशित है। वह प्रकाशित होकर समाज के सामने आएगा तो इसका लाभ सभी को होगा। यह प्रकाशन समाज व देश हित में होगा जिसकी हमें प्रतीक्षा रहेगी।

वर्ष 2001 में मैंने मेरे पिताश्री फतेहचंद जी चूरा की स्मृति में पुस्तक *श्रद्धा-शुचिव्रत* के प्रकाशन की योजना बनाई। मेरे पिताजी एक शिक्षक थे और वे कई भाषाओं के जानकार थे। अपने जुनून में पिताजी ने कई भाषाएँ सीखीं और अपने शिष्य समुदाय में बेहद लोकप्रिय रहे।

मैंने इस पुस्तक के प्रकाशन की योजना के बारे में पंचोली साहब को बताया। आप बहुत प्रसन्न हुए। खास तौर से आपने मेरी इस बात के लिए सराहना की कि मैं ऐसा चिंतन रखता हूँ। मैं बहुत सम्मान के साथ यहाँ यह लिखना चाहूँगा कि *श्रद्धा-शुचिव्रत* की भूमिका लेखन का गुरुतर दायित्व निभाते हुए डॉ. पंचोली साहब ने 'पितुः अनुव्रतः पुत्रः शीर्षक' से दो शब्द लिखे जिसमें वेदों और अध्यात्म की दृष्टि से पिता और पुत्र के भावात्मक रिश्तों की विस्तार से व्याख्या की।

मेरे जैसे अदने से रचनाकार के प्रति पंचोली साहब का कृपा-भाव एवं मार्गदर्शन मुझे सदैव प्रेरित करता रहा अच्छे से अच्छा व समाजोपयोगी लिखने की प्रेरणा देता रहा। यह सब भूल पाना मेरे लिए संभव नहीं है।

यहाँ मैं एक और संदर्भ में आपके दृष्टि-सामर्थ्य का उल्लेख करना चाहूँगा। अपने बचपन में *कादंबिनी* पत्रिका पढ़ते हुए उसके स्तंभ 'आस्था के आयाम' से मैं बहुत ही प्रभावित रहा। एक ही पंक्ति में ही किसी बिंदु में बहुत सारगर्भित बात कहने की वह अनाम विधा मेरे चित्त में जम गई। कालांतर में वैसा ही कुछ मैं भी लिखने लगा और वह विभिन्न पत्र-पत्रिकाओं में प्रकाशित हुआ जिसकी पाठक वर्ग व विद्वज्जन ने खूब सराहना की।

मेरा वह लेखन गुजरात से प्रकाशित एक हिंदी दैनिक के माध्यम से पंचोली साहब की नज़र में आ गया।

आपने इस लेखन की सराहना करते हुए मुझसे यह पूछा कि इस विधा को क्या कहेंगे ? मैं अनुत्तरित था। तब मैंने यह आग्रह किया यह सामग्री एक पुस्तक जितनी है और मैं यह पुस्तक छपवाना चाहता हूँ, आप इसकी भूमिका लिखने की कृपा करें। पंचोली साहब ने इस लेखन को नाम दिया *विचारसूत्र* और बहुत स्नेह के साथ भूमिका लिखी।

अपने चार दशक की सर्जन–यात्रा में मैंने यह महसूस किया है कि कुछ वरिष्ठ रचनाधर्मी स्वभाव से दूसरों को आगे बढ़ाने वाले होते हैं। वे किसी से किसी प्रकार की अपेक्षा नहीं रखते। बस, यही सोचते हैं कि सभी रचनाधर्मी एक परिवार के सदस्य हैं। यह स्नेहिल सद्भाव मैंने पंचोली साहब में सदैव पाया और इससे मैं अभिभूत हूँ। इसलिए मैंने पंचोली साहब को सदैव अग्रज के रूप में देखा और आपने भी मुझे हमेशा अनुज के रूप में अपनत्व दिया।

डॉ. बद्रीप्रसाद पंचोली मेरे पारिवारिक रूप से आत्मीय रहे हैं। इसलिए पाली, सोजत शहर या जोधपुर में जब कभी संभव हुआ, आप मेरे निवास स्थान पर पधारे व मुझे तथा मेरे परिवारजनों को आशीर्वाद दिया। पिछले ही दिनों जब आप एक आध्यात्मिक कार्यक्रम में जोधपुर पधारे तो मैंने यह निवेदन किया कि अब मैंने अपना घर बना लिया है आप पधारें। जैसे कोई अपने छोटे भाई के परिवार को संभालता है, उसी भाव–शुचिता से आप मेरे घर पधारे।

जीवन में ऐसे पावन रिश्ते बहुत कम लोगों के साथ बन पाते हैं। मेरा सौभाग्य है कि डॉ. बद्रीप्रसाद जी पंचोली की मुझ पर इतनी कृपा है। मुझे इसका गर्व भी है। मैं आपके यशस्वी एवं सुखमय जीवन के साथ आपकी हजारी उम्र की कामना करता हूँ।

❖❖❖

हिंदी साहित्य की शास्त्रीय परंपरा के निष्काम साहित्य सेवी

डॉ. शंभुनाथ तिवारी

पद्माकरं दिनकरो विकचिकरोति,
चंद्रो विकासयति कैरवचक्रवालम्।
नाभ्यर्थितो जलधरोऽपि जलं ददाति
संतः स्वयं परहिते निहिकृताभियोगाः ॥

'परहित सरिस धर्म नहिं भाई / पर पीड़ा सम नहिं अधमाई', 'उदारचरितानाम तु वसुधैव कुटुंबकम्' जैसे सूत्र वाक्यों की मूल भावना को अपने जीवन में एक मंत्र की तरह उतारकर उसी के अनुरूप अपने कर्तृत्व को संचालित करने वाले डॉ. बद्रीप्रसाद पंचोली का सौम्य-सहज-सरल-मृदुभाषी हास-परिहासयुक्त व्यक्तित्व प्रत्येक उस व्यक्ति के लिए प्रेरक और प्रेरणादायी बन जाता है, जो उनके संपर्क में आता है। उनसे मिलने वाला प्रत्येक व्यक्ति उनका अपना बन जाता है और उन्हें भी वह अपना ही लगने लगता है। उनकी हास-परिहाससमन्वित बातचीत की उन्मुक्त-अनौपचारिक शैली अपने आसपास न केवल उल्लासपूर्ण वातावरण की सृष्टि करती है, बल्कि अपने परिवेश को जीवंत बनाती हुई उससे जुड़े लोगों को प्रफुल्लित परिवेश की सुखद अनुभूति करवाती है। अगर कोई यह कहता है—'मैं बद्रीप्रसाद पंचोली को जानता हूँ और बद्रीप्रसाद पंचोली मुझे जानते हैं' तो ऐसा कहने वाला प्रत्येक व्यक्ति इस बात पर गर्व कर सकता है कि वह डॉ. पंचोली के परिचयवृत्त में सम्मिलित है और अनायास ही उनके स्नेह का भाजन बन जाता है। इस दृष्टि से मैं स्वयं को सचमुच भाग्यशाली मानता हूँ कि राजस्थान में रहते हुए मुझे डॉ. बद्रीप्रसाद पंचोली जैसे हिंदी साहित्य की शास्त्रीय परंपरा के निष्काम साहित्यसेवी का सामीप्य-सान्निध्य और नैकट्य अवसर प्राप्त हुआ। उनका स्नेह राजस्थान से उत्तर प्रदेश आने के बाद अब तक भी मुझे मिलता रहता है, यह मेरे लिए सचमुच सुखद है। डॉ. पंचोली बहुमुखी प्रतिभा के धनी शास्त्रीय परंपरा के विद्वान् हिंदी साहित्य के एक मौलिक साहित्य सर्जक कहे जा सकते हैं, जिन्होंने विविध विधाओं में व्यापक सर्जन किया है। वैदिक वाङ्मय के कुशल अध्येता डॉ. बद्रीप्रसाद पंचोली हिंदी की वाचिक परंपरा का भी उतना ही सम्मान करते हैं और तदनुरूप अपनी वक्तृत्व शैली का सहज निर्वाह भी करते हैं। उनका अगाध साहित्यिक ज्ञान और उनका पांडित्य

लेखक संस्कृत, हिंदी व उर्दू के विद्वान एवं अलीगढ़ मुस्लिम विश्वविद्यालय में हिंदी के प्रोफेसर हैं।
मो. : 09414371899

उनकी सामान्य बातचीत में भी परिलक्षित होता है। उन्हें किसी विषय पर सुनना न केवल विस्तृत रूप से जानकारीपरक होता है बल्कि बहुत रोचक भी। उनको सुनने की ललक मुझ जैसे लोगों को आज भी बनी रहती है। यहाँ उनसे जुड़े हुए कतिपय मधुर प्रसंगों को आज साझा करते हुए मुझे अति प्रसन्नता है। वैसे अपने रचनात्मक-सर्जनात्मक व्यक्तित्व में वे कई-कई पुस्तकों एवं शोधप्रबंधों के जीवंत और प्रामाणिक विषय हैं, पर यहाँ उनसे जुड़े कतिपय स्मृतिपरक प्रसंगों को कुरेदकर मित्रों से साझा कर पाना मेरे लिए किसी साहित्यिक अनुभूति से कम नहीं।

अगर मैं कहूँ कि मेरे जीवन का अब तक का सबसे अच्छा समय राजस्थान में व्यतीत हुआ है, जहाँ मैंने कमोबेश पंद्रह वर्ष उच्च शिक्षा के राजकीय महाविद्यालयी सेवा में गुजारे हैं तो यह कोई अतिशयोक्ति नहीं होगी। उनमें से भी लगभग तेरह वर्ष का लंबा समय एक ही स्थान भीलवाड़ा, जिसे भारत का नहीं तो राजस्थान का मानचेस्टर अवश्य कहा जा सकता है, के माणिक्यलाल वर्मा राजकीय स्नातकोत्तर महाविद्यालय में ही व्यतीत हुआ है। राजस्थान के प्रमुख औद्योगिक नगर के रूप में भीलवाड़ा की पहचान एक वस्त्रनगरी की रही है, जहाँ साहित्यिक परिवेश उस समय नहीं के बराबर कहा जा सकता है। मेरा राजस्थान जाना अकारण मेरे हठ की वजह से हुआ था, क्योंकि न तो मैं वहाँ के सामाजिक-सांस्कृतिक परिवेश से कभी परिचित था, न ही दूर-दूर तक मेरा कोई सगा-संबंधी या परिजन ही वहाँ था, जिसके मोह और आकर्षण में मैं राजस्थान जाने की महत्त्वाकांक्षा पालता। मेरे लिए जैसे मध्य प्रदेश, वैसे ही राजस्थान। जब घर से दूर हुए, 'तो क्या काबा, क्या मयखाना'। दोनों प्रांत मेरे लिए अपरिचित से थे। अच्छा खासा अकादमिक कैरियर होने के बावजूद मैं अपने घर से सदा दूर ही रहा और मुझे नौकरी के लिए जाने कहाँ भटकना पड़ा। 'मुझको रोटी ने घर से दूर किया / वक्त कितना बड़ा कसाई है।' जहाँ भी थोड़ा बहुत जमने की कोशिश होती, वहीं से पैर उखड़ जाते। बार-बार हिज्रत (प्रस्थान) के दर्द का बयान भी कठिन है। इसे ही शायद नियति कहते हैं।

आज जब मैं राजस्थान पूरी तरह छोड़कर अलीगढ़ (उत्तर प्रदेश) मे आ चुका हूँ और अब नहीं लगता कि राजस्थान लौटना संभव हो सकेगा (वैसे मै भाग्यवाद में विश्वास नहीं करता, पर वक्त को कोई नहीं जानता, जीवन में कुछ भी हो सकता है)। आज भी अलीगढ़ के मित्रों के साथ अनौपचारिक बातचीत में राजस्थान का जिक्र आ ही जाता है, क्योंकि, 'ऊधो मोहिं ब्रज बिसरत नाहिं।' मेरे लिए परिचय-वृत्त की उस शृंखला की एक-एक कड़ी बहुत मायने रखती है, पर इस शृंखला के शीर्ष सुमेरुवत, परम सुहृद्, अतिमानवीय संवेदनादृष्टि से संवलित, उदारमना डॉ. बद्रीप्रसाद पंचोली रहे हैं, जिनका न केवल मुझे सदैव वत्सल स्नेह मिलता रहा बल्कि मैं उन्हें राजस्थान में अपना अकादमिक संरक्षक और अभिभावक भी मानता रहा हूँ, हालाँकि अपना गार्जियन मानने वाले मेरे जैसे और भी न जाने कितने होंगे, जिन्हें डॉ. पंचोली का अहेतुक अभिभावकत्व मिलता ही रहा होगा। वैचारिक धरातल पर उनसे बिल्कुल विपरीत विचारधारा का होते हुए भी, मेरी मानवीय संवेदना के तंतु जिस तरह डॉ. पंचोली की मृदुल भावनाओं से जुड़े, उतने शायद अन्य किसी से नहीं। मानवता के स्नेहिल संबंधों के सामने ऊपरी, औपचारिक, कृत्रिम, वायवी विचारधाराएँ शायद नहीं टिकती हैं। इसलिए डॉ. बद्रीप्रसाद पंचोली से पहली बार ही मिलने वाला कोई भी व्यक्ति उनके सौम्य एवं प्रसन्नचित्त मुद्रा वाले मुखमंडल और मृदु व्यवहार से प्रभावित हुए बिना नहीं रह सकता। लगता है राजस्थान की सारी अकादमिक और सांस्कृतिक अच्छाइयाँ उस एक व्यक्ति में ही सिमट आई हैं। डॉ. पंचोली से जो भी जुड़ता है, जुड़ता चला जाता है, न कोई वैचारिक दुराग्रह, न कोई विचारधारा की संकीर्णता। बस मानवीय पक्ष इतना प्रबल कि मनुष्य का मनुष्य होना ही पर्याप्त है, उनसे जुड़ने के लिए। आज के कट्टरपंथी

सोच से ग्रस्त पक्षधरता के सीमित दायरे में हानि-लाभ के पलड़े में रखकर व्यक्ति का मूल्यांकन करने वालों के लिए डॉ. पंचोली का व्यक्तित्व सचमुच किसी चुनौती से कम नहीं। वे अपने आसपास के लोगों से जिस अकुंठ और सहज भाव से मिलते हैं, आज के स्वार्थ-लोलुप दौर में ऐसा सर्वथा दुर्लभ तो है ही, विलक्षण भी। जब परिवेश ओर वातावरण ऐसा हो, तब आज के दौर में निस्संदेह, मानव का मानव होना ही बहुत बड़ी बात है, बकौल गालिब, 'आदमी को मयस्सर नहीं है इंसाँ होना।' ऐसे में डॉ. बद्रीप्रसाद पंचोली जैसे सहृदय व्यक्ति का होना, निस्संदेह एक बड़ी बात है।

मुझे इस तथ्य को स्वीकार करने में तनिक भी हिचक नहीं कि राजस्थान की राजकीय महाविद्यालयी सेवा में व्याख्याता (हिंदी) पद मेरा पर मेरा चयन मार्च 1994 में राजस्थान लोक सेवा आयोग, अजमेर द्वारा डॉ. बद्रीप्रसाद पंचोली की संस्तुतिपरक 'जिद' पर हुआ था, जो आयोग की चयन समिति में प्रमुख विषय-विशेषज्ञ के रूप में सम्मिलित थे। वे अपने सहज और विनम्र स्वभाव के वितरीत मेरे नाम पर विचार किए जाने को लेकर चयन समिति के अध्यक्ष से कमोबेश अड़ और भिड़ गए थे। इसका उल्लेख डॉ. पंचोली ने कुछ माह बाद मुझसे एक सेमीनार में मुलाकात के दौरान किया था। इस तथ्य की पुष्टि चयन समिति के एक अन्य विशेषज्ञ प्रो. नेमिनारायण जोशी (पूर्व अध्यक्ष, राजस्थानी विभाग, मोहन लाल सुखाड़िया विश्वविद्यालय, उदयपुर) ने भी एक आत्मीय साक्षात्कार के दौरान की थी। यह 'जिद' और 'अड़ना' तब था, जब उनके विषय में साक्षात्कार कक्ष के बाहर यह प्रचारित किया जा रहा था कि दक्षिणपंथी कट्टर विचारधारा विशेष से जुड़े होने के कारण, वे जे.एन.यू. आवेदक विद्यार्थियों के प्रति कोई सहानुभूति नहीं रखते, तब तो और भी नहीं जब कोई आवेदक नामवर सिंह का विद्यार्थी हो। ऐसा क्यों प्रचारित था, यह तो मैं नहीं जानता, शायद वहाँ की तत्कालीन सांस्कृतिक-राजनीतिक परिस्थितियाँ ऐसी रही हों, पर बाद में मैं जब भी डॉ. पंचोली से मिला तो आपसी बातचीत के दौरान नामवरसिंह का नाम आने पर उन्होंने उनके प्रति बहुत आदर, श्रद्धा और सम्मान प्रकट किया। वैदुष्य और पांडित्य से पूर्ण प्रतिभा, अन्यत्र भी ज्ञान और प्रतिभा का सम्मान करना जानती है, यह पंचोली जी को देखकर कहा जा सकता है। बहरहाल, साक्षात्कार के दुष्प्रचारित परिवेश में मैं डॉ. पंचोली के सामने एक ऐसा आवेदक था, जो 'करेला' भी था और ऊपर से 'नीम चढ़ा' भी, यह अलग बात है कि मुझे 'करेला' और 'नीम चढ़ा' दोनों होने पर आज भी गर्व है।

दरअसल, इसमें डॉ. बद्रीप्रसाद पंचोली का कोई दोष नहीं बल्कि जे.एन.यू. के विषय में बाहर पूर्वग्रहपरक यह आमधारणा है कि वहाँ हिंदी साहित्य के नाम पर, केवल मार्क्सवाद पढ़ाया जाता है। इसलिए वहाँ हिंदी का विद्यार्थी हिंदी साहित्य की क्लासिकल परंपरा से कटा हुआ, काव्यशास्त्र और भाषाविज्ञान जैसे महत्वपूर्ण अध्ययन-शाखाओं से अनभिज्ञ है। यहाँ यह कहना बेमानी है कि जे.एन.यू. के अनेक पूर्व आचार्य इन्हीं विषयों के विख्यात आचार्य माने जाते रहे हैं और उनके सान्निध में उस गुरुकुल से निकले हुए अनेक विद्यार्थी अपने-अपने कर्मक्षेत्र में किसी भी विषय पर अध्ययन आधृत अपना प्रभाव छोड़ने में पूर्ण समर्थ होते हैं। वहाँ के समृद्ध अकादमिक परिवेश से दीक्षित और अनुभव में तपकर निकले हुए विद्यार्थियों को वहाँ के शिखरस्थ आचार्यो ने इस बात पर गर्व करना सिखाया है कि वे जहाँ भी रहें, गर्व से कह सकें कि वे जवाहरलाल नेहरू विश्वविद्यालय के विद्यार्थी हैं। बहरहाल, यह जानकर बहुत अच्छा लगा कि राजस्थान लोक सेवा आयोग में हिंदी विषय में साक्षात्कार देने के लिए बाहर से आने वाले कमोबेश 700 आवेदकों में से जिन तीन आवेदकों (प्रो. नंदकिशोर पांडेय, जो वर्तमान में केंद्रीय हिंदी संस्थान, आगरा में निदेशक हैं, डॉ. विनय मिश्र, जो राजकीय महाविद्यालय, अलवर में एसोसिएट प्रोफेसर हैं,

शंभुनाथ तिवारी, (इन पंक्तियों का लेखक) जो वर्तमान में अलीगढ़ मुस्लिम यूनिवर्सिटी में प्रोफेसर हैं) के चयन में डॉ. बद्रीप्रसाद पंचोली ने विशेष रुचि ली थी, उनमें एक नाम मेरा भी सम्मिलित था। ऐसा तब था, जब हम तीनों में से किसी ने भी इससे पूर्व डॉ. पंचोली का नाम शायद ही सुना हो और उनके वैदुष्य-पांडित्य से परिचित हो। उस वर्ष आयोग के हिंदी विषय की मुख्य चयन सूची में कुल 32 नामों में से राजस्थान राज्य के बाहर से चयित होने वाले आवेदकों की संख्या 4-5 से अधिक नही थी, जिनमें से तीन तो अकेले डॉ. बद्रीप्रसाद पंचोली के खाते में जुड़कर उनके तरकश के तूणीर बने।

यद्यपि मैं अपने चयन के प्रति इसलिए भी आश्वस्त नहीं था, क्योंकि एक तो वहाँ एडहॉक पढ़ाने वालों की संख्या रिक्त पदों से अधिक थी, दूसरे अनजान प्रांत में मुझको कौन, कैसे, क्यों संबल देगा? मन इसलिए भी आशंकित था कि उच्च शिक्षा में किसी अचूक संबल के बिना नियुक्तियाँ शायद नहीं होती। उच्च शिक्षा विभाग की अधिकतर नियुक्तियों पर प्राय: प्रश्नचिह्न लगते ही रहे हैं।

राजस्थान की राजकीय महाविद्यालयी सेवा में व्याख्याता (हिंदी) पद पर 10 अक्टूबर, 1995 को राजकीय महाविद्यालय, भीलवाड़ा में प्रथम नियुक्ति होने से पहले मैं डॉ. बद्रीप्रसाद पंचोली को नहीं जानता था, उन्हें छोड़िए राजस्थान के विषय में ही स्थूलपरक सूचनाओं के अतिरिक्त मुझे कुछ भी विशेष ज्ञात न था। बद्रीप्रसाद पंचोली से मेरा पहला अकादमिक परिचय वैसे तो अचानक एक सेमीनार के दौरान हुआ था, जो समय के साथ चिरस्थायी एवं प्रगाढ़ से प्रगाढ़तर होता गया, पर उसने पहली बार मिलना राजस्थान लोक सेवा आयोग, अजमेर में महाविद्यालयी सेवा के अंतर्गत व्याख्याता (हिंदी) पद के साक्षात्कार के क्रम में बहुत रोचक अंदाज में हुआ था। तब मैं एक आवेदक की हैसियत से आयोग में साक्षात्कार देने पहुँचा था और बद्रीप्रसाद पचोली उसी बोर्ड में मेरे साक्षात्कार लेने वाले विषय-विशेषज्ञ के रूप में उपस्थित थे। उस साक्षात्कार का रोचक अनुभव यहाँ साझा करना इसलिए जरूरी है कि उससे डॉ. पंचोली के अकादमिक व्यक्तित्व के कई पक्ष मेरे सामने न केवल अनावृत्त हुए, बल्कि मैं उनके वैदुष्य और पांडित्य से प्रथम बार परिचित हो रहा था। उन पर कुछ लिखते समय उस अनुभव का उल्लेख करना साहित्य-प्रसूत संवेदनासंपृक्त उनके मानवीय दृष्टिकोण को उजागर करने के लिए जरूरी है।

साक्षात्कार में सम्मिलित होकर चयन समिति कक्ष से बाहर आने वाले अनेक साथियों के अनुभवों को जानने की जिज्ञासा और उत्सुकता प्रत्येक उस उम्मीदवार को बहुत व्यग्र और अधीर बना देती है, जो आगे साक्षात्कार में सम्मिलित होने वाला है। जाहिर है, मैं भी इस दृष्टि से अपवाद नहीं था, हालाँकि मुझे इंटरव्यू से न कभी डर लगा, न कभी घबराहट हुई, क्योंकि यह मेरा पहला इंटरव्यू नहीं था। जे.एन.यू., नई दिल्ली और वहाँ भी प्रो. नामवरसिंह का शोधार्थी होने के कारण बाहर कहीं भी इंटरव्यू के लिए जाने में आत्मविश्वास कभी डगमगाता नहीं था, यह मेरी आत्मश्लाघा भी हो सकती है, आत्मप्रदर्शन, आत्मगौरव भी। इसे जे.एन.यू. की ठसक भी कह सकते हैं, जो उस संस्थान से जुड़े हर विद्यार्थी में अलग से अनायास दिखाई दे जाती है। किसी भी इंटरव्यू में अपने अपको जे.एन.यू. का शोधार्थी बताना और अपने सुपरवाइजर का नाम बताते हुए इतराना (वह भी नामवरसिंह, केदारनाथ सिंह या मैनेजर पांडेय मे ंसे कोई सुपरवाइजर हो तो विशेष भावमुद्रा के साथ) वहाँ के विद्यार्थियों की एक खास प्रवृत्ति कही जा सकती है। इसके पीछे शायद यह भाव हो कि इंटरव्यू लेने वाला हिंदी जगत् का चाहे कोई भी क्यों न हो, इनको तो जानता ही होगा और इनका नाम सुनकर वह एक विशेष अकादमिक मानसिकता से पेश आएगा। स्वभावत: मेरी जिज्ञासा यह थी कि साक्षात्कार में विषय-विशेषज्ञ के रूप में कौन हैं, कहाँ से आए हैं!

मैं राजस्थान लोक सेवा आयोग की लाइब्रेरी, जहाँ सभी उम्मीदवार बैठे थे, में कुछ उम्मीदवारों के आसपास बैठकर वहाँ की गतिविधियों से परिचित होने का प्रयास करने लगा। चयन समिति के समक्ष साक्षात्कार के लिए जाने से पहले प्रत्येक उम्मीदवार के मन में शायद दो ही सवाल होते हैं कि विषय के एक्सपर्ट कौन आए हैं और वे प्राय: क्या सवाल पूछ रहे हैं ? यहाँ तक कि एक अनजान आशंका के चलते उस समय जिज्ञासा इतने चरम पर होती है कि साक्षात्कार देकर बाहर आने वाले उम्मीदवार के चारों ओर भावी उम्मीदवारों का एक हुजूम उसे घेर लेता है और अपने-अपने तरीके से सवाल पूछते हुए अपनी जिज्ञासा को शांत करता है। फिर आश्वस्त होकर अपनी बारी आने का इंतजार करने लगता है। यह क्रम साक्षात्कार वाले स्थान पर अनवरत चलता है, निर्बाध चलता है और प्रत्येक उम्मीदवार द्वारा अपनी बारी आने पर पूछे जाने वाले प्रश्नों को लेकर पूरा होमवर्क किया जाता है।

आयोग की लाइब्रेरी में बैठने और कुछ लोगों से बातचीत करने पर पता चला कि विषय विशेषज्ञों में एक अजमेर के ही गवर्नमेंट कॉलेज के हिंदी प्राध्यापक डॉ. बद्रीप्रसाद पंचोली हैं और दूसरे उदयपुर के सुखाड़िया विश्वविद्यालय के प्रो. नेमिनारायण जोशी हैं। अभी तक ये दोनों नाम मेरे लिए बिल्कुल अपरिचित थे। बातचीत में पता चला कि ज्यादातर प्रश्न डॉ. बद्रीप्रसाद पंचोली ही पूछ रह हैं, वह भी काव्यशास्त्र, भाषाविज्ञान और मध्यकालीन साहित्य में प्रश्नों की अधिकता है। समिति के चेयरमैन बहुत सामान्य प्रश्न करते हैं और जो जोशी जी हैं, वे राजस्थानी के विद्वान हैं। वे राजस्थान के बाहर (प्राय: जे.एन.यू., बी.एच.यू., इलाहाबाद) से आने वाले ऐसे उम्मीदवार, जो अपने हिंदी विषयक ज्ञान के प्रभाव से समिति के समक्ष अपनी धाक जमाने की कोशिश करते हैं, उनसे राजस्थानी भाषा और साहित्य से प्रश्न करके उन्हें चुप करवा देते हैं। कुछ लोग तो कह रहे थे जैसे भी हो बाहर के उम्मीदवारों को खारिज करने की गरज से उनसे राजस्थान और राजस्थानी पर ज्यादा प्रश्न किए जा रहे हैं। तर्क यह कि राजस्थान के विद्यार्थियों को पढ़ाना है तो राजस्थानी की समझ ही नहीं, राजस्थानी साहित्य की जानकारी तो होनी ही चाहिए। जितने लोग उनती तरह की बातें। हिंदी साहित्य के विविध पक्षों से किए जानेवाले प्रश्नों की चिंता तो मुझे नहीं थी पर राजस्थानी भाषा और साहित्य के नजरिये से मैं अपने को किसी पायदान पर खड़ा नहीं पा रहा था। बहरहाल मैं साक्षात्कार की उधेड़बुन में अपनी बारी आने की प्रतीक्षा करने लगा। अंतत: वह समय आ गया जिससे सभी को डर लगता है और एक बार तो अपने अध्ययन आधारित ज्ञान पर से विश्वास भी डगमगाने लगता है। मन में बार-बार यही आ रहा था कि आयोग की चयन समिति में बद्रीप्रसाद पंचोली जैसे विद्वान के समक्ष साक्षात्कार में सम्मिलित होना किसी चुनौती से कम नहीं, एक अज्ञात डर भी कि संस्कृत परंपरा का पोषक निष्णात हिंदी विद्वान पता नहीं क्या प्रश्न कर बैठे ?

अंतत: मेरा क्रम आ गया। मुझे साक्षात्कार कक्ष में जाने का संकेत मिल चुका था। मैं जब अनुमति लेकर अंदर गया, तो कुल तीन लोग वहाँ बैठे दिखाई दिए। ठीक सामने की ओर आयोग चेयरमैन, मेरी बाई ओर मोटी चोटीधारी हष्ट-पुष्ट, गोरे-चिट्ठे, मध्यम कदकाठी के बुजुर्ग और दाई ओर अति गंभीर मुखमुद्रा मैं बहुत कृशकाय सज्जन। मुझे समझने में देर न लगी कि मेरी बाईं ओर जो सज्जन बैठे हुए हैं, वे डॉ. बद्रीप्रसाद पंचोली हैं। डॉ. पंचोली के वैदुष्य और पांडित्य से मेरा जो परिचय हुआ, उससे उनके अगाध ज्ञानसंपृक्त अकादमिक व्यक्तित्व का सहज अनुमान लगाया जा सकता है। डॉ. बद्रीप्रसाद पंचोली के साहित्यिक कद को समझने के क्रम में यहाँ मेरे साक्षात्कार के उस अनुभव का उल्लेख करना अप्रासंगिक नहीं कहा जाएगा। समिति के अध्यक्ष द्वारा नाम आदि पूछने की सामान्य औपचारिकता के पश्चात मुझे इस बात का सहज अनुमान हो गया था कि डॉ. बद्रीप्रसाद पंचोली की ही साक्षात्कार में प्रमुख भूमिका रहने

वाली है। ऐसा पूर्व के उम्मीदवारों के अनुभव से भी अनुमान लगाना कठिन नहीं था।

अब मैं डॉ. बद्रीप्रसाद पंचोली से मुखातिब था। उन्होंने पहला ही प्रश्न किया 'आपने अध्ययन कहाँ से किया है?' यह वे प्रश्न हैं, जो प्राय: प्रत्येक उम्मीदावार से किए जाते हैं। 'सर, मैंने एम.ए. जामिया मिल्लिया इस्लामिया से किया है तथा एम.फिल./पीएच.डी. जे.एनयू. नई दिल्ली से।' मैंने बहुत शालीनता और आत्मविश्वास के साथ उत्तर दिया। मैं उस समय नहीं समझ सका था कि मेरा उत्तर सुनकर डॉ. पंचोली जो अब तक कुछ शिथिल, बेपरवाह, सहज-से कुर्सी पर तनिक आराम की मुद्रा में बैठे थे, अजीब फुर्ती के साथ चैतन्य और सचेत होते, मेरी और कुछ झुकते हुए, आँख और मुँह से गोलाकार आकृति बनाते हुए तपाक से पूछा—'जे.एन.यू में आपके पीएच.डी सुपरवाइजर कौन थे?' यह प्रश्न स्वाभाविक था, क्योंकि जे.एन.यू का नाम आते ही 'कनिष्ठिकातिष्ठति कालिदास:' की तर्ज पर प्रो. नामवर सिंह का नाम किसी भी हिंदी विद्वान के मन-मस्तिष्क में अनायास कौंध जाना स्वाभाविक है, यद्यपि उस समय वहाँ हिंदी विभाग में केदारनाथ सिंह, मैनेजर पांडेय, एस.पी. सुधेश, सावित्री शोभाचंद्र, बी.एम. चिंतामणि सरीखे सर्वथा योग्य, अनुभवी और कुशल अन्य प्राध्यापक भी विद्यमान थे, पर मानो नामवर सिंह और जे.एन.यू में हिंदी विभाग (भारतीय भाषा केंद्र) जैसे एक-दूसरे के पर्याय बन गए हो और जे.एन.यू कहते ही उसके प्रथम अभिधान के रूप में नामवर सिंह की ही छवि सामने उभरती है। मैंने बहुत आत्मविश्वास और ठसक के साथ कहा—"जी, प्रो. नामवर सिंह।" इतना सुनना था कि डॉ. बद्रीप्रसाद पंचोली जो अभी तक बहुत सहज और संयत से लग रहे थे, अचानक एकदम से उनकी अकादमिक सक्रियता मानो बढ़ गई और हाव-भाव, मुखाकृति, हस्तमुद्राएँ सब बदल सी गईं। वे अब जे.एन.यू. परिवेश, नामवर सिंह आदि को लेकर अपनी ओर से एक तरफा कुछ कहने लगे, जो प्रश्न तो नहीं थे, बल्कि इन पक्षों पर उनके वक्तव्य कहे जा सकते हैं। उनकी बातों से प्रतीत हो रहा था कि हिंदी, नामवरसिंह, जे.एन.यू और साहित्य जगत को लेकर उनके पास कहने के लिए बहुत सी रोचक जानकारियाँ और संस्मरणात्मक अनुभव हैं, पर वहाँ इन बातों के लिए अधिक अवकाश नहीं होने के बावजूद, वे ऐसा बहुत कुछ कह गए, जिनसे उनके अनुभवजन्य ज्ञान को समझने का सूत्र तो मिल ही गया था। उनको सुनना अच्छा लग रहा था, पर एक परवश उम्मीदवार और धैर्यवान श्रोता की तरह मैं उनकी बातें सुन रहा था और इस बात की प्रतीक्षा कर रहा था कि आगे क्या प्रश्न होंगे। 'आपके शोध का विषय क्या था?' उन्होंने तत्काल दूसरा प्रश्न किया। मैंने जैसे ही उत्तर दिया—"एम.फिल. के लिए—*मेघदूत के काव्यानुवाद* और पीएच.डी. के लिए—*मिश्रबंधु के आलोचनाकर्म का पुनर्मूल्यांकन*, सुनते हुए उन्होंने पूछा—'एम.ए. में आपके विशेष अध्ययन का विषय क्या था?' मैंने कहा—'उर्दू साहित्य।' मेरे पास मुक्तिबोध के रूप में दूसरा विशेष प्रश्नपत्र भी था, पर उसे नहीं कहकर मैंने उर्दू का नाम लिया। डॉ. बद्रीप्रसाद पंचोली ने पहले से और भी अधिक सचेत होते हुए आश्चर्य के साथ कहा—'आप उर्दू के नहीं, हिदी के प्राध्यापक का साक्षात्कार देने आए हैं।' मुझे लगा कि मेरे इस उत्तर से वे कुछ झुझलाए और कथन शैली में धीरे से बोले—'एम.ए. में उर्दू साहित्य, एम.फिल. में संस्कृत और पीएच.डी. में मिश्रबंधु यानी हिंदी साहित्य का इतिहास तो आप से प्रश्न किस पक्ष पर किया जाए?' मैं इस प्रश्न की प्रतीक्षा कर रहा था, क्योंकि मैंने सोची-समझी रणनीति के तहत पहले से इसका उत्तर सोच रखा था। बिना किसी विलंब के मैंने कहा—'वैसे तो हिंदी-साहित्य के किसी पक्ष पर प्रश्न करें पर अगर काव्यशास्त्र और भाषाविज्ञान से प्रश्न करेंगे, तो मुझे अधिक सहुलियत होगी।' मैंने बाहर बैठे कुछ उम्मीदवारों से सुन रखा था कि चयन समिति के समक्ष आप चाहे अपनी रुचि का कोई भी विषय कह दें, पंचोली जो काव्यशास्त्र और भाषाविज्ञान जैसे विषयों से प्रश्न

जरूर पूछते हैं। यह कहने में मुझे कोई संकोच नहीं कि यहाँ मैंने एक अपनी योजना के तहत ट्रिक की और यह खतरा मोल लिया कि जिन विषयों से सभी उम्मीदवार डरते हैं, बावजूद इसके प्रश्न उन्हीं विषयों से पूछे जा रहे हैं तो क्यों न अपनी ओर से ही मैंने उन्हीं विषयों की रुचि-वरीयता दे दूँ। हालाँकि इसके खतरे भी कम न थे, पर यह प्रयोग करने की गलती मैंने की। मेरे वरिष्ठ मित्र कहा करते थे कि इंटरव्यू देना एक कला के साथ-साथ एक ट्रिक (चालाकी) भी। मैं अपने प्रयोग में सफल रहा, तीर सही निशाने पर लगा, क्योंकि डॉ. पंचोली ने कहा—'आपसे काव्यशास्त्र और भाषाविज्ञान पर नहीं, संस्कृत साहित्य और हिंदी साहित्य का इतिहास से प्रश्न किए जाएँगे। आप तैयार हैं ?' मुझे जैसे मुँहमागी मुराद मिल गई। मैं अपनी रुचि और इच्छा के अनुरूप साक्षात्कार को अपनी मनचाही दिशा में मोड़ सकने में कामयाब हो गया था। जो विद्यार्थी साक्षात्कार से घबराते और डरते हैं, मैं उनसे पूरे आत्मविश्वास के साथ कह सकता हूँ कि इंटरव्यू को अपनी मनचाही दिशा में मोड़ा जा सकता है और यह आप पर निर्भर है कि आपसे इंटरव्यू में क्या पूछा जाए ? मुझे पंचोली जी के संस्कृत परिज्ञान का अनुमान हो गया था। इसलिए ऐसा लगा कि साक्षात्कार के केंद्र में मेरा एम.फिल. विषय *मेघदूत के काव्यानुवाद* रहने वाला है।

डॉ. बद्रीप्रसाद पंचोली अब *मेघदूत* को लेकर मुझसे मुखातिब थे। मुझे ऐसा प्रतीत हुआ कि वे *मेघदूत* पर जितना पूछ सकते थे, सब कुछ सामने आनेवाला है। अनुवाद पर प्रश्न हुए मैंने संयत होकर उनके उत्तर दिए। उन्होंने मेघदूत के अनेक प्रसंगों का उल्लेख किया मैंने उन स्थलों से संबंध मूल छंद उनको सुना दिए। अब तक 30-35 मिनट हो गए थे, पर डॉ. पंचोली *मेघदूत* के बहाने संस्कृत, संस्कृत की गीतिपरंपरा, *मेघदूत*, उसके अनुवाद आदि पर धाराप्रवाह बोले जा रहे थे। एक बार तो लगा ही नहीं कि मेरा साक्षात्कार हो रहा है। ऐसा लगा कि किसी सभा में वे बोल रहे हैं और सामने मैं एक मौन श्रोता की तरह उन्हें सुन रहा हूँ। उन्हें सुनते हुए मेरे मुँह से अनायास—अचानक निकल गया—'वाह-वाह-क्या बात है, सर!' तत्काल चयन समिति के अध्यक्ष ने मुझे टोका—'Mr. Shambhunath, are you praising and appreciating us ?' (मि. शंभूनाथ आप हम लोगों को शाबासी दे रहे हैं?) मैंने तत्काल क्षमायाचना करते हुए कहा—'नहीं सर, ऐसी कोई बात नहीं। श्रीमान जी कि ज्ञानाभिव्यक्ति को सुनते हुए मैं इतना अभिभूत हो गया था कि एक पल को भूल गया कि मैं इंटरव्यू दे रहा हूँ।' इस बात पर अध्यक्ष की नाराजगी को देखते हुए डॉ. पंचोली ने यथोचित रूप से मेरा बचाव किया। मैं मन ही मन उनका कृतज्ञ हो रहा था, वरना अध्यक्ष तो मुझसे लगभग नाराज हो ही गए थे। आखिर क्यों न हो, साक्षात्कार देने वाला एक सामान्य उम्मीदवार विषय विशेषज्ञ को वाहवाही और शाबाशी दे, यह तो धृष्टता है, अक्षम्य शरारत है। मैंने अनुभव किया कि डॉ. पंचोली ने माहौल को हल्का और अनुकूल करने में जिस तरह एक मध्यस्थ की भूमिका निभाई, वह मुझे सहज करने के लिए ही थी। पता नहीं क्यों लगा रहा था कि डॉ. पंचोली की पूरी सहानुभूति मेरे पक्ष में है।

डॉ. बद्रीप्रसाद पंचोली के संतुष्ट हो जाने के पश्चात् अध्यक्ष ने दूसरे विशेषज्ञ से प्रश्न करने के लिए कहा, जो केवल राजस्थानी भाषा और साहित्य पर प्रश्न कर रहे थे। उन्होंने, जैसे कि अपेक्षा थी, उसी अनुरूप प्रश्न किया—'आप तो राजस्थानी भाषा साहित्य जानते नहीं, राजस्थानी के ग्रामीण बच्चों को पढ़ाना पड़ेगा। कैसे पढ़ाएँगे ?' मैं थोड़ा असहज होता कि उससे पहले पंचोली जी ने बीच में ही टोकते हुए कहा—'शंभुनाथ जी, आप राजस्थानी भाषा, और साहित्य के विषय में कुछ जानते हैं ?' दोनों के कहने का मतलब एक था, पर कथन की भंगिमा पर ध्यान दें, तो जोशी जी का कथन नकारात्मक भाव प्रकट करता था, पंचोली जी का कथन सकारात्मक दृष्टिकोण का परिचायक कहा जाएगा। मैंने कहा कि जहाँ तक मैं समझता हूँ राजस्थानी नाम से कोई भाषा नहीं होती। यह बात

मैंने क्यों कही, नहीं जानता, वह भी उस समय जब राजस्थानी का आंदोलन चल रहा था और उसे संविधान में मान्यता देने की मुहिम जोर-शोर से चलाई जा रही थी। मैं भाषा की इस सियासत से पूरी तरह अनजान था। मैंने अपनी बात पर जोर देते हुए कहा—'आप जिसे राजस्थानी कह रहे हैं, हम उसे हिंदी की जननी कहते हैं। वह हिंदी ही है, क्योंकि आचार्य रामचंद्र शुक्ल ने हिंदी का आदिग्रंथ *पृथ्वीराज रासो* को माना है, जो हिंदी का आदि रूप है। अगर वह राजस्थानी है तो इस रूप में तो मैं उसे जानता हूँ।' आप प्रश्न करें। बीच में हस्तक्षेप करते हुए अचानक फिर पंचोली जी बोल पड़ें—'शंभुनाथ जी आप *मेघदूत* के अनुवादों की चर्चा करते हुए किसी राजस्थानी अनुवाद की भी बात कर रहे थे।'' मैंने कहा—'अच्छा वह। हाँ, वह तो बहुत ललित और उत्कृष्ट अनुवाद है, देशराजसिंह भाटी का किया हुआ, जो लम्क्षीमल सिंघवी के संपादन में जोधपुर से निकलने वाली *प्रेरणा* पत्रिका में प्रकाशित हुआ था।' दूसरे विशेषज्ञ प्रो. नेमिनारायण जोशी ने पूछा कि क्या मैं किसी छंद का कोई अनुवाद उदाहरण के रूप में सुना सकता हूँ। मैंने कहा, 'क्यों नहीं और इसी बहान *मेघदूत* की पीठिका के रूप में मैंने प्रथम छंद और उसकी आत्मा कहे जाने वाले उत्तरमेघ के सबसे लोकप्रिय-अच्छे छंद के राजस्थानी अनुवाद को सुनाने का प्रस्ताव दिया। स्वीकृति मिलने पर मैंने पहले दोनों छंद सुनाए। मेरे सुनाकर समाप्त करते ही अध्यक्ष ने तपाक से कहा—'अरे, तुम तो राजस्थानी जानते हो।' पंचोली जी प्रसन्नचित्त मुद्रा में चँहक और पिहँक से पड़े। नेमिनारायण जोशी भी संतुष्ट हो गए। मुझे सबसे अधिक प्रसन्नता इस बात की थी कि यहाँ डॉ. बद्रीप्रसाद पंचोली ने अपने वैदुष्य संवलित प्रत्युत्पन्नमति से मुझे *मेघदूत* के राजस्थानी अनवुाद का स्मरणोल्लेख करवाकर एक संकटमोचक की तरह साक्षात्कार को मेरी मनचाही दिशा में अनुकूल विषय की ओर एक बार फिर मोड़ दिया था, जो मेरे साक्षात्कार का अहम मोड़ साबित हो गया। पंचोली जी की मेरे प्रति साहित्यिक सहानुभूति ने शायद साक्षात्कार रूपी मेरी नैया पार लगवा दी थी। आश्चर्य है कि हिंदी प्राध्यापक के साक्षात्कार में मुझसे हिंदी साहित्य से न के बराबर प्रश्न किए गए। हिंदी का प्राध्यापक तो मैं था ही, जो मेरे हिंदी साहित्य की सामान्य समझ की सूचना देने के लिए पर्याप्त था। पूरी चयन समिति संस्कृत और राजस्थानी में उलझ गई। मेरी पंचोली जी के साथ संस्कृत साहित्य-परिचर्चा पूरी चयन समिति ध्यान से सुन रही थी। करीब 50 मिनट चले साक्षात्कार के दौरान डॉ. बद्रीप्रसाद पंचोली के संस्कृतज्ञान संवलित अगाध पांडित्य और साहित्यिक परिज्ञान का मुझे बार-बार आभास मिलता रहा।

साक्षात्कार के बाद मैं तो निश्ंचित भाव से कक्ष से बाहर आ गया था। जो भी हो, मैं तो चला आया और सोचता रहा कि डॉ. बद्रीप्रसाद पंचोली के व्यक्तित्व के कई स्तरों को समझने के लिए, साहित्य के प्रति उनके समर्पण को जानने के लिए, उनके सहयोगी स्वभाव से परिचित होने के लिए, एक बहुपठित साहित्यसेवी के असाधारण व्यक्तित्व से रूबरू होने के लिए, उनके मानवतावादी निष्पक्ष आकलनपरक दृष्टि को परखने के लिए इस साक्षात्कार से बढ़िया माध्यम भला और क्या हो सकता था! साक्षात्कार के बाद मुझे इस बात का पूरा सन्तोष था कि एक विद्वान व्यक्ति के समक्ष साक्षात्कार देने का अवसर मिला, चयन भले हो या न हो, यह बाद की बात है।

बहरहाल, डॉ. बद्रीप्रसाद पंचोली से परिचित होने का यह मेरा पहला अवसर था, जिन्होंने अनेक मायने में मेरे ऊपर एक अमिट छाप छोड़ी। हालाँकि चयन समिति की अपनी गरिमा और सीमा के बावजूद मैंने उनके वैदुष्य की प्रशंसा कर ही दी थी, जिसका खमियाजा भी मुझे अध्यक्षीय डॉट के रूप में भुगतना पड़ा था जो शायद मेरे चयन के विरुद्ध भी जा सकता, पर ये पंचोली जी ही थे, जिन्होंने स्थिति को न केवल संभाला बल्कि साक्षात्कार के माहौल और दबाव को कम करते हुए उसे मेरे पक्ष में मोड़ने का सतत उपक्रम किया। इस साक्षात्कार के बाद जब

वे मुझसे पहली बार एक सेमीनार में मिले, तो उन्होंने मुझसे संबंधित चयन समिति के आपसी संवाद को अनावृत करते हुए मेरे साथ साझा किया। पंचोली जी से उक्त सेमीनार में प्रथम अकादमिक मेल-मिलाप का वह अनुभव भी कम रोचक नहीं है जिसका उल्लेख आगे करना अपेक्षित होगा। उसके बाद तो उनसे किसी न किसी बहाने से अकसर मिलना हो ही जाता था। किसी से आत्मीय संवाद का सबसे अच्छा जरिया होता है सेमीनार, जो राजस्थान में होते ही रहते हैं और बद्रीप्रसाद पंचोली प्राय: किसी न किसी सेमीनार में टकराते ही रहे हैं। सेमीनार में यह मिलना उन्हें करीब से जानने, समझने का सबब बनता रहा, जिसके बिना पर मैं उनके बारे में साधिकार कुछ कह सकने की स्थिति में हूँ।

डॉ. बद्रीप्रसाद पंचोली को राजस्थान के अग्रणी साहित्यकारों में प्रतिष्ठित रचनाकार के साथ-साथ हिंदी के एक योग्य, कुशल और अति लोकप्रिय प्राध्यापक के रूप में जाना-पहचाना जाता है। वे राजस्थान उच्च शिक्षा सेवा के महाविद्यालयी सेवा से हिंदी प्राध्यापक के रूप में दशकों तक जुड़े रहे हैं। हिंदी साहित्य के प्राध्यापक के रूप में डॉ. पंचोली अपने अगाध संस्कृत ज्ञान के कारण हिंदी की शास्त्रीय परंपरा के प्राध्यापक हैं, जहाँ से पोषण प्राप्त कर वे तदनुरूप अपनी अध्यापकीय शैली से हिंदी साहित्य के अध्यापन को साहित्य और शास्त्र की व्यावहारिकता से संपृक्त करने वाले कतिपय गिने-चुने हिंदी प्राध्यापकों में सम्मिलित किए जा सकते हैं। इस तरह उनकी छवि एक ऐसे बहुआयामी लोकप्रिय हिंदी प्राध्यापक की बनती है, जो संस्कृत और हिंदी साहित्य के आपसी समन्वय से अध्यापन की गंभीर शैली का प्रस्तोता बन जाता है।

गवर्नमेंट कॉलेज, अजमेर, जो अपने अकादमिक और अनुशासनात्मक गुणवत्ता के कारण राजस्थान के ही नहीं, बल्कि देश के कुछ गिने-चुने प्रतिष्ठित राजकीय/ऑटोनोमस महाविद्यालयों में अपना सुनिश्चित स्थान और महत्व रखता है, से दशकों तक जुड़े रहे बद्रीप्रसाद पंचोली महाविद्यालय की अकादमिक गतिविधियों के साथ-साथ रचनात्मक/सर्जनात्मक लेखन ओर सामाजिक-सांस्कृतिक गतिविधियों के संचालन में गहरी रुचि रखने वाले बहुआयामी व्यक्तित्व के धनी कहे जा सकते हैं।

सन् 1996 की बात है। मार्च महीने में राजस्थानी अकादमी, बीकानेर के सौजन्य से शाहपुरा (रामस्नेही संप्रदाय के प्रमुख पीठ के रूप में विख्यात भीलवाड़ा जिले का महत्वपूर्ण स्थान, जो हिंदी साहित्य के अध्येताओं के लिए अनजाना नहीं है) में एक राज्य स्तरीय साहित्यिक सेमीनार आयोजित हुआ था, जिसमें मैं भी सम्मिलित था। चूँकि शाहपुरा भीलवाड़ा से बहुत दूर नहीं है, इसलिए मैंने सेमीनार के उद्घाटन वाले दिन ही सुबह वहाँ जाने का फैसला किया। मेरे साथ मेरे विभागीय सहयोगी सुप्रसिद्ध बालसाहित्यकार डॉ. भैरूँलाल गर्ग भी थे। हम लोग अल्पाहार के पश्चात् आयोजन स्थल की ओर धीरे-धीरे बढ़ ही रहे थे कि सामने से कुछ दूर एक सज्जन आते हुए दिखाई दिए। मैंने ध्यान नहीं दिया, पर डॉ. भैरूँलाल गर्ग ने मेरा ध्यान आकृष्ट करते हुए कहा कि सामने से डॉ. बद्रीप्रसाद पंचोली (भैरूँलाल जी पिछले कई वर्षों से भीलवाड़ा महाविद्यालय में पढ़ा रहे थे वे उनसे भलीभाँति परिचित थे। मुझे तो अभी वहाँ नियुक्त हुए महज पाँच महीने ही हुए थे) आ रहे हैं। मुझे अच्छा लगा कि चलिए नियुक्ति के बाद पहले ही सेमीनार के माध्यम से मुझे डॉ. बद्रीप्रसाद पंचोली से जल्दी ही मिलने का एक और अवसर मिल रहा है। मैंने भैरूँलाल गर्ग से कहा—"गर्ग साहब मुझे पंचोली जी से बात करनी है। वे मेरे आर.पी.एस.सी. के साक्षात्कार में विषय-विशेषज्ञ रहे हैं।" तब तक वे मेरे समीप आ चुके थे। आगे बढ़कर मैंने अपना परिचय देते हुए जैसे ही उनके पैर छूने चाहे तो उन्होंने तपाक से कहा—'नहीं, आप मेरे पैर नहीं छूएँगे।

शंभुनाथ तिवारी आप विद्वान हैं। मुझे अच्छा लगा कि एक साक्षात्कार देने वाले उम्मीदवार से वे इतने प्रभावित हुए थे कि उसका नाम भी उन्हें स्मरण है। मेरा हाथ पकड़कर मुझे गले से लगाते हुए डॉ. भैरूँलाल गर्ग से मुखतिब होते हुए उन्होंने कहा—'भैरूँलाल जी, शंभुनाथ जी के लिए मैंने चयन समिति के अध्यक्ष से लड़ाई की थी। मैंने कहा कि इस उम्मीदवार को राजस्थान अवश्य बुलाना चाहिए। यह तो मध्य प्रदेश में पहले से ही पढ़ा रहा है, पर मुझे विश्वास है कि यदि इसे राजस्थान बुलाया गया, तो वह अवश्य आएगा। उन लोगों ने मेरी बात मान ली। मैं आपकी विद्वत्ता और विषय-प्रस्तुतीकरण से बहुत प्रभावित हुआ था, वरना मैं तो मानकर और ठानकर बैठा था कि जे.न.यू. वाले साहित्य नहीं जानते, वे तो सिर्फ मार्क्सवाद पढ़ते हैं, वे साहित्य की क्लासिक परंपरा से कटे होते हैं, जो साहित्य की रूह है, पर आप तो अपवाद निकले। आपने मेरा यह भ्रम और मिथक भी तोड़ दिया था। इसलिए मैं आपका पक्ष ले रहा था। मुझे खुशी है कि मेरी बात को सभी ने स्वीकार कर लिया।' मैं बहुत कृतज्ञभाव से उनकी बातें सुन रहा था और उनके प्रति श्रद्धाभाव से विनयावनत होता जा रहा था। उन्होंने कहा—'अब आप राजस्थान में काम कीजिए और काम से अपना नाम कीजिए। आप मेरे अनुजवत हैं।' ध्यातव्य है कि उस समय डॉ. पंचोली मुझसे उम्र में कितने बड़े और वरिष्ठ थे कि वे संभवत सन् 1993-1994 में सेवानिवृत्त हुए होंगे और मैंने राजस्थान में सन् 1995 में अपनी नौकरी शुरू की थी, बावजूद इसके मुझे वे अनुजवत मानते रहे तो यह उनका बड़प्पन ही कहा जाएगा। अभी हमारी बातचीत चल ही रही थी कि सेमीनार के आरंभ की उद्घोषणा हुई। हम सब मंच की ओर जाने लगे।

राजस्थान लोक सेवा आयोग से भीलवाड़ा के राजकीय महाविद्यालय में हिंदी के प्रवक्ता पद पर चयनित होने के बाद एक बार डॉ. बद्रीप्रसाद पंचोली एक सेमीनार में अध्यक्ष की हैसियत से विद्यमान थे। मुझे अच्छा लगा कि आज उन्हें एक अन्य रंग में सुनने को मिलेगा और उनके ज्ञान का एक और स्वरूप हमारे सामने परिलक्षित होगा। सेमीनार का विषय राजस्थानी भाषा और साहित्य की दशा-दिशा एवं संभावनाएँ आदि को लेकर केंद्रित था। मैं तो वहाँ केवल सहभागी था, पर इस बहाने अन्य बहुत से राजस्थानी-हिंदी के रचनाकारों को देखने-सुनने का जो अवसर मिला, वह मेरे लिए साहित्यिक और अकादमिक महत्व का था। सबसे बड़ा अनुभव पहली बार किसी सार्वजनिक मंच से डॉ. बद्रीप्रसाद पंचोली को सुन रहा था। एक मंजे हुए साहित्यकार, एक अनुभवी रचनाकार, एक कुशल वक्ता के रूप में डॉ. पंचोली को सुनते हुए ऐसा प्रतीत हुआ कि उनके अध्ययन की रेंज बहुत व्यापक है। वैदिक संस्कृत साहित्य से लेकर लौकिक संस्कृत साहित्य, पुरानी हिंदी (अपभ्रंश / राजस्थानी) से लेकर आधुनिक हिंदी साहित्य तक के विविध पक्षों पर उनकी समझ तो व्यापक है ही, उसे व्यक्त करने की उनकी शैली भी बहुत रोचक है। किसी गंभीर विषय को भी हासपरिहास और व्यंग्य के सहारे सर्वजन ग्राह्य और रोचक बनाने की कला हर किसी वक्ता के पास नहीं होती, पर डॉ. बद्रीप्रसाद पंचोली के पास यह हुनर बखूबी विद्यमान है। वे अपने किसी विषय पर घंटों बोलकर सामने बैठे श्रोता को ऊबने नहीं देते, यह कोई मामूली विशेषता नहीं है। वर्षों की गंभीर तपस्या और गहन साधना के बल पर ही ऐसी वक्तृत्व कला में पारंगत हुआ जा सकता है। अच्छे से अच्छे विद्वान्, साहित्यकार और विषय के जानकार प्रस्तुति में इतने लचर और अरोचक देखे गए हैं कि श्रोता के मन में उन्हें सुनने से पूर्व की उनकी बनी बनाई इमेज विपरीत रूप धारण कर लेती है। राजस्थानी के उस सेमीनार में डॉ. बद्रीप्रसाद पंचोली ने न केवल विषय को समसामयिक परिप्रेक्ष्य से जोड़कर प्रस्तुत किया, बल्कि अनेक उदाहरणों और दृष्टांतों के माध्यम से विषय के विविध पहलुओं पर व्यापक प्रकाश डालते हुए वे अध्यक्षीय गरिमा

के अनुरूप अपना प्रभाव छोड़ने में पूरी तरह सफल रहे। मुझे छोड़कर वहाँ उपस्थित हिंदी और राजस्थानी के लगभग सभी साहित्यकार मित्र डॉ. बद्रीप्रसाद पंचोली के व्यक्तित्व और कर्तृत्व से भलीभाँति परिचित थे। अब मैं भी उनके साहित्यिक कद को जानने और समझने लगा था, जो आगे और भी व्यापक एवं दृढ़तर होता गया। राजस्थान में ऐसे गिने-चुने साहित्यकार होंगे, जिनकी पहचान राज्य-प्रांत की सीमाओं का अतिक्रमण कर बाहर भी उसी तरह है, जैसी राजस्थान में रही है।

तमाम विपरीत अकादमिक परिवेश में लेखन, रचनात्मकता-सर्जनात्मकता की कसौटी पर खरे उतरने वाले जिन कतिपय लोगों का नाम ससम्मान लिया जा सकता है, उनमें बद्रीप्रसाद पंचोली का नाम विशेष रूप से उल्लेखनीय है। राजस्थान के राजकीय महाविद्यालयों के अ-अकादमिक परिवेश-परिस्थिति में डॉ. बद्रीप्रसाद पंचोली जैसा होना एक सामान्य उपलब्धि नहीं कही जा सकती।

बद्रीप्रसाद पंचोली न केवल एक कुशल और योग्य प्राध्यापक रहे हैं, वरन साहित्य की विविध विधाओं में प्रभूत साहित्य सर्जन करने वाले बहुमुखी प्रतिभा के साहित्यकार भी रहे हैं। संपादन, संकलन-प्रकाशन के साथ शताधिक मौलिक पुस्तकें उनके हिस्से में दर्ज हैं। कविता, उपन्यास, नाटक, एकांकी, संस्मरण, यात्रा-वृत्तांत आदि विधाओं में उनकी साहित्यिक प्रतिभा प्रस्फुटित हुई है। वैदिक साहित्य के अध्ययन में जितनी रुचि डॉ. बद्रीप्रसाद पंचोली की है, उतनी बहुत कम हिंदी प्राध्यापकों की होगी। वैदिक साहित्य के अध्ययन पर उनकी अनेक पुस्तकें प्रकाशित हैं। वे आज भी वैदिक अध्ययन की दिशा में उसी उत्साह और ऊर्जा के साथ सक्रिय हैं।

डॉ. बद्रीप्रसाद पंचोली की कुछ प्रमुख विशेषताएँ हैं, उनकी संगठन क्षमता और उनका नेतृत्व-कौशल। अपनी इन विशेषताओं के कारण वे राजस्थान की अनेक साहित्यिक संस्थाओं से बहुत सक्रिय रूप से जुड़े रहे और उनके बड़े पदों पर भी रहे। साहित्य के प्रति उनके लगाव और समर्पण को देखकर सुखद आश्चर्य होता है। केवल हिंदी भाषा और साहित्य की ही बात नहीं, उसके तो वे प्राध्यापक थे ही, राजस्थानी और संस्कृत साहित्य के उत्थान के लिए वे आज भी निरंतर सक्रिय दिखाई देते हैं। राजस्थान सरकार की अनेक अकादमियों, संस्थाओं, विश्वविद्यालय के विभिन्न विभागों के अध्ययन मंडल एवं परिषदों के सदस्य एवं पदाधिकारी के रूप में डॉ. बद्रीप्रसाद पंचोली की साहित्यिक सेवाओं की परिधि बहुत व्यापक और सूची बहुत लंबी है।

अजमेर में रहते हुए वहाँ की साहित्यिक संस्थाओं, महाविद्यालयों, आयोग आदि की अकादमिक गतिविधियाँ मुझे लगता है कि उनके बिना शायद ही संपन्न होती हों। स्थानीय महर्षि दयानंद सरस्वती विश्वविद्यालय की समस्त अकादमिक समितियों के संचालन मंडल से सक्रिय सदस्य के रूप में जुड़कर उन्होंने विश्वविद्यालय की अकादमिक गतिविधियों की कार्यान्वित में अप्रतिम योगदान दिया है। यहाँ इस बात का उल्लेख करना आवश्यक लगता है कि अजमेर विश्वविद्यालय में हिंदी विभाग नहीं होने के बावजूद हिंदी की अकादमिक गतिविधियाँ अगर हमेशा सुचारु रूप से चलती रही हैं तो उसके पीछे डॉ. पंचोली का सर्वाधिक सहयोग और योगदान स्वीकार किया जाना चाहिए। सेवानिवृत्ति के बावजूद विश्वविद्यालय की नियमित शैक्षणिक गतिविधियों के संचालन और आयोजन में डॉ. पंचोली की सक्रियता तो सचमुच अनुकरणीय और उल्लेखनीय कही जा सकती है। जब से पी-एच.डी. के लिए कोर्सवर्क की कक्षाएँ अनिवार्य की गईं, तब से हिंदी और संस्कृत के कोर्सवर्क की कक्षाओं के संचालन में बद्रीप्रसाद पंचोली का सर्वाधिक योगदान स्वीकार किया जा सकता है। विश्वविद्यालय में एम.ए. वैदिक साहित्य की कक्षा आरंभ करवाना, पाठ्यक्रम संचालित करवाना, उसके लिए विद्यार्थियों को प्रेरित करना और सबसे बड़ी

बात उसकी अवैतनिक कक्षाएं उसी नियमितता और सक्रियता के साथ आयोजित करवाकर स्वयं अध्यापन करना, डॉ. पंचोली की ऐसी सेवाएँ हैं, जो कम से कम राजस्थान में विरल और अकल्पनीय कही जाएँगी। आज भी वे इन कार्यों में उसी ऊर्जा और उत्साह के साथ सक्रिय हैं। मैं उनकी सक्रियता का सदैव साक्षर रहा हूँ। मुझे तो कई बार आश्चर्य होता है कि वे इतना सारा दायित्व अकेले कैसे उठा लेते हैं! इन सबके अतिरिक्त वे दूर-दूर तक सेमीनार-संगोष्ठियों में नियमित सहभागिता करने में भी कभी पीछे नहीं रहते। पारिवारिक ओर सामाजिक दायित्व के निर्वहन में भी वे उसी तरह देखे जाते हैं। उससे भी बड़ा आश्चर्य कि यह सब करते हुए उनके चेहरे पर कभी कोई तनाव और थकान नहीं दिखाई देती है। आज की तनावभरी जीवनशैली में जब लोग मुस्कराना-हँसना लगभग भूलते जा रहे हों, लोगों को हँसाने के लिए हँसने की कृत्रिम व्यवस्था के तहत लॉफिंग क्लासेज (हास्य कक्षाएँ) आयोजित की जाने लगी हों, तब डॉ. बद्रीप्रसाद पंचोली जैसे जीवट इनसान के चेहरे पर स्वाभाविक प्रसन्नता और उन्मुक्त हास का उत्फुल्ल आवरण एक अविश्वसनीय और अनुकरणीय अजूबे से कम नहीं कहा जाएगा। डॉ. पंचोली हँसते हैं तो उनका पूरा चेहरा, उनकी आँखें, आपादमस्तक उनका पूरा शरीर, उनके अंग-प्रत्यंग उनकी इस मुक्त हास में सहभागिता निभाते हैं। उस समय उनके आसपास हास-परिहास का जो आभामंडल निर्मित होता है, उसका साक्षी बनना बहुत सुखद अनुभव कहा जाना चाहिए। ऐसा विलक्षण अवसर जिसे मिले, वह सचमुच भाग्यशाली है। इस दृष्टि से मैं स्वयं को बहुत गौरवान्वित अनुभव करता हूँ।

मैं राजस्थान में अपने ठहराव की लंबी अवधि में डॉ. बद्रीप्रसाद पंचोली से अक्सर मिलता रहा हूँ। राजस्थान के विभिन्न शहरों में किसी सेमीनार के बहाने या अजमेर किसी सेमीनार, लोक सेवा आयोग के कार्य या विश्वविद्यालय में अकादमिक-प्रशासनिक विभागीय कार्य के निमित्त जाने पर उसने मिलने का अवसर मिल ही जाता रहा है। राजस्थान से बाहर भी मुझे एकाध बार उनके साथ सेमीनार में जाने का अवसर मिला है, जिसके अंतर्गत मार्च 2008 में केंद्रीय हिंदी संस्थान, आगरा द्वारा आयोजित प्रथम हिंदी शिक्षण सम्मेलन, जिसमें भारत के सभी विश्वविद्यालयों के हिंदी विभागाध्यक्ष एवं देश भर से हिंदी के वरिष्ठ प्राध्यापक सम्मिलित थे, में मैं उनके साथ था। उस सम्मेलन के उद्घाटन सत्र की अध्यक्षता प्रो. नामवर सिंह ने की थी, जिसमें प्रो. शिवकुमार मिश्र, प्रो. नित्यानंद तिवारी, आचार्य विश्वनाथ त्रिपाठी मंच पर उपस्थित थे। उस सत्र का संचालन प्रो. शंभुनाथ (तत्कालीन निदेशक, केंद्रीय हिंदी संस्थान) ने किया था। उस सम्मेलन में राजस्थान से गिने-चुने लोग ही आमंत्रित थे, जिनमें डॉ. बद्रीप्रसाद पंचोली, प्रो. कृष्ण कुमार शर्मा, डॉ. कृष्ण कुमार रत्तू, पल्लव नंदवाना और मैं सम्मिलित थे। डॉ. पंचोली के साथ उस सम्मेलन की बहुत अच्छी स्मृतियाँ मेरे पास यथावत आज भी सुरक्षित हैं, यह भी कि हम लोग वापस एक ही बस में साथ आए थे। ऐसे सेमीनार, सम्मेलन और अकादमिक यात्राएँ आपसी संबंधों को तो प्रगाढ़ करती ही हैं, एक-दूसरे को बहुत करीब से जानने-समझने-पहचानने का पर्याप्त अवसर भी सुलभ करवाती हैं।

मुझे हमेशा ऐसा लगा कि डॉ. बद्रीप्रसाद पंचोली का मानवीय संवेदनात्मक पक्ष बहुत प्रबल है जो उनके कार्य और व्यवहार में बराबर परिलक्षित होता है। डॉ. पंचोली की वैयक्तिक विचारधारा कोई भी हो, उनके व्यक्तित्व का मूल्यांकन करते समय उनके उस मानवीय पक्षधरता को नजरअंदाज नहीं किया जा सकता। मेरा तो यह भी मानना है कि उनके कार्यों का मूल्यांकन दक्षिणपंथ और वामपंथ के सीमित दृष्टिकोण से अलग मानवपंथ के नजरिये से करना चाहिए, क्योंकि जब सीमित दायरे वाले परीक्षण टूल से किसी व्यक्ति का मूल्यांकन संभव न हो तो मानवपंथ वाला टूल ही कारगर हो सकता है। मैंने जितने करीब से जितनी बार भी डॉ. पंचोली को देखा है उनके

व्यवहार से कभी लगा ही नहीं कि वे मुझे जे.एन.यू. की संस्कार शाला से दीक्षित-परीक्षित एक वामपंथी विचारधारा वाले व्यक्ति के रूप में जान और समझ रहे हैं बल्कि हमारे मध्य कभी विचारधारा न तो आई, न उसकी कभी आपसे चर्चा ही हुई। बस, हर बार ऐसा लगा कि हमलोग मानवतावादी दृष्टि से संबंधों के धरातल पर एक घरेलू आत्मीय परिचय के साथ मिल-जुल रहे हैं जिसमें स्नेहिल संबंधों की व्यावहारिकता है। उनसे मुझे सदैव अभिभावकत्व का स्नेह प्राप्त होता रहा है। जब भी किसी सेमिनार या अन्य अवसर पर मिलना हुआ, बहुत गर्मजोशी और अकुंठभाव का परिचय देते हुए उन्होंने सदैव साथ रखकर मुझे पूरे समय अपने से जोड़े रखा और वे हर क्षण आत्मीयता का संचार करते रहे। उनकी यह विशेषता आज भी यथावत बरकरार है।

एक के बाद एक अनेक कार्यक्रमों में उपस्थित हो जाना डॉ. बद्रीप्रसाद पंचोली की बहुत बड़ी खूबी कही जानी चाहिए। सुबह किसी शहर में तो शाम को किसी अन्य शहर में। कल सुबह किसी दूसरे स्थान पर, तो अगली शाम को किसी तीसरी सभा में। इतनी बड़ी उम्र के बावजूद उनका निरंतर चलते रहना, निरंतर यात्राएँ करना, निरंतर कार्यक्रमों में सहभागिता करना उनके जीवंत बने रहने का बहुत बड़ा प्रमाण है। शायद उनकी दिनचर्या में अब तक आज भी यही क्रम सक्रियता के साथ विद्यमान है। इतने जीवटता वाले मनुष्य आजकल कहाँ और कितने दिखाई देते हैं।

बद्रीप्रसाद पंचोली जी के पास मैं जब भी गया, उनसे जब भी मिला, उनके करीब मुझे पारिवारिक परिवेश प्राप्त होता रहा है। मैं ही नहीं, मेरे नाम से यदि कोई विद्यार्थी भी अजमेर जाकर उनसे मिला होगा तो उसे भी वही आदर-सत्कार-स्नेह और वात्सल्य मिला होगा, जो मुझे मिला करता है। ऐसे मेरे एक-दो विद्यार्थी तो आज भी बहुत नज़दीक हैं और सदैव उनके स्नेह का भाजन बनते रहते हैं। यहाँ तक कि अब मैं जब अलीगढ़ आ गया हूँ, तब भी डॉ. पंचोली का स्नेह न केवल यथावत है; बल्कि यहाँ भी कुछ लोग मुझे मिल ही गए, जो पंचोली जी के बहुत निकट रहे, शायद उनके शिष्यवत भी हों, तो कोई आश्चर्य नहीं। ऐसा बहुआयामी और चतुर्दिक प्रसरित व्यक्तित्व यदि सर्वत्र सम्मान प्राप्त करता है, तो क्या आश्चर्य! संस्कृत की निम्नलिखित सूक्ति संभवत: पंचोली जी जैसे लोगों के लिए ही बनी है :

विद्वत्त च नृपत्वं च नैव तुल्यं कदाचन।
स्वदेशे पूज्यते राजा विद्वान सर्वत्र पूज्यते

मेरा मानना है कि डॉ. बद्रीप्रसाद पंचोली के व्यक्तित्व और कृतित्व पर अनेक लोगों ने आलेख और शोधपत्र लिखे होंगे, पर वह अभी अधूरा है। हिंदी में शास्त्रीय परंपरा के निष्काम हिंदी सेवी के अकादमिक कार्यों का वास्तविक मूल्यांकन होना अभी शेष है। उनके वास्तविक, तटस्थ और निष्पक्ष-वस्तुपरक आकलन और मूल्यांकन करने की दिशा में सुधी समीक्षक की दृष्टि अवश्य उठनी चाहिए और उठेगी ही, क्योंकि :

निगाहें काबिलों पर उठ ही जाती हैं जमाने की
कहीं छुपता है अकबर फूल पत्तों में निहाँ होकर।

❖❖❖

Pancholi ji - 1955-57 Day in Kota

Rohit Chauhan

It is great pleasure and honor to be asked (by Dr. Akhilesh Sharma Ji) to write about my memoirs of a great Vedic Scholar of modern times - Bhai Saheb Dr. Badri Prasad Pacholi Ji.

While I had known Bhai Saheb as my father's extended family, I received the privilege of living with him and the Bhabhi Ji during 1955-57. We lived together at Dr. Fatah Singh Ji's house in the professor's colony of Nayapura, Kota. My father was transferred to Shri Ganganagar and I was left to complete my B.Sc. at the Kota College in care of Bhai Saheb and Bhabhi Ji.

Bhai Saheb, it seems, must have been newly married at that time. My father and his Guru, Dr. Fatah Singh Ji, was very fond of him. It speaks volumes about Bhabhi Saheb that my father felt very comfortable in leaving me, his oldest son in his mid-teens, under his able guardianship. Although it has been a long time, I still remember sitting around the family dining table and Bhabhi Ji affectionately serving chulah fresh thin ghee drenched phulkas, one at a time. She was feeding not just me and Bhai Saheb. Two other research scholar of my father also lived in the same house; Dr. Surjandas Swami and Dr. Jagat Bahadur Singh.

Those were the fun days. We talked philosophy, Vedas, and world affairs. With no worries about the next meal, thanks to Bhabhi Ji & Bhai Saheb, I could study science at the college and Vedic philosophy at home via osmosis from the learned company. Although we parted physical company around May of 1957, my family has continued to keep me informed of Bhai Saheb's devotion to Veda, progress, and accomplishments of which my father was so proud of.

It is gratifying to note that Bhai Saheb & Bhabhi Ji have continued to

---

लेखक वेदर्षि डॉ. फतहसिंह जी (पंचोली जी के गुरु) के ज्येष्ठ सुपुत्र हैं जो आजकल वैश्विक स्तर पर वैदिक ऊर्जा को प्रसारित-प्रचारित करने के लिए 'ग्लोबल सिनर्जी समिति' का संचालन कर रहे हैं।
Scottsdale, Arizona , USA

maintain their affection for me in spite of an almost life long period when we had not seen one another. I am particularly very grateful and joyous to see how well Bhai Saheb have been continuing to keep Dr. Fatah Singh Ji's Vedic legacy alive. His Guru Bhakti is truly exemplary.

It is remarkable to see Bhai Saheb so fit and enthusiastically active, when most people of his age are simply waiting for the inevitable. Taking inspiration from him, I feel encouraged to be around and active to celebrate his 100th.

❖❖❖

सुगंध ही सुगंध

डॉ. चंद्रकांत त्रिपाठी

शैशव काल में गंगा नदी के किनारे सर एडमंड हिलेरी की 'कीवी' को रोकने के लिए हमारी 'सी' टीम ने मजबूर कर दिया था जब हम उनकी अभिमान यात्रा में शामिल नाव के सामने तैरते हुए पहुँच गये थे। यह ऐतिहासिक नदी यात्रा हिलेरी ने 'गंगोत्री से सागर' नाम देकर 70 के दशक में की थी। पल गुजरते रहे कल्पनाएँ बढ़ती रहीं, समस्याएँ मुँहबाती रहीं और हम उनसे दो-चार होते रहे। सिने-संसार से लेकर संपादक बनने तक की ख्वाहिश ने सरकारी उपक्रम में अधिकारी बनाकर आमंत्रित किया; किंतु अपने बहुरंगी स्वभाव ने आखिरकार संपादक बनने का अवसर प्रदान कर ही दिया। लोगों ने टोका-टाकी की कि गृह-पत्रिकाएँ भी भला क्या *धर्मयुग* और कादंबिनी जैसी होती हैं ? क्या हिंदी समारोह में रवींद्र जैन साहब जैसे भावुक गीतकार-संगीतकार-गायक, शैल चतुर्वेदी जैसी हस्तियाँ को शामिल किया जाना चाहिए ?

इन सबको पीछे छोड़ते हुए और भारत के लगभग सभी जिलों को घूमते हुए अपनी दो नन्ही-मुन्नीं बेटियों के साथ गुलाबी नगरी जयपुर में प्रवास का अवसर मिला। आर्थिक जगत् से संबंधित उपक्रम में हर कदम पर अंग्रेजी का बोलबाला और उनमें कर्मचारियों को उसी भाषा में परीक्षा देकर, पास होकर, प्रमोशन लेना अनिवार्यता थी। उसी गुलामी को तोड़ने के लिए *मानव संसाधन विकास एवं विश्लेषण* जैसी पुस्तक लिखने का दुस्साहस भी किया। भारत सरकार के रक्षा मंत्रालय ने अपने मुख्यालय में बुलाकर इस पुस्तक को पुरस्कृत किया। गुलाबी नगरी में हम कब रंग गए इसका आभास ही नहीं हुआ।

'जीवन चलने का नाम' की तर्ज पर अपनी माँ को आकस्मिक एवं अल्पायु में खो देने का प्रत्यक्ष-अप्रत्यक्ष ऐसा प्रभाव पड़ा कि युवावस्था में ही उच्च रक्तचाप से पीड़ित हो उठा, मन खिन्न हो गया, सब कुछ मायावी एवं फरेबी का एहसास घेरे रहता। कार्यालयीन काम से अजमेर जाना हुआ और वहाँ पर सुरेश श्रीचंदानी से मेरी भेंट हुई। यद्यपि वे मेरे मातहत थे लेकिन उनके अभूतपूर्व ज्ञान-विज्ञान से मैं अत्यंत प्रभावित था। कार्यालय के बाद शाम को होटल में मैं अपने को रोक नहीं पाया सुरेश के सामने दिल खोल कर रख दिया। सुरेश ने उस समय तो नहीं सुबह नाश्ते पर अनुरोध किया कि एक बार वह मेरा कहा मान लें और कम से कम तीन महीने तक *दैनिक नवज्योति*

कुलसचिव,
केन्द्रीय हिंदी संस्थान, आगरा (उ.प्र.)
मो. : 9319213312

जो प्रतिदिन अजमेर, जयपुर, कोटा इत्यादि जगहों से प्रकाशित होता है उसमें साप्ताहिक रूप से डॉ. बद्रीप्रसाद पंचोली जी का व्यक्तित्व विकास से संबंधित कॉलम आता है। उसको आप अवश्य पढ़ें और न केवल पढ़ें; बल्कि उसका संग्रह भी करें और जब-जब भय, क्रोध, दुःख, पीड़ा, लोभ आदि आपको घेरने की कोशिश करें तो तुरंत उनके लेखों को पढ़ना शुरू कर दें। वर्ष 1995-96 से मैं सुरेश की बात मानकर डॉ. बद्रीप्रसाद पंचोली जी के आलेखों को पढ़ने लगा।

वाग्वीर, केवलाघो भवति केवलादी, असाधारण अलक्ष्य का द्रष्टा, दया, कर्म-कौशल, श्रेष्ठ बनने की चाह, मितभाषी, जीवट, अ-स्तेय,अ-परिग्रह, क्षिप्रता, अहिंसा, मंगल कामना, मधुरता, वीरता, कल्पनाशीलता, अभिव्यक्ति-कौशल, चाल-ढाल, शुचिता आदि जैसे आलेखों ने मुझे तथा परिवार को वह परिपक्वता प्रदान की जिसकी हम कभी कल्पना नहीं कर सकते थे। प्रश्न यह है कि डॉ. पंचोली जी अचानक 20 सालों बाद कैसे याद आ गए? केंद्रीय हिंदी संस्थान के नवागंतुक निदेशक प्रो. नंद किशोर पांडेय जी कार्यभार ग्रहण करने के 8-10 दिन बाद मेरे निवास पर पधारे। बात-ही-बात में बात डॉ. पंचोली जी तक पहुँच गई। प्रो. पाण्डेय जी के मुख से अचानक ही निकला 'देखिए सुगंध कहाँ से कहाँ तक फैल जाती है।' इसके कुछ ही दिनों बाद पता लगा कि डॉ. बद्रीप्रसाद पंचोली अभिनंदन ग्रंथ प्रकाशन समिति ने उनके 81वें जीवन बसंत में प्रविष्ट होने पर अभिनंदन ग्रंथ का प्रकाशन सुनिश्चित किया है। अपने मानस गुरु को उपहार देने का इससे सुंदर अवसर और क्या हो सकता है? श्रद्धेय बद्रीप्रसाद पंचोली जी हमारे लिए पूजनीय हैं और उनको बताने वाले मेरे मित्र श्री सुरेश कुमार श्रीचंदानी का मैं और मेरा पूरा परिवार ऋणी है। डॉ. पंचोली जी की कुछ पंक्तियाँ इस प्रकार हैं—

इच्छाएँ तो कहीं विराम नहीं लेतीं

इच्छति शती सहस्रं,
ससहस्रं कोटिमीहते कर्तुम्।
कोटियुतोऽपि नृपत्वं,
नृपोऽपि बत चक्रवर्तित्वम्।

तृष्णा पर विजय प्राप्त करके विद्या, मेधा, पराक्रम, संतोष और अन्य मानवीय गुणों को अर्जित करने में जीवन के एक-एक क्षण का उपयोग करना सीखें। व्यक्तित्व का यह चरम उत्कर्ष है। केवल भौतिक पदार्थ और सुविधाएँ व्यक्तित्व के क्षितिज का विस्तार नहीं कर सकते।

❖❖❖

व्यक्ति नहीं, संस्था

प्रो. विजय कुलश्रेष्ठ

राजस्थान सरकार की प्रचार सेवा सहकारिता का परित्याग कर महाविद्यालय सेवाओं में अराजपत्रित होकर मैंने राजस्थान का दक्षिणी (आदिवासी) क्षेत्र उत्तर का लखपतियों, करोड़पतियों का क्षेत्र जीविका के लिए चयन किया था। सहकारी विभाग में कार्यरत और उस समय अजमेर में सेवारत मंगल सक्सेना एवं उन मित्रों के साथ बातचीत में सहकारी प्रेस और प्रकाशन समिति की योजना को क्रियान्वित करने का निवेदन किया था। संभवत: मंगल सक्सेना और उनके साथियों ने सहकारी प्रेस और प्रकाशन का मानस बनाकर काम आरंभ किया। उसी समय उदयपुर से एम.बी. कॉलेज (उदयपुर यूनिवर्सिटी) के निर्माण काल में आयोजित संगोष्ठी में श्रद्धेय बंधुवर बद्रीप्रसाद पंचोली से भेंट हो गई क्योंकि जितने भी साहित्यकार सम्मिलित हुए थे उस संगोष्ठी में लगभग पचास प्रतिशत लोगों से मैं परिचित था। सहकारी विभाग में रहते हुए भी साहित्य कर्म कर रहा था।

तभी पंचोली साहब से भेंट हुई संभवत: वे उस समय अन्यत्र थे और छात्रों के संपर्क में रहते हुए शायद एक प्रेस की स्थापना कर चुके थे जिसमें छात्र कंपोजिंग और पेजमेकिंग का प्रशिक्षण लेते थे। उसी समय सहकारी प्रेस और प्रकाशन का उल्लेख मैंने किया था। पर वे छात्र एक दो वर्ष बाद ही प्रेस छोड़ जाते थे। उस कारण से वह व्यवस्था नहीं बैठी होगी। पर यह अवश्य ज्ञात हो गया कि अर्चना प्रकाशन का कार्य प्रारंभ हो गया है। अब यह स्मरण नहीं है कि मंगल जी और उनके तीन साथियों ने जो पॉकेट बुक आकार की पुस्तकें प्रकाशित की थीं उसमें 'सहकारी' या 'सहकार' शब्द का प्रयोग था तो मैंने कहा मंगल भैया जब तक सहकारी विभाग से विधिवत् पंजीयन नहीं कराया जाएगा तब तक 'सहकारी' और 'सहकार' शब्द-प्रयोग कानूनी रूप से गलत होगा। चार स्टार वाली रबर स्टांप बनाई गई और सारी पुस्तकों पर से 'सहकारी' (प्रकाशन) शब्द निकाला गया था।

इसी संदर्भ से दुबारा पुष्कर मेले में सहकारी पांडाल में श्रीयुक्त पंचोली जी से भेंट हो गई। उन्होंने उस समय अपनी एक पुस्तक भी दी थी। पुष्कर मेले से पहली भेंट विस्तारित हो गई थी। मैंने जब सहकारी विभाग की प्रचार सेवाओं से क्षेत्रीय यात्राओं में उदयपुर और कोटा डिवीजन की शासकीय यात्राएँ आरंभ की तो सरकारी कामकाज के साथ-साथ विशेष साहित्यकारों से संपर्क का लाभ मिला।

प्रतिष्ठित लेखक एवं पूर्व आचार्य,
डी-239, ओ.टी.सी. स्कीम, मल्लाह तलाई, उदयपुर (राज.)
मो. : 9314876261

नवलगढ़ जब निजी संस्थान सेठ जी.वी. पोद्दार कॉलेज राजस्थान का प्राचीनतम कॉलेज में हिंदी विभाग में आया तब राजस्थान शिक्षा विभाग और हिंदी विभाग की संगोष्ठी में तीसरी भेंट हुई श्रीयुक्त पंचोली जी से और यह तीन दिन तक चली लम्बी अवधि की भेंट सारस्वत, सांस्कृतिक और सर्जनात्मक-बोध का दिशा दर्शक थी। हम लोगों में कुछ सान्निध्य बढ़ा। पर मैंने एम.बी. कॉलेज (उदयपुर), भीलवाड़ा, बाँसवाड़ा डूंगरपुर, कोटा, बूंदी, झालावाड़ के पुराने परिचितों से कॉलेज के प्राध्यापकों से संपर्क साधा तो कुछ असंगत अनुभव भी हुआ। वे राजकीय कॉलेज के प्राध्यापक निजी कॉलेज वालों को दोयम दर्जे का ही मानते दिखे थे।

राजस्थान साहित्य अकादमी की स्थापना के साथ प्रथम अकादमी कार्यालय भी उदयपुर में था। स्वाभाविक था सक्रिय लेखन से जुड़े पंचोली जी का लेखन *मधुमती* पत्रिका में बार-बार पढ़ने का अवसर मिला। कॉलेज में तो मैं था दोयम दर्जे वाले वर्ग में पर मैंने एम.ए. प्रीवियस (हिंदी) की परीक्षा देते हुए हरियाणा की शोधपत्रिका *सप्तसिंधु* में चार शोध पत्र प्रकाशन कर जो नाम प्राप्त कर लिया-उसके लिए एक प्रकार से प्रशस्ति पत्र मुझे मिला था—बद्रीप्रसाद पंचोली के हस्ताक्षरों का बधाई पत्र, वह आज भी कहीं मेरे बस्तों में बंद पड़ा होगा।

संपर्क सूत्र स्वतः ही व्यापक होते गए। यद्यपि उदयपुर रहना छूट गया था। कई बार राजस्थान विश्वविद्यालय के हिंदी विभाग में आदरणीय ताऊजी डॉ. सत्येंद्र के कक्ष में भेंट हो जाती थी। आज कल और क्या लिख रहे हो—यह मेरे लिए निश्चित ही प्रेरक वाक्य होता था। पंचोली जी मुझसे तीन-चार वर्ष बड़े थे। मैं उन्हें कब और क्यों भाई साहब कहने लगा, पर इतना अवश्य जान चुका था कि वे तथाकथित व्यक्तित्व ओढ़े रहने और इचे-खिंचे रहने वाले प्राध्यापक नहीं होकर, पारिवारिक रिश्तों में रहने वाले हैं जो अपने पद और प्राध्यापकत्व की छाप अपने पास नहीं रखते हैं। वे सीधे ही मिलने वाले हैं। पर्दा न रखते हैं और न किसी से करने की माँग करते हैं। वे सहज साहित्य, संस्कृति और संस्कारों से परिपूर्ण मात्र बद्रीप्रसाद पंचोली नहीं है, अपितु वे एक ऐसी संस्था हैं जो वैदिक ऋचाओं से जीवन रस प्रदान कर सामने वाले को जीवन राह प्रशस्त करने का मंत्र कान में नहीं देते। मैं आर्य समाज से पोषित उन भ्रष्टों में से एक हूँ जो न हवन-संध्या करता है और न आर्य समाज के अधिवेशनों में जाता है। पता नहीं क्यों मेरे मन से वरिष्ठ एवं शीर्ष पंक्ति में बैठे लोगों से शिकायत रही है कि वे मृत्युपर्यंत पद पर जमे रहने में अधिक रुचि रखते हैं, नयी पीढ़ी को आगे नहीं आने देते। यही विद्रोह की प्रवृत्ति मुझे आर्य समाज को दैनंदिन जीवन में उतारने पर निषेध लगाती चली गई है।

जितना मैं अधिक निकट तक पहुँचा हूँ पंचोली जी को मैंने पाया है, वे अपने आस-पास और निकटस्थों में हीरे की वह फलक है जो मानवता के विस्तार के लिए व्यक्ति को परख कर दुर्भावों, विषमताओं और असंगतियों को निकालकर शिलाखंड को भी मानव के रूप में तराश देते हैं। यही कारण है कि अनकहे अपने सारस्वत स्पर्श से सारे कलुष दूर करते हैं। मैं उनके इस मानवता भरे आत्मीय-बोध का परिचय बता रहा हूँ और अनुभव करता रहा हूँ। लेकिन यह उनकी विशेष क्षमता है कि वैदिक ज्ञान भंडार और विश्वकोशीय अनुभव संसार की मुट्ठी खोलकर निधियाँ वितरित करने में सम्राट हर्षवर्द्धन की भूमिका में केवल खाली हथेली के रूप में उनके पास केवल विनोबा भावे वाला थैला ही होता है।

साहित्यिक संदर्भ के रूप में प्रक्रियात्मक परिवेश जब पाया है तो मेरे तीन नवगीतों को अपने संकलन में सम्मिलित करके डॉ. प्रीतम सिंह बागरेचा *प्रीतम स्वामी प्रीतम योग* ने पुस्तक में स्थान दिया था यह पुस्तक भी अर्चना प्रकाशन का सारस्वत अनुष्ठान था। श्रद्धेय पंचोली जी ने उस समय कहा था—'नवगीतकार के रूप में

कुलश्रेष्ठ जी को पुरोधा के रूप में प्रस्तुत किया गया है।' गीतों की बनावट सहजीवी रचना के मर्म को स्पष्ट कर देती है। मुझे यह ध्यान है कि उन्होंने अपनी संपादकीय टिप्पणी करते हुए गीतों को अपने मंतव्य के रूप में साँझ के धुलेपन को तमस के संदर्भ में ग्रहण किया था और कभी आज से वर्षों पूर्व अकादमी के आयोजन से ऐसी चर्चा आने पर मैंने उनसे निवेदन किया—'भाई साहब! क्या *मधुमती* में प्रकाशित रचनाओं से उदासीनता का बोध हुआ है आपको। तो उन्होंने कहा—भाई मेरे! कौन-कब-किस मन:स्थिति में समीक्षा लिखने बैठता है। इसका कुछ भी पता नहीं। पर आपके लिए मैं यह कह सकता हूँ कि दयाकृष्ण विजय, प्रेमचंद विजयवर्गीय, राधेश्याम शर्मा और बचन शर्मा आपकी वस्तुनिष्ठ समीक्षा के प्रशसंक हैं। मैंने कहा—भाई साहब! यह ताऊजी का दिया संस्कार है। दूसरे आपको आघात तो लगेगा कि आप वामपंथी चिंतन से मुक्त हो।

यद्यपि वे अखिल भारतीय साहित्य परिषद् के राष्ट्रीय उपाध्यक्ष रहे हैं और उन्होंने मुझे कई बार संस्था से जोड़ने के प्रयास किए लेकिन जैसे आर्यसमाजी अपने प्रधानत्व को लेकर जम जाते हैं, वैसे ही परिषद् में अपने पद की खातिर तो लोग परिषद् की स्थापना की बलि चढ़ा सकते हैं। दूसरे को काम करते हुए भी अपने चपरासी वाले कार्य से ऊपर कोई महत्त्व नहीं देते। तो मैंने इस परिवार से मुख मोड़ लिया क्योंकि अगर इतनी शक्ति लिखने में लगाऊँगा तो परिणाम पुस्तकों के रूप में सामने आएगा। इसलिए मुझे परिषद के श्रीमान सत्ताधीशों ने साधारण सदस्य तक नहीं बनने दिया। वे इतना भर चाहते रहे। हमारे द्वारा सदस्यों को भेजने हेतु पोस्टकार्ड लिखते रहें और गिनकर बताएँ कि कितने पोस्टकार्ड लिखे हैं और जो अध्यक्ष अपने कार्यकर्त्ता पर इतना भी विश्वास न करे कि लिखित पोस्टकार्ड को लेटर बॉक्स में भी डालेगा या नहीं तो ऐसी संस्था में अपनी शक्ति क्यों बर्बाद की जाए।

भारतीय साहित्य परिषद् के दो-तीन कार्यक्रमों में श्री पंचोली बुलाते रहे हैं। मैं सदैव उनके साथ का इच्छुक रहता आया हूँ। स्मरण है कि राजस्थान के सुदूर दक्षिण क्षेत्र में बाँसवाड़ा में आयोजित संगोष्ठी में हम साथ थे और मंच से अपने विचार स्पष्टत: रखते हुए वहाँ उपस्थित तीन लोगों को कुछ नागवार गुजरा था। अध्यक्ष के रूप में समापन सत्र में डॉ. बद्रीप्रसाद पंचोली ने कहा था—'मैं जानता हूँ कि आपको तात्कालिक रूप में अमृत होने का मौका है। पर उन वाक्यों को आप समझने के लिए सूत्र रूप में कुलश्रेष्ठ ने जो कहा है वह बहुत स्पष्ट है और मुझे लगता है कि संगोष्ठी जिन विचारों पर केंद्रित थी, वे उसी केंद्र पर अपना स्पष्ट दृष्टिकोण रखने से पूर्णत: सफल हैं।

हीरक जयंती के आलोक में बंधुवर प्रो. नंदकिशोर पांडेय और डॉ. अखिलेश कुमार शर्मा द्वारा सारस्वत सम्मान एक अनुष्ठान है। मैं अपने अग्रज बंधु को प्रणाम करता हूँ। अभी अमरोहा में उनकी उपस्थिति की अपेक्षा जे.एस. हिंदू कॉलेज के हिंदी एवं राजनीति विज्ञान के विभागाध्यक्षों के समक्ष स्नातकोत्तर द्वारा आयोजित हीरक जयंती में उन्हें बुलाए जाने की व्यवस्थाएँ की जा रही थीं पर जयपुर से ज्ञात हुआ कि इन दिनों उनका स्वास्थ्य यात्रा की अनुमति नहीं दे रहा है तो पूरा कार्यक्रम बदल गया और फिर टी.एन. चतुर्वेदी और वेदप्रताप वैदिक के सान्निध्य में मेरे नाम का ग्रंथ लोकार्पण कराया गया।

पिछले वर्ष ही लोक सेवा आयोग में उनका आगमन हुआ। मैं स्वयं किसी कार्यवश वहीं था तो मैं काम छोड़कर कक्ष से बाहर आ गया था उनका यही कहना था—'मैं भी अंदर नहीं आऊँगा। बस आप भी अपने कार्य में लगें। बाद में मिल लेंगे।'

इस सरल व्यक्तित्व, सखामना, मेधा के ऊर्जस्वित स्रोत ने जहाँ-जहाँ जिन संस्थानों, व्यक्तियों, सत्ताओं, शिक्षाविदों का संसर्ग पाया है, उन पर विद्वत्ता, सादगी, सारस्वत अधिगमों की विराट् छाप छोड़ी है। मैं उन्हें अपना

प्रणाम प्रेषित कर रहा हूँ—

योजन-योजन दस्तक देते
कहाँ छिप गई है नैतिकता।
सिंहासन पर खतरे भारी
खोज नहीं पाती है वैधिकता।
महासमर है
शक्ति जुटाओ।
इंतजार क्यों, हे जननायक
अब तो बोलो, बनो न बुत रे
जगा लेखनी।

(विजय कुलश्रेष्ठ)

निश्चित ही आज यही डॉ. पंचोली जी की सम्पोषित पीढ़ी कुछ करने को कमर कसेगी-अपनी लेखन-सामर्थ्य के साथ।

❖❖❖

मौसम रुलाता है, हँसाता है, बतियाता है, पतियाता है और जरूरत पड़ने पर लतियाता भी है। वह किसी का नहीं होता। बिगड़ जाता है तो पटरा ही साफ कर देता है और किसी पर निगाह डाल दे तो वारे-न्यारे हो जाते हैं उसके तो। सुंदरलाल मौसम से हाथ मिलाने को उत्कंठित रहता है।

–'नारद नियरे राखिए' पुस्तक से

आठवें दशक की ऊर्जा

भगवान अटलानी

पूर्वजन्मों के संबंध तटबंधों की सीमाएँ नहीं जानते। कोई अपेक्षित या अनपेक्षित प्रसंग, याचित या अयाचित अवसर, आकस्मिक या नियोजित घटना, गति या ठहराव की लहर, अटूट या आबद्ध परिस्थिति संयोग का कारण बनकर, कभी अधूरे रह गए आकर्षणों को संपूर्णता प्रदान करने में सहायक बनते हैं। पता ही नहीं लगता, इस जन्म में सर्वथा अजनबी एकाएक कैसे एक-दूसरे के निकट आ जाते हैं। उनके बीच अदृश्य डोरी इतनी सुदृढ़ हो जाती है कि लौकिकता अविश्वसनीय प्रतीत होती है। संभवतया यही इस सृष्टिचक्र की रहस्यात्मकता है कि कई बार, रिश्तों का ताना-बाना आश्चर्यचकित करता है।

डॉ. बद्रीप्रसाद पंचोली से संबंध परिचय से प्रगाढ़ता, शुद्ध औपचारिकता से स्नेहिल आत्मीयता और मौन से अनबोली अभिव्यक्ति की यात्रा प्रतीत होते रहे हैं। आद्योपांत विद्वत्ता के बावजूद वे निरभिमान और अहंकार मुक्त हैं। समुद्र जैसी ज्ञान राशि के स्वामी होने के बावजूद वे सहज हैं। ऊँचे पायदान पर खड़े होने के बावजूद वे मात्र एक कदम आगे होने का आभास देते हैं। यही कारण है कि एक बार उनसे जुड़ने के बाद विमुख अथवा दूर होने की कल्पना मात्र भी लगभग असंभव प्रतीत होती है। उनकी सरलता, सकारात्मकता और हितकारी दृष्टि का आवेष्टन क्रमश: प्रबल से प्रबलतर होता चला जाता है।

डॉ. पंचोली आठ दशकों की यात्रा में बौद्धिक दृष्टि से निरंतर समृद्ध होते गये हैं। शरीर पर थोड़ा प्रभाव भले ही हुआ हो; किंतु उनकी मेधा आयु के साथ अधिक निखरती गई है। पूर्वापेक्षा अधिक विवेकशीलता, विश्लेषण क्षमता, नीर क्षीर अनुसंधान और परोपकार वृत्ति आयु का विशिष्ट उपहार है डॉ. पंचोली के लिए। यह बात विस्यमकारी; किंतु चमत्कारपूर्ण तथ्य है।

भारतीय स्टेट बैंक के अजमेर स्थित प्रशिक्षण केंद्र में हिंदी की कक्षाएँ लेने वे लंबे समय से आते रहे हैं। वर्ष 1997 के प्रारंभ से 1998 के अंत तक उनके व्याख्यान के दौरान मैं स्वयं उपस्थित रहता था। एक ओर जहाँ ऊपर उल्लिखित संदर्भों में मैं उनकी प्रशंसा करता था, वहीं कभी-कभी एकांत में टीका-टिप्पणी भी करता था। संयोग से हम लोग पड़ोसी थे। बहुधा चर्चाएँ होती थीं। अपनी प्रवृत्ति के अनुरूप मैं मुखर होकर अपनी बात और अपना

लेखक हिंदी और सिंधी के वरिष्ठ कथाकार एवं कवि हैं। पूर्व अध्यक्ष-राज. सिंधी अकादमी
डी-183, मालवीय नगर, जयपुर (राज.)
मो. : 9828400325

पक्ष प्रस्तुत करता था। आयु में दस वर्ष बड़े होने के बावजूद वे न कभी उत्तेजित हुए और न विवाद में उलझे। लगभग एक वर्ष पूर्व *दैनिक भास्कर*, अजमेर के स्थानीय संपादक रमेश अग्रवाल के पुत्र के विवाह के निमित्त अजमेर जाना हुआ तो कोई दो घंटे उनके निवास पर सत्संग लाभ मिला। स्पष्ट रूप से महसूस होता था कि आयु इस व्यक्ति को किंचित् भी पराजित नहीं कर पाई है। इतनी ही सरलता, सहजता, सकारात्मकता, बौद्धिक त्वरा और विवादों से दूर रहते हुए कुछ करने का उत्साह डॉ. पंचोली में वैसा ही था जैसा 1997, 1998 में प्रत्यक्षतः देखा था मैंने।

भरपूर आत्मविश्वास के कारण आयु के इस चरण में भी वे कार्यक्रम, सम्मेलन, संगोष्ठियाँ अपने दम-खम से आयोजित करते हैं। परियोजनाएँ बनाकर विभिन्न विधाओं में अपने लेखन और अन्य लेखकों के संकलन प्रकाशित कराना उनका अनवरत क्रम है। पचास वर्षों से अधिक समय से प्रतिदिन कम से कम एक पृष्ठ लिखने का उनका संकल्प आज भी व्यवहार में रूपांतरित हो रहा है।

आठवें दशक में युवकों जैसी ऊर्जा वाले डॉ. बद्रीप्रसाद पंचोली की आंतरिक शक्ति को प्रणाम करते हुए कामना करता हूँ कि वे शतायु हों और इसी सक्रियता से हम सब की प्रेरणा के स्रोत बने रहें।

❖❖❖

स्मृतियों के दर्पण में

डॉ. कमलाकांत शर्मा 'कमल'

14 फरवरी, 1995! तब मैं राजकीय 'अ' श्रेणी आयुर्वेदिक चिकित्सालय में 'वरिष्ठ चिकित्साधिकारी' के पद पर कार्यरत था, एक पोस्टकार्ड मुझे प्राप्त हुआ।

प्रिय डॉ. शर्मा

26 फरवरी, 95 से 02 मार्च, 95 तक 'साहित्य की लोक यात्रा' में आपको साथ रहना है, 25 फरवरी को शाम तक हर स्थिति में अजमेर पहुँच जाइए, शेष मिलने पर .....!

शुभेच्छु

(पंचोली)

इस पत्र को पढ़कर दो भिन्न स्थितियाँ युगपत रूघ से मुझे आह्लादित और उद्वेलित कर गईं! डॉ. बद्रीप्रसाद पंचोली 'अखिल भारतीय साहित्य परिषद्' से संबद्ध आदरास्पद व्यक्तित्व के रूप में पूर्व से ही परिचित थे। परिषद् की 'भीलवाड़ा' जिला इकाई का अध्यक्ष होने के नाते, डॉ. पंचोली के तत्त्वावधान में आयोजित कई कार्यक्रमों में उपस्थित होने का लाभ मैं पूर्व में ले चुका था, इसलिए ऐसे स्वनामधन्य व्यक्ति, अवसर विशेष पर साधिकार उपस्थित होने का आदेश प्रदान करते हैं तो यह मेरे लिए महनीय और गौरवशाली क्षण होंगे ऐसा सोचकर मैं अपने आप में हर्षित और आह्लादित था तो दूसरी ओर सहायक चिकित्सक के लंबे अवकाश में रहने की स्थिति में 'मेरी अनुपस्थिति में चिकित्सालय में अंत:प्रविष्ट रोगियों को कौन देखेगा' की सोच ने मुझे तत्काल उद्वेलित और असहज भी करके रख दिया, साथ ही, यह भी कि 'उन्हीं दिनों तो मेरे हस्ताक्षरों से 'Pay-Bills' ट्रेजरी में प्रेषित करने होते है...' के विचार ने तो मुझे घायल ही कर दिया! आदेश तो यह था कि मुझे प्रस्तावित साहित्य की लोक यात्रा में अवश्यमेव उपस्थित होना है, किंतु दायित्व निर्वहन की सर्वोपरि प्रधानता वाली जन्मजात प्रवृत्ति ने मेरे पैरों को वहीं बाँध दिया। अनेक प्रश्न वैचारिक धरातल पर आ खड़े हुए, 'कैसे जा सकोगे ऐसी स्थिति में...यहाँ से?' सहायक तो है नहीं, तब भला किस निश्चिन्तता के साथ स्थान छोड़ने की सोच रहे हो? उस समय स्वगत इन प्रश्नों का कोई

लेखक सेवानिवृत्त उपनिदेशक, आयुर्वेद विभाग, राजस्थान सरकार हैं
32, रामानुज कुटीर, वर्द्धमान कॉलोनी, रोडवेज बस डिपो के पीछे, गली नं. 2, भीलवाड़ा (राजस्थान)
मो. : 9928492002

समीचीन उत्तर मेरे पास नहीं था; किंतु 'अभी दस दिन का समय शेष है, देखते हैं क्या होता है' सोचकर पत्र को अलग रख दिया और आगत बीमारों से मुखातिब हो गया। इस संयोग को क्या कहूँ? तीन दिन बाद अकस्मात् सहायक चिकित्साधिकारी, जो इस माह की अंतिम तारीख तक का अवकाश ले कर गए थे, मेरे सामने थे। 'क्या करूँ सर, जिस कार्यवश अवकाश में रहना था वह इतनी जल्दी संपादित हो जाएगा यह उम्मीद नहीं थी, लेकिन जब काम हो गया तो फिर अवकाश में रहने का कोई औचित्य नहीं था मेरे लिए? इसलिए मैं आज से ही वापस अपनी ड्यूटी पर उपस्थित हो गया हूँ'' कहते हुए महाशय ने एप्लीकेशन मेरी टेबल पर रख दी। अब मैं उस 'देवदूत' को कैसे बताऊँ कि तुम्हारा समय से पूर्व आ जाना प्रकारांतर से मुझे मनोवांच्छित वरदान की प्राप्ति से कम नहीं है भले आदमी! अस्तु

इस अवसर से पूर्व भी कतिपय विशेष सारस्वत आयोजनों सहित अखिल भारतीय साहित्य परिषद् से संबद्ध कितने ही कार्यक्रमों में डॉ. बद्रीप्रसाद पंचोली जी से मिलना होता रहा है; किंतु वह भेंट केवल अभिवादन और औपचारिक कुशलक्षेम पूछने तक ही सीमित रहती थी, आज जब अवसर आया है तो लगा कि डॉ. पंचोली साहब के साथ पूरे पाँच दिन रहने का स्मरणीय अवसर मिल रहा है, साथ ही, अन्यान्य परिचित-अपरिचित कितने ही आदरणीय महानुभावों से मिलना हो सकेगा तो मन में एक दृढ़ निश्चयात्मक भाव उभर कर आया 'मत चूके चौहान!' वस्तुतः डॉ. पंचोली द्वारा प्रेषित वह संक्षिप्त-सा पत्र एक विशेष उत्साह और ऊर्जा से आप्लावित कर गया मुझे। और मैं एक नवीन स्फूर्ति एवं लगन के साथ वहाँ जाने की तैयारी में जुट गया। फिर अब कोई कारण भी नहीं था कि मैं उस प्रस्तावित पंच दिवसीय यज्ञ में उपस्थित न हो पाऊँ? यथा समय, यथा तिथि, यथा निर्देश मैं अजमेर उपस्थित था।

26 फरवरी, 95, समय प्रातः 9 बजे सूचना केंद्र, अजमेर के प्रशस्त सभागार में प्रांत भर से आए आमंत्रित रचनाकारों के मध्य श्रद्धेय डॉ. पंचोली से भेंट हुई। आगे बढ़कर मैंने ही निवेदन किया 'प्रणम्यतां महाबाहो, कमलाकान्त शर्माऽहं, भवतां निर्देशानु पालनार्थ.....उपस्थितोऽस्मि अत्र!'

सस्मित डॉ. पंचोली का धीर गंभीर स्वर सुनाई दिया 'सुष्ठु तावत्, स्वागतम् महती प्रसन्नता अनुभूयते अद्य, आस्यताम्, स्थानं प्रति गृह्यताम्' और मंचीय व्यवस्था की दृष्टि से सधी चाल से आगे बढ़ गए।

भव्य गौर मुखमंडल, सतेज, सचेष्ट आँखें, समुन्नत नासिका, छोटे-छोटे बाल, निरंतर होंठों पर रची-बसी चिर-परिचित मुस्कान, शालीन और शिष्ट संभाषण, दरमियानी कदकाठी, प्रशस्त सौष्ठव, सधी हुई आत्मविश्वास परिचायक चाल, व्यक्तित्व के अनुरूप वेशभूषा, बाएँ हाथ की कलाई में बंधी छोटी सी घड़ी, हाथों में कार्यक्रम से संबद्ध पत्रावली, अपने चारों ओर का निरीक्षण करती शांत; किंतु पैनी दृष्टि मानों सभी आगंतुकों का भीतर-बाहर का संपूर्ण एक्स-रे ले रही हो, प्रस्तावित यात्रार्थ सहभागी साथियों, आगंतुक साहित्यकारों से सविनय अभिवादन सचमुच देखा भी और समझा भी कि डॉ. बद्रीप्रसाद पंचोली, उम्र की 60वीं पायदान पर खड़े होकर भी किस जीवंतता के साथ संपूर्ण आयोजनों को गरिमापूर्ण स्तर और स्वरूप प्रदान करने की दृष्टि से क्रियाशील हैं। एक बार तो प्रश्न मेरे होंठों तक आ भी गया था कि डॉ. साहब से पूछ ही लूँ 'आदरणीय कौन सा रसायन सेवन करते हैं आप'; किंतु मेरी प्रगल्भता को वहीं नियंत्रित कर गया मैं। डॉ. साहब गत रात्रि को भी करीब 12-1 बजे सो पाए थे मेरे एक परिचित सहयात्री मित्र ने धीरे से मेरे कान में कहा; किंतु इस बात को भी पास से गुजरते डॉ. पंचोली के सावचेत कानों ने सुन लिया, पलट कर बोले, 'मेरे विश्राम का हिसाब मत कीजिए, आने वाले पाँच दिन हमें किस

सार्थकता और उपादेयता के साथ संयोजित करने हैं इस चिंतन पर अपने को केंद्रित कीजिए और अपने सुझावों से मुझे भी सूचित कीजिए' कहते हुए मंच की ओर बढ़ गए। साहित्य की लोकयात्रा का यह संकल्प समारोह था जिसमें अनेक नामचीन कलमकार उपस्थित थे।

यह तो तय है कि किसी भी विशिष्ट व्यक्ति को अथवा उनके कृतित्व को उनकी क्षमता, सामर्थ्य और योग्यता प्रतिभा के आधार पर शब्दों में समेट लेना सहज नहीं होता और आज जबकि मैं एक विद्वान् व्यक्ति को स्मृति के दर्पण में यथा सामर्थ्य पुनः देखने-समझने का प्रयास कर रहा हूँ तो यह मेरे लिए एक चुनौती है, विशेषतः डॉ. बद्रीप्रसाद पंचोली जैसे स्वनामधन्य व्यक्ति के संदर्भ में। यह चुनौती मेरे लिए इस दृष्टि से भी ज्यादा महत्त्वपूर्ण कि जिस व्यक्ति ने जीवन के प्रारंभ से आज तक, निर्बाध गति से जिन राहों पर चल कर अपनी मौलिक ऊर्जा संपन्न पदचिह्न छोड़े हैं वे, इतनी सहजता के साथ शब्दों में बाँधे जा सकते हैं ? इस प्रसंग में मुझे यहाँ मुक्तिबोध की कुछ पंक्तियाँ याद आती हैं—

राजनीति, साहित्य और कला के,
प्रतिष्ठित महासूर्य, बड़े-बड़े मसीहा,
सरकस के जोकर-से रिझाते हैं निरंतर,
नाचते हैं, कूदते हैं
शोषण के सिद्धहस्त स्वामियों के सामने
चुपचाप आदर्शों को बाजू में रखकर या भूलकर
अवसरवादी बुद्धिमत्ता ग्रहण कर;
जिंदगी को भूलकर बिक जाते हैं बिल्कुल!!

किंतु डॉ. पंचोली जैसा योद्धा, जीवन के संग्राम में कभी न बिका, न झुका। अपितु असंगत स्थितियों के समक्ष एक अजेय महायोद्धा के रूप में लड़ता रहा आज तक। जहाँ तक डॉ. बद्रीप्रसाद पंचोली के व्यक्तित्व और कृतित्व को विश्लेषित करने का प्रश्न है मैं चाहूँगा कि जन्म से लेकर क्रमशः अध्यावधि तय किए गए सोपानों की चर्चा करने के स्थान पर डॉ. पंचोली के उन बिन्दुओं का स्पर्श करूँ जो उनके समूचे व्यक्तित्व को वस्तुतः एक अलग ही पहचान देते प्रतीत होते हैं!

उस पंच दिवसीय साहित्य की लोकयात्रा क्रम में मुझे डॉ. पंचोली के निकट आने का शानदार अवसर और समय मिला तो ज्ञात हुआ कि डॉ. पंचोली एक बहुआयामी और बहुमुखी प्रतिभा के यशस्वी व्यक्ति हैं। वे केवल एक शिक्षाविद् अथवा साहित्यकार ही नहीं है; अपितु इससे पूर्व अपने समय के आधिकारिक प्राध्यापक के रूप में भी खरे सिद्ध हुए हैं। गजब की प्रतिभा, प्रभूत अध्ययन चिंतन-मनन, साहित्य के क्षेत्र में परंपराभंक, नूतन और मौलिक व्याख्याओं में निष्णात। नए संदर्भों में नए अर्थ का समीचीन और सारगर्भित विश्लेषणकर्त्ता, ग्राह्य एवं त्याज्य के आधार पर साहित्य की चिंतनधाराओं को नवीन; समसामयिक संदर्भित मोड़ देने वाले अपनी सबल तर्क शक्ति के आधार पर प्रभावोत्पादक मीमांसा प्रस्तुत करने वाले, सदा प्रसन्न रहने वाले अनूठी संभाषण क्षमता (भाव, भाषा और प्रस्तुति के आधार पर) से किसी भी विषय पर सप्रमाण अपनी बात को बड़ी बेबाकी के साथ रखने वाला यह सरस्वती-पुत्र जहाँ भी बोलने अथवा संबोधित करने खड़ा होता है तो अपने वाक् कौशल से समूचे वातावरण को

अपने हक में बाँध लेता है। एक अवर्णनीय जादुई सामर्थ्य के बल पर। यह मत मेरा ही नहीं है, वरन् उन समस्त महानुभावों, साहित्यकारों, समाजसेवियों, शिक्षाविदों और भारतीय संस्कृति, सभ्यता, आदर्श और परंपरा से जुड़े बँधे लोगों का भी है जो स्वीकार करते हैं कि डॉ. पंचोली शिष्ट, विशिष्ट और समाजनिष्ठ व्यक्ति हैं।

एक सुपरिचित साहित्यकार, संपादक, लेखक, प्रकाशक, संगठनकर्त्ता, प्रखर वक्ता, विभिन्न समारोहों का अथवा कार्यक्रमों के सफल आयोजक, संयोजक और नियोजक, प्रबंधक, क्रियान्वयक, धुन के धनी, निपुण शोधकर्त्ता, सुधी समीक्षक, नाटक, एकांकी, काव्य, रचयिता एवं पारखी वेदचिंतक, भाषागत वैज्ञानिक चिंतन के ज्ञाता, बाल साहित्य लेखक, कवि, कहानीकार, जीवनी लेखक, लघु कथाकार, निबन्ध लेखक, समीक्षक-विचारक, समसामयिक विषयों पर तटस्थ रचनाकार, चिंतक, कथ्य और शिल्प में सदैव प्रयोगधर्मिता के संवाहक, नवीनता के पक्षधर; किंतु पुरातन मानव मूल्यों का समर्थक, प्रति पल उत्साही, जीवंत बहुमुखी रचनाधर्मी, सामाजिकता से सरोकार रखने वाले, जीवन यात्रा के प्रत्येक क्षेत्र के सजीव हस्ताक्षर डॉ. बद्रीप्रसाद पंचोली। लगता है विधाता ने इस आदरणीय को बड़ी फुर्सत से गढ़ा-बनाया है। ऐसे में यह भी कहना असंगत नहीं कि 'डॉ. बद्रीप्रसाद पंचोली अनेक रंगों और विशेषताओं की सौंधी मिट्टी से अनुप्राणित वे उदारमना व्यक्तित्व हैं जो सचमुच परमात्मा के घर से ही विशिष्ट प्रतिभा और क्षमता को संग-साथ लेकर हमारे बीच आए हैं।' राजस्थान ब्रजभाषा अकादमी के पूर्व सचिव गोपाल प्रसाद मुद्‌गल ने ठीक ही कहा हैं—'डॉ. पंचोली जी जैसे निरंतर क्रियाशील साहित्यकार-मनीषी के संग-साथ रहने का अर्थ है अनुभवों के नित-नूतन कोषागार में प्रविष्ट होना।' दूसरी ओर डॉ. दयाकृष्ण विजय का कथन भी इनके व्यक्तित्व और कृतित्व को उतना ही रंगायित और परिभाषित करता दिखाई देता हैं—'डॉ. बद्रीप्रसाद पंचोली जैसे विराट्-मन:स्थिति के सर्वप्रिय साथी को कैसे साधुवाद प्रस्तुत किया जाए? जिनके मनमानस में निरंतर अभिनव प्रयोगधर्मी मशाल प्रकाशित होती रहती है, पूरे परिश्रम और समर्पण के साथ दायित्व का सम्यक् रूपेण निर्वहन इनके बहुमुखी व्यक्तित्व में अनुस्यूत है।'

एक किसी कवि शायर की ये पंक्तियाँ कितनी सटीक सिद्ध होती हैं श्रद्धेय पंचोली जी के व्यक्तित्व पर—

यूँ ही नहीं मिल जाती मंजिलें मकसूद
लहूलुहान पाँवों से इसकी दास्ताँ पूछिए।

जो लोग स्वयं कर्मठ, क्रियाशील, सहज और गुणग्राही होते हैं ऐसे व्यक्ति ही सदैव न केवल स्वयं को संयोजित-नियोजित और रेखांङ्कित कर पाते हैं; अपितु अपनी समूची जीवनयात्रा में अपने सहयात्रियों को भी ऊर्जावान् तथा संकल्पित बने रहकर, 'चरैवैति-चरैवैति' का प्रायोगिक पाठ पढ़ाने में सफल होते हैं। डॉ. बद्रीप्रसाद पंचोली ऐसे ही सत्यनिष्ठ, अभिनव व्यक्तित्व के धनी हैं। अपने हित-संधान से सर्वथा ऊपर उठ कर 'सर्वभूतहि तेरता:' की उदात्त भाव धारा का यह व्यक्ति कैसे परमुखापेक्षी हो सकता है भला?

जो लोग कंधों पर उठा कर चलते हैं अपना आशियाँ।
उनको जिंदगी में कभी जलजलों का खौफ़ नहीं होता।

मुक्तिबोध ने एक साहित्यकार की ऊहापोह को यूँ व्यक्त किया है—

लेखक की कठिनाई यह नहीं है कि
कमी है विषयों की?
वरन् यह कि आधिक्य उनका ही
उसको सताता है
और वह (लेखक) ठीक चुनाव कर नहीं पाता है।

किंतु डॉ. पंचोली जैसे विवेक संपन्न साहित्यकार के समक्ष यह संकट कभी उपस्थित नहीं हो पाया, इसलिए कि जिस विषय पर लिखा डूब कर लिखा और सांगोपांग लिखा। इसलिए इस अध्येता लेखक ने विषय चयन भी सही किया तो विवेचन भी सारवान् किया जो व्यक्ति 1953 से लगातार अध्यावधि अनवरत लेखकीय धर्म को पूरी ईमानदारी के साथ निभाता आ रहा हो उसके लिए छुपाने को क्या शेष रह जाता है ? खुली किताब की भाँति एकदम खुला और पारदर्शी जीवन। श्रद्धेय पंचोली जी की एक विशेषता और भी है—वह है उनकी निरभिमानी छवि। किसी भी विधा में गहराई तक गोता लगा कर उसकी समूची जाँच पड़ताल से वाक़िफ़ हो जाना एक बात है तो उस ज्ञानार्जन के बल पर अपने आप में ग़रूर पालकर व्यक्तित्व पर जंग लगा बैठना सर्वथा दूसरी बात। बहुत कम लोग होते हैं जो ऊँचाइयों पर पहुँच कर भी मठाधीश होने का खाम-खयाली तमगा अपने सीने पर नहीं टांकते ? और डॉ. पंचोली ऐसी ही श्रेणी के व्यक्ति हैं जो बहुविध जानने का तिलमात्र भी दंभ नहीं करते, कहना चाहूँगा इस बिंदु पर उनके व्यक्तित्व और कृतित्व को विश्लेषित करने की दृष्टि से कि श्रद्धेय पंचोली जी जिस मुकाम पर आज खड़े हैं उसे शिष्टता और सरलता के साथ बनाए रखना भी वे खूब जानते हैं। बाहर क्या और भीतर क्या यह द्वैत कभी उन्हें अपने पथ से विचलित नहीं कर पाया, वरना ज़माने का दस्तूर तो कुछ दूसरा ही है—

ऊँचे लोगों की नीची हरकतों से खूब वाक़िफ़ हैं सब।
बहुत कठिन होता है ऊँचा बनना, ऊँचे बने रहना ॥

उच्चता के शिखर को स्पर्श करके भी धरती की धूल से जुड़ाव रखने वाले वे आदरणीय निरभिमानी है—डॉ. पंचोली, यहाँ याद आता है वह सूत्र 'अमानी मानदो मान्यो.... ।'

160 कृतियों के रचयिता और वह भी विविध विधाओं में, सचमुच मायने रखता है अपने आप में। उम्र की 80वीं सीढ़ी पर खड़ा यह कर्मठ व्यक्ति अपनी दीर्घायुजन्य स्थितियों, प्रभावों और परिणामों को ठोकर मारता हुआ आज भी अपनी शक्ति सामर्थ्य के आधार पर संगोष्ठियों-सेमीनारों में, सारस्वत अनुष्ठानों में पूरे दमखम के साथ अपनी उपस्थिति दर्ज़ कराता है। महाकवि कालिदास ने कहा है—'ठीक समय पर आरंभ की गई नीतियाँ निश्चय ही सुखद फल प्रदान करती हैं।' अथवा शरतचंद्र की बात को लिखूँ 'व्यक्ति का सर्जन जितना सही होगा उससे प्राप्त शांति और माधुर्य भी उतने ही बड़े होंगे।' ये दोनों गुण डॉ. पंचोली के व्यक्तित्व में शर्करा, दूध की भाँति समाहित हैं। साहित्य की लोक यात्रा जिस अभिनंदनीय उपक्रम के अंतर्गत प्रारंभ हुई उतनी ही ऊँचाइयों के साथ इसकी उपादेयता भी रेखाङ्कित हुई। उन पाँच दिनों में जब भी समय मिलता अपनी दैनंदिन व्यस्तता के बावजूद वे मुझे अपनी आत्मीयता से आप्लावित करते रहे। 'आयुर्वेद के डॉक्टर हो भाई, यह मुक्तिबोध पर पीएच.डी. करने की कैसे सोच बैठे ?' बीच-बीच में प्रायः इसी विषय पर प्रश्न होता था मुझ से। मैं क्या उत्तर देता इस शिखर पुरुष को

सिवाय इसके कि 'आपके सान्निध्य लाभ का ही प्रतिफल है शायद।' और हम किसी अन्य व्यवस्था पर केंद्रित हो जाते।

परदु:ख-कातर स्वभाव ही नहीं, परपीड़ा की प्रवृत्ति भी डॉ. पंचोली के रक्त में अनुस्यूत है। कैसा भी विषय हो सटीक और सप्रमाण अभिकथन पंचोली जी की विशेषता है। अपने अभिकथन को विस्तार और लघु रूप देना भी वे खूब जानते हैं। श्रोताओं को बाँधने की श्लाघनीय क्षमता, बेहद प्रबंधपटु—ऐसा कि छोटी से छोटी बात को भी पूर्व निर्धारित-विचारित फ्रेम में ही देखना पसंद करेंगे, विद्याव्यसनी विषय की गहराई तक पैठने वाला, शांत, निरुद्विग्न, शालीन यह भगीरथ वस्तुत: व्यापक परिप्रेक्ष्य वाला प्रेरणास्पद व्यक्ति है।

डॉ. पंचोली के कृतित्व की एक लंबी फेहरिस्त है जिसमें विविधता के अनेक रंग और सुगंध से परिचित हुआ जा सकता है। पूर्व विभागाध्यक्ष से लेकर पाठ्यक्रम निर्धारण समिति के सदस्य तक की एक लंबी और शानदार यात्रा तय की है—डॉ. पंचोली महाभाग ने। प्रदेश के तीन-तीन विश्वविद्यालयों में शोध निर्देशक रहते हुए अनेक अध्येताओं को शोध की गौरवपूर्ण पायदान पर खड़ा किया है आपने। जहाँ खड़े हो गए वहीं इस कुशल महारथी ने अपनी क्षमता कौशल की बेदाग ध्वज-पताका फहराई है जो आज भी कीर्तिपूर्ण प्रकाश स्तंभ की भाँति भटके हुए लोगों का मार्ग प्रशस्त करती है। अनेक संस्थानों से संबद्ध रहकर सामाजिक और सांस्कृतिक क्षेत्र में उल्लेखनीय सेवाओं के फलस्वरूप राजस्थान सरकार द्वारा तथा अन्य संस्थाओं द्वारा भूयश: पुरस्कृत एवं सम्मानित होने वाले डॉ. बद्रीप्रसाद पंचोली ने वस्तुत: अपनी मौलिक रचनात्मकता का वह अभेद्य किला निर्मित किया है जिसमें प्रवेश करके किसी भी व्यक्ति को आंतरिक आनंद की तृप्तिदायक अनुभूति हो सकती है। अंत में....

अनुज अपने अग्रजों के हक में आशीष देने के अधिकारी नहीं हैं, भारतीय संस्कृति में अनुज अपने आदरणीय अग्रज के प्रति जगदीश्वर से हृदयत: प्रार्थना अवश्य कर सकते है 'जीवेम शरद शतम्' बस इसी भावनांतर्गत परब्रह्म श्री हरि से प्रार्थना हैं कि वे डॉ. पंचोली को निरामय, प्रशस्त, समुन्नत और समृद्ध आयु प्रदान करें। इत्यऽलम्।

❖❖❖

हमारे मास्टर साहब

डॉ. श्रद्धा चौहान

बात साठ साल पुरानी है, जब हम नयापुरा, कोटा में रहते थे। मेरे पिताश्री डॉ. फतहसिंह जी हर्बर्ट कॉलेज, कोटा में वाइस प्रिंसीपल थे। मैं कक्षा चार या पाँच में पढ़ती थी। एक शाम को पिताजी ने मुझे और मेरे बड़े भाई श्वेताश्व जी को बुलाकर एक छोटे कद के गोरे रंग के व्यक्ति से परिचय कराते हुए कहा कि ये हैं—बद्रीप्रसाद पंचोली, तुम्हारे मास्टरसाहब, आज से ये तुम दोनों को संस्कृत पढ़ाएँगे। हम हाथ पकड़ कर उन्हें जालीवाले कमरे में ले गए। *हितोपदेश* के कई किस्से-कहानियों के साथ हमारी संस्कृतव्याकरण की शिक्षा प्रारंभ हुई। अब तो हम दोनों प्रतिदिन शाम के चार बजने की प्रतीक्षा करते। कहानियों के माध्यम से उनके द्वारा सिखाई गई संस्कृत व्याकरण बहुत सहज और रुचिकर लगती थी। *संधिसूत्र* हमें अनायास ही हृदयंगम हो गए। समास हमारे दैनिक वार्तालाप और व्यवहार का हिस्सा बन गए। उनके सान्निध्य से हमारी आयु और कक्षा को देखते हुए हिंदी भाषा पर भी हमारा अच्छा अधिकार हो गया।

रविवार को बी.ए., एम.ए. के कई विद्यार्थी हमारे पिताजी के पास अपनी शंकाओं के समाधान के लिए आते थे। हम भी वहाँ बैठकर *उपनिषदों* की कहानियाँ सुनते और बीच बीच में पंचोली जी मास्टरसाहब की फुलझड़ियों से हँसते-हँसते लोटपोट हो जाते थे। मास्टरसाहब के मित्रतापूर्ण व्यवहार ने हम बच्चों के मन को इतना प्रभावित किया कि वे अध्यापक से कब हम भाई बहनों के भाईसाहब हो गए हमें पता ही नहीं चला। अब वे हमारे परिवार का अभिन्न हिस्सा बन चुके थे। सन् 1956 में पिताजी का स्थानांतरण कोटा से श्रीगंगानगर हो गया। तब हमारी माताजी ने हर्बर्ट कॉलेज, कोटा में बीएस.सी. फाइनल में अध्ययनरत मेरे बड़े भाई रोहिताश्व जी को उनके और उनकी धर्मपत्नी के संरक्षकत्व में छोड़ा। पंचोली दंपती ने पूर्ण अपनत्व के साथ अपने दायित्व का निर्वहन किया।

समय बीतता गया। पंचोली जी भाईसाहब अपना अध्ययन समाप्त कर किसी राजकीय महाविद्यालय में व्याख्याता हो गए, लेकिन हमारे परिवार से उनका निरंतर संपर्क बना रहा। वे अपनी पीएच.डी. की थीसिस दिखाने पिताजी के पास ब्यावर आए तो बस में थीसिस समेत उनका सारा सामान चोरी हो गया लेकिन उनके चेहरे पर जरा सी शिकन नहीं आई। हमारे पूज्य पिताजी उनके अध्ययन-अध्यापन, जीवन-संयम, मानवीय और गुरु-शिष्य

लेखिका डॉ. फतह सिंह की विदुषी सुपुत्री हैं।
पूर्व एसोसिएट प्रोफेसर, संस्कृत विभाग, जयनारायण व्यास विश्वविद्यालय, जोधपुर (राज.)
ग्राम-ढाणी, दौलतसिंह., पो. खेड़ा (बानसूर) अलवर, राजस्थान। मो. : 9351508663

संबंधों के स्रोत थे, इसका उल्लेख वे अनेक बार करते हैं। प्रत्यक्ष को प्रमाण की आवश्यकता नहीं, जून सन् 1985 में भाईसाहब ने डॉ. फतहसिंह अभिनंदन-ग्रंथ के विमोचन के अवसर पर मुझे अजमेर बुलाया तो मैं उनके बृहत्तर परिवार को देखकर दंग रह गई। उन्होंने अपने गुरु की परंपरा को बखूबी से निभाया और निभा रहे हैं।

वेदमाता के दुग्धामृत के व्याख्याता

पढ़ना-पढ़ाना, बेदमाता, हिंदी, संस्कृतभाषा और राष्ट्र की निष्काम सेवा उनके जीवन का लक्ष्य बन गई। वेदों के मंत्रों की समाजोपयोगी सरल भाषा में व्याख्या कर वेदों को समझने की नई दृष्टि दी। *नवगति, नवलय, श्रुतिसंजीवनी, श्रुतिविमर्शिनी* आदि अनेक ग्रंथों में मंत्रार्थ इतने सहजता से आत्मसात् हो जाते हैं जितना कि माता का दूध। उदाहरणस्वरूप *ऋग्वेद* के एक मंत्र की व्याख्या को प्रस्तुत करना प्रासंगिक होगा, जो उन्होंने मुझे किसी शुभ अवसर पर आशीर्वाद स्वरूप प्रेषित की थी—

स्वस्ति पन्थामनुचरेम सूर्याचन्द्रमसाविव।
पुनर्ददताघ्नता जानता सं गमेमहि॥

(ऋ. 5.51.15)

1. (स्वस्ति पन्थाम् अनु चरेम) हम कल्याण मार्ग पर चलें। 2. (पुनः ददता) बार-बार देते हुए। (अघ्नता) किसी की हिंसा न करते हुए।) (जानता) सबको जानते हुए या ज्ञान-साधना करते हुए। 3. (सं-गमेमहि) सम्यक रूप से गति करें, प्रगति करें।

उन्होंने बताया कि यह एक सामूहिक संकल्प है, जिसे परिवार या समाज के साथ एक साथ बैठ कर लिया जा सकता है। सभी जन एक मन होकर संकल्प लेते हैं कि **हम स्वस्ति मार्ग पर चलें**। स्वस्ति अर्थात सु अस्ति- ''सु'' की ही सत्ता है। जो शोभास्पद है वही स्वस्ति है। इसे कल्याण का पर्यायवाची माना जाता है। हमारा चिरपरिचित मांगलिक चिह्न स्वस्तिक इसी का प्रतीक है। इसकी चार भुजाएँ जिन चार क्रियाओं के ज्ञापक हैं, ये हैं—दान, अहिंसा, ज्ञान प्राप्त करना और सम्यक् क्रिया।

स्वस्ति मार्ग पर चलने के लिए सबसे पहले हमें जो क्रिया करनी है वह है-दान। निरंतर देना। मंत्र में प्रयुक्त 'ददता' (देते हुए) पद बताता है कि हमें अपने विकास के लिए जो कुछ पारिवारिक, सामाजिक और प्राकृतिक पर्यावरण से प्राप्त हो रहा है उसे पुनः उन्हें प्रदान करें। मनुष्य का जीवन अनेक दिव्यशक्तियों और मानवीय सहयोग से चलता है। अतः जो स्नेह, सहयोग, सुरक्षा और जीवनदायी पर्यावरण हमें परिवार समाज और प्रकृति से निरंतर प्राप्त हो रहा है, उसे ब्याज समेत चुकाते रहना चाहिए। मनुष्य जीवन की सार्थकता इसी में है।

दूसरी क्रिया है—अघ्नता अर्थात् हिंसा न करते हुए जीवन जिएँ। सभी प्राणियों में एक ही परमात्मा का निवास है। अतः सभी एक ही सूत्र (परमात्मा) से बँधे हुए हैं। इसलिए सबका सम्मान और सबसे प्यार करना चाहिए। किसी को भी शारीरिक कष्ट नहीं पहुँचाना चाहिए।

तीसरी क्रिया है—जानता अर्थात् ज्ञान प्राप्त करते हुए अथवा सबको जानते हुए। ज्ञान परमात्मा का स्वरूप है— सत्यं ज्ञानमनन्तं ब्रह्म। ब्रह्म सत्य, ज्ञान और अनंत रूप वाला है। अतः हमें सदैव ज्ञानसाधना में रत रहना चाहिए।

मंत्र की अंतिम क्रिया है—सम् गमेमहि अर्थात् सम्यक् रूप से और साथ-साथ गमन करें। संगतीकरण करें।

यजन करें। वस्तुतः दान, देवपूजा और संगीतकरण यज्ञ हैं। दान, ज्ञानसाधना, अहिंसा और संगतीकरण ये सब यज्ञ के ही चतुर्विध रूप हैं जिनका प्रतीक स्वस्तिक है। यज्ञ को अध्वर या अहिंसित कर्म कहा गया है। हमारा सारा जीवन यज्ञमय बनाएँ। अपने इष्टदेव समाज और राष्ट्र के प्रति समर्पित होकर हम उसी प्रकार लोक कल्याण करते हुए जिएँ जिस प्रकार सूर्य और चंद्रमा लोक कल्याण के लिए सदा गतिशील रहते हैं।

शिष्ययोगक्षेम के वाहक

अर्थाभाव के कारण उनके संपर्क में आए किसी विद्यार्थी को अपनी पढ़ाई नहीं छोड़नी पड़ी। एक पिता के समान उन्हें अपने शिष्य परिवार के योग–क्षेम की चिंता रही है। शिष्यों ने भी गुरुदक्षिणा के रूप में अपने गुरु को पूर्ण सम्मान और समय प्रदान किया तथा आज भी कर रहे हैं यह दृश्य इस भौतिकतावादी युग में दुर्लभ है। पंचोली जैसे गुरु तथा उमेश चौरसिया, अशोक भागवत, अखिलेश शर्मा, सुधा वर्मा और अन्य शिष्य जो मुझे ज्ञात नहीं, आज के युग में दुर्लभ हैं। मैं भाईसाहब को उनके अस्सीवें जन्मदिन पर स्वस्थ अध्ययन और अध्यापनयुक्त गतिमय जीवन के लिए हार्दिक शुभकामनाएँ देते हुए हम भाई बहनों को उनके शिष्यवृंद के मस्तक पर सदैव गुरु के वरदहस्त के लिए परमपिता से प्रार्थना करती हूँ।

❖❖❖

रचनाकार...

आखिरी सांस तक अध्यापक रहने की इच्छा

1953 से रोजाना कम से कम एक पेज लिखना और दो अपरिचित व्यक्तियों से नमस्ते करना बद्रीप्रसाद पंचोली के निराले संकल्प हैं। लोक, वेद, संस्कृत और हिंदी के मूर्धन्य विद्वान और लेखक के रूप में प्रसिद्ध पंचोली जी को सच्चे निष्ठावान और मार्गदर्शक गुरु के रूप ज्यादा जाना जाता है। वे चलते-फिरते शब्दकोश तो हैं ही।

राह चलते कोई कुछ भी पूछ ले, तो तत्काल जवाब देते हैं। अजमेर कॉलेज के हिंदी विभागाध्यक्ष पद से 1993 में रिटायर्ड होने बाद भी उनकी कक्षाएं कम नहीं हुई हैं। वे कहते हैं, क्लास में बैठा छात्र ही मेरा इष्ट देव है। इसलिए चाहता हूं कि अंतिम सांस तक अध्यापक बना रहूं।

ट्यूशन पढ़ाकर खर्च चलाते हुए जैसे-तैसे पढ़ाई पूरी की और अध्यापन की शुरुआत कोटा की विठ्ठलनाथ पाठशाला में बिना वेतन के शुरू की। नौकरी के बाद पीएचडी की तो एक बार श्रीगंगानगर जाते समय बस में उनकी पीएचडी की थीसिस ही चोरी हो गई। लेकिन हार नहीं मानी और फिर थीसिस लिखी।

वे बताते हैं कि कोटा के सरकारी कॉलेज के डॉ. फतेह सिंह ने इनका जीवन बदल दिया। कॉलेज की फीस जमा कराने को पैसे नहीं थे, तब फतेह सिंह ने इनकी पढ़ने की ललक को पहचानकर फीस जमा कराई। उन्हें याद करते हुए कहते हैं, आज जो कुछ भी हूं, उनकी वजह से ही हूं। पंचोली जी ने पहली कविता 1953 में कॉलेज की पत्रिका में गद्य गीत के रूप में लिखी। कविता पुरस्कृत भी हुई। फिर कलम रुकी नहीं और विभिन्न विषयों पर चली।

बद्री प्रसाद पंचोली

जन्मः 1935, झालावाड़ जिले के खानपुर गांव में

प्रमुख किताबें: ध्रुव श्री (नाटक), श्रुति संजीवनी (वेद चिंतन), चितवन की सीमाएं (काव्य), शब्द लोक (भाषा विज्ञान) आदि।

पुरस्कारः राजस्थान सरकार सम्मान, देवराज उपाध्याय पुरस्कार, राजभाषा रत्न और साहित्य मनीषी आदि।

प्रस्तुतिः अखिलेश शर्मा

पत्रिका Thu, 03 December 2015
epaper.patrika.com/c/15241696

भारतीय मनीषा के उपासक

डॉ. श्याम शर्मा 'वशिष्ठ'

समाज में कुछ ही ऐसे व्यक्ति होते हैं जो अपने सतत् अध्यवसाय के द्वारा अपने सर्जनात्मक बहुआयामी व्यक्तित्व को शीर्ष पर स्थापित करने में कृतकार्य होने पर भी सदा निःस्पृह एवं कर्तव्यलीन बने रहते हैं। ऐसे ही विनम्र, कर्मनिष्ठ, सर्जनशील साहित्यकार एवं चिंतक भारतीय मनीषा के व्याख्याता डॉ. पंचोली जी हैं, जो आज भी तपस्वियों के समान प्राच्यवाङ्मयोदधि के मंथन में तत्पर हैं।

मैं जब राजकीय सेवा में आया, तब संभवत: 65-66 में पत्राचार के माध्यम से ही सर्वप्रथम पंचोली जी से परिचय हुआ। मुझे तब उन्होंने अर्चना प्रकाशन की सूची भेजी और लेखन को भी प्रेरित किया। इस बीच उनके लेखों को मैं निरंतर पढ़ता रहा और उनके पत्राचार से मार्गदर्शन प्राप्त करता रहा। पता नहीं क्यों और कैसे मेरा उनसे अज्ञात-सा स्नेह सूत्र जुड़ा रहा। मैं समझता हूँ संसार में ऐसे विरले ही गुणी व्यक्ति होते हैं जो बिना किसी कारण के दूसरों के गुणों के प्रशंसक होते हैं। भर्तृहरि ने ऐसे ही सहृदय, परगुणानुरागी, उदात्त चरित्रों के संबंध में लिखा है—

मनसि वचसि काये पुण्यपीयूषपूर्णाः
त्रिभुवनमुपकारश्रेणिभिः प्रीणयन्तः।
परगुणपरमाणून्पर्वतीकृत्य नित्यं
निजहृदि विकसन्तः सन्ति सन्तः कियन्तः।

(*नीतिशतकम्*, 53/221)

आप प्राय: शोधार्थी छात्रों को मेरे पास ही नहीं भेजते थे, वरन् मुझे भी सेवानिवृत्त होने पर अजमेर अध्यापन हेतु आने को आपने प्रेरित किया तथा शोध निर्देशन का प्रस्ताव दिया। अभी कुछ वर्ष पूर्व जब अकादमी के एक कार्यक्रम में आप पधारे तो मुझे इनके दुर्लभ अकल्पनीय विनम्र व्यक्तित्व को देखकर यह विश्वास ही नहीं हुआ कि यह छोटे से कद के; शर्मीले से अंतर्मुखी व्यक्ति दसियों संस्थाओं से जुड़कर अहर्निश अध्ययन-अध्यापन करते हुए भी कैसे साहित्य सर्जन तथा प्राच्यसाहित्य का मंथन कर पाते हैं।

जो भी हो, यह सत्य है कि जीवन के वरेण्य, स्वर्णिम उत्तरार्ध में भी पंचोली जी एक ऋषि के समान तटस्थ

वरिष्ठ लेखक एवं कवि। पूर्व प्राचार्य एवं संस्कृत विभागाध्यक्ष, कॉलेज शिक्षा, राजस्थान
44, मंगल विहार, अलवर (राज.)

भाव से अपने ज्ञान–यज्ञ में संलग्न रहते हैं। आपने एक साहित्यिक व्यक्तित्व के रूप में अनेक नाटक, एकांकी व काव्यों का सर्जन किया है। सामाजिक विषयों पर अनेक निबंध व पुस्तकें लिखी हैं। पत्र–पत्रिकाओं में उपयोगी व शोध लेख लिखे हैं, बाल साहित्य लिखा है, समीक्षाएँ व कोशों का संपादन जैसा श्रमसाध्य कार्य किया है; किंतु आश्चर्यजनक तो यह है कि उसी मनोयोग से आपने भाषा विज्ञान व वैदिकदर्शन तथा प्राच्यसाहित्य पर शोध कार्य भी किया है। आप प्रकाशक भी हैं और समीक्षक भी। अनुसंधानकर्ता भी, सर्जनशील सहृदय कलाकार भी, शास्त्र मर्मज्ञ भी और प्राच्यशास्त्रीय मनीषी भी। ऐसा कौतूहलमय व्यक्तित्व होना न केवल असाधारण होता है; बल्कि ईश्वरीय व सर्वथा सभी को अनुकरणीय भी होता है।

मैं पचास वर्षों से विभिन्न पत्र–पत्रिकाओं में आपके विविध निबंधों व सामयिक लेखों को पढ़ता रहा हूँ। आप अनेक संस्थाओं से सक्रिय रूप से जुड़कर भी सामाजिक कार्यों में भी सक्रिय रहे हैं। मैं समझता हूँ यह सक्रियता, तत्परता व समर्पण भाव इनमें आर्य समाज के कारण ही संक्रांत हुआ है। आपने एक आर्य समाज के विद्वान् के बौद्धिक रूप में वैदिक क्षेत्र में भी विशिष्ट योगदान दिया है। आप एक सफल शिक्षक के साथ–साथ गंभीर चिंतक हैं। आपने भारतीय मनीषा के साधक के रूप में सर्जनात्मक व जो शोध कार्य किया है, वह सर्वथा स्तुत्य है। हम कामना करते हैं कि आप और भी अधिकाधिक उत्साह से भारतीय वाङ्मय की सेवा करते हुए शतायु हों—

सर्वात्मा सच्चिदानंदा विश्वादिर्विश्वकृद् विभुः।
भूयात्तमां सहायो नः सर्वथा न्यायकृच्छुचिः।।

अर्थात् वह अंतर्यामी सच्चिदानंद इस सृष्टि से भी पूर्व वर्तमान, विश्व का कर्ता, विभु, सभी का शासक, न्यायकर्ता परमात्मा हमारे उक्त संकल्पपूर्ति में सहायक हो।

❖❖❖

यह वाणी क्या थी, पड़ा अग्नि में धृत था
भार्गव का उठा कुठार, भीत भूभृत था।
शंकर ने ज्यों तीसरा नेत्र खोला हो
या प्रलयसिंधु की लहरों का दोला हो–
ऐसे भार्गव की आंखों में थी ज्वाला
आवेश, क्रोध का मन आवास निराला।
बोले–'रे बालक! बनो न कुल के द्रोही,
मेरा कुठार क्षत्रिय–कुल का निर्मोही।
निर्द्वंद्व धरा को कितनी बार किया है
राजन्यों का कर घात सुरक्त पिया है।
धर कर कुठार चुपचाप नहीं रह सकता
शिव के द्रोही को कभी नहीं सह सकता।

–धनुर्भंग खंड काव्य से

साहित्य मनीषी

प्रो. जगमल सिंह

हिंदी और संस्कृत के प्रकांड पंडित सम्माननीय डॉ. बद्रीप्रसाद जी पंचोली से सत्तर के दशक में अजमेर में परिचय हुआ था। मैंने एम.ए. (हिंदी) 1963 में गवर्नमेंट कॉलेज (वर्तमान में सम्राट् पृथ्वीराज चौहान महाविद्यालय), अजमेर से किया था। मेरे कॉलेज से निकलने के पश्चात् डॉ. पंचोली जी इसी कॉलेज में आ गए। इसलिए प्रत्यक्ष रूप से मुझे उनका शिष्य बनने का सौभाग्य प्राप्त नहीं हो सका। 1969 ई. में मैं मणिपुर चला गया; किंतु जब ब्यावर आता था तो अजमेर जाना होता था और डॉ. साहब से भेंट होती रहती थी। आपके व्यक्तित्व का यह गुण है कि आप अपने स्नेहपूर्ण व्यवहार से सबको अभिभूत कर लेते हैं।

अजमेर के महर्षि दयानंद विश्वविद्यालय में आज भी हिंदी विभाग का अभाव है। आपने प्रयत्न करके हिंदी एम.फिल. की कक्षाएँ प्रारंभ कीं। उन्होंने साथ में वैदिक संस्कृत एवं संस्कृत में भी एम.फिल. की कक्षाएँ आरंभ करवाईं। आप इन तीनों विषयों में अध्यापन कार्य करते थे। मुझे भी एक सत्र में हिंदी एम.फिल. की कक्षाएँ पढ़ाने के लिए आमंत्रित किया और उसके बाद हिंदी एम.फिल. को बंद कर दिया गया। पंचोली जी ने अकेले तीनों विषयों का अध्यापन किया। वस्तुतः उनका जीवन हिंदी-संस्कृत के लिए समर्पित रहा है। एम.ए. की कक्षाओं के अभाव में हिंदी-संस्कृत में एम.फिल. खुलवाने का श्रेय पंचोली जी को ही जाता है।

एक संस्मरण 23 जून, 2012 को सूचना केन्द्र, अजमेर में साहित्य प्रकाशन समिति एवं नाट्य वृंद संस्था के संयुक्त तत्त्वावधान में साहित्य संगोष्ठी का आयोजन किया गया था। डॉ. पंचोली जी संगोष्ठी के आयोजक थे। ब्यावर के विजयनारायण शर्मा जी ब्यावर में 'नीरज' के नाम से विख्यात हैं। इस संगोष्ठी में अजमेर जिले के कवियों को आमंत्रित एवं सम्मानित किया गया था। विजयनारायण जी शर्मा भी आमंत्रित थे और उन्होंने मुझे भी उनके साथ उनकी गाड़ी में अजमेर चलने के लिए कहा। मैंने शर्मा जी से कहा कि मुझे तो आमंत्रित नहीं किया गया है। मुझे संकोच हो रहा है फिर मैं कवि भी नहीं हूँ। उनके आग्रह से विवश होकर मैं उनके साथ अजमेर गया।

सूचना केंद्र का विशाल सभागृह कवियों से भरा हुआ था। मैं भी जाकर बैठ गया। मंच से डॉ. पंचोली जी ने मुझे देख लिया। यद्यपि वे व्यवस्था में व्यस्त थे। ओंकार सिंह लखावत मुख्य अतिथि थे। पंचोली जी के द्वारा

साहित्य वाचस्पति एवं वरिष्ठ साहित्यकर्मी।
आचार्य एवं हिंदी विभागाध्यक्ष (से.नि.) असम विश्वविद्यालय, सिल्चर, मणिपुर
मो. : 9413950117

कार्यक्रम की अध्यक्षता करने हेतु मंच पर पधारने की घोषणा से मैं चौंक गया। यह उनका स्नेह था। अग्रज होने के नाते वे सदैव इसी प्रकार स्नेह देते रहे हैं। मेरे अनुरोध पर डॉ. साहब ने विजयनारायण शर्मा जी को कविता पाठ का अवसर दिया। शर्मा जी ने भी अपने मधुर कंठ से जो गीत सुनाया श्रोता भाव विभोर हो गए। इस समारोह में डॉ. पंचोली के द्वारा संपादित पुस्तक *काव्यार्चन* एवं पुस्तक *शरीरमाद्यं खलु शब्दसाधनम्* एवं श्री अखिलेश कुमार शर्मा की पुस्तक *कलम करे अभिषेक* का विमोचन भी हुआ।

डॉ. बद्रीप्रसाद पंचोली जी अजमेर की साहित्यिक संस्थाओं से वर्षों से जुड़े हुए हैं। हिंदी-संस्कृत की संस्थाओं की गतिविधियों को आपसे प्रेरणा मिलती रहती है। आपने अनेक पुस्तकों की रचना भी की है। ईश्वर आपको स्वस्थ रखे और दीर्घायु करे ताकि आप हिंदी-संस्कृत की सेवा करते रहें।

❖❖❖

अजमेर के गुरुजी

डॉ. देवेनचंद्र दास 'सुदामा'

तीरथ गए तो एक फल, संत मिले फल चार।
सत्‌गुरु मिले अनेक फल, कह गए कबीर बिचार॥

(संत कबीर)

मानव जीवन को सही मायने में सार्थक बनाने के लिए सद्‌गुरु की आवश्यकता है; किंतु उसके पहले आवश्यक है सत्संग। सत्संग के बिना जीवन अधूरा हो जाता है। असम के भक्त कवि माधवदेव ने कहा था :

शुना सभासदचय नेरिबा शास्त्रकन्तय हरिगुण भागवत सार।
साधुसंग अनुसरा श्रवण कीर्तन करा परिहरा पाषंड आचार॥

(नामघोषा)

अर्थात् सभासदो ! शास्त्रो का स्वर सुनो, यह है हरिगुण भागवत सार। साधुओं के साथ संगति करो, उनके अनुयायी बनो, हरिनाम श्रवण कीर्तन करो और अपने हृदय से पाखंड आचार परिहार करो।

महापंडित राहुल सांकृत्यायन ने एक लेख लिखा था, 'अथातो घुमक्कड़ जिज्ञासा' घूम-घूमकर जिज्ञासा पूर्ति करो अर्थात् ज्ञान प्राप्त करो। इस लेख में जो आशय है सचमुच महत्त्वपूर्ण है। यह लेख पढ़ने के बाद घूमने का शौक तीव्र हो गया था; किंतु बाधक बना जीवन जीने का संघर्ष और अर्थाभाव। आगे चलकर प्रभु की कृपा हुई, घूमने का मार्ग प्रशस्त हो गया। 'यादृशी भावना यस्य सिद्धिर्भवति तादृशी।'

गुवाहाटी के मालीगाँव रेलवे उच्चतर माध्यमिक विद्यालय का अध्यापक रहा था। घूमने के लिए मौका मिला। बाल्यावस्था से साहित्य-संस्कृति से जुड़ने का भी सौभाग्य मिला था।

सन 1996 की कथा। बिहार के प्रबुद्ध विद्वान् तथा अखिल भारतीय साहित्य परिषद के तत्कालीन राष्ट्रीय उपाध्यक्ष डॉ. भुवनेश्वर प्रसाद गुरुमैता जी ने गुवाहाटी में परिषद् की इकाई गठन करने का दायित्व मुझे दिया। मैंने

वरिष्ठ साहित्यकार एवं अखिल भारतीय साहित्य परिषद् के राष्ट्रीय उपाध्यक्ष।
ब्रह्मसत्र, तेतेलिया, गुवाहाटी - 781033 (असम)
मो. : 09435403336

कई विद्वान् साहित्यकारों को बुलाकर एक समिति बनाई और महामंत्री का दायित्व भी लेना पड़ा। असम में अखिल भारतीय साहित्य परिषद् का श्रीगणेश हुआ।

सन 1997 ई. में परिषद् का दशम राष्ट्रीय अधिवेशन हरियाणा राज्य के सोनीपत में हुआ था। एक प्रतिनिधि के रूप में मैं वहाँ उपस्थित रहा था। वहाँ उपस्थित होकर मैंने देखा कि देशभर के विशेष रूप से उत्तर भारत के अनेक जाने-माने कवि-साहित्यकारों का समावेश हुआ। तत्कालीन राष्ट्रीय उपाध्यक्ष डॉ. भुवनेश्वर गुरुमैता जी के अलावा मेरा परिचित व्यक्ति एक भी नहीं था। डॉ. गुरुमैताजी ने कई लोगों के साथ परिचय करवाया। उनमें तत्कालीन अध्यक्ष माननीय डॉ. दयाकृष्ण विजयवर्गीय 'विजय' जी, वारंगल से आए माननीय भंडारु सदाशिव राव जी, तत्कालीन महामंत्री डॉ. कन्हैया सिंह जी तथा संगठन मंत्री माननीय सूर्यकृष्णजी प्रमुख थे। उनमें से भंडारु सदाशिव राव जी और सूर्यकृष्णजी आज नहीं है। मा. सूर्यकृष्णजी ने मुझे इतना अपना बना लिया कि मानो पिता पुत्र का संपर्क, जो अंत तक बरकरार रहा। मुख्य आह्वायक सोनीपत के विद्वान डॉ. शिवकुमार खंडेलवाल ने तो आज तक अनुज का दर्जा देकर रखा।

उस अधिवेशन के बाद नई कार्य-समिति बनी। अध्यक्ष हुए भंडारु सदाशिव रावजी। मैं भी सदस्य बना। कार्यसमिति की बैठक में एक सज्जन को देखा। अत्यंत सरल और सादा आदमी। उनका नाम डॉ. बद्रीप्रसाद पंचोली, अजमेर के रहने वाले। मेरे साथ परिचय हुआ। केवल परिचय ही नहीं, अग्रज और अनुज का संबंध बना। ज्ञान और आयु के अनुसार आप मुझसे बहुत वरिष्ठ हैं।

सन 2005 के दिसंबर महीने में साहित्य परिषद् की कार्यसमिति की बैठक दिल्ली में हुई, उसमें सात देश के कई जाने-माने साहित्यकारों को सम्मानित भी किया गया। मैं पत्नी और दो बेटियों को साथ लेकर गया था। कार्यक्रम समाप्त होने के बाद हम मथुरा-वृंदावन, आगरा होकर कोटा गये और वहाँ से अजमेर पहुँचे। अजमेर में हम माननीय बद्रीप्रसाद पंचोली के घर में ही रहे। उस समय उनके वहाँ कुछ विसंगतियाँ चल रही थी। मैंने गौर से देखा इतने में भी आप धीर-स्थिर हैं, शांत हैं, मानो

दु:खेष्वनुद्विग्नमना:   सुखेषु   विगतस्पृह:।
वीतरागभयक्रोध: स्थितधीर्मुनिरुच्यते ॥

(*श्रीमदभगवदगीता*, 2/56)

स्थितप्रज्ञ जैसा। धीरे-धीरे और अधिक परखने का प्रयत्न किया। सन् 2011 को उन्होंने एक बड़ा कार्यक्रम का आयोजन किया। मुझे भी बुलाया। कार्यक्रम में राजस्थान के अनेक गण्यमान्य तथा विद्वान् साहित्यकार उपस्थित हुए। इस बार अजमेर के अनेक प्रबुद्ध व्यक्तियों के साथ मिलने का अवसर मिला। उनमें अनेकानेक डॉ. पंचोली भाई साहब के छात्र-छात्राएँ एवं शोधार्थी थे। सब लोग सहर्ष कहते हैं, 'पंचोली जी हमारे ही नहीं, अपितु अजमेर के गुरु हैं।' उसके पश्चात् ऋषि उद्यान में आयोजित 'वेदों में विश्वमानवता' शीर्षक संगोष्ठी में जाने का सौभाग्य मिला। आप ही मुख्य आह्वायक थे। उस कार्यक्रम में राजस्थान के कई विश्वविद्यालयों से अध्यापक, अध्यापिकाएँ तथा शोधार्थी आए थे और शोध-पत्रों का वाचन किया गया था। मैंने देखा सभी की श्रद्धा के केंद्र रहे डॉ. पंचोली जी।

हमारे समाज में अनेक विद्वान्, कवि, साहित्यकार हैं, जो प्रख्यात भी हैं; परंतु अपने पास-पड़ोसी से कोई संपर्क नहीं रखते हैं। उनके प्रति भी पास-पड़ोसियों का आदर सम्मान नहीं है; परंतु डॉ. बद्रीप्रसाद पंचोली जी

उसके संपूर्ण विपरीत हैं।

हिंदी, संस्कृत, अंग्रेजी के विद्वान्, शताधिक पुस्तकों के प्रणेता, अहमदाबाद से प्रकाशित एक समाचारपत्र के संपादक डॉ. पंचोली भाई एक ऋषितुल्य व्यक्ति हैं। आपने अपने भाषणों मे संस्कृत के जटिल शब्दों और तत्त्वों को वर्तमान के परिप्रेक्ष्य में सरल भाषा में व्याख्या कर श्रोताओं को मंत्रमुग्ध किया। ऐसे एक महान् मनीषी के साथ मेरा अग्रज-अनुज का संपर्क, मेरे लिए अनोखा अनुभव है। ऐसा अनुभव बहुत सौभाग्य से ही प्राप्त हुआ है। मैंने देखा कि उनके अनुयायीगण अनवरत उनको घेरे रखते हैं। जिस प्रकार ऋषि-मुनियों को शिष्य घेर कर रखते थे।

मैं बहुत भाग्यवान हूँ कि डॉ. बद्रीप्रसाद पंचोली जैसे महान् विभूति के साथ आत्मीय संपर्क हुआ। प्रभु से प्रार्थना करता हूँ कि आप स्वस्थ, कर्मठ बनकर शताधिक वर्ष देश की सेवा में तत्पर रहे। उनके चरणों में बार-बार नमन करता हूँ, वंदन करता हूँ।

वंदे मातरम्.........

❖❖❖

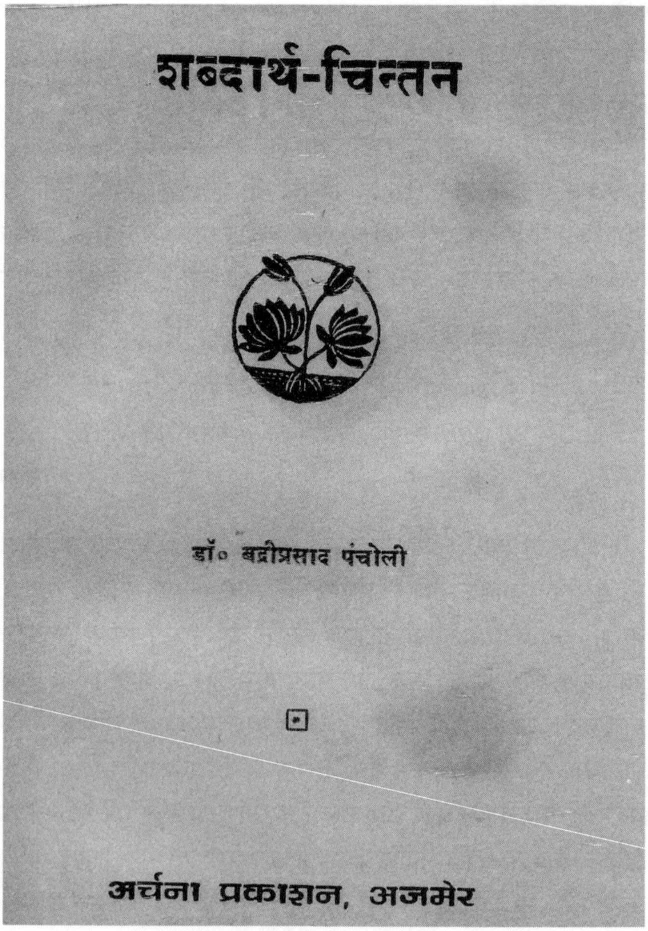

माँ वाणी के शब्द साधक

डॉ. योगेश वसिष्ठ

मैं पहली बार अखिल भारतीय साहित्य परिषद् के राष्ट्रीय अधिवेशन में कोटा गया था, जो लगभग 20 वर्ष पूर्व मार्च 1996 में संपन्न हुआ था। तदनंतर मैं इस श्रृंखला में सोनीपत व बनारस गया। ऐसे वृहद् आयोजनों में जहाँ अनेकानेक विद्वानों से मिलना होता है, वहाँ अनेक अज्ञात भी रह जाते हैं। डॉ. बद्रीप्रसाद पंचोलीजी इन तीनों अधिवेशनों में सम्मिलित हुए थे; किंतु उनसे परिचित न हो सका।

सौभाग्य से राजकोट अधिवेशन से लगभग दस दिन पूर्व क्षेत्रीय शिक्षा संस्थान, अजमेर की ओर से एस.सी.ई.आर.टी. हरियाणा, गुड़गाँव में हिंदी प्राध्यापकों का प्रशिक्षण कार्यक्रम हुआ, जिसमें डॉ. पंचोलीजी का आना हुआ। यहाँ उनसे इस पाँच दिवसीय आयोजन में अत्यंत निकटता प्राप्त करने का अवसर मिला।

नाटा कद, गठीला बदन, श्वेत केश, ऋषितुल्य आचरण— कार्यक्रम के दौरान जब किसी अन्य का व्याख्यान चल रहा है—तो मंच पर ही ध्यान मुद्रा में आँखें बंद किए हुए, ऐसा प्रतीत होता मानो सो गए हैं; किंतु जब बोलने लगें तो एक-एक शब्द उनके मुख से ऐसे नि:सृत हो, ज्यों प्रत्येक शब्द की व्युत्पत्तिपरक प्रक्रिया उनके अंत:करण में संपन्न हो चुकी हो। इसीलिए किसी भी शब्द की पूरी लोकयात्रा करवा देते। यही कारण था कि सभी प्राध्यापक भिन्न-भिन्न शब्दों को उनके सामने रखकर अपनी जिज्ञासा को शांत करना चाहते और उनका उत्तर पाकर कृतार्थ होते।

उनके निकट आया तो उनसे परम आत्मीयता प्राप्त हुई। इसीलिए राजकोट, दिल्ली, भुज व झाँसी के सभी राष्ट्रीय अधिवेशनों में डॉ. पंचोलीजी का अपार स्नेह पाता रहा हूँ। एक बार अध्यापक प्रशिक्षण माड्यूल लेखन परामर्श के संदर्भ में उन्हें एस.सी.ई.आर.टी. में आमंत्रित किया गया तो उनका मेरे घर भी आना हुआ। इस दौरान उन्हें लेकर आचार्य निशांतुकेतु जी का कुशल क्षेम जानने भी गया। उनका साहित्य परिषद् की गुड़गाँव इकाई द्वारा नव संवत्सर के उपलक्ष्य में व्याख्यान भी आयोजित करवाया। यह सब उनकी सरलता व मुझे प्राप्त उनके कृपाफल का परिचायक ही है।

क्षेत्रीय शिक्षा संस्थान के दो-तीन हिंदी विषयक आयोजनों में अजमेर भी जाना हुआ तो वहाँ उनकी विद्वत्ता

महामंत्री, अखिल भारतीय साहित्य परिषद्, हरियाणा प्रांत
मो. : 9868892654

ने सम्मोहित किया। जब भी हमारी भेंट होती, आप अपनी एक-दो पुस्तकें भेंट कर देते। इन पुस्तकों का विषय वेद सूक्तिपरक है, शब्द व्युत्पत्तिपरक है, भारतीय चरित्र है, जिन्हें पढ़कर ही नहीं कोई विहंगावलोकन मात्र से उनके अध्ययन, चिंतन व उनके रोम-रोम में बसी भारतीय दृष्टि का सहज ही अनुमान कर सकता है। उन्होंने भारतीय वाङ्मय को पचाकर उसकी व्याख्या की है, कविता-कहानी लिखी है, नाटक व निबंध लिखे हैं, बाल साहित्य लिखा है, चरित्र वर्णन किया है। लक्ष्य मात्र यही कि भारतीयता का पोषण हो।

वे स्वयं ही नहीं लिखते हैं; अपितु निरंतर कार्यक्रम आयोजनों के माध्यम से लिखने को प्रेरित भी करते हैं। उनके संपर्क में आने पर कोई भी उनके आभामंडल से प्रभावित हुए बिना रह नहीं सकता। उनके यूँ ही लिखवा लेने के विलक्षण गुण का साक्षात्कार एक बार मैंने किया। मैं उनके आवास पर अनायास ही गया था तो उन्होंने कहा कि नव संवत्सर के उपलक्ष्य में पत्रिका प्रकाशित हो रही है, कुछ लिखो। उन्होंने वहीं कागज उपलब्ध करवाया और मैं हैरान था कि निरंतर लिखना टालते रहने वाला मैं उस समय कुछ लिखकर ही उठा। दस-पंद्रह दिनों में वह पत्रिका डाक द्वारा मेरे पास गुड़गाँव भी पहुँच चुकी थी। भारतेंदु जी की भाँति आपका सान्निध्य पाकर ऐसे न जाने कितने ही लेखक बन गए हैं।

पुस्तक प्रेमी होने के कारण जब भी मेरा अजमेर जाना होता तो प्रयास रहता कि उनके आवास पर भी जाऊँ, जहाँ घर के ही भूमिगत भाग में उन्होंने अर्चना प्रकाशन स्थापित किया है। इस प्रकाशन की पुस्तकें इतनी सस्ती हैं कि एक बार निश्चय किया कि यहाँ की पुस्तकें अपने कार्यालय पुस्तकालय के लिए क्रय ली जाएँ तो अनेक पुस्तकें चयनित करने पर भी बड़ी कठिनाई से दस हजार की राशि का बिल हो पाया। इतने कम दाम की पुस्तकें छाप पाना न केवल उनके उत्तम प्रबंध कौशल का सूचक है अपितु पुस्तक-प्रेम का भी, जिसमें मुनाफा कमाने की अपेक्षा पाठकों तक पुस्तक पहुँचाना ही लक्ष्य है।

पंचोलीजी ने एक बार बताया कि उन्होंने 1953 में संकल्प किया था कि वे नित्य कम से कम एक पृष्ठ अवश्य लिखेंगे, जिसका निर्वहन वे निरंतर आज तक किए जा रहे हैं। स्वाभाविक है साठ से अधिक वर्षों तक सभी 365 दिन लिखा गया तो बाइस हजार से अधिक पृष्ठ हो चुके। जिससे शताधिक पृष्ठों की शताधिक ही पुस्तकें तैयार हो जाती हैं। और सच ही उनकी 160 प्रकाशित पुस्तकें हैं और इतनी ही अप्रकाशित।

निश्चय ही धुन के धनियों की ऐसी ही लगन होती है। ईश्वर से कामना है कि वे शतायु हों और स्वस्थ रहकर उनके संकल्प अनुरूप जीवनपर्यंत ऐसे तप:पूत, माँ वाणी के शब्द साधक की लेखनी चलती रहे और इस महर्षि की साधना से हिंदी संसार को अमृत फल मिलता रहे।

❖❖❖

किस्सागोई व्यक्तित्व के साथ अविस्मरणीय पल

डॉ. विवेक शंकर

(1)

31 जुलाई, वर्ष 1995 का दिन था। सायं साढ़े चार बजे थे। आर.पी.एस.सी. (पुराना ऑफिस, बस स्टैंड के समीप, अजमेर) के प्रथम तल्ले पर मैं पटना से इंटरव्यू देने पहुँचा हुआ था। विनय मिश्र, वंदना बरमेचा से परिचय एवं उनके इंटरव्यू के बाद मैं अपनी बारी का इंतजार कर रहा था। ठीक साढ़े चार बजे बुलावे की घंटी बजी। मैं निश्चित था और यह मानकर चल रहा था कि मैं अदर स्टेट का हूँ, भला मेरा यहाँ कहाँ से चयन होने वाला है?

कमरे में अंदर दाखिल होते ही बिल्कुल तीन अनजाने चेहरे मुझे दिखाई दिए। अभिवादन एवं स्थान-ग्रहण करने के उपरांत बाईं तरफ बद्रीप्रसाद पंचोली जी बैठे थे। उन्होंने मुझसे पहला प्रश्न किया कि राजस्थान में कुल कितने विश्वविद्यालय हैं? उपकार गाईड (राजस्थान) की सभ्यता-संस्कृति की जानकारी के लिए मैंने पढ़ रखा थी। प्रश्न पूछते ही मैंने झट से उत्तर दिया—छौ। उन्होंने पूछा क्या कहा चौबीस? मैंने पुनः कहा नहीं सर, छौ। लोग हँसने लगे और आपस में बात करने लगे कि आज प्रातः ही बातें हो रही थीं कि न जाने कैसे-कैसे लोग इंटरव्यू देने आएँगे। मैं उनका मकसद समझ नहीं पाया और उनकी ओर प्रश्नवाचक निगाह से देखा। उन तीनों में किसी ने कहा छौ या छह। मैंने सुधार करते छह कहा और अत्यंत नम्रतापूर्वक कहा कि श्रीमान् हमारे यहाँ बिहार में छह को छौ बोला जाता है। यह परिवेश का प्रभाव है। लोगों ने मेरा समर्थन किया। कुछ हीन-भावना भी मेरे मन में आई। मेरे जेहन के कौंधा कि यदि मैं नर्वस हो जाऊँगा तो आधा घंटा इन्हें कैसे झेलूँगा? अतः, मैंने आगे बढ़कर कहा कि इस परिवेश के प्रभाव से संबंधित मुझे एक रोचक घटना की याद आ रही है। इंटरव्यू लेकर थक चुके तीनों ने कहा सुनाइए। मैंने सुनाना प्रारंभ किया :

एक बार मैं मैसूर गया हुआ था। मैसूर पैलेस के बाहर फुटपाथ पर कोई दुकानदार काफी चीजें बेच रहा था। मुझे एक चीज पसंद आई और मैंने उससे पूछा कि एक ठो कितने का है? उसने कीमत न बतलाकर पूछा कि तुम बिहारी हो? मैंने कहा—हाँ। उसके कीमत बताने के उपरांत मैंने उससे प्रश्न किया कि भइया तुमने कैसे जाना कि

लेखक राजस्थान हिंदी ग्रंथ अकादमी के तहत हिंदी भाषा-साहित्य व काव्यशास्त्र की कई महत्त्वपूर्ण पुस्तकों के रचयिता हैं।

व्याख्याता-हिंदी, राजकीय महाविद्यालय, कोटा

मो. : 09461946044

मैं बिहारी हूँ। उसने कहा कि तुम्हारे 'ठो' शब्द के आधार पर। 'ठो' शब्द से सभी के चेहरे पर मुस्कान बिखर गई थी और मैंने अपने को और नॉर्मल कर लिया।

फिर पंचोली जी व दूसरे सज्जन आधे घंटे के इंटरव्यू में 32 प्रश्नों की झड़ी लगा दी और मैं सहजता से उनके सभी प्रश्नों के उत्तर देता गया। काव्यशास्त्र, भाषाविज्ञान, साहित्येतिहास, प्रिय कवि, शोध, सामयिक पत्रिकाओं, सामयिक घटनाओं से प्रश्न पूछे गए। भाषाविज्ञान के एक प्रश्न में पंचोली जी ने मुझे उलझाना चाहा अथवा मेरी वास्तविक परीक्षा लेनी चाही थी। मैंने पूर्ण आत्मविश्वास के साथ कहा कि सर मैं बिल्कुल सही हूँ। यह बात मैंने कपिलदेव द्विवेदी की पुस्तक में पढ़ी है। पंचोली जी ने मुझसे ज्यादातर प्रश्न काव्यशास्त्र, भाषाविज्ञान से ही पूछे। पूरे इंटरव्यू के दौरान उन्होंने दो बार मुझे पूछा था कि आप क्या पढ़कर आए हैं। आपसे क्या पूछा जाए ? दोनों दफा मैंने यही कहा था कि सर आप मुझसे कुछ भी पूछ सकते हैं और उन्होंने जो पूछा मैं कभी निरुत्तर नहीं हुआ। 1992 में एम.ए. करने के बाद अब तक आपने पीएच.डी. क्यों नहीं की—इस पर मैंने आदरणीय पंचोली जी से कहा था कि पहले मुझे गेहूँ मिल जाए तभी मैं गुलाब को अपने कोट में खोंसना पसंद करूँगा। अंत में, मुझसे पंचोली जी एवं यादव जी ने कहा कि आप इतने मेरीटोरियस हो। आपको बिहार में ही नौकरी मिल जाएगी। इतनी दूर आने की क्या आवश्यकता है ? मैंने कहा था कि यह तो सर वक्त बताएगा कि मेरी तकदीर मुझे कहाँ ले जाती है ?

(2)

वर्ष 2002 में डॉ. बीना शर्मा (व्याख्याता हिंदी, सावित्री कॉलेज, अजमेर) के दिशा-निर्देशन में मैं पीएच.डी. कर रहा था। अजमेर में ही रहना होता था। विजयनगर (भीलवाड़ा) के किसी स्कूल में बद्रीप्रसाद पंचोली जी के साथ डॉ. बीना शर्मा मैम एवं अनंत भटनागर जी का आमंत्रण था। बीना मैम किसी कारण से न जा सकीं और उन्होंने मुझसे कहा तो मैं तैयार हो गया। टैक्सी से पंचोली साहब, अनंत जी और मैं विजयनगर गए। रास्ते भर पंचोली से एक-से-बढ़कर एक अपने जीवन के वृत्तांत, घटनाएँ व संस्मरण सुनाते गए। आज भी मुझे याद है कि पंचोली जी ने कहा था कि एक बार मैं पटना गया था। लालू जी से मिला था। उन्होंने पूछा था कि क्या खाएँगे आप ? मैंने दही की फरमाइश की थी और तत्क्षण उन्होंने दही प्रस्तुत किया था। स्कूल में मंच पर पंचोली साहब के बगल में मुझे बैठने का अवसर मिला था और अतीत की स्मृतियों में खोया हुआ था कि एक दिन पंचोली जी मेरा इंटरव्यू ले रहे थे और आज मैं इनके साथ एक मंच पर हूँ। कभी सपने में भी यह नहीं सोचा था कि...। पंचोली जी के पास किस्सों का ढेर है और किस्सागो शैली भी। उनके साथ रहकर कभी मन बोर नहीं हो सकता।

(3)

2015 में हिंदी-विभाग के एक्सटेंशन लेक्चर में डॉ. कंचना सक्सेना (विभागाध्यक्ष, हिंदी राजकीय महाविद्यालय, कोटा) ने उन्हें बुलाया था। संचालिका डॉ. अनिता वर्मा ने जब अध्यक्षा हिंदी-विभाग शब्द का प्रयोग किया तो पंचोली साहब ने उड़ती निगाहों से डॉ. अनिता वर्मा को देखा था और जब वह मंच पर अपना उद्‌बोधन देने आए तब उन्होंने सर्वप्रथम कहा था कि पद का स्त्रीलिंग नहीं होता। भविष्य में सभी लोग इसका ध्यान रखें। पंचोली जी ऐसे भाषा-संस्कारक हैं, जो किसी भी शिक्षक अथवा छात्र को भाषा की शुद्धता सिखाने में परहेज नहीं करते। भाषा-शुद्धि उनकी आत्मा का अंग है।

(4)

2015 में ही डॉ. बद्रीप्रसाद पंचोली जी, राजकीय महाविद्यालय, कोटा की एक शोध छात्रा निर्मला का पीएच.डी. वायवा लेने कोटा आए। राजकीय महाविद्यालय, कोटा से उन्हें कोटा विश्वविद्यालय जाना था। उनकी पुत्री डॉ. उषा पंचोली (व्याख्याता-गणित), प्रह्लाद दुबे (व्याख्याता-प्राणिशास्त्र) एवं मैं गेट के बाहर साथ निकले थे। मुझे भी किसी काम से यूनिवर्सिटी जाना था। डॉ. प्रह्लाद दुबे जी ने कहा कि विवेक जी आप इनके साथ ही चले जाओ। उषा मैडम गाड़ी में बड़े प्यार से बार-बार बाबूजी, बाबूजी कहकर संबोधित कर उनका हाल-चाल लेती रही। दादाबाड़ी में जब वह अपने घर उतरी तो मैंने पंचोली जी से उनकी प्रिय पुस्तकों (भाषाविज्ञान एवं काव्यशास्त्र से संबंधित) के विषय में जानना चाहा क्योंकि उन दिनों मैं भाषाविज्ञान एवं काव्यशास्त्र पर पुस्तकें लिख रहा था। मुझे बखूबी याद है कि उन्होंने भाषाविज्ञान में डॉ. देवेंद्रनाथ शर्मा जी एवं भारतीय काव्यशास्त्र में डॉ. बलदेव उपाध्याय का नाम लिया था। निर्मला के इंटरव्यू के बाद एक रेस्टोरेंट में हिंदी-विभाग के सभी व्याख्याताओं का लंच पर आमंत्रण था। भोजन के उपरांत चलते समय निर्मला ने उन्हें कुछ गिफ्ट देना चाहा तो उन्होंने हाथ जोड़ लिए और कहा कि मैं उपहार नहीं लेता। उपहार तो मुझे देना चाहिए। मुझे याद है कि उन्होंने विजयनगर में भी स्कूल की ओर से दिए गए लिफाफे को अस्वीकार कर सिर्फ नारियल ग्रहण किया था। ऐसे विनम्र, निर्लोभी, महान् शख्स डॉ. बद्रीप्रसाद पंचोली जी का चरित्र वास्तव में आज की पीढ़ी के लिए अनुकरणीय एवं प्रेरणास्रोत है।

❖❖❖

"**अमरसिंह** : महाराणा का कोई पता नहीं चल रहा है। कोई नहीं बताता कि वे हल्दीघाटी छोड़कर गए किधर?

वीरभान : युवराज! चिंता मत कीजिए। महाराणा जहाँ भी होंगे, उनके साथ उनकी तलवार होगी और जब तक क्षत्रिय के हाथ में तलवार रहती है तब तक वह साक्षात् काल को भी चुनौती दे सकता है।

सुखराज : फिर कुँवरजी! उनकी तलवार अकेली नहीं होगी। यह मेवाड़ की वीरभूमि है। राणा की तलवार उठेगी तब हज़ारों तलवारें उनका साथ देंगी। चिंता कतई न करें।"

–*नींव के स्वर* नाटक से

मेरे गुरुवर परम ज्ञानी, दयालु, हितचिंतक

प्रो. कल्याण सिंह शेखावत

मैं जब राजकीय महाविद्यालय, श्रीगंगानगर में बी.ए. में पढ़ता था तब मैंने हिंदी, संस्कृत तथा भूगोल ऐच्छिक विषय ले रखे थे। गजराजजी जैन, बद्रीप्रसादजी पंचोली तथा प्रो. धनराज पुरोहित हमें हिंदी विषय पढ़ाया करते थे। हिंदी मेरा प्रिय विषय था इसलिए हिंदी का ज्ञान देने वाले तीनों गुरुओं के प्रति विशेष आदर भाव था। मैं हिंदी वाद-विवाद प्रतियोगिताओं में भी भाग लेता था, आलेख लेखन एवं प्रतियोगिताओं के प्रति भी मन रमा करता था। अत: तीनों प्राध्यापकगण के प्रति मेरे मन में अगाध श्रद्धा थी।

भारतीय संस्कृति के रंग में रंगे प्रो. बद्रीप्रसादजी पंचोली वेदों के प्रकांड मनीषी हैं। हिंदी के साथ-साथ देववाणी संस्कृत पर आपका विशेष अधिकार है। अनेक श्लोक आपको कंठस्थ हैं और गुरुजी बड़ी तनमयता से उनके सस्वर पाठ करते हैं। आपके शरीर का सौष्ठव ऋषि स्नातक-सा है। वाणी में तेज, आचरण की शुद्धता, लेखन की उत्कृष्टता-मेरे गुरुजी के व्यक्तित्व का उज्ज्वल पक्ष है। वे निष्काम कर्मयोगी तथा ज्ञानयोगी हैं। उनके चरणों में पुन: नमन।

आदर्श शिक्षक–डॉ. पंचोलीजी आदर्श शिक्षक हैं जो विद्यार्थी को हर प्रकार का संबल प्रदान कर उन्नति के मार्ग तक ले जाते हैं तथा आर्थिक सहायता के साथ-साथ उसे उसकी योग्यतानुसार रोजगार दिलाकर श्रेष्ठ नागरिक बनाने में पूर्ण सहयोग करते हैं।

मुझे मेरे गुरुजी से सदा अपनापन, स्नेह एवं प्रोत्साहन मिला। उनके आशीर्वाद से ही मुझे जीवन में सफलताएँ प्राप्त हुईं। मैं 80 वर्ष की आयु प्राप्त करने पर उनके दीर्घ एवं स्वस्थ जीवन की कामना करता हूँ। ईश्वर उन्हें शतायु करे। यही कामना है।

❖❖❖

पूर्व आचार्य एवं अध्यक्ष, राजस्थानी विभाग,
जयनारायण व्यास विश्वविद्यालय, जोधपुर (राज.)

हिंदी के साहित्यरत्न मेरे नानाजी

जयंती

'डॉ. बद्रीप्रसाद पंचोली' हिंदी के साहित्यरत्न, सबके बाऊजी और मेरे नानाजी। ऐसा व्यक्तित्व जो सर्वदा अनुकरण करने योग्य है। उनके साथ बिताए प्रत्येक पल में छोटी-छोटी सी बातों में गूढ़ ज्ञान, सीख, प्रेरणा स्वत: ही निकल आते हैं। बचपन में कई सारी बातें नहीं समझ पाती थीं, लेकिन आज याद करके समझने की कोशिश करती हूँ तो नानाजी की हर बात में इतना कुछ मिल जाता है कि उसे पूर्णत: व्यक्त करने में असमर्थ हूँ। फिर भी एक कोशिशभर की है अपनी भावनाएँ व्यक्त करने की; नानाजी के प्रति।

विद्वत्ता, प्रेम, परिश्रम, आत्मविश्वास, कर्त्तव्यनिष्ठा, दृढ़ इच्छाशक्ति, नियमितता, निरंतरता, निर्भीकता, क्षमाशीलता, विश्वबंधुता, दया, सहयोग.....गुणों का समायोजन देखना हो तो जीवंत उदाहरण हैं नानाजी। साहित्यजगत् में इतनी ऊँचाइयों तक पहुँचना, गुणवंत होने के साथ-साथ स्वभाव में सादगी, सरलता, विनम्रता और नम्रता; यही मेरे नानाजी को अतिविशिष्ट बना देती है।

बचपन से लेकर आज तक मैंने नानाजी को हमेशा कार्य करते हुए ही देखा है। सुबह-सुबह साइकिल लेकर व्याख्यान के लिए निकल जाना, घर पर हों तो निरंतर लिखते रहना, पढ़ते रहना। आज उम्र के इस दौर में भी उसी तेजस्विता के साथ व्याख्यान, अध्ययन और लेखन का यह क्रम निरंतर है। जितना उन्होंने पढ़ा-लिखा है, उतना तो हम आज तक न पढ़-लिख पाए और शायद पढ़-लिख भी नहीं पाएँगे। उसे समझना और व्यवहार में लाना तो और भी दुष्कर लगता है।

सूरज, चंद्रमा, तारे, पृथ्वी.....प्रकृति के हर तत्त्व की एक नियमितता और निरंतरता इस सृष्टि के अस्तित्व का कारण है। सृष्टि के ये अंग कभी अपने कार्य से, कर्त्तव्य से अवकाश नहीं लेते, सदैव अपनी गति, निरंतरता, नियमितता बनाए रखते हैं। वही सब मुझे अपने नानाजी में दिखता है और प्रेरित करता है। शिक्षक के रूप में शिक्षित करने की नियमितता, व्याख्यान की नियमितता, लेखक के रूप में लिखने की नियमितता, पाठक के रूप में पढ़ने की नियमितता, वेदांती के रूप में वैदिक कार्यों की नियमितता...हमारे लिए अनुकरणीय है।

कर्त्तव्यनिष्ठा और नियमितता इस हद तक कि अपनी पुत्री के विवाह के दिन भी साइकिल लेकर कॉलेज गए। ऐसी विशिष्टता अतिदृढ़निश्चयी व्यक्ति में ही हो सकती है। एक और गुण नानाजी का जो मुझे पहले उनकी जिद लग रही थी, बाद में समझ आया कि यह उनकी दृढ़ इच्छाशक्ति थी। चार वर्ष पूर्व हमारी नानीजी बीमार थीं,

---

विदुषी दौहित्री, प्राध्यापिका, गुजरात शिक्षा सेवा, गुजरात

काफी समय तक अस्पताल में रहीं। हम सभी लोग उनके जीवन की आशा छोड़ चुके थे। परिवार के सभी सदस्य अस्पताल में उनसे मिलने जा चुके थे, सिर्फ नानाजी को छोड़कर। नानीजी भी सिर्फ उनका इंतजार करती रहती थीं। नानाजी अस्पताल नहीं गए, जिद 'वो ठीक होकर घर आएगी।' नानाजी के प्रेम और दृढ़ इच्छा शक्ति की ही वह ताकत थी कि आज नानीजी हमारे साथ हैं।

कुछ वर्षों पूर्व फोन पर अभिवादन के लिए हैलो के स्थान पर 'वंदेमातरम्' बोलने का एक अभियान चलाया गया था, शायद इस अभियान के प्रणेता भूल गए होंगे, लेकिन आज भी जब आप नानाजी से फोन पर बात करेंगे तो सबसे पहले 'वंदे मातरम्' सुनाई देगा। किसी कार्य को आरंभ करके उसकी निरंतरता बनाए रखना यही सिखा देते हैं नानाजी। 'वंदे मातरम्' बोलकर मातृभूमि की, माता की, सुनने वाले की वंदना नियमित, निरंतर।

नियमितता, निरंतरता यज्ञ कर्म में भी। रविवार को सर्दी, गर्मी, बरसात कुछ भी हो, दो व्यक्ति हो या दस, घर पर हवन नियमित व निरंतर होता है। तन, मन, वातावरण की शुद्धि, यज्ञ के माध्यम से नियमित व निरंतर।

'वसुधैव कुटुंबकम्' यह भावना आत्मसात् कैसे होती है, इक छोटी सी बात, जो नानाजी कहते हैं इस परिप्रेक्ष्य में। रोज एक नए व्यक्ति से नमस्कार करो। कोई इनसान राह में ना मिले तो, राह में उपस्थित पशु, पक्षी...से नमस्कार करो। शायद यही नमस्कार आप दोनों में एक परस्पर प्रेम संबंध स्थापित करता है। यह अभिवादन ही स्नेह, प्रेम, विश्वबंधुत्व और वसुधा को परिवार मानने, बनाने की शुरुआत है। वह भी नियमित और निरंतर।

नानाजी के साथ मैंने एक और जो बात सीखी है वो है 'क्षमाशीलता'। आपके प्रति कोई कोई कितना भी कटु, कठोर व्यवहार करे। आपके प्रति अपराध करे तो भी क्षमा कर दीजिए। उससे प्रेमपूर्ण व्यवहार करिए, निरंतर, नियमित। क्षमा ही है जो हमारे ह्दय को भार रहित कर देता है। किसी को क्षमा कर देना और अपनी भूल पर क्षमा माँग लेना दोनों ही आपको निर्मल बना देते हैं।

नानाजी के सान्निध्य में बहुत लोगों ने अपनी जिंदगियाँ सँवारी हैं। उनके उपकार से कई जीवन सफल हो गए हैं। मेरे जीवन की वह निधि है और उससे भी बढ़कर उन्होंने जो सबसे सुंदर कृति मेरे लिये सर्जित की है वो मेरी माँ है, उन्हीं के जैसी, उन्हीं की परछाईं निरंतर मेरे साथ।

एक संत के मुख से सुना था कि नदी की पूर्णता उसकी गतिशीलता में है, उसके प्रवाह में है। मेरे नानाजी मुझे उसी शांत, सौम्य, निर्मल, प्रवाहमान नदी की तरह प्रतीत होते हैं जिसका लक्ष्य मात्र सागर में समाना नहीं है। यह वह नदी है जो राह में आने वाले सभी गर्तों को पूर देती है, सुख दुःख रूपी किनारों को शांति से स्पर्श करती हुई गतिशील रहती है। अपनी निर्मलता, सौम्य भाव, तेजस्विता और मधुर जल से आस-पास के क्षेत्र को समृद्ध कर देती है। इसके समीप आने वाले को संपूर्ण रूप से तृप्त कर देती है। मेरे जीवन क्षेत्र में निरंतर, नियमित रूप से गतिशील इस प्रवाह को मेरा सादर वंदन।

❖❖❖

मेरे पिता : मेरी नजर में

डॉ. अर्चना पंचोली

घर में सभी बड़े भाई-बहन उन्हें बाऊजी कहते हैं और मैं 'पापाजी'।

उनके साथ बीता समय केवल महसूस कर सकती हूँ। उसे वाणी और लेखन के माध्यम से अभिव्यक्त करना अत्यंत दुष्कर है।

मेरे पिता मेरे मार्गदर्शक, मेरे साथी हैं। रॉल मॉडल के रूप में मैं उन्हें देखती हूँ। ८० वर्ष की उम्र में उनकी जीवंतता मुझमें शक्ति का संचार और काम करने की हिम्मत पैदा करने के लिए पर्याप्त है। सतत् ऊर्जा से भरपूर उनका जीवन मुझे भी ऊर्जावान बनाए रखता है।

उनके सान्निध्य में बीती मेरे बचपन की यादें आज भी मेरे मन में संचित हैं।

मेरा आज का सफल जीवन उन्हीं की देन हैं। असफलता और अकर्मण्यता मेरा आलसीपन है। उनका साथ मेरे लिए जन्नत है।

बचपन में शैतानी करना अन्य बच्चों की तरह मुझमें भी शामिल था। शैतानी करके उनके आने पर पलंग के नीचे घुस जाना या एक-कमरे से दूसरे कमरे में भागना एक आदत-सी थी। मम्मी का डाँट पड़वाने का डर हमें यह हरकत कराना सिखाता था। किसी भी तरह की डाँट व मार नहीं पड़ने पर स्वच्छंद हो जाना। डाँट और प्यार दोनों का सम्मिश्रण उनमें है।

व्यक्तित्व में ज्ञान का अथाह भंडार इनसाइक्लोपीडिया की तरह। हर विषय पर भाषा, दर्शन, ज्ञान, विज्ञान से भरपूर उनका मन मस्तिष्क समझ और सूझबूझ गजब की।

सारगर्भित व सार्थक बातें प्रेरणादायी, सकारात्मक सोच से भरपूर जिससे विरोधी भी संतुष्ट हो जाए ऐसा उनका जीवन।

मेरे जीवन में काम करने की शक्ति पैदा करने वाले, मुझ में जीने की शक्ति पैदा करने वाले मेरे पिता।

हमारे गाँव से चार धाम यात्रा पर जाने वाली बसों में यात्रियों का घर में विश्राम, उनके लिए भोजन और आवास की व्यवस्था करना, साथ ही, कई सारी साहित्यिक गोष्ठियों, सेमीनारों, कार्यक्रमों का आयोजन घर पर

लेखिका पंचोली जी की सुपुत्री हैं।
प्राध्यापिका, शासकीय स्नातकोत्तर महाविद्यालय, नीमच (म.प्र.)
मो. : 9425187861

उनकी व्यवस्था करना। गजब का प्रबंधन उनमें है।

अपने क्षेत्र के विभिन्न लोगों को पढ़ने और पढ़ाने के लिए प्रेरित करना उनका प्रबंधन स्वयं के घर पर करना, उनकी पढ़ाई का व भोजन का समस्त व्यय स्वयं वहन करना हमारी परवरिश भी उन्हीं के बीच होना। किसी साधारण व्यक्ति के बलबूते से बाहर है।

'वसुधैव कुटुंबकम्' का प्रत्यक्ष अनुभव हमने अपने घर में किया। हमारा घर हाड़ौती आवास प्रवास गृह के नाम से जाना जाता था।

आज भी आर्थिक, मानसिक, स्वास्थ्य संबंधी समस्याओं पर मैं उनसे चर्चा कर संतुष्ट होती हूँ।

1992 में जब मैंने आर.ए.एस. की परीक्षा दी थी तो उसमें मैंने विषय चयन में वनस्पति विज्ञान के साथ-साथ समाजशास्त्र, दर्शनशास्त्र और हिंदी साहित्य लिया था। दर्शन और हिंदी साहित्य में मैंने डाँट खा-खा कर भी उनका अध्ययन वैज्ञानिक तरीके से किया जिसके कारण हिंदी साहित्य मे मुझे 79% अंक प्राप्त हुए थे। और कई घटनाएँ ऐसी हैं जिनमें मेरे पिता मेरे लिए शक्ति के प्रतीक बनकर खड़े हैं।

❖❖❖

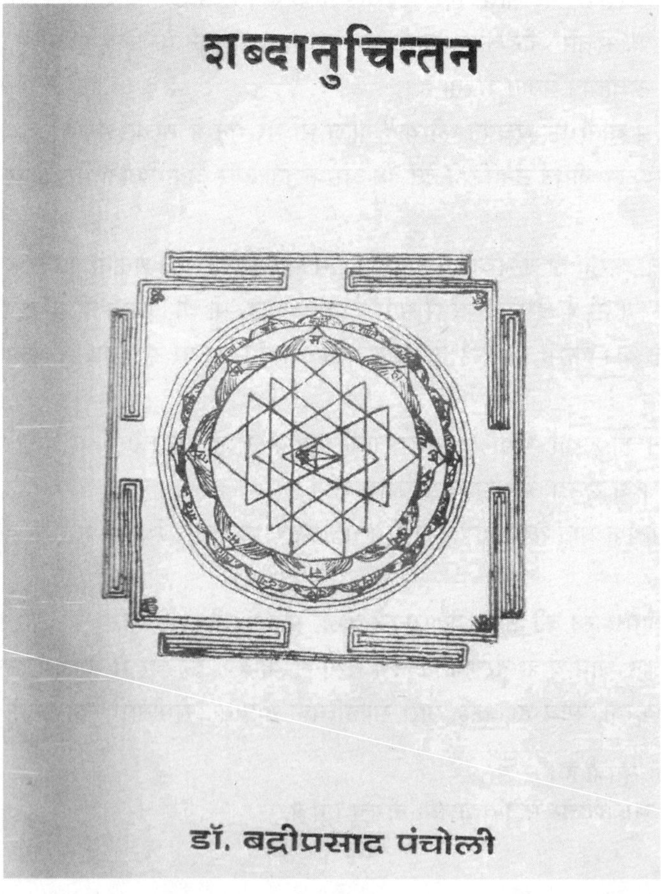

शतायु [illegible]थी

डॉ. नरेशचंद्र पाठक

डॉ. बद्रीप्रसाद पंचोली के अस्सी वर्ष की आयु पूर्ण होने पर मन, वचन से शुभकामनाएँ। उनके इन अस्सी वर्षों में से लगभग 68 वर्षों से मेरे अपने बाल्यकाल, किशोरावस्था, अध्ययन एवं अध्यापक, प्रौढ़काल एवं वृद्धावस्था के कार्यों में उनसे प्रत्यक्ष एवं अप्रत्यक्ष रूप से मेरा संपर्क रहा है। उनके स्वभाव में है कि सामने आने वाले प्रकरण पर अपनी पूरी शक्ति लगाना तथा आजीवन उससे जुड़े रहना। सौभाग्यवश हम ऐसे गुरुजनों एवं बुजुर्गों से जुड़े रहे हैं जिनके हम दोनों से संबंध रहे हैं। उन सबने उनके और मेरे कार्यों में सहायता भी दी है तथा आगे बढ़ने की प्रेरणा भी दी है। उन सभी ने सहायता देते हुए उनकी कर्मनिष्ठा की सराहना भी की है। पंचोली जी मेरे अध्ययन, अध्यापन, लेखन, शोधकार्य, प्रकाशन, पारिवारिक एवं परिचितों के साथ संबंधों में मेरे सदा सहायक रहे हैं। बाल्यकाल में प्रवाहों से बाल्टी भर कर नहलाते तथा वैसा सीखने में भी मेरी मदद करते थे। किशोरावस्था में झालावाड़ में गढ़ के प्रवेश द्वार से साथ लेकर व्यायाम गृह, नाटकशाला, बिजलीघर, बगीचे तथा कार्यालयों से उन्होंने परिचय कराया। स्काउटिंग के शिक्षण तथा सेवा शिविरों में साथ भाग लिया। कोटा में मिडिल स्कूलों में हमारा साथ-साथ जाना-आना रहता था। झालावाड़ से इंटर करके कोटा में बी.ए. करने में मेरे पाठ्यविषयों में राजनीतिशास्त्र, दर्शन व संस्कृत वैकल्पिक विषय थे, हिंदी व अंग्रेजी अनिवार्य विषय थे। उन सभी में उनका सहयोग तथा मार्गदर्शन मिलता रहा। एन.सी.सी. कैडेट के रूप में मुझे जो सफलताएँ मिलीं, उनमें भी उनका योगदान रहा।

सन् 1959 में मुझे लोहिया कॉलेज चुरूँ में प्राध्यापक पद पर नियुक्ति मिली। उस समय भी उनका सहयोग वहाँ की सेवा में रहा। 21 वर्ष से कम आयु होने के कारण जब कॉलेज व्याख्याता पद से मुझे कार्यमुक्त कर दिया गया तब विभिन्न पाठ्यसंस्थानों में शिक्षक एवं वनस्थली विद्यापीठ के सेवा काल में उनका सहयोग रहा। शोध कार्य में डॉ. फतहसिंह, स्वामी सुरजनदास जी व चतुर्वेदभाष्यकार जयदेव जी विद्यालंकार के मार्गदर्शन में पंचोली जी भी साथ रहे। शोध के लिए उपयोगी पुस्तकों को खरीदने तथा उपलब्ध न होने पर पुस्तकालय से उनको प्राप्त करने में भी वे सहायक रहे। जब भी मैं कोई शोध लेख लिखता, उसके प्रकाशन में भी उनकी सहायता मिलती रही है।

सेवानिवृत्त निदेशक, कॉलेज शिक्षा, राजस्थान सरकार, जयपुर
62/410, भगत सिंह कॉलोनी, निर्मला स्कूल रोड, कोटा (राज.)
मो. : 9460680090, 0744-2460336

मेरे अपने वैवाहिक संबंध, ससुराल के संबद्ध लोगों से आपसी संबंधों, संतानों के जन्म, शिक्षा-दीक्षा तथा उनके भी वैवाहिक संबंधों तथा उनकी भी संतानों की शिक्षा-दीक्षा तथा उन्नति के पथों पर अग्रसर करने में उनका प्रत्यक्ष सहयोग मिला है।

उनके कृतित्व, सामाजिक प्रतिष्ठा व सम्माननीय पदों के निर्वाह तथा पुरस्कृत होने का विवरण मैं इसलिये नहीं दे रहा हूँ कि अन्य शुभेच्छुओं ने उनका विस्तार से वर्णन किया है।

मेरी परमपिता परमात्मा से प्रार्थना है कि उनको दीर्घायु, स्वस्थ व कर्मक्षमता प्रदान करते रहें जिससे उनके परिवार व परिचितजनों का जीवन भी उत्कर्ष प्राप्त करता रहे। यह मेरी हार्दिक शुभकामना है जिन्हें अपनी तथा अपनी पत्नी की व्याधियों की विवशता के कारण मौखिक रूप में नहीं; किंतु लिखित रूप में प्रेषित कर रहा हूँ।

प्रभुं प्रार्थयामहे वयम्। अस्य कार्यशीलस्य तथा परोपकारिणः जीवनं स्वस्थं प्रसन्नतायुतं सपरिवारं कल्याणयुक्तं भवतु इति शुभम्।

❖❖❖

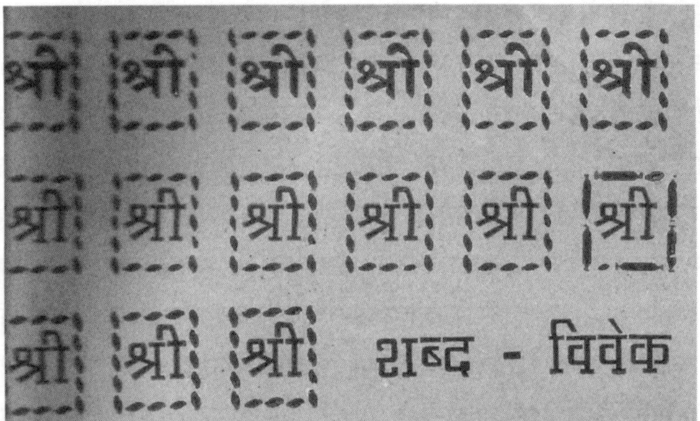

गुरुकुल परंपरा के शिक्षक

डॉ. अनंत भटनागर

'सर्दी बढ़ रही है, स्वेटर पहन कर आया करो', अचानक गुरुजी के मुख से निकले वाक्य से मैं कुछ सकपका गया था। वे कहने लगे 'यह शीत का प्रारम्भिक काल है, इस समय अधिक सावधानी की आवश्यकता है।' अत्यंत आत्मीयतापूर्ण संवाद का यह वह क्षण था जब हमारी कक्षा राजकीय महाविद्यालय, अजमेर के प्राचार्य कक्ष के बाहर के दालान में खड़े-खड़े ही सुबह की पहली धूप में चल रही थी। धूप व शीत की इस नोक-झोंक में मेरे कसमसाते शरीर को गुरुजी ने भाँप लिया था। 'जी, सर' का हुँकारा भरते हुए मैं उनकी शिष्य-वत्सलता से प्रभावित हो रहा था कि मेरी आँखों ने देखा कि स्वयं उन्होंने कोई ऊनी वस्त्र धारण नहीं कर रखा है। साधारण शर्ट में शीत के प्रभाव से बिल्कुल अविचलित। मैंने युवकोचित जिज्ञासा से उनसे तुरंत पूछ ही लिया—'सर! आपने भी तो कुछ गर्म वस्त्र पहना ही नहीं है।' मंद मुस्कान के साथ वे कहने लगे—'मैं प्रतिदिन प्रात:काल ठंडे पानी से स्नान करता हूँ। यह मेरा नियम है। अत: मुझ पर शीत का कोई प्रभाव नहीं पड़ता।' मुझे आश्चर्य होने लगा कि जो व्यक्ति मुझसे उम्र में लगभग 35 वर्ष बड़ा है, प्रौढावस्था की ओर उन्मुख है, उनके शरीर में हमसे अधिक बल है, साहस है, ओज और उत्साह का प्रवाह है। और इन सबकी कोई गर्वोक्ति न होते हुए उन्हें चिंता है कि उनके विद्यार्थी को ठंड न लग जाए। ऐसे अनुपम व्यक्तित्व के धनी अध्यापक का नाम यदि यहाँ नहीं भी लिखा जाए तो उनके संपर्क में रहे किसी भी विद्यार्थी के लिए यह पहेली न होकर बहुत साधारण-सी बात होगी। वह छूटते ही उत्तर देगा कि ऐसे अध्यापक डॉ. बद्रीप्रसाद पंचोली के सिवाय कोई हो ही नहीं सकते।

मेरा डॉ. पंचोली से साक्षात् परिचय राजकीय महाविद्यालय, अजमेर में ही साहित्यिक गतिविधियों के दौरान हुआ। यद्यपि मैं ग्रेजुएशन में विज्ञान का विद्यार्थी था, किंतु उनका सान्निध्य साहित्यिक मंच की गतिविधियों में मिलने लगा। इस साक्षात् परिचय से पहले भी मेरा उनसे परिचय अखबारों के माध्यम से था। स्कूली जीवन में जब से समाचारपत्र पढ़ने शुरू किए, उनका नाम प्राय: निरंतर प्रकाशित होता रहता था। रविवार को आर्य समाज में होने वाली साप्ताहिक संगोष्ठी में वे मुख्य वक्ता हुआ करते थे। उस समय शहर में *दैनिक नवज्योति* व *दैनिक न्याय* प्रमुख समाचारपत्र हुआ करते थे। न्याय में उनके लेखों को निरंतरता प्रभावित करती थी। कैशोर्य में एक आकर्षण हुआ

लेखक वरिष्ठ लेखक एवं कवि हैं।
प्राचार्य, विजयसिंह पथिक महाविद्यालय, अजमेर (राज.)
मो. : 9828052917

करता था कि काश! ऐसे व्यक्तित्व से मिलने का कभी अवसर मिले। महाविद्यालय काल में उन्हें इतना सहज और उदार पाया कि उनकी ओर खिंचाव बढ़ता ही गया। स्मित मुस्कान के साथ तनाव रहित मुख, सीधे तनकर चलने वाली मुद्रा। महाविद्यालय के बँधे-बँधाए ढाँचे से निर्द्वंद्व अपने विवेक से निर्णय लेने का उनका निर्भीक व्यक्तित्व उन्हें शिष्यों में लोकप्रिय बनाता है।

हिंदी साहित्य में स्नातकोत्तर करते हुए डॉ. पंचोली से सीधा संपर्क हुआ। महाविद्यालय वस्तुतः ज्ञान के केंद्र होते हैं। उन्हें पाठ्यक्रमों व परीक्षा के ढाँचे में बाँधकर हम उन्हें संकीर्ण बनाते हैं। यह अवधारणा कुछ विवादित हो सकती है; किंतु जो व्यक्ति पंचोलीजी का छात्र रहा हो वह इसे गलत नहीं मान सकता। उनकी कक्षा को विषय में नहीं बाँधा जा सकता थ। उनका धारा प्रवाह वक्तव्य इतना आकर्षक और रोचक होता कि हमें लगता कि पाठ्यक्रम में तो यह नहीं है; किंतु हमारे जीवन में यह कितना महत्त्वपूर्ण है। जीवन के घटनानुभव, चिंतन व संस्मरण की न समाप्त होने वाली अनन्य धाराओं से मिलकर ऐसा लगता कि व्यक्तित्व निर्माण यदि कोई कर सकता है तो ऐसे ही अध्यापक कर सकते हैं। योग्य विद्यार्थियों की उन्हें खास परख थी और उन पर संरक्षण का भाव सहज ही उत्पन्न हो जाता था। आत्मीयता की ओर-छोर से वे ऐसा प्रभावित करते कि हर छात्र के घर-परिवार की स्थिति से वे परिचित होते थे। उद्दंड विद्यार्थियों पर भी उनकी गहरी पकड़ थी। व्यक्तित्व का ऐसा अनूठा प्रभाव कि छात्र राजनीति से जुड़े विद्यार्थियों के हाथ भी उन्हें देखते ही चरणस्पर्श के लिए आगे बढ़ जाते। विद्यार्थी के मन-मस्तिष्क में चल रही श्रृंखला को पढ़ पाने के कारण ही वह उसकी पारिवारिक स्थिति के निकट होते थे। अपने अध्यापन काल में ऐसे अनेक विद्यार्थी उनके संपर्क में आए जिनकी न केवल उन्होंने आर्थिक मदद की; बल्कि ऐसा सहारा बने कि जीवन में अपने पैरों पर खड़े होकर आत्मनिर्भर बन सके। महाविद्यालय के विधिवत् ढाँचे में यह गुरुकुल परंपरा की आत्मीयतापूर्ण अध्यापन शैली उन्हें सर्वथा पृथक् स्तर पर स्थापित करती है।

एक समय ऐसा आया कि मेरी अधिकतर शाम उनके घर बीतने लगीं। मैं जिस जिज्ञासा भाव से जाता उससे भी अतिरिक्त ज्ञान के अनेक पक्षों से समृद्ध होकर लौटता। एम.ए. का लघु शोध प्रबंध का विषय चुनते हुए मैंने निराला की *राम की शक्ति पूजा* पर कार्य करने का विचार रखा। वे तुरन्त बोले तुम विज्ञान के विद्यार्थी रहे हो इसलिए अध्ययन में वैज्ञानिकता आनी चाहिए। इन संकेतों से मैंने *राम की शक्ति पूजा का मनोवैज्ञानिक अध्ययन* पर लघु शोध प्रबंध लिखा। पीएच.डी. भी मैं उनके निर्देशन में ही करने जा रहा था कि विश्वविद्यालय के कुछ नियम आड़े आ गए। इस दरम्यान मेरा केंद्र सरकार के कस्टम एक्साइज विभाग में चयन हो गया। मैं प्रसन्न भाव से उन्हें सूचित करने गया। वे हर्षित बहुत हुए, आशीर्वाद दिया; किंतु चलते समय बोले—'तुम तो लेक्चरर बनना चाहते थे न!' मुझे यह तो पता नहीं कि मैंने उन्हें कभी ऐसा कहा हो कि मुझे लेक्चरर ही बनना है, मगर पता नहीं उस दिन से यह धुन पक्की हो गई कि सर ने ठीक मनोभाव समझे हैं, जीवकोपार्जन उसी क्षेत्र में ही करना चाहिए जिसमें मन को सुख मिलता है। कुछ ही वर्ष बाद मुझे विजयसिंह पथिक श्रमजीवी महाविद्यालय में प्रवक्ता पद मिला। केंद्र सरकार की जमी जमाई तथा लोगों की निगाह में मोटी कमाई वाली नौकरी को छोड़कर एक प्राइवेट कॉलेज में जाने का निर्णय इतना आसान नहीं होता; किंतु वह वाक्य—'तुम्हें तो लेक्चरर बनना है न' यहाँ बहुत काम आया और मुझे निर्णय लेने में कोई समय नहीं लगा।

अपने जीवन के विस्तृत दायरे में हमारे मित्र भी बनते हैं तो शत्रु भी बनते हैं। समान विचारों के लोग भी मिलते हैं तो निंदक भी बनते हैं। विचारों के भेद के साथ जो सक्रिय गतिशील व्यक्तित्व होते हैं उनकी कार्य प्रणाली

की आलोचना करने वाले भी लोग बहुत होते हैं। इस तरह ज्यादा विचारशील, ज्यादा प्रतिभावान, ज्यादा सक्रिय व्यक्तित्वों के विरोधियों की संख्या भी ज्यादा ही होती है। पंचोली जी के विचारों से असहमति रखने वालों या उनके विरोधियों में भी मैंने एक सहमति अवश्य पाई है, वह यह कि सभी मानते हैं कि उनके भीतर आत्मीयता का अजस्र स्रोत प्रवाहित होता है। क्रोध वे व्यक्त कर सकते हैं; किंतु किसी के प्रति दुराग्रही कभी नहीं बन सकते। यह विरलता उनके निकट आने वाला हर व्यक्ति अनुभव करता है। दूसरों के लिए चिंता व आत्मीयता का यह भाव पेड़ के निकट धूप में लगने वाली कक्षा में ठिठुरते हुए विद्यार्थी को स्वेटर पहनकर आने का परामर्श देने जैसा ही है। उनके चिंतन में व्यष्टि के हर कण से लेकर समष्टि की चिंताएँ विद्यमान हैं। प्रकृति से जैसी प्रति महान उदार चेतनता सच्चे गुरु के रूप में उन्हें प्रतिष्ठापित करती है। इसी शक्ति से उन्होंने हजारों विद्यार्थी निर्मित किए हैं और उन विद्यार्थियों के मन में उनके प्रति श्रद्धा भाव आस्था का रूप गढ़ चुके हैं।

❖❖❖

धन्यवाद

धन्य और वाद से मिल कर धन्यवाद शब्द बनता है। धन धातु से यत् प्रत्ययपूर्वक धन्य शब्द बनता है जिसका अर्थ है—धन (पाने) योग्य। धन शब्द से भी धन्य बन सकता है जिसका अर्थ है धन का।

जो भी पैदा हुआ है वह तो ऋण स्वरूप होता है—'ऋणं ह वै जायमान:।' प्रत्येक व्यक्ति को स्वयं को ऋण से धन में बदलना पड़ता है। जब ऋण से धन बनेगा तभी वह धन्य होगा। जो धन बनने की प्रक्रिया में हो या धन बन गया हो उसे 'धन्य' कहने का क्या अर्थ?

जब सामने धन्यता दिखाई देती है तो लोग 'धन्य-धन्य' कह कर उसका स्वागत करते हैं—अभिनंदन करते हैं। किसी को धन्यवाद भी तभी कहना चाहिए जब उसके धन होने का कोई संकेत या प्रमाण मिले। साधनों की प्रचुरता से कोई धन्य नहीं बनता। आंतरिक गुणों के विकास से व्यक्ति ऋण ये धन बनता है।

धन बनने के लिए साधन उपलब्ध हों तो व्यक्ति को साधन-संपन्न कहा जाता है। साधन लक्ष्य का संधान करने के लिए उपयुक्त हों और पर्याप्त हों तो धन्य बना जा सकेगा। साधनाभाव में धन्य बनना संभव नहीं है।'

–*'शब्द-लोक'* पुस्तक से

वर्तमान की अनमोल धरोहर

डॉ. नवलकिशोर उपाध्याय

वर्तमान के भौतिकवादी असंयत प्रवाह में एक ऐसा व्यक्तित्व जो दृढ़तापूर्वक भारत राष्ट्र की सांस्कृतिक महत्ता को सँजोने, सँवारने एवं पुनर्स्थापित करने हेतु अविचलित, अनवरत एवं अथक प्रयत्नशील है, ऐसे महान् व्यक्तित्व के धनी हैं—श्रद्धेय डॉ. बद्रीप्रसाद पंचोली। आप राजस्थान प्रदेश के दक्षिण पूर्वी अंचल के छोटे से गाँव से निकलकर अनगिनत बाधाओं का सहजतापूर्वक सामना करते हुए देव मानव स्वरूप प्रतिष्ठित स्थान, समाज में अर्जित करने में सफल हुए हैं। आपके जीवन में जिस विद्वत् कर्मनिष्ठता के प्रति समर्पण भाव की छवि के दर्शन होते हैं वह किसी महामानव के लिए ही संभव है। वेद से अनुभूत ज्ञान को महर्षि वेदव्यास ने *श्रीमद्‌भगवद्‌गीता* रूपी अमृतकलश में संग्रहीत किया उसी परंपरा में वर्तमान के वेदर्षि डॉ. पंचोली ने अपने विद्वत् लेखन एवं वक्तृत्व से गतिशीलता प्रदान की है। यह कहने में तनिक भी अतिशयोक्ति नहीं हो सकती कि आप इस युग में ऐसी विलक्षण मूर्ति हैं जो निष्काम कर्म, धर्म को मूल मंत्र बनाकर शाश्वत सांस्कृतिक मूल्यों, भारतीय दर्शन, साहित्य, इतिहास की स्व व्याख्या के माध्यम से जन-जन तक अत्यंत सरल और सहज स्वरूप में पहुँचाने के प्रति समर्पित हैं। शास्त्रोक्त आदर्शों को यथार्थ में परिणित कर मानवीय जीवन मूल्यों को सुगम्य स्वरूप में परोसने की आपकी शैली अद्वितीय है। *संपूर्ण* समाज व राष्ट्र को अपना परिवार मानकर मनसा, वाचा, कर्मणा, नि:स्वार्थ भाव से सुशिक्षित करते रहने का दुष्कर एवं कल्पनातीत कार्य कर्मयोगी डॉ. पंचोली ही कर सकते हैं। व्यावहारिक जीवन में ऐसी सरलता दुर्लभ ही है। घर पर आने वाले प्रत्येक अतिथि को चाहे वह छोटा, बड़ा, विद्यार्थी अथवा उच्च पदासीन हो, सभी को यथा योग्य सम्मान देना, पूरा समय देकर जिज्ञासा को शांत कर उसका आत्मविश्वास एवं मनोबल बढ़ाना, लड्डू खिलाकर सत्कार करना, हास-परिहास शैली में प्रेरक प्रसंग सुनाकर, जीवन में कुछ करने के प्रति प्रेरित करना जिससे वह संतुष्ट होकर सहज ही डॉ. साहब का अनुगामी बन जाता है।

मेरे निजी जीवन में शिक्षकत्व का भाव जगाने वाले, एक सच्चे एवं यथार्थवादी गुरु डॉ. पंचोली ही थे। लगभग 45 वर्ष पूर्व की स्मृतियाँ आज भी मस्तिष्क में स्थायी हैं। स्नातक स्तरीय शिक्षार्थी के लिए *श्रीरामचरितमानस* के बालकांड की चौपाइयों और दोहों की व्याख्या करते हुए अनेक ऐसे संबंधित प्रसंगों व उद्धरणों द्वारा डॉ. पंचोली ज्ञान से परिपूर्ण जानकारी प्रदान करते थे जो आगामी जीवन की सार्थकता हेतु आवश्यक होती हैं। वे प्रसंग आज भी

निदेशक-शोध विभाग,
महर्षि दयानंद सरस्वती विश्वविद्यालय, अजमेर (राज.)

यथार्थ जीवन में अनुकरणीय हैं। बालकांड की अनेक चौपाइयाँ कंठस्थ हो स्मृति पटल पर अंकित हो गई थीं, जिनमें से कुछ तो आज भी मन-मस्तिष्क में चिर-अंकित हैं। कक्षा का निर्धारित समय पूर्ण हो जाता; लेकिन जो तल्लीनता शिक्षक व शिक्षार्थी के मध्य होती, ज्ञात नहीं होता था कि समय हो गया है। आगामी कक्षा हेतु जब अन्य शिक्षक कक्षा कक्ष के द्वार पर दस्तक देते तभी ध्यान तंद्रा टूटती थी। राजकीय महाविद्यालय, अजमेर हिंदी विभाग की हिंदी साहित्य परिषद् के सह-सचिव पद पर रहकर डॉ. साहब के साथ साहित्य क्षेत्र को जानने, व्याख्यान देने, काव्यपाठ करने और अकादमिक आयोजनों का संचालन करने से संबंधित अनेक अवसर व अनुभव प्राप्त हुए जो शैक्षिक जीवन में सहायक बने।

सौभाग्य से मुझे डॉ. साहब के साथ संकाय सदस्य स्वरूप कार्य करने का अवसर भी मिला। मेरे जीवन के ऐसे अनुकरणीय अनेक संस्मरण मस्तिष्क में सँजोए हुए हैं जिन सभी का उल्लेख संभव नहीं हो पा रहा है। एक प्रसंग अवश्य साझा करूँगा। मुझे आज भी स्मरण है कि जब डॉ. साहब सेवानिवृत्त हुए। संकाय क्लब द्वारा पारंपरिक विदाई समारोह होना था, डॉ. साहब ने संकाय क्लब के आमंत्रण का सम्मान करते हुए अत्यंत विनम्रतापूर्वक, सहज भाव से कहा कि वे इस उच्च शैक्षिक संस्थान से विदाई स्वीकार नहीं कर सकते। वे सदैव इससे जुड़े रहेंगे तो फिर विदाई कैसी ? शिक्षक कभी शिक्षण, शिक्षार्थी कभी शिक्षण संस्थान से विदा हो ही कैसे सकता है ? डॉ. साहब के कतिपय विद्यार्थी, जिनमें मैं भी रहा, महाविद्यालय के संकाय सदस्य थे। डॉ. साहब का सम्मान व अभिनंदन की सदिच्छा रखते थे, निराश हो गए। संकाय क्लब के आमंत्रण को डॉ. साहब ने अस्वीकार कर दिया। हम भी डॉ. साहब से प्रेरित थे जो सोच लिया वह करना ही है। हमने युक्तिपूर्वक एक कार्यक्रम का आयोजन रखा और डॉ. साहब को मुख्य अतिथि स्वरूप उद्‌बोधन हेतु आमंत्रित किया। सहज एवं सरल भाव से डॉ. साहब ने स्वीकृति प्रदान कर दी। हमने भी डॉ. साहब का सम्मान, अभिनंदन उसी भावना से करते हुए अपनी इच्छा पूर्ण कर ली। हमारी इस बौद्धिक चालाकी को डॉ. साहब समझ गए; लेकिन हमारी उनके प्रति प्रेम व श्रद्धा भावना का सम्मान करते हुए अपनी परिहास की स्वाभाविक शैली में जो उद्‌गार अभिव्यक्त किए, वे शब्द एक सद्‌गुरु की अपने शिष्यों के प्रति प्रेमाभिव्यक्ति ही थी।

संगोष्ठी का आयोजन करना हो या अन्य किसी भी प्रकार के छोटे-बड़े अकादमिक आयोजन करना हो। डॉ. साहब को अपने शिष्यों पर इतना अधिक भरोसा रहता था कि बिना किसी पूर्व योजना के अनायास ही कुछ विद्यार्थियों को दूरभाष से सूचना दे देते कि अमुक दिन आयोजन रख लिया है। ऐसे ही एक आयोजन की सूचना मुझे भी दी गई। मैंने डॉ. साहब से निवेदन किया कि आपकी योजनानुसार अल्पाहार, भोजन एवं आयोजन का संभावित व्यय दस बारह हजार रुपये होगा। डॉ. साहब ने कहा सब हो जाएगा। भोजन व जलपान श्रेष्ठ व स्वादिष्ट होना चाहिए। डॉ. साहब ने प्रदेश स्तरीय विद्वान् अतिथियों को भी आमंत्रित किया। कार्यक्रम बहुत अच्छा हुआ। डॉ. साहब बहुत प्रसन्न। कार्यक्रम के पश्चात् डॉ. साहब ने ही संभवत संपूर्ण व्यय स्वयं ही वहन किया।

शोध क्षेत्र में डॉ. पंचोली जी की शोध दृष्टि अत्यंत व्यापक रही है। शोध की सीमाओं में कैद कर देने की शासकीय प्रवृत्ति के प्रति वे कभी सहमत नहीं रहे। आपने हिंदी साहित्य की सीमाओं से बाहर निकल कर स्वतंत्र हिंदी व संस्कृत में तो शोध निर्देशन किया ही, इसके अतिरिक्त सिंधी, उर्दू और दर्शन के क्षेत्र में भी शोध निर्देशन किया। वैदिक वाङ्मय को कठिनतम से बोधगम्य और सुगम्य बनाकर पाठकों के समक्ष प्रस्तुत किया। अनेकानेक

पत्र-पत्रिकाओं में डॉ. साहब के संपादकीय एवं आलेख व्यावहारिक जीवन में अनुकरणीय एवं प्रेरक रहते हैं, जो समाज और संस्कृति के क्षेत्र में अनमोल हैं। समसामयिक राष्ट्रीय समस्याओं के प्रति आपका निष्पक्ष एवं निर्भय लेखन ने सदैव जनमानस को जाग्रत किया है। राजस्थानी भाषा में डॉ. साहब की एक लघुकथा 'डांग पटेलाई', *जागती जोत* मासिक में प्रकाशित हुई जो ग्राम्य समाज की जीवंतता को प्रतिबिंबित करती है।

यह नितांत असंभव है किसी भी सामान्य मनुष्य के लिए कि कोई व्यक्ति निरंतर आपसे अत्यंत अभद्र एवं असभ्य शब्दों की बौछार करता रहे, अश्लीलता की पराकाष्ठा भी पार कर दे और आप शांतचित्त श्रवण करते रहें। प्रत्युत्तर में मात्र इतना कहें कि महोदय, देखिए आप कृपया ऐसे अश्लील शब्द प्रयुक्त न करें। तनिक भी अशांत, असंयमित हुए उसे इतना थका दिया जाए कि वह स्वयं ही निढाल, निस्सहाय होकर, यह कहने को बाध्य हो जाए कि कैसा विचित्र व्यक्तित्व है, इतना गंदा बोला फिर भी बिना उत्तेजित हुए मुझे क्षमा करके चल दिया। महात्मा बुद्ध की इस शैली का जीवंत प्रमाण हैं डॉ. पंचोली जो कि उन जैसे महामानव के लिए ही संभव है। सामान्य मनुष्य के लिए ऐसी सहिष्णुता असंभव है।

किसी भी विवाह समारोह में औपचारिक आमंत्रण के पश्चात् ही उपस्थित होने का मानस एकाएक बन जाता है। पुत्री का विवाह, कोई निमंत्रण पत्र मुद्रित नहीं कराए गए। अपेक्षित संख्या से अधिक अतिथियों की उपस्थिति। यह अविश्वसनीय कहा जाएगा किंतु यह सत्य है। ऐसा एकमात्र डॉ. पंचोली के सामाजिक सरोकार, प्रतिष्ठार्जन, शिष्य मंडली का समर्पण भाव एवं चिर परिचित, मित्रों, सहकर्मियों का अगाध प्रेम भाव से ही संभव है। मुझे स्मरण हैं, डॉ. साहब का दूरभाष पर आदेशात्मक संदेश मिला, पुत्री का विवाह है अमुक तिथि, अमुक स्थान पर मध्याह्न में सपरिवार आना है। और यह दायित्व भी तुम्हें सौंप रहा हूं कि जितने भी अपने इष्टमित्र परिचित, समाज के व्यक्ति हैं उन सबको मेरी ओर से निमंत्रण दे देना और आग्रहपूर्वक विवाह में सम्मिलित होने के लिए कहना क्योंकि मैं संभवतः किसी को कहना भूल सकता हूँ। डॉ. साहब के आदेश का पालन कर मैंने जिनको भी निमंत्रित किया सभी सम्मिलित हुए। यह मात्र डॉ. साहब के बहुआयामी योगदान और सेवाकार्यों का प्रभाव ही है कि बिना औपचारिता के अपना स्नेह सिंचित करने की उत्कंठा के कारण एवं डॉ. साहब के प्रति हृदय में जो अथाह प्रेम रहता है उसी की अभिव्यक्ति थी। इसी क्रम में मुझे स्मरण है कि अपने कर्त्तव्य के प्रति निष्ठाभाव का डॉ. साहब से अधिक प्रमाण संभवतः नहीं मिल सकता। पुत्री की सगाई के समारोह का आयोजन। निर्धारित समय सायंकाल 6 बजे अतिथिगण एकत्र। सभी तैयारियाँ चल रही थीं। पूछा गया कन्या के पिता दिखाई नहीं दे रहे हैं, उत्तर मिला अभी थोड़ी देर में आने वाले हैं। विश्वविद्यालय की परीक्षा में नियुक्त हैं। 6 बजे परीक्षा कार्य से मुक्त होकर आने वाले हैं। कोई चिंता नहीं, उत्तेजना नहीं, शांत भाव से डॉ. साहब ने आकर कार्यक्रम संपन्न किया। कर्मनिष्ठा का इससे बड़ा प्रमाण मिल ही नहीं सकता। घर में आवश्यक कार्य होने की कहकर परीक्षा कार्य से मुक्त हो सकते थे लेकिन उनके न जाने पर किसी अन्य को कष्ट होता यह कैसे स्वीकार करते। डॉ. साहब की यह विशाल-हृदयता उनकी प्रशंसा करने योग्य प्रसंग है या नहीं, यह मैं नहीं जानता लेकिन प्रेरणादायक अवश्य है।

न ख्याति चाहिए, न नाम चाहिए, न ही किसी पुरस्कार की तनिक भी लालसा। डॉ. साहब की शिष्य शृंखला में ऐसे अनेक उच्च पदासीन नौकरशाह, विधायक एवं सरकार में बहुतेरे मंत्री हैं। कभी भी डॉ. साहब ने अपने लिए किसी से कुछ भी आग्रह-दुराग्रह नहीं रखा। सदैव शिक्षा, साहित्य, संस्कृति, समाज व राष्ट्र के शैक्षिक

उन्नयन हेतु प्रयत्नरत रहे हैं। ऐसी मूर्धन्य मानव मूर्ति के लिए '*न भूतो न भविष्यति*' कहा जाना अनपेक्षित नहीं है। ८0 वर्ष की वय कम है। ईश्वर से करबद्ध प्रार्थना है कि उन्हें शतायु नहीं, सहस्रायु प्रदान करे ताकि ऐसे प्रेरणा पुंज से राष्ट्र लाभान्वित हो। सचमुच डॉ. साहब वर्तमान युग के लिए एक धरोहर हैं।

❖❖❖

व्यक्ति सोचता बहुत है। कार्य रूप में परिणति तो उतने की ही कर पाता है जितना उसे अवसर मिले, सुविधाएँ मिलें। उनको भी वह तभी कर पाता है

जब उसका कल्पनालोक अधिकाधिक समुद्ध हो। जिसके पास कल्पना नहीं है वह कुछ भी नहीं कर सकता। कल्पनाएँ होंगी तो वे साकार भी होंगी।

क्लृप् धातु का अर्थ निर्माण होता है। जो काम करने जा रहे हैं या निर्माण करना चाहते हैं उसकी मानसिक रूपरेखा का नाम ही कल्पना है। अँगरेजी में कल्पना को 'इमेजीनेशन' अर्थात् मूर्तीकरण कहा जाता है—अमूर्त को मूर्त बनाना। गणगौर की पूजा करते समय सौभाग्यवती महिलाएँ ईश्वर-शिव और पार्वती की

मूर्तियाँ '*कळपती*' हैं अर्थात् मूर्त रूप देती हैं।

कल्पना हवाई किले बनाने का नाम नहीं है। मानसिक पृष्ठभूमि के निर्माण का नाम है कल्पना। हर व्यक्ति अपनी-अपनी क्षमता के अनुसार कल्पना के घोड़े दौड़ाता है। वे 'शिखचिल्ली के सपने' नहीं होते। उनका कोई आधार होता है। वह आधार लक्ष्य की संसिद्धि में सहायक होता है।

कल्पना-जगत् का जितना विस्तार होता है उसी के अनुसार व्यक्ति को अपना आकार बढ़ाना होता है, शक्ति अर्जित करनी होती है। वे अभागे हैं जिनके पास कोई कल्पना नहीं होती। उनका जीवन आधा-अधूरा रह जाता है।

–'*जीवन-शतपथ*' पुस्तक से

पंचोली सर

दिलीप पारीक

मैंने हमेशा पंचोली सर को गुरु माना है। हमारे कॉलेज में पंचोली साहब हिंदी पढ़ाते थे। तीन दशक पहले राजकीय महाविद्यालय, अजमेर सांस्कृतिक और साहित्यिक गतिविधियों का केंद्र हुआ करता था। बद्रीप्रसाद जी पंचोली का दबदबा था साहित्यिक जगत् में जो अब भी बरकरार है। थे तो वे प्राध्यापक, लेकिन हमेशा अध्यापक कम और गुरु ज्यादा लगे। मैं ठहरा विज्ञान का विद्यार्थी! हिंदी से क्या वास्ता? शौकिया तौर पर अभिनय करता था कॉलेज के हिंदी ड्रामे में। कुछ पत्र-पत्रिकाओं में मेरे बनाए कार्टून छपने लगे थे। न जाने पंचोली साहब को कैसे पता चल जाया करता था कि कौन विद्यार्थी क्या करता है और क्या कर सकता है? उसकी प्रतिभा कैसे निखारी जाए, उन्हें बखूबी आता है। यह फर्क होता है गुरु और शिक्षक में। शिक्षक को विद्यार्थी के व्यक्तिगत जीवन से कोई लेना देना नहीं होता जबकि पंचोली साहब हमारे जीवन के प्रत्येक क्षण का ध्यान रखते थे। सिर्फ हिंदी वालों का ही नहीं, विज्ञान, वाणिज्य और अन्य संकाय वाले विद्यार्थी का भी। वे शब्दों के माध्यम से नहीं पढ़ाते थे। शब्दातीत ज्ञान देते थे। आज भी देते हैं। तो एक दिन उन्होंने मुझसे पूछ ही लिया—दिलीप! तुम चित्र बनाते हो? मैंने आश्चर्यचकित होकर उन्हें देखा कि उन्हें मेरा नाम कैसे मालूम? नाम तो नाम उन्हें तो यह भी मालूम है कि मैं चित्र बना लेता हूँ। मैंने हाँ में गरदन हिलाई और कहा व्यंग्य चित्र बनाता हूँ। उन्होंने चित्र और व्यंग्य चित्र के अंतर को नज़रअंदाज करते हुए मेरे हाथ में किताबनुमा पुलिंदा थमा दिया और बोले, यह मेरी नई पुस्तक है जो लगभग तैयार है, इसका मुखपृष्ठ तुम्हें बनाना है। मैं आश्चर्यचकित-सा उन्हें देखता ही रह गया और वे अपनी चिर परिचित मुस्कान के साथ आगे बढ़ गए। मैं उनकी नियोजित सहजता को देखता ही रह गया। यही फर्क होता है प्रवचनकार और गुरु में। गुरु सहज होते हैं और प्रवचनकार बनावटी से। पंचोली साहब आत्मीयता के साथ मेरी प्रतिभा पर संदेह किए बिना मुझे चित्रकला के क्षेत्र में कुछ करने का प्रायोगिक अवसर दे गए और वह भी महज एक मिनट के वार्तालाप में। उस पुस्तक का कवर पेज डिजायन करने के बाद मेरा आत्मविश्वास बढ़ गया। मुझे ऐसी लगन लगी कि माध्यमिक शिक्षा बोर्ड की पत्रिका और राजस्व मंडल की पत्रिका के मुखपृष्ठ भी बना डाले।

बी.एससी. तृतीय वर्ष में मेरी कविता और लेख कॉलेज मेगजीन में छपे। सहपाठी खूब तारीफ कर रहे थे और मैं पंचोली साहब की प्रतिक्रिया का इतंजार कर रहा था। एक दिन मुझे बुलाया और बोले, अच्छा व्यंग्य लिख

शास्त्री नगर, अजमेर
मो. : 09414520351

लेते हो, अखबार के लिए लिखा करो। प्रेरणा मिली। अखबारों में छपा। कॉलेज छोड़े मुझे पच्चीस साल हो गए थे। इस बीच लगातार इनसे संपर्क में रहा। इनके पुत्र इंदुशेखर मेरे मित्र हैं और मेरे पिता डॉ. शिवदयाल पारीक पंचोली सर के मित्र। इन वर्षों में हमेशा सोचता रहा कि मैंने कविता भी तो लिखी थी, शायद उन्हें पसंद नहीं आई।

कोई पाँच एक साल पहले की बात है पंचोली सर ने मुझे फोन किया और बोले अजमेर के कवियों की रचनाओं का संकलन छाप रहा हूँ, तुम्हारी कविता चाहिए। मैं अचंभित सा होकर उन्हें सुनता रहा! उन्हें तीस साल पुरानी बाद याद है अब तक! अद्‌भुत!!

पंचोली सर का भेदभाव विहीन, निरपेक्ष प्रेम उनकी विशेषता है। उनकी चमकीली आँखें और तेजस्वी चेहरा उनकी प्रकट शक्ति है। शांति और आनंद अप्रकट शक्ति है। आपका लेखन आध्यात्मिक मार्गदर्शन संबंधी होता है। यही अंतर है गुरु और संत में। संत अपनी प्रकट शक्ति का अधिक उपयोग करते हैं। संत में आध्यात्मिक अनुभूति का प्रमाण अधिक होता है। पंचोली साहब में आध्यात्मिक मार्गदर्शन का भाग अधिक है। सेवा और त्याग इनका सहज गुण है। इसलिए वे संत गुरु हैं।

पंचोली सर की अस्सीवीं वर्षगाँठ पर

सादर प्रणाम।

❖❖❖

साध्य साधन की शुचिता के प्रतीक

डॉ. संदीप अवस्थी

भारतीय ज्ञानपीठ की पत्रिका *नया ज्ञानोदय* में प्रकाशित मेरी कहानी '*कलेक्टर साब*' के लिए जब मुझे हरियाणा में वित्तमंत्री सम्माननीय कैप्टन अभिमन्यु सिंह के द्वारा सम्मानित किया जा रहा था, तब मेरे कानों में एक लोक मनीषी, लोक अध्येता के शब्द गूँज रहे थे—'तुम प्रतिदिन एक पृष्ठ लिखने की आदत डालो। सर्दी हो या गर्मी तुम्हें अपने कर्त्तव्य पर पूर्ण निष्ठा से अडिग रहना है।' इन्हीं शब्दों के प्रेरक परम आदरणीय बाबूजी प्रो. बद्रीप्रसाद पंचोली जी पूरे जीवन प्रत्येक व्यक्ति को प्रोत्साहित कर ऊर्जा का संचार कर कर्मपथ पर प्रेरित करते रहे। उनके हर शिष्य ने चाहे वह, भारतीय प्रशासनिक सेवा, पुलिस, राजनीति या शिक्षा, लेखन, समाज सेवा का क्षेत्र हो खूब-खूब नाम और यश कमाया। इसका सारा श्रेय बाबूजी के प्रेरणादायी व्यक्तित्व को ही जाता है।

वास्तव में वह जितने विनम्र, सहृदय और मानवीय हैं, उतने ही लोक और लोक के जीवन से गहराई से जुड़े हुए हैं। मेरा उनसे परिचय विगत पच्चीस वर्षों (एक चौथाई शताब्दी) का है। विद्यार्थी काल से उनके संपर्क में अपनी लिखने और पढ़ने की प्रवृत्ति के कारण आया। उन्होंने अच्छा पढ़ने, लिखने के लिए तो प्रोत्साहन दिया ही; पर सबसे बढ़कर एक रचनाकार-विद्यार्थी के रूप में सम्मान दिया, इज्जत दी।

नब्बे के दशक का यह वह दौर था जब गुरु अपने शिष्य से दस हाथ की दूरी रखते थे। जब विद्यार्थियों के लिए किसी के पास समय नहीं होता था। उस समय बाबूजी के घर पर नितांत घरेलू वातावरण में हमारी साहित्यिक, दार्शनिक चर्चाएँ घंटों होती थीं।

यही कारण था लगभग पच्चीस वर्ष पूर्व साहित्यिक, सांस्कृतिक पत्रिका *संचिता* का दो वर्षों तक संपादन करके राजस्थान भर में अपार लोकप्रियता प्राप्त की। आर्थिक पक्ष के लिए वैदिक मनीषी ने सुझाया कि हर युवा विद्यार्थी अपनी कोई भी अपव्यय की आदत यथा चाय, गुटखा, सिनेमा, सौंदर्य प्रसाधन (छात्राओं हेतु) आदि त्याग या कम करके प्रति माह जो राशि बचे वह हमें दे, उससे पत्रिका निकलेगी।

आप यकीन नहीं करेंगे आत्मसंयम, स्वावलंबन की ऐसी जोश भरी लहर चली कि देखते ही देखते पर्याप्त धन एकत्र हो गया। पत्रिका के हर अंक की प्रतीक्षा रहती। उसके प्रकाशक, प्रेरणास्रोत जगदीश नारायण मेहरा जी

लेखक चर्चित कथाकार हैं।
66/26, न्यू कॉलोनी, रामगंज, अजमेर (राज.)
मो. : 8955554969

के साथ 'बाबूजी' भी थे। उसी पत्रिका से मुझे मेरी जीवनसंगिनी बाबूजी की छात्रा के रूप में 'सुनीता' मिली। आज थोड़ा बहुत जो मुकाम हासिल है उसका सारा श्रेय मेरी पत्नी सुनीता को ही है।

बाद में जीवन के अर्थोपार्जन में लगने के बाद जब साहित्यिक, सांस्कृतिक आयोजनों से जुड़े और देश भर में विद्वानों से मिलने का अवसर मिला। तब एक कथाकार, समालोचक के रूप में बनारस में *काशी का अस्सी, रेहन पर रग्घू, उपसंहार* जैसी पुस्तकों के रचयिता काशीनाथ सिंह जी से बातचीत का अवसर मिला। अजमेर का जिक्र छिड़ा तो उन्होंने बाबूजी बद्रीप्रसाद जी पंचोली को याद किया। बेहद सुखद आश्चर्य हुआ। पता लगा काशीनाथ सिंह जी बी.एच.यू., काशी विद्यापीठ में बाबूजी को बुलाते रहे हैं।

फिर उसके तुरंत बाद दक्षिण साहित्य अकादमी के तत्कालीन अध्यक्ष डॉ. श्यामसखा श्याम, जो स्वयं बहुत ही विनम्र और अच्छे साहित्यकार हैं, ने विख्यात आलोचक, विचारक, चिंतक प्रो. नामवर सिंह जी से मेरी आलोचनात्मक बातचीत रखी तब भी बाबूजी का जिक्र हुआ। नामवरसिंह जी तब लगभग नवासी (८९) वर्ष के थे, उन्होंने अपनी स्मित, सौम्य मुद्रा में पूछा, 'पंचोली जी कैसे हैं?' मैंने कहा, 'ठीक है सक्रिय हैं।' वे बोले, 'उनकी संगठनात्मक क्षमता अद्‌भुत है, वे अकेले दस संस्थाओं के बराबर कार्य कर लेते हैं। उनको मेरा प्रणाम कहिएगा।'

अजमेर आया बाबूजी को बताया तब उन्होंने कहा कि जोधपुर विश्वविद्यालय और राजस्थान लोक सेवा आयोग में बरसों उनसे परिचय और संपर्क रहा है। यहाँ यह बात में रेखांकित करना चाहूँगा, वर्तमान के युवा साथियों, लेखकों और प्राध्यापकों के लिए कि विचारधारा के दो विपरीत ध्रुव होने के बाद भी दोनों (डॉ. पंचोली जी एवं नामवर सिंह जी)एक-दूसरे की सहमति-असहमति और कार्यकुशलता की प्रशंसा बराबर करते रहे।

दरअसल, आज के नव-उदारवादी समय में पूँजीवाद का विस्फोट हो चुका है। ऐसे समय में किताबें, विचार और लोक संस्कृति को ही निशाना बनाया जा रहा है क्योंकि ये ही हैं जो समय और बाजारवाद, भूमंडलीकृत अर्थव्यवस्था के खतरों से सावधान करते हैं और इसीलिए लेखक, किताबें, विचार और लोक को खत्म करने का षड्‌यंत्र चल रहा है; परंतु लोक, समाज, विचारक और लोक संस्कृति के पुरोधा प्रो. बद्रीप्रसाद पंचोली जैसे लोगों ने इस षड्‌यंत्र को खत्म करने में महती भूमिका निभाई है। दद्दा, प्रो. कमल किशोर गोयनका, उपाध्यक्ष, केंद्रीय हिंदी संस्थान, आगरा, से मेरी फोन वार्ता होती रहती है। उनका कहना है कि "हिंदी को जितना खतरा अपनों से है, उतना बाहर वालों से नहीं। इसके लिए निरंतर सफल कार्यक्रम, आयोजन युवाओं और समाज के मध्य होने चाहिए।" ऐसे आयोजन राजस्थान भर में सर्वाधिक कोई एक संस्थान के रूप में जो व्यक्ति कर पा रहे हैं तो वह है बाबूजी प्रो. बद्रीप्रसाद पंचोली जी।

यहाँ मैं निस्संकोच रेखांकित करूँगा कि यह राजस्थान का दुर्भाग्य है कि हमारे महाविद्यालय, विश्वविद्यालय साहित्य, दर्शन, समाज संस्कृति को लेकर न्यूनतम कार्यक्रम करते हैं। फंड नहीं है, काम कौन करेगा? जैसे वाक्य आप भी सुनते होंगे। अजमेर तो सिरमौर है कि यहाँ सांस्थानिक रूप से हिंदी, दर्शन, संस्कृत में तीन दशक से कोई भी कार्यक्रम नहीं हुआ है।

जबकि अकेले प्रो. पंचोली जी बिना फंड, बिना यह चिंता किए कि कैसे होगा? काम में जुट जाते हैं और आदिशक्ति माँ शारदा का ऐसा वरदहस्त है कि खुद-ब-खुद सारे कार्य होते चले जाते हैं। इसमें गुरुवर की युवा टीम, सामाजिक संपर्क हमेशा उपयोग में आते हैं। कार्यक्रम बेहद सफल होते है। संस्मरण बहुत हैं पर यहाँ दो बातों

का उल्लेख करके मैं यह आलेख समाप्त करूँगा। छह बच्चों के भरेपूरे परिवार के मुखिया, सभी जगह निरंतर सादर आमंत्रित होते हैं। हिंदी, संस्कृत के प्रकांड विद्वान, करीब डेढ़ सौ, जी हाँ! डेढ़ सौ महत्त्वपूर्ण पुस्तकों के लेखक ने अपने महाविद्यालय में अपनी एक भी कक्षा कभी भी खाली नहीं छोड़ी। सर्दी, गर्मी, बरसात कुछ भी हो प्रो. साहब अपनी कक्षा में समय पर उपस्थित। हिंदी साहित्य की हर विधा को बेहद रोचक ढंग से पढ़ाने के कारण छात्र समुदाय हमेशा उपस्थित।

मैं विज्ञान का विद्यार्थी था फिर दर्शन और हिंदी साहित्य, मीडिया का विद्यार्थी रहा। तो उस वक्त की एक दिलचस्प घटना (आँखों देखी)। बाबूजी हेड थे, हिंदी के वरिष्ठ प्राध्यापक हिंदी विभाग में खाली बैठे, देखते ही बोले, 'आज सर्दी है अत: विद्यार्थी नहीं हैं सो कक्षा नहीं होगी।' कहकर रवाना। मैं कुछ रचना बताने आया, कॉलेज पत्रिका का युवा छात्र संपादक था। गुरुवर कुछ नहीं बोले। कुछ देर बाद उनका पीरियड था, वह सहजता से स्टॉफ रूम से निकल कक्षा की ओर बढ़े। यह क्या ? न जाने कहाँ से छात्र-छात्राएँ निकल-निकलकर उनके पीछे और देखते-देखते दो मिनट में कक्षा भर गई।

ऐसा है बाबूजी का व्यक्तित्व। कभी किसी को बुरा, कड़वा नहीं बोला। सिर्फ अपने कर्म और उनके निष्पादन के सही मार्ग को महत्त्व दिया। साध्य और साधन की पवित्रता मानने वाले बाबूजी के साथ मुझे दो वर्ष महर्षि दयानंद सरस्वती विश्वविद्यालय में एम.फिल्. पाठ्यक्रम में अध्यापन करने का अवसर मिला। तत्कालीन कुलपति प्रो. मोहनलाल जी छीपा के ऊर्जावान् व्यक्तित्व से हिंदी, दर्शनशास्त्र, संस्कृत एवं ड्राइंग पेंटिंग में एम.फिल्. पाठ्यक्रम पहली बार प्रारंभ हुआ। पहले माह ही मैंने कहा कि "चूँकि कुछ अंक शोध सेमीनार के निर्धारित हैं अत: हम हर माह सेमीनार और उसमें विभिन्न विषयों पर विद्यार्थियों से आलेख पढ़वाना चाहेंगे।" कुलपति छीपा जी ने सहर्ष सहमति दी। सम्मानीय प्रो. सुरेंद्र जी भटनागर ने व्यवस्था देखी और प्रो. पंचोली जी ने मार्गदर्शन प्रदान किया। शोध सेमीनार मेरे द्वारा आयोजित हुई और इतनी लोकप्रिय हुई कि हर सप्ताह हमें करनी पड़ी। विद्यार्थी उस दिन अधिकाधिक आते। हॉल पूरा भर जाता।

ऐसे सशक्त मनीषी, सहज, सरल व्यक्तित्व के धनी बाबूजी नहीं बन पाते यदि आदरणीय माताजी (गुरु माँ-कमला देवी) का शांत, सौम्य; परंतु मजबूत व्यक्तित्व का साथ नहीं मिला होता। माताजी ने पूरी जिम्मेदारी के साथ परिवार, बच्चे, गृहस्थी, सामाजिक-पारिवारिक संबंधों का निर्वहन किया।

हृदय की गहराइयों से परमात्मा से यही प्रार्थना है कि आप दोनों स्वस्थ, सानंद शतायु हो और हमें आपकी छत्रछाया सदैव मिलती रहे।

❖❖❖

साहित्यिक साधना के 80 वर्ष

रामकृष्ण सेवदा

बीकानेर से वैंकटेश मंदिर, इंदौर जाते हुए अजमेर में रेलगाड़ी पकड़ने-बदलने के बीच 3 घंटे का समय था। समय काफी था बिताना तो था ही, बाहर निकल पड़ा। अकारण बिना किसी बात के यूँ ही चलते अचानक एक बैनर पर दृष्टि पड़ी। एक साहित्यिक संगोष्ठी थी। मन किया सुना जाए फिर समय तो बिताना ही था। इससे अच्छा भला और क्या हो सकता था ? स्वाभाविक रूप में हमेशा की तरह अंतिम पंक्ति में आसन जमाया।

देवपूजन-सरस्वतीवंदन-दीपप्रज्वलन-स्वस्तिवाचन में सभामंडप आध्यात्मिक सांस्कृतिक गरिमा से ओतप्रोत था। सफर की थकान और समय काटने की समस्या से मन कुछ शांत हुआ। सोच रहा था कि चलो थोड़ा सुकून पाकर चलते हैं। इतने में परिचयात्मक अभिकथन में श्री बद्रीप्रसाद जी पंचोली का नाम सुना तो आज तक जिनको पढ़ा, वार्ताएँ सुनी थीं, मन में जो छवि बसी थी उस आध्यात्मिक-सांस्कृतिक नवोन्मेषी साहित्यकार की। उनसे रूबरू होने के सुखद संयोग के लिए मन-ही-मन ईश्वर को धन्यवाद ज्ञापित किया। गाड़ी 2 घंटे और विलंब से आए यह माँग भी साथ में जोड़ दी।

श्रद्धेय बद्रीप्रसाद जी पंचोली कार्यक्रम में सूत्रधार थे। मार्गदर्शक उपदेष्टा जो मनोनुकूल हो तो समागत सहभागी भी अपने लगते हैं और अपनापन का भाव (अहसास) ही सबसे बड़ा स्वार्थ होता है। अब समय बिताने का स्वार्थ समय के ठहर जाने में बदल चुका था।

श्रद्धेय बद्रीप्रसाद जी पंचोली का सम्मान करते हुए सभामंडप अपने आपको गौरवान्वित अनुभव कर रहा था। सारा सभामंडप खड़ा था, वह तुमुल करतलध्वनि भी मुझे आदरणीय पंचोलीजी के श्रीमुख से नि:सृत देव-वाणी, वेद-वाणी का ही आभास दे रही थी।

सभा का मनोगत रखते हुए मार्गदर्शक उपदेष्टा श्रद्धेय पंचोलीजी के श्रीमुख से *वेद-पुराण-उपनिषद-श्रुति-स्मृति-वर्णाश्रम व्यवस्था टीकाएँ* सरल-सहज वाणी में माँ सरस्वती की अविरल धारा रूप प्रवाहित होने लगी। दिल-दिमाग-मन तीनों एक ही जंक्शन पर थे अनायास शांति व्याप्त हुई। आपका प्रवचन संपूर्ण हुए तंद्रा टूटी—आगे की राह पकड़नी थी—मन नहीं था। मंचस्थ होने से व्यक्तित्व संपर्क न हो पाने के कारण सामान और शरीर

संपादक-*विप्रसेतु* (मासिक पत्रिका),
सूर्य सदन, गंगाशहर रोड, बीकानेर, राजस्थान
मो. : 9461103156

से मन भारी था। ऐसे ही सुखद संयोग की कामना प्रभु से करते हुए प्रस्थान किया।

लगभग छह माह बीत गए। किशनगढ़ से श्रीपरशुराम जयंती का आमंत्रण मिला। किशनगढ़ आराध्य गोपाल महाप्रभु जी के दर्शन की, काचरिया पीठाधीश्वर का आशीर्वाद और जाति-जाह्नवी मिलन की पुण्य लालसा में जाना हुआ तो लगा की सचमुच ऊपरवाले के यहाँ देर भले ही हो सुनता जरूर है, कार्यक्रम के मुख्य वक्ता आप ही थे। पूज्य श्रीमज्जगद्गुरु निंबार्काचार्य श्री जयकृष्णदेवाचार्यजी महाराज श्री के सान्निध्य में हुए परिचयोपरांत अनुभव किया कि सनातन धर्म ग्रंथों के ज्ञाता, वेद व्याख्याकार, संस्कारों के प्रबल-पक्षधर, शिष्ट शिक्षाविद्, प्रखर-प्रवक्ता श्रद्धेय बद्रीप्रसादजी पंचोली बहुत ही सरल और सहज व्यक्तित्व के धनी हैं। आपमें 'विद्या ददाति विनयम्' साकार दिखाई देता है।

बस अब तो लौ लग गई थी। प्रति माह प्रत्यक्ष दर्शन-श्रवण और दूरभाष संपर्क से सान्निध्य मिलने लगा। अधिक जानने की उत्कंठा जाग्रत हुई पर 'कुछ भी न छुपाने वाले' पंचोली जी अपने बारे में बयाँ करने को कभी भूल से भी तैयार ना हुए। पूज्य बापूजी श्री हीरालालजी सेवदा द्वारा संपादित *विप्र सेतु* और *कलियुग संजीवनी* में निरंतर आपके आलेखों से पाठकों को आपका पूर्ण परिचय की इच्छा मेरी भी अभिलाषा बन चुकी थी, पर हर बार घंटों के सान्निध्य पर भी कुछ विशेष सफलता नहीं मिली।

बार-बार निवेदन करने पर केवल इतना कहा कि—"पिछले जन्म के पुण्यकर्मों से जन्म से ब्राह्मण और एक संस्कारी परिवार में पैदा होने से कर्म से ब्राह्मण हूँ। शिक्षार्थी था शिक्षक बन गया और यावत् जीवन शिक्षार्थी और शिक्षक रहूँगा यही एक विप्र का कर्म है।" तब पहली बार संस्कार की महत्ता और विप्र की सही परिभाषा जान गौरवान्वित हुआ।

संस्कृत और हिंदी भाषा साहित्य के अध्ययन-अध्यापन, मौलिक एवं चिंतनपरक लेखन से शताधिक पुस्तकों के लेखन-संपादन के रूप में आपके साहित्यिक अवदान के पीछे भी एक पृष्ठ रोज लिखूँगा का आपका संकल्प प्रेरणास्पद है और इसी कारण आज संपूर्ण भारतवर्ष के सरस्वती भंडार में आपकी कृतियाँ से सम्मान पाते हैं।

हमेशा दो नए लोगों से परिचय संपर्क करने का आपका अभिनव प्रयोग लोक के प्रति आपकी गहरी निष्ठा को नए आयाम देता है। इसी कारण से छोटे से छोटे गाँव-देहात तक आपके परिचितों-मित्रों-प्रशंसकों के दर्शन हो जाते हैं और इसकी छाप आपके दैनिक आलेखों में स्पष्ट दृष्टिगोचर होती है।

सच कहूँ तो आप स्वयं एक विश्वविद्यालय है जहाँ शोध का भंडार भरा पड़ा है। घंटों बतियाने में ना आप थकते हैं और ना ही सामने वाला उठना चाहता है। जिज्ञासाएँ शांत होती हैं। अस्पर्श्यता के लिए प्रचारित पुरी पीठाधीश्वर श्रीमद्जगदगुरु स्वामी निरंजनदेवतीर्थ महाराज एक सफाई कर्मचारी की आँख का कचरा अपनी जिह्वा से निकाल सकते हैं जैसी आँखों देखी घटना आपसे सुन कर भ्रान्तियाँ दूर होती हैं।

सनातन संस्कृति के प्रबल संवाहक श्रद्धेय शिक्षाविद् एवं वरिष्ठ साहित्यकार बद्रीप्रसादजी पंचोली की साहित्यिक जीवन यात्रा के सहस्र चंद्रदर्शन के इस पावन प्रसंग पर अभिनंदन-ग्रंथ का प्रकाशन पूज्य पंचोलीजी के प्रति साहित्यिक समाज की कृतज्ञता और परम गौरव का विषय है। हम परमपिता परमात्मा से आपके सुस्वास्थ्ययुक्त शतायु जीवन की मंगलकामना करते हैं। भाषा साहित्य के इस आधारस्तम्भ पुरोधा को शत-शत नमन।

❖❖❖

मेरे गुरुदेव

डॉ. चमन लाल रैना

पंडित बद्रीप्रसाद पंचोली जी स्वयं अपने आप में माँ शारदा के वरदान हैं। कोई उन्हें डॉक्टर साहब के नाम से संबोधित करता है, कोई प्रोफेसर साहब के नाम से; परंतु जैसा मैंने देखा, उनके शिष्य उनको गुरुजी के नाम से संबोधित करते हैं। मेरा सौभाग्य है कि मैं भी उन्हें 'गुरुदेव' के नाम से ही संबोधित करता हूँ। गुरुदेव शब्द में ज्ञान भी है, प्रकाश भी, विमर्श की अभीप्सा भी। *काश्मीर शैव दर्शन* की दृष्टि से प्रकाश और विमर्श एक-दूसरे से इस प्रकार संबंधित हैं,जिस प्रकार शिव और उसकी इच्छा शक्ति। ज्ञान और क्रिया इसी मिलन की दो धाराएँ हैं, जिनका संगम वेद और आगम शास्त्र है। प्रकाश का तात्पर्य सूर्य से है, परंतु शैव-प्रत्यभिज्ञा के अनुसार 'प्रकाश' शिव की शक्ति का स्रोत माना जाता है। शिव Static है, शक्ति Dynamic है। विमर्श बुद्धि तत्त्व भी है और चेतना भी।

एक लेखक, विशेषकर शोधकर्त्ता अपने मन में चिंतन का 'Blue Print' प्रस्तावित करता है और मूल स्रोतों से संकेत शब्दों को अर्थात् Key Words को मुख्य शोधपत्र की आधारशिला बना देता है। ऐसा ही उनका पीएच.डी. शोध प्रबंध *ऋग्वेद में गो तत्त्व* है। उन्होंने अंग्रेजी में (Conception of Cow in Rigveda) नाम देकर गो-तत्त्व के चिंतन को अंग्रेजी जगत् तक पहुँचाने का प्रयास किया है। इस शोध प्रबंध को यदि एक कांसेप्ट के तौर पर देखा-झाँका जाए तो 'गो' वात्सल्य है। गो वत्स (बछड़े) के प्रति रँभाती है, उसके सिर को चाटने के लिए हिंकारती है। दूध का फेन लगे हुए बछड़े को अपने स्तनों का दूध पिलाकर उनको पुष्ट करती है। ठीक इसी प्रकार शोध निर्देशक डॉ. बद्रीप्रसाद पंचाली जी भी अपने छात्रों को, माता शारदा के पुत्रों को उनकी सत्य अभीप्सा जानने पर उन्हें शोध सामग्री—पुस्तकें, पत्रिका, संदर्भ ग्रंथ देकर उनकी ज्ञान मीमांसा को 'दुहामश्विभ्यां पयो अघ्न्येयं सा वर्धतां महते सौभगाय' (ऋग्वेद, 1.164.37) के अपनी वाणी से, मार्गदर्शन द्वारा इस वेदवाक्य को चरितार्थ करते हैं।

गुरुदेव प्रोफेसर पंचोली जी से मेरा संपर्क सन् 2001 से रहा। हम विस्थापन के पश्चात् दयानंद महाविद्यालय, अजमेर में रहा करते थे। उन दिनों अश्वघोष रचित *बुद्धचरित* पर मेरा शोध चल रहा था, मुझे *सौंदरानंद* काव्य की आवश्यकता पड़ी, उन्होंने बिना जाने, बिना पहचाने, अपनी निजी पुस्तकालय से मुझे कुछ समय के लिए लेने के लिए कहा। बस यही शुभवेला थी, मुझे उनके साथ मिलने-जुलने, साहित्य, दर्शन, शोध तथा अनुवाद विधा पर

फैलो, सेंटर फॉर स्पिरिच्युलिटी,
फ्लोरिडा इंटरनेशनल यूनिवर्सिटी, अमेरीका

पारस्परिक बातचीत करने को सौभाग्य मिलता रहा।

मुझे सप्तमातृकाओं पर *त्रिक्‌दर्शन के अंतर्गत* शोध पर आधारित वार्त्ता देने के लिए *चारण शोध संस्थान,* अजमेर से निमंत्रण मिला था उस गोष्ठी की अध्यक्षता डॉ. पंचोली जी ने ही की थी। वहाँ उन्होंने मुझे शक्ति से संबंधित *सहस्रनाम* का अंग्रेजी भाषा में अनुवाद एवं भूमिका लिखने के लिए प्रोत्साहित किया। वस्तुतः *श्री ललितासहस्रनाम* का अंग्रेजी अनुवाद तथा *Lalita abides in the heart* प्रकाशित हुआ तत्पश्चात् उन्होंने *श्री बहुरूप गर्भ स्तोत्र* के हिंदी अनुवाद लिखने का मार्गदर्शन भी किया।

2014 ई. में उन्होंने मुझे जयपुर में डॉ. फतहसिंह व्याख्यान माला पर व्याख्यान देने के लिए निमंत्रण भी दिया। प्रोफेसर साहब ने मुझे *विप्रसेतु* में एक लेख लिखने के लिए भी प्रेरणा दी तथा कन्याकुमारी जाने के लिए प्रोत्साहित भी किया।

डॉ. साहब के साथ इतनी आत्मीयता हुई कि उन्होंने अमेरिका से आए हुए मेरे पौत्र कल्हण रैना (आयु 16 वर्ष) तथा पौत्री साक्षी रैना का वैदिक रीति से यज्ञोपवीत तथा विद्यारंभ संस्कार से दीक्षित भी किया। यही गुरुदेव की शारदा स्तोत्र तथा वाक् समझाने की रीति भी है और भारतीय संस्कृति के समुद्र का सार समझाने का उनका अभिप्राय भी है। प्रभु परमेश्वर उनको शतायु रखें।

❖❖❖

हरियाली-उत्सव

भारत का नाम लेते ही जो रूप आँखों के सामने आता है वह है हरी-भरी भारत भूमि का। शस्यशालिनी भारत माता को सर्वेश की सगुण मूर्ति कहा गया है—

हे मातृभूमि! तू सत्य ही सगुण मूर्ति सर्वेश की।

हरी-भरी धरती—शस्यश्यामला धरती को चाहिए तो उसके अनुरूपों की व्यवस्था भी की गई है। कालिदास को याद आता है आषाढ़ का पहला दिन—

आषाढस्य प्रथमदिवसे मेघमाश्लिष्टसानु। (*मेघदूत* 1.1.)

बोलचाल में बोलते हैं—'चारों मेरे हरे' अर्थात् चारों दिशाओं के पर्वत हरियाली से आच्छादित है।

सावन तो पूरा हरियाली का मास है। इसमें सबसे पहले आती है—हरियाली अमावस अर्थात् श्रावण कृष्ण तृतीया। यह वन-भ्रमण का दिन है। रिमझिम पानी बरस रहा हो तब सभी स्त्री-पुरुष वन में जाकर आनंद मनाते हैं, गीत गाकर हृदय का उल्लास प्रकट करते हैं। श्रावण शिवजी का महीना है। इसलिए महीने भर तक शिव-विग्रह पर बिल्वपत्र चढ़ाए जाते हैं। भाद्रपद कृष्णा त्रयोदशी को यह क्रम पूरा होता है।''

–*'जागो देव! देश में मेरे'* पुस्तक से

मेरे स्नेहिल बाबूजी

डॉ. उषा पंचोली

मेरे बाबूजी को संपूर्ण समाज हिंदी-संस्कृत-राजस्थानी के उद्भट् विद्वान्, संस्कृत-संस्कृतिनिष्ठ कर्मठ व्यक्ति के रूप में जानता और आदर देता है; किंतु मेरे लिए घर-बाहर वे एक स्नेह से लबालब अगाध और विस्तृत समंदर हैं। जब से मुझे स्मृति है, मैंने उन्हें सदैव सक्रिय, व्यस्त, अध्ययन-अध्यापन और लेखन में लगे ही देखा है। अपनी अपार व्यस्तता के बावजूद हम सभी भाई-बहन ही नहीं, अपितु उनके संपर्क में आये बच्चों एवं शिष्यवृंद पर सदैव स्नेह वर्षा करते रहते हैं मेरे बाबूजी।

मार्गदर्शक

बाबूजी एक स्नेहिल पिता हैं; किंतु स्नेह की अभिव्यक्ति वे अनेक प्रकार से करते हैं। मेरी स्मृति में बचपन से लेकर आज तक के अनेक प्रसंग हैं जब बाबूजी ने मेरा मार्गदर्शन किया। उन्होंने अपने जीवन से, कार्य से उदाहरण पेश करके सीख दी। मार्गदर्शक के रूप में कभी आपने अपने विचारों को मेरी सोच पर आरोपित नहीं किया; बल्कि एक सच्चे मित्र की भाँति समस्त परिस्थितियों एवं विकल्पों को समझने में मेरी मदद की। उनके अपने सिद्धांत एवं मान्यताएँ हैं और वे उन पर दृढ़ हैं, किंतु उन पर चलने अथवा *'वे ही सही है'* ऐसा मानने-करने को विवश करना उनकी प्रकृति में कभी नहीं पाया है। मेरे विषय चयन में, आजीविका चुनने में, सावित्री महाविद्यालय अथवा राजकीय सेवा में जाने में, अनेकानेक अवसरों पर वे सच्चे मार्गदर्शक के रूप में पथ प्रदर्शक रहे हैं।

अनुशासनप्रिय

अनुशासन को जीवन रूपी-शरीर के मेरुदंड के रूप में मानने वाले मेरे पिताश्री का पूरा जीवन अनुशासित व्यक्ति की जीवंत मिसाल है। उन्होंने हम सभी को सदैव अनुशासन की सीख दी। उनका स्वयं का जीवन बहुत अनुशासित था। ब्राह्ममुहूर्त में जागना, नित्य हवन करना, समय पर अल्पाहार, बिना नागा समय पर कॉलेज जाना,

---

लेखिका पंचोली जी की सुपुत्री हैं।
विभागाध्यक्ष-गणित विभाग, राजकीय महाविद्यालय, कोटा (राज.)
मो. : 9414440094

अध्ययन-मनन-लेखन, समाज के काम करना आदि-आदि। स्वाध्याय करते हुए देर रात तक सक्रिय रह कर अनुशासन का पाठ पढ़ाना। बाबूजी का अनुशासन 'स्वानुशासन' है। इस बात की चर्चा उनके विद्यार्थी भी जब भी घर आते, करते हैं। उनकी अनुशासन-प्रियता के क़ायल उनके सहकर्मी और उनके अधिकारी भी रहे। यहाँ यह कहना चाहूँगी कि बाबूजी का 'अनुशासन' डंडे के ज़ोर पर अथवा भयाधारित नहीं रहा, अपितु अपने उदाहरण व जीवनशैली में स्वयं-स्वीकृत अंग के रूप में रच-बस गया है।

समयबद्धता

बाबूजी ने अपने जीवन से हम सभी को समयबद्धता का पाठ पढ़ाया है। वे 'अतिव्यस्त' रहते हैं—अभी 80 के पार के वयस में हैं; किंतु मैंने उन्हें कभी भी 'अस्त-व्यस्त' या हड़बड़ी में नहीं देखा। शीघ्रता में वे रहते हैं; किंतु हड़बड़ी में कभी नहीं। हर काम समय पर करना उनकी पहचान है। घर पर, महाविद्यालय में, समाज में, उनके साहित्य-संसार में वे सदैव समय के पाबंद रहे हैं। उनकी समयनिष्ठता के अनेक प्रसंग हैं—जब विलंब होता देख सार्वजनिक जीवन में समय पर उन्होंने कार्यक्रम आरंभ करा दिया। मेरे विवाह के समय भी सभी रीति-रिवाज उन्होंने समयबद्ध होकर किए। इसीलिए मुझे लगता है कि वे इतने सारे काम करके भी प्रचुर मात्रा में लेखन कर सके।

धुनी

मेरे बाबूजी अपनी धुन के पक्के हैं। यही बात उन्होंने अपने क्रिया-कलापों से हमारे जीवन में भी उतार दी है। यहाँ यह कहना भी उचित होगा कि न केवल हम भाई-बहन अपितु जो भी उनके संपर्क में आया, उनके जीवन में 'धुन का घुन' लग ही गया। बाबूजी से मैंने सीखा कि जीवन का एक उदात्त लक्ष्य चुन लो और उसकी प्राप्ति की धुन में लग जाओ। शिक्षा, साहित्य, लेखन, कार्यक्रम-आयोजन में अनेक बार उनके धुन के धनी होने का परिचय मैंने प्राप्त किया। उस समय वे कोई और ही अलौकिक, सर्वशक्ति संपन्न बाबूजी लगते हैं।

भाषाविद् एवं शब्दमर्मज्ञ

बाबूजी साहित्य के प्राध्यापक हैं और हिंदी-संस्कृत-हाड़ौती भाषाएँ उनकी रग-रग में बसी हैं। भाषा-शिक्षक एवं लब्धप्रतिष्ठ साहित्यकार तो वे जगज़ाहिर हैं; किंतु दैनिक जीवन में प्रत्येक वाक्य—बोले गए एवं लिखे गए में प्रत्येक शब्द के प्रति जागरूकता मैंने बचपन से ही देखी है। वे भाषा एवं शब्द प्रयोग में सतर्क रहते हैं और यह बात मेरे भी जीवन में स्वयं-बस गई है। उदाहरण के तौर पर—कोई वस्तु अमुक स्थान पर 'पड़ी' है के स्थान पर अमुक स्थान पर 'रखी' है कहना उन्हें अधिक रुचता है। उनके अनुसार 'पड़ी' शब्द आपकी लापरवाही का द्योतक है वहीं 'रखी' शब्द जागरूकता का।

बाबूजी के बारे में लिखना तो कई-कई पृष्ठों में भी पूरा नहीं हो सकता ऐसे विराट व्यक्ति हैं—मेरे बाबूजी (पिता)। किंतु इस आलेख का अंत और विराट् व्यक्तित्व को दो शब्दों में बाँधना हो तो कहूँगी—मेरे स्नेहिल बाबूजी।

❖❖❖

ऐसो को उदार जग माँहि...

देवेंद्र शर्मा

हिंदी साहित्य जगत् में 'आकाश धर्मा गुरु' शब्द बहुप्रचलित है। अपने गुरु के प्रति अगाध श्रद्धा से नत शिष्य के लिए इससे उच्चतम शब्द और क्या होगा। मुझे जहाँ तक याद आता है...पूज्य गुरुदेव (डॉ. बद्रीप्रसाद पंचोली) ने केवल एक ही जगह हमको रोका है और वह है अपना सम्मान। बहुत अवसर आए जब हमारी श्रद्धा ने गुरुभक्ति को आपके यथोचित सम्मान के प्रति सचेत किया; किंतु अटल गुरुवाक्य ने हमें वर्जित किया और हम 'क्या लै गुरु संतोषिये, हौंस रही मन माँहि' जैसी अवस्था में मन में उमड़ते श्रद्धा और भावुकता के सागर को बरबस दबाते रहे...'कभी तो वक्त आएगा' विश्वास का भरोसा पाले गुरु कृपा की स्नेह-बूँदों में भीगते रहे।

आज जब हरि कृपा के सान्निध्य में गुरु कृपा से यह सुयोग हुआ है तब समय के दोलन से वर्धित विचार-प्रवाह भावुकता की हदों को पार कर अपने चिर सहयोगी अश्रुओं को न रुकने को प्रेरित कर रहा है...लेखनी आतुर है...हृदय भाव-सरिता में धँसा जा रहा है और मन वृंदावन है...पर है कुछ ऐसा जो पूछ रहा है, क्या तुम उसको गा पाओगे? क्या तुम उदात्त-चेता व्यक्तित्व को भाषा के भिन्न-भिन्न फलकों में निरूपित कर पाओगे...अरे! अलौकिक के दिव्यस्वरूप वर्णन के लिए अपनी क्षुद्रता में विराट्ता कैसे सर्जित कर पाओगे? अनुभूति में प्रवाहमान को अभिव्यक्ति कैसे दे पाओगे? जिसकी मौन-मधुरिमा की लोरियों पर खुद को सँवारा है, क्या उस उदार हृदय की बारीकियों को अभिव्यंजित कर पाओगे? मैं लौकिक हूँ, क्षुद्र हूँ, 'गिरा अनयन नयन बिनु वाणी' की स्थिति में हूँ...प्रियंवद केशकंबली गुफागेह को तो 'तरु, तात, त्राता, महच्छाया' ने अपने आगोश में ले लिया था पर मैं किस संबल से यह साहस पाऊँ? मेरा तो 'एक भरोसा, एक बल' आप ही हो, अत: आप ही से आप ही को गा लेना चाहता हूँ।

अजमेर, जहाँ राजपूताने के गौरवशाली इतिहास की स्वर्णिम गाथाएँ नाग पर्वत की अधित्यिकाओं में सोती हैं। अजमेर, जहाँ सांप्रदायिक सौहार्द ख्वाजा साहब की दरगाह में मानवता के विभिन्न कोणों से सज़दा करती नजर आती हैं। अजमेर, जहाँ हिन्दू आस्था पुष्कर के जल से सावित्री माता के साथ प्रजापति ब्रह्मा का अभिषेक करती नजर आती है। अजमेर, जहाँ प्रणय विभोर चित्तवृत्तियाँ आनासागर की लहरों से आलोड़ित्रद्य हो नित नए आयाम बनाती हैं। अजमेर, जहाँ साहित्य पलता है। अजमेर, जहाँ स्वप्न देखे जाते हैं। अजमेर, जहाँ ऋक्कस्ष्ट की प्राचीरों

लेखक *नागरी निर्झर* के संस्थापक, युवा कवि एवं हिंदी के प्राध्यापक हैं।
सुभाष नगर, भरतपुर (राजस्थान)
मो. : 9887319171

से स्वप्न आश्रय पाकर साकार होते हैं। इसी अजमेर में महर्षि दयानंद सरस्वती विश्वविद्यालय के 'भारत विद्या अध्ययन संकुल' के प्रांगण में, मैं सर्वप्रथम पूज्य गुरुदेव से मिला था। यह सन् 2007 की बात है और मैं एम.फिल. में प्रवेश लेने हेतु गया था। मैं फीस जमा कराने के लिए संकुल से बाहर निकलता हूँ। एक अल्टो कार आकर रुकती है। पीछे का दरवाजा खुलता है। मैं खड़ा देख रहा हूँ। हिम-शुभ्र शीर्ष पर जीवनानुभव की गंभीरता और उत्तरा-फाल्गुनी से भी परे शरदों को व्यतीत करने के गौरव में मंडित छोटे-छोटे बालों से घिरा एक उन्नत प्रशस्त भाल जो अपनी बौद्धिक ऊर्जा से भास्वित है। छोटी-छोटी मूँछों की सुडौलता में एक गोलाकार, भारी सा गौरवर्ण मुख जिस पर अपरिमित तेज। छोटी-छोटी आँखों से झरती करुणा और होंठों के पटलों पर सरस्वती का वास। एक नाटा कद जो अपनी शारीरिक सुगढ़ता में अद्वितीय है। हल्की भूरे रंग की कमीज जो मटमैले रंग के पैंट के साथ बाहर निकाल कर पहनी गई है। पैरों में काले जूते जो बिना मोजों के पहिने गए हैं। दाहिने हाथ की बाँह में झूलता एक लंबा सा थैला। कुल मिलाकर एक ऐसा सुदर्शन व्यक्तित्व जिसे देखते ही मन श्रद्धा से नत हो और हाथ चरणों का स्पर्श पाने को बेचैन हो उठें।

तभी एक ओर से आवाज आती है—"लो पंचोली जी आ गए।" मैं चुप खड़ा देख ही रहा कि आत्मा की प्रेरणा से चरणों की वंदना के लिए झुका। मेरे चरण स्पर्श करते ही गुरुजी की वाणी 'वंदे मातरम्' का उद्घोष करती हुई मुखरित हुई, जैसे गुरु ने अपने शिष्य को प्रथमतः ही अंगीकार कर साधना मंत्र दे दिया हो।

कहाँ से आये हो ? गुरुजी ने पूछा...'जी ! भरतपुर से...देवेंद्र शर्मा नाम है।' मैं अपने आप को समायोजित करते हुए बोला...'सर मुझे फीस जमा करने जाना है, यहाँ बैंक कहाँ है ?" 'आओ ! मेरे साथ गाड़ी में बैठो'-गुरुजी बोले। मैं हतप्रभ...प्रथम तो मुझे पूछते हुए ही डर लग रहा था। मैं भरतपुर जैसे कस्बेनुमा शहर से आया था। स्नातकोत्तर में स्वयंपाठी रहा। अतः कॉलेज प्रांगण के माहौल से अनजान था जबकि यह तो अजमेर था और अजमेर में भी महर्षि दयानंद सरस्वती विश्वविद्यालय का प्रांगण जहाँ पर मैं एक तो भय और दूसरे हीनताबोध से ग्रस्त-सा चारों ओर देख रहा था। ज्यादातर तो यही था कि प्रोफेसर से काम ही नहीं पड़ा था। और यदि उनके पास जाते भी तो डरते-डरते। यहाँ मैं पहली बार ऐसा देख रहा था कि विश्वास ही नहीं हो रहा था। मैं गाड़ी में बैठा, ड्राइवर ने आगे की सीट पर मुझे बैठाया और गुरुजी पीछे बैठ गए। गुरुजी मेरे बारे में पूछने लगे और मैं बताने लगा। लगभग 1-2 मिनट के अंतराल में ही हमारे बीच का अजनबीपन मिट चुका था। मैं गुरु-स्नेह की फुहारों से भीगा हुआ था...कृतज्ञ था।

यह मेरा गुरुजी से प्रथम मिलन था। संकुल में हमारी कक्षाएँ गुरुजी (उम्र के उस पड़ाव पर जहाँ बड़े-बड़े कर्मयोगी भी शिथिल हो जाते हैं) बड़ी सक्रियता से लेते। गाड़ी लेने पहुँच जाती तो ठीक...नहीं तो पैदल ही। जब कक्षा होती तो एक ऐसा वातावरण उपस्थित होता था जिसमें अध्यात्म, दर्शन, साहित्य, राजनीति, संस्कृति, इतिहास, भूगोल, अर्थशास्त्र, मानविकी शास्त्र एक साथ समन्वित होकर दृष्टिगोचर होते। हम सभी विद्यार्थी मौन होकर आपकी विद्वत्ता के कौशल को ताकते और सोचते कि आखिर एक मनुष्य इस प्रकार की बहुज्ञता को कैसे धारित कर सकता है। हम इस माहौल से अपरिचित थे, संकीर्ण थे, विचार शून्य थे, दिशाभ्रष्ट थे। भविष्य की ओर संदेह से देखते थे। गुरुजी के निकट रहकर जीवन दृष्टि विकसित होने लगी। साहित्यानुराग जागने लगा। संकीर्णता उदारता में बदलने लगी। जिजीविषा से संपृक्त होकर सकारात्मकता के साथ दृढ़प्रतिज्ञ होने लगे। गुरुजी यह वैचारिक परिवर्तन बहुत ही सुनियोजित और व्यावहारिक ढंग से कर रहे थे। हर शुक्रवार को विभिन्न विषयों और प्रकरणों पर सेमीनारों का आयोजन करवाने लगे। हर एक जयंती, त्योहार व उत्सव को मनाते। हम को आगे बढ़ने,

लिखने और बोलने के लिए प्रेरित करते। हमें आनंद आने लगा। रस की वर्षा होने लगी थी...लगा जैसे अब तक बहुत वक्त बरबाद कर चुके हैं।'अब लौ नसानी, अब न नसैहौं' विबोध की अवस्था थी। हम यदि दो कदम चलते तो गुरुजी हमें चार कदम आगे दिखाई देते। थकान का तो कहीं नामोनिशान तक नहीं था।

इस संदर्भ में मुझे दो प्रसंग याद आते हैं। एम.फिल्. के दिनों की बात है। सर्दियों के दिनों की ही बात है। हम सभी ने गुरुजी के साथ किशनगढ़, सलेमाबाद, दादू द्वारे (नरैना) और कुड़की जाने का कार्यक्रम बनाया; किंतु नरैना पहुँचते-पहुँचते हमें शाम हो गई और अंधकार घिर आया अत: शीत ऋतु और संध्याकाल को देखते हुए हम मित्रों ने गाड़ियों को वापस अजमेर की ओर लौटवा दिया। गुरुजी मौन धारण करके बैठे हुए थे...कुछ नहीं कहा। दूसरे दिन जब हम कक्षा में पहुँचे तब भी उसी मुद्रा में। मैं समझ नहीं पा रहा था। अंतत: कारण पूछा तो ज्ञात हुआ। गुरुजी बोले—'अरे भले आदमी जब हमको कुड़की तक जाना था तो क्यों लौट आये।' मैं हतप्रभ बोला—'गुरुजी...ठंड बढ़ रही थी, रात होने को थी और आपने सुबह से जरा भी आराम नहीं किया था अत: हमने सोचा आप थक गए होंगे।' गुरुजी बोले—''नहीं...जब एक बार निश्चय कर लिया तो कर लिया। मौसम, वक्त और थकान हमें नहीं रोक सकते।' अब चुप रहने की बारी मेरी थी। मन था कि गद्गद् होकर गुरुजी के चरणों में लोट रहा था। इस यात्रा पर जो आर्थिक व्यय हुआ था वह हम सभी विद्यार्थियों ने एकत्र करके गुरुजी को दिया पर वाह रे गुरुजी! उन पैसों की ओर देखा तक नहीं, लेना तो दूर की बात रही।

दूसरा संस्मरण ग्वालियर का है। मध्य भारत हिंदी साहित्य सभा, ग्वालियर की ओर से एक कार्यक्रम था। सर्दियों के दिन थे। गुरुजी ने दूरभाष से सूचना दी। मैंने भी साथ चलने के लिए अपनी सहमति दे दी। अजमेर से गुरुजी और अशोक अजमेर-आगरा फोर्ट इंटरसिटी से आए और मैं भरतपुर से बैठा। सर्दी इतनी थी कि कोहरे के कारण हाथ से हाथ दिखाई नहीं देता था। इसी कारण ट्रेन को आगरा पहुँचते-पहुँचते ग्यारह बज गये। थकान, शीत, निद्रा से अशोक त्रस्त था जबकि गुरुजी अपने आनंद में लीन; किंतु एक दर्द की हल्की सी लकीर उनके चेहरे पर आती और फिर गायब। मैंने उनकी स्थिति को भाँपते हुए कंधों पर झूलते उनके थैले को लेना चाहा किंतु गुरुजी ने यह कहकर झिटक दिया—'स्काउट अपना सामान खुद उठाता है।' ऐसी स्थिति कई बार आई है। खास कर तब जब हम गुरुजी के घर जाते और गुरुजी हमारे लिए तश्तरी में पानी, दूध, मिठाई आदि लाते। हम झपट कर ट्रे को उनके हाथ से छीन लेने को बढ़ते; लेकिन गुरुजी छोड़ते ही नहीं थे और उस समय हम शर्म से ज़मीन में गढ़ते लगते। हम झुँझला कर रह जाते; किंतु किसी में भी इतना साहस नहीं होता था कि प्रतिरोध करें। अब एक अन्य बात पर मेरा ध्यान गया। गुरुजी दो कदम चलते और फिर अपने पैर को जोर से झटका देते, फिर चलने लगते। अब मुझे समझते देर न लगी कि आपके पैरों में दर्द था जिसकी वजह से चलने में कष्ट हो रहा था, किंतु क्या कहूँ गुरुजी के लिए मुँह से आह तक न निकली। आगरा से ग्वालियर तक का आरक्षण नहीं था अत: यात्रा सामान्य दर्जे में करनी थी। ट्रेन में भीड़ बहुत थी...मौसम और खराब होता जा रहा था...पैरों में दर्द था। इस विकट परिस्थिति में भी आपने खड़े रहकर वह सफर पूरा किया। मैं अंदर ही अंदर अपनी असमर्थता पर खीझ रहा था। रात के 2.30 बजे हम ग्वालियर पहुँचे और जीवाजी राव वि.वि. के अतिथि-गृह में हमको ठहराया गया। यहाँ एक कक्ष में दो लोगों के रुकने की व्यवस्था थी अत: मेरा गुरुजी के साथ और अशोक का अन्य कक्ष में रुकना तय हुआ। मेरी पलकें अनिद्रा से बोझिल हो रहीं थीं...थकान से शरीर चूर था और सर्दी का क्या कहें...जितने कपड़े पहनो उतने कम। लेकिन हमारे पूज्य गुरुजी बड़े ही सहृदयता से, बिना किसी थकान के और बेहद ताजगी के साथ जोर-जोर से हँसते

हुए (आपके ठहाके कभी नहीं भूले जा सकते) अपने किसी पुराने साहित्यकार मित्र से गुफ्तगू करते नजर आए। मैं इस दृश्य को खड़ा-खड़ा देख रहा था और सोच रहा था कि गुरुजी आखिर इतनी ऊर्जा लाते कहाँ से हैं ?

ऐसे हैं हमारे गुरुजी ! कौन-कौन सी बातें, कौन-कौन सी घटनाओं को सुनाऊँ। बहुत कुछ है बयाँ करने को। आप उनके पास बैठे हैं तो समझ लें आप अब अधंकार से उजाले की ओर, निराशा से आशा की ओर, नकारात्मकता से सकारात्मकता की ओर गति करेंगे। गुरुजी की सोच, गुरुजी के शब्द-चयन, गुरुजी का साहित्यिक रुझान आपके सम्मुख कुछ उदाहरणों से प्रस्तुत करना चाहूँगा।

हमने निराश होकर कहा—'सर, ये लाइब्रेरियन हमको शोधप्रबंधों को नहीं देखने देते।' आपका जवाब होता—'तुमने उनको नमस्ते बोला ? नहीं ना, रोज नमस्ते बोला करो।' मैंने कहा—'सर, मेरा स्कूल लेक्चरर में चयन नहीं हुआ।' आपका जवाब—'ये नौकरी तेरे योग्य थी ही नहीं, तुझे तो यूनिवर्सिटी में जाना है।' 'गुरुजी ! *कामायनी* की सबसे अच्छी पंक्ति कौनसी हैं ?' आपका जवाब—'अरे ! वह है न श्रद्धा कहती है मनु से 'हार बैठे जीवन का दाँव, जीतते मरकर जिसको वीर।' हम गद्‌गद् हो जाते ऐसी सुलझी सोच पर। और दार्शनिकता का उदाहरण दूँ—'अरे भले आदमी ! तुम क्या करते हो, रास्ते में कितने सारे फूल तुमको नमस्ते कर रहे थे तुमने नमस्ते ही नहीं किया।'

कुछ और उदाहरण देना चाहूँगा जिससे गुरुजी की वैचारिकता प्रकट होती है। आपको माखनलाल चतुर्वेदी जी की 'गिरना तो उठने को केवल प्रणाम रहा', रघुराज हाड़ा की 'साँझ दे आवाज कल की भोर को', या 'भीड़ में घिर कर जवानी क्रुद्ध है', प्रसाद जी की 'हिमाद्रि तुंग श्रृंग से' या 'अरुण यह मधुमय देश हमारा', या 'पैरों के नीचे जलधर हो' जैसी पंक्तियाँ विशेष पसंद थीं। यदि आप इन सभी का उचित अध्ययन करें तो अपने आप पता चल जाता है कि आपकी सोच कितनी सकारात्मक रही है। यही कारण है कि आगरा में मिले एक व्यक्ति ने आपसे दो मिनट का समय माँगा और पत्नी को फोन करते हुए कहा था कि 'तुम जो काम कर रही हो उसे छोड़कर जल्दी आ जाओ। मैं तुम्हें उस व्यक्ति से मिलाना चाहता हूँ जिनके लेख / पुस्तक पढ़कर मैंने आत्महत्या का विचार त्याग दिया था।' यह एक उदाहरण ही बहुत कुछ है आपकी सर्जनात्मकता को बयाँ करने के लिए।

अजमेर में रहते हुए बहुत से ऐसे संस्मरण हैं जिनका ज़िक्र करना मेरे लिए जरूरी है। लेकिन उन दिनों को, गुरुजी की असीम कृपा को, उनके स्नेह को याद करता हूँ तो आँखें डबडबा जाती हैं। गुरुजी के घर जाना हमारे लिए हर्ष का और उमंग का विषय होता था, जिसमें सबसे बड़ा उत्प्रेरक आपके द्वारा खिलाई जाने वाली मिठाई होती थी। हम सभी साथी आपके घर जाने का बहाने ढूँढ़ते थे। 'रामनवमी' का दिन है, हम सभी साथी आपकी बैठक में बैठे हैं। कुछ साथी अंदर हैं। कुछ हवन में भाग ले रहे हैं। बाकी के हाथों में *रामचरितमानस* का गुटका है और सुंदरकांड का पाठ हो रहा है। अब सभी को एकत्र होकर सूचना-केंद्र पहुँचना है। वहाँ पर एक सांस्कृतिक कार्यक्रम होना हैं। हवन के बाद सभी को जलपान कराया जा रहा है। इतने में अंदर से मुझे गुरुजी ने पुकारा...मैं जाता हूँ...दूध से भरा एक गिलास थमा देते हैं...मैं मना करता हूँ...'चुपचाप पी जा...तुझे बहुत मेहनत करनी है।' मैं मूक स्नेह-बूँदों से भीग रहा हूँ...इतने में हाथों में कुछ पैसे थमा दिये। मैंने पूछा, 'क्या है ये ?' 'आज जो भी खर्चा हो, उसके लिए रख ले।'

बस ! अब कुछ नहीं.........श्रद्धेय ! आपको क्या कहूँ ? लेखनी रुक रही है, भावुकता का ज्वार बढ़ रहा है। ऐसे अनेक संस्मरण हैं जो आँखों में तैर रहे हैं।

सर्वभाषा साहित्यकार कुंभ का अवसर था। मैं और मित्र राम दोपहर 2 बजे गुरुजी के पास पहुँचे। हमने

भोजन नहीं किया था, भूखे थे। गुरुजी ने प्रश्न किया—'भोजन किया या नहीं ?' मैंने और राम ने एक-दूसरे की ओर देखा और हलके स्वर में कहा—"हाँ, कर लिया।" गुरुजी जाने कैसे समझ गए कि हम झूठ बोल रहे हैं। एक विशिष्ट स्नेह से बोले—'अरे! बता न, खाना खाया या नहीं ?' राम पर रहा नहीं गया और उसने स्वीकार कर लिया कि हमने खाना नहीं किया। गुरुजी और माताजी दोनों घर पर अकेले थे और कोई नहीं था। मुझे पता था कि गुरुजी मानेंगे नहीं, भोजन अवश्य कराएँगे। अत: मैं नहीं चाहता था कि उनको परेशान किया जाए। किंतु मैं भूल में था, क्योंकि ये उस गुरु-शिष्य परंपरा का विस्तार था जिसमें वेदर्षि डॉ. फतहसिंह और रामानंद तिवारी 'भारतीनंदन' आते हैं जहाँ यह तक नहीं बताया जाता कि तुम कितने भाई-बहन हो। कुछ समय बाद दृश्य कुछ ऐसा था कि माताजी परांठे सेंक रहीं थीं और गुरुजी हमको भोजन परोस रहे थे। माताजी अपना ममत्व उंड़ेल रहीं थीं और गुरुवर के पावन परस से वह भोजन आशीषों के व्यूहों में रूपांतरित होता हुआ हमारे दीर्घजीवी और मंगलकारी भविष्य की शुभकामनाएँ देता प्रतीत हो रहा था।

गुरुजी हम सभी शिष्यों पर समान भाव से स्नेह लुटाते हैं। वे समदर्शी हैं और अपने शिष्यों को बहुत आगे ले जाना चाहते हैं। यही कारण है कि वे आज भी हमसे दो अपरिचित लोगों को नमस्ते करने और प्रतिदिन एक पन्ना लिखने को कहते हैं। अब भी किसी न किसी तरीके से हमें उत्साहित करने का प्रयास करते हैं।

प्रथम मिलन से अब तक एक अटूट रिश्ता बन चुका है। आज अतीत की ओर मुड़ता हूँ तो स्मृतियों की भीड़ मन को घेरती प्रतीत होती है। न जाने कितनी यादें ऐसी हैं जिनको मैं यदि लिखने बैठूँ तो स्याही बिखरती रहेगी और पन्ने रँगते रहेंगे; परंतु यह गौरव-गाथा अपनी पूर्णता को कभी भी प्राप्त नहीं कर पाएगी...समापन इसके प्रारब्ध में है ही नहीं। 'शुजा खाबर' साहब का शेर है—

कहाँ तक इब्तदा कीजे बड़ी मुश्किल है दरवेशो
कहानी उम्र भर की है और मजमा रात भर का है।

आज गुरु-कृपा से सुलभ जिन्दगी जीने के लिए जो वांछित है वह प्राप्त कर चुका हूँ और एक-एक प्राप्त करता जा रहा हूँ। जिन्दगी है कि अपनी मौजों में बही चली जा रही है पर एक कसक हृदय के किसी कोने में पिराती है। पीड़ा है तो बस यही कि गुरुजी के दर्शन नित्य नहीं हो पाते। अपनी ख़ुदगर्ज़ी और स्वार्थलिप्सा के चलते होली, दीपावली, गुरु-पूर्णिमा या शिक्षक दिवस पर दूरभाष के द्वारा बात करके संतुष्ट हो जाता हूँ...लेकिन क्या तुष्टि मिलती है ?

❖❖❖

ताने-बाने से बुनी चादर चतुर कबीर

कर-वीर थे संत कबीर। कपड़ा बुनना व्यवसाय था। कपड़ों के ताने-बाने के साथ सोच भी चलता रहता था। श्रम के अतिशय आनंद में शब्द फूट पड़ते। वही कविता बन गई।

कहते है कि उनका जन्म सामाजिक-दृष्टि से वैध नहीं था। इसलिए माता ने पैदा होने ही उनको त्याग दिया। लोई जुलाहिन का ममत्व जागा। उसी के पुत्र बन कर जिए। इसलिए कपड़ा बुनना ही धर्म और कर्म बन गया। शिक्षा नहीं मिली। धरती की गंध, आकाश के विस्तार और वायु की सनसनाहट ने ही उनको शिक्षा दी। समझ आई तो संत रामानंद के शिष्य बन गए।

–'*जीवन-दीप्ति*' पुस्तक से

साहित्याकाश में आच्छादित कलम के प्रखर सूर्य

मीनाक्षी मीनल

साहित्य और व्यक्तित्व को अगर समवेत कर दिया जाए तो निश्चय ही जो स्वरूप उभरेगा वह डॉ. बद्रीप्रसाद पंचोली जी ही होंगे। यह महज संयोग ही है कि मुझे पंचोली जी जैसे प्रखर व्यक्तित्व का आशीर्वाद प्राप्त हुआ। कहते हैं कि साहित्य की कोई परिधि नहीं होती; बल्कि विस्तार ही विस्तार होता है। अखिल भारतीय साहित्य परिषद् जैसे व्यापक लेखकीय संगठन के विस्तार का परिणाम है कि मैं मुजफ्फरपुर (बिहार) से सुदूर राजस्थान तक साहित्य की अविरल धारा को अनुभूत कर पाई हूँ। कुछ दिनों पहले ही अखिल भारतीय महिला साहित्यकार सम्मेलन (25 से 27 अक्टूबर 2015) अजमेर, (राजस्थान) में मुझे प्रतिभागी के तौर पर डॉ. बद्रीप्रसाद पंचोली जी के द्वारा आमंत्रण-पत्र मिला था। पत्र पढ़ते ही मेरे जेहन में यह नाम कौंधने लगा। जब विगत वर्ष मैं राजस्थान के ही श्रीगंगानगर में अखिल भारतीय साहित्य परिषद् के ही दो दिवसीय सेमिनार *भारतीय साहित्य और कुटुम्ब* में सम्मिलित हुई एवं उक्त विषय पर प्रखरता से अपनी बात रखते, डॉ. बद्रीप्रसाद पंचोली जी को मैंने पहली बार देखा और सुना। मैं उनसे अत्यंत ही प्रभावित हुई। यह मेरा सौभाग्य है कि पंचोली जी के रूप में मुझे अभिभावक, मार्गदर्शक एवं साहित्य मनीषी मिले, उन्होंने न सिर्फ मुझे भरपूर स्नेह ही दिया, अपितु साहित्य की विभिन्न विधाओं में लिखने की प्रेरणा भी दी। मैं गई तो थी श्रीगंगानगर अजनबी बनकर, मगर वहाँ से लौटी पंचोली जी जैसे अभिभावक का आशीर्वाद पाकर। मैं अपनी श्रीगंगानगर यात्रा की सुखद अनुभूतियों में गोते ही लगा रही थी कि पुनः मुझे पंचोली जी के द्वारा अजमेर में महिला साहित्यकार सम्मेलन का निमंत्रण पत्र मिलना मेरे लिए सुखद अनुभूति थी। मैं अजमेर के लिए रवाना हो गई। 25 से 27 अक्टूबर, 2015 तक तीन दिवसीय सम्मेलन में पंचोली जी की विद्वत्ता एवं उनके विराट् एवं सौम्य व्यक्तित्व को निकटता से समझ पाई। सबसे पहले तो उन्हें मैं धन्यवाद देना चाहूँगी कि उन्होंने हाशिए पर धकेली जाती स्त्रियों पर सेमिनार का विषय चुना। अखिल भारतीय महिला साहित्यकार सम्मेलन में देश भर से आई महिला विदुषियों और उनके प्रांतों की स्त्रियों पर आधारित समस्याओं से हम सभी को रू-ब-रू होने का मौका मिला। 'साहित्य से लेकर समाज' और 'आदिकाल से अब तक स्त्रियाँ' इन विषयों पर विद्वानों के वक्तव्य की बागडोर डॉ. बद्रीप्रसाद पंचोली जी ने स्वयं ही संभाले रखी। आजकल जहाँ हम

लेखिका युवा कवयित्री, उद्घोषिका और संपादक हैं।
सचिव, अखिल भारतीय साहित्य परिषद, मुजफ्फरपुर (बिहार)
मो. : 09798897529

जैसे युवा-वर्ग भी थकने का बहाना ढूँढ़ लेते हैं, यह बात कितनों को प्रेरणा दे सकती है कि पंचोली जी अनुभव के अनेक पायदान चढ़ने के बाद भी आज भी जिम्मेदारियों के सेतु स्तंभ बन नए पगों को नई राह दिखाने में जुटे हैं। 27 तारीख को कार्यक्रम समाप्त हुआ और मेरी वापसी का टिकट 29 तारीख का था। तभी पापा और मैंने तय किया कि 28 तारीख को गेस्ट हाउस में बिताने के बजाय, इस एक दिन का सदुपयोग कर लिया जाए। अतः हमने पुष्कर की यात्रा का मन बनाया। हम पुष्कर के 'ब्रह्मा मंदिर' में ही थे कि अचानक मेरे मोबाइल पर कॉल आया। उधर से अत्यंत ही मिठास सँजोए डॉ. पूनम पांडे जी थीं। उन्होंने कहा कि, गुरुजी (पंचोली जी) ने आज शाम आपको, अपने आवास पर बुलाया है और उन्होंने एक शाम-'मीनाक्षी मीनल' के नाम काव्य-संध्या भी आयोजित की है। मुझे आश्चर्य के साथ-साथ सुखद अनुभूति भी हुई। मैंने उनका निमंत्रण सहर्ष स्वीकार किया और पुष्कर से लौटने के बाद, अखिलेश जी एवं दुष्यंत जी के मिश्रित सहयोग से मैं पापा के साथ पंचोली जी के घर पहुँची। वहाँ शहर के अन्य बुद्धिजीवी वर्ग भी मौजूद थे। पंचोली जी की अध्यक्षता में मैंने एकल काव्य पाठ किया। वहाँ कालिंद नंदिनी जी, उमेश चौरसिया जी, डॉ. पूनम पांडे जी, गौरव चौरसिया जी के साथ ही शहर के अन्य गण्यमान्य एवं विद्वज्जन मौजूद थे। सभी ने मेरी कविताओं को सुना। पंचोली जी ने अनेक सुझाव व आशीर्वाद मुझे दिया। रात का खाना उनके ही यहाँ था। यहाँ मैं एक बात जरूर कहना चाहूँगी कि उनके घर का संस्कार भी साहित्यनुमा ही है। भाभी जी (पंचोली जी की पुत्रवधू) ने जिस स्नेह से हमें भोजन कराया, वह तीन दिनों से लगातार सेमीनार के दौरान खाये जाने वाले भोजन से अलग था। इसमें अपनत्व का स्वाद था। उस रात के खाने में मुझे घर के खाने की-सी तृप्ति मिली। मैंने माँजी से भी आशीर्वाद लिया। चलते समय डॉ. बद्रीप्रसाद पंचोली जी की शिष्य डॉ. पूनम पांडे जी, जो उन्हें गुरुजी कहकर संबोधित करती हैं, ने कहा कि-गुरुजी ने आपको आशीर्वाद दिया है, जरूर आपके जीवन में अच्छा ही अच्छा होगा। (गुरु जी) हाँ, इसी नाम से तो सारा शहर उन्हें संबोधित करता है। अजमेर जो प्रसिद्ध है, 'ख्वाजा मोइनुद्दीन चिश्ती' की दरगाह के कारण अजमेर जो प्रसिद्ध है, पुष्कर के तीर्थराज ब्रह्मा मंदिर के कारण (देश का इकलौता ब्रह्मा मंदिर) तो वहीं उसी अजमेर को साहित्याकाश प्रदान कर रहे हैं, डॉ. बद्रीप्रसाद पंचोली जी। 'गुरु' शब्द जिसकी व्याख्या इस प्रकार की जाती है। 'जो अंधकार से प्रकाश की ओर ले जाए वह गुरु है।' और इसी भावार्थ को चरितार्थ करते हैं, आदरणीय डॉ. बद्रीप्रसाद पंचोली जी। कुम्हार की भूमिका निभाते हुए, विद्वत्ता की चाक पर अनगिनत भविष्यों को गढ़ा है, गुरु जी ने। सौभाग्यशाली हूँ मैं भी कि उन्होंने मुझमें भी संभावनाएँ देखी हैं। और मुझे पूर्ण विश्वास है कि वे समय-समय पर मेरा उचित मार्गदर्शन अवश्य करेंगे। अब तो उन पर इतना हक जरूर है कि मैं भी उन्हें गुरु जी कहकर ही संबोधित करने लगी हूँ। 'गुरुजी' साहित्य और मनुष्यता को सँजोए हुए एक प्रखर व्यक्तित्व हैं।

यह तो रही उनकी व्यक्तित्व की मेरे द्वारा अनुभूति। अब उनके कृतित्व की अतल गहराइयों की भी चर्चा करना जरूरी है। 'गुरुजी' ने मुझे अपनी कुछ किताबें पढ़ने हेतु उपहार स्वरूप दी थीं। मैं उन किताबों को जितना पढ़ती गई, 'गुरुजी' की साहित्यिक समग्रता की मैं कायल होती गई। चाहे वह *जीवन-सुरभि* जीवन परक निबंध-संकलन हो। जिसके तमाम निबंध, जीवन-शैली को अत्यंत दार्शनिक भाव से समझने की शक्ति प्रदान करते हैं। उदाहरण स्वरूप कुछ निबंध जैसे 'सुरभि-कामना', 'अनुभवों का पाठ-ठाठ ही ठाठ', 'अप्पदीप वह बन गया जला देहरी दीप' आदि। यह मात्र किताब नहीं, ज्ञान की समग्र पाठशाला है। और उसके अनुभवी शिक्षक हैं, डॉ. बद्रीप्रसाद पंचोली जी। उनकी अगली पुस्तक *जीवन-दीप्ति* जीवनरस-परक निबंध संकलन है। यह कहीं न

कहीं परिवार, समाज और विश्व के धरातल पर चेतनादर्शी स्वरूप में दार्शनिक भाव से हमें जिंदगी, संबंध, और मनुष्यता का भाव समझा जाती है। इस पुस्तक के कुछ निबंध अत्यंत ही प्रेरणादायी है—जैसे 'अपना परिवार', 'मैत्री विहार', 'त्याग भूमि की साधना-साधना-दीक्षा देती नित्य', और 'पाया अमृत विश्व में खुले चेतना द्वार' आदि। एक और निबंध संकलन—*जीवन शतपथ* जो प्रेरक निबंध संकलन है। इस पुस्तक में मनुष्य, उसका आचरण, जीवन शैली के प्रत्येक भाव भंगिमाओं पर बढ़े ही रोचक एवं प्रभावशाली ढंग से टिप्पणी की गई है। मैं जैसे-जैसे इस पुस्तक के निबंधों को पढ़ती गई, वैसे-वैसे मुझे लगा, मैं जिंदगी जीने का सलीका सीखती जा रही हूँ। उदाहरण स्वरूप कुछ निबंध—'शक्ति आकलन', 'त्याग', 'यशस्विता', 'निर्भयता', 'निर्मलता', 'समग्रता', 'विश्रांति', 'समयबद्धता', 'उदारता', 'स्वस्ति', आदि। सच हम जैसे युवाओं को जीवन को समझना है, तो *जीवन-सुरभि, जीवन-दीप्ति,* और *जीवन-शतपथ,* हमारे लिए मार्गदर्शक साबित होगी। डॉ. बद्रीप्रसाद पंचोली जी द्वारा रचित उपर्युक्त तीनों निबंध-संग्रह मात्र किताब भर नहीं है; बल्कि समग्रता के साथ उसमें चिंतन निहित है। उनका एक और निबंध संग्रह भी अपने आप में अभिनव है, जिसका शीर्षक है—*जागो देव देश में मेरे*। इसमें भारतीय जनजीवन में व्याप्त जीवंतता को टटोलने का भरसक प्रयास किया गया है। जिसके कुछ निबंध अत्यंत ही प्रासंगिक है। उदाहरण स्वरूप 'पहली किरण का स्वागत', 'मातृपूजा', 'पूर्णता की अनुभूति', 'शक्ति की आराधना', 'सौंदर्य प्रतीति का पर्व' आदि। निबंध से इतर पंचोली जी की लघुकथा-संग्रह—*लघुकथार्चन* पढ़ने को मिली। इनमें कुछ कथाएँ मानस पटल पर छाप छोड़ जाती हैं।—जैसे 'वसीयत', 'सबक', 'दंभ', 'दंभ की पराजय', 'बींदनी का भाग्य', 'अभिशाप', 'कागज का मूल्य', 'मिलन-समारोह', आदि। कहने को मात्र ये लघुकथाएँ हैं, मगर कहीं न कहीं—अपने आस-पास घट रही सच्ची घटनाओं का यह शब्द सापेक्ष दस्तावेज है। जो किसी खास क्षणों में क्षणिकाओं के रूप में उभर आता है। पंचोली जी कुशल संपादक भी हैं और *काव्यार्चन* जैसी सधी पुस्तक उनकी ही पैनी एवं पारखी दृष्टि से होकर गुजरी है। यही नहीं उन्होंने *वेद* का भी गहन अध्ययन किया है। जिसका असर उनकी ज्यादातर रचनाओं में दर्शनिक भाव में नजर आता है। आदरणीय गुरुजी डॉ. बद्रीप्रसाद पंचोली जी मेरे अभिभावक तुल्य हैं, वे साहित्याकाश के प्रखर सूर्य हैं उनके बारे में मेरा कुछ कहना, सूर्य को दीपक दिखाने की भाँति है।

मेरी नजर में अगर डॉ. बद्रीप्रसाद पंचोली जी को एक वाक्य में परिभाषित करना हो तो वह वाक्य है 'साहित्याकाश में प्रसारित कलम के प्रखर सूर्य'।

❖❖❖

विद्वत्ता, कर्मठता और शालीनता का संगम

जेराराम माली

परम श्रद्धेय गुरुवर डॉ. बद्रीप्रसाद पंचोली जी की चरण वंदना करते हुए मैं उनके प्रति अपने हृदय की अनंत गहराइयों से उद्‌गार प्रकट करता हूँ। मेरे विद्यार्थी जीवन में मुझे अनेक गुरुजन का आशीर्वाद प्राप्त हुआ और उन्हीं की प्रेरणा से मैंने जीवन में अध्ययन को विशेष महत्त्व दिया। मैंने यह सुना था कि सच्चे गुरु अपने विद्यार्थियों के पुरुषार्थ को जगाकर अपने ज्ञान की रोशनी से उनका मार्ग प्रशस्त करते हैं। मैंने यह भी सुना कि गुरु पारस से बढ़कर है। पारस तो मात्र लोहे को सोना बनाता है जबकि गुरु अपने शिष्य को पारस बना देते हैं। ये सभी विशेषण तब मुझे शाब्दिक लगते थे; किंतु एम.फिल. हिंदी अध्ययन के दौरान जब मैं आदरणीय गुरुजी के संपर्क में आया, तब मेरी भावी जीवन की दिशा प्रशस्त हुई। गुरुजी से मुझे जितना किताबी ज्ञान मिला उससे कहीं ज्यादा व्यावहारिक ज्ञान भी मिला। आपने हमें अध्ययन के दौरान उन बातों से अवगत कराया जो आज के युग की माँग हैं।

श्रद्धेय गुरुजी के 81वें जीवन बसंत में प्रवेश पर स्नेही जनों व शिष्यों द्वारा अभिनन्दन ग्रंथ प्रकाशित हो रहा है। इस अवसर पर मैं और मेरा पूरा परिवार परम पिता परमेश्वर से प्रार्थना करते हैं कि आपका आगामी जीवन सुखी, स्वस्थ और दीर्घायु हो तथा गुरुजी का सहज स्नेह, प्रेरणा और आत्मीयता की घनी छाँव हमें सदैव मिलती रहे।

मैंने आपके बारे में डॉ. नरेंद्र सिंह आनंद से एम.फिल. हिंदी भारत विद्या अध्ययन संकुल में प्रवेश लेते वक्त सुना था, उस समय मैं स्कूल व्याख्याता परीक्षा 2006 के साक्षात्कार में असफल होने के कारण घोर निराशा में डूबा हुआ था। जब पहली बार आपसे मिला और आपने मेरा उदास चेहरा देखकर कहा—'बच्चे जो हुआ उसे भूल जाओ और आगे की तैयारी करो गिरना तो उठने को प्रणाम हुआ।' आपके प्रेरणादायी मिलन से मेरे मन-मस्तिष्क से निराशा के बादल छँट गए। और मैंने फिर से लगन के साथ अध्ययन करते हुए एम.फिल. नेट, सेट, आदि परीक्षाओं को उत्तीर्ण किया तथा सितंबर 2012 से व.अ. हिंदी के पद पर राजकीय उच्च माध्यमिक विद्यालय, लिलांबा (पाली) में कार्यरत हूँ।

मुझे एम.फिल. अध्ययन के दौरान एक वर्ष तक आपके घर के पास रहने का अवसर मिला। मैं सुबह-सायं जब भी आपको देखता आपके पास आ जाता और आपके विचारों व अनुभवों की गाथाओं को सुनकर अपने आपको

वरिष्ठ अध्यापक-हिंदी,
रायपुर, मारवाड़ (पाली) राजस्थान
मो. : 9001953419

धन्य मानता। आपके व्यक्तित्व में एक चुंबकीय आकर्षण है, जो भी एक बार आपसे मिला वह आपको हो गया। मैं देखता हूँ कि हर समय आपके साथ विद्यार्थी बैठे रहते थे और आप उनको कुछ न कुछ समझाते तथा अपने अनुभव सुनाते रहते थे। अकसर आप नवीनतम पुस्तकों तथा पत्र-पत्रिकाओं का अध्ययन करते हुए मिलते हैं। इसी के परिणामस्वरूप आप किसी भी विषय पर नवीनतम जानकारी उपलब्ध कराने में सक्षम हैं।

मैंने यह भी देखा है कि विद्यार्थियों के साथ आपका व्यवहार बहुत मधुर व सहज होता है और आप मदद करके भी जताते नहीं है। आपके साथ बैठकर विषयगत चर्चा करते समय किसी भी प्रकार का दबाव महसूस नहीं होता है। इसलिए अधिकतर विद्यार्थी आपका अंतर्मन से सम्मान करते हैं। मुझे एम.फिल. के दौरान आपके साथ साहित्यिक यात्रा का भी अवसर मिला। आप हमेशा विद्यार्थियों को नई-नई जगह कई साहित्यिक कार्यक्रमों के आयोजन व भाग लेने के लिए प्रेरित करते व इसी दौरान कई नए मित्रों एवं साहित्यिकारों से भी मिलने का अवसर मिल जाता। मुझे एक बार आपके साथ भगवान महावीर महाविद्यालय, सांचौर (जालोर) जाने का अवसर मिला। आपके जाने का उद्देश्य पीजी कक्षा प्रारंभ से पूर्व विश्वविद्यालय की तरफ से जाँच करना और मेरा उद्देश्य वहाँ कार्यरत मित्र अभिजीत से मिलना। इसी दौरान महाविद्यालय के संचालक महोदय द्वारा रुपयों से भरा एक वजनी लिफाफा गुरुजी को देने का प्रयास किया गया तो गुरुजी ने कहा—"मुझे आपसे ऐसी उम्मीद नहीं थी। अरे भले आदमी अगर पैसे ज्यादा हो तो यहाँ पढ़ने वाले विद्यार्थियों के लिए एक पुस्तकालय बनवाओ।" उसी यात्रा से लौटते वक्त जब हमारी गाड़ी जैतारण पहुँची उस समय रात्रि के एक बज रहे थे। मैंने कहा गुरुजी मेरा निवास स्थान यहाँ से 20-25 कि.मी. पर है, अगर आपकी आज्ञा हो तो रायपुर होते हुए चलें। गुरुजी ने तत्काल अनुमति दे दी। पास बैठे महाविद्यालय के संचालक ने कहा—"यह गुरु शिष्य के संबंधों की ताकत है, मेरे बार-बार कहने पर भी आप सांचौर में रात्रि विश्राम के लिए नहीं रुके और शिष्य के कहने पर उनके घर जा रहे हो।" गुरुजी आधे घंटे ही मेरे घर रुके; लेकिन उनके पदार्पण से मुझ जैसे शिष्य की कुटिया पवित्र हो गई।

पुरुषार्थ के परिणाम हमेशा खूबसूरत ही निकलते हैं जो लोग अपने जीवन को ईश्वर की अनुपम कृति मानकर पुरुषार्थ करते हैं, उनका ध्येय सदैव सामाजिक, साहित्यिक एवं सांस्कृतिक उन्नति के साथ-साथ सफलता के सोपान पर अग्रसर होता है। ऐसे लोग किसी भी प्रकार के फल की आशा किए बिना अपने कर्म को प्राथमिकता प्रदान करते हैं। ऐसे पुरुषार्थी लोगों को ईश्वर तो आशीर्वाद प्रदान करता है, जबकि बिना किसी स्वार्थ के पुरुषार्थ के फलस्वरूप प्रशासनिक प्रबंधन भी इनके कृतित्व को रेखांकित करता है। मानव जीवन का उद्देश्य जिन लोगों ने भली प्रकार समझ लिया है, उनमें भगवत् शक्ति का अनुपम झरने का अविरल प्रवाह निरंतर प्रवहमान रहने लगता है और उनसे संपादित प्रत्येक कार्य सही मायनों में ईश्वर को संबोधित होने लगता है। हमारी इस समूची कायनात को किसी अदृश्य प्रबंधन ने बहुत ही कुशलता के साथ निरूपित करके इसकी अकाट्य व्यवस्थाएँ की हैं जिनका संचालन करने के दायित्व की क्षमता भी उसने पूरे तौर पर उनमें उपलब्ध करवाई है। ऐसे ही विरले श्लाघनीय जनसेवक, शिक्षक इस धरा पर यत्र-तत्र मोतियों की तरह बिखरे हुए हैं। इसी भूमिका को सत्य रूप में परिणत करके चलने वाले गुरुवर डॉ. बद्रीप्रसाद पंचोली जी। साधु महात्माओं, दिव्य पुरुषों व गुरुजन के प्रति श्रद्धा, सेवा, समर्पण का भाव आपमें सदैव रहा। किसी ने सच ही कहा है कि जिस तरह जल से भरी हुई नदी चलती है, रुकती नहीं है, उसी प्रकार श्रेष्ठ गुरुजन की कीर्ति भी चलती रहती है, रुकती नहीं। उनका चिंतन, सोच, आदर्श, प्रेरणादायी व्यक्तित्व आमजन की जुबान पर होता है।

सादगीपूर्ण जीवन

आपका जीवन सरल व प्रेरणादायी है। हमेशा सादा जीवन और उच्च विचारों पर जोर देते हैं। सादगी और सरलता आपके पहनावे में झलकती है। कितना ही बड़ा कोई उत्सव हो आप सादे पहनावे में ही रहते हैं। आपका जीवन साहस, उत्साह और आत्मविश्वास की जीती जागती मिसाल है। आपको अपने ऊपर इतना आत्मविश्वास है कि कठिन से कठिन काम का मार्ग निकाल लेते हैं। कभी हार नहीं मानते हैं। आप जैसे आत्मविश्वासी और दृढ़ निश्चयी व्यक्तियों को अपने ध्येय की ओर बढ़ने से भला कौन रोक पाया है। आप शुरू से ही स्वाभिमानी रहे। स्वाभिमान के रास्ते पर चलते हुए किसी के आगे झुके नहीं। बड़ी से बड़ी मुश्किलों को साहस और आत्मबल के बूते पर जीतते रहते हैं। कठिन से कठिन कार्य में जरा-सी भी हिचकिचाहट नहीं दिखाते। जो ठान लेते हैं उसे पूरा करके ही दम लेते हैं। कई बार आपकी इच्छा शक्ति और आत्मविश्वास की अद्‌भुत ताकत पर लोगों को आश्चर्य होता था। जेठ के महीने की तपती धूप या कड़ाके की सर्दी में साहित्यिक कार्यक्रमों में कार्य भाग-दौड़ देख आश्चर्य होना स्वाभाविक है। आपको श्रम में आनंद की अनुभूति होती है। पुरुषार्थ के धनी गुरु डॉ. पंचोली जी कहते है कि व्यक्ति को हर वक्त कुछ न कुछ श्रम करते रहना चाहिए। श्रम का दूसरा नाम ही जीवन है। आप अकसर कहते हैं कि कुछ करो, कुछ काम करो। कुछ करके दिखाओ, श्रम को कभी छोटा मत समझो। आप अपने किसी विद्यार्थी को बेरोजगार नहीं देखना चाहते अत: जहाँ कहीं भी आपको लगता है कि यह कार्य यह विद्यार्थी कर सकता है, उसे वहाँ कार्य करने के लिए सहर्ष भेज देते हैं। इससे विद्यार्थी को रोजगार व आपको आत्मसंतोष मिलता है कि मेरा विद्यार्थी मेहनत करके अपना जीवन जी रहा है।

आप समय के इतने पाबंद हैं कि काम आठ बजे करना है तो इसमें सवा आठ की स्थिति आपको अच्छी नहीं लगती। विभिन्न साहित्यिक कार्यक्रमों में आपका आना जाना एकदम सही समय पर होता है। समय पर नहीं चलने वालों को आप बहुत टोकते हैं। आप के शब्दों में समय ही सबसे बड़ा धन है। जो व्यक्ति समय का ख्याल नहीं रखते उनको समय निकलने के बाद पछताना पड़ता है। आप आलस्य के घोर विरोधी हैं।

सामाजिक एकता पर बल

आपका मानना है कि समाज में छोटी-मोटी बात को लेकर विवाद नहीं होना चाहिए। ऐसी स्थिति बन भी जाए तो थाने-कचहरी ले जाने के बजाय, बड़े बुजुर्गों से विचार विमर्श करके दोनों पक्षों को एक ही जाजम पर बैठकर सुलह कर लेनी चाहिए। समाज में अमन-चैन, समरसता व भाईचारे को बढ़ावा देने के लिए समय समय पर आयोजित होने वाले कार्यक्रम में आपकी सहभागिता रहती है। सामाजिक विकास के लिए इस वेद वाक्य के अनुरूप आप पारिवारिक एकता को भी आवश्यक मानते हैं।

आपके घर बी-6, दाता नगर जाने पर परिवार के सदस्यों के सौम्य व्यवहार से किसी अनजान व्यक्ति को भी वहाँ पर अपने घर जैसा महसूस होता है। आप घर पर हों या न हों तो भी माताश्री, पुत्रवधू एवं पौत्री का सहज सत्कार व वार्तालाप एक अपनत्व का अहसास कराता है। मुझे और मेरे जैसे आपके अनेक शिष्यों को ऐसा लगता है कि हम सभी इसी परिवार के सदस्य हैं कोई गैर नहीं।

गुरुदेव श्री बद्रीप्रसादजी पंचोली अपने जीवन की 81वीं वर्षगाँठ मना रहे हैं। मैं इस अवसर पर यह मंगल

कामना करता हूँ कि आपका आगामी जीवन स्वस्थ और खुशहाल बना रहे। मैं अपने आराध्य देव को नतमस्तक होकर आपके शतायु होने की प्रार्थना करता हूँ।

आशा करता हूँ कि आपका स्नेह और मार्गदर्शन आपके सभी शिष्यों को अनवरत रूप से मिलता रहे और आपके अनुभव और ज्ञान से हम सभी शिष्य निरंतर प्रगति पथ अपने कदम बढ़ाते रहे।

❖❖❖

वेदों में कहीं भी स्पष्ट रूप से यह नहीं लिखा हुआ है कि किसी भी प्राणी का वध किया जाए। 'मा नो बधाय हत्नवे जिहीळानस्य रीरधः' (*ऋग्वेद* 1/25/1) स्तुति पाठ करके आत्मरक्षा की याचना करने वाला मनुष्य स्वप्न में भी कल्पना नहीं करेगा कि निरीह पशुओं का वध किया जाए। इसके विपरीत वेदों में अहिंसा के प्रतिपादक ऐसे पचासों वाक्य मिलेंगे—

1. इमंमा हिंᳬसी रेकशफं पशुम्। (*यजुर्वेद* 13 । 48)
2. मा हिंᳬसी पुरुषं जगत्। (*यजुर्वेद* 16 ।3)
3. मा गामनागामदितिं वधिष्ट। (*ऋग्वेद* 8 ।101 ।15)
4. यदि नो गां हंसि यद्यश्वं यदि पूरुषम्। तं त्वा सीसेन विध्यामो यथा नो ऽ सो अवीरहा।
(*अथर्ववेद* 1 । 16 । 4)
5. आरे गोहा नृहा वधो वो अस्तु। (ऋग्वेद 7 । 56 । 17)।

–*'वेदानुचिंतन'* पुस्तक से

क्यों भूलूँ, हर दम याद करूँ...

जयप्रकाश

वक्त के ढलते स्मृतियों को धुंधुला होते देखते हैं सब लोग; लेकिन मेरे जीवन में कुछ यादें इस प्रकार समा गई हैं कि ज्यों-ज्यों वक्त ढलता है त्यों-त्यों वे एक निखार के रूप में मुझे प्रत्यक्ष और परोक्ष संबल देती रही हैं और भविष्य में भी मुझे आगे इसी तरह पथ-प्रदर्शित करती रहेंगी। आज मैं मेरे जीवन के उस दौर के बारे में लिखने जा रहा हूँ, जिस दौर ने मुझे लिखने के काबिल बनाया। मैं अपने जीवन में उस व्यक्तित्व के बारे में लिखने की गुस्ताखी कर रहा हूँ जिसके बारे में मेरे शब्दकोष के शब्द शायद अभी तक इतनी परिपक्वता लिए हुए नहीं हैं कि मैं उनके चरित्र को उकेर सकूँ। माँ भारती से अनुमति लेते हुए मैं गुरुदेव डॉ. बद्रीप्रसाद पंचोली जी के सान्निध्य में बिताए गए उन दो वर्षों को याद करना चाहूँगा .....

'वंदेमातरम्' एक ऐसा शब्द जिसको सुनकर लगता है कि शायद मेरे जीवन का बहुत कुछ सार इस शब्द में छिपा है। वर्ष 2007, माह सितंबर, समय सुबह तकरीबन 11 बजे महर्षि दयानंद सरस्वती विश्वविद्यालय का परिसर और गुरुजी से प्रथम भेंट, मेरे नमस्कार करने से पूर्व ही उधर से शब्द प्रवाहित हुए 'वंदेमातरम्'।

मैंने अपने जीवन में पहली बार किसी को अभिवादन के तौर पर इन शब्दों को कहते हुए सुना। ना जाने क्यों उस दिन के बाद यह शब्द मेरे जीवन का अभिन्न हिस्सा बन गया। हालाँकि आज तक मैं गुरुजी के अभिवादन का जवाब 'गुरुजी प्रणाम' कहकर ही दे पाया हूँ। पर हाँ, मेरे मित्रों के लिए अभिवादन के तौर पर मैं इस शब्द का प्रयोग करता हूँ। यह सत्य है कि गुरुजी के सामने मैं इस शब्द का इस्तेमाल क्यों नहीं कर पाता हूँ, इसका जवाब मैं स्वयं आज तक नहीं जान पाया हूँ। भारत विद्या अध्ययन संकुल में यदि मैं किसी के 'भा' 'रत' अर्थात् तेज युक्त दर्शन करने का उन दिनों प्रसाद प्राप्त करता था, तो वे थे गुरुजी यानी डॉ. बद्रीप्रसाद पंचोली।

उन दो वर्षों में जो ज्ञान प्राप्ति मुझे अथवा कहें जीवन के प्रत्येक क्षेत्र में जो निखार आया उसका संपूर्ण श्रेय गुरुजी को जाता है। मुझे आज भी याद है पहले दिन ही उन्होंने हम सभी से कहा था कि 'आज तक आप लोगों ने जो सीखा है मैं उसके विपरीत पढ़ाऊँगा; क्योंकि आज तक तुम जो सीखते आए हो वह कहीं न कहीं अधूरा ज्ञान था।' सच! जब गुरुजी ने हमें पढ़ाना शुरू किया तो पता चला कि वास्तव में आज तक जो पुस्तकीय ज्ञान हमने प्राप्त

प्रशिक्षित स्नातक शिक्षक (हिंदी)
केंद्रीय विद्यालय क्रमांक 2, वायु सेना अवस्थान, जोधपुर (राजस्थान)
मो. : 9460662984

किया वह एक अधूरापन लिए हुए था। प्रथम दिन से ऐसा लगा। जिस विषय पर हम अपना एकाधिकार रखने का दावा ठोंकते रहते थे, पता चला कि हम अभी तक नौसखिये मात्र हैं।

मेरी शुरुआत से ही कक्षाओं में पहले जाने की आदत है। अत: मैं दूसरे दिन यह सोचकर पहले गया कि शायद मेरे से पहले कोई नहीं आया होगा; लेकिन क्या देखता हूँ कि गुरुजी पहले से ही कक्षा में बैठे थे। मेरे प्रणाम कहने से पहले ही नित्य की तरह उन्होंने मुझे वंदे मातरम् कहा। गुरुजी ने पढ़ाना शुरू कर दिया मैंने कहा, 'गुरुजी अभी तक तो सारे बच्चे आए ही नहीं।' उन्होंने कहा 'अरे नहीं आए तो क्या हुआ। तुम हो ना, जब तक वे आते हैं तब तक हम वैसे ही थोड़े बैठे रहेंगे।'

हमारी कक्षा की शुरुआत होती सरस्वती वंदना से; लेकिन यह क्या, हमने पहला ही श्लोक शुरू किया नहीं कि गुरुजी ने रोक दिया और कहा—'वापस बोलो पहले ही शब्द का उच्चारण अशुद्ध है और शब्दों में बहुत बड़ी ताकत होती है।' उस दिन हमने माँ सरस्वती की पहली बार शुद्ध उच्चारण के साथ वंदना की। वास्तव में बहुत अच्छा लगा। उस दिन पता चला कि उच्चारण का हमारे जीवन में एवं हमारे विषय में कितना महत्त्व होता है।

गुरुजी कभी-कभी अपने शिक्षकीय जीवन के प्रारंभिक दिनों का जिक्र किया करते थे। एक दिन उन्होंने हमें बताया कि मैं एक दिन खाली कक्षा में पढ़ा रहा था तो किसी साथी ने कहा कि 'पंचोली जी बच्चे तो हैं ही नहीं, आप किसे पढ़ा रहे हैं ?' गुरुजी ने कहा कि मैंने जवाब दिया, 'अरे बच्चे नहीं है तो क्या हुआ! मुझे मेरे कर्तव्य का निर्वहण करना है, मैं तो पढ़ाऊँगा, चाहे बच्चे आए या नहीं आए।'

अकसर हम गुरुजी के घर जाया करते थे। हम तीनों (मैं, देव और राम) पहले से यह सोचकर जाते थे कि यदि गुरुजी के घर चलना है तो चार से पाँच घंटे का समय निकाल कर चलेंगे। अत: हम हमारे सारे जरूरी कार्य पहले से पूर्ण करके ही जाते थे और हाँ! एक बात और थोड़ा खाली पेट जरूर जाते थे; क्योंकि गुरुजी के हाथ से इमरती, दूध और नमकीन जो खानी थी। सच बताएँ उनके साथ वक्त कैसे गुजर जाता था, कि कभी-कभी तो सात-आठ घंटे गुजर जाते थे और हमें लगता था कि कुछ ही समय हुआ होगा। जैसे ही हम घर के द्वार पर पहुँचते 'वंदे मातरम्' द्वारा अभिवादन होता और फिर अपने हाथों से पानी पिलाते। हम कभी-कभी कहते, 'गुरुजी रहने दीजिए, हम ये काम कर देते हैं।' जवाब अप्रत्याशित होता कहते 'अरे! अभी तक तो 10 किलोमीटर दौड़ कर किसी पहाड़ी पर चढ़ सकता हूँ।' कई बार वे हमें बताया करते थे कि कैसे हम सब मिलकर यहाँ से पुष्कर पैदल ही चले जाते थे और आज भी यदि कोई कहे तो मैं जा सकता हूँ। पूरे 100 वर्ष का कैलेंडर बना रखा है मैंने! मैं अभी वृद्ध थोड़े ही हुआ हूँ कि तुम्हें पानी भी नहीं पिला सकता।' और साथ ही कहते, 'जितना लाया हूँ (दूध, इमरती, नमकीन आदि) पूरा खत्म करना है, अन्न का अनादर नहीं किया करते।'

गुरुजी के चेहरे का तेज़ देखकर लगता जैसे माँ सरस्वती साक्षात् हमारे सामने विराजमान है। जब भी हम किसी बात या जगह के बारे में जिक्र करते उससे पहले गुरुजी कहा करते, 'अरे! वहाँ तो शायद (अपने किसी विद्यार्थी का जिक्र करते हुए) वह होगा, उसे मेरा वंदे मातरम् कहना और तुम्हारा काम हो जाएगा।' सच, चाहे हम दक्षिण भारत की बात करते या फिर कहीं और की, कश्मीर से कन्याकुमारी तक चाहे किसी भी क्षेत्र की बात करते गुरुजी तुरंत कहते कि 'वहाँ तो मेरा फलां शिष्य कार्यरत है।' सच में, होंगे क्यों नहीं ? जीवन के पिछले साठ-सत्तर वर्षों से अनवरत शिक्षा के क्षेत्र में अपने शिष्यों को सँवारने में नि:स्वार्थ भाव से कर्मशील जो हैं। बात उन दिनों की है जब विश्वविद्यालय अनुदान आयोग ने 2009 में एक प्रपत्र जारी किया, जिसमें एम.फिल. को मान्यता हटाने की

बात की थी। इधर हम परीक्षा दे चुके थे और परिणाम का इंतजार कर रहे थे। मई-जून का महीना था और किसी ने कहा कि इस सत्र का परिणाम यदि जुलाई 2009 से पहले आ जाए तो एम.फिल. वालों को भी प्रवक्ता पद हेतु शायद सम्मिलित किया जा सके। हमने गुरुजी के सामने इस बात का जिक्र किया। गुरुजी ने तुरंत कहा, 'सभी को फोन करके बुलाओ और उप कुलपति को ज्ञापन दे दो।' हमने कहा 'गुरुजी पर हमें अखबार वालों की भी सहायता चाहिए।' गुरुजी ने तुरंत फोन लगाया और अगले 10 मिनट में एक पत्रकार महोदय हमारे सामने थे। हमने इसके लिए संघर्ष भी किया और सफलता भी मिली। हमारा परिणाम अगले दस दिनों में जारी कर दिया गया। पर बाद में पता चला कि विश्वविद्यालय अनुदान आयोग ने पहले ही इस बारे में निर्णय ले लिया था।

हम उदास हो कर गुरुजी के पास गए और कहा, 'गुरुजी हमारी एम.फिल. अब किसी काम की नहीं रही।' गुरुजी का उत्तर श्लाघनीय था, 'अरे भले मानुषो! इसमें इस डिग्री को क्यों दोष दे रहे हो। इस उपाधि से जो तुम्हें ज्ञान मिला है क्या वह ऐसे ही जाएगा। क्या तुम लोग नौकरी पाने के उद्देश्य से ही ये डिग्री धारण करना चाहते थे!' हम पकड़े गए और उस दिन पता चला कि अपने अध्ययन को सिर्फ भौतिकता से जोड़ देना कितनी मूर्खता थी हमारी। आज पता चला कि गुरुजी के सान्निध्य में लिया गया ज्ञान हमारे कितना काम आया है और आगे भी अनवरत आता रहेगा।

हमने कभी गुरुजी के चेहरे पर उदासी या क्रोध का भाव नहीं देखा चाहे कैसी भी परिस्थितियाँ रही हों। इसका जिक्र वे सदा किया करते रहते हैं और आज भी जब कहते हैं, 'अच्छा तो एक-दो को फोन कर बुला लो हम एक संगोष्ठी रख लेते हैं।' हमने गुरुजी के साथ कई कार्यक्रमों में भाग लिया और तीन-चार बार महती भूमिका भी निभाई।

जीवन के हर क्षेत्र में गुरुजी से मुझे मार्गदर्शन मिला है। दो वर्ष पूर्व जब मैं कुछ दिनों मानसिक अवसाद में रहा, मैंने गुरुजी से संपर्क किया। उन्होंने मुझे कहा 'भले आदमी! यदि जीवन की परिस्थितियों से इस उम्र में हार मान जाओगे तो आगे का जीवन कैसे जिओगे।' मैंने कहा 'गुरुजी बात दरअसल यह है कि मेरे अधिकारी से मेरी किसी बात पर अनबन हो गई, अब आप बताइए मैं क्या करूँ? और मेरे हिसाब से और नियमों के अनुसार मैं सही हूँ।' उन्होंने कहा, 'जयप्रकाश! जाओ और एक बार उनसे नमस्ते करो, यदि मान जाए तो ठीक, नहीं तो तुम अपने कर्तव्य का पालन करते रहो, तुम बच्चों को पढ़ाना मत छोड़ना, बच्चे हमारे भगवान् होते हैं, जब तक उनका आशीर्वाद तुम्हारे साथ रहेगा, तुम्हारा कोई कुछ नहीं बिगाड़ सकेगा, बाकी सब ईश्वर पर छोड़ दो।'

सच कहूँ, उस दिन के बाद मैंने बच्चों को अपना भगवान् मान लिया और उनका आशीर्वाद हमेशा मेरे साथ रहता है। ये सब गुरुजी के आशीर्वाद स्वरूप ही हो पाया है।

अभी चार महीने पहले मेरे साथ प्रकृति ने फिर अनहोनी की और मेरे चार साल के इकलौते पुत्र को मुझ से छीन लिया। पिता के कंधे पर पुत्र का जनाज़ा! शायद इस संसार में इससे बड़ा दु:ख नहीं होता होगा। खुद को नहीं संभाल पाया और फिर अवसाद और मानसिक तनाव की स्थिति की ओर जा रहा था। उन दिनों विद्यालय में अवकाश चल रहे थे। 20 दिन बाद अवकाश खत्म होने वाले थे। मैं असमंजस में था कि इस स्थिति में विद्यालय कैसे जा पाऊँगा; लेकिन गुरुजी के वे शब्द अकसर गूँजते रहते थे कि 'बच्चे भगवान् का रूप होते हैं उनके प्रति अपने कर्तव्य से कभी मत डिगना जयप्रकाश' पहले दिन विद्यालय में थोड़ा अजीब सा लगा; परंतु गुरुजी का आशीर्वाद और उनकी दुआओं ने हमेशा पथ पर अग्रसर होने के लिए हर विकट परिस्थिति में मेरा साथ निभाया।

एक दिन मैंने हिम्मत करके गुरुजी को फोन किया, बेटे का जिक्र किया और इस दु:ख को सहन करने की क्षमता हेतु आशीर्वाद लेना चाहा; परंतु हमेशा की तरह उन्होंने मुझे माँगने से पहले ही वह सब कुछ अपने आशीर्वाद स्वरूप प्रदान कर दिया, जिसकी वजह से आज मैं इस अपार दु:ख को सहन कर पाने में सक्षम हो पाया हूँ।

लिखने को तो इतना लिखा जा सकता है कि कलम, पृष्ठ और शब्द थोड़े पड़ जाएँ। गुरुजी का आशीर्वाद हमेशा मेरे साथ बना रहा है और उनकी वाणी से नि:सृत प्रत्येक शब्द ने मेरा मार्गदर्शन किया है और भविष्य में भी मिलता रहेगा। अंत में मैं गुरुजी को उनके 80वें जन्मदिवस पर कोटि-कोटि नमन करता हूँ और परमपिता परमेश्वर से उनकी दीर्घायु की मंगल कामना करते हुए अपनी कलम को विराम देना चाहता हूँ।

वंदे मातरम्।

❖❖❖

विलक्षण व्यक्तित्व के धनी

डॉ. शैलेंद्र स्वामी

महर्षि दयानंद सरस्वती विश्वविद्यालय, अजमेर में दिनांक 31 मार्च, 1997 को 'प्राचीन भारतीय आर्थिक चिंतन की प्रासंगिकता' विषयक राष्ट्रीय संगोष्ठी आयोजित हुई थी। मैं भी उसमें एक नवीन प्रतिभागी था। उस संगोष्ठी में मैंने एक वक्ता को ध्यानपूर्वक सुना। वक्ता धाराप्रवाह वैदिक युग के चिंतन को वर्तमान परिप्रेक्ष्य में उद्‌घाटित कर आनंदानुभूति व्यक्त कर रहा था। वैदिक ऋचाओं की प्रभावी अभिव्यक्ति व तर्कपूर्ण विचारों की प्रस्तुति के सामने मैं नतमस्तक था। व्याख्यान समाप्ति के पश्चात् मैंने विद्वानों से उक्त वक्ता महोदय का परिचय पूछा तो उत्तर मिला—'आप इन्हें नहीं जानते क्या? ये हैं विलक्षण व्यक्तित्व के धनी : डॉ. बद्रीप्रसाद पंचोली जी।'

अपने मित्र के साथ मैं एक बार लाल बहादुर शास्त्री संस्कृत विश्वविद्यालय (विद्यापीठ), नई दिल्ली गया था। वहाँ एक विभागाध्यक्ष के कक्ष के बाहर नाम पट्ट था—डॉ. बद्रीप्रसाद पंचोली। मैंने सोचा जरूर ये वे ही पंचोली हैं जो महर्षि दयानंद सरस्वती विश्वविद्यालय, अजमेर में दर्शित हुए थे। मुझे यह जानकर आश्चर्य हुआ कि ये पंचोली जी तो भिन्न हैं। मैं उनके नाम पट्ट को निहारता हुआ वापस आ गया—डॉ. बद्रीप्रसाद पंचोली, आचार्य (दर्शन, वेद, साहित्य, धर्मशास्त्र, व्याकरण) एवं विद्या वारिधि (दर्शन)।

ऋषि उद्यान, अजमेर के सभागार में फिर एक बार राष्ट्रीय स्तर की विद्वत् संगोष्ठी में जाने का सुअवसर प्राप्त हुआ। वहाँ भी डॉ. बद्रीप्रसाद पंचोली जी विद्वानों के सामने वेद वैशिष्ट्य उद्‌घाटित कर रहे थे। मेरा मन-मस्तिष्क पुनः झंकृत हुआ। पुनः कुछ स्मरण हुआ। ये विलक्षण व्यक्ति तो राजस्थान लोक सेवा आयोग, अजमेर में मई, 1996 में आयोजित व्याख्याता (हिंदी) के लिए आयोजित साक्षात्कार-मंडल में भी दर्शित हुए थे। विषय-विशेषज्ञ के रूप में प्रश्नों की बौछार कर मुझे काफी उद्वेलित किया था।

ऋषि उद्यान में आयोजित संगोष्ठी (1998) में जोधपुर से मेरे गुरुवर डॉ. सोहनदानजी चारण, डॉ. सोनारामजी विश्नोई तथा डॉ. कल्याणसिंह जी शेखावत भी पधारे थे। मैंने उनसे फिर डॉ. पंचोलीजी के बारे में जानना चाहा तो उन्होंने उत्तर दिया—डॉ. पंचोलीजी ने अपना संपूर्ण जीवन हिंदी, संस्कृत और राजस्थानी भाषा व साहित्य की

लेखक अखिल भारतीय साहित्य परिषद्, राजस्थान, जोधपुर इकाई के महामंत्री और केंद्र *भारती* पत्रिका के संपादक मंडल के सदस्य हैं।

व्याख्याता-हिंदी, राजकीय संस्कृत महाविद्यालय, जोधपुर (राजस्थान)। मो. : 9462877859

उन्नति के लिए समर्पित किया है। विद्वत्ता के आलोक से मंडित डॉ. पंचोलीजी विभागाध्यक्ष (हिंदी), राजकीय महाविद्यालय, अजमेर से सेवानिवृत्त हुए हैं।

मैंने जोधपुर में विवेकानंद केंद्र द्वारा आयोजित योग-शिविरों में भाग लिया था। डॉ. नगेंद्रजी (नरेंद्र मोदी जी (प्र.मं.) के योग-गुरु) से योग के बारे में जानकारी प्राप्त की थी। श्री मुकुल कानिटकर जी से योग का व्यावहारिक प्रशिक्षण लिया था। अत: स्वाभाविक रूप से विवेकानंद केंद्र की गतिविधियों से जुड़ा हुआ था। मुझे विवेकानंद साहित्य पढ़ने का सुअवसर भी प्राप्त हुआ था। मेरे जैसे नवयुवकों के ऊर्जावान् प्रेरणास्रोत विवेकानंद जी ही थे।

अजमेर में भी राजकीय संस्कृत महाविद्यालय मे कार्यरत रहते हुए मैं विवेकानंद केंद्र की गतिविधियों में भाग लेने लगा। संस्कृत महाविद्यालय, अजमेर के छात्रों के लिए मैंने 'सप्तदिवसीय योग शिविर' का सफलतापूर्वक संचालन किया था। अशोक जी पणिक्कर एवं नवीन जी माहेश्वरी का सक्रिय मार्गदर्शन रहा। योग-शिविर के समापन अवसर (1999 ई.) अजमेर के हिंदी जगत् के त्रिदेव—प्रो. राधेश्याम जी त्रिपाठी, डॉ. भँवरलाल जी जोशी एवं डॉ. बद्रीप्रसाद जी पंचोली को सम्मानित भी किया था। जिला स्तरीय हिंदी वाद-विवाद प्रतियोगिता के सुअवसर पर भी राजकीय संस्कृत महाविद्यालय, अजमेर के हाथों से भी उक्त त्रिदेवों को पुन: सम्मानित किया था।

डॉ. बद्रीप्रसाद जी पंचोली विवेकानंद केंद्र से काफी वर्षों से जुड़े हुए हैं। उनके मार्गदर्शन में विवेकानंद केंद्र, राजस्थान ने पर्याप्त उन्नति की है। जोधपुर में विवेकानंद केंद्र के कार्यकत्ताओं के प्रशिक्षण शिविरों में भी आपका उद्‌बोधन प्रेरणादायी होता था। विवेकानंद केंद्र हिंदी प्रकाशन समिति की पारिवारिक-सांस्कृतिक मासिक (राष्ट्रीय) पत्रिका *केंद्र भारती* के आप वर्षों से सह-संपादक हैं। आपके संपादकीय एवं लेखों ने समाज में नव-चेतना जाग्रत करने का महनीय कार्य किया है। इस पत्रिका से डॉ. रामगोपालजी (भारत रत्न अब्दुल कलाम के सहकर्मी), प्रो. नंदलाल कल्ला (पूर्व अध्यक्ष, हिंदी विभाग, जयनारायण व्यास विश्वविद्यालय, जोधपुर), प्रो. महावीर प्रसाद व्यास (स्वतंत्रता सेनानी व दार्शनिक), मुरलीधर वैष्णव (पूर्व न्यायाधीश), श्री उमेश कुमार चौरसिया (विख्यात साहित्यकार) जैसी हस्तियाँ भी जुड़ी हुई हैं। यह पत्रिका *केंद्र भारती* विगत कई वर्षों से रामकृष्ण परमहंस व स्वामी विवेकानंद के विचारों का प्रचार-प्रसार कर रही है। इसके विशेषांक बहुत विलक्षण होते हैं।

मैं पाँच वर्षों तक (1997 ई. से 2002 ई. तक) राजकीय संस्कृत महाविद्यालय, गंज, अजमेर में व्याख्याता (हिंदी) के पद पर कार्यरत रहा था। राजकीय संस्कृत महाविद्यालय, सरमथुरा (जिला धौलपुर) से स्थानांतरित होकर फरवरी, 1997 में अजमेर आया था। शुद्ध हिंदी बोलने व लिखने की सनक लगी हुई थी। बस-स्टैंड, अजमेर पर रिक्शे वाले से कहा—भैय्या! मुझे 'राजकीय संस्कृत महाविद्यालय' ले चलो। रिक्शे वाला काफी देर तक सोचता रहा। फिर जोश से बोला—'मैं तो केवल 'गोरमेण्ट संस्कृत कॉलेज की बिल्डिंग' जानता हूँ। वहाँ आपको छोड़ सकता हूँ। आपका यह राजकीय संस्कृत महाविद्यालय मैं नहीं जानता हूँ।' खैर! मैंने संस्कृत कॉलेज में कार्यग्रहण किया।

अजमेर शहर मेरे लिए अपरिचित था। केवल साक्षात्कार (राजस्थान लोक सेवा आयोग में) देने ही पूर्व में आया था। हाँ! पुष्कर में ब्रह्माजी के दर्शन पूर्व में अवश्य किए थे। गंज मोहल्ले में ही 'खंडेलवाल-भवन' में

सपत्नीक रहने लगा। स्वजातीय बंधु (धन्नावंशी वैष्णव) भी अजमेर में नहीं थे। साथ था तो केवल विद्वत् समाज का। प्राचार्य लक्ष्मीनारायण जी भार्गव तथा स्टॉफ के माननीय सदस्य—विनयचंद्र जी झा तथा डॉ. निरंजन साहू जी के माध्यम से मैं प्रो. राधेश्याम जी त्रिपाठी, प्रो. भँवरलाल जी जोशी तथा डॉ. बद्रीप्रसाद जी पंचोली के घर पर भी आने-जाने लगा। इन्हीं विद्वानों को मैं अपना संरक्षक मानता था।

'दाता नगर के दाता' डॉ. पंचोली जी घर पर हमेशा आत्मीय स्वागत करते थे। मेहमानों को बिना खिलाए-पिलाए भेजना आचार-संहिता के विरुद्ध समझते थे। ज्ञान की घुट्टी तो मुझे अवश्य पिलाते थे। फलस्वरूप मेरे ज्ञान-चक्षुओं की ज्योति आलोकित होने लगी। समसामयिक प्रसंगों पर अपनी स्पष्ट प्रतिक्रिया व्यक्त कर डॉ. पंचोली जी दृढ़ता से पाखंडवाद, वितंडावाद का खंडन करते थे। किसी भी प्रसंग की गहराई में उतर कर अपना स्पष्ट मंतव्य प्रकट करते थे।

डॉ. पंचोली जी से मैं कभी औपचारिक रूप से कक्षा में नहीं पढ़ा था; किंतु अनौपचारिक रूप से मैं उन्हें 'गुरुदेव' ही मानता था। वे हिंदी के ही नहीं, संस्कृत भाषा व साहित्य के भी उद्‌भट विद्वान् हैं। उनका कहना था कि संस्कृत के ज्ञान के बिना हिंदी का ज्ञान अधूरा है। फलस्वरूप मैंने स्वयंपाठी विद्यार्थी के रूप में एम.ए. (संस्कृत), आचार्य (साहित्य व दर्शन) की उपाधियाँ भी प्राप्त कीं। छात्रों को स्वाध्याय के लिए प्रेरित करना वे अपना नित्य नैमित्तिक कर्म मानते हैं।

डॉ. बद्रीप्रसाद पंचोली जी अखिल भारतीय साहित्य परिषद् से भी जुड़े हुए है। साहित्य परिषद् के माध्यम से विभिन्न साहित्यिक अनुष्ठान करते रहते थे। मुझे भी उन कार्यक्रमों में जाने का सुअवसर मिलता था। डॉ. पंचोली जी ने मुझे 'अखिल भारतीय साहित्य परिषद्' की आजीवन सदस्यता प्रदान कर भारतीय संस्कृति के साहित्यिक संस्कारों का बीजारोपण किया। बाद में अखिल भारतीय साहित्य परिषद् की जोधपुर इकाई के महामंत्री के रूप में ईश्वर की कृपा से कई राष्ट्रीय विद्वत् संगोष्ठियाँ, व्याख्यानमालाएँ, विद्वत् सम्मान, काव्य गोष्ठियाँ, पुस्तक लोकार्पण समारोह मैंने संयोजित-संपादित किए। राष्ट्रीय स्तर के एक कार्यक्रम में डॉ. बद्रीप्रसाद पंचोली जी एवं मेरे शोध-निर्देशक डॉ. नरेन्द्र सिंह जी 'आनंद' को जोधपुर शहर में सम्मानित करना गौरवपूर्ण उपलब्धि रही। मई, 2015 में अखिल भारतीय साहित्य परिषद् के मारवाड़ प्रांत के सम्मेलन (डीडवाना) में श्रद्धेय गुरुदेव डॉ. पंचोली जी के पुनः दर्शन हुए तो हृदय बहुत आनंदित हुआ।

देश-प्रदेश की विद्वत् संगोष्ठियों, साहित्यिक कार्यक्रमों में गुरुवर डॉ. बद्रीप्रसाद पंचोली जी की गौरवमय उपस्थिति रेखांकित होती है। अनेक विद्वान् डॉ. पंचोली जी का लोहा मानते हैं। शताधिक पुस्तकें प्रकाशित होना इसका प्रमाण हैं। गुरुवर डॉ. पंचोली जी ने युवावस्था में नित्य प्रति कम से कम एक पृष्ठ लिखने का संकल्प लिया था—जो आज तक निभा रहे हैं। इसी शुभ संकल्प के कारण उनकी शताधिक पुस्तकें प्रकाशित होकर विद्वानों के द्वारा समादृत हुई हैं।

डॉ. पंचोली जी के गुरुवर श्रद्धेय फतहसिंह जी से पूर्व में जोधपुर में दर्शन-लाभ मिला था। डॉ. फतहसिंह जी वेदों के मर्मज्ञ विद्वान् तथा प्राच्यविद्या-विशारद थे। अपने गुरुवर की उज्ज्वल परंपरा को कायम रखते हुए डॉ. पंचोली जी उन्हीं के पदचिह्नों पर चल रहे हैं। ब्राह्ममुहूर्त में उठकर नियमित यज्ञ करना, स्वाध्याय करना, साहित्य-सर्जन करना, विद्वानों का मार्गदर्शन करना, साहित्यकारों को प्रोत्साहित करना, नवयुवकों में चेतना जगाना तथा मानवीय मूल्यों पर आधारित श्रेष्ठ आर्य जीवन जीना—यही डॉ. बद्रीप्रसाद पंचोली जी की दिनचर्या है। परम

पिता परमात्मा से यही आत्मीय प्रार्थना है कि गुरुवर डॉ. बद्रीप्रसाद पंचोली जी को पूर्ण स्वस्थ रखते हुए दीर्घायु प्रदान करें। ऐसे गुरुवर, साधुजन सर्वत्र नहीं मिलते हैं—

शैले शैले न माणिक्यं, मौक्तिकं न गजे गजे।
साधवो न हि सर्वत्र, चंदनं न वने-वने॥

❖❖❖

मेरे परम गुरु

गौरव चौरसिया

आज भी जब मैं अपने परम गुरु डॉ. श्री बद्रीप्रसाद पंचोली जी के बारे में सोचता हूँ तो महाभारत के युद्ध का वह विहंगम दृश्य मेरी आँखों के सामने से गुजरने लगता है। लगता है, मैं अर्जुन की तरह असमंजस की स्थिति में भावनात्मक रूप से उलझा हुआ, अनेक द्वंदों से ग्रस्त, अज्ञान और अकर्मण्यता की स्थिति में अनेक प्रश्नों से भरा हाथ जोड़कर घुटनों के बल बैठा हुआ अपने मार्गदर्शन के लिए अपने गुरुजी से प्रार्थना कर रहा हूँ। और मेरे परम गुरु डॉ. श्री बद्रीप्रसाद पंचोली श्रीकृष्ण भगवान की तरह हाथ आकाश की तरफ उठाए मुझे आशीर्वाद देते हुए मेरा मार्गदर्शन कर रहे हैं। मैं प्रश्न पर प्रश्न करता जा रहा हूँ और वे पूर्ण धैर्य के साथ निरंतर उत्तर देते जा रहे हैं।

मैं बचपन से ही जिज्ञासु प्रकृति का था, जीवन की गहराई से जुड़े अनेक प्रश्नों के उत्तर जानना चाहता था और आध्यात्मिक रहस्यों को सुलझाना चाहता था।

अतः कहीं न कहीं अंतर्मन में एक ऐसे सद्गुरु की खोज थी जो मेरे इन प्रश्नों के उत्तर दे सकें और मेरी जिज्ञासा शांत कर सकें।

मैं चाहे जैसा भी था अच्छा या बुरा पर मेरी अपने गुरु को लेकर उच्च आकांक्षाएँ थीं। मैं चाहता था मेरे गुरु सरल हों, गरिमापूर्ण हों, ज्ञान साधक हों, सूर्य के समान तपस्वी व तेजस्वी हों, जो ज्ञान व कर्म में एकरूप हों, जिनमें पूर्णता हो, जिनमें किसी तरह का कोई आडंबर न हो, जो मुझ जैसे संदेहशील व्यक्ति को कभी भी संदेह करने का अवसर न दें। जिन्हें मैं अपने जीवन में एक सच्चे आदर्श के रूप में स्थापित कर सकूँ। मैं एक ऐसे गुरु को पाना चाहता था जो सैकड़ों वर्ष पूर्व के वन में स्थित आश्रमों के गुरुओं की तरह मेरे प्रति समर्पित हों, मेरा उद्धार करें तथा जिनके आगे मैं श्रद्धा से नतमस्तक हो जाऊँ।

सौभाग्य से, ईश कृपा से मेरे जीवन की खोज पूरी हुई और मुझे गुरु के रूप में परम श्रद्धेय, प्रातःस्मरणीय, चरण वंदनीय गुरुवर डॉ. बद्रीप्रसाद पंचोली मिले।

एक दिन जीवन की परिस्थितियों से थका हारा, भावनात्मक आवेगों-संवेगों से गुजरता हुआ, हताश-निराश अवस्था में मैं गुरुजी की शरण में पहुँचा और उनके चरणों में अपना सिर रख दिया। मैंने उनसे अपनी छत्रछाया में

लेखक परम गुरु भक्त एवं योग केंद्र संचालक हैं।
मकान नंबर-9, चौरसिया भवन, बापू नगर, अजमेर (राज.)
मो. : 9928157277

लेने और मेरा मार्गदर्शन करने की प्रार्थना की। वैसे पहले से ही उनकी मुझ पर कृपादृष्टि हो चुकी थी पर अब मुझ पर कृपावृष्टि होने लगी।

महात्मा गांधी ने कभी कहा था—'स्नेहहीन शिक्षा सूखे हुए फूल के समान है।' मुझे गुरुजी से अपने प्रश्नों के उत्तर, ज्ञान, मार्गदर्शन और नवीन प्रेरणाओं के साथ-साथ उनका स्नेह भी मिला।

मैं अपने सामने एक ऐसे व्यक्तित्व को देख रहा था जो मन, वचन व कर्म से एकरूप था। एक ऐसे संन्यासी जिन्हें भगवा कपड़े पहनने की आवश्यकता नहीं थी। जिनके शब्द किसी मुनि के मौन से भी अधिक गहरे थे। उनकी बँधी हुई शिखा को देखकर लगता था कि जैसे उन्होंने भारतीय समाज और संस्कृति के उत्थान के लिए, वैदिक संस्कृति को पुन:स्थापित और पल्लवित करने के लिए अपने आपको वचनबद्ध, प्रतिबद्ध कर रखा हो।

उनके शब्द मेरे लिए मंत्र बन गए। उनके वाक्य मेरे लिए ब्रह्म वाक्य बन गए। मेरी जिज्ञासा शांत होने लगी; परंतु साथ ही साथ मेरे अंदर नए प्रश्न भी उत्पन्न होने लगे। मैं एक जिद्दी, गुस्सैल और दोहरे व्यक्तित्व की जटिलताओं से ग्रस्त व्यक्ति था। मेरा व्यक्तित्व धीरे-धीरे रूपांतरित होने लगा। अपने गुरुजी की प्रेरणाओं से मुझमें अनेक सकारात्मक परिवर्तन हुए। मुझमें आत्मविश्वास बढ़ा, मेरे जीवन को एक नई दशा मिली। मैं शब्दों की शक्ति से परिचित हुआ, गूढ़ आध्यात्मिक ज्ञान को प्राप्त करने की, जानने समझने की काबिलियत उत्पन्न हुई।

गुरुजी अधिकतर प्रश्नों के पूर्ण उत्तर नहीं देते थे। वे मेरे अंदर नए प्रश्न उत्पन्न करते और उन प्रश्नों के उत्तर मुझे स्वयं खोजने के लिए प्रेरित करते। जब मुझे कठिनाई आती तो सरल उदाहरणों और छोटी-छोटी कहानियों से गूढ़ विषयों को आसानी से समझा देते।

मैं ज्ञान पाने के लिए स्वार्थी हो गया था। मैं कभी भी, किसी भी समय उनके पास चला जाता। उनका कितना भी समय लेता। जबकि मुझे पता होता था कि वे थके हुए हैं, और उन्हें विश्राम की आवश्यकता है; परंतु उनके चेहरे पर कभी एक शिकन तक नहीं आई। वे हमेशा खुले हृदय से मेरा स्वागत करते और अपने स्नेह की मुझ पर वर्षा करते।

मेरे परम गुरु डॉ. बद्रीप्रसाद जी पंचोली आर्य विद्वान हैं, वेद पंडित हैं, मंत्रद्रष्टा हैं। वे उत्कृष्ट कोटि के लेखक, उपदेशक व साहित्यकार हैं। एक बात और वे विश्व के श्रेष्ठ शिक्षाविदों में से एक हैं; परंतु वे अपने आपको एक सामान्य अध्यापक ही मानते हैं।

गुरुदेव कृषक परिवार से होने के कारण पूर्ण रूप से जमीन से जुड़े हुए हैं। उन्होंने कितने ही गरीब विद्यार्थियों की आर्थिक और अन्य तरह से मदद की है। अस्सी वर्ष की आयु में उनकी ऊर्जा देखकर, कर्म करते रहने का उनका संकल्प देखकर मुझे आश्चर्य होता है।

वे वेद को माता मानते हैं। उन्हें देखकर लगता है कि वेदमंत्रों को उन्होंने पूर्ण रूप से अपने जीवन में उतार लिया है। वे वैदिक गीत गाने वाले जीवन के गीतकार हैं। वे एक ऐसे ऋषि हैं जिनकी जीवन शैली पूर्ण रूप से वैदिक है।

उनकी पुस्तकें मुझ जैसे कई व्यक्तियों को प्रेरित कर सकारात्मक रूप से जीवन को परिवर्तित कर सार्थक बना रही हैं।

आज मुझे समझ आ गया है कि गुरु को परम ब्रह्म क्यों कहा जाता है। गुरुजी ने अपना सारा जीवन ज्ञान की साधना, अध्ययन-अध्यापन, वैदिक ज्ञान के प्रचार-प्रसार, विद्यार्थियों के व्यक्तित्व और जीवन निर्माण, भारतीय

समाज, राष्ट्र और संस्कृति के उत्थान और वेद मंत्रों के अर्थों को सरल रूप में जन–जन तक पहुँचाने के लिए समर्पित कर दिया है।

मैं ऐसे सरल, सौम्य, गरिमापूर्ण, सूर्य के समान तपस्वी, तेजस्वी, ओजस्वी व ऊर्जस्वी व्यक्तित्व को, भारतीय संस्कृति के उत्थानकर्ता इस वेदर्षि को शत–शत नमन करता हूँ।

फिज़ाओं में तैरता हुआ एक शेर आज मेरे जेहन से गुजर रहा है।

तमिल मुर्शिद को झुक–झुककर सलाम किया करता हूँ,
पर एक उलझन हमेशा होती है,
खुदा सामने होता है तो इबादत कैसे होती है।

❖❖❖

बलिहारी गुरु आपनै...

मीनाक्षी

मेरा परम सौभाग्य है कि मुझे आत्मीय, श्रद्धेय, शिक्षाविद्, वरिष्ठ साहित्यकार पूज्य पंचोली जी को निकट से देखने का अवसर मिला। इनके जीवन और आदर्शों ने मुझे निरंतर प्रभावित किया और जीवन व्यापी प्रभाव छोड़ा। इनके संबंध में कुछ लिखना उनके अभिनंदन से अधिक मेरा पर्व-स्नान है।

जब से समझदार हुई तब से मेरी एक ही ख्वाहिश थी कि मुझे हिंदी साहित्य में पीएच.डी. करनी है। मैंने एम.ए. समाजशास्त्र में किया फिर हिंदी साहित्य में किया। पीएच.डी. के लिए गुरु की तलाश करती रही। सावित्री महाविद्यालय, राजकीय महाविद्यालय के हर एक प्रवक्ता से प्रार्थना की कि मुझे मेरे मनपसंद विषय पर पीएच.डी. करवा दें; परंतु सभी ने मना कर दिया। एक दिन बहुत अनुरोध करने पर स्वर्गीय दीपा मार्टिंस जी ने कहा कि तुम्हें पीएच.डी. सिर्फ पंचोली जी ही करा सकते हैं।

मैं तुरंत भागकर पंचोली सर के घर आई। डरती, सहमती, सकुचाती, घबराती मैंने श्रद्धेय गुरुजी के चरण स्पर्श किए। चुंबकीय व्यक्तित्व के धनी, मृदुल आत्मीयता और इतना अपनापन कि किसी भी अजनबी को अपना बना ले। मुझे अपने भाग्य पर ही भरोसा नहीं हो रहा था। मेरे पैर जमीन पर नहीं पड़ रहे थे। तितली की भाँति उड़ने की इच्छा हो रही थी। ऐसा लग रहा था ईश्वर से एक बूँद माँगी थी उसने तो पूरा समुद्र मेरी झोली में डाल दिया।

गुरुजी ने मुझसे पूछा...... अपने नाम का आशय जानती हो। मैंने कहा—मीनाक्षी, मीन+अक्षि, मछली जैसी आँखों वाली। यह तो शब्दार्थ है, इसका अर्थ क्या होता है ? मैंने कभी सोचा भी नहीं था, क्या बताती ? ...हँसकर बोले सभी भावनाओं, सभी बातों को, सभी समस्याओं को हृदय में समाहित करने वाली होती है—मीनाक्षी।

उस दिन के बाद से मैं रोज गुरुजी के घर जाती। मुझे देखते ही बोलते, क्या लिखकर लाई हो, बैठो। कुछ लिखो। मैं रोज लिखकर ले जाती, वहाँ बैठकर भी लिखती। ऐसे करते-करते महीना बीत गया। गुरुजी उसमें गलती भी नहीं निकालते और कुछ बोलते भी नहीं। बस कहते और लिखो और लिखो। मैं अबोध, अज्ञान बालिका सोचती...गुरुजी मुझसे पीएच.डी. के बारे में बात क्यों नहीं करते ? मेरा क्या होगा ? परंतु मुझे नहीं पता था कि वह समय मकान की नींव रखने का था।

रेंबल रोड, अजमेर

आस्ते भग आसीनस्योर्ध्वस्तिष्ठति तिष्ठतः।
शेते निपद्यमानस्य चरति चरतो भगः चरैवति ॥

(ऐतरेय ब्राह्मण)

बैठे हुए व्यक्ति का भाग्य बैठा, उठ खड़े होने वाले का भाग्य उठ खड़ा होता, सुप्त का सोया तथा चलने वाले का चलता है। अत: तू भी थक मत, सोच मत, चलती रह, चलती रह।

वह स्मरणीय पल आया। जब गुरुजी ने मुझे 'सच्ची कहने वाले कविराज' नीतिविद्, महाकवि वृंद के विषय में बताया तो मैंने वृंद पर पीएच.डी. करने की ठान ली। वृंद कवि पर मुझे कोई साहित्य उपलब्ध नहीं हुआ। मैंने अजमेर शहर का एक-एक पुस्तकालय छान मारा; परंतु कहीं कोई साहित्य उपलब्ध नहीं हुआ। फिर उदास मन से बहुत हिम्मत जुटाकर बोली—'मैं क्या करूँ?' गुरुजी ने मेरे सिर पर हाथ रखकर बोला...'बच्चे! कोशिश करो। जहाँ चाह होती है वहाँ राह होती है। कोशिश करो।'

जब भी परेशान होती हूँ, थक जाती हूँ, कुछ नहीं सूझता तभी दिमाग में एक ही वाक्य दौड़ता है, 'जहाँ चाह होती है वहाँ राह होती है।'

करत-करत अभ्यास के, जड़मति होत सुजान।
रसरी आवत जात के, सिल पर परत निसान॥

छह महीने तक पीएच.डी. का रजिस्ट्रेशन नहीं हुआ। गुरुजी से कहा...क्या मैं पीएच.डी कर पाऊँगी? उन्होंने कहा—'तुम मेहनत करो, अपना कार्य पूरा करो, फल की इच्छा मत करो, तुम्हें बिना रजिस्ट्रेशन के डाक्टेरट की डिग्री दिलवाऊँगा।'' हर पल, हर क्षण, हर परिस्थिति में गुरुजी का आशीर्वाद मिलता गया।

मेरा बच्चा बहुत छोटा था। मैं लिखती और एक वर्ष का बच्चा कागज पर रेखाएँ खींचकर काट देता था। मैं बड़ी शर्मिंदा होकर बोलती...बच्चा बहुत चंचल है। वह मेरी ही तरह, मेरे ही कागज पर लिखने की कोशिश करता है। सब लिखा हुआ खराब कर देता है। गुरुजी बोलते...'वह तुम्हारे कार्य में बाधक नहीं, साधक है, वह तुम्हें आगे बढ़ने की प्रेरणा दे रहा है, विद्या अध्ययन के संस्कार ग्रहण कर रहा है।' उसी प्रेरणा का परिणाम है कि वह आई.आई.टी. इंजीनियर होते हुए भी साहित्य पढ़ने और लिखने में बहुत रुचि रखता है।

गुरुजी के घर जाती। गुरुजी पूछते..... क्या नया लिखा? मैं कहती मुझे वक्त नहीं मिला, घर में वृद्ध सास-ससुर, दो छोटे बच्चे, नौकरी, शोध का कार्य नहीं पर पाती। एक दिन गुरुजी समझाते हैं 'जो फालतू होता है वह ही बोलता है वक्त नहीं मिला, जो व्यस्त होता है वह कैसे भी वक्त निकाल लेता है।' यह कार्य नहीं करने का बहाना मात्र है। यह सत्य भी है। अति व्यस्त दिनचर्या के बाद भी गुरुजी ने मुझे कभी नहीं बोला...मीनाक्षी तुम बाद में आना अभी मेरे पास समय नहीं है।

जब मेरा पीएच.डी. के लिए रजिस्ट्रेशन हो गया तब मैं गुरुजी के लिए मिठाई लेकर आई। गुरुजी ने मुझे कहा, उससे मेरी आँखें शर्म से इतनी झुक गई कि आज तक नहीं उठ पातीं 'बच्चे अभी तुम इतनी बड़ी नहीं हुई कि हमें मिठाई खिलाओ, जिस दिन इस काबिल बन जाओगी उस दिन मैं तुम्हारे हाथ से मिठाई खाऊँगा।' सच कहती हूँ कि मेरी आँखों में आँसू आ गए। इस समय जब भ्रष्टाचार का बोलबाला है, व्यक्ति जब किसी कार्य को करने के लिए निकलता है तभी से सोचने लगता है कि किस विभाग में कितनी रिश्वत देनी है, किस व्यक्ति को

कितने तोहफे देने हैं, कितना पैसा देना है ? व्यक्ति कार्य को भूलकर पैसे का हिसाब लगाने लगता है। ऐसे समय में मुझ जैसी तुच्छ शिष्या को ऐसे गुरु मिले जो शिष्य की लाई हुई मिठाई खाना भी पसंद नहीं करते। वरन् अपने हाथों से गुड़ खिलाकर कार्य की शुरुआत करवाते हैं।

शिष्य को ऐसा चाहिए, गुरु को सर्वस देय।
गुरु को ऐसा चाहिए, शिष्य का कछु न लेय ॥

मैं और मेरे जैसे हजारों शिष्य धन्य हो गए। हमें गुरुजी का सान्निध्य मिला और मिलता रहेगा। जरूर हमने पूर्वजन्म में कोई पुण्य कर्म किए होंगे तभी इस जन्म में पंचोली जी जैसे गुरु का आशीर्वाद हमें मिला। जिन्हें पाकर हमें गर्व है।

गुरु गोविंद दोऊ खड़े, काकै लागूँ पाय।
बलिहारी गुरु आपनै, गोविन्द दियो बताय॥

❖❖❖

एम.फिल. की यादें और गुरुजी

चंपालाल कुमावत

हिंदी साहित्य के मूर्धन्य विद्वान् और राजस्थान की हृदयस्थली, अजमेर में हिंदी का नेतृत्व करने वाले डॉ. बद्रीप्रसाद पंचोली सर को सबसे पहले मैं हृदय से नमन करता हूँ। इनका सान्निध्य मिलने से मैं हिंदी साहित्य को समझ सका और इन्हीं की बदौलत है कि मैं वर्तमान समय में जय नारायण व्यास विश्वविद्यालय, जोधपुर के हिंदी विभाग से *ह्लहदी रामकाव्य : आधुनिक परिप्रेक्ष्य में* नामक विषय पर पीएच.डी. कर रहा हूँ।

डॉ. बद्रीप्रसाद पंचोली का जन्म मूलतः झालावाड़ जिला में हुआ है। ये गाँव की सभ्यता और संस्कृति से जुड़े हुए हैं, जिससे ये हिंदी साहित्य का मर्म और हिंदी साहित्य प्रेमियों के दुःख दर्द को समझ सकते हैं और इन्होंने समझा भी है। पंचोली सर ने राजस्थान की हृदयस्थली, अजमेर में काफी समय से रहकर, अजमेर और देश में जो ख्याति अर्जित की है, वह आज तक शायद ही किसी साहित्यकार ने अर्जित की हो। पंचोली जी वर्तमान समय में अजमेर में ही निवास कर रहे हैं। वे अभी 80 वर्ष हुए हैं। लेकिन जहाँ हिंदी साहित्य का नाम आता है, वहाँ पर सदैव तत्पर रहते हैं। इसके लिए मैं पंचोली जी की दीर्घायु की कामना करता हूँ।

पंचोली सर के सान्निध्य में रहकर मैंने सन् 2009 में *मीराँ के काव्य में सौंदर्यबोध* विषय पर महर्षि दयानन्द सरस्वती विश्वविद्यालय, अजमेर से एम.फिल्. की उपाधि प्राप्त की। उस समय अजमेर विश्वविद्यालय में हिन्दी-विभाग नहीं था और वर्तमान में भी हिंदी-विभाग नहीं है। महर्षि दयानंद सरस्वती विश्वविद्यालय, अजमेर में हिंदी-विभाग नहीं होने के बावजूद डॉ. बद्रीप्रसाद पंचोली जी ने अपने प्रयासों से हिंदी-संस्कृत में एम.फिल्. करने की स्वीकृति प्राप्त की। पंचोली सर के कठोर परिश्रम और मेहनत से सैकड़ों विद्यार्थियों को हिंदी में एम. फिल् करने का मौका मिला है। सैकड़ों विद्यार्थियों ने डॉ. पंचोली जी के सान्निध्य में रहकर जो हिंदी जगत् में स्थान प्राप्त किया है, वे जीवन भर इनके आभारी रहेंगे।

पंचोली सर से मेरी पहली मुलाकात महर्षि दयानंद सरस्वती विश्वविद्यालय, अजमेर में कुलपति कार्यालय के पास ही झोपड़े रूपी कक्षाओं में एम. फिल् की कक्षाओं में हुई। पंचोली सर एम.फिल् की कक्षा में हमेशा सही समय पर आते। कभी एक-दो मिनट भी देर से नहीं आते बल्कि 5 मिनट पूर्व ही कक्षा में आ जाते थे, हाँ! हम कुछ

शोधार्थी, हिंदी विभाग,
जयनारायण व्यास विश्वविद्यालय जोधपुर, राजस्थान
मो. : 9694545037

समय बाद पहुँचते थे। उम्र की इस अवस्था में भी सर समय के पाबंद थे।

पंचोली जी के समय की पांबदी को देखते हुए मैं भी उसी समय से किसी भी कार्य को करने के लिए समय का महत्त्व बहुत समझने लग गया। सर हमेशा यह कहते थे कि समय का बहुत महत्त्व है, जो समय आज गया है, वह वापस नहीं आएगा। इसलिए आप विद्यार्थी जीवन में समय का सही सदुपयोग करो। यह आपके जिंदगी में काम आएगा। इसलिए जब भी समय की बात आती है तो मैं पंचोली सर का सीखा हुआ मत लोगों के मध्य जरूर रखता हूँ।

पंचोली सर एम.फिल् की कक्षाओं में हमसे हमेशा यही बात कहते थे कि तुम अपने प्रश्नों को सामने रखा करो। हम सभी विद्यार्थी हिंदी भाषा और साहित्य से संबंधित जो प्रश्न हमें नहीं आते, वे सर से पूछते थे। किसी एक प्रश्न पर सर एक-एक, दो-दो घंटा समय ले लेते थे। हमें उसके बारे में विस्तार से बताते थे। एक वर्ष में सर के सान्निध्य में रहकर जो कुछ हमने सीखा है वह हम जिंदगी भर नहीं भूलेंगे और आने वाली पीढ़ी को इस ज्ञान से अवगत करवाएँगे।

डॉ. बद्रीप्रसाद पंचोली हिंदी साहित्य के कवि और विद्वान् हैं। इन्होंने कई रचनाएँ लिखीं, जिसको माध्यमिक शिक्षा बोर्ड ने अपनी पाठ्यपुस्तकों में स्थान दिया। इनके द्वारा रचित एक नाटक *ध्रुवश्री* है, जो माध्यमिक शिक्षा बोर्ड, अजमेर की 12वीं के पाठ्यक्रम में चला था। इस नाटक के बारे में पंचोली जी हमें बताते कि इसके सभी पात्र वर्तमान समय में मौजूद हैं, हमने इस नाटक में जिस पात्र का नाम दिया है, वह वर्तमान समय के नाम को देखकर दिया है। इस नाटक को पढ़ने से हमें बहुत शिक्षा मिलती है। इस नाटक को पढ़कर हमने भी कुछ लिखना सीखा है। डॉ. बद्रीप्रसाद जी हमें रोजाना यह शिक्षा देते थे, कि आप हिंदी साहित्य के विद्यार्थी हो, इसलिए आपको रोजाना एक पुस्तक पढ़ लेनी चाहिए। इस शिक्षा से ही मैंने रोजाना एक पुस्तक तो नहीं लेकिन हिंदी साहित्य की बहुत-सी पुस्तकें पढ़ ली हैं।

राजस्थान की हृदयस्थली में रहकर पंचोली जी ने हिंदी साहित्य को बढ़ावा देने के लिए कई सेमीनार करवाए हैं। ये खुद की राशि से कुछ रुपये निकालकर हर साल एक सेमीनार करवाते हैं तथा ज्यादा विद्वानों का दर्शन एवं ज्ञान-प्राप्त कराते रहे हैं। इस प्रकार पंचोली सर ने अजयमेरु नगर में कई राष्ट्रीय एवं अंतरराष्ट्रीय सेमीनार करवाए हैं। इन सेमीनारों से हम सभी विद्यार्थियों को बहुत कुछ सीखने को मिला है। हमारे जीवन में सेमीनार में भाग लेने का अवसर इसी समय मिला था। सेमीनारों के माध्यम से भी डॉ. बद्रीप्रसाद पंचोली जी ने हिंदी साहित्य की उन्नति एवं विकास में महत्त्वपूर्ण भूमिका निभाई है।

इस प्रकार डॉ. बद्रीप्रसाद पंचोली का हिंदी साहित्य को आगे बढ़ाने की कड़ी में महत्त्वपूर्ण योगदान रहा है। इन्होंने हिंदी साहित्य के हर पक्ष को लोगों के सामने रखा है और हिंदी के पक्ष को मजबूत किया है। पंचोली जी ने हिंदी में कई कृतियों की रचना करके हिंदी साहित्य में महत्त्वपूर्ण स्थान बना लिया है। ऐसे विद्वान् के सान्निध्य में रहकर मैंने जो कुछ ज्ञान प्राप्त किया है, उससे शिक्षा लेकर मैं हिंदी साहित्य प्रेमियों को यह कहना चाहता हूँ कि आप भी हिंदी साहित्य को आगे बढ़ाने के लिए सदैव आगे रहें और हिंदी को विश्व में एक महत्त्वपूर्ण स्थान दिलाने में अपनी महत्त्वपूर्ण भूमिका निभाएँ। डॉ. बद्रीप्रसाद पंचोली ने हिंदी साहित्य में वे बीज बोए हैं, वे कभी भी नष्ट नहीं होंगे। वे दिनों दिन विकास की ओर अग्रसर होते रहेंगे।

इसी क्रम में मेरे आदरणीय गुरु डॉ. बद्रीप्रसाद पंचोली का हिंदी साहित्य में महत्त्वपूर्ण योगदान देने और

हम सभी विद्यार्थियों को एक नई राह दिखाने के लिए मैं इनका बहुत-बहुत आभार प्रकट करता हूँ। इसके साथ मैं ईश्वर से भी यह कामना करता हूँ कि आप जैसे विद्वान गुरुओं का सान्निध्य हिंदी साहित्य को मिलता रहे।

❖❖❖

जिन्होंने मेरा जीवन बनाया

रतन लाल भास्कर

विद्यार्थी गीली माटी होता है, गुरु कुम्हार ही उसे आकार देता है। सन् 1975 में मैंने राजकीय महाविद्यालय, अजमेर में एम.ए. हिंदी में प्रवेश लिया। ग्रामीण अंचल से महाविद्यालय वातावरण में नया प्रवेश था। गुरुवर पंचोली जी का उद्‌बोधन सुनने को मिला। मन में दृढ़ निश्चय कर लिया था कि एम.ए. में प्रथम श्रेणी से उत्तीर्ण होना है। प्रथम सेमेस्टर परीक्षा का परिणाम आया। मेरे प्रथम श्रेणी के अंक नहीं आए। मैं निराश हो गया और गाँव आ गया। कक्षा में अनुपस्थिति देखकर गुरुवर पंचोली जी ने मेरे सहपाठी कैलाश शर्मा के माध्यम से मुझे गाँव से बुलाया। मैं गुरुवर के सामने उपस्थित था; परंतु मेरी अजीब तरह की मानसिकता थी। गुरुवर ने भरी कक्षा में मुझे उद्‌बोधन दिया कि एम.ए. में चार सेमेस्टर परीक्षाएँ होती है, अभी तो यह मैराथन दौड़ का प्रारंभ है। इस दौड़ में जो सबसे पीछे होता है वह लगातार दौड़ से विजय प्राप्त कर लेता है। तुम ग्रामीण विद्यार्थी हो, मेहनत करो और सफलता प्राप्त करो। एम.ए. उत्तरार्द्ध में 'लघु शोध' करना है और विकल्प प्रश्न-पत्र राजस्थानी लेना है। मैं गुरुवर के उद्‌बोधन से निराशा से बाहर निकला। एम.ए. पूर्वार्द्ध में प्रथम श्रेणी के लगभग अंक आए। एम.ए. उत्तरार्द्ध में गुरुवर के निर्देशन में 'लघु शोध' किया। राजस्थानी भी ली। परीक्षा परिणाम आया और मैंने प्रथम श्रेणी से एम.ए. उत्तीर्ण की। मेरिट के आधार पर अस्थायी व्याख्याता पद मिला। कुछ समय बाद लोक सेवा आयोग, अजमेर से साक्षात्कार में उत्तीर्ण हो स्थायी रूप से व्याख्याता पद पर कार्यरत हुआ।

अगर गुरुवर का लगातार उद्‌बोधन, आशीर्वाद नहीं मिलता तो न मैं एम.ए. में प्रथम श्रेणी प्राप्त कर पाता और न ही हिंदी व्याख्याता पद प्राप्त होता। गुरुवर के निर्देशन ने ही मेरा जीवन बनाया। मेरा ही नहीं, मेरे जैसे सैकड़ों विद्यार्थियों का जीवन गुरुवर पंचोली जी ने सँवारा है। उनकी उम्र 80 वर्ष की हो गई है, ईश्वर उन्हें अधिकतम उम्र दे, ताकि हिंदी जगत् में विद्यार्थी समूह को मार्गदर्शन मिलता रहे।

मैं शत शत नमन करता हूँ गुरुवर पंचोली जी को। आज भी मैं जब गुरुवर से मिलता हूँ मुझे वे नाम से पुकारते हैं और उसी आत्मीयता से आशीर्वाद प्रदान करते हैं। शिक्षा जगत् में ऐसे व्यक्तित्व कम ही मिलते हैं। गुरुवर भारतीय संस्कृति के महापुरुष हैं, वे व्यक्ति नहीं, एक संस्था है जिनसे विद्यार्थी आज भी संस्कारवान् होते हैं। गुरुवर का आशीर्वाद बना रहे। यही कामना है।

❖❖❖

पूर्व प्राचार्य, राजस्थान कॉलेज शिक्षा, किशनगढ़, अजमेर (राज.)
मो. : 9829243768

हमारे काका सा

डॉ. आशा शर्मा

स्नेहिल मुस्कराहट, अपनत्व की सदैव आहट के साथ एक आवाज, 'और कैसा चल रहा है, सब ठीक है न! जीवन का हर पल उत्सव है इसे जियो, आनंदित रहो, खूब पढ़ो और पढ़ाओ, अनुभव लो और अनुभव बाँटों, शिक्षक हो अपने कर्त्तव्य से कभी विमुख मत होना। राष्ट्र निर्माण का भार तुम पर है, आने वाली पीढ़ी का निर्माण तुम्हारे कंधों पर है।' इस प्रकार के प्रेरणास्पद उद्गार श्रद्धेय काका सा के श्रीमुख से सुनने को अकसर मिलते थे। राजकीय महाविद्यालय, किशनगढ़ में जब भी हमें कोई आयोजन करना होता केवल एक फोन—नहीं काका सा आपको आना ही है और श्रद्धेय काका सा आ जाते, अपनी ओजस्वी वाणी से संपूर्ण ज्ञान की सरिता इतनी सहज और सरल रूप से बहती कि समय कब निकल जाता मालूम ही नहीं पड़ता था।

वह कॉलेज का स्टॉफ रूम और उसमें विचार-विमर्श का दौर मुझे आज भी याद आता है। आज हमारा यह वटवृक्ष 80 वर्ष का हो गया है। इनके अनुभव की छाया सदैव बनी रहे। यह ईश्वर से कामना है। काका सा शब्द इसलिए प्रिय है कि ये मेरे पिताजी गोपीलाल जी शर्मा के अच्छे मित्र रहे हैं। आयु में काफी अंतर रहा पर पिताजी कहते देख कितना विद्वान् है मेरा भाई। बस शब्द याद आया काका सा।

वह तप क्या तपस्वी करता होगा
जो अपने तप में खुद गुम हो गया
ज्ञान के यज्ञ में तप कर आपने
रोशनी जलाने को अपने तप से कर दिया

आपके जीवन का दूसरा भाग है जीवन जीने की कला कोई आपसे सीखे। आपको शत शत प्रणाम, बधाई! ईश्वर आपको चिरायु रखे, स्वस्थ रखे ताकि अज्ञान का तिमिर आप जैसे ज्ञानी के स्पर्श मात्र से हटे, ज्ञान की गंगा बहे, आपका चिर आशीर्वाद पीढ़ियों को मिलता रहे।

❖❖❖

जयपुर, राजस्थान
मो. : 9460784086

सहज, सरल गुरुजी

डॉ. माधुरी गुप्ता

पूज्यपाद पंचोली गुरुजी के सहज, सरल स्वभाव एवं निश्छल जीवन के विषय में कौन नहीं जानता? आपसे मिलना मेरे जीवन में एक सुखद संयोग था।

बात 1981-82 की है जब मैं राजस्थान विश्वविद्यालय, जयपुर में एम.फिल्. में अध्ययनरत थी। इसमें एक लघुशोध प्रबंध लिखना होता है। मैंने भी *नीतिशतक* पर एक लेखन कार्य आरंभ किया। एम.ए. के तुरंत बाद गुरुजन की सहायता के बिना कुछ लिखना मैं असंभव मानती हूँ। अत: जो भी लिखती थी उसे दिखाने ब्यावर निवासी अपने गुरुजी प्रो. अनंतराम शर्मा के पास जाती थी। एक दिन प्रो. शर्मा ने कहा कि अजमेर में मेरे मित्र डॉ. पंचोली जी रहते हैं यदि तुम्हें कोई पुस्तक चाहिए तो उनसे संपर्क कर लेना। मैंने कहा कि मुझे *कल्याण* का हिन्दू संस्कृति अंक चाहिए। प्रो. शर्मा ने कहा पंचोली जी के पास चली जाओ। मैंने उत्तर दिया, मैं पंचोली जी को जानती नहीं। नए व्यक्ति से पुस्तक माँगने में मुझे संकोच होता है। प्रो. शर्मा ने कहा—अच्छा, मैं पंचोली जी के नाम एक पत्र लिख देता हूँ, जाकर दे देना, तुम्हें पुस्तक मिल जाएगी। पत्र लेकर मैं पंचोली गुरु जी के घर गई। अपना परिचय दिया और पत्र दे दिया। उस पत्र को पढ़ते ही गुरुजी ने मुझे हिन्दू संस्कृति अंक दे दिया जिसे लेकर मैं घर आ गई।

किसी अन्य प्रसंग को लिखने मैं पुन: ब्यावर गई। कार्य समाप्त कर पुस्तक लेकर वापस अजमेर आ गई। अजमेर आकर देखा कि पुस्तक में मेरा नाम लिखा था। यह देख मैं घबरा गई। पहली बार अनजान गुरुजी से पुस्तक माँग कर लाई। उस पर लिखा हुआ मेरा नाम, जिसे मैंने लिखा भी नहीं। पुस्तक पर अपना नाम देख मैं घबरा गई। मन में आशंकाएँ आने लगी। अब कैसे गुरुजी को पुस्तक लौटाऊँगी? गुरुजी देखेंगे तो क्या कहेंगे? इसी उधेड़बुन में लगी रहती। मेरी बेचैनी देखकर माँ ने कहा—एक न एक दिन पुस्तक तो लौटानी ही है, लौटा आओ। साहस जुटाकर माँ के साथ पंचोली गुरुजी के घर गई और डरते-डरते बोली, गुरुजी, इस पर शर्मा सर की पुत्री ने मेरा नाम लिख दिया, मैंने नहीं। चाहे तो आप लिखाई मिला लें।

गुरुजी ने मुस्कराते हुए कहा—कहीं तुम्हारे मन में इस पुस्तक को रखने की इच्छा तो जाग्रत नहीं हुई! मैंने कहा नहीं गुरुजी! मैंने नहीं लिखा वह तो पप्पी ने लिख दिया। गुरुजी ने मुस्कराकर पुस्तक रख ली।

प्राध्यापिका-संस्कृत,
राजकीय कन्या महाविद्यालय, सरवाड़, अजमेर (राज.)
मो. : 9460177666

इस घटना से मैं यह समझ गई थी कि पंचोली गुरुजी अच्छे हैं, डाँटते नहीं। फिर एक दिन मिलने पर मैंने गुरुजी से कहा कि संस्कृत में एम.ए. करने के बाद भी कुछ कमी-सी लगती है क्योंकि वेद नहीं पढ़ पाती। क्योंकि जब कोई मनुष्य वेदों पर चर्चा आरंभ करता है तो उत्तर नहीं दे पाती। तब गुरुजी ने ही डॉ. फतहसिंह और डॉ. अभयदेव जैसे वैदिक विद्वानों के पास वेदाध्ययन के लिए भेजा।

विवाहोपरांत मैंने और मेरे पति ने अजमेर को ही अपना स्थायी निवास बनाने का विचार किया। बड़ी पुत्री वल्लरी के जन्म के पश्चात् हम किराए के घर में रहने लगे। 1 जनवरी, 1990 को आपने ही सर्वप्रथम समिति के 500 रुपये देकर कहा था कि नववर्ष में अपनी गृहस्थी का शुभारंभ करो। निरंजन जी संस्कृत के प्रचारक थे अत: विद्यालयों और महाविद्यालयों में आना-जाना लगा रहता था। इसके लिए आपने निरंजनजी को एक साइकिल भी भेंट की जिससे इनका प्रचारकार्य सरलतापूर्वक संपन्न होने लगा। इस प्रकार गुरुजी की कृपा से हमारा जीवन अजमेर में निर्बाध रूप से चलने लगा।

बात 1981-82 की है जब राजस्थान लोक सेवा आयोग ने संस्कृत प्राध्यापकों की भर्ती हेतु लिखित परीक्षा ली। परीक्षा समाप्ति के बाद बाहर आकर परीक्षार्थी आपस में कानाफूसी करने लगे—संस्कृत में प्रश्न-पत्र आया, संस्कृत में प्रश्न-पत्र आया। मेरे मुख से निकल गया कि संस्कृत के प्राध्यापक बनने जा रहे हो, संस्कृत में प्रश्न-पत्र आया तो कौन सी बड़ी बात हो गई?

तत्पश्चात् गुरुजी से मिली। प्रश्न-पत्र दिखाया और बताया कि किस प्रकार सब लोग आपस में चर्चा कर रहे थे। मेरे मुख से यह भी निकल गया कि गुरुजी! कितनी बुरी बात है, संस्कृत में एम.ए. करके आप संस्कृत में आए प्रश्न-पत्र को देखकर घबरा जाते हैं। यह सुनकर गुरुजी ने मुझे डाँट दिया कि अपने आप को बड़ी बुद्धिमती समझती हो जो ऐसा कह रही हो। क्योंकि मैंने 1980 में ही एम.ए. किया था तथा उस समय प्राध्यापक भर्ती में सबसे कम आयु की थी।

मैंने कहा कि गुरुजी अंग्रेजी माध्यम से पढ़ने वाले बच्चों को नर्सरी से ही इंगलिश की कविताएँ याद करवाई जाती हैं। उर्दू माध्यम वालों को उर्दू में, सिंधी माध्यम वालों को भी सिंधी में ही आरंभ से शिक्षा दी जाती है। फिर संस्कृत में ही ऐसी विधि क्यूँ रखी कि संस्कृत का अध्ययन हिंदी माध्यम से कराया जाता है। संस्कृत में एम.ए. करके यदि कोई संस्कृत में बोल नहीं सकता, लिख नहीं सकता, अनुवाद नहीं कर सकता तो ऐसी पढ़ाई से क्या लाभ? गुरुजी बोले तुम बिल्कुल ठीक कह रही हो तुम्हारे तर्क पूर्ण रूप से सही हैं।

गुरुजी की एक आदत बहुत अच्छी है, वह है कम से कम एक पृष्ठ रोज लिखना। मैं इस आदत को अपनाना चाहती हूँ जिसे इतने वर्षों बाद भी नहीं अपना सकी; पर आज भी लिखने की प्रेरणा गुरुजी से ही लेती हूँ।

गुरुजी ने मुझे सदैव पुत्री माना और वही स्नेह दिया। मैं गुरुजी के प्रेम और ज्ञान दोनों की सदा ऋणी रहूँगी।

इति शम्।

❖❖❖

गुरुओं के गौरव

जमुना माथुर

परम पूजनीय गुरुजी मेरे प्राध्यापक बद्रीप्रसाद जी पंचोली के जन्मदिन श्रावण शुक्ल चतुर्थी को अशीति वर्ष पूर्ण होने पर मेरा सादर चरण स्पर्श। परम पिता परमेश्वर से प्रार्थना करती हूँ कि आप अपने जीवन में शतायु हो। हमें राजकीय महाविद्यालय, किशनगढ़ में हिंदी विषय आपसे पढ़ने का सौभाग्य प्राप्त हुआ। आप एक दक्ष और प्रभावी शिक्षा प्रदान करने में कुशल हैं। मैं ही नहीं, मेरे अन्य सहपाठी भी आपसे पढ़कर आनंद का अनुभव करते थे और आज भी जहाँ मिलते है आपके मार्गदर्शन की चर्चा हम सभी सहेलियों में होती है। आप जैसे शिक्षक को हम सदैव अपने हृदय से याद करते रहते हैं। हम धन्य हुए आपसे पढ़कर। आपका सादगी से परिपूर्ण जीवन एवं आप द्वारा प्रेषित उच्च विचार सभी को प्रभावित करते हैं।

यह जानकर अत्यंत प्रसन्नता हुई कि आप समाज के हर क्षेत्र में चाहे वह धार्मिक हो या राष्ट्रीय, मार्गदर्शन प्रदान कर सभी का हित साधने में सहयोग करते हैं। राष्ट्रीय हित में आपके सुझावों को सत्ता पक्ष भी महत्त्व देता है, ऐसे 'चाणक्य' की आज देश में आवश्यकता है। मेरे पति भवानी लाल माथुर भी आपके संपर्क में विवेकानंद केंद्र के माध्यम से आए, वे भी आपके मार्गदर्शन से लाभान्वित होकर गौरव का अनुभव करते हैं। आप द्वारा प्रेषित ज्ञान की चर्चा हम दोनों को बहुत प्रफुल्लित कर धार्मिक और राष्ट्रीय क्षेत्र में आगे कार्य करने की प्रेरणा देती है। पुनः आपके चरणों में नमन करती हुई आपके आशीर्वाद की आकांक्षी।

❖❖❖

32, श्री कृष्ण नगर, पाल रोड, 23 सेक्टर,
चौपासनी हाउसिंग बोर्ड, जोधपुर (राज.)

कर्मनिष्ठा के प्रतीक

नरेंद्र सिंह सिंहल

परमश्रद्धेय डॉ. बद्रीप्रसाद जी पंचोली एक शिक्षाविद्, वरिष्ठ साहित्यकार, सभ्यता-संस्कृति एवं वेदों के मर्मज्ञ हैं, यह सर्वविदित है; किंतु वे साहित्यजनों के सहयोगी एवं सेवाभावी भी हैं, इस तथ्य से बहुत कम लोग परिचित होंगे। इस प्रसंग पर प्रकाश डालने वाला संस्मरण मैं प्रबुद्धजनों के समक्ष रख रहा हूँ।

मैं एक दिन अपने निजी लेखन-कार्य से इनके आवास पर इनसे मिलने गया। प्राय: ये लेखन कार्य में व्यस्त ही मिलते हैं। इस रोज ऐसा न पाकर, मैंने इन्हें विश्वविद्यालय परीक्षा की उत्तर-पुस्तिकाएँ जाँचते हुए पाया। मुझे मिलने आया देखकर आपने तत्काल जाँच-कार्य को स्थगित कर दिया और आपने मुझ से मुलाकात की। मेरे लेख को गौर से पढ़ा तथा उस पर अपनी सम्मति भी दी। मैंने जिज्ञासा से प्रेरित होकर आपसे प्रश्न कर डाला कि आप इस वय में और सेवानिवृत्त होने पर भी, उत्तर-पुस्तिकाएँ मूल्यांकन हेतु मँगवाते हो क्या? इस प्रश्न का उत्तर आपने मुझे सकारात्मक दिया। इस प्रसंग पर और वार्तालाप करने पर आपने मुझे स्पष्ट किया कि वे हर साल यह कार्य करते हैं, इसका जो मानदेय उन्हें प्राप्त होता है, उस धन से वे किसी साहित्यकार की सहायता, साहित्य सर्जन व प्रकाशन में करते हैं जो धन के अभाव में अपनी कृति प्रकाशित नहीं करवा पाता है। यह तथ्य जानकर मैं बहुत अभिभूत हो गया। आज भी मैं इस जज्बे को स्मरण करता हूँ तो उनके इस जज्बे के लिए इनको नमन करता हूँ।

❖❖❖

वरिष्ठ अध्यापक (से.नि.) एवं टिप्पणीकार,
31/11, रामनगर (नृसिंहपुर), पुष्कर रोड, अजमेर (राज.)

मेरे मानस-गुरु

मंदाकिनी शेखावत

॥ बंदऊं गुरु पद कंज कृपा सिंधु नररूप हरि॥

(***रामचरितमान,*** बालकांड 0/3)

गुरुवर श्री बद्रीप्रसाद जी पंचोली हमारे लिए एक ऐसे विशाल वृक्ष हैं जिनकी स्निग्ध छाया में और ममता में पूर्ण शाखाओं-प्रशाखाओं के बीच असंख्य प्राणी जीने की प्रेरणा पाते रहे हैं। गुरुवर हिंदी साहित्य-सेवियों में एक विशिष्ट व्यक्ति हैं। उनका जीवन और विचार साहित्य और विश्व महापुरुषों से बहुत प्रभावित हैं। उनकी विद्वत्ता व साधुता आधुनिक युग के आडंबर से मुक्त हैं वे निष्ठावान् साधक हैं। ऐसे महापुरुष के साथ रहने तथा मार्गदर्शन प्राप्त करने का वह 16-17 माह का जो समय मिला, वह मेरे जीवन का सर्वोत्तम समय है।

उनकी बालोचित सरलता, सादगी, समय का सदुपयोग, विनम्रता आदि गुण सहज ही मन को आकर्षित कर लेते हैं। एक बार भेंट होने पर ही उनके प्रति आत्मीयता उत्पन्न हो जाती है और उनका स्नेह बरसने लग जाता है।

वर्ष 2007 में जब मैंने महर्षि दयानंद सरस्वती विश्वविद्यालय, अजमेर में एम.फिल्. में प्रवेश लिया। जब मैं पहली बार कक्षा में पहुँची तब देखा कि सामने कुर्सी पर जो महापुरुष विराजमान हैं, वह कोई साधारण पुरुष तो नहीं हैं, जरूर कोई महान् विभूति हैं व प्रज्ञापुरुष हैं। एक बार तो मुझे लगा जैसे मैं द्वापर युग या त्रेता युग में पहुँच गई। अलौकिक तेज जिनके ललाट पर, एक गंभीर वदन, ऐसा तेजोमय वह संपूर्ण वातावरण जैसे मैं महर्षि वाल्मीकि, गुरु वशिष्ठ या गुरु शांडिल्य के पास पहुँच गई। गुरुदेव से यह मेरी पहली भेंट थी। फिर चरणस्पर्श किए तो गुरुजी ने कहा—'बेटे, यहाँ सब लघुकथा लिख रहे हैं, बैठकर तुम भी लिखो। जीवन में कभी कहानी लिखी ही नहीं फिर भी मैंने कहानी लिखना प्रारंभ किया। गुरु के आशीर्वाद से ग्रामीण परिवेश पर आधारित एक कथा को पूर्ण किया। दूसरे ही दिन लघु कथा समारोह का आयोजन था जिसमें वह लघुकथा पुरस्कृत हुई। गुरुवर मेरे पथ प्रदर्शक ही नहीं, मेरे जीवन में एक ईश्वरीय तत्त्व के रूप हैं। उनका व्यक्तित्व हिमालय जैसा उन्नत, गंगा जैसा निर्मल और स्फटिक जैसा उज्ज्वल धवल है।

युवा कवयित्री एवं शोधार्थी, हिंदी विभाग, राजस्थान विश्वविद्यालय, जयपुर
श्रीकल्याण आरोग्य सदन के पीछे, बजाज नगर, सांवली, जिला-सीकर (राज.)
मो. : 7725952201

अब तो बहुत लंबा समय गुजर गया गुरुदेव के दर्शन नहीं हो पाए। अभी एक दिन गुरुदेव का छायाचित्र जरूर मुझे किसी साथी ने फोन पर भेजा। गुरुवर का वही तेजोमय देदीप्यमान चमकता शालीन गंभीर ललाट। यह छायाचित्र हाल ही में हुए विश्व हिंदी सम्मेलन, भोपाल का था, जिसमें गुरुवर पधारे थे और मुझे उस महान् विभूति का दर्शन लाभ हुआ। गुरुदेव के साथ उस वर्ष की इतनी यादें हैं उनका उल्लेख करना एक लेख में संभव नहीं है। मुझे बार बार आल्हा की इस उक्ति का स्मरण हो आता है—

जब-जब सुधि आवै वा दिन की,
जियरा तडपि-तडपि रह जाय।

ये वे अजमेर में गुरु जी के सान्निध्य में बिताए हुए दिन थे जिनकी यादें कभी मिट नहीं सकतीं।

गुरुदेव उन थोड़े से भारतीय महारथियों में हैं जो विकसित होकर आगे बढ़ते रहे हैं कितनी भी बड़ी विभूति हो यदि वह एक बिन्दु पर आकर स्थिर हो जाए तो वह सीमित हो जाती है। अधिकतर लोगों की त्रासदी है कि वे आगे नहीं बढ़ पाते, जन्म और परिपार्श्व के दायरे में बँधा व्यक्ति जब लीक तोड़कर अपने लिए नया मार्ग नहीं बना पाता तो उसे असंगत ही समझना चाहिए।

इस कसौटी पर जब हम गुरुदेव पंचोली जी को कसते हैं तो वे खरा सोना साबित होते हैं। साहित्यरत्न की मानद उपाधि से विभूषित गुरुदेव अजमेर के ही नहीं; संपूर्ण देश के गौरव हैं। साहित्य की विमल विभूति हैं।

जब मुझसे कोई पूछता है कि एम.फिल्. कहाँ से की तो मेरा उत्तर होता है गुरुवर पंचोलीजी के स्नेह व सान्निध्य में की। बड़े गर्व के साथ हम कहते हैं कि बद्रीप्रसाद जी पंचोली हमारे गुरु हैं उनके सान्निध्य में हमने एम.फिल्. में अध्ययन किया है तो साथी आश्चर्यचकित होते हैं ऐसे इतिहास पुरुष के सान्निध्य में एम.फिल्.। उस समय अजमेर में हमारी अच्छी मित्र मंडली तैयार हो गई थी। और हम गुरुजी के घर अपने लेख जाँच हेतु जाया करते थे। कभी शोध पत्र, कभी लघु शोध ग्रंथ का कच्चा कार्य हम अपनी तरफ से बहुत ही अच्छा कार्य करके लेकर जाते पूर्णतया विशुद्ध; परंतु जब गुरुजी की लाल कलम उठती तो हृदय में हलचल मच जाती और देखते ही देखते पूरा पृष्ठ रक्तिम वर्ण का हो उठता अर्थात इतनी त्रुटियाँ जैसे कि चतुर्थ कक्षा के बालक का लेख हो। फिर हम सोचते किसी पुस्तक की हूबहू नकल ले जाए फिर गुरुजी गलती कैसे निकालेंगे। एक बार कुछ ऐसा ही किया फिर भी वही हुआ जो होता आया उसमें भी उतनी ही त्रुटियाँ। इसी बात से अंदाजा लगाया जा सकता है कि गुरुजी का ज्ञान असीम है। बड़े से बड़े लेखक की पुस्तक में से भी गुरुदेव त्रुटि निकाल देते तो यूँ लगता कि गुरुदेव मूर्धन्य साहित्यकार व निर्भीक लेखक हैं। उनके गुणों को ग्रहण करना चाहिए। दुर्गुणों की चर्चा करने से हमारी आत्मा कलुषित होती है। हमने कभी उनके मुख से किसी की निन्दा करते हुए नहीं सुना। उनसे मन, वचन और कर्म में कोई वैमनस्य नहीं है वे संतों जैसी सरलता, शुचिता, करुणा, निष्कपटता के धनी हैं। उनके जीवन ज्योति कुसुम की मतवाली महक के तुल्य उनके सभी विद्यार्थियों, इष्ट मित्रों को सदैव सुवासित किए रहती है किसी शायर के शब्दों में—

दर्दे दिल, पासे वफा जज़्ब ए इमां होना,
आदमीयत है यही, और यही इन्सां होना।

समस्त गुण उनमें मूर्त रूप से विद्यमान हैं। गुरुवर सच्चे अर्थों में मानव हैं। वह भी श्रेष्ठ मानव।

लेखन के बारे अगर कहा जाए तो गुरुजी लेखन को यज्ञ-कार्य के समान पवित्र मानते हैं और नित्य दो चार पृष्ठ अवश्य ही लिखते हैं। हमें कक्षा में कहते थे कि मेरे जीवन के दो ध्येय है कि चाहे मैं लिखूँ एक पृष्ठ ही, लिखता अवश्य हूँ। तुम भी लिखा करो। और दूसरा सदैव किसी अजनबी व्यक्ति को प्रणाम करना। जिससे उनकी विनम्रता, सहृदयता परिलक्षित होती है। सदैव एक अजनबी तो वर्ष के तीन सौ पैंसठ अजनबी। हमें कुछ न कुछ ग्रहण करना चाहिए गुरुजी से। यह दिव्य आत्मा आज भी लेखन रूपी यज्ञ में अपनी आहुतियाँ दे रही हैं हमें भी उस आहुति में सम्मिलित होना चाहिए। आज परम सौभाग्य है मैं गुरुजी के सान्निध्य को एक संस्मरणात्मक लेख में प्रस्तुत कर रही हूँ। गुरुजी के गुणों का बखान कुछ शब्द सीमा में बंधकर करना पड़ रहा है; लेकिन मन कुछ और ही कह रहा है कि गुरुदेव के व्यक्तित्व व गुणों का वर्णन करना मेरे वश में नहीं है। मैं इस संदर्भ में निःशब्द हूँ। कबीर दास जी ने सही कहा है—

ग्यान प्रकास्या गुरु मिल्या, सो जिनि बीसरि जाइ।
जब गोविंद कृपा करी, तब गुरु मिलिया आइ॥

महात्मा गांधी ने अपने एक लेख में लिखा था—'कोई भी व्यक्ति यदि वह गलती करते हुए नष्ट हो जाए तो यह हजार गुणा अच्छा है बजाय इसके कि वह सदा किसी दूसरे से निरंतर पथ प्रदर्शन चाहता रहे।' ऐसी मेरी इच्छा है कि मैं गुरुवर से नित्य पथ प्रदर्शन चाहती रहूँ। गुरुजी की प्रेरणा से ही कुछ लिखना प्रारंभ किया है। हिंदी के उत्थान और संवर्धन के लिए गुरुजी सदैव प्रयत्नशील रहे हैं। हिंदी के कई विभागों में विभागाध्यक्ष कई विश्वविद्यालयों में शोध निर्देशक के पद पर, अन्य बहुत ही उच्च पदों पर आसीन होकर संस्थानों का गौरव बढ़ाया है। गुरुजी कलम के कुशल शिल्पी हैं आपने साहित्य की सभी विधाओं को अमरता प्रदान की है। गंगा माँ से भी अधिक निर्मल, सागर से अधिक गंभीर और हिमालय से भी अधिक ऊँचे हैं; किंतु उनका मानवतावाद तो ऐसा स्वच्छ, शीतल सरोवर है, जिसमें स्नान कर कोई भी अपने को धन्य समझ सकता है। वह मानवीय मूल्यों के प्रचारक समर्थक और पोषक ही नहीं हैं; अपितु स्वयं साक्षात् स्वरूप हैं जो उनके संपर्क में आया वह उनसे प्रेरित हुए बिना नहीं रहा। यह उनके जीवन की, महान् आकर्षक व्यक्तित्व की बहुत बड़ी उपलब्धि है।

हिंदी जगत् के संघर्षशील लेखकों तथा कवियों के गौरव में ही मैं अपना कल्याण मानती हूँ। मेरे क्षुद्र जीवन का बस यही दृष्टिकोण है। गुरुजी का जीवन एक तीर्थ-स्थल हैं। गुरुदेव का आशीर्वाद हम सब पर सदैव बना रहे। उनकी कृपा के आकांक्षी बने रहें।

एक महान् दार्शनिक, चिंतक, उच्च कोटि के साहित्य सर्जक और साधक, सदैव दूसरों को प्रकाशित करने वाले प्रकाश स्तंभ, सामाजिक विसंगतियों पर अपनी लौह लेखनी से चोट करने वाले, निष्पक्ष व निर्भीक लेखक अजातशत्रु गुरुदेव का व्यक्तित्व-कृतित्व इन तथ्यों को उद्घाटित करता है।

हे साहित्य-सूर्य अपनी एक किरण दे दो,
मुझे गुरुवर सद् जीवन दे दो॥

॥ कोटि कोटि नमन ॥

❖❖❖

जिमि पिपीलिका सागर थाल!

डॉ. विनोद कुमार शर्मा

आपका जीवन तपोमय है। सहस्रों छात्र आपसे प्रेरणा लेते रहते हैं। आपका स्वास्थ्य उत्तम हो, आप शतायु व दीर्घायु हों ऐसी ईश्वर से प्रार्थना करता हूँ। यद्यपि साक्षात् मुझे आपसे अध्ययन करने का अवसर नहीं मिला तथापि अनौपचारिक रूप से आपसे प्रभावित तथा प्रेरित रहा। एम.फिल. (शिक्षा) के शुल्क के निमित्त आपने मेरी सहायता की, साथ ही, उस समय मेरा आपसे ठीक परिचय भी नहीं था। वे 11,000 रुपये मैंने बहुत समय बाद आपको लौटाए। मैं आपका कृतज्ञ हूँ। आपका जीवन सर्वांगपूर्ण है। देश की ख्यातनाम हस्तियों से आपका सीधा सम्पर्क है। आप देश समाज की प्रत्येक घटना पर दृष्टि रखते हैं। समस्याओं का समाधान प्रस्तुत करते हैं। आपके सुझाव सर्वत्र आदरपूर्वक स्वीकार्य होते हैं। मुझे आपने कई सभा-संगोष्ठियों में मौखिक-लिखित अभिव्यक्ति का अवसर प्रदान किया है। आप आर्य, उदात्त तथा आचार्य हैं। आपके घर मेरा बार आना-जाना रहा इस कारण कई स्मृतियाँ हैं। आपके कई लेख, शताधिक पुस्तकें, पत्र-पत्रिकाएँ प्रकाशित हैं। अनेक विश्वविद्यालयों, संस्थानों, आयोगों, समितियों के आप मार्गदर्शक रहे हैं। देश में धार्मिक-सामाजिक कार्यक्रमों में आपकी निर्णायक भागीदारी होती है। आपका चरित्र, सौम्य-स्वभाव, औदार्य ये सभी मेरे मस्तिष्क में कभी संस्मरण के रूप में तो कभी रेखाचित्र के रूप में उभरते रहते हैं। अधिक क्या कहूँ—'जिमि पिपिलिका सागर थाल।' आप विज्ञ, मैं अज्ञ हूँ। आदरणीय पं. बद्रीप्रसाद पंचोली जी को प्रणाम करता हूँ। साथ ही *नीतिशतक* का यह श्लोक जो महाकवि भर्तृहरि द्वारा रचित उद्धृत करता हूँ जो आप पर चरितार्थ होता है—

कुसुमस्तबकस्येव द्वयी वृत्तिर्मनस्विनः।
मूर्ध्नि वा सर्वलोकस्य शीर्यते वन एव वा॥"

(***नीतिशतक***, 33)

❖❖❖

सहायक प्रोफेसर-संस्कृत,
श्री जगद्गुरु रामानंदाचार्य संस्कृत विश्वविद्यालय, जयपुर (राज.)
मो. : 9928048488

मेरे जीवन की अमूल्य निधि

नेहरू पंडित (ऋषि)

दुनिया में जन्म लेने वाले अनेक हैं; किंतु संभावित कीर्ति वाले व्यक्तियों का जीवन ही सार्थक है—

'कीर्तिर्यस्य स जीवति'

—सूक्ति संग्रह

अर्थात् संसार में जिस व्यक्ति के पास कीर्ति होती है, यश होता है उसी का जीना सार्थक होता है।

ऐसे ही कीर्तिमान पूजनीय गुरु जी डॉ. बद्रीप्रसाद पंचोली जी संस्कृत-संस्कृति, वेद, उपनिषदों की सेवा एवं आम जन तक पहुँचाते हुए अपने अशीति (80) वर्ष में प्रवेश कर रहे हैं और न जाने कितनी बड़ी शिष्य परंपरा द्वारा वेद, संस्कृत रक्षक विद्वानों का निर्माण कर रहे हैं।

नृपत्वं च विद्वत्त्वं च, नैव तुल्यं कदाचन।
स्वदेशे पूज्यते राजा, विद्वान् सर्वत्र पूज्यते ॥

संसार में राजा की पूजा अपने राज्य में ही होती है; किंतु विद्वान् सभी जगह पूजे जाते हैं। ऐसे ही मेरे गुरुवर वेद, संस्कृत, साहित्य, शिष्य रूपी धारा के द्वारा सर्वत्र पूजनीय हैं।

इस शुभ अवसर पर हम ईश्वर से गुरुजी के शतायु जीवन की कामना करते हैं—

जीवेत शरदः शतम् शतम्
सुदिनं सुदिनं जन्मदिनम्
भवतु मंगलम् जन्मदिनम्
विजयीभय प्रतिदिन सर्वदा
गुरु कृपा से जीवन में परिवर्तन

लेखक संस्कृत के प्रचार-प्रसार कार्यों से जुड़े हुए युवा शिक्षक हैं।
तीर्थगुरु पुष्कर, अजमेर (राज.)
मो. : 9414866061

महर्षि दयानंद सरस्वती विश्वविद्यालय से संस्कृत में एम.फिल. करते समय शोध विषय का चयन नहीं कर पा रहा था। मन में बहुत से प्रश्न और जिज्ञासा थीं। ऐसे समय गुरु जी का उचित मार्गदर्शन मेरे प्रश्नों के उत्तर के साथ मिला।

गुरु जी ने मुझे शोध की विविध विधाओं से अवगत कराया, साथ ही, शोध विषय चयन और विवरणिका को भी सरल शब्दों में समझाकर मेरी शोध की जिज्ञासा को और बढ़ा दिया।

गुरु जी की कृपा से ही में अपना लघु शोध तीर्थों में *तीर्थराज पुष्कर का ऐतिहासिक और सांस्कृतिक वैशिष्ठ्य* को पूरा कर पाया और आगे भी अधिक विशेष, साहित्य के प्रति रुचि बढ़ी।

यह मेरे जीवन का अमूल्य और अभिप्रेरित समय था जो हमेशा रहेगा।

ऐसे मेरे गुरुवर को बार-बार प्रणाम करते हुए शतायु जीवन की मंगलकामना करता हूँ—

आँखों में हँसी, लब पर खुशी
गम का कहीं, नाम न हो
मेरे गुरुवर को, इतनी खुशियाँ मिले
उन खुशियों की कभी, शाम न हो॥

❖❖❖

ऐसे गुरु हर किसी को मिलें

डॉ. जयदेव

परमपिता परमेश्वर की कृपा से आप जीवन के सौ वसंतों को सुखपूर्वक जिएँ, ऐसी मेरी हार्दिक अभिलाषा है। आप जैसे पितातुल्य गुरु का सान्निध्य एवं स्नेह पाकर मैं धन्य धन्य हूँ। आपके द्वारा तन, मन और धन से दिए सहयोग का मैं सदा ऋणी एवं आभारी रहूँगा।

सन् 2005 के उस संस्मरण को मैं कभी नहीं भूल पाऊँगा जब आपके और मेरे बीच प्रत्यक्ष परिचय न होने के बावजूद आपने मुझे अपना अमूल्य सहयोग प्रदान किया। राजकीय महाविद्यालय, अजमेर में एम.ए. कक्षा के अंतर्गत संपूर्ण दस्तावेज होने के बावजूद मुझे प्रवेश नहीं मिल पा रहा था, उसी दौरान आपको किसी माध्यम से मेरे बारे में जानकारी मिली और आपने एक अनजान विद्यार्थी को अपना समझते हुए मेरे प्रवेश के लिए जो प्रयास किए, शायद ही कोई पिता अपने बेटे के लिए इतने प्रयास करता होगा।

सन् 2008 में एम.फिल्. के दौरान मेरे पास प्रवेश फीस भरने के लिए पैसे नहीं थे। उस समय भी आपने ही मुझे हर प्रकार से सहयोग करने का न केवल आश्वासन दिया वरन् जी-जान से सहयोग भी प्रदान किया। परिणामस्वरूप मैं एम.फिल्. कक्षा में न केवल प्रवेश ले पाया अपितु उस वर्ष एम.फिल की परीक्षा में विश्वविद्यालय स्तर पर प्रथम स्थान भी प्राप्त किया। ईश्वर से मेरी यही प्रार्थना है कि समाज में प्रत्येक अपेक्षित विद्यार्थी को आप जैसे महान् विभूति का सान्निध्य अवश्य प्राप्त हो, जिससे कोई भी विद्यार्थी जीवन के पथ से पथभ्रमित न हो पाए।

ऐसे महान् आत्मा के धनी, सुशिक्षक, लेखक, चिंतक, विचारक, समाजसेवी, सेवाभावी, वेदानुरागी, संस्कृतज्ञ, श्रेष्ठ वक्ता, दाता, पथ-प्रदर्शक तथा एक विशिष्ट गुण से युक्त 'छात्रहितैषी' की अपने शब्दों से प्रशंसा करना समुद्र में दो कलश जल डालकर उसके जल की मात्रा में वृद्धि करने जैसा मूर्खतापूर्ण कार्य होगा तथापि अंत:करण की भावना को एक स्वरचित श्लोक के माध्यम से प्रस्तुत करने का यह मेरा छोटा सा प्रयास है...

निखिलनिगमवेत्ता, सत्यधर्मे प्रवृत्तः पितृतुल्यः योऽस्माकं, गुरुवर्यः सुविज्ञः।
छात्रजनहितार्थं सर्वदायुक्तचित्तः स जयतु शतवसन्तः 'बद्रीप्रसादः' सन्तः॥

❖❖❖

लेखक संस्कृत के प्रचार-प्रसार कार्यों से जुड़े हुए हैं और अजमेर के मयूर स्कूल में हिंदी-संस्कृत के अध्यापक हैं।
मो. : 987080201

कविता

सुरों ने ताज सजाया है

‘वंदे मारतम्’ वाले गुरुवर

डॉ. विद्या सागर शर्मा

खानपुर झालावाड़ में जन्मे, कृपा करी जगदीश।
श्रावण शुक्ला तिथि चतुर्थी, संवत था बानबे सन् पैंतीस॥
कोटा में शिक्षित दीक्षित, बद्रीप्रसाद पंचोली।
सीखी संस्कृत हिंदी शोधी प्रिय हाड़ौती बोली॥
बचपन से ही अध्यवसायी, गुरुजन के थे भक्त।
ज्ञानपिपासा रही तीव्र, थे पढ़ने में अनुरक्त॥
डॉ. फतह सिंह अध्यापक-जीवन निर्देशक पाया।
‘ऋग्वेद में गोतत्त्व’ सी थीसिस, पीएच.डी. हित लाया॥
गंगानगर किशनगढ़ ब्यावर बांटा अजमेर था ज्ञान।
व्यापक शिष्य-परंपरा ने दी गुरुवर को पहचान॥
गंगानगर पढ़ाया मुझको, बी.ए. में साठ के साल।
‘क्लास-नोट्स’ गुरुवर के अब तक रक्खे हुए सम्भाल॥
आवश्यकता जब भी होती, भाषण देना होता।
लगा उन्हीं पन्नों में गुरुवर! मैं लगा लेता हूँ गोता॥
शिष्य तुम्हारे मिलें भले ही छह दशकों के बाद।
गुरुवर की है अमिट छाप, अब तक सब करते याद॥
अध्यापन-शैली में इनका रहा निरालापन।
छुट्टी कभी न ली चाहे, अस्वस्थ रहा हो तन॥
अर्थ बताते मात्र नहीं, व्यापक व्याख्या करते हो।
चंद्र-सदृश शिष्यों का तुम, अज्ञानतिमिर हरते हो॥

सेवानिवृत्त-प्राचार्य एवं पूर्व सदस्य, सरस्वती सभा, राजस्थान साहित्य अकादमी, उदयपुर।
4-एफ-17, जवाहर नगर, श्रीगंगानगर (राज.)
संपर्क नं. : 0154-2460581

अर्चना प्रकाशन के माध्यम से ग्रंथ बहुत से लाए।
पत्र-पत्रिकाओं में लेखक पंचोली जी छाए॥
भारतीय साहित्य परिषद् के बलशाली स्तंभ।
विचार क्रांति लाकर तोड़ा, छिछलेपन का वह दंभ॥
'लघुकथा' के जनक आप, रचना की 'सागर बेला'।
सन् उन्नीस सौ त्रिसठ में, इस विधा का खाता खोला॥
देवराज उपाध्याय पुरस्कार ने दी पहचान।
साहित्य अकादमी देती विशिष्ट साहित्यकार सम्मान॥
साहित्य अकादमी उपाध्यक्ष के पद को किया सुशोभित।
नई दिशा देते आए इसको पंचोली जी नित॥
गतिविधियों का केंद्र बन गया, साथी लेते घेर।
बी-सिक्स दातानगर, रैम्बल रोड, अजमेर॥
सत्संगों में जाते, प्रिय लगता नैमिषारण्य।
प्रवचन सुन आनंदित होते, संत मिले अतिगण्य॥
साफल्य आपका जो रहा, पीछे पत्नी का हाथ।
धर्मनिष्ठ सहधर्मिणी, प्रति पल पाया साथ॥
संस्कारी परिवार है, सुपात्र हैं संतान।
अतिथि का सत्कार है, देते आदर-मान॥
फोन करें तो आती है, ना 'हैलो' की आवाज़।
'वंदे मातरम्' गुरुवर कहते, मातृभूमि पर नाज़॥
अस्सी साल के हुए हो गुरुवर करते हम अभिनंदन।
नतमस्तक हो तव चरणों में शिष्य कर रहे वंदन॥
ईश्वर से है विनय सतत साहित्य-साधना-रत हों।
दीर्घायु अरु स्वस्थ रहें, कम से कम आयु शत हों॥

❖❖❖

गुरुओं के सिरमौर

वली उल्लाह खां फ़रोग़

गुरुओं में हैं बद्रीप्रसाद पंचोली सिरमौर
अस्सी साल के हैं अवस्था का इन पर न चला ज़ोर
वृद्धों का उपहास करने वालो! देखो इन्हें भी
जिन्होंने हर राह पर चराग़ जलाए जहाँ पड़ा मोड़।
बंधुओ! चिंतन और सर्जन के संत हैं पंचोली
गीत हिन्द का माता के आँचल का पकड़ो छोर
पश्चिम प्रेरित अदब करता है संस्कृति को नष्ट
भारतीय परंपराओं में है विराट् भारत की डोर।
नाम के प्रतीक बद्रीप्रसाद कंठस्थ पढ़े वेद
प्रतिभा संपन्न हैं शब्दों को गढ़े हैं अपने तौर
हिंदी सभ्यता की जड़ें अपनी जगहें नहीं छोड़ती
पश्चिम दर्शन थक गया है मचाते मचाते शोर।
सीखो गुरु से तहज़ीबों में समन्वय का उपयोग
भक्ति के बिना मुक्ति नहीं वहाँ नहीं हैं, मठ को ठोर
योगस्थ: कुरु कर्माणि सङ्गं त्यक्त्वा धनंजय ?
यों नहीं हैं समवर्ती पर वह कृष्ण के हैं घोर।
यह नहीं है आख़िरी हर्फ़ लिखने का ज़माना है
वसिष्ठ के पदचापों को पंचोली सुनते हैं भोर
फ़रोग़ यह बसंती पवन चलती रहे खिल उठे चमन
देखें वह बहारें अनेक चहुँ ओर नाच उठे मोर।

❖❖❖

वरिष्ठ साहित्यकार एवं लेखक।
540/25, खानपुरा, न्यू कॉलोनी, अजमेर (राज.)

साहित्य-जगत् के पारखी

गायत्री शर्मा

व्यक्ति बड़े महान् हैं, और बहुत गुणखान।
साहित्य जगत् के पारखी, पंचोली प्रतिभावान्॥
अस्सी साल की उम्र में, युवकों-सा उत्साह।
गति जीवन में तीव्र है, लेखन-सतत-प्रवाह॥
मेधावी अति छात्र थे, शिक्षक हैं आदर्श।
चले फर्श से आप पर, छुआ है अब अर्श॥
ग्रंथ निराले आपके, साहित्यिक सौगात।
पत्र-पत्रिका में करें रचना की बरसात॥
हिंदी संस्कृत साथ में, राजस्थानी विद्वान्।
अर्चना प्रकाशन आपका है महान अवदान॥
'परमहंस'-सम फतहसिंह गुरु बड़े थे सिद्ध।
शिष्य विवेकानंद सदृश, पंचोली हुए प्रसिद्ध॥
'जी.सी.ए.' में मैं पढ़ी संस्था है आदर्श।
वहीं पढ़ाया आपने, मुझे बड़ा है हर्ष॥
विद्यासागर मम पति रहे आपके छात्र।
बतलाते, सीखा है जो, श्रेय आपको मात्र॥
शिष्य असंख्य हैं आपके, हो अस्सी के पार।
अभिनंदन पर वंदना, मेरी भी हो स्वीकार॥

❖❖❖

सेवानिवृत्त उप-प्राचार्य,
चौ.ब.रा.गो. राजकीय स्नातकोत्तर कन्या महाविद्यालय, श्रीगंगानगर (राज.)
संपर्क : 0154-2460581

नमन अनंत महाविभूति को

डॉ. कुंजबिहारी पांडेय

जीवन के सुरभित उपवन में दिखे अशीति बसंत,
काया स्वस्थ–वदन चंदन–पुलकित मन कीर्ति प्रसृत दिगंत।
वीणावादिनि के प्रसाद से, वर्द्धित वाणी का वर्चस्व,
श्रीपंचोली बने विलक्षण, अद्‌भुत ज्ञान लूटा सर्वस्व॥
हिंदी–संस्कृत–पालि–प्राकृत–आंग्ल, वाक् की पटुता न्यारी,
हुए कृतार्थ अनंत शिष्यगण, उर्वर प्रतिभा की द्युति भारी।
कवि विदग्ध रचना के आगर, सहज, विनोद, अमित स्मृति प्यारी,
अति औदार्य प्रीति नय पटुता, निजता की शोभा है सारी॥
मंडन हैं मनीषी कुल के अब, अवमानना के भी प्रतिमान,
विविध शास्त्र में निरत–निरंतर, लेखन, पठन सदा सुमहान।
जिनका विमल विलक्षण धीबल, अनुपम ऊर्जा ऊर्जस्वलज वितान,
विनती प्रभु से यही हमारी, यूँ ही रहें प्रसन्न सुजान॥
अब भी वंदन अभिनंदन कर, पूरी कर ले साध,
पश्चात्ताप रहे नहीं उर में, ऐसे सुजन मिले एकाध।
धन्य हुए अपनत्व प्राप्त कर, प्रियता मिले सदा निर्बाध,
हों शतायु बद्रीप्रसाद अब, ज्ञानालोडन रहे अगाध॥
है अकूत निधि शारदा माँ की, कमला भी वरदायिनी है,
व्यापी महिमा राष्ट्रपटल पर, जय सर्वत्र प्रदायिनी है।
दिग् दिगंत तक कीर्ति पताका, फहरे मधु सरसायिनी है,
नमन अनंत महा विभूति को, जिन जीवन फलपायिनी है॥

❖❖❖

पूर्व अध्यक्ष, स्नातकोत्तर संस्कृत विभाग,
डॉ. बी.आर.ए. राजकीय स्नातकोत्तर महाविद्यालय, श्रीगंगानगर (राज.)

उज्ज्वल छवि

डॉ. प्रतिभा शुक्ला

एक पावनी-सी मुस्कान लिए अधरों पर
अविरल वेदिकार्थगंगा में नहाए हैं।
'ऋग्वेद में गो तत्त्व' का वृहद् अनुशीलन
विद्वत्ता में 'धनुर्भंग' करके दिखाए हैं॥

'चितवन की सीमाएँ काव्य' 'जीवन शतपथ'
'उपनिषन्नवनीत' चिंतन वृहद् है
'गीतानवनीत' 'सूत्रधार' ध्रुवश्री के स्वर'
'हम नचिकेता' आदि मनन सुखद है॥

'चिंतन के आयाम' सर्वतोमुखी हैं और
श्री बद्रीप्रसाद जी का 'शब्दानुचिंतन'
'शब्दानुशीलन' आदि शोधपरक समीक्षाएँ-
गहन गंभीर आपका 'वेदानुचिंतन'॥

लोकहित में संलग्न रहे हैं अहर्निश,
लोकधरा पर उतरा वेद का नंदन-वन।
सेवारत रहे हैं साहित्यधर्मिता में नित्य
आप से सनाथ 'भारतीय लोक-दर्शन'।

गुरु डॉ. फतहसिंह जी की उज्ज्वल-छवि से
ओत-प्रोत शुद्ध-बुद्ध जीवन-वितान है।
डॉ. बद्रीप्रसाद पंचोली जी का सुकृत-
राजस्थान ही नहीं देश का सम्मान है॥

❖❖❖

लेखिका संस्कृत की विदुषी हैं।
संस्कृत विभागाध्यक्षा, एस.एस.डी.पी.सी. गर्ल्स (पी.जी.) कॉलेज, रुड़की
मो. : 08126729245

पूजनीय परम

संदीप पांडे

जो पूजनीय परम हैं;
परिदृश्य में प्रथम हैं!
जो संशयों के घेरे में
ढूँढ़ते सवेरे
ये नेह के चितेरे
तत्काल उस हृदय का
हाँ! दूर करते तम है

जो पूजनीय परम हैं।

कब उम्र ने थकाया?
अनुभव जहाँ जो पाया
तप करके भी दिखाया
अनगिन वसंत देखे
पर, तेवरों में दम है

जो पूजनीय परम हैं।
बाजार की गिरावट
कही सोच की थकावट
भौतिक जगत् मिलावट
फकीर ये निराले
सुख दुःख में सदा सम हैं

जो पूजनीय परम हैं।

कबीर-से अकेले
ये ऊर्जा के रेले
कष्टों के संग खेले
संवाद शारदे से
मानवता ही धरम है
जो पूजनीय परम हैं
परिदृश्य में प्रथम हैं।

❖❖❖

'दुर्गेश' कोटडा, पुष्कर रोड, अजमेर (राज.) 305004
मो. : 9828792720

शब्द-कुसुम

हरिओम शर्मा 'अमित'

शब्द ब्रह्म के अनवरत उपासक, सरस्वती के चिरसाधक।
काव्य पंथ के प्रबल पंथी, हे वेद तत्त्व के आराधक।
राम कृष्ण के उपवन विकसे, माँ रामनाथी के उर वासी।
श्रावण शुक्ल चतुर्थी के दिन, प्रकटे आप खानपुर-काशी॥
बाल्यकाल से माता-पिता के, संस्कारों के अनुयायी।
जिज्ञासु और मृदुभाषी बन, सर्वोत्तम शिक्षा पाई॥
अजयमेरु के राजकीय, महाविद्यालय में शिक्षक बनकर।
किए युवा उपकृत ज्ञानामृत से, हर कर्म आपका जन मन हर॥
लेखनी के मुख के शब्दों की, सरिता जब बहने लागी।
'ध्रुवश्री', 'हम नचिकेता' जैसी, रचनाएँ, मन में जागी॥
'चितवन की सीमाएँ' लिख दी, 'सबै भूमि गोपाल की'।
नाटक, काव्य, कथा, एकांकी, सब में प्रतिभा है कमाल की॥
'इतिहास का आत्मनिवेदन', लिखकर जग को दिखलाया है।
'श्रुति संजीवनी' 'श्रुतिमंगला' में, वेद सार समझाया है॥
'शब्दलोक' 'शब्दानुशीलन' में, वैयाकरण प्रवीण हो।
मन का 'सागर चुप हो गया' मेरा, मैंने पढ़ा 'मनु का संकल्प' जो॥
लोकोपयोगी चिंतन करके, 'जीवन सुरभि', 'शतपथ' आया।
उत्कृष्ट काव्य प्रतिभा, सेवा से, शासकीय गौरव पाया॥
मानव मूल्य परक शब्दावली के, हे प्रबल प्रणेता सुविचारी।
'उपनिषद, गीता नवनीत' बना, किए गोप गोपी सब नर नारी॥

लेखक संस्कृत के शिक्षक, कवि एवं गीतकार हैं।
संस्कृत अध्यापक, प्रायोगिक विद्यालय, क्षेत्रीय शिक्षा संस्थानम् (NCERT), अजयमेरु नगरम् (राजस्थानम्)
मो. : 9314658480

'काव्यार्चन' से प्रस्फुटित कवियों को, विकसित पुष्प बनाया है।
वे भी पा लें कुछ अंश उसका, जो नाम आपने पाया है॥
जाने कितने पद शोभित कर, सामाजिक सेवा निभाई है।
जन मन के हृदय-अंश बनने की, अनुपम प्रथा चलाई है॥
सादा जीवन और उच्च विचार, गांधी से अपनाया है।
मृदु व्यवहार, सरलता से ही, जीवन मग ऊँचा पाया है॥
जिससे मिलते उसके उर में, बरबस ही आप बस जाते हो।
ऐसी ऊर्जा अद्‌भुत क्षमता, हे श्रेष्ठ कहाँ से पाते हो?
'परोपकारार्थम्, इदम् शरीरम्', यह आपके जीवन में परिलक्षित है।
सदाचार, गौ, वेद, संस्कृति आपके जैसों से रक्षित है॥
संतों-सा है चरित्र आपका, मनमोहक छवि पाई है।
वेद तत्त्व की सरलाभिव्यक्ति, सबके मन को भायी है॥
भाषा के गूढ़ रहस्यों को, जो आपने हमें समझाया है।
वो अमिट छाप अंतर्मन पर, मार्गदर्शन आपका लाया है॥
आपने अप्रतिम साहित्यकार बनकर, जहाँ काव्य लता को सींचा है।
वहीं शोध कर्म की भूमि पर, स्वर्णिम रेखा को खींचा है॥
जो छात्र आपसे उपकृत हैं, वो सदा-सदा आभारी हैं।
'नवगति नवलय' से पूरित होकर, उनका कठोर श्रम जारी है॥
अद्‌भुत प्रतिभा के धनी आपसे, जो भी आशीर्वाद पाया है।
वो संसार-उदधि अंतस्तल से, मोती सफलता के लाया है॥
हे 'देवराज' साहित्य मनीषी, 'रत्न राजभाषा' धारी।
हे लेखनी के धनी, कर्मवीर, हे छात्र-वत्सल, 'विधृता' कारी॥
साहित्य-नभ पर देदीप्यमान, हे लोक पुरुष हँसते रहना।
अपनी आलोकित आभा संग, हम सब के उर बसते रहना॥
अनवरत लेखन की यात्रा में, ना रुकना कहीं, बढ़ते ही जाना।
जिसका अनुगमन करे पीढ़ी, उस उन्नति-नग को चढ़ते जाना॥
हे कलियुग के ज्ञान-वृक्ष, यूँ ही पुष्पित-पल्लवित रहना।
अज्ञान तिमिर डूबे जन को, ज्ञानाश्रय के चक्षु देना॥
ज्ञान-सुरभि बन इस जग को, यूँ ही महकाते जाना है।
संस्कृत, वेदों की गंगा को, जन मन-मस्तिष्क बहाना है॥
एकाशीति हुए पूर्ण वसंत, हृदय से शब्द-कुसुम लीजे।
अपनापन, आशीर्वाद, स्नेह, हरपल हम पर बरसा दीजे॥

हे 'अमित' यही अरदास ईश से, आरोग्य, ऐश्वर्य आप पाएँ।
ज्यों बरसों बहाई ज्ञान गंगा, वैसे अनंत तक बरसाएँ॥
'हरिमन' बद्री विशाल का, 'बद्री प्रसाद एक रूप।
ज्ञानामृत से तार रहे, जो डूबे तम-कूप॥

❖❖❖

मन में हो वही
आँखों में रख
आँखें कह देंगी सब कही।

पद में रख पगरखी
ढील दे दी तो
सिर चढ़ेगी पगरखी।

—***'रूप रूप प्रति-रूप'* पुस्तक से**

तेरी दरियादिली

डॉ. डी.एन. सती 'शांडिल्य'

तेरी दरियादिली खूबसूरत थी
तू तो दरियादिली का महूरत था
तेरे गुस्से में थी ठंडक
तेरे प्यार में कशिश
तू बुरों को ही बदसूरत था
तू बच्चों को था खेल
जवानों को नसीहत
उम्र वालों को उम्र की मूरत था
तेरी आधी-सी मुस्कान
तू था ऊँचा जैसा आसमान
तू समझदारी का एक समुंदर था
तेरी वाणी का विवेक
कोमल था, मक्खन का-सा लेप
तू बहुतों को पनाहों का मंदिर था,
तू था पंचोली
किए धारण पाँच कवच
तुझे भेदना बहुत भयंकर था।

❖❖❖

प्रवक्ता-भूगोल,
राजकीय महाविद्यालय, अजमेर

साहित्याकाश के ध्रुव

डॉ. नगेंद्र सिंह 'आनंद'

साहित्य मणि माला के मोती
लेखनी की अनुपम ज्योति
जीवन के 81वें बसंत में प्रवेश
सुवास चंद्र चहुँ ओर
जागृति की नव भोर
वेदों के सागर से चुनकर मणियाँ।
आपने माँ सरस्वती का शृंगार किया
शिक्षक बन अनेक जिज्ञासुओं पर उपकार किया
'ध्रुवश्री' व 'शब्दकोश' के प्रणेता
साहित्याकाश के ध्रुव बनकर
पथ प्रशस्त करेंगे
पाठक मन आलोकमय करेंगे।
आपकी रचनाओं में संवेदना की महक
देशभक्ति की प्रेरणा की दहक
नवल प्रभात की रश्मियों का मुख पर विश्राम
शीश झुका, जग करता शत शत प्रणाम।

❖❖❖

पूर्व हिंदी विभागाध्यक्ष,
राजकीय सनातन धर्म महाविद्यालय, ब्यावर, अजमेर (राज.)

पंचोली गुणवंत

नाथूलाल महावर 'मधुरम'

जन्मदिवस शुभ आपका, होवे अमित अनंत।
पूर्ण आयु भोगें सुखद, पंचोली गुणवंत॥
अवगाहन सुख सरित महँ, करत सतत सानंद।
पावन अस्सी बरस महँ, पाया परमानंद॥
पाया परमानंद, और अब सुभग सुहावें।
सौख्य सिंधु की ललित, लहरियाँ मन महकावें॥
'मधुरम्' मन की महत, कामना प्रभु से पावन।
पंचोली श्रीमंत, करें सुख सरि अवगाहन॥
अस्सीवाँ यह जन्मदिन, होवे शुभ सुखसार।
पावै अमितानंद नित, संतत सहपरिवार॥

❖❖❖

पूर्व सचिव, राजस्थान ब्रजभाषा अकादमी, जयपुर
124, मुक्तानंद नगर, गोपालपुरा बाईपास, जयपुर

दिनकर से भी अधिक प्रखर हो

अनिल कुमार

दिनकर से भी अधिक प्रखर हो
शरद चंद्र सम तुम शीतल
ब्रह्म ज्ञान से पूर्ण प्रबलता
सरस्वती जिह्वा के भीतर
आनन पर है दैव्य अलौकिक
ज्ञान गंगा का प्रवाह लिए
सागर का तो थाह होगा ही
विषय ज्ञान अथाह लिए
हम थे अज्ञानी युगों युगों से
पथ प्रदीप्त किया तुमने
कोटि-कोटि प्रणाम पंचोली जी
शिष्यत्व का अधिकार दिया तुमने

❖❖❖

वरिष्ठ प्रवक्ता
डंसाल, जम्मू (जम्मू व कश्मीर)

साहित्य-रत्न

डॉ. सरोज मालपानी

जिनका संरक्षण बरगद की छाया-सा शीतल लगता है।
जिनका विराट् व्यक्तित्व प्रेरणा बन पथ-प्रदर्शन करता है।
जिनकी दृढ़ता हिमवान् सदृश, उन गुरु प्रवर को वंदन है।
साहित्य-रत्न 'पंचोली जी', साहित्य-जगत् के मंडन हैं।
जिनके गुणगण ने अजयमेरु अंचल का मान बढ़ाया है।
राजस्थान ही नहीं, जिन्हें पाकर भारत इठलाया है।
वेदों की वाणी को जिन्होंने जन-गण-मन तक पहुँचाया है।
वेद-ज्ञान संवलित संस्कारित चिंतन नित-नित सरसाया है।
जिनके गुरु ज्ञान का गहरा सागर सम अगम चिरंतन है।
बद्रीप्रसाद पंचोली जी साहित्य-भाल के चंदन हैं।
शब्दों के शिल्पी, अन्वेषी, करते शब्दों का अनुसंधान।
'शब्दानुशीलन' और 'शब्दार्थचिंतन' से बढ़ा जिनका मान।
लेखन, संपादन, पत्रकारिता और भाषा का अद्‌भुत ज्ञान।
जिनकी रचनाओं में स्पंदित 'मेरा भारत है महान्'
करते सदैव जो शिष्यों के अज्ञान-तिमर का खंडन हैं।
साहित्य-रत्न पंचोली जी साहित्य-जगत् के मंडन हैं।
जिनका रचना-संसार अनूठा, भावप्रवण, विस्तीर्ण, अगाध।
शब्द-ज्ञान-भंडार जहाँ, वैदिक चिंतन मिलता निर्बाध।

व्याख्याता-हिंदी,
श्री रकंपा राजकीय स्नातक महाविद्यालय, किशनगढ़, अजमेर (राज.)
मो. : 9414363624

नाटक, कहानियाँ, संस्मरण, जीवनी, काव्य-रचना, अनुवाद।
जीवन की कला सिखाते जिनके वेद-विहित सुंदर संवाद।
मैं मातृभूमि का आराधक, करते नित राष्ट्र का वंदन हैं।
साहित्य-रत्न पंचोली जी साहित्य-जगत् के मंडन हैं।
साहित्य-सर्जना-कुशल, सतत जो सरस्वती-आराधक हैं।
स्वाभिमानी और कर्मनिष्ठ, श्रमनिष्ठ, कुशल अध्यापक हैं।
मानवतावदी, उदारमन, संस्कारों के संस्थापक हैं।
जो चलित पुस्तकालय हैं स्वयं, साहित्य के सच्चे साधक हैं।
हिंदी के गुरु गौरव का करते हम सब अभिनंदन हैं।
साहित्य-रत्न पंचोली जी साहित्य-जगत् के मंडन हैं।
हैं त्याग, समर्पण, संस्कार, सहयोग की जो अद्‌भुत मिसाल।
सहज-सरल अपनेपन से हल करते जो सारे सवाल।
मित्र-भाव-परिपोषक गुरु का संरक्षण करता निर्भय।
मन-'सरोज' रहे खिला आपका ईश्वर से है यही विनय।
हिंदी-आराधक, साधक को करते हम शत शत वंदन हैं।
साहित्य-रत्न पंचोली जी साहित्य-जगत् के मंडन हैं।

❖❖❖

अविचल पथिक

सुधीर सोनी

दीप निष्ठा का जले तो
आँधियाँ बाधक न होती।
आदमी में लगन हो तो
मजबूरियाँ बाधक न होती।
हारते हैं वे, जिन्हें विश्वास
अपने पर नहीं है,
राह में बढ़ चले पथिक तो
दूरियाँ बाधक न होतीं।

❖❖❖

75/75, टैगोर लेन, शिप्रा पथ
मानसरोवर, जयपुर

जीवन की कमाई

डॉ. आरती शर्मा

शिक्षा, ज्ञान और अनुभव का संग्रहण करते-करते,
एक दिन जा मिली मैं माँ शारदा के लाल से।
वैदिक-भौतिक निधि के भंडार, गुणों के आगार,
कलम के वीर, चित्त के धीर-गंभीर विस्तार से॥
हिमालय-सा व्यक्तित्व विराट्, सूर्य-सा चमके ललाट,
आशीषों की खान कार्यशैली भी अति महान्।
पंडितों के पंडित, कर्मवीरों में भी धीमान्,
'वंदेमातरम्' सम्बोधन बनता गया पहचान॥
विविध भाषा-वेद-शास्त्रों के सुज्ञाता, प्रगतिपथ के निर्माता,
सदा मेहरबान रहे आप पर विधाता।
सुमन-सुगंध तन-मन में है समाई,
मानव कल्याण आपके जीवन भर की कमाई॥
हो कीर्ति का प्रचार सर्वत्र, विचार सदा रहे पवित्र,
आडंबर पर किया प्रहार, मनुज सेवा के लिए रहे तैयार।
धर्म-राज-राष्ट्रनीति कर्णधारों के बने हमजोली,
नीरोग-प्रसन्न-दीर्घायु रहे श्रीमान् डॉ. पंचोली॥

❖❖❖

2/100, हाउसिंग बोर्ड कॉलोनी,
जवाहर नगर, श्रीगंगानगर (राज.)
मो. : 09529071456

जीवन मंगलमय हो आपका

आशुतोष औदिच्य

अक्षत रोली तीज या होली
जीवन मंगलमय हो आपका
जीवन मंगलमय हो आपका
दीपों की ज्योति-सा
रंगों की होली-सा
बसंत के नवीन पर्णों-सा
जीवन मंगलमय हो आपका
वेद के दिव्य ज्ञान-सा
संस्कृत-संस्कृति की धारा-सा
विश्व के कण-कण में गुंजायमान हो
ऐसे विचारशील कार्यशील गुरुवर का
जीवन मंगलमय हो आपका।
कीर्ति यश फैले जहां में
जरा न कभी पास हो
नित्य नवीन साहित्य धारा का
ज्ञान जहां में विद्यमान हो
ऐसे दिव्य मूर्ति गुरुवर का
जीवन मंगलमय हो आपका।

❖❖❖

लेखक संस्कृत के प्रचार-प्रसार कार्यों से जुड़े हुए युवा शिक्षक हैं।
गाँव-बाष्ठा, वाया-सावर, जिला-अजमेर (राज.)
मो. : 9166344431

लोहे को पारस दर्शन

हरि शेखर शर्मा

तब वो ना शिष्य था,
ना उसका घर था,
हाँ गाँच में शिष्य का,
नाम जरूर घर-घर था।
नाम था कलाकार
जो उसको लगता अच्छा था,
नाम कुछ झूठा,
तो कुछ सच्चा था।
वो वास्तविकता से दूर
सिर्फ कल्पनाओं के सहारे जिये जा रहा था,
बिना गुरु के ही
सर्जन किए जा रहा था।
इसलिए न रास्ता था
ना कोई मंजिल,
सिर्फ तालियाँ थी
उसकी जिंदगी में शामिल।
अचानक रचनात्मक के पथ पर
उसकी किस्मत ही खुल गई

लेखक पंचोली जी के दामाद हैं।
442, सेक्टर-5, B.E.O. ऑफिस के सामने, नोहर, हनुमानगढ़-335523
मो. : 9461108811, 7014870142

उसकी तो जिंदगी ही बदल गई
कई रास्ते निकल गए
उसको उसके गुरुवर जो मिल गए।
ऐसे गुरुवर को तो वह
सिर्फ कल्पनाओं में ही देखा करता था,
लोगों से सुनता
किताबों में पढ़ा करता था।
अब ऐसे गुरुवर को साक्षात पाकर
वो खुशियाँ मना रहा था,
पर खुशी के नशे में
उनसे पूरा ज्ञान नहीं ले पा रहा था।
दोनों ही हैं रचनाकार
बढ़ी आपस में जान पहचान,
हाँ शिष्य थोड़ा अज्ञानी
वहीं गुरुवर ज्ञान का स्रोत महान्।
इस बीज गुरुवर ने अपनी कन्या
शिष्य को देने की सोची
शिष्य की तो किस्मत मानो
हँस पड़ी रोती-रोती।
अधूरा ज्ञान ज्यादा दुःख देता है
इसलिए शिष्य उनकी कन्या कैसे लेता,
गुरुवर की बात भी कैसे टालता
'मैं इस लायक नहीं' ये भी वो कैसे कहता?
इस असमंजस के बावजूद उसने
गुरुवर की ही बात स्वीकारी,
गुरुवर ने शिष्य को, बेटी के रूप में
अपनी अनमोल दौलत दे दी सारी।
जहाँ बिल्कुल भी
नहीं दिखा शिष्यत्व,
वहीं दिखा तो सबसे बड़ा
गुरुवर का व्यक्तित्व।

अर्थात शिष्य द्वारा गुरुवर को सम्मान देने से पहले
गुरुवर ने ही शिष्य का सम्मान कर दिया
शिष्य में ना समझ, ना ज्ञान फिर उसमें ऐसा क्या देखा
जो अपनी कन्या का उसको दान कर दिया।
अब तो शिष्य केवल शिष्य नहीं रहा
दामाद बन गया,
उसके बच्चे हो गए
उसका घर बन गया।
गुरुवर के ही आशीर्वाद से
वो समर्थवान हो गया,
मानों रास्ते का पत्थर
हीरे समान हो गया।
ज्ञानहीन शिष्य ने निज प्रयास से नहीं
गुरुवर की कृपा से ही ये सब पाया है,
पर उसे सबसे बड़ा गर्व है तो इस बात का
कि परमात्मा ने लोहे को,
पारस का दर्शन कराया है।

❖❖❖

समीक्षा

लेखनी की कसौटी पर

जीवन-दीप्ति के जीवन साधक

प्रो. रामवीर

किसी भी राष्ट्र की पहचान और प्रगति उसमें रहने वाले महापुरुषों द्वारा तो होती ही है, अतीत में पैदा हुए पुरुषार्थियों का योगदान भी, भविष्य के लिए वरदान सिद्ध होता है। महापुरुष पुरुषार्थ चतुष्टय का मानवतापूर्ण कर्मयोग कहा जाता है। इसी से मनुष्य की उदात्त शक्ति, प्रभावशाली और व्यापक होकर, उसको महत्ता की ओर ले जाकर, महापुरुषत्व को प्रदान कराती है। यों तो यह प्रक्रिया सूक्ष्म होती है, पर स्थूल में रूपायित हो जाती है। जिसमें महापुरुष परमपुरुष से चेतना के आधार पर जुड़ा रहता है। अलौकिक रूप में। लौकिक स्तर पर इसका संबंध व्यक्ति के आत्म के उदात्त तत्त्व से होता है। इस प्रकार वह महत् अनुभूति के साथ कार्य करते हुए महात्मा, महापुरुषत्व को प्राप्त हो जाता है और उसकी आभा उससे मिलने पर अनुभव की जा सकती है। ऐसे लोगों का प्रभाव आत्मतत्त्व के सहारे देश के अधिकतर लोगों पर पड़ता है। इस प्रकार के ही पुरुष किसी भी देश के निवासियों में उदात्त विस्तार में सफल होते हैं। क्षेत्र चाहे राजनीति, धर्म-दर्शन, संस्कृति, कला, विज्ञान आदि कोई क्यों न हो। इन सभी क्षेत्रों में असीम व्यापकत्व विद्यमान है, अपने देश की उसी आधार पर पहचान बनाते हैं। चाहे वह तुलसीदास हो या लालबहादुर शास्त्री, विवेकानंद हो या अन्य कोई।

महापुरुष परमपुरुष की किसी कोण विशेष की दृष्टि से प्रतिच्छाया होती है। उसी के सहारे या संकेत पर वे बड़े-बड़े कार्य कर पाता है, उदात्त के सहारे। कोई भी राष्ट्र बड़ा महान्, उसमें रहने वाले देदीप्यमान लोगों से ही बनता है इसलिए देश को महान् लोगों से संपन्न करने की आवश्यकता प्रत्येक राष्ट्र की होनी चाहिए। इसके लिए उदात्त संस्कृति-सभ्यता, सत्संग आदि की तरह साहित्य की भी आवश्यकता होती है, जो सहृदयों को संवेदना के सहारे सन्मार्ग में निमग्न करने के लिए सहायक दीप्ति से, मानसिक स्तर पर चैतन्य होते हैं। आचार-विचार के माध्यम के सात्त्विकता का उद्रेक प्राप्त कर उसके सहारे परम शांति, असीम आनंद की अनुभूति करते हुए सर्वेभवन्तु सुखिनः-मय कल्याणकारी साहित्य सर्जित कर राष्ट्र को चेतना प्रदान करते हैं। ऐसी चेतना की दीप्ति जीवन में पैदा करते हुए डॉ. बद्री प्रसाद पंचोली जी ने *जीवन-दीप्ति* जैसी कृतियों की रचनाएँ की हैं। वे अतीत से जुड़े प्रकांड पंडित तो हैं ही, भविष्यद्रष्टा भी हैं। राष्ट्रनिर्माण लेखन की कड़ी में उनके *जीवन-दीप्ति* संकलन को लिया जाता है,

वरिष्ठ लेखक एवं पूर्व अध्यक्ष, हिंदी विभाग,
जयनारायण व्यास विश्वविद्यालय, जोधपुर (राज.) अध्यक्ष, अखिल भारतीय साहित्य परिषद, जोधपुर इकाई।
मो. : 09904236430

जिसमें वे भारत को संदीप्त राष्ट्र के रूप में अन्य महापुरुषों की भाँति देखना चाहते हैं। संकलन के आत्म निवेदन में वे लिखते हैं—'यह संसार आत्मदीप्ति संपन्न लोगों के लिए बना है। वेद में बहुधा कहा गया है कि यह संसार श्रेष्ठजनों के लिए बना है। श्रेष्ठ जन ईश्वरपुत्र को कहा गया है। ईश्वरपुत्र का लक्षण है प्रकाश से सजा-सँवरा। आत्म-दीप्ति कभी भी, कहीं भी, किसी भी मनुष्य में उत्पन्न हो सकती है। उसके अस्तित्व मात्र से धरती उल्लसित हो जाती है। वह सुख में भी उद्भासित हो सकती है और दु:ख में भी।'[1]

भारतवर्ष का अतीत महापुरुषों की दृष्टि से समृद्ध रहा है। इसमें आत्मदीप्ति से संपन्न व्यक्ति पैदा होते रहे हैं। उन्होंने पहले अपने जीवन की बागडोर को कठोरता से संभालते हुए अपने आचरण से समाज, राष्ट्र को दिशा एवं शिक्षा प्रदान की, जिससे मानवता-संपन्न संस्कृति का प्रवाह सतत बहता रहा है। शील-चरित्र आदि की उद्भावनाएँ होती रहीं। फलस्वरूप आत्मसम्मान, धर्म की रक्षा, संपन्न कर्मों की प्रमुखता भारत में बनी रही, जिनकी रक्षा नदियों ने अपने जल से अन्न पैदा करते हुए भूख-प्यास बुझा-बुझाकर कराने में विशेष योगदान दिया और भारतवर्ष में कृषि प्रधानता की स्थिति बनी रही। हमारा राष्ट्र धन-धान्यों से जिस प्रकार लहराता रहा उसी प्रकार सांस्कृतिक रूप से भी। फलस्वरूप यहाँ जाज्वल्यमान चरित्रों का निर्माण हो सका। 'हम क्या थे, क्या हो गए, और क्या होंगे अभी'[2] के लिए डॉ. पंचोली जी की सोच है कि भारतवर्ष का व्यक्ति जो जहाँ जिस स्थिति में है वह वही उसी स्थिति में प्रयत्न करके अपने जीवन के सर्वोच्च को पा सकता है[3] प्रमाण के लिए अतीत के जीवंतों को प्रस्तुत करना, जीवन की शिक्षा और प्रेरणा के लिए महत्त्वपूर्ण होगा। इसलिए जाज्वल्यमान चरित्रों का जीवन इस संकलन में प्रस्तुत किया गया है। जिससे पाठक जागरूक होकर अपने-अपने जीवन को सर्वोच्चता की ओर ले जा सके। डॉ. पंचोली जी को इतिहास में जीवन दीप्ति की चिंगारियाँ जहाँ दिखाई दीं वही से लेकर उसे अपने लेखन में प्रज्वलित कर दिया, सहृदयों की शंका समाधान के लिए, विचार की दीपावली के लिए, सत्कर्मों के पकवानों के साथ।

इस संकलन के माध्यम से पंचोली जी जीवन ऋतु का सांस्कृतिक पर्व मना रहे हैं जिनकी झाँकियाँ पाठक एक साथ पढ़ते हुए अनुभव करता जाता है अपने से जोड़ते हुए, मनुष्यता के वंशजों की भाँति अकेलेपन के साथ। संस्कृति-सदाचार आदि का प्रभाव आचरण में आचरित होने से जितना होता है उतना लेखन पात्र से नहीं। आचरित जीवन के आधार पर ही मनुष्य अमर और ऐतिहासिक बनता है। ऐसे लेखन मात्र से नहीं। आचरित जीवन की लेखन द्वारा पुनरावृत्ति भी अनुकरणीय होती है। एक बार कोई भी व्यक्ति किसी महापुरुष के जीवन के संपर्क में आकर उसके आचरण-यज्ञ में चेतना से अपने मंत्रोच्चार करते हुए व्यवहार की आहुतियाँ देना प्रारंभ कर देता है, उसका जीवन धन्य हो जाता है। वह वाणी को आचरण की भाषा से जोड़ता है। उसकी भाषा में जीवन की प्रयोगशाला के फल ही फल पाठकों को लदे अनुभव होते हैं, कच्चे नहीं, पके-पके क्योंकि वह उनको जीवन-प्रयोग के आधार पर विभिन्न परिस्थितियों में सहजता से सरस होने देता है, उनको पाल में लगाकर या किसी केमिकल आदि मिलावटों से पकाने की जल्दी नहीं करता क्योंकि उसको पता है, ऐसा करने से जीवन फल नीरस और सड़ सकता है। 'सहज पके सो मीठो होय'[4] जीवन की इस प्रयोगशाला से हमारे ऐतिहासिक महापुरुष भलीभाँति परिचित रहे हैं। उनको सहजता, असहजता, देश-काल-परिस्थितियाँ आदि सभी आस्था के विषय बने हुए हैं। क्षेत्र चाहे राजनीतिक, धार्मिक एवं सांस्कृतिक, सामाजिक, दार्शनिक, कलात्मक आदि कोई रहे हों। सभी अपने-अपने देश में ही नहीं विश्व में भी अपने-अपने यश से दीप्ति हो रहे हैं। उसकी चेतना के ओज से पाठकों की चेतना ओजस्विता ग्रहण कर सके, वे भी अपने-अपने जीवन को शुद्धाचारण की प्रयोगशाला बना सकें, के लिए

आदरणीय डॉ. पंचोली जी ने *जीवन-दीप्ति* संकलन तैयार किया हैं। मैंने जब इस पुस्तक को पढ़ा तो पढ़ता ही चला गया, पढ़कर ऐसा लगता जा रहा था कि मैं चेतना के स्तर पर विभिन्न प्रकार और स्थान में स्नान करता जा रहा हूँ। मेरा अंत:करण एकदम हल्का स्फूर्तिवान् और समृद्धशाली हो रहा है। थकावट का पता ही नहीं चला और पुस्तक को दो बार में पढ़ गया। फिर से पढ़ा जाए तब भी रोचकता की मोहकता में कमी नहीं पड़ती। ऐसा प्रतीत होता है कि इस पुस्तक में ऐसी शक्ति है कि यह विभिन्न प्रकार की जड़ता के लिए पाठकों को सुजान बना सकती है। बस एक बार पढ़ना तो शुरू करें। इसके बाद तो यह संकलन पाठक सुधार की प्रक्रिया तुरंत आरंभ कर देता है। सुधार को पाठक कितना स्थायी बना पाता है, यह अलग बात होगी।

डॉ. पंचोली जी जीवन साधक रहे हैं। पठन-पाठन को प्रमुखता देते हुए उन्होंने अपना अध्ययन भंडार अक्षय बनाया है। जिससे वे वाणी, लेखन-व्यवहार दान उलीचते रहे हैं, थकने का नाम भी नहीं जानते। जीवन दीप्ति के विषय, उनके स्वाध्याय का एक सत्संग संगम है। जोधपुर के सामाजिकों के सहयोग से (भोजनदान, बैग-स्मृति चिह्न पहचान और हॉल, कुर्सियाँ, माइक आदि सभी को भी वहन करते हुए) हमने अखिल भारतीय साहित्य परिषद, जोधपुर इकाई के साथ जुड़कर *वर्तमान सदर्भों में रामचरित मानस* विषय पर संगोष्ठी आयोजित की। मैं इन सभी सामाजिकों का जीवनभर आभारी रहूँगा। आभारी हूँ डॉ. बद्री प्रसाद पंचोली जी का जिन्होंने इस उम्र में बड़ी प्रसन्नता के साथ पधारकर संगोष्ठी को समृद्ध बनाते हुए श्रोताओं को अपने ओजस्वी जीवन व्यवहार से जुड़े वर्तमान संदर्भों को विषय से जोड़ा। उनके व्याख्यान में *जीवन-दीप्ति* संकलन की जीवन झाँकियों के स्वरूपों का ओज, प्रसाद और माधुर्य था। उनका अभिनंदन ग्रंथ संपादित हो रहा है। ऐसे जीवन साधकों का अभिनंदन अवश्य होते रहना चाहिए। निश्चित रूप में ग्रंथ प्रेरणादायी होगा। अखिलेश कुमार जी ने मुझे कुछ लिखने के लिए कहा और पूज्य श्रीमान पंचोली जी ने *जीवन-दीप्ति* पुस्तक भेजकर मुझे उनकी लेखन प्रतिभा से अवगत कराया, आभारी हूँ। डॉ. बद्रीप्रसाद पंचोली जी की दीर्घायु की कामना करते हुए भाषण-श्रवण एवं दर्शनाकांक्षी।

संदर्भ

1. *जीवन दीप्ति* : रचनाकार डॉ. बद्री प्रसाद पंचोली, आत्म-निवेदन।
2. *भारत भारती* : मैथिलीशरण गुप्त।
3. *जीवन दीप्ति* : रचनाकार डॉ. बद्री प्रसाद पंचोली, आत्म निवेदन।
4. सहज पकै सो मीठों होय : *गुरुवर बालक नाथ जी की शबद वाणी,* दरियानाथ मंदिर, आगरा सन् 1982-83।

❖❖❖

आदर्श जीवन का मूलमंत्र

डॉ. जितेंद्र कुमार सिंह

जीवन-शतपथ के निबंध डॉ. बद्रीप्रसाद पंचोली जी की बहुमुखी प्रतिभा संपन्न, व्यापक शास्त्र ज्ञान, लोकानुभव एवं व्यावहारिक ज्ञान के बहुमूल्य रत्न हैं। जीवन से निराश, हताश एवं उदास व्यक्ति के लिए ये निबंध ज्ञानामृत एवं रामबाण के सदृश जीवनदायी हैं। जीवन की सर्वांगीणता को अपने आप में सँजोए हुए ये निबंध एक-दूसरे से ऐसे गुंथे हैं कि पाठक को प्रबंध जैसी अनुभूति प्रदान करते हैं। स्वस्थ, नीरोग एवं आदर्श जीवन का मूलमंत्र इस संग्रह के 101 निबंधों में समाहित हैं। ये निबंध यद्यपि आकार में बहुत छोटे हैं; पर विषयवस्तु की दृष्टि से इतने सटीक एवं ज्ञानवर्द्धक हैं कि 'गागर में सागर' भरने का कार्य करते हैं। इस संबंध में निम्न दोहे ध्यातव्य हैं :क

जीवन शतपथ के निबंध, अतुल गुणों की खान।
पंचोली के ज्ञान से, मिटत कलुषता मान॥
विविध विषय बहुरंगता, मिश्रित है गुण धर्म।
सकल लोकहित भावना, रचना है सत्कर्म॥

निबंधों का विश्लेषण करने से पहले निबंधकार डॉ. पंचोली जी के सहज व्यक्तित्व और कृतित्व पर ये पंक्तियाँ—

सरल सहज शालीन हैं, अति गंभीर व्यक्तित्व।
अमिट ज्ञान की खान है, उनका सकल कृतित्व॥

यद्यपि डॉ. पंचोली जी का नाम मैंने सुना था और उन्हें देखने का अवसर भी कई संगोष्ठियों में मिला था लेकिन उनसे विधिवत् मुलाकात एवं बातचीत का लाभ 10वें विश्व हिंदी सम्मेलन, भोपाल के दौरान हुआ। हुआ यों कि जिस ट्रेन से हम भोपाल जा रहे थे उसी ट्रेन में पंचोली जी भी थे और जिस होटल में हम रुके संयोग से वे भी वहीं रुके। अत: यह मेरे लिए सुखद क्षण था जब मैंने उनका सान्निध्य पाया। डॉ. पंचोली जी बहुत ही विनम्र एवं सहज व्यक्तित्व के धनी हैं। लोकजीवन की कहानियाँ एवं संस्मरण वे बहुत ही रोचक ढंग से सुनाते हैं। आपके सान्निध्य

लेखक हिंदी भाषा विज्ञान के प्रणीत अध्येता एवं समीक्षक हैं।
सहायक प्रोफेसर, हिंदी विभाग, राजस्थान केंद्रीय विश्वविद्यालय, अजमेर (राज.)
मो. : 9571088878

में कोई बोर हो ही नहीं सकता क्योंकि आप कुछ न कुछ सुनाते ही रहते हैं। अब मैं *जीवन-शतपथ* निबंध संग्रह के कुछ निबंधों का उद्धरण देते हुए डॉ. पंचोली जी की लोकोपयोगी चिंतन धारा को गति प्रदान करूँगा।

जीवन-शतपथ का अर्थ है, 'जीवन जीने के सौ रास्ते' अर्थात् आपके इस निबंध संग्रह में आदर्श जीवन जीने के एक सौ एक रास्ते बताए गए हैं। किसी भी व्यक्ति को जीवन में आगे बढ़ने के लिए जो सबसे महत्त्वपूर्ण चीज होती है वह है उसका 'आत्मविश्वास'। आपने 'आत्मानं विद्धि' निबंध में आत्मविश्वास के संबंध में लिखा है कि—'हारता वह है जो आत्मविश्वास खो देता है। हारता वह है जो समस्याओं को, बीमारियों को, आपदाओं-विपदाओं को स्वयं से बड़ा मान लेता है और स्वयं को छोटा मान लेता है।'[1] आपने महाभारतकार व्यास जी का उद्धरण देते हुए कहा है कि मनुष्य से श्रेष्ठ कुछ भी नहीं है :

न मानुषात् श्रेष्ठतरं हि किंचित्।

मनुष्य श्रेष्ठ भी है, बलशाली भी है, अजेय भी है। इस आत्मविश्वास को बनाए रखें। आत्मविश्वास को खो देने पर ही दुनिया भर की अलाय-बलाय व्यक्ति को ग्रसती है।

'शक्ति-आकलन' निबंध में आपने आत्मविश्वासी बनने के लिए अपनी शक्ति का अनुमान करने की बात करते हुए घट में ही ब्रह्मांड की बात कही है। 'यत् पिंडे तद् ब्रह्मांडे' अर्थात् पिंड और ब्रह्मांड समानांतर सृष्टियाँ हैं। साथ ही, आपने प्राणमय शरीर का आधार उससे सूक्ष्म मनोमय शरीर को बताया है और कहा है कि मन के जीतने पर ही सच्ची जीत होती है :

मन के हारे हार, मन के जीते जीत।

बौद्ध धर्म के ग्रंथ *धम्मपद* (धर्मपद) में भी मन को सभी इंन्द्रियों में पूर्वगामी एवं श्रेष्ठ बताते हुए कहा गया है कि दुःखी मन से कोई कार्य करने से दुःख व्यक्ति का पीछा वैसे ही करता है जैसे गाड़ी का पहिया बैल के पाँव का और प्रसन्न मन से कोई भी कार्य करने से सुख व्यक्ति का अनुसरण वैसे ही करता है जैसे सदा साथ चलने वाली छाया। अर्थात् सदैव प्रसन्न मन से कुछ बोलना या करना चाहिए :

मनोपुब्बङ्गमा धम्मा मनोसेट्ठा मनोमया।
मनसा चे पदुट्ठेन भासति वा करोति वा॥
ततो नं दुक्खमन्वेति चक्कं व वहतो पदं॥

* * *

मनोपुब्बङ्गमा धम्मा मनोसेट्ठा मनोमया।
मनसा चे पसन्नेन भासति वा करोति वा॥
ततो, नं सुखमन्वेति छाया, व अनपायिनी॥[2]

आपने भी अपने निबंधों के माध्यम से 'इंद्रिय निग्रह' पर बल दिया है। आत्मा की चेतनता को बनाए रखने का सुझाव दिया है। 'चरैवेति' निबंध में आपने निरंतर कर्तव्य मार्ग पर चलते रहने के लिए प्रेरित किया है। इस संबंध में आपने लिखा है कि

सूर्य से होड़ जगने की, उमगने की,
होड़ उठने की, दमकने की, चमकने की,
जब मिला सौभाग्य तो डर और शंका क्या?
होड़ दीपित रश्मियों के संग विचरने की।[3]

अर्थात् उगते सूर्य से चलने की प्रेरणा और शक्ति मिलेगी; बल्कि यों कहें कि सूर्य से होड़ करने की प्रेरणा मिलेगी। आशा वास्तव में जीवन में प्राणवायु की तरह होती है। प्रलय की रात बीत जाने पर मनु ने चिंता से मुक्ति पाई और सबसे पहले उसके मन में आशा का संचार हुआ। 'आशा की डोर' निबंध में आपने प्रसाद जी के *कामायनी* से उद्धरण देते हुए लिखा है :

उषा सुनहले तीर बरसती,
जयलक्ष्मी-सी उदित हुई।
उधर पराजित काल रात्रि भी,
जल में अन्तर्निहित हुई।[4]

अर्थात् आशावान् व्यक्ति के लिए उषा (प्रात:कालीन बेला) एक नया सवेरा एवं विजयलक्ष्मी-सी प्रकट होती है जिससे निराशा रूपी कालरात्रि पलायन कर जाती है। इसी तरह वे आगे भी कहते हैं :

यह क्या मधुर-स्वप्न-सी झिलमिल,
सदय हृदय में अधिक अधीर,
व्याकुलता-सी नित्य हो रही,
आशा बन कर प्राण-समीर।[5]

आशा के सहारे ही व्यक्ति जीवन में सब कुछ हासिल कर सकता है। उसके बिना जीवन में जीवंतता शेष नहीं रह जाती। अर्थात् आशा की डोर को कभी टूटने नहीं देना चाहिए। घोर से घोर निराशा का अंधकार हो उसमें भी आशा की ज्योति जलती ही है। आवश्यकता है उसको अनुभव करने की और सुरक्षित रखने की।

'कर्म-कौशल' निबंध में कर्म की प्रधानता पर बल देते हुए कहा गया है कि कर्म ही श्रेष्ठ है। कर्महीन व्यक्ति को इस संसार में सब कुछ रहते हुए भी कुछ प्राप्त नहीं होता है। गोस्वामी तुलसीदास जी ने ठीक ही कहा है:

सकल पदारथ हैं जग माहीं।
करमहीन नर पावत नाहीं।[6]

इस प्रकार कर्म पर विशेष बल दिया गया है तथा लालच को बुरा कहा गया है। लालच नहीं करना चाहिए। कबीर ने भी कहा है कि जो कुछ भी मिले रूखा-सूखा खाकर संतोष करना चाहिए, दूसरों की संपत्ति को देखकर लालच नहीं करना चाहिए :

रूखा सूखा खाइ के, ठंडा पानी पीव।
देख परायी चूपड़ी, मत ललचावे जीव॥

ईशावास्योपनिषद् में भी कहा गया है कि—

तेन त्यक्तेन भुञ्जीथा मा गृधः कस्य स्विद् धनम्।

अर्थात् त्यागपूर्वक भोग करो। किसी के धन का लोभ मत करो। धन तो प्रभु का है। यह त्यागपूर्वक भोग ही *गीता* का निष्काम कर्म है।

किसी भी महान् व्यक्ति का एक बहुत बड़ा गुण होता है क्षमाशीलता। इस गुण के बिना कोई महान् एवं आदर्श चरित्र को नहीं प्राप्त कर सकता है। इस संबंध में आपका निबंध 'क्षमा' प्रेरणाप्रद एवं उपयोगी है। क्षमा बड़प्पन का लक्षण है। **'क्षमा वीरस्य भूषणम्'**। क्षमा के संबंध में कहा गया है :

क्षमा बड़न को चाहिए, छोटन को उत्पात।
कहा विष्णु को घटि गयो, जो भृगु मारी लात॥[7]

भृगु ऋषि देवों की परीक्षा करने के लिए निकले। उन्होंने बुरा-भला कहा तो ब्रह्मा रुष्ट होग गए, शिव रुष्ट हो गए। विष्णु पर कोई असर नहीं हुआ। भृगु ने विष्णु की छाती पर लात मार दी। विष्णु मुस्कराकर कहने लगे—'ऋषिवर! छाती कठोर है। आपके पैर में चोट आ गई होगी।' इस लोकोत्तर क्षमा ने विष्णु को सर्वोपरि देव बना दिया। इसलिए व्यक्ति को जीवन में क्षमा की भावना रखनी चाहिए।

'संकल्प की दृढ़ता' निबंध में कहा गया है कि यह संसार परम-सत्ता के संकल्प से विकसित हुआ है। *ब्राह्मण ग्रंथों* के अनुसार उसने संकल्प किया कि मैं अकेला हूँ—बहुत हो जाऊँ—एकोऽहं बहु स्याम। *कुरआन मजीद* में खुदा ने कहा—'कुन' अर्थात् करूँ और यह हो गया। छोटा-सा संकल्प किस तरह विराट् रूप बन सकता है—इसका उदाहरण है यह संसार। जीवन में आगे बढ़ने के लिए संकल्प शक्ति बहुत ही आवश्यक है। संकल्प-वीर या व्रती होना गौरव की बात होती है। राजा हरिश्चंद्र सत्यव्रती थे, सत्य-संकल्पी थे, सत्यवीर थे। राम संकल्पपूर्वक प्रजापालक बने थे। महाराणा प्रताप प्रणवीर थे। महात्मा गांधी संकल्पवीर थे। हकीकत राय बलिदानी वीर थे। भगतसिंह और अशफाक, रामप्रसाद बिस्मिल और चंद्रशेखर आजाद ऐसे व्रतीवीर थे जिन्होंने प्राणों का मोह त्याग दिया था।

'समता' निबंध में कहा गया है कि समता या समानता का भाव व्यक्ति के विकास में अभूतपूर्व योगदान करता है। जीवन में बहुत कुछ ऐसा है जो हमारे अनुकूल नहीं होता वह दुःखदायी भी हो सकता है; पर बहुत कुछ ऐसा भी है जो हमारे अनुकूल भी होता है और सुखदायी भी।

समत्व योग सिद्ध होने पर आदमी समदर्शी बन जाता है। महात्मा सूरदास ने अपने इष्टदेव को समदर्शी कहा है :

प्रभु मोरे अवगुन चित न धरो,
समदरसी प्रभु नाम तिहारो,
चाहे तो पार करो॥[8]

समत्व दर्शन का यह दिव्य गुण मनुष्य में विकसित होना चाहिए। समता का ही परिणाम है वह उदारता जो सारी वसुधा पर रहने वालों को एक परिवार की तरह संगठन सूत्र में बाँध देती है :

अयं निज: परो वेति गणना लघुचेतसाम्।
उदारचरितानान्तु वसुधैव कुटुम्बकम्॥

व्यक्ति के लिए दिशा-बोध का होना बहुत आवश्यक है। आपके 'दिशा-बोध' निबंध में इस संबंध में मार्गदर्शन मिलता है। दिशा बोध के लिए उन लोगों का मार्गदर्शन स्वीकार करना पड़ता है जो स्वयं मार्ग पर चलकर उसकी जानकारी प्राप्त कर चुके हैं। अपने पंथ का अनुसंधान कर चुके हैं। उनको गुरु कहा जाता है। आचार्य कहा जाता है। आचार्य इसलिए कहा जाता है क्योंकि वे आचरण की शिक्षा देते हैं। दिशाएँ दस हैं। व्यवहार में पूर्व, पश्चिम, उत्तर, दक्षिण—इन चार दिशाओं को ही हम जानते हैं। आग्नेय, ईशान, वायव्य और नैऋत्य कोण इन चारों के बीच की दिशाएँ हैं। इनके अतिरिक्त उर्ध्व औ अध: अर्थात् ऊपर और नीचे की दिशाएँ भी होती हैं।

दिशा-च्युत हो जाने से ठोकर खाकर गिर गए तो भी घबराना नहीं, गिरें तो यों मान लो कि आगे लक्ष्य की ओर उठने को प्रणाम कर लिया। इसको अपने काव्य *कुरुक्षेत्र* में रामधारी सिंह दिनकर इस प्रकार कहते हैं :

जीवन उनका नहीं युधिष्ठिर जो उससे डरते हैं।
वह उनका जो चरण रोप, निर्भय होकर लड़ते हैं।[9]

इस प्रकार दिशा ज्ञान हो जाने के बाद उत्साह के साथ अपने जीवन लक्ष्य को प्राप्त करने हेतु सतत प्रयास करना चाहिए। इस संबंध में 'उत्साह' निबंध मार्गदर्शक का कार्य करता है। उत्साह के बारे में कहा गया है कि उत्साह से बड़ा मनुष्य का कोई मित्र नहीं। उत्साह से ही व्यक्ति की संपूर्ण कार्य क्षमता प्रकट होती है। उत्साहविहीन व्यक्ति का कोई भी काम, कभी भी पूरा नहीं होता। पग-पग पर ठोंकरें खानी होती हैं। *पंचतंत्र* में कहा गया है कि उत्साह संपन्न, दीर्घसूत्री, क्रियाविधिज्ञ, व्यसनत्यागी, शूर, कृतज्ञ, दृढ़निश्चय व्यक्ति को निवास के लिए लक्ष्मी स्वयं चाहती है :

'उत्साहसंपन्नमदीर्घसूत्रं, क्रियाविधिज्ञं व्यसनेष्वसक्तम्।
शूरं कृतज्ञं दृढ़निश्चयं च लक्ष्मी: स्वयं वाञ्छति वासहेतो:।।'

मनुष्य के जीवन में वीरता का अत्यधिक महत्त्व है। वीरता ही वह गुण है जो व्यक्ति को परिवार और समाज व राष्ट्र की रक्षा के लिए जीने और मरने की प्रेरणा देता है। जनक ने एक बार कह दिया था कि वीरविहीन मही मैं जानी। इस कथन पर लक्ष्मण कुपित हो उठे थे। उन्होंने यहाँ तक कह दिया था कि 'कुन्दुक जिमि ब्रह्मांड उठाऊँ।' उत्साही कृष्ण ने ब्रजवासियों की रक्षा के लिए गोवर्धन पर्वत को कनिष्ठिका अँगुली पर उठा लिया था। वीर कई तरह के गिनाए गए हैं। यथा—धर्मवीर, युद्धवीर, कर्मवीर और दानवीर। अत: जीवन में सफलता प्राप्त करने के लिए वीरता को धारण करना परम आवश्यक है। आपका वीरता निबंध इस संबंध में बहुत ही कारगर एवं उपयोगी है।

संपूर्ण विश्वमानवता एवं बंधुत्व की भावना रखने वाले व्यक्ति के अंदर दया का वास होना अनिवार्य है। क्योंकि दया ही उस आत्मीयता के भाव को जन्म देती है जिसमें बँधकर समस्त विश्व एक कुटुंब बन जाता है।

महाकवि तुलसीदास ने *विनयपत्रिका* में लिखा है :

तू दयालु, दीन हौं, तू दानि, हौं भिखारी।
हौं प्रसिद्ध पातकी, तू पाप-पुंज-हारी ॥ [10]

दया की भाँति त्याग भी मनुष्य जीवन में बहुत ही उपयोगी है। त्याग सचमुच मनुष्य के कद को बढ़ा देता है। आदमी को सारे संसार की दौलत मिल जाए तो भी उसे संतोष नहीं होगा, शांति नहीं मिलेगी। और अधिक पाने की लालसा बनी रहेगी; परंतु परहित कामना से किया हुआ साधारण त्याग भी आदमी को शांति और संतोष प्रदान करता है। कबीर ने कहा है :

गोधन गजधन बाजिधन और रतनधन खान,
जो आवै संतोष धन सब धन धूरि समान॥

दया के समान करुणा भी व्यक्तित्व को महान् बनाती है। उदाहरण के लिए महर्षि वाल्मीकि को भी काव्यकर्म की प्रेरणा कारुणिक प्रसंग से ही प्राप्त हुई थी। वे अपने शिष्य भारद्वाज के साथ तमसा नदी के किनारे जा रहे थे कि अचानक उनकी दृष्टि एक क्रौंच पक्षी के जोड़े पर पड़ी जिनमें से नर क्रौंच व्याध के तीर का शिकार हो गया था और क्रौंची करुण क्रंदन कर रही थी। वाल्मीकि उससे द्रवीभूत हो गए और उनके मुख से पहली कविता आविर्भूत हुई :

मा निषाद प्रतिष्ठां त्वमगमः शाश्वतीः समाः।
यत् क्रौञ्चमिथुनादेकम् अवधीः काममोहितम्॥

(वाल्मीकि रामायण)

दया, करुणा, निर्भयता, निर्मलता, सरलता, स्वाध्याय, धारणा, मधुरता आदि विषयों पर आपने बहुत ही सरल एवं ज्ञानपूर्ण निबंध लिखे हैं। ये निबंध व्यक्तित्व विकास में बहुत ही सहायक सिद्ध होंगे। आपका 'सच्चाई' निबंध आदर्श जीवन के लिए अत्यंत आवश्यक है। इसमें बताया गया है कि जीवन की सच्चाई को जो नहीं जानता उसे मनुष्य कहलाने का कोई अधिकार नहीं है। महात्मा गांधी का जीवन सत्य का प्रयोग है। अहिंसा, सत्य और प्रेम उनके जीवन के मूल सूत्र थे। आस्थावान् भारतीय नित्य प्रति जल हाथ में लेकर कामना करते हैं :

सत्यं यशः श्रीर्मयि श्रीः श्रयताम्।

अर्थात् सत्य, यश और श्री मेरे जीवन में साकार हों। सत्य को धारण करना जीवन का सबसे बड़ा पुरुषार्थ है। लोग सत्य को नौका बनाकर संसार सागर को पार करना चाहते हैं। भारतीय होने की पहली पहचान है, होंठों पर सच्चाई होना। यद् वदामि, सत्यं वदामि—जो बोलूँगा, सच बोलूँगा, यह संकल्प हर भारतीय के मन में होना चाहिए।

सच्चाई के संबंध में महात्मा कबीर ने भी कहा है कि सच्चाई से ही ईश्वर की प्राप्ति हो सकती है :

साँच बराबर तप नहीं, झूठ बराबर पाप।
जाके हिरदय साँच है, ताके हिरदय आप॥

'अभ्यास' निबंध में कहा गया है कि चेष्टा या प्रयत्न की निरंतरता का नाम अभ्यास है। अभि+आस से बने हुए इस शब्द का सीधा अर्थ है अभिमुख होकर बैठना। यह उपनिषद् का पर्यायवाची प्रतीत होता है। लक्ष्य खो जाए तो प्रयत्नशून्यता आती है। इसलिए सदैव लक्ष्य को सामने रखें। तब चेष्टा का क्रम रुकेगा नहीं। कहा गया है कि लघुसिद्धांत कौमुदी के रचनाकार वरदराज मंदबुद्धि थे उनके गुरु ने उन्हें एक बार आश्रम से निकाल दिया वे निराश होकर जा रहे थे कि अचानक प्यास लगी और वे एक कुएँ के पास गए और कुएँ की जगत् पर लगे पत्थर को देखा जिस पर पानी खींचते समय रस्सी से कटकर निशान बन गए थे। उससे उन्हें प्रेरणा मिली और वे अभ्यास करने का निश्चय कर पुनः गुरु के पास लौट आए और अभ्यास के बल पर इतने बड़े विद्वान् हुए कि *लघुसिद्धांत कौमुदी* की रचना की। इस संबंध में कविवर वृंद का निम्न दोहा प्रसिद्ध है :

करत-करत अभ्यास के जड़मति होत सुजान।
रसरी आवत-जात ते, सिल पर परत निशान॥ [11]

अभ्यास के साथ कटिबद्धता बहुत आवश्यक है। क्योंकि बिना कटिबद्धता के कोई भी कार्य सफल नहीं हो सकता। 'तीतर के हाथ बटेर' भले ही हाथ लग जाए पर तीतर क्या अपने आप हाथ आ जाता है? बिना परिश्रम के कोई भी कार्य सिद्ध नहीं होता। सोते हुए सिंह के मुख में अपने आप मृग प्रवेश नहीं करता उसके लिए प्रयत्न करना पड़ता है :

उद्यमेन हि सिद्ध्यन्ति कार्याणि न च मनोरथैः
न हि सुप्तस्य सिंहस्य प्रविशंति मुखे मृगाः। [12]

लोग बड़े-बड़े ख्वाब देखते हैं और मर जाते हैं पूरे नहीं कर पाते। मन की इच्छा पूरी करने के लिए चाह या कामना करनी पड़ती है। फिर उसे क्रियाविन्त करने के लिए दृढ़निश्चय करना पड़ता है। दृढ़ निश्चय करने से ही काम नहीं चलता, कमर को कसना पड़ता है अर्थात् कटिबद्ध होना पड़ता है :

कमर कस लो जरा, उस काम को अब कर डालें,
बनाकर भार जिसका सिर पर उठाए फिरते हैं। [13]

अर्थात् उत्साह में तो लोग कई काम एक साथ शुरू कर देते हैं लेकिन कुछ दिनों में उत्साह ठंडा हो जाता है और काम नहीं हो पाता है। इसलिए किसी भी कार्य के लिए कटिबद्ध होना बहुत जरूरी होता है। साथ ही जो भी कार्य उत्साह से किया जाए उसे शीघ्र पूरा करना चाहिए। उसमें विलंब नहीं करना चाहिए।

जीवन की सफलता का एक राज है 'जन-संपर्क' क्योंकि व्यक्ति के व्यक्तित्व की पहचान उन लोगों से होती है जिनके बीच में वह उठता-बैठता है। इस मान्यता के अनुसार व्यक्ति को सच्चे और अच्छे साथी चुनना चाहिए। वेद में भी सबका प्रिय होने की कामना की गई है :

प्रियं मा कृणु देवेषु प्रियं राजसु मा कृणु।
प्रियं सर्वस्य पश्यत उत, शूद्र उतार्ये॥

(**अथर्ववेद** 19/62/1)

इस प्रकार निरंतर परिचय का क्षेत्र बढ़ाते रहना चाहिए क्योंकि इससे सुख में वृद्धि होती है। इस बात को वही जानता है जिसने इसे अनुभव किया है। रहीम कवि ने इस संबंध में कहा है :

रहिमन यों सुख होत है, बढ़त देखि निज गोत।
ज्यों बड़री अँखियाँ निरखि अँखियन को सुख होत॥[14]

जनसंपर्क बढ़ाकर अनजाने प्रदेश में अनजाने लोगों के बीच में भी रहा जा सकता है। अत: जीवन को सँवारने और निखारने का साधन है जनसंपर्क।

'संवेदनशीलता' निबंध में कहा गया है कि मानवीय संवेदना हो तभी किसी व्यक्ति को मनुष्य कहा जाएगा। अपने भीतर झाँककर देखो कि ऐसी संवेदना आप के भीतर है भी या नहीं। केवल मनुष्य कुल में जन्म लेने मात्र से ही कोई मनुष्य नहीं बनता। अर्थात् मनुष्य बनने के लिए मानवीय संवेदना और मनुष्य के प्रति मानवता का भाव होना चाहिए। राष्ट्रकवि मैथिलीशरण गुप्त ने कहा है :

यही पशु-प्रवृत्ति है कि आप आप ही चरे,
वही मनुष्य है कि जो मनुष्य के लिए मरे।[15]

'अति सर्वत्र वर्जयेत्' व्यक्ति के जीवन में कोई भी कार्य जो आवश्यकता से अधिक होता है वह अहितकर होता है। अर्थात् यह कोशिश रहनी चाहिए कि किसी भी कार्य में अति न हो। इस संबंध में 'मितभाषी' निबंध को देख सकते हैं जिसमें कहा गया है कि जब कोई अपनी खरी कमाई को व्यर्थ नहीं खोता तो व्यर्थ में शब्दों को नहीं खोना चाहिए :

अति का भला न बोलना,
अति की भली न चूप।
अति का भला न बरसना,
अति की भली न धूप॥

साथ ही कहा गया है कि वाणी बहुमूल्य है। उसकी महत्ता समझना चाहिए और एक-एक शब्द को सोच-समझकर बोलना चाहिए। मितभाषण अच्छे व्यक्ति का लक्षण बताया गया है।

इस संबंध में कबीर का निम्न दोहा प्रासंगिक है :

बोली एक अमोल है जो कोई बोलै जानि।
हिये तराजू तौल के तब मुख बाहर आनि॥

अंत में शांति और स्वस्ति निबंधों के माध्यम से मैं अपनी लेखनी को विराम दूँगा। शांति निबंध में निबंधकार ने गोस्वामी तुलसीदास के *रामचरितमानस* के सुंदरकांड के प्रारंभिक श्लोक का उद्धरण देते हुए कहा है कि, सृष्टिकर्ता ब्रह्मा शांत हैं, जगत्पालक विष्णु शांताकार हैं और सृष्टि के संहारक शिव भी शंकर (शांतिकर) हैं। विष्णु के अवतार राम का पहला गुण शांत होता है और दूसरा शांति प्रदान करना अर्थात् जीवन में शांति का स्थान सर्वोपरि है।

व्यक्ति ज्ञान-विज्ञान के बल पर ऊँचाइयों को छू सकता है लेकिन शांति के लिए पुनः अध्यात्म एवं भक्ति से जुड़ना पड़ेगा :

'शान्तं शाश्वतमप्रमेयमनघं निर्वाणशान्तिप्रदम्।
ब्रह्माशम्भुफणीन्द्रसेव्यमनिशं वेदान्तवेद्यं विभुम्।'[16]

वेदों में सुजन बनने की प्रक्रिया पर भी बल दिया गया है। सुजन बनने की प्रक्रिया ही स्वस्ति कही जाती है। स्वस्ति कामना करते हुए वेद में कहा गया है :

स्वस्ति नः इन्द्रो वृद्धश्रवाः स्वस्ति नः पूषा विश्ववेदाः।
स्वस्ति नस्तार्क्ष्यो अरिष्टनेमिः, स्वस्ति नो बृहस्पतिर्दधातु॥[17]

साथ ही यह भी कहा गया है कि हम सूर्य और चंद्रमा की तरह स्वस्ति-मार्ग का अनुवर्तन करें :

'स्वस्ति पन्था मनुचरेम सूर्याचन्द्रमसाविव।
पुनर्ददताऽघ्नता जानता संगमें य हि॥[18]

इस प्रकार *जीवन-शतपथ* में संकलित समग्र निबंधों का विश्लेषण करते हुए कह सकते हैं कि निबंध अपने आप में पूर्ण व ज्ञान के अजस्र स्रोत हैं। निबंधों को पढ़ते हुए कहीं भी बोझिलता और कठिनता महसूस नहीं होती। निबंधों की भाषा लोक से ओत-प्रोत है। लोकप्रचलित मुहावरे एवं सूक्तियों का प्रयोग संदर्भानुकूल किया गया है। आदि से अंत तक आदर्श, नीरोग एवं स्वस्थ जीवन के संबंध में जो बातें बताई गई हैं वे व्यावहारिक एवं प्रासंगिक हैं।

वेद में किसी भी अनुष्ठान या धार्मिक-कार्य संपन्न करने के उपरान्त यजमान कामना करते हैं कि द्यौः, अंतरिक्ष, पृथ्वी, जल, वायु, औषधि, वनस्पति, विश्वेदेव, ब्रह्म आदि सब शांति प्रदान करने वाल हों। सर्वत्र शांति ही शांति हो। इसी मंगल कामनाओं सहित :

ॐ द्यौः शान्तिरन्तरिक्षं शान्तिः पृथिवी शान्तिरापः
शान्तिरोषधयः शान्तिः वनस्पतयः शान्तिर्विश्वेदेवाः
शान्तिर्ब्रह्म शान्तिः सर्वं शान्तिः शान्तिरेव
शान्तिः सा मा शान्तिरेधि॥
ॐ शांतिः शांतिः शांतिः ॐ॥

(**यजुर्वेद** 36.17)

सन्दर्भ

1. पंचोली, बद्रीप्रसाद (1998) *जीवन-शतपथ,* अजमेर : अर्चना प्रकाशन, पृ. 1
2. पाठक, विनय कुमार (2015) *विमर्श की भूमिका,* दिल्ली : नीरज बुक सेन्टर, पृ. 31
3. *जीवन-शतपथ,* पृ. 7

4. प्रसाद, जयशंकर (2012) *कामायनी,* जयपुरः मलिक एंड कंपनी, पृ. 7
5. वही
6. *जीवन-शतपथ,* पृ. 13
7. वही, पृ. 16
8. वही, पृ. 23
9. दिनकर, रामधारी सिंह (2011) कुरुक्षेत्र, दिल्ली : राजपाल एंड सन्स, पृ. 91
10. तुलसीदास (सं. 2061) *विनय पत्रिका,* दोहा संख्या-791
11. *जीवन-शतपथ,* पृ. 7
12. वही, पृ. 114
13. वही, पृ. 114
14. मिश्र विद्यानिवास, गोविंद रजनीश (2005) *रहीम ग्रंथावली,* संपादित, दिल्ली : वाणी प्रकाशन, दोहा-236, पृ. 93
15. पांडेय, पृथ्वीनाथ (2009) *अच्छे-अच्छे निबंध,* दिल्ली : प्रभात प्रकाशन, पृ. 66
16. तुलसीदास (सं. 2068) *रामचरितमानस,* 161वाँ पुनर्मुद्रण, मूल गुटखा, सुंदरकांड, गोरखपुर : गीता प्रेस, पृ. 461
17. *जीवन-शतपथ,* पृ. 225
18. वही, पृ. 225

❖❖❖

लेखक अनुभवों से सीख लेते रहें

वरिष्ठ साहित्यकार और वेद ऋषि डॉ. बद्रीप्रसाद पंचोली अपने जीवन के 82 बसंत देख चुके हैं। डॉ. पंचोली की साहित्यिक-सामाजिक जीवन यात्रा के विविध पड़ावों को लेकर उनकी लेखकीय प्रतिबद्धता, अध्यापकीय निष्ठा और जीवन संघर्ष के कुछ रोचक और जीवट प्रसंगों को जानने के लिए **अखिलेश कुमार शर्मा** ने बातचीत की। पेश हैं उसके अंश-

? आप लोक, वेद और संस्कृत की परंपरा से आते हैं। किस उद्देश्य को लेकर इस परंपरा से हिंदी को समृद्ध करना चाहते हैं?

मनुष्य को मनुष्य बनने की शिक्षा और मनुष्य होने का विचार और विश्वास वेद की देन है। हिंदी भी इसी परम्परा से निकली है। हिंदी की समृद्धता में जितना बड़ा योगदान संस्कृत का है, उतना ही बड़ा योगदान लोक का है। मेरा मकसद लोक और संस्कृत की चिंतन परम्परा से हिंदी के शब्द संसार को वैज्ञानिक स्वरूप प्रदान करने को लेकर रहा। शब्द चिंतन को लोक और वेद परम्परा से समृद्ध करना मेरे लेखन का एक अन्य उद्देश्य है।

? शब्द चिंतन की परंपरा में आपका विशेष योगदान है। शब्द के मौलिक अर्थ चिंतन के बारे में आप क्या कहना चाहेंगे ?

हिंन्दी संस्कृत की परम्परा की सर्वाधिक सक्षम-विश्व

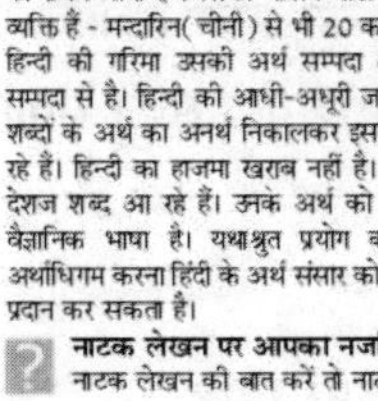

की प्रथम भाषा है जिसको बोलने वाले 130 करोड़ व्यक्ति हैं - मन्दारिन(चीनी) से भी 20 करोड़ अधिक। हिन्दी की गरिमा उसकी अर्थ सम्पदा और संस्कार सम्पदा से है। हिन्दी की आधी-अधूरी जानकारी वाले शब्दों के अर्थ का अनर्थ निकालकर इसकी हत्या कर रहे हैं। हिन्दी का हाजमा खराब नहीं है। विदेशी और देशज शब्द आ रहे हैं। उनके अर्थ को समझें। हिंदी वैज्ञानिक भाषा है। यथाश्रुत प्रयोग को समझकर अर्थाधिगम करना हिंदी के अर्थ संसार को मौलिक रूप प्रदान कर सकता है।

? राजस्थान की साहित्यिक परंपरा को कहां, किस दशा और दिशा में रेखांकित करते हैं आप?

राजस्थान में प्रचुर मात्रा में लेखन हो रहा है। गुणवत्ता के आधार पर कृति का मूल्यांकन और स्थान-निर्धारण होता है। समीक्षा का समुचित विकास होने पर गुणदोष का विवेचन होता है। समीक्षा के मानक शास्त्रीय होते हैं - अभिरूचिपरक नहीं। कविता कविता हो, कहानी कहानी हो, नाटक-नाटक हो यह अपेक्षा तो की ही जाती है।

? नाटक लेखन पर आपका नजरिया?

नाटक लेखन की बात करें तो नाटक लेखन में जयशंकर प्रसाद जी की तरह मेरी भी सम्मति है कि मंच नाटक के लिए होना चाहिए न कि मंच के लिए नाटक। नाटक का गुण अभिनेता तो है ही। निबन्ध लेखन की बात की जाए तो निबन्ध में भाषा सरल और सुबोध तो होनी ही चाहिए।

? किसी न किसी अंश में आपके लेखन में 'भारत-बोध' के दर्शन हो ही जाते हैं।

भारत, भारतीयता और भारत-बोध वस्तुतः अपने को समझने का मार्ग ही है। असल में भारत में न जाने कितनी रोचक और अद्‌भुत जानकारियों का भंडार है। भारत को कोई जानना ही नहीं चाहता। भारत की सीमाओं का ही बोध नहीं है किसी को। न ही भारत के इतिहास का और न ही भारत की अस्मिता का बोध है किसी को।

? रचनाकार के रूप में आप क्या सन्देश देना चाहते हैं?

रचना के तौर पर मेरी पहली कविता 1953 में कॉलेज की पत्रिका में गद्य गीत के रूप में छपी, पुरस्कृत भी हुई। उसके बाद से कलम रुकी नहीं। तब से लेकर आज तक प्रतिदिन एक पृष्ठ लिखता हूं। लोक, वेद, भाषा विज्ञान, कविता, लघुकथा, नाटक, निबंध आदि में लगभग 160 मौलिक और चिंतनपरक पुस्तकें लिख चुका हूं। देश की विभिन्न पत्र-पत्रिकाओं में लगभग 6000 लेख छप चुके हैं। विभिन्न बोर्ड और विश्वविद्यालयों में पुस्तकें पाठ्यक्रम में भी रही हैं और शोध भी हुआ है। स्वाध्याय से आत्मजगत का विस्तार होता है और जीवन के अनुभवों से जिन्दगी जीने का नजरिया प्राप्त होता है। इसलिए अच्छा पढ़ें और अपने जीवन के अनुभवों से सीख लेते हुए अच्छा लिखें।

? हिंदी साहित्य की देश में स्थिति?

हिन्दी राष्ट्रभाषा है। उसमें अभिव्यक्त करके आत्मगौरव की अनुभूति होती है।

? नए रचनाकारों के लिए कोई सन्देश?

मनु की भाषा में स्वाध्याय से ऋषि अर्चना करें।

पत्रिका Sun, 23 April 2017
epaper.patrika.com//c/18520982

कर्म के प्रति प्रेरणा

डॉ. शमा खान

गुरुजी (बद्रीप्रसाद पंचोली) के सात्त्विक और तेजपूर्ण व्यक्तित्व का प्रभाव हरेक शख्स पर निश्चित रूप से पड़ता है। उनके आभामंडल में वह आकर्षण है जो भीतर तक संतुष्ट, शांत कर देता है। अपने पूरे जीवनकाल में किए परहित, सेवा कार्य और सँजोई ढेरों दुआओं का ही यह असर प्रतीत होता है।

सहज रूप में गहरी बात कह देना। साधारण से अंदाज में बड़ा कार्य क्रियान्वित कर देना, गुरुजी की खूबी है। आयु के इस पड़ाव में भी असीम जीवनशक्ति, ऊर्जा आपको ईश्वर से पाया वरदान ही है। कुछ नया, कुछ सांस्कृतिक गौरवपूर्ण प्रयोग करने की ललक ने ही आपको अमृत धुले हाथ नाटक लिखने को प्रेरित किया। नाटक को एक पुण्य यज्ञ के रूप में आपने लिखा, जो हर समय, काल में प्रासंगिक रहेगा। विशेष रूप में आज के समाज, सामाजिक उथल-पुथल, चिंतन, आधुनिकीकरण के प्रभाव, अंधानुकरण के दौर में अपने मूल्यों, संस्कारों को सँजोने की आवश्यकता है। मूक बैठकर या मौन रहकर मंथन करते-करते कहीं समय की आँधी सब कुछ निगल ना ले।

1983 में लिखा *अमृत धुले हाथ* नाटक ऐतिहासिक संदर्भों को लिए हुए काल्पनिक नाटक है। महाभारत युद्ध के बाद भारतीय समाज जिन परिस्थितियों से गुजरा है, ध्वंस हो चुकी प्राचीन परंपराएँ, मूल्यों ने सारे देश में राजनीति को परिवर्तित कर दिया। और एक ऐसी गणतांन्त्रिक व्यवस्था स्थापित हुई जिससे विदेशी आक्रमणकारियों से सुरक्षा हो सके। भीष्म का चिंतन कि गणराज्यों को कैसे दोषमुक्त रखा जाए, इस दिशा में जो परिवर्तन हुए होंगे उनका काल्पनिक चित्र इस नाटक में देखा जा सकता है। वैयाकरण शाकटायन महाभारत काल में हुए थे। उनके जीवन की काल्पनिक झाँकी नाटक में प्रस्तुत की गई है अन्य पात्र काल्पनिक हैं।

स्वयं लेखक के शब्दों में—'संकल्पित बुद्धि न तो प्राकृतिक प्रकोपों से हारती है, न आकस्मिक विसंवादों से आतंकित होती है। जितनी विपत्तियाँ बढ़ती हैं, उतनी ही वह सही निर्णय लेने की प्रखरता दिखाती है। देवी प्रकोप, विदेशी आक्रमण की आशंका, कृष्ण का निर्वाण, सामाजिक पतन का आरम्भ आदि अनेक बातें ऐसी हैं जिन्होंने देश को झकझोर दिया। ऐसी परिस्थिति में राष्ट्र के प्रबुद्ध वर्ग ने क्या किया इसका रेखाचित्र इस नाटक में अंकित है' (*अमृत धुले हाथ,* पृ. 5)।

युवा लेखिका एवं समीक्षक।
सहायक आचार्य-हिंदी विभाग, राजकीय कन्या महाविद्यालय, अजमेर (राज.)
मो. : 9413152935

गुरुजी की सकारात्मक दृष्टि है कि जब सोद्देश्य राष्ट्रहित में, समाज हित में कोई कार्य किया जाये तो उस व्यक्ति के हाथ स्वत: ही अमृत से धुले हुए होते हैं। संकल्प को बल देने वाले ऐसे हाथों का नाटक में उल्लेख है। 'करने' का महत्त्व, 'अर्जन और समर्पण' के स्वर से ही इस नाटक का नामकरण *अमृत धुले हाथ* किया गया है।

युवा पीढ़ी को कर्म के प्रति प्रेरित करने का संदेश इस नाटक में है। शिक्षण संस्थानों को मनोविकार ग्रस्त लोगों का चिकित्सालय माना गया है। वहीं आयु में 'बुढ़ापे' को कर्म में बाधक नहीं माना, नया दर्शन दिया है। 'बुढ़ापा आयु का नहीं, लक्ष्यहीन होने का नाम है, साधनहीन होने, हारे हुए जीवन का नाम है।' सतत गतिशीलता ही यौवन का पर्याय है। सत्य, ज्योति और अमृतत्व ही मनुष्यता है।

वहीं राज व्यवस्था के संदर्भ में लेखक का मत आज के परिप्रेक्ष्य में सटीक है कि 'राज्य का लक्ष्य सबके हितों की रक्षा करना और सबके लिए उन्नति के समान अवसर प्रदान करना हो तो कभी बुराई पनप ही नहीं सकती। यदि राजनीति स्वार्थपरक, भ्रष्ट होती है तो वह उस जंगली भैंसे के समान है जो प्रजा के हितों को जंगली घास समझ कर चरते हैं। ऐसी राजनीति पके फोड़े के समान है, जिसे सहलाने की नहीं, फोड़ने की आवश्यकता है।'

इस प्रकार *अमृत धुले हाथ* नाटक में मुख्य पात्र शाकटायन जब मौन हो जाते हैं और संकटपूर्ण स्थिति का चिंतन-मंथन करते हैं तो एक विचार प्रस्तुत होता है कि 'साधारण व्यक्ति अपने मुँह से बोलता है। योगी तो एक साथ कितने ही लोगों के मुख से बोल सकता है।' इससे उनके बोलने की शक्ति बढ़ती ही है। यह 'मौन साधना' ही धैर्यबाहु द्वारा भेजी पहेली का उत्तर बनती है जिसमें गणराज्य में आक्रमण को ललकारा है। प्रत्युत्तर में :

स्वर्ण-उषा की मधुर प्रभाती
सुन-सुन कर नित जाता जाग
प्रथम रश्मि को पकड़ हाथ से
सुलगाता भविष्य की आग,
ज्योति-शिशुक यह कभी न सहता
अंध-तनिस्रा की ललकार
स्तनपान कर तभी, पूतना
का वध करने को तैयार।

आज भारत और पाकिस्तान के मध्य जो संबंध बने हुए हैं; पाकिस्तान बार-बार सीमा पर आतंकी गतिविधियाँ करता है, उसी की ललकार का प्रत्युत्तर उत्तर भाव ये पंक्तियाँ हो सकती हैं।

यौवन मन को, युवा ऊर्जा को जगाता यह नाटक राष्ट्र प्रेम का उद्घोष है। अर्जन और समर्पण को प्रेरित हो, ज्ञान, धन, स्नेह, शक्ति, यश आदि सभी जीवनोपयोगी तत्त्वों का अर्जन करो और उनको समाज, राष्ट्र और विश्व के कल्याण के निमित्त समर्पित कर दो। इस प्रकार नाटक के अंत में शाकटायन का बिछड़ा पौत्र जयंत महाभारत युद्ध में भटके परिवारों में सम्मिलित हो गया था। भीड़ का रूप धारण होने पर इनमें अपराध, स्त्रियों के साथ शील भंग होने लगा। जयंत ने इन्हें अपनी तलवार से सबक सिखाया। अपना कर्त्तव्य पूर्ण किया।

इस प्रकार अपने कर्म के प्रति प्रवृत्त करता राष्ट्र भक्ति पूर्ण सफल नाटक है।

❖❖❖

शाश्वत मंगल-साधिका

डॉ. ओमप्रकाश पारीक

मनुष्य जीवन का उद्देश्य सत्, चित् और आनंद को प्राप्त करना है किंतु अहंकार जनित अज्ञान इस मार्ग में प्रबल बाधक है इसी को दार्शनिक माया भी कहते हैं। जैसा कि गीता में कहा है—

नाहं प्रकाशः सर्वस्य योगमायासमावृता।
मूढोऽयं नाभिजानाति लोको मामजमव्ययम्॥

(***गीता*** 7/25)

जन्म से लेकर मृत्युपर्यन्त जीवनयात्रा में अपने शिवस्वरूप को जाग्रत रखते हुए मनुष्य नर से नारायण बन सकता है यही उसका शाश्वत मंगल भी है, यही उसका जीवन उद्देश्य है। यह ऐसा मंगल है जिसका कभी ह्रास नहीं होता व जिसको प्राप्त कर अन्य किसी मंगल की अपेक्षा नहीं रहती। ज्ञाता-ज्ञेय और ज्ञान का ऐसा तादात्म्य व्यष्टि से जब समष्टि में समाविष्ट होता है तो वही विश्व मंगल का आगाज करता है। क्रांत द्रष्टा ऋषि के अमूर्त वचनों में यह तादात्म्य कल्याण से प्रेरित हो भावगम्य होकर एक दृष्टि प्रदान करता है। वह दृष्टि जीवन को सार्थक कर देती है। इस प्रकार की मांगलिक एवं शाश्वत दृष्टि के स्रोत वेद हैं।

इस मंगल यात्रा में हमारे पदक्रम साधनापथ पर बढ़ते जाते हैं और आत्मविस्तार के द्वार से द्वार खुलते जाते हैं। साधक आनंद मधु का पान करता है—

चरन्वै मधुविन्दति चरन्स्वादुमुदुम्बरम्।
सूर्यस्य पश्य श्रेमाणं यो न तन्द्रयते चरँ चरैवेति॥

(***ऐतरेयब्राह्मण*** 3)

मंत्रद्रष्टा सिद्ध ऋषियों के दर्शन श्रुति में परिश्रम अवश्य करणीय है क्योंकि वह ही श्रेय है। निःश्रेयस मार्ग है। श्रुति हमारे कल्याण मार्गों को प्रशस्त करती है इसलिए श्रुति प्रदर्शित कल्याण मार्गों का अनुसरण करना है तो उन मार्गों

व्याख्याता, स्नातकोत्तर संस्कृत विभाग,
बा.भ.दा. राज. स्नातकोत्तर महाविद्यालय, चिमनपुरा (शाहपुरा) जयपुर
मो. : 09928526919

की पहचान व बोध होना आवश्यक है। जब आत्मशक्ति का विस्तार होने लगता है तो पथ आलोकित होने लगते हैं। हम सभी को आत्मीय समझते हैं, भेदभाव लुप्त हो जाता है।

गोस्वामी तुलसीदास ने इसे बहुत ही सरलता से कह दिया है—

सीयाराममय सब जग जानी
करउँ प्रनाम जोरि जुग पानी।

(***रामचरितमान***, बालकांड, 7.2)

सभी भूत प्राणियों में जब आत्मीयता दिखने लगती है तो उपनिषद् वाक्य 'तेन त्यक्तेन भुञ्जीथाः' (*ईशावास्योपनिषद*) सार्थक होता है। उक्त मार्गों से महान् सौभाग्य की प्राप्ति होती है, यही महापुरुषों का संदेश है। उत्तिष्ठ जाग्रत प्राप्य वरान्निबोधयत अर्थात् उठो, जागो और श्रेष्ठ पुरुषों के सान्निध्य से बोध प्राप्त करो। अतः वैदिक ऋषि कहता है—प्रण आयूषि तारिषत् हम हमारी आयु को विस्तारित करने का संकल्प लेते हैं। यह वस्तुतः सार्थक कर्मों का ही विस्तार है। सार्थक कर्मों की अनुपलब्धता में आयु भी निरर्थक है। यह सौद्देश्यिक जीवन हमारे संकल्पों का परिणाम है। वे संकल्प शिव होंगे तभी मंगल होगा। अतः 'तन्मे मनः शिवसंकल्पमस्तु' शुभ संकल्प उत्पन्न हो, शुभ संकल्प से उत्थान उसी में जागरण व बोध यह श्रृंखला कल्याणकारिणी है। मन के विकल्पों के बीच शुभसंकल्प स्थिर होने का आशय महान् कार्यों के संपन्न होने की पताका है। मन में शुभत्व व स्थिरता के लिए *गीता* में अभ्यास व वैराग्य भाव को साधन बताया गया है।

असंशयं महाबाहो मनो दुर्निग्रहं चलम्
अभ्यासेन तु कौन्तेय वैराग्येण च गृह्यते।

*(**गीता**, 6.35)*

निगृहीत मन शिवस्वरूप बनकर वाणी को मधुमती बनाता है। उस समय वाणी से शहद निःसृत होता है। ऐसी कल्याणी वाणी के लिए वेद में कहा है 'मधुमती वाचमुदेयम्।' मनसा-वाचा-कर्मणा अहिंसा व्रत उक्त वाणी के सद्भाव व स्वरूप में ही संभव है। प्रकर्मों का उपक्रम द्वारा हमारे मानस में भद्रता व्याप्त रहती है जो कि विश्वकल्याण के लिए शुभ है। इस भद्रता के लिए *ऋग्वेद* का मंत्र है—'आ नो भद्रा क्रतवो यन्तु विश्वत' यहाँ सभी प्रकार की भद्रता की कामना की गई है। हम कानों से कल्याणकारी सुनें, आँखों से कल्याणकारी देखें

भद्रं कर्णेभिः शृणुयाम देवा भद्रं पश्येमाक्षभिर्यजत्रा।
स्थिरैरंगैस्तुष्टुवांसस्तनुभिर्व्यशेमहि देवहितं यदा युः॥

क. 1/189/8

मानव मात्र में सत्य, यश और श्री का समावेश हो—'सत्यं यशः श्रीर्मयिश्रीःश्रयतां स्वाहा'। हम धनों के स्वामी बनें 'वयं एयाम पतयो श्यीणाम्' वह धन धर्म विरुद्ध नहीं हो तभी श्रेयस्कर होगा। हमें सुम्न प्राप्त हो—'सुम्नमस्मै मे अस्तु' सुम्न एक ऐसा सुख है जो कि आत्मा में संतुष्टि का आनंद भरता है। सात्त्विक कर्मों में मग्न होकर लगना व निरंतर परिश्रम करते रहने से ऐसा सुख प्राप्त होता है। अतः कोई मनुष्य चाहे जितना देव स्तुति कर देवताओं को

प्रसन्न करने का प्रयत्न करे; किंतु यदि वह परिश्रम नहीं करता तो देवता भी उसके सहायक नहीं होंगे। इस प्रकार उसे संतुष्टि प्राप्त नहीं होगी। 'न ऋते श्रान्तस्य सख्याय देवा:।' जीवन के सार्थक एवं उद्देश्यपरक कर्मों में श्रद्धा अवश्य ग्राह्य है उसके अभाव में कार्य के प्रति लगन व उत्साह उत्पन्न नहीं हो सकता। अत: श्रुति में कहा गया 'श्रद्धे श्रद्धापय इह न:' हे श्रद्धे हमें श्रद्धान्वित करो। श्रद्धा संपन्न होने पर ही हमारी आशाएँ पूर्ण होती हैं। 'सर्वा आशा मम मित्रं भवन्तु' अर्थात् हमारी प्राप्तव्य भावनाएँ मित्र बना कर अभितृप्त हों। हमारे कर्म दिव्य हों एवं हम देवसायुज्य प्राप्त करें। 'देवानां सख्यमुप सेदिमा वयम्' मनुष्य की जीवन यात्रा में शुभसंकल्प-शुभ कर्म-शुभपरिणाम उत्तरोत्तर प्रकर्ष को प्राप्त हों। इस प्रकार उत्तम कर्मों से विजय अवश्यंभावी होती है। उसमें अन्वय व्यतिरेक संबंध सार्थक होता है। इसलिए कहा—

'कृतं मे दक्षिणे हस्ते जयो मे सत्य आ हित:' अर्थात् जब दाएँ हाथ में उत्तम कर्म हो तो विजय प्राप्त करना बाएँ हाथ का खेल है। हमें सर्वविध अभय की वाञ्छा है। हमारे संकल्पों से शम प्राप्त होना चाहिए 'शमं मे अस्त्वभयं मे अस्तु' जब भय राहित्य अवस्था आती है तो परं रामं का प्रादुर्भाव हो जाता है। उत्तम कर्मों के लिए हमें शक्ति अभीसित है कल्याण मार्गों में सहचारिणी शक्ति उत्तम कर्मों की संवाहिका जाया बनती है। हम स्वराज्य के लिए यत्न करें जिसमें प्राणी एक-दूसरे का भला करते रहें एवं परस्पर पालन करे। 'यतेमहि बहुपाय्ये स्वराज्ये'। सर्वत: स्वराज्य धर्माभिमुख एवं आदर्श अवस्था से प्राप्तण्य है। राष्ट्रसंवर्धन के लिए हम आदर्श बनें। सभी राष्ट्रीय जन राष्ट्र में आदर्श बनकर जाग्रत रहें 'वयं राष्ट्रे जाग्रयाम पुरोहिता:' हम उत्तम रूप से भौतिक दैविक व आध्यात्मिक उन्नतियों के लिए जो कि परस्पर बाधक न हो एवं लोक कल्याण से युक्त हो एतदर्थ सर्वदैव जाग्रत रहें। सभी मानव अमृत के पुत्र हैं। वे सुख, आनंद व संतुष्टि से परिपूर्ण होकर परभाव में आत्मभाव को समाविष्ट कर सभी को आत्मीय बनाएँ, हम सभी के आत्मीय हो जाएँ एवं इस प्रकार की श्लाघ्य अवस्था को प्राप्त हों, अत: *गीता* में कहा है—

आत्मौपम्येन सर्वत्र समं पश्यति योऽर्जुन:।
सुखं वा यदि वा दु:खं स योगी परमो मत:॥

(**गीता**, *6.32*)

श्रुति हमें इसके लिए संबोधित कर रही है 'श्रण्वन्तु विश्वे अमृतस्य पुत्रा:'। श्रुति वाक्य हमारे आचरण को मंगल की ओर प्रेरित करते हैं तथा जीवन को ऊर्ध्वगामी बनाते हैं। श्रुति विहित कर्म मनुष्य के धारणीय व पालनीय धर्म हैं अतएव धर्मशास्त्र में श्रुतिधर्म के लक्षण में अंगीकृत है—

श्रुति स्मृति सदाचार: स्वस्य च प्रियमात्मन:।
एतच्चतुर्विधं प्राहु: साक्षाद्धर्मस्य लक्षणम्॥

(**मनुस्मृति**)

धर्म के मूल में श्रुति अर्थात् वेद ही है। 'ॐ वेदोऽखिलो धर्ममूलम्' सभी स्मृतियाँ सदाचरण एवं अपने को प्रिय लगने वाले कर्म ये सभी वेदानुकूलता से ही प्रमाणित होते हैं। जहाँ श्रुति और स्मृति में विरोध की अवस्था होती है वहाँ श्रुति ही बलवती होती है और ग्राह्य होती है अत: एवं धर्मशास्त्र में उल्लेख है—

'श्रुति स्मृति विरोधे तु श्रुति रेव गरीयसी' *रामायण, महाभारत* जैसे इतिहास एवं *पुराणों* में भी श्रुति के अर्थ का ही विस्तार है 'इतिहास पुराणाभ्यां वेदः समुपबृंहयेत्' इसलिए वेद को सम्पूर्ण ज्ञान का आगार कहा गया है। ''सर्व ज्ञानमयो हि सः'' इस प्रकार के ज्ञान से हमारी आत्मा को संसक्त कर आनंद प्रदान करने वाली, शाश्वत मंगल साधिका श्रुतिमंगला स्तुत्य एवं जीवन में ग्राह्य है।

❖❖❖

मानव समाज का आत्मचिंतन बोध

डॉ. ओमप्रकाश प्रजापति

वेद हमारी बुद्धि, हमारे अहम और हमारी मेधा को बहुआयामी बनाते हैं। वेदों में निहित ज्ञान के अनुसरण और उसकी जनकल्याकारी मीमांसा को आत्मसात् करने के कारण ही हम भारतीय विश्व को प्रकाशित करने का ध्येय रखते हैं। वेदों में निहित अक्षर और शब्द उस ईश्वरीय अभिव्यक्ति का संकलन हैं जिससे मानव मात्र देव तुल्य प्रतिष्ठा प्राप्त कर सकता है। रचनाकार डॉ. बद्रीप्रसाद पंचोली द्वारा रचित *वेदार्थबोधक* निबंध संकलन, जिसे हम *वेद जीवन सृष्टि और जीवन दृष्टि* के नाम से जानते हैं, को पढ़कर हम वेद की सारगर्भित अमृतमयी वाणी का रसास्वादन सहज ही कर सकते हैं। आपकी लेखनी ने इस संकलन के माध्यम से 'सत्यं ज्ञानमन्तं ब्रह्म' को मानवीय सीमाओं के अंदर ही सहज आत्मोद्धार के लिए अवतरित किया है। जहाँ एक ओर अर्चना के वेद *ऋग्वेद* से लौकिक संस्कृति को अभिव्यक्त किया है, वहीं यास्क के निरुक्त की आत्मशक्ति के अनुरूप वेद शास्त्र के दर्शन कराए हैं। आपका वैदिक चिंतन का वैभव इस तथ्य को उजागर करता है कि वेद सृष्टि का चैतन्य है और ब्रह्म या विकास का विधान करता है। आपके तृतीय निबंध अथर्ववेदीय विज्ञान दृष्टि से ईश्वर और मनुष्यता का एकात्मबोध पैदा होता है और इस प्रतिष्ठा के अनुरूप विज्ञान अपने वास्तविक उद्देश्य को प्रगट करता है जिसमें मानव जीवन के चार सूत्र जीवेम, जयेम, यजेम एवं भजेम को विचार दर्शन से कर्म और व्यवहार की श्रेष्ठता को स्थापित किया है। आपने न केवल वेदों से परिचय कराया है वरन् समाज विज्ञान का सारा चिंतन, प्राकृतिक विज्ञान का सारा अध्ययन वेद माता रूपी मूल स्रोत में व्यक्त किया है। आपने वेदों की सूक्ष्मतम सूक्तियों से आदर्श कर्म और सत्य के मार्ग का अनुसरण करने का महामंत्र खोज निकाला है। आपका वाक्य विन्यास क्लिष्ट वेदों को भी जन साधारण की वाणी बनाने में सक्षम है। आपने वेद के आदेशों, कामनाओं, चरित्रों और संज्ञाओं को जीवन के आदर्शों में पिरोया है। आपके वैदिक अर्थ जहाँ मानव को इंद्रिय नियंत्रण का ज्ञान देते हैं, वही भारतीय जीवन मूल्यों के साथ जन-जन को एक विचार-सूत्र में बाँधते हैं। हमारे रेखागणित, हमारा ज्योतिष और गणितीय संक्रियाएँ आडंबर नहीं अपितु वैश्विक काल विधान की परिचायक हैं जो न सिर्फ वेदों की देन हैं अपितु सनातन जीवन यज्ञ की वैज्ञानिक कल्पना का आधार है।

आपका निबंध संकलन अद्वितीय आत्मबोध का द्योतक है। जो हमारी अन्वेषण मेधा को कंपायमान करता है।

प्रभारी भाषा एवं अनुवाद विभाग,
अटल बिहारी वाजपेयी हिंदी विश्वविद्यालय, भोपाल (म.प्र.)
मो. : 08962115238

जिससे हमारे अपने अस्तित्व और हिन्दू गौरव को बल मिलता है। और हम हिमं धुनोति इति अर्थात् दोषों की जड़ता को नष्ट करने वाली सत्य सनातन संस्कृति के परिचायक बन जाते हैं। आपने मानव मात्र की सभी विसंगतियों को रेखांकित करते हुए उनके गुण-दोषों का परिमार्जन किया है, जहाँ आपने पुरुष को वेदों की दृष्टि से पुरुष प्रधानता के निरंकुश मंतव्य को नियंत्रित किया है, वहीं नारी को कल्याणकारी सहचरी को वेदों के अनुरूप वर्णित किया है। आपकी टिप्पणी नारी की क्षमता सौंदर्यशीलता और राष्ट्र निर्माण के अद्‌भुत योगदान के लिए वेद प्रेरणा से नियंत्रित है। बल और मेधा के उद्देश्यनिष्ठ साधन का पर्याय है। आपने वैदिक वाङ्मय में आयुर्वेद की अवधारणा से शरीर प्राण, मन या बुद्धि में विकार की सभी संभावनाओं का अंत किया है। वैश्विक समस्याओं के वैदिक समाधानों को वैदिक विश्व-दृष्टि एवं आधुनिक विज्ञान निबंध में घोषित किया है। राष्ट्र निर्माण और लोक प्रशासन के संतुलित संविधान में वेदों की ऋचाओं, सूक्तियों और संकल्पनाओं को वैदिक स्वराज्य को दर्शाया है। नियमों, मर्यादाओं के निर्माण से वेद जहाँ एक राष्ट्र संस्कृति का निर्माण करने में सक्षम है वहीं आपकी लेखनी स्वराज्य के आत्म प्रकाश को संरक्षण प्रदान करती है।

इस पुस्तक के लेखन से वेद पाठ्यचर्या के सम श्रम साध्य कार्य को आपने कोटिशः सरल कर दिया है। हमारी भविष्य की आने वाली पीढ़ियों के लिए एक ऐसा स्रोत ग्रंथ आपने उपलब्ध कराया है जो वेद मीमांसा से हमारे आत्मबोध को जन कल्याणकारी विधान प्रकरणों से जोड़ेगा और वेद के पौराणिक शास्त्रविधान को वैज्ञानिक प्रकल्पों में स्थापित करेगा आपकी इस अलौकिक रचना से न केवल मैं, अपितु संपूर्ण मानव समाज वेद स्मृति के आत्मबोध को जाग्रत करेगा।

❖❖❖

राष्ट्र-रक्षा-कर्म और उसका दर्शन

राष्ट्र, राष्ट्रीयता, राष्ट्रभूमि, राष्ट्र-संस्कृति, राष्ट्र-धर्म और राष्ट्रीयता के प्रतीक किसके मन में आत्म-गौरव का संचार नहीं करते। आधुनिक विश्व के विकास में जितना हाथ राष्ट्रवाद का रहा है उतना और किसी मानवीय प्रवृत्ति का नहीं रहा। इतना होने पर भी अब तक राष्ट्रीयता के भाव का यथोचित मूल्यांकन नहीं किया जा सका है। इसीलिए एक ओर तो ऐसे लोग मिल जाएँगे जो राष्ट्र-प्रेम के नाम पर सब कुछ करने के लिए, यहां तक कि अन्य राष्ट्रों को हानि पहुँचाने और वहाँ के लोगों की हत्या करने के लिए भी तत्पर हो जाएँगे। दो विश्वयुद्ध ऐसी क्षुद्र राष्ट्रीय भावना को लेकर लड़े जा चुके हैं। राजनीतिक और आर्थिक साम्राज्यवाद का जन्म भी इसी प्रकार की राष्ट्रीय भावना को लेकर हुआ है। दूसरी ओर युद्धोत्तरकालीन विचारधारा के प्रवर्तक लोग भी हैं जो राष्ट्रवाद को मानवता के लिए घातक, अनैतिक व अस्वाभाविक प्रवृत्ति मानते हैं। स्व. आचार्य चतुरसेन शास्त्री राष्ट्र आदि को प्राचीन अतिभक्षी देवताओं के आधुनिक संस्करण मानते हैं।

–***'अथातो राष्ट्रधर्म जिज्ञासा'*** पुस्तक से

राष्ट्रीय उत्सर्ग की अनुगूंज

डॉ. सीता शर्मा 'शीताभ'

प्रकृति के अपने नियम हैं। समय की अपनी एक गति है। मानव की अपनी नियति है और साहित्यकार की अपनी प्रकृति कि वह हृदय में उमड़ते उदाम भावावेग को अभिव्यक्त करने को सहर्ष विवश होता है कि वह विगत की टोह लेता है और आगत को भी भाँप लेता है; नाप लेता है, भूतकाल की अथाह गहराइयों को भी और कल्पना के पगों से जान आता है आगत को भी और वर्तमान तो इसका है ही।

धन्य है वह भूमि और उस पर बसे जन, जिनके पास हज़ारों सदियों का सनातन विगत होता है। जो उसकी संस्कृति को आज भी पुष्ट करने में सहायक होता है और यदि वह विगत मानवीय मूल्यों की नींव पर वर्तमान का प्रासाद निर्मित करे तो उस संस्कृति और सभ्यता को कल के भीषण झंझावातों से कोई भय नहीं हो सकता अपितु गर्वोन्नत रहते हुए वह चिरजीवी रहता है। इस दृष्टि से हम भारतीय धन्य हैं। हमारे पास एक सुदीर्घ ऐतिहासिक विरासत है। राष्ट्र कवि मैथिली शरण गुप्त का यह अभीप्सित कि—

मानस भवन में आर्यजन, जिसकी उतारें आरती।
भगवान भारतवर्ष में, गूँजे हमारी भारती॥

आज निश्चित रूप से साकार हो रहा है। हम नित प्रति बढ़े चले जा रहे हैं, अपनी श्रेष्ठ विगत थाती को मन में बसाए। यह थाती अनुकूल अवसर पाकर समय-समय पर प्रकट होती रहती है, साहित्यकारों की कलम से और गर्वित होते रहते हैं इस भूमि के जन।

इसी शृंखला में भारतीय ऐतिहासिक गौरव की गाथा को राजस्थान के प्रसिद्ध साहित्यकार डॉ. बद्री प्रसाद पंचोली की कलम से *नींव के स्वर* नामक नाटक के माध्यम से अभिव्यक्ति मिली है। लेखक ने इसे इतिहास-रस का नाटक कहा है अर्थात् जिस इतिहास ने हमें गौरवान्वित किया हो, जो आज भी हमारी भुजाओं को फड़कने को विवश कर दे, हृदय में देश-प्रेम को उद्भूत कर दे; उत्साह भाव को जाग्रत कर दे; वही इतिहास का आनंद है।

पंचोली जी का यह नाटक सच्चे अर्थों में भारतीय संस्कृति का यशगान है। राजपूताना की शौर्य गाथा है। एक

लेखिका युवा कवयित्री एवं उद्घोषिका हैं।
सहायक आचार्य, हिंदी विभाग, कानोडिया महिला महाविद्यालय, जयपुर (राज.)
मो. : 09413836340

प्रजावत्सल वीर प्रतापी राजा महाराणा प्रताप के लोकतांत्रिक शासन की कथा है।

नाटक का कथानक इतिहास की सुप्रसिद्ध घटना है जो महाराणा प्रताप और मुगल बादशाह अकबर के मध्य हुए हल्दीघाटी युद्ध पर आधारित है। नाट्य कथा का ताना-बाना इस तरह संगुंफित है कि कहीं भी बोझिलता का आभास नहीं होता। कथानक का आरम्भ कुछ इस प्रकार है—

> "31 मई, 1576 का दिन। हल्दी घाटी के घमासान युद्ध में मुगल सेना पीछे हट गई। पर युद्ध अनिर्णीत रहा। महाराणा प्रताप घायल चेतक पर बैठकर युद्धभूमि से बाहर निकल गए। दो मुगल सरदारों ने उनका पीछा किया। प्रताप के भाई शक्ति सिंह ने संकट की स्थिति में राणा का साथ दिया। मुगल सैनिकों को उसने मार दिया। चेतक के प्राण पखेरू उड़ गए...।"

मुगलों ने अपनी प्रकृति और सामर्थ्यानुसार मेवाड़ को लूट लिया है। उसकी बसावट और आवसिता को छिन्न-भिन्न कर दिया है किंतु महाराणा प्रताप के जीवित होने की शुभ सूचना ने हारे-थके मेवाड़वासियों में पुन: जीवन फूँक दिया। राजपरिवार के सभी सदस्य अपने कर्तव्य पथ पर जिस जीवटता से बढ़े जा रहे थे, वह श्लाघनीय है। महारानी गाँव-गाँव जाकर घायल, बीमार व हतोत्साहित प्रजा की सेवा में उपस्थित है। गाँवों को पुन: बसाने के लिए सभी तत्पर हैं।

नाटक का कथानक कुल तीन अंक व पच्चीस उजड़े ग्रामों दृश्यों में सुबद्ध है। प्रत्येक में पाँच दृश्य हैं। युद्ध के पश्चात् किस जीवट और उत्साह में प्रताप व महारानी ने पूरे मेवाड़ को भावनात्मक व वैचारिक रूप से एक सूत्र में बाँध पुन: बसाया। महारानी द्वारा घायलों व पीड़ितों की घर-घर जाकर सेवा-शुश्रूषा ने प्रताप का तीन-चौथाई कार्य संपन्न कर दिया। स्त्रियों में भी राष्ट्र-रक्षा हेतु उत्सर्ग भाव प्रबल हो उठा। उदयपुर व जोधपुर को जीतने की तैयारी के लिए धन पूर्ति की चिंता के साथ ही कोषाध्यक्ष भामाशाह द्वारा राजकोष की रक्षा तथा साथ ही स्वयं की व अपने भ्राता द्वारा संचित संपत्ति भी राष्ट्र रक्षा हेतु सहर्ष भेंट कर दी जाती है। इसी घटनाक्रम को नाटक में बड़े ही मार्मिक व रोचक विधान से प्रस्तुत किया गया है। नाटक के शिल्प में कसावट है, शैथिल्य नहीं। उसी प्रकार कथानक में संवेदनात्मक तीव्रता है भाव दौर्बल्य नहीं।

नाटक में लगभग तेईस पात्रों को चरित्रांकन का अवसर मिला है। नाटक में आठ स्त्री पात्र और पंद्रह पुरुष पात्र हैं। विशेष बात यह है कि इस घटना के प्रमुख पात्रों के अतिरिक्त जिन्होंने भी इस ऐतिहासिक उत्सर्ग में योगदान दिया था वह समाज की आगत पीढ़ियों में अनभिज्ञ ही रहे; किंतु नाटक में सभी को पर्याप्त अवसर के साथ प्रस्तुत का अवसर लेखक ने दिया है। सभी पात्रों का चरित्र पाठक के सम्मुख प्रत्यक्ष हो उठा है। सभी पात्र देश के लिए प्राणायज से तत्पर हैं।

नाटक के संवाद लघु कलेवर लिए हैं और सारगर्भित हैं। पात्रों के चरित्र को उभारने में पूर्ण रूप से समर्थ हैं यह लेखक के भाषा अधिकार और भाव गांभीर्य को दर्शाता है। संवादों में अपेक्षित गतिशीलता है जिससे कथानक सहज लगता है। तत्कालीन भयावहता और परिवेश को व्यक्त करने में संवाद समर्थ हैं। भारतीय दर्शन और संस्कृति को संवादों के माध्यम से कुशल रूप से व्यक्त किया है। उदाहरणार्थ राजपुरोहित द्वारा महारानी को सूचित करते समय का कथन—

'सब कुछ अच्छा ही नहीं होता संसार में; पर सब बुरा भी नहीं होता। परिस्थितियाँ बुरे को अच्छा बना देती हैं और अच्छे को बुरा।'

संवादों में एक प्रकार की जीवंतता है जिसने पात्रों के चरित्र को साकार कर दिया है—

संता भील की वीर पुत्री यशा का यह कथन देखिए—

'दादा! हमारी छोटी सी बस्ती में महाराणा हमारा उद्धार करने के लिए आए हैं। हल्दी घाटी में दिनभर लोहा बजाकर इधर चले आए थे हारे-थके से; पर कोई कह सकता है कि वे थके हुए थे? मंगलू : बहना! वे एकलिंग के दीवाने हैं। राजयोगी हैं। सुख और दुःख की धाराओं में बह नहीं जाते। सोच-समझकर चलते हैं। पहले सोचते हैं कि लाभ हो। लाभ न हो तो नुकसान तो न हो। नुकसान हो भी रहा हो तो कम से कम हो। ये राजनीति की बातें हैं हम गँवई गाँव के वासी इनको क्या समझें' (अंक द्वितीय, दृश्य प्रथम, पृष्ठ 45)।

पुरुषों के साथ-साथ स्त्री पात्रों की वीरता, साहस व समझदारी का चित्रण अनायास ही पाठक को रोमांचित कर देता है। फिर वह संता भील की पुत्री यशा हो, चंपा, सोमा, नूरी,(पन्नाधाय की भतीजी) या मेवाड़ की महारानी हो। ओजगुण युक्त कथन पाठक को कब मातृभूमि की प्रेम की तरंगों में उतारते-उछाहते हैं, भान ही नहीं रहता।

कुछ उदाहरण द्रष्टव्य हैं—'दो मुगल गुप्तचरों को एक ग्रामीण युवती सोमा देख लेती हैं वे उसे डराने का प्रयास करते हैं तो सोमा वीरतापूर्वक उन्हें पकड़ लेती है—'

अल्लाबख्श : कौन? किसको देख रही है छोकरी?

सोमा : जो मुझे देख रहा है, उसी को देख रही हूँ। कौन हो तुम? किसने भेजा है तुमको यहाँ?

अल्लाबख्श : मैं अल्लाबख्श हूँ। दूसरा मेरा साथी खेमा पटेल है।

सोमा : उसको हमने पकड़ लिया है। पूछताछ की जा रही है। सच बोलोगे तो ठीक अन्यथा मेवाड़ के कानून के हवाले कर दिया जाएगा।

संवाद इतनी कसावट लिए हैं कि पर्याप्त शब्दों में ही पूर्ण अर्थ प्रकट करते हैं और पात्र का चरित्र पाठक के सम्मुख मूर्त हो उठता है।

प्रथम अंक के पाँचवें दृश्य में जैसा चारण नामक पात्र के माध्यम से नाटककार का कवि रूप प्रस्तुत हुआ है। मेवाड़ के इस संघर्ष काल में एक निराश हताश कवि वाणी जो कि काव्यात्मकता लिए है।

रचनाकार ने अपने नाटक में संगठन-त्रय का ध्यान रखा है। तत्कालीन देश-काल-घटना ने वातावरण को जीवंत कर दिया है। एकलिंग ईश्वर में प्रजा की आस्था, भौगोलिक स्थितियों, आर्थिक व सामाजिक परिदृश्य और स्वाधीनता के लिए कृतसंकल्प मेवाड़ प्रजा की राष्ट्रभक्ति पाठकों को वीररस की अनुभूति से सराबोर कर देती है। प्रजावत्सल राजा-रानी की यह प्रजा प्राणापण से सन्नद्ध है देश के लिए उत्सर्ग हेतु।

महारानी द्वारा पन्ना धाय की भतीजी चंपादे से कथित यह वाक्य देखिए—

'वीर बप्पा रावल की खुरासान तक लड़ने वाली भुजा, वीर खुमान की काबुल तक को कंपायमान करने वाली

सिंह गर्जना, वीर हम्मीर का शरणागत की रक्षा हेतु प्रचंड हठ, चंड की प्रतिज्ञा और वीर कुंभा की तलवार की झंकार से मिलकर बना है यह मेवाड़। पन्ना धाय के मातृत्व ने उसको जीवन दिया है। मेवाड़ की माताओं को इनकी याद दिलाने का काम है मेरा तो।'

पुरोहित का कथन देखिए—

'महारानी जी मेवाड़ के प्रत्येक गाँव में जाकर लोगों में उत्साह भर रही हैं। इस समय भी यात्रा पर हैं...। लोग अनुभव कर रहे हैं कि राजा प्रजा का सेवक होता है। महाराणा में प्रजानुरंजन के सभी आदर्श गुण विद्यमान है' (अंक द्वितीय, दृश्य-तीन, पृष्ठ 56)।

नाटक की भाषा-शैली संतुलित है। खड़ी बोली हिंदी में यत्र-तत्र संस्कृतनिष्ठ शब्दों के प्रयोग ने ऐतिहासिक विश्वसनीयता को बनाने का क्षीण प्रयास दृढ़ किया है; किंतु जहाँ मुस्लिम पात्र हैं उनके संवादों में उर्दू शब्दों का अभाव है तथा हिंदू पात्रों द्वारा पर्याप्त उर्दू शब्दों का प्रयोग अनुचित- सा प्रतीत होता है। जब राष्ट्रीय भावना का ज्वार पाठक को झकझोर रहा हो तो यह प्रयोग विपर्यय आनंद में बाधक प्रतीत हुआ है। वाक्य विन्यास भावपक्ष के अनुकूल है।

नाटक में रंग निर्देशों का अपना मंचीय महत्त्व होता है। जो नाटक की अभिनेयता व निर्देशन के लिए आवश्यक होते हैं। नाट्य विधा के तीन पाठ माने गए हैं—नाटककार-निर्देशक-अभिनेता। *नींव के स्वर* नाटक में इन तीनों पाठों के सन्तुलन के लिए उपयुक्त वातावरण है। रंग निर्देश नाटकीयता को सुस्पष्ट करने में सहायक हुए हैं।

किसी भी रचना के सर्जन का उद्देश्य उसके सर्जन की प्रथम प्रेरणा और कारक होता है। उद्देश्य जितना बड़ा होगा रचना का भाव गांभीर्य उतना ही गहन होता है। इस दृष्टि से इस नाटक की मूल संवेदना मात्र इतिहास की घटना का दोहराव न होकर उसके पृष्ठ में प्रच्छन्न कई पहलुओं को पाठकों के सम्मुख खोलती है। यहाँ हल्दीघाटी का युद्ध दिखाना लेखक को अभिप्रेत नहीं है, अपितु दो संस्कृतियों के आधारभूत अंतर को लक्षित करना है। दो विपरीत संस्कृतियों की टकराहट में जो ऊष्मा मध्यकाल में उत्सर्जित हुई उसका प्रभाव किस प्रकार जनमानस पर अंकित हुआ इसे प्रत्यक्ष करना इस नाटक का प्रतिपाद्य प्रतीत होता है।

इसके लिए लेखक ने भारतीय और मुगल पात्रों के मध्य बड़े ही तार्किक और विश्वसनीय संवाद करवाए हैं। यहाँ नायक प्रताप अथवा महारानी की महत्ता का यशोगान भी इस प्रकार करवाया है कि उनकी महत्ता का कारक तत्त्व भारतीय संस्कृति है जिसके कि वे पोषक हैं और उसी से प्रेरित हो कर्म करते हैं इसीलिए भौतिक सत्य दुर्बल होते हुए भी युद्ध में अप्रत्याशित परिणाम प्राप्त होते हैं। प्रताप की सैन्य शक्ति अकबर से बहुत कम है फिर भी अकबर की सेना भयभीत हो पीछे हटती है, भले ही युद्ध का परिणाम अनिर्णीत रहा पर अप्रत्यक्ष विजय मानवीय मूल्यों की हुई, सत्यनिष्ठा, वीरता और राष्ट्र प्रेम की हुई।

नाटक में मूल्य, सद्भाव और धर्म पर नागरिकों के माध्यम से दार्शनिक विचार व्यक्त करवाए हैं। प्रताप मेवाड़ की भूमि का नरेश नहीं अपितु वह प्रजा के हृदय पर पैठ रखता है। वह शासक कम सेवक अधिक प्रतीत होता है।

मुगल गुप्तचर अल्लाबख्श से मेवाड़ की नागरिक वीर सोमा द्वारा कथित संवाद देखिए—यहाँ एक शासक की आस्तिकता की ओर संकेत है। असीम में आस्था व्यक्ति को अक्षय आत्मशक्ति प्रदान करती है। इस सत्य का उद्घाटन यहाँ किया गया है—

सोमा : हमारे यहाँ सब आदमी प्रभु की और इस धरती की संतान हैं, वे जैसे चाहें वैसे अपने इष्टदेवता को पुकारें, उनकी आराधना करें, उपासना करें—पूरी स्वतंत्रता है। चाहें तो ईश्वर को न भी मानें। हाँ, सदाचरण में ढिलाई बरदाश्त नहीं की जा सकती। दुराचारी को समाज भी दंड देता है और राज्य भी।

अल्लाबख्श : हमको तो यह बताया गया है कि आप लोग बड़े जटिल हैं। धर्म के नाम पर लड़ते रहते हैं।

सोमा : यही तो नासमझी है। धर्म तो हमको एक करता है, जोड़ता है। बाँटता नहीं है तुम्हारे शासकों ने गलत प्रचार करके हम लोगों को नाहक ही बदनाम किया है। हमारे यहाँ तो मनुष्य की स्वतंत्रता को सर्वोपरि माना गया है। उसको छीनने वाला शासक जनद्रोही है, समाजद्रोही है उसका विरोध करने का जनता को अधिकार है।

इसी में आगे सोमा का यह कथन—'सत्ता की शर्तों पर मनुष्य नाचें ऐसी हम कल्पना भी नहीं कर सकते।' राजतंत्र की श्रेष्ठता नहीं, अपितु प्रजातंत्र के प्रति रचनाकार के युगबोध का परिचायक है।

कृति में तत्कालीन प्रजा पर मुगलों द्वारा किए गए अत्याचारों का भी वर्णन है साथ ही मुगल नागरिकों द्वारा ही भारतीय संस्कृति की उदारता और वैशिष्ट्य को स्वीकृत करवाने का प्रशंसनीय कार्य भी लेखक ने करवाया है—

लेखक ने प्रताप के मुख से दो संस्कृतियों के वैचारिक मूल भेद को स्पष्ट करवाया है '...मुगल बादशाह आदमी को गुलाम बनाकर जीने का हक देना चाहता है। हम जीने का अधिकार पाने के लिए स्वतंत्र रहना चाहते हैं। बादशाह से हमारी यही लड़ाई है।'

संता भील की साहसी पुत्री के माध्यम से भारतीयों की मूल शक्ति को सांकेतित किया गया है—

'वे अत्याचारी हैं, आक्रमणकारी हैं। अत्याचारियों के न सिर पर आकाश होता है, न पैरों के नीचे धरती। हम उनको अपने साहस के बल पर वश में कर सकते हैं।'

मेवाड़ में भ्रमण करते हुए स्वयं महसूस कर चुके इस धरती की सौंधी सुगंध को मुगल गुप्तचरों के परस्पर वार्तालाप ने बहुत कुछ स्पष्ट कर दिया है।

अल्लाबख्श : बादशाह का नमक खाते हैं इसीलिए हमको उसके हित की बात ही सोचनी चाहिए। चापलूस लोग शासकों को बरगलाते हैं।

पहला : हमारा काम बादशाह की आज्ञा का पालन करना भर है।

अल्लाबख्श : गलत आज्ञा के पालन करने के लिए हम बाध्य नहीं हैं। आखिर हम भी मनुष्य हैं। मनुष्य के ऊपर अत्याचार होते हुए देखना पाप है और स्वयं अत्याचार करना उससे भी बड़ा पाप।

पहला : पर हमारे पास पाप और पुण्य की पहचान करने का अधिकार तो है। हम अंध भक्त बन जाएँ तो अपना भी अहित करेंगे और अपने स्वामी बादशाह का भी।

दूसरा : यह तो आपने ठीक कहा; हमको तो यह बताइए कि इन विकट परिस्थिति में हम यहाँ कब तक रहें?

अल्लाबख्श : मुझे मेवाड़ के लोगों की जानकारी लेने के लिए भेजा गया है, मैं तो सही जानकारी भेजूँगा।

> इससे बादशाह नाराज हों तो हों। मेवाड़ के लोग बहुत भले हैं। यह जानते हुए भी कि मैं जासूसी के लिए यहाँ आया हूँ, खूब आवभगत करते हैं।

यह वार्तालाप प्रजा चेतना के द्योतक होने के साथ ही भारत भूमि की तनाव मुक्तता के प्रतिष्ठापक प्रतीत हुए हैं।

इसी प्रकार राम के आदर्श राज्य और कृष्ण के सामाजिक उपकारों के माध्यम से मेवाड़ शासन की समानता तथा असुर शासन से मुगल शासन की तुलना के माध्यम से वर्तमान राजनीति के कलुषित व्यवहार की निंदा प्रासंगिक बन पड़ी है; किंतु इसी क्रम में आगे तीसरे अंक में यशा का कहा गया वाक्य जबरन डाला हुआ अवांछित प्रतीत होता है।

यह वाक्य लेखक की वर्तमान राजनीतिक छल-छद्म के प्रति जो कसक है उसे व्यक्त करता है किंतु यहाँ यह अवांछित था—''राजनीति की गंदगी में सिर से पैर तक सने हुए लोगों के मुख से एकांत समानता और भाईचारे की बातें कितनी थोथी और अनर्थक लगती हैं' (अंक तीन, दृश्य तीन, पृष्ठ 86)। यह वाक्य तो अच्छा है परंतु इस प्रसंग में अनावश्यक है।

नाटक के तृतीय अंक के चौथे दृश्य में (पृष्ठ 92) कवि अब्दुल रहीम खानखाना के पुत्री-पुत्र और उनकी संरक्षिका का अनजाने में मेवाड़ की सीमा में प्रवेश करने का प्रसंग भी बड़ा ही सौहार्दपूर्ण बन पड़ा है साथ ही रहीम और कवि तुलसीदास की भेंट व *बरवै रामायण* व *बरवै नायिका भेद* की रचना के बारे में बालकों का परस्पर वार्तालाप एकदम जीवंत बन पड़ा है। मेवाड़ में 'अतिथिदेवो भव' की संस्कृति ने इन बालकों और महिला को अभिभूत कर दिया। रहीम के बच्चों द्वारा पन्ना धाय के उत्सर्ग के प्रति सम्मान प्रदर्शन भी अह्लादित करने वाला है।

यह प्रसंग सूचनावर्धक तो है ही, साथ ही, बड़ा रोचक भी है। चंपादे (पन्ना धाय की भतीजी) व प्रौढ़ा का वार्तालाप।

प्रौढ़ा : मैंने जवानी में बचपना कर दिया था। एक नौकर को खानखाना ने बर्खास्त कर दिया था। मुझे वह अच्छा लगता था। मैंने उसे पत्र लिखा—

प्रेम प्रीत का बिरवा, चले लगाइ।
सींचन की सुधि लीज्यो, मुरझि न जाय।।

बेटी! वह पत्र खानखाना के हाथ पहुँच गया। मैं तो घबरा गई। रो दी उन्होंने मेरी शादी उस नौकर से करवा दी और जानते हैं क्या किया?...उन्होंने महात्मा तुलसीदास जी को यह घटना लिख भेजी। महात्मा जी ने इसी छंद में *बरवै रामायण* लिख डाली और छंद का माधुर्य देखकर स्वयं खानखाना ने *बरवै नायिका भेद* नामक पुस्तक लिखी है।

रहीम के बालक मीरा और रणबांकुरे सैनिकों की भूमि देखने की जिज्ञासा में चित्तौड़ आ गए। यह प्रसंग वैमनस्य पर सौहार्द की विजय का प्रतीक बनकर उभरा है।

नाटक में धर्म राजनीति, आस्तिकता, सद्भाव, साहित्य, काव्यशास्त्र इत्यादि के लिए लेखक ने पर्याप्त अवसर निकाल लिए हैं।

कहीं महारानी द्वारा नूरी (मुगल कन्या) का लालन-पालन पुत्री की भाँति करना तो रहीम के बालकों द्वारा मेवाड़ के प्रति सम्मान और रहीम, तुलसी की मित्रता तो कहीं रानी कर्मवती द्वारा हुमायूँ को राखी भेजने के संदर्भों

द्वारा इस नाटक ने संप्रदाय-सद्भाव को पुष्ट किया है जो आज के युग की महती आवश्यकता है। साथ ही ऐतिहासिक घटनाओं की तिथि व वर्ष से नाट्यकथा की विश्वसनीयता पुष्ट हुई है। कृति की नाटकीयता की रोचकता और मार्मिकता में मानों कहीं बह कर रह गए हैं। पाठक के मर्म तक रचनाकार पहुँच बनाने में सफल रहा है। निश्चित ही यह नाटक ऐतिहासिक नाटकों की शृंखला में एक महत्त्वपूर्ण कड़ी है। यहाँ प्रसाद जैसी गंभीर दार्शनिकता और भाषा की प्रांजलता तो नहीं है; परंतु एक सहज पाठक के लिए सरल व सुरुचिपूर्ण नाट्यकृति अवश्य है। कृति में नींव के केवल स्वर ही नहीं है अपितु अनुगूँज है नाद है। राष्ट्र उत्सर्ग की यह गूँज आज तक आधुनिक भारत के कंगूरों तक को शक्ति दे रही है। हिंदी साहित्य जगत् के लिए इसका परिचय निस्संदेह लाभकारी सिद्ध होगा। इस नाट्य कथ्य की मूल संवेदना किसी साहित्यकार की निम्नांकित पंक्तियों से भाव साम्य रखती है जो वंदनीय आदर्श है, सभी राष्ट्र प्रेमियों के लिए—

देश नहीं जिनको प्यारा है, उन्हें न जीवित जानो।
देह गेह के सभी सुखों से, उनको वंचित मानो।

❖❖❖

मातृभूमि-वंदना

इस धरती को मेरा वंदन!

जिस पर अपना नेह लुटाते
शोणित-सरि में कमल खिलाते
बलिपंथी नित शीश कटाते
उसकी माटी मेरा चंदन!

जिसमें श्रम के अंकुर जागें
जन-जन भाव भरे अनुरागें
सुख-समृद्धि की सूचक फागें
वह बगिया हो मेरा नंदन!

—***'अथातो राष्ट्रधर्म जिज्ञासा'*** पुस्तक से

जीवनोत्सव की प्रेरक कृति

इंदु वर्मा

डॉ. बद्रीप्रसाद पंचोली राजस्थान के प्रमुख साहित्यकार, भाषाविद् तथा वेदमनीषी हैं। उन्होंने 150 से अधिक ग्रंथों का प्रणयन किया है। ये उत्सवधर्मी साहित्यकार हैं। जीवन को उत्सव बनाकर जीने की प्रेरणा साहित्य के माध्यम से देते हैं। *जागो देव! देश में मेरे* आपकी प्रभावपूर्ण कृति है। प्रस्तुत ग्रंथ में 91 निबन्ध एवं पाँच परिशिष्ट हैं। धरती से जुड़ाव इन निबंधों की खास विशेषता है। पुस्तक का प्रत्येक निबंध अपने में पूर्ण तथा बहुविध जानकारी लिए हुए है। देश-समाज में प्रचलित कोई परंपरा, उत्सव व पर्व लेखक की दृष्टि से ओझल नहीं हो पाया है। ग्रंथ के सभी निबंध भारतीय जन-जीवन की उत्सवधर्मिता को उजागर करते हैं। साथ ही उनमें निहित रहस्यों का उद्घाटन भी करते हैं ताकि परंपराएँ निभाना, पर्व तथा उत्सव मनाना सार्थक हो जाए।

उत्सवों के विषय में डॉ. पंचोली का मानना है कि उत्सव दूरियों को पाटते हैं तथा एकता की अनुभूति कराते हैं। उत्सव अपने आप पैदा नहीं होते, उन्हें आमंत्रित करना होता है। लेखक मानते हैं कि आज शहर के लोगों ने परंपरा से प्राप्त उत्सवधर्मिता को विस्मृत कर दिया है; परंतु 'आम ग्रामवासी जीवन को पूरी जीवंतता के साथ जीते हैं, देश का सौभाग्य है कि वे अपनी मानवीय गरिमा को सुरक्षित रखे हुए हैं। वे इस देश को उत्सवधर्मी बनाते हैं क्योंकि वे स्वयं उत्सवजीवी हैं।'

लेखक ने इन निबंधों में जन-मन की उत्सवजीविता को देखा है। उत्सव उत्कृष्ट पर्व या यज्ञ है। कर्म को श्रेष्ठतम विधि से करके उसे यज्ञ का रूप दिया जा सकता है। उत्सव का अन्य नाम पर्व भी है। पर्व जीवन को पूर्ण करता है। वह व्यक्ति को उत्साह और हर्ष से ही नहीं भरता वरन् उसके लिए आनंदमय लोक की सृष्टि भी करता है। कहा जाता है कि भारतवासी वर्ष के 365 दिनों में 366 उत्सव मनाते हैं। इसका तात्पर्य यह है कि यहाँ के लोग जीवन को श्वासों का व्यापार न मानकर उत्सव बना लेते हैं।

अपनी इस कृति में लेखक ने संपूर्ण तिथियों—प्रतिपदा से पूर्णिमा तथा अमावस्या तक होने वाले उत्सवों के अतिरिक्त सामाजिक उत्सव (शिशु को पालने में सुलाना, विद्यालय जाना, पहली बार बरात में जाना, ढूँढ की प्रथा), जैन परिवारों में व्रत धारण करने और तोड़ने का उत्सव, फसल बोने का उत्सव, फसल काटने का उत्सव, पेड़ लगाने

620/11, स्वस्ति सदन,
चंदवरदाई नगर, अजमेर (राज.)
मो. : 09461593226

का उत्सव, भूमि पूजन का उत्सव, गृह प्रवेश का उत्सव, खोई वस्तु मिल गई तो उसका भी उत्सव, गाय के बछड़ा-बछड़ी हुए तो उत्सव। तीर्थ यात्रा पर भेजने का उत्सव, तीर्थ यात्रा से लौटने का उत्सव। किसी कंजूस पति की पत्नी ने सपने में पति को दान करते हुए देख लिया तो इसी का उत्सव मना डाला। इस प्रकार उत्सव का अवसर न हो तो अवसर पैदा किया जाता है।

राष्ट्रीय-उत्सव, यात्रा-उत्सव, पूजा-उत्सव, स्नानोत्सव, व्रतोत्सव, परिक्रमा-उत्सव, लीला-उत्सव, नृत्योत्सव, हास्योत्सव, सेवा-उत्साह, आशीर्वाद-समारोह, शैक्षणिक-उत्सव, जागरणोत्सव, दर्शनोत्सव, जल-उत्सव, झूलोत्सव और तो और, यहाँ मरण को भी उत्सव के रूप में मनाया जाता है। भगवत्स्मरण के लिए भजन-कीर्तन के कार्यक्रम रखे जाते हैं। सभी आगंतुकों को भोजन कराया जाता है। इसे महा-अवसर कहा जाता है। इस समय बालिकाओं का सामूहिक रूप से कन्यादान कर दिया जाता है।

माताएँ पालने में अपने पुत्र को मातृभूमि हित मृत्यु की महिमा से परिचय करा देती हैं। बारह वर्ष का बच्चा युद्ध भूमि में पराक्रम दिखाता हुआ गिरता है तो बाँहें फैलाकर धरती को पकड़ लेता है। माता का पाठ 'इळा न देनी आपणी' उसे याद रहता है।

चैत्र शुक्ल प्रतिपदा संवत्सर प्रतिपदा है। इस दिन नए वर्ष का स्वागत हर्षोल्लास पूर्वक किया जाता है। द्वितीया भैया दूज के रूप में, कार्तिक शुक्ला द्वितीया तथा फाल्गुन में कृष्णा द्वितीय को मनाई जाती है। चैत्र कृष्णा द्वितीया 'चैटीचंड' के रूप में लोक में प्रचलित है। यह ज्ञान-चिंतन का दिवस है।

तृतीया-चैत्र की तीज गणगौर के रूप में कुलवधुओं द्वारा मनाई जाती है। श्रावण माह में हरियाली तीज मनाई जाती है। भाद्रपद की तीज बड़ी तीज मानी जाती है। अक्षय तृतीया कृषक यजमान का संकल्प दिवस होता है। इस दिन वह उन्नत कृषि का चिंतन कर कृषि का पंचांग बनाता है।

चतुर्थी-वर्ष में चार चतुर्थी महत्त्वूपर्ण मानी जाती हैं। इनमें कार्तिक कृष्ण चतुर्थी करवा चौथ तथा तिल चौथ का महत्त्व अधिक माना जाता है। इस दिन स्त्रियाँ सौभाग्य हेतु व्रत रखती हैं, पति की दीर्घायु की कामना करती हैं। चंद्र दर्शन कर व्रत समाप्त करती हैं। भाद्रपद में गणेश चतुर्थी प्रसिद्ध है। यह व्यवस्था के प्रति समर्पण का दिवस है। यह प्राथमिकताओं के दर्शन का दिन है। प्रत्येक नागरिक गुणों में प्रथम स्थान का अधिकारी हो। अपने राष्ट्र को भी प्रथम श्रेणी के राष्ट्र के रूप में पहचान दिलानी चाहिए। भादवा कृष्ण चतुर्थी और माघ कृष्ण चतुर्थी को संकट चौथ या बड़ी चौथ कहा जाता है। यह संकटों से जूझने के अभ्यास का दिन है।

पंचमी-वर्ष में पाँच पंचमी प्रमुख हैं। पाँचों को साधना दिवस के रूप में मनाने का विधान है। वसंत पंचमी सरस्वती की आराधना का दिवस है। रंग पंचमी जीवन में नए रंग भरने के उद्देश्य से मनाई जाती है। माघ शुक्ला की श्री पंचमी के विषय में लेखक का मानना है, 'जो आचरण मनुष्य को श्रीमान् या श्रीमती बनाए उसे श्री-ल या श्लील कहा जाता है। इसके विपरीत भाव अश्री-ल या अश्लील होता है। ऋषि पंचमी ऋषियों को जोड़ने वाला पर्व है। लेखक के अनुसार, इस दिन की साधना से वह प्रकृति की शक्तियों का दुग्धपान करता है। इसलिए वह सम्यक् वत्स या संवत्स कहलाता है। इससे संवत्स की श्री प्रकट होती है, अत: इसे संवत्स श्री (संवत्सरी) कहा जाता है।' नाग पंचमी न-आग-नाग। यह निष्पाप होने की साधना का दिन है।

षष्ठी-सुगंधा षष्ठी वसंत पंचमी के दूसरे दिन मनाई जाती है। पृथ्वी गंधवती है। मनुष्य के शरीर में पृथ्वी का अंश है। अत: उसमें भी गंध होती है। मनुष्य गंध की पहचान भूल गया है। सौगंध खाता है और गंध को समझ नहीं

पाता है। लेखक ने इसे अपनी और अपनों की गंध पहचानने का दिन बताया है। पहले बुजुर्ग बच्चों का सिर सूँघ कर आशीर्वाद दिया करते थे। सिर की गंध से बच्चे की नीरोगिता की परीक्षा हो जाती थी।

ऊभ छठ भाद्रपद में आती है। उठो, जागो और कर्तव्य पर डट जाओ। यही इसका संदेश है। चलते हुए गिर जाओ तो हिम्मत मत हारो। 'एक बार गिर गया, अब नहीं गिरूँगा' इसलिए इसकी साधना दिन भर खड़े रह कर की जाती है। यही लक्ष्य के प्रति सन्नद्ध होना है। इस दिन सूर्य की आराधना की जाती है।

सप्तमी–यह शिथिलता पर प्रायश्चित का पर्व है। यह संकल्प जगाने का पर्व है। लेखक ने यहाँ इतिहास को याद किया है। उनका मानना है कि प्राचीन समय में हमारे मंदिरों को तोड़ा गया। मूर्तियों का भग्न किया गया। इसी बात को याद दिलाने के लिए खंडित मूर्तियों पर शीतला की पूजा की जाती है। ये भग्नावशेष हमारी शिथिलता की याद दिलाते हैं। आगे से हमारे जीवन में इस प्रकार की शिथिलता का कोई स्थान न होगा। यह संकल्प किया जाना चाहिए।

अष्टमी अथवा **नवमी**–ये दोनों दिन शक्ति की आराधना के हैं। चैत्र और आसोज के महीने में शुक्ल पक्ष के नौ दिन शक्तिसाधना के लिए निश्चित किए गए हैं। इनको नवरात्र कहा जाता है। नवरात्र में शक्ति के विविध रूपों की उपासना की जाती है। लेखक के अनुसार 'मनुष्य के लिए शक्ति का अर्थ जीवनी शक्ति है जो मनुष्य को महाप्राण, महामना और महाप्रज्ञ बना देती है।' ओज, तेज, बल, मन्यु, सह आदि भी उसी के रूप हैं। अष्टमी या नवमी को दीवार पर हाथ या त्रिशूल मांडने की परंपरा है। यह मनुष्य की कर्म शक्ति की पूजा है। यह क्रिया अथर्ववेद के उस मंत्र से मेल खाती है जिसमें हाथ को भगवान् और भगवान् से बढ़कर माना गया है।

इन दो दिनों में कन्याओं को आमंत्रित कर पूजा सत्कारपूर्वक भोजन कराया जाता है। इस प्रकार मातृशक्ति का सम्मान किया जाता है।

चैत्र की नवमी राम के जन्म दिन के रूप में मनाई जाती है। आषाढ़ शुक्ल पक्ष के प्रथम नौ दिन गुप्त नवरात्र कहे जाते हैं। इसमें सृष्टि के रहस्य को समझने के लिए गुप्तसाधना की जाती है।

दशमी–असोज के नवरात्र के बाद विजयादशमी आती है, यह बुराई पर अच्छाई की विजय का पर्व है। तेजा दशमी के दिन लोकदेवता तेजाजी की स्मृति में मेला भरता है। ज्येष्ठ शुक्ला दशमी को गंगा दशहरा मनाया जाता है। इस दिन गंगा के अवतरण को याद करना चाहिए। राष्ट्र निर्माण हेतु भगीरथ के श्रम से प्रेरणा लेने का दिन है यह। गंगा पवित्रता की प्रतीक है। इस दिन गंगोझ (गंगोदक), गंगोत्सव किया जाता है। पवित्रता को साधकर सब गांगेय बनें यही लेखक का मंतव्य है।

एकादशी–ज्येष्ठ शुक्ला एकादशी के दिन भोजन के साथ जल को त्याग कर पानी की कमी की स्थिति का सामना करना सीखना चाहिए। आषाढ़ शुक्ला की एकादशी देवशयनी एकादशी कही जाती है। हमारे देश में जागते रहने की बात कही जाती है। 'वयं राष्ट्रे जागृयाम पुरोहिता:' के आदर्श वाले राष्ट्र में इस दिन देवों को सुला दिया जाता है। देवशयन के रहस्य को लेखक ने स्पष्ट किया है। वर्षा ऋतु में गमनागमन के मार्ग अवरुद्ध हो जाते हैं। कार्य करने में असुविधा होती है। अत: देवों को सुलाकर जीवन में नई ऊर्जा भरने के लिए चातुर्मास में स्वाध्याय व सत्संगों का आयोजन किया जाता है। वर्षा ऋतु व्यतीत होने पर परिश्रम के लिए उचित समय आया जानकर कार्तिक शुक्ला एकादशी को देवों को जगाया जाता है। यह देवोत्थानी एकादशी कही जाती है।

लेखक का मानना है कि देवों का सुलाने का तात्पर्य अपनी चेतना को सुला देना बिल्कुल नहीं है। लेखक के

शब्दों में 'साधक देवशयनी एकादशी के दिन भाग्य के देवता को भले ही सुला देता हो, पर स्वयं जागरूक बने रहने का संकल्प लेता है क्योंकि वह जानता है कि जो जागता रहता है उसका भाग्य का देव भी जागता रहता है।'

द्वादशी—वत्स द्वादशी के दिन गेहूँ तथा चाकू से कटी सब्जी नहीं खाने का विधान है। एक कुलवधू की मानसिक भूल के परिणामस्वरूप पूरा समाज व्रत करके प्रायश्चित करता है।

त्रयोदशी—भाद्रपद कृष्ण त्रयोदशी को शिवरात्रि तथा फाल्गुन कृष्ण त्रयोदशी को महाशिवरात्रि कहा जाता है। शिव परमेश्वर के कल्याणकारी रूप का नाम है। शिवरात्रि शिवाराधना, शिवोपासना और शिवत्व की कामना का पर्व है। लोग मानते हैं कि 'कामनाओं की विविधता के कारण मन में बिखराव की स्थिति होती है। कामनाओं पर विजय पाते ही मन एकाग्र हो जाता है। मन की एकाग्रता सारे संकल्पों को सिद्ध करने वाली होती है। शिवरात्रि संकल्पसिद्धि का अभ्यास करने का दिन है।'

चतुर्दशी—अनंत चतुर्दशी भगवान् अनंत की पूजा का दिन है। अनंत जिसका अन्त नहीं और जो अनंत नाम वाला है वह अनादि भी है। कार्तिक कृष्णा चतुर्दशी को नरक चतुर्दशी कहा जाता है। जो रमणीय-कमनीय नहीं है ऐसी स्थिति को स्वर्ग के रूप में बदल देने का संकल्प किया जाता है।

अमावस्या—अमावस्या जो सोमवार को आती है 'सोमवती' अमावस कहलाती है। यह सोम और सुम्न (सोम से उत्पन्न आनंद) पर चिंतन करने का दिन है। जीवन में रमणीयता की सृष्टि कैसे हो ? इस प्रश्न का विचार करने का दिन है। 'भौमवती' अमावस—भौम नाम मंगल का है। मंगल को पृथिवी का पुत्र माना जाता है। मनुष्य भी भूमि पुत्र है। 'माता भूमिः, पुत्रोऽहं पृथ्विव्याः (भूमि माता है, मैं पृथिवी का पुत्र हूँ)' अथर्ववेद की इस सूक्ति के चिंतन का दिन है यह। इस दिन धरती माँ के ऋण से मुक्ति की बात चिंतनीय है। ज्येष्ठ मास की अमावस्या—सविता देव की शक्ति को अपने भीतर उतारने का व्रत है। सविता की आराधना से सावित्री के समान संकल्प शक्ति प्राप्त की जा सकती है।

मौनी अमावस्या मौन रहने की साधना का दिन है। इस दिन वाक् संयम का व्रत लिया जाता है। कार्तिक कृष्ण अमावस को दीपावली महोत्सव मनाया जाता है। इस दिन लक्ष्मी पूजा और श्री पूजा होती है। लक्ष्मी का लौकिक अभ्युदय से संबंध है और श्री का व्यक्ति से अभिन्न रूप से जुड़े चरित्र से संबंध है। स्वास्थ्य-चिंतन और रूप-चिंतन के उपरान्त चरित्र-चिंतन को उत्सव का अंग बनाया गया है।

दीपावली के दिन दीप जलाकर अंधकार को चुनौती दी जाती है। गृहिणी संध्या होते ही आँगन के बीच में स्वस्तिक माँड कर उस पर दीप जला कर उसकी पूजा करती हैं। एक दीप से सोलह दीप जलाए जाते हैं। पहला दीप देव स्थान पर, दूसरा जलाशय पर, तीसरा तुलसी थाने पर और चौथा मुख्यद्वार पर, एक दीप घूरे पर रखा जाता है। पड़ोसियों के द्वार पर भी दीपक रखे जाते हैं। किसी घर में किसी कारणवश दीपक नहीं जला हो तो वहाँ दीपक अवश्य पहुँचाया जाता है।

अमावस के समान ही पूर्णिमा भी हमारे जीवन में आनंद की सृष्टि करती है। वैशाख की पूर्णिमा बुद्ध जयन्ती के रूप में तथा ज्येष्ठ पूर्णिमा कबीर जयंती के रूप में मनाई जाती है। आषाढ़ में गुरुपूर्णिमा, श्रावण की पूर्णिमा को रक्षा बंधन का पर्व मनाया जाता है। रक्षा बंधन-बंधुता (भाईचारे) के लिए आदर्श है। उसमें त्याग और पवित्रता होती है। बहन रक्षा-सूत्र बाँध कर भाई को उसकी सामर्थ्य का स्मरण कराती है। वह अपने भाई को आत्मविश्वास प्रदान करती है।

श्रावणी पर्व के माध्यम से लेखक एक धरोहर की ओर संकेत करते हुए कहते हैं, 'श्रावणी पर श्रवण कुमार का जो चित्र माँडा जाता है यह प्राचीन भारत का नक्शा है जिसे भारत की महिलाओं ने सुरक्षित रखा है। यह चित्र हड़प्पा की सबसे प्राचीन सीलों पर मिलता है।' डॉ. फतहसिंह ने इसकी बनावट में वृत्र राष्ट्र, सिंधु राष्ट्र, इरा राष्ट्र, मद्र राष्ट्र नाम पढ़े हैं। सबसे नीचे इन राष्ट्रों का संयुक्त नाम हिंदू राष्ट्र पढ़ा है। इसलिए यह पर्व संस्कृति के साथ राष्ट्रीय गौरव का प्रतीक भी है।

अश्विन मास की पूर्णिमा 'शरद पूर्णिमा' के रूप में मनाई जाती है। लेखक के शब्दों में, 'कहते हैं कि शरद के निरभ्र आकाश में चाँदनी का पूरा निखार इसी दिन देखने को मिलता है। शरद पूर्णिमा को रात्रि में आकाश से चंद्र रश्मियों के साथ अमृत बरसता है। उसको खीर में संचित करके सेवन किया जाता है।' कार्तिक अगहन और माघ मास की पूर्णिमाओं का स्नान की दृष्टि से महत्त्व है। फाल्गुन की पूर्णिमा को 'होलिका उत्सव' के रूप में मनाया जाता है। यह नवशस्येष्टि का पर्व है। नया अन्न आने पर अग्नि को भेंट कर यज्ञ शेष को ग्रहण करने की भावना इसमें निहित है।

राष्ट्रीय पर्व 15 अगस्त तथा 26 जनवरी, शिक्षक दिवस, युवा दिवस, हिंदी दिवस को लेखक ने मन से मनाने की बात कही है। ये दिवस दिखावे के लिए नहीं मनाएँ, इन्हें जीवनोत्सव का अंग बनाएँ। राष्ट्र के विकास में सहयोग दें।

इन पर्वों के अतिरिक्त व्यक्तित्व के सँवारने के लिए संस्कारोत्सव मनाए जाते हैं। संस्कारों के विषय में लेखक कहते हैं 'संस्कार मनुष्य को सभ्य बनाते हैं। शिष्टाचार और सदाचार के आधार संस्कार होते हैं। स्मृतिकारों ने सोलह संस्कारों का उल्लेख किया है। जन्म से लेकर मृत्यु तक सभी संस्कार जीवन को उत्सव की तरह जीने की विधि सिखाते हैं।'

लोक में कुछ परंपराएँ प्रचलित हैं। यथा—घूरा पूजन, कुआं पूजन आदि। इनके पीछे के रहस्य को विद्वान् लेखक ने स्पष्ट किया है। उनके रहस्य को समझकर उन्हें सार्थकता प्रदान की जा सकती है। जैसे विवाह के अवसर पर घूरे का पूजन किया जाता है। इस संबंध में लेखक के विचार द्रष्टव्य हैं—घर के साथ घूरे का अस्तित्व निश्चित है। अवशिष्ट उच्छिष्ट भी पूजनीय है। कचरा इधर-उधर बिखरा न हो। कचरा पात्र साफ सुथरे हों। घूरा पूजन हमारी पर्यावरण चेतना की देन है। घूरा बढ़ता है अतः इसमें वृद्धि का भाव भी माना जा सकता है।

चाक पूजन—संसार चक्र के जैसा कुम्हार का कुलाल चक्र है। भवचक्र का उपमान होने के कारण कुम्हार के चाक की पूजा होती है। चाक पूजन वस्तुतः श्रमलक्ष्मी का पूजन है। कुम्भकार को प्रजापति कहा जाता है।

कुआं-पूजन—विवाह व संतति के जन्म के अवसर पर कुआं-पूजन किया जाता है। इस के पीछे रहस्य है 'कुएं का जल सीमा में बँधा होता है। मनुष्य जीवन भी सीमाओं में बँधा होता है पर होता है वह प्रवाह का अंग ही। इसको अनुभव करना कुआ-पूजन का रहस्य है।' कुआं से जल निकालने पर वह कम नहीं होता अपितु बढ़ता है जल शीतल होता है। अतः वृद्धि एवं शीतलता के संस्कार भी पूजा करने वाले को अभीप्सित होते हैं।

मुस्लिम उत्सव, ईसाई त्योहार तथा महापुरुषों की जयंतियों का लेखक ने वर्णन किया है। लेखक ने अपनी कृति में मुस्लिम उत्सवों के विषय में लिखा है। मुहर्रम बलिदान दिवस के रूप में मनाया जाता है। ईद-उल-फितर रमजान के बाद दूज का चाँद दिखने पर मनाया जाता है। यह तप का पर्व है। बकरीद के विषय में कुरबानी के अर्थ को लेखक ने इन शब्दों में व्यक्त किया है, 'वस्तुतः कुरबानी का अर्थ किसी प्राणी की हत्या करना नहीं है। अपने

भीतर के पशु को मारकर शुद्ध मानवीय भावनाओं को विकसित करना ही बकरीद का उद्देश्य हो सकता है। ईश्वर किसी के प्राण लेना नहीं चाहता।'

ईसाई संप्रदाय के त्योहार प्राय: ईसा के जीवन की घटनाओं से संबंध रखते हैं। 25 दिसंबर को ईसा मसीह का जन्म दिन मनाया जाता है। इस आनंदोत्सव का समापन नव वर्ष का उत्सव मना कर होता है। गुडफ्राइडे बलिदान दिवस तथा ईस्टर डे जीसस क्राइस्ट के पुनरुज्जीवन का दिन है।

मुस्लिम और ईसाई पर्वों को सब लोग मनाते है। लेखक का मानना है कि 'इस एकसूत्रता को पहचानने से ही उत्सवों और उनकी पृष्ठभूमि के मनोविज्ञान की सार्थकता सिद्ध होगी।'

डॉ. साहब उत्सवों की उत्कृष्टता भी राष्ट्र को समर्पित करते हैं। ये सारे उत्सव राष्ट्र को खुशहाल बनाने के लिए हैं। राष्ट्र सर्वोपरि है। उनके अनुसार 'राष्ट्र को जगाने का हर संभव प्रयास किया जाना चाहिए। राष्ट्र की भूमि, राष्ट्र की भाषा, राष्ट्र की संस्कृति, राष्ट्र का धर्म, राष्ट्र का जन-सब रक्षणीय हैं।' राष्ट्र रक्षण के कार्य में यहाँ की कुलवधुएँ सदा अग्रणी रही हैं। हरियाली तीज पर उनकी चाह होती है कि इस दिन उनके पति साथ रहें; परंतु सीमा पर रक्षा करने वाले सैनिक को पत्नी घर न आने पर संदेश भेजती है। रघुराज सिंह हाड़ा के शब्दों में :

'भोळा बाई सा रा प्यारा वीर
तीज प' मत आज्यो।

जब देश का सम्मान दाँव पर लगा हो, वहाँ अपने कर्तव्य का पालन करना ही सबसे बड़ा त्योहार है। चूँडावत रानी ने अपने पति की राष्ट्र-निष्ठा भंग होते देख अपना सिर काटकर स्मृति चिह्न के रूप में पति के पास भिजवा दिया था :

'चूँडावत माँगी सेनाणी,
सर काट दे दियो क्षत्राणी।'

वीरांगना के पति ने भी वीरतापूर्ण शत्रुओं का सामना कर विजयश्री का वरण किया था। पद्मावती, दुर्गावती, कर्मावती व रानी लक्ष्मीबाई ऐसी ही वीरांगनाएँ हैं जिन्होंने प्राण देकर राष्ट्र का गौरव बढ़ाया है।

इस प्रकार डॉ. बद्रीप्रसाद पंचोली ने अपनी इस कृति के माध्यम से परंपराओं, पर्वों व उत्सवों में निहित रहस्यों का उद्घाटन करके समाज का उपकार किया है। जन्म से लेकर मृत्यु तक उत्सव ही उत्सव। क्षण-क्षण को उल्लासमय और सार्थक बनाने की कामना उत्कृष्ट जीवन की कल्पना का आधार है :

प्रतिक्षण उत्सव हो जीवन में, क्षण-क्षण नवीनता हो जीवन में।
हो रमणीय हमारा जीवन, जागो देव! देश में मेरे।

❖❖❖

सार्थक काव्य

डॉ. ममता खांडल

इतिहास का आत्मनिवेदन डॉ. बद्रीप्रसाद पंचोली की 51 कविताओं का लघु संकलन है। वैसे यह उनकी बहुत कम चर्चित कविताओं का संकलन है। पंचोलीजी पहले भी अपने काव्य प्रकाशनों से काफी चर्चा में आ चुके हैं।

पंचोलीजी मूलतः भारतीय मूल्याधारित पारंपरिक जीवन बिंदुओं के संदर्भ में अपनी काव्य-यात्रा के कदम बढ़ाते रहे हैं। आज कविता की जो स्थिति है उससे वे सुपरिचित हैं। कथावस्तु, शैली एवं काव्यभंगिमा जिस प्रकार से मेटामार्फिसस से गुजर रही है, वे जानते हैं; परंतु उन्हें शैली से कोई परहेज नहीं, शब्दों के प्रयोग में भी वे आधुनिकतम खंडों को अपनाने में पीछे नहीं रहते; परंतु नींव में और उसकी भावधारा में कोई समझौता संभव नहीं है। इसी कारण पंचोलीजी की कविता एक विशेष दृष्टि की जरूरत महसूस करवाती है। हमारे अकादमिक मापदंड इन कविताओं को पूरी तरह आँकने और रस ग्रहण में असमर्थ रहते हैं। यहाँ तक कि कुछ स्थलों पर हमें भटका सकते हैं।

पंचोलीजी में काव्य-रचना की प्रेरणा प्रेम है। परंतु इनमें वे आजकल की तरह उन्मुक्त, अबाध नहीं हैं। हालांकि उनमें प्रेम के विविध रंग, छटाएँ, सुख-दुःख, मिलन-विरह का इंद्रधनुषी रंग मिलता है। फिर भी कवि कहता है—

रात के जगेरे से
पाण्डुरवर्ण शशि को
धीरे से सुला करके
रात के आँसू पोंछ
रवि को जगाती है
और फिर संध्या की
माँग को सजाने की
कंटकहीन राह पर

सहायक आचार्य, हिंदी विभाग
राजस्थान केंद्रीय विश्वविद्यालय, बांदरसिंदरी, किशनगढ़, अजमेर - 341306 (राज.)
मो. : 09413169433

भेज, सुख पाती
और हँसती
लौट जाती है।[1]

इस कविता में भाव, उत्कंठा, आभिमुख्य और शब्द चयन सब मनमुग्धकर हैं।

वैसे पंचोलीजी की कविताएँ जगह-जगह महादेवी की पीड़ा, निराला की प्रकृति-सौंदर्य मंडित कविता, प्रसाद की कामायनी की सचल यात्रामय कविता का स्मरण दिलाती हैं।

नाम तो *इतिहास का आत्मनिवेदन* रखा है। दरअसल, रचनाकार का समय जगह-जगह पारंपरिक कविता, इडियम और छन्दों में अटकता जरूर है लेकिन वह इतिहास के बोझ से दबता नहीं है। इतिहास का आह्वान कर उसका चेहरा नहीं देखता। स्वयं को इतिहास का अंग मानकर स्वचिंतन, स्वकथन, आत्मानुभूति की व्यंजना जैसी पारंपरिक ओर गैरपारंपरिक दृष्टि से संगुफन करता है, इसी से कहता है—

मेरे दु:ख-सुख का भार
सभी में बँट जाता है।[2]

कवि कहता है अतीत में झाँक कर। इतिहास का यहाँ वास्तव में अतीत से साक्षात्कार होगा। इसमें कड़वा-मीठा स्वाद मिलना स्वाभाविक है। कवि कहता है—

ये सड़े हुए कठफोड़े?
अरे नहीं, ये तो हैं-
जीर्ण लता के मुकुल
क्योंकि उत्फुल्ल लता तो
यहाँ नहीं मिलती है।
यह घूरे पर पड़ी हुई टहनी है?
नहीं,
सुनो, यह है नवलतिका
पानवसन से हीन
कहीं आश्रय पाने को
शुष्कप्राय निच्छाय पेड़ की ओर
नित्य ताका करती है।[3]

फिर कवि कहता है—

अरे, इसकी क्यों चिन्ता करते हो,
रूखा-सूखा साग और मुरझाए पात
यही भोजन है मेरा,

सन्ध्या–प्रातः !
पेड़ों और लताओं की दे करके पानी
मुकुलों को प्यार
करता हूँ अपना भाग
नित्य सबसे पीछे स्वीकार।

इस प्रकार *मैं बाँट–बाँट कर / सबको उनका दे देता हूँ बचा–खुचा अपना ही भाग/ सदा खाता रहता हूँ*[4] इस प्रकार *मेरे दुःख–सुख का भार सभी में बँट जाता है।* कवि की यह उदार चेतना ही उसे 'तृप्ति का आमोद' देती है।

इसी इतिहास से गुजरते समय कवि की निगाह बार–बार ठूँठ की ओर जाती है। बीज में सोता शिशु विस्तार करता है। जागता है, संसार देखता है। तब युगों की घुटन के बीच मन चेतना पाता है। तब फूल खिलते हैं, फल फूलते हैं, धरती पर छाँह फैल जाती है। इस प्रकार वृद्धि होती है, फिर कुचले जाते हैं—

'वृद्धि कर फिर कुचलने में जगत् को आनन्द
पत्थरों से फल उतारे, मसल डाली गन्ध;
सदा सहलाती हवा भी कर रही आघात,
बिहसती रवि–रश्मियों ने हैं जलाए गात;
बिलय कर ऋतुएँ निगलती जा रही ले घूँट,
धरा पर रोड़ा बना यों रह गया अब ठूँठ।''[5]

धरती पर उतार–चढ़ाव का प्रतीक है यह मरु का टीला। यह अपरिचित कणों का संघात है और जिसे देख वे आश्लिष्ट हो कर बात कर रहे हैं। लेकिन—

यदि मिटाने को मुझे बढ़ आय झंझावात
सहन कर लूँगा सदा मैं प्रबलतम आघात;
× × ×
अब न तुम ठुकरा सकोगे समझ रज को खर्व
नापता तन से रहूँगा, मैं तुम्हारा गर्व।[6]

कवि आगे बढ़कर ब्रह्मांड को देख रहा है। इसमें धरा और नभ बंधे दिखते हैं। यहाँ प्रभापूर्ण भोर से लेकर सागर में वातक्षुब्ध हिलोरें घिरती रहती हैं। इस प्रकार विविधता में एकता का संचार होता रहता है। यह सारी सृष्टि—

पूर्व से पश्चिम क्षितिज तक सर्ग का विस्तार।
प्रेरणा–सी दे रहा कह एकता ही सार।[7]

लोग इस संसार को अभिशापमय बंधन कहते हैं। पर कवि की सकारात्मक सोच में सर्जन के स्नेह का सावन है। यह ब्रह्मांड हर पल आनंद का घर बना है।

इतिहास के उस विस्तृत नभ में कवि भारत को देख रहा है। आज चारों ओर श्वापदों का शोर सुनकर वह भारत के शौर्य को ललकार देता है। जब इधर विश्व जल रहा है, तब वह विजय कर रहा है। कवि स्पष्टतः कहता है—

भारती की गोद में नरसिंह ही पलते,
पूत श्रम के बिन्दु बन भागीरथी ढलते।
× × ×
सिंह होकर भी अगर कोई जंभाई ले,
× × ×
भर दिशाओं में उठी ललकार का स्वर दो।
देश को श्रम का, सजग हुंकार का वर दो॥[8]

इस प्रकार कवि सम्मिलित हुँकार का वर माँग रहा है। इस सजग हुँकार से देश की प्रगति होगी।

कवि कहता है इस साहित्य के छोर पर वह महापुरुष सोया हुआ है—

जिसने गोली खाकर
बन्दूक और तोपों के मुख बद करना चाहा;
गाली खाकर
सबके अन्दरूनी जुनून को मिटाना चाहा
और हमारे कहने से
यो सो गया
जैसे उसे किसी से
कुछ लेना-देना ही न हो।[9]

कवि कहता है कि उसे याद करो तो वह जाग जाता है और भुलाना चाहो तो सो जाता है। कवि उसे स्मरण करने की बात कर रहा है।

कवि सारे इतिहास में काव्य-यात्रा करने के बाद इस निर्णय पर पहुँचता है कि—

सीमा तोड़ दम्भ जब जागा
नाक नकेल डाल अनुरागा
सपनों ने अपने सिर ताने
अभिलाषा ने पहने बाने
चलने दी न एक दुर्मति की
कीर्ति-ध्वजा फहराई द्युति की।[10]

पाखंड टूट-टूट कर गिर जाता है। द्युति की कीर्ति-ध्वजा फहराती है। यहाँ पर सुकृति की सदा स्तुति गाई

जाती रही है। काल की गति में हाँ–ना, आवर्तन–परिवर्तन, जय–पराजय, हास–रुदन का यहाँ मेला चलता रहता है और यहाँ जो त्रुटि करता है वह मिट जाता है। सिद्धांतों से च्युत होने वालों को यहाँ कभी क्षमा नहीं मिलती। यहाँ रेतीले ढूह हैं, इनमें शोक, धृति और सत्य की वेदी पर बलिदान हुई आहुति की कथा लिखी हुई है। यहाँ जितने भी मुस्कान लूटने के प्रयास हुए, आँसुओं पर ठहाके लगाए गए—

पुलकों पर आहों के परे
सुख–क्षण ओस–बूँद–से ठहरे।[11]

अंत में कवि ने भूति भणिति को ही स्वीकृति दी है।

बद्रीप्रसादजी की इस काव्य यात्रा में *इतिहास का आत्मनिवेदन* व्यापक ऐतिहासिक घटनावली के विवरण से लदी हुई नहीं है। बीच–बीच में कुछ स्मरणीय पंक्तियाँ विशेष लगती हैं, जैसे—*देवों से भी पूज्य मनुज को, जन्म दिया करती हूँ।* [12]

नीलगगन की गहराई मन से न पार पाती है।
× × ×
पौरुष के चरम प्रतीक मनुज

यद्यपि वैदिक घटनाओं के भावानुवाद से अपनाई गई है, पर पंचोलीजी ने उन्हें पुनर्जन्म देकर एक बार फिर स्पष्ट किया है कि हमारे वेद कितनी शाश्वत उक्तियों के भंडार हैं। इसलिए कवि कह रहा है—

इस जीवन पथिक को

उषा गा लोरी,
दे थपकी, जगाएगी
और वह सो कर भी
बार–बार जागेगा। (पृ 52)

मानो कवि इतिहास में यह जागरण मंत्र ही सुना रहा है।

तम कटेगा तो क्या नहीं हरेगा–
नव युग का स्वार्थ–विहान। (पृ 88)

इस आशावादिता के कारण और सकारात्मक भाव–भूमि पर कविता सार्थक बन जाती है।

संदर्भ

1. *इतिहास का आत्मनिवेदन*, डॉ. बद्री प्रसाद पंचोली, अर्चना प्रकाशन, अजमेर, पृ. 54
2. वही, पृ. 49
3. वही, पृ. 48
4. वही, पृ. 49

5. वही,पृ. 62
6. वही,पृ. 63
7. वही, पृ. 69
8. वही, पृ. 73
9. वही, पृ. 75
10. वही, पृ. 94
11. वही, पृ. 96
12. वही, पृ. 2

❖❖❖

भारत में रहने वाले प्रत्येक व्यक्ति का राष्ट्रीय धर्म भारतीयता है और शाश्वत-धर्म 'मानवता' है। धारकतत्त्व को धर्म कहते हैं। जिस गुण के बिना किसी वस्तु का वह स्वरूप नहीं रह सकता, वही उस वस्तु का धर्म होता है। ज्वलनशीलता के बिना अग्नि, क्लेदनशीलता के बिना जल, प्रकाशधर्मिता के बिना सूर्य-चंद्र का अस्तित्व बना नहीं रह सकता। उसी तरह इस देश के निवासी का भारतीयता और मानवता के बिना अस्तित्व बना नहीं रह सकता।

–**'*अथातो राष्ट्र जिज्ञासा*' पुस्तक से**

युगबोध का दस्तावेज

डॉ. पूनम पांडे

लघुकथा एक ऐसी विधा है जिसके पठन से न केवल अनूठी सामाजिक, भौतिक, सांस्कृतिक, शारीरिक, मानसिक समता-असमताओं के परदे हिल डुल कर अनगिनत राज खोलते चलते हैं; बल्कि यह अपनी अद्‌भुत सिग्नेचर टोन से पाठक के मन को छू भी जाती है। हिंदी साहित्य की लगभग सात दशक से अनवरत सेवा कर रहे पंडित बद्रीप्रसाद पंचोली जी का कथार्चन एक सौ पचास से अधिक लघु कथाओं में जीवन को दर्शन सँजोए हुए है।

मानव व्यवहार की तस्वीरों के कितने प्रकार हैं, लेखक की पैनी नजर चौके-चूल्हे से बाजार तक की सब तरह की विविधता का सूक्ष्म विश्लेषण करती है। उदारता, लचीलापन, मानवीयता, अहिंसात्मक नजरिया लेखक की जीवन शैली ही नहीं वरन् कलम की आरसी भी है। कागज का मूल्य, सही सहायता, होनहार, किसको किसकी पड़ी है, शीर्षक की लघुकथाओं में इन्द्रधुनषी रंगों में संवेदनाएँ बल खाती इठलाती दिखती हैं। वहीं सबक, सलाह, रुपये का मूल्य, विदाई, विजय का डंका, एक पैसे के लिए, ठगी, नेता आदि कथानक का संतुलन इतना सधा हुआ है कि पाठक वाह-वाह कर उठता है। मोटी पटेलण, सेवाभावी, सावधानी, ईमानदार करदाता, अंतिम चाह, सुविधा शुल्क, डॉक्टर आदि के कथानक में वर्णन की आजादी लेकर लेखक ने जीवन-सूत्र दे दिए हैं। उदाहरण देखिए :

1. भावुकता में गले मिलकर मन को आराम मिलता है।
2. साहस साथ देता है तो हर जगह विजय मिल जाती है।
3. आक्रोश में निकले शब्द बहुत घातक सिद्ध होते हैं।
4. कुंठित व्यक्ति किसी आनंद का उपभोग नहीं कर पाता।

पंचोली जी की लेखनी से पात्र फूल की तरह महकते हैं तो कंटक की तरह चुपचाप कहीं चुभन भी पैदा करते हैं। मिसाल के तौर पर 'वह विजयी हो', शीर्षक की लघुकथा की युवती की पीड़ा को लेखक ने हमारे दिल में भी सीधे-सीधे उतार दिया है। 'सबक' शीर्षक की लघुकथा कितनी झकझोर देने वाली है जिसमें धूर्त पिता कितनी

युवा कवयित्री एवं गीतकार।
दुर्गेश, पुष्कर रोड, कोटड़ा, अजमेर (राजस्थान)
मो. : 09828792720

मक्कारी करता है। यह हरकत पाठक के मन को रुला-सा देती है। लेखक ने अपने पूरे समर्पित भाव से चरित्र चित्रण की कला का भी बहुत अच्छा परिचय दिया है। लेखक का पूरा जीवन जिस तरह अनुशासन और समय पालन की अवधारणा पर कुशलता से चलता रहा है वही स्पंदन हमें इन छोटी गाथाओं में भी साफ-साफ दिखाई देता है। गागर में सागर कहें तो शायद गलत नहीं होगा। पंचोली जी चिंतन के अथाह सागर में डूबते उतरते हैं। और उस चिंतन को कथात्मक ढाँचा प्रदान कर देते हैं। इसका अंदाजा पाठक को सिर किसका, अनाड़ी नामक लघुकथा का वाचन करके खूब मजे में होता है। इस लिहाज से पंचोली जी की भाषा शैली भी नितांत उल्लेखनीय है। बोलते हुए शब्द कैसे निर्मल धारा की तरह प्रवाहित होते हैं, यह देखते ही बनता है। किसी कहानी के विषय की विषमता भी पंचोली को परेशान नहीं करती। वे सहज भाव से सरलता से अपना मंतव्य रख देते हैं। हर लघुकथा को शुरू करते हुए बड़ा कौतूहल जाग्रत हो जाता है कि अंत में क्या होगा?

अगर देशकाल की चर्चा की जाएगी तो पंचोली जी के पास वातावरण की कोई कमी नहीं। पहली कहानी में आप गाँव में हैं। तो तुरंत राजनीति में जा पहुँचे। खानपुर बालपन की लघुकथा से पारिवारिक माहौल में विचरण करते हुए किसी नेता के मनोविज्ञान के दर्शन करने तथा कराने लगते हैं। युग जीवन के आदर्श का उद्घोष भी होता है, साथ ही, साथ, यथार्थ परिवेश के चित्र ऐसे सशक्त है कि भावविभोर कर देते हैं। 'आए ओर चल दिए', शीर्षक की लघुकथा में क्रांतिकारी विजयसिंह पथिक की विचारधारा को इतनी संवेदनशीलता से दिखाया है कि पाठक की आँखों में पानी भर आता है। पंचोली जी की चिंता किसी न किसी रूप में लेखन में दिख जाती है। व्याकुलता, एक सुंदर समाज के निर्माण की लेखक के मन से छलक कर लेखनी में समा गई है। कला पक्ष की दृष्टि से देखा जाए तो बहुत से सुंदर प्रतीक सहजता से कथानक में शामिल हो गए हैं। बगैर किसी लाग लपेट के अपनी बात कहते हुए भी लेखक महोदय सहजता से दिव्यता का दर्शन करा देते हैं। शिशु के लिए वात्सल्य, युवा मन, बूढ़े मन की सरगम क्या क्या नहीं है। तो यह लघुकथा संग्रह मानव मन के सभी पहलुओं का निचोड़ प्रतीत होता है। वात्सल्य, उत्साह, करुणा, श्रृंगार, वीर, रौद्र रसों का रसास्वादन होता रहता है। कुछ लोग ऐसा कहते है कि गीत व कविता से युग चेतना का संचार होता है; लेकिन पंचोली जी की लघुकथाओं में भी संस्कारी सभ्य समाज की झलकियाँ मिलती हैं।

लेखक की अलौकिक कल्पना शक्ति हमेशा ही कुछ न कुछ खोजती रहती है। उसका चिंतन संदर्भ बहुत ही व्यापक होता है। पंचोली जी बहुत ही बारीकी से अध्ययन करने में सफल रहते हैं कि किस तरह आदमी भीड़ के दबाव के कारण अकेलेपन को झेलता है। वैसे इस लघुकथा संग्रह को दो भागों में बाँट सकते हैं। इसमें एक तरफ समाज को दिशा देने वाली कथाएँ हैं तो आधी लघुकथाओं में सामाजिक विसंगतियों पर विचार करने के बाद उपाय भी सुझाए गए हैं।

संक्षेप में यह कहा जा सकता है कि कसावट से रची गई ये लघुकथाएँ पठनीय है, संग्रहणीय हैं, बहुत कुछ सिखाने योग्य और युगबोध के दस्तावेज को प्रस्तुत करने वाली हैं। निखरती हुई यही अभिव्यक्तियाँ आगे आने वाले लघुकथा संग्रह में भी भरपूर होंगी।

❖❖❖

शब्द चिंतन का संसार

डॉ. धर्मपाल यादव

'शब्द' हमारे जीवन को सार्थकता प्रदान करते हैं। ये हमारे पुरोधा हैं। भारतीय भाषा चिंतन में शब्दों को केवल अर्थ का साधक ही नहीं; अपितु परमार्थ का साधक भी स्वीकार किया गया। भारतवर्ष में प्राचीनकाल से ही शब्द-साधना होती रही है। यहाँ शब्द को ब्रह्म कहा जाता है। ब्रह्म का अर्थ होता है—बृंहणशील, विकासशील, गतिशील, विस्तारशील। वट-बीज में जैसे विशाल वट-वृक्ष बनने की क्षमता होती है, उसी तरह शब्द में विराट् रूप तक प्रसरण की शक्ति निहित होती है। वह अपने अर्थ में विस्तार खोजता है।

'शब्द' शप् धातु से बनता है जिसका अर्थ है—प्रहार करना, टक्कर मारना। वक्ता में मुँह से निकला हुआ शब्द श्रोता के कान के परदे से जाकर टकराता है, प्रहार करता है। यह प्रहार की क्रिया आनंद का विषय कैसे बन जाती है। यह गंभीरता से विचार करने का विषय है।

पूर्वजों के विचारानुसार एक शब्द को सम्यक् जानकर उसको प्रयोग में लाने पर हमारी कामना की पूर्ति करता है। धीरे-धीरे प्रमादवश शब्दों की साधना समाप्त होती गई। उसका कुपरिणाम यह हुआ कि हम शब्दों से अपरिचित होने लगे।

'शब्द' को साधना पड़ता है। साधने पर ही शब्द आनंददायी सेतु बनता है, पुरुषार्थ बनता है, अभीष्टसाधक बनता है, आनंद का व्यंजक बनता है। इस पूरी प्रक्रिया से दर्शन शब्द से साक्षात्कार कहा जाएगा। सामान्यतः लोग शब्द से साक्षात्कार करते हुए डरते हैं; परंतु शब्द से साक्षात्कार किए बिना निस्तार भी नहीं है।

'शब्द' से साक्षात्कार अपने आप में पुरुषार्थ है। धर्म, अर्थ, काम और मोक्ष में अर्थ केवल स्थूल उपलब्धि नहीं है। शब्द का अर्थ भी प्रेय है। प्रेय को श्रेय में प्रतिफलित करना और उसे निःश्रेयस् तक पहुँचाना जीवन-यात्रा की सफलता भी है और सार्थकता भी। इसी क्रम में रचना प्रक्रिया का संसार के रूप में डॉ. पंचोली जी कृत *शब्दलोक* कृति आनंद का समागम प्रतीत होती है।

डॉ. पंचोली ने अपने जीवन में लोक और वेद की साधना की है। शब्दों के सहचर बनकर उन्होंने रहस्यों के उद्‌घाटन अपने शब्द-लोक ग्रंथ में किया है। *जीवन सुरभि* एवं *जीवन शतपथ* नामक ग्रंथ पंचोली जी की

शिक्षक-संस्कृत
ग्राम-शाहपुर, पो.-गूँता, त. बानसूर, जिला-अलवर (राजस्थान)
मो. : 9314341144

वैदिक साधना के परिणाम हैं। शब्दानुशीलक लेखक के विचारों को प्रकाश में लाना प्रस्तुत शोध पत्र का उद्देश्य है।

व्याकरणशास्त्र, शिक्षा शास्त्र, निरुक्तशास्त्र, छन्द:शास्त्र, ज्योतिष शास्त्र और कल्पशास्त्र से पुष्ट शब्द जब प्रयोग में लिया जाता है तब शब्द ब्रह्म की व्यापकता का साक्षात्कार होता है। तब यास्क की वह उक्ति सार्थक होती है।

निरुक्तकार यास्क ने कहा है—

'एकोऽपि शब्दः सुज्ञातः सम्यक् प्रयुक्तः स्वर्गे लोके च कामधुक् भवति।' अर्थात् एक शब्द का भी अच्छी तरह से ज्ञान हो जाए और उसका सही रूप में प्रयोग हो जाए तो वह स्वर्ग और लोक में कामधेनु बन जाता है।

'शब्द' व्याकरण की मर्यादा में बँधकर सार्थकता ग्रहण करता है। व्याकरण को वेद या ज्ञान का मुख और निरुक्त को श्रोत्र कहा गया है। अनुष्ठान समाप्ति के पश्चात् क्षमा प्रार्थना की जाती है :

यदक्षरं पदभ्रष्टं मात्राहीनं च यद्भवेत्।
तत्सर्वं क्षम्यतां देव प्रसदी परमेश्वर ॥

अर्थात् यदि मैंने कोई अक्षर व्याकरण के अनुशासन से हीन या सक्रियता न जगाने वाला बोल दिया हो तो देव! क्षमा कर देवें। मैं आपको ही समर्पित हूँ।

संस्कृत भाषा की यह विशेषता रही है उसमें पृथक्-पृथक् अर्थच्छटाओं को धारण करने वाले अनेक शब्द हैं और सभी शब्द अपने अर्थ को विज्ञापित कर देते हैं।

संस्कृत शब्दों की यह विशेषता है कि प्रकृति प्रत्यय को समझकर आसानी से शब्द का अर्थ प्रत्यक्षीकृत किया जा सकता है। यह विशेषता हिंदी को भी संस्कृत से विरासत में मिली है। इस कारण हिंदी में धातुओं, उपसर्गों और प्रत्ययों से लाखों शब्द बनाए जा सकते हैं।

शब्दों का अंतर समाज की संस्कारधर्मिता को व्यक्त करता है। विवाह और हवन की 'सामग्री' होती है। बाजार में खरीद सामान की होती है। सामान को कुली ढोता है। सामग्री स्वयं उठानी पड़ती है। सामग्री में समग्रता का भाव समाविष्ट है। सामग्री भार नहीं होती। सामान में भार होता है।

अपने शब्दों के अर्थ खो जाने से उन शब्दों से व्यंजित संस्कार द्रुतगति से समाप्त हो रहे हैं और हमारी जीवन पद्धति की मौलिकता ही समाप्त होने के कगार पर पहुँच गई है। भारतीयता को समझने का आधार सूत्र है—**'लोक वेदे च।'** इसकी ओर किसी का ध्यान नहीं जाता। अपने से कट जाने का ऐसा उदाहरण तो संसार में कहीं नहीं मिलेगा और हम इस दिशा में सोचने में बिल्कुल उदासीन हो गए।

शुद्ध भाषण, लेखन और पठन हमारा उद्देश्य होना चाहिए। भाषा की वैज्ञानिकता को अक्षुण्ण बनाए रखने के लिए शब्द-लोक की यात्रा जरूरी है। भाषा को संस्कारवती बनाना पड़ता है, तदनंतर वह भाषा मनुष्यता की भूषण बनती है। संस्कारवती भाषा मनुष्य को सजाती, सँवारती है। *नीतिशतक* के प्रणेता भर्तृहरि ने इस ओर संकेत किया है :

केयूरा न विभूषयन्ति पुरुषं हारा न चन्द्रोज्वला
न स्नानं न विलेपनं न कुसुमं नालंकृता मूर्धजाः।

वाण्येका समलंकरोति पुरुषं या संस्कृता धार्यते
क्षीयन्ते खलु भूषणानि सततं वाग्भूषण भूषणम्॥

(***नीतिशतक***, 19)

साहित्यरत्न, भाषा विशारद, शब्द चिंतक प्रोफेसर पंचोली जी ने इस क्षेत्र में बहुत श्रम किया है और आगे भी कर रहे हैं। अशीति वर्ष की आयु पार कर भी आज सबके शब्द लोक एवं शब्द की दिशा में प्रेरणा स्रोत बने हुए हैं। भाषा के स्वरूप को पहचानने के लिए उन्होंने साहित्य जगत् को आमंत्रित किया है। प्रोफेसर पंचोली जी के शब्दों में 'भाषा मनुष्य का भूषण है तो उसके स्वरूप को पहचानने के लिए आप सब आमंत्रित हैं। आप-अपने आस-पास प्रचलित शब्दों को पहचानिए, उनमें समाज को देखिए, समाज के विचारों को देखिए, समाज की सोच को देखिए। इतना कर लिया तो निहाल हो जाएँगे, अपने आपको पहचानकर, क्योंकि आप उस सामुदायिक चेतना से भिन्न थोड़े ही हैं।'

शब्दों का अशुद्ध प्रयोग आज हम अनजाने में करते रहते हैं। उदाहरणार्थ एक शब्द 'आक्रमण' है। हम आक्रमण करने वाले को 'आक्रांता' कहने लगे जबकि आक्रमण के शिकार व्यक्ति 'आक्रांता' होते हैं। इसी तरह 'आकांक्षा' शब्द है, इसका अर्थ है कामना, साध, इच्छा, चाहना। इसी के समानार्थक इच्छा, कामना, चाह/चाहना, अभिलाषा, साध भी प्रतीत होते हैं; किंतु इनमें सूक्ष्म अंतर है जो केवल इनके प्रयोग से ही पहचाना जा सकता है।

वैसे ही 'क्षमा' शब्द का अर्थ है—क्षमता वाला, बल संपन्न, शक्ति संपन्न कहा गया है—

या देवी सर्वभूतेषु क्षान्तिरुपेण संस्थिता।
नमस्तस्यै नमस्तस्यै नमस्तस्यै नमो नमः॥

(***दुर्गा स्तुति***, 14)

राष्ट्रकवि रामधारी सिंह 'दिनकर' ने कहा था कि जो निर्विष, श्लथ हो उस साँप को क्षमा करने का क्या अधिकार है? क्षमा उसको सुशोभित करती है जिसके पास विष हो :

क्षमा शोभती उस भुजंग को जिसके पास गरल हो।

शब्द के अशुद्ध लेखन से भाषा पर बहुत प्रभाव पड़ता है—जैसे जगत् को जगत लिखना, सर्जन को सृजन लिखना, मननीय को माननीय लिखना, लाजवाब को लाजबाब लिखना तथा अंतरराष्ट्रीय और अंतर्राष्ट्रीय में अर्थ भेद न कर पाना हमारे शब्द भंडार एवं शब्द चिंतन की कमजोरी को दर्शाता है। प्रोफेसर पंचोली कृत *शब्द लोक* ग्रंथ का गहन अध्ययन करने पर प्रतीत होता है कि हमने भाषा के अशुद्ध प्रयोग को ही भाषा का विकास मान लिया। हमारी यही तो है गलत सोच।

शब्द-साधना समाप्त होने से मनुष्य बड़े झमेले में पड़ गया। जैसे उसका आत्मविश्वास खो गया हो। वह दावे से यह नहीं कह सकता कि जो वह बोल रहा है वह क्या बोल रहा है और सामने वाला उसका क्या अर्थ लगा रहा है। शायद वह अटकल से बोलता है और अटकल से ही सुनने वाला अर्थ लगा लेता है। इससे तात्कालिक रूप से काम चल जाता है, पर भाषा की वैज्ञानिकता को अक्षुण्ण रखना दुष्कर कार्य हो गया है।

प्रोफेसर पंचोली जी का 'शब्द' के संबंध में कथन है—'शब्द कभी पुराना नहीं होता। न बासी होता है, वह नित्य नवीन होता है। भारतीय शब्द चिंतन परंपरानुसार सृष्टि का प्रथम शब्द है—प्रणव। जिसका अर्थ है—'उत्कृष्ट नवीन, संपूर्ण शब्द सृष्टि 'प्रणव' का ही विस्तार है अर्थात् सारे शब्द 'प्रणव' हैं। प्रणव के तीन-अ उ म् अक्षरों के उपरांत चतुर्थ मात्रा की सत्ता मानी गई है जो नादमयी होने से आनंद की जननी भी है।

शब्द जब वर्ण तक सीमित रहता है तो मृत-तुल्य रहता है। पद बन कर वह अर्थतत्त्व के साथ जुड़ता है तो उसकी सजीवता प्रकट हो जाती है। जब वह मंत्र रूप हो जाता है तो वह आनंद का प्रतिबोधक बन जाता है।

आघात और आघता शब्द-बोला हुआ शब्द श्रोता के कान से टकराता है। आघात से नाद उत्पन्न होता है। पर, मनुष्य ने अनाघात नाद को भी विचार और अनुभूति का विषय बनाया है। आनंद तो नाद का विषय है। अनाघात नाद का अर्थ है—बिना शब्द के उत्पन्न होने वाला नाद। आघता शब्द को पंचोली जी ने आहत से विकसित माना है। इस शब्द में काम से थककर मुक्ति की कामना व्यक्त होती है।

शब्दलोककार के अनुसार—शब्द को जन्म समाज देता है जैसे गोपेंद्र शब्द लोक के स्तर पर गोविन्द हो गया। संस्कृत भाषा ने उसे सहर्ष स्वीकार कर लिया। शंकराचार्य ने भी 'भज गोविन्दं भज गोविन्दं भज गोविन्दं मूढमते।' स्तोत्र में उसका प्रयोग किया है। गोविन्द का नया अर्थ मिला—गोओं को प्राप्त करने वाला अर्थात् इंद्रियों को वश में करने वाला—**गां विन्दति इति।**

प्रोफेसर पंचोली जी ने ललित शैली में लोक में प्रचलित अनगिनत शब्दों पर विवेचन किया है। जिसमें से अनेक शब्द नित्य जीवन में प्रयुक्त होते हैं। इन्होंने रचना प्रक्रिया के संसार 'शब्द' की पूरे विस्तार की प्रक्रिया को खोजने का प्रयास किया है। यथा इनके अनुसार श्राद्ध शब्द में बहुत अंतर है।

श्रद्धा से अण् प्रत्यय होकर श्राद्ध शब्द बना है जिसका अर्थ है श्रद्धापूर्वक जो कुछ किया जाए उसे श्राद्ध कहा जाता है। श्रद्धा छोटों के मन में बड़ों के प्रति होती है। बड़ों के मन में छोटों के प्रति वात्सल्य होता है। बराबर वाले परस्पर स्नेह करते हैं। या कहें कि हृदय की पावनता का नाम श्रद्धा है। श्रद्धा के पात्रों का अभिवादन करने से आयु, विद्या, यश और बल बढ़ते हैं :

अभिवादनशीलस्य नित्यं वृद्धोपसेविनः।
चत्वारि तस्य वर्धन्ते आयुर्विद्यायशोबलम्॥

शब्द की शक्ति को न पहचानने वालों ने प्रायः सभी शब्दों को निरर्थक बना दिया है। शब्दों को बासी कहा जाने लगा है। वर्तमान में तो भाषा की हत्या का पाप बढ़ता जा रहा है। संभवतः सन् 2010 में महाराष्ट्र में रेलवे परीक्षा देने गए बिहार एवं यू.पी. के परीक्षार्थियों को मराठी भाषी लोगों ने बुरी तरह पीटा था (यह भाषा परिवर्तन का सजग उदाहरण है)। संस्कृत भाषा की व्यवस्था के अनुसार तो प्रत्येक शब्द स्वयं मुँह से बोलता है; परंतु शब्द की बोली को तो वह सुनेगा जो सुनना जानता है। इसलिए कहा गया है :

श्रोतव्यः मन्तव्यः निदिध्यासितव्यः।

(***वृहदारण्यक उपनिषद*** *2.4.6*)

शब्द की सार्थकता के बारे में पंचोली जी ने कहा है कि श्रवण, मनन और ध्यान के बिना शब्दों की सार्थकता का पता

नहीं चलता। इसका अभ्यास छोड़ देने के कारण हिंदी सहित सभी भारतीय भाषाओं को समझने के लिए अंग्रेजी का सहारा लेना पड़ता है। यहाँ तक कि हमारी वर्तमान परंपरा ने संस्कृत को भी दरकिनार कर दिया है। यह तो भाषा की पराधीनता हो गई। जो भाषा मनुष्य को स्वाधीन और स्वतंत्र बनाती है। उसे किसी अन्य भाषा के शब्दों का सहारा लेने की आवश्यकता नहीं है। प्रतीत होता है कि इसी भावना से ओत-प्रोत होकर प्रोफेसर पंचोली जी ने रचना प्रक्रिया के संसार *शब्दलोक* ग्रंथ को मूर्त रूप दिया होगा। जो आज के समाज एवं युवा पीढ़ी का सफल मार्गदर्शक है।

शब्दों से व्यक्त होने वाले अर्थ हमारे जीवन में कैसे परिवर्तन कर देते हैं। यथानुरूप उनके शब्दों में गंगा किसी के लिए भौतिक नदी है, पर दूसरे के लिए वह माता है, वह भारत के सांस्कृतिक प्रवाह की प्रतीक है। इसी तरह मनमुटाव-मन के मोटे होने का भाव, मन मलिन-मन में मलिनता का भाव होना। लेखक ने मन को दर्पण कहा है। स्वच्छ और निर्मल मन दर्पण में आत्मतत्त्व प्रकाशित होता है :

जो चाहो चटक न घटे, मैलो होय न मित्त।
रज राजस न छुवाइये, नेह चीकने चित्त॥

लोक में रुचि-वैभिन्न्य को स्पष्टतः देखा जा सकता है—भिन्न रुचिर्हि लोकः। यह बिल्कुल संभव है कि एक स्थान पर, एक समुदाय में जो शब्द प्रचलित हैं, वह अन्यत्र भिन्न अर्थ में प्रयुक्त होता हो। शब्द की अपनी प्रकृति भी होती है और लोक स्वीकृति भी। कहीं दोनों में साम्य हो सकता है और कहीं वैषम्य भी। यदि सामंजस्य की स्थिति न बने तो लोक स्वीकृति को प्राथमिकता दें। विरुद्ध तो नहीं होना चाहिए।

प्रस्तुत शोध पत्र के माध्यम से शब्द ब्रह्म के प्रत्यक्षीकरण में शब्द प्रयोक्ताओं एवं पथविमुख युवा पीढ़ी की रुचि जगाने का स्तुत्य प्रयास किया गया है। क्योंकि बिना सोचे-समझे शब्द का प्रयोग करना साहित्य जगत्, भाषा, भाषा प्रेमियों के लिए, आगे आने वाली पीढ़ी के लिए हानिकर सिद्ध हो सकता है। प्रोफेसर पंचोली जी की *शब्द लोक* कृति गागर में सागर भरने जैसी साबित हुई है। मौलिक व चिंतनपरक लेखनी के धनी पंचोली जी के साहित्यिक अवदान में *शब्द लोक* कृति भी प्रमुख रही है।

अनेकानेक शब्दों के चिंतन से लेखक ने *शब्द लोक* कृति से समाज एवं लोक को सुसंस्कार देने का सर्वोत्तम प्रयत्न किया है। शब्द एवं भाषा साहित्य के माध्यम से समाज को सुसंस्कारित करती है। पंचोली जी की लेखनी अभी तो सरस्वती के भंडार में भी श्रीवृद्धि करती रहेगी और उनका यह विमर्श समाज को नई दिशा प्रदान करेगा :

शब्द ब्रह्म है, शब्द चिरंतन,
शब्द ही है जीवन की खान।
अर्थ और परमार्थ के साधक,
शब्द की सत्ता बड़ी महान्।
शब्द सजगता है आवश्यक,
शब्दों की माया अकथ अपार।

करें शब्द चिंतन इस हेतु,
तभी सशक्त होंगे संस्कार॥

आदरणीय परम श्रद्धेय गुरुवर प्रोफेसर बद्रीप्रसाद पंचोली जी के चरणारविंद में सादर शत-शत नमन। आपके संबंध में कुछ भी कहने से भले ही मेरा मन थोड़ा हलका हो जाए, परंतु आपके प्रति मेरी कृतज्ञता की अभिव्यक्ति नहीं हो सकती...अस्तु।

❖❖❖

दमित-जनों का जीवन-दर्शन

रघुवीर शर्मा

अपारे काव्यसंसारे कविरेव प्रजापतिः।
यथा वै रोचते विश्वं तथेदं परिवर्तते॥

ध्वन्यालोककार आनंदवर्धनाचार्य का उपर्युक्त श्लोक डॉ. बद्रीप्रसाद पंचोली जी व उनके द्वारा लिखित नाटक *सुनहरे सपनों के अंकुर* पर एकदम सटीक बैठता है। संस्कृत साहित्य की कालजयी कृति *मृच्छकटिकम्* की कथा को लेखक ने एकदम नए संदर्भों में प्रस्तुत किया है स्वयं लेखक के ही शब्दों में—

अन्यायपूर्ण शासन में सभी लोग थोड़े-बहुत पीड़ित होते हैं। उनकी भावनाएँ सही दिशा में प्रगति करके नवीन व्यवस्था और नवीन-दर्शन को जन्म देती हैं-दे सकती हैं एवं उनकी दिशाएँ खो गईं, जो पीड़ित रह चुके हैं जो दमित और दलित जीवन बिता रहे हैं ऐसे लोग परस्पर एक-दूसरे की सहायता करते हुए आगे बढ़ें तो वे समाज में ही नहीं राजनीति में भी जीवन व्यवस्था को जन्म देते हैं। नवीन मानदंडों की स्थापना करते हुए लिखते हैं कि इनका चिंतन खंडित व्यक्तित्व से उद्भूत नहीं होता; बल्कि परिवार और समाज के विविध घटकों से इनका अटूट संबंध होता है। जिन व्यक्तियों एवं विचारों की जड़ें गहरी बैठी रहती है उनको अपना आधार खो जाने की आवश्यकता नहीं होती और इसलिए वे लोग राजनीति या समाज के क्षेत्र में उच्चकोटि के कार्य करने में समर्थ होते हैं।

प्रस्तुत कृति में ऐसे ही पात्रों का जीवन-दर्शन उभरकर सामने आया है।

नाटक की पृष्ठभूमि एवं कथावस्तु : जैसा कि लेखक द्वारा भूमिका में ही स्पष्ट कर दिया गया है नाटक की पृष्ठभूमि में शूद्रक का प्रसिद्ध नाटक *मृच्छकटिकम्* है जिसका प्रमुख पात्र (नायक) वणिकपुत्र **चारुदत्त** है।

नाटक की कथावस्तु : उज्जयिनी में पालक नामक एक अत्याचारी शासक का शासन था जो चाटुकार सभासदों से घिरा रहता था। पालक का दुर्वृत्त, दुष्ट एवं चरित्रहीन साला संस्थान प्रजाजन पर भर-भर के अत्याचार करता था। **'यथा राजा तथा प्रजा'** की उक्ति की सार्थकता सिद्ध करते हुए अन्य अधिकारी-कर्मचारीगण इस प्रकार के ही असदाचरण में प्रवृत्त हैं।

लेखक युवा रचनाकार एवं शोधार्थी हैं।
हिंदी विभाग, राजस्थान विश्वविद्यालय, जयपुर (राजस्थान)
मो. : 9799125305

नगर के प्रसिद्ध सार्थवाह मणिभद्र का पुत्र चारुदत्त व्यापार में हानि होने एवं अपनी दानशील प्रकृति के कारण दरिद्रतायुक्त जीवनयापन कर रहा है; किंतु उसके गुणों के कारण नगरश्री वसंतसेना उस पर अनुरक्त है। इधर राजश्यालक संस्थान वसंतसेना पर अनुरक्त है एवं उस पर अनुचित दबाव बनाता है। वसंतसेना द्वारा उसकी बात नहीं माने जाने पर संस्थान वसंतसेना का गला घोंट देता है एवं बड़े चातुर्य से इस जघन्य कर्म का दोष चारुदत्त के ऊपर आरोपित कर देता है। चारुदत्त पर अभियोग सिद्ध होता है और उसे प्राणदंड देकर वधस्थान पर ले जाया जाता है।

संयोगवंश चारुदत्त का पूर्व भृत्य संवाहक, जो बौद्धभिक्षु बन गया था, संस्थानक द्वारा गला घोंटने से विसंज्ञ हुई वसंतसेना को बचा लेता है एवं वसंतसेना के जीवित होने की सूचना देकर चारुदत्त की प्राणदंड से रक्षा करता है।

यहीं से प्रस्तुत सूचना यह भी देता है कि वेश्या पुत्री (वसंतसेना) को आश्रय दिए जाने को लेकर आपके विषय में जनापवाद फैला हुआ है।

मैत्रेय उपद्रवियों द्वारा चारुदत्त का भवन घेर लेने की सूचना लाता है, जिसे सुनकर चारुदत्त घर जाने को उद्यत होता है; किंतु मैत्रेय पुनः प्रसन्न वदन लौटता है और धूता द्वारा वसंतसेना को कुलवधू के पद पर बैठाने की सूचना देता है। जिसे सुनकर न केवल भीड़ शांत हो गई; बल्कि लोगों को अपने आचरण पर पश्चात्ताप भी हुआ।

कुछ समय पश्चात् मैत्रेय के साथ सभी नागरिक चारुदत्त के समक्ष उपस्थित होकर उनसे अपने आचरण के लिए क्षमा माँगते हैं, चारुदत्त उन सबको क्षमा कर अपने अपने कर्त्तव्य की शिक्षा देता है।

नाटक के तृतीय व अंतिम अंक में सभी पात्रों का उनकी पृष्ठभूमि से संबंध स्थापित कर लेखक कथा-सूत्र समेटता प्रतीत होता है।

अंक के प्रारंभ में धूता और वसन्तसेना परिस्थितियों पर विजय पाकर परस्पर आलाप करती दिखाई देती हैं। तभी आर्यक कहीं से चारुदत्त की अतिथिशाला में प्रवेश करता है। यहीं लेखक संवाद व घटनाओं के माध्यम से पात्रों की पृष्ठभूमि का उद्‌घाटन करता है।

वसंतसेना वस्तुतः आर्यक की बहन थी जो परिस्थितिवश उससे बिछुड़ गई और वारवनिता बन गई, कंठाभूषणों के स्वर्णपत्र में लिखे आर्यक शब्द के सुंदर प्रयोग से लेखक ने इस रहस्य को उद्‌घाटित किया है।

रदनिका भी आर्यक की प्रेयसी है जिसके पाणिग्रहण की सूचना लेखक ने इस अंक में प्रदान की है।

चारुदत्त के सार्थवाह (बेड़ा) का छूटना संस्थान का पकड़ा जाना, पालक वध, आर्यक व चारुदत्त का परस्पर बंधनमोचन एवं रदनिका संस्थान से सुरक्षा इत्यादि कथा सूत्रों को परस्पर जोड़कर लेखक इस अंक में संपूर्ण सुन्दरता से प्रस्तुत कर नाटक का सुखद अंत करता है।

आधुनिक संदर्भ में नाटक के पात्रों की जीवन दृष्टि

साहित्य पाथोनिधिमन्थनोत्थं,
कर्णामृतं रक्षत हे कवीन्द्रा।
यदस्य दैत्या इव लुण्ठनाय
काव्यर्थचौराः प्रसरी भवन्ति॥

—विल्हण (***विक्रमांकदेव चरितम्***)

लेखक ने शूद्रक के काव्यार्थ को ग्रहण कर नवीन जीवन-दर्शन से सुसज्जित किया एवं अपनी प्रतिभा का संपूर्णता के साथ परिचय दिया है इसमें संदेह नहीं! आइए नवीन संदर्भ में कृति पर विचार करते हैं।

1. चारुदत्त व राज्य क्रांति—नाटक में चारुदत्त राज्य क्रांति का पुरोधा होकर उभरा है। उसकी मान्यता है कि 'अन्यायी राजा का राज्य मिट्टी के ढेले से भी गया बीता है। ढेला तो स्वयं अचल रहता है परंतु राज्य न स्वयं चलता है, न दूसरों के चलने देता है और सारा दोष उस पर ही डालकर उसे घसीटने के लिए सदैव तत्पर रहता है।'

2. अन्यायी राजा के लिए उसके विचार कितने तीक्ष्ण विचार हैं कि आर्यक द्वारा उसके वध का कारण पूछे जाने पर वह कहता है—

'क्या राजा अपराध किए जाने पर ही दण्ड देता है।'

एक क्रांतिकारी का प्रथम गुण है कि वह स्वतंत्रताप्रिय हो; किंतु अनुशासनप्रियता क्रांतिकारी के लिए 'सोने में सुगन्ध' का संयोग होता है।

आपने बँधे हुए हाथों के विषय में वह अपने मित्र मैत्रेय को कहता है—

'मित्र! अनुशासन मन के लिए अंकुश अवश्य है; परंतु वह दूसरे के लिए बंधन का कारण बन जाए तो उसे कौन चाहेगा।'

इसकी दृष्टि में 'दोषा' कही जाने वाली रात्रि का समय भी बंधनमुक्ति का समय हो तो 'दोषा' रजनी बन जाती है।

एक राजनेता के लिए वैनीत्य व प्रेरणास्पद व्यक्तित्व भी आवश्यक है जो नाटक के तृतीय अंक में प्रकट होता है कुछ उदाहरण प्रस्तुत है—

वह संवाहक द्वारा चारुदत्त की जय बोले जाने पर कहता है 'भदंत! तथागत के शासन में कृत्रिमता को कोई स्थान नहीं है आप मुझे चारुदत्त ही कहिए।' 'संवाहक अब बौद्ध शासन में दीक्षित होकर मेरे लिए पूज्यपाद हो चुके हैं।'

'वैसे भी राजपुरुषों की प्रशंसा चापलूसी कहलाती है और स्वार्थियों को शोभा देती है।'

अंक केअंत में नागरिकों को उनके कर्तव्य की प्रेरणा देते समय चारुदत्त का प्रेरणादायी व्यक्तित्व उभरकर सामने आता है।

3. **वेश्यावृत्ति का प्रश्न :** लेखक ने वेश्यावृत्ति के प्रश्न को बड़ी ही प्रखरता से उठाया है। नाटक के पात्र वेश्यावृत्ति के लिए स्वयं उसे नहीं समाज और शर्विलक जैसे लोगों को दोषी ठहराते हैं।

कुछ संवाद इस दृष्टि से द्रष्टव्य हैं—

संवाहक : कुछ स्वार्थी तत्त्व आपकी निंदा कर रहे हैं। उनका कहना है कि महामात्य वेश्या-पुत्रियों को आश्रय देते हैं।

चारुदत्त : (उत्तेजित होकर) हाँ देता हूँ। लोग उन लोगों की निंदा नहीं करते जो स्त्रियों को अपमानित करते हैं। उस व्यवस्था की निंदा नहीं करते जिसमें स्त्री शरीर बेचने के लिए विवश हो जाती है।

संवाहक : आर्य निर्मल जल को स्वार्थी तत्त्व अपने-अपने पात्रों में भरकर विविध रंगों को प्रदर्शित किया करते हैं। ऐसी ही लोक की समझ होती है; किंतु चारुदत्त वसंतसेना के विषय में राज्य शक्ति के उपयोग करने का पक्षधर नहीं है। उसकी मान्यता है कि 'वेश्यावृत्ति को समाप्त करने का प्रश्न सामाजिक है। उसे सामाजिक विवेक द्वारा ही सुलझाया जा सकता है।'

मात्र वसंतसेना की समस्या राज्याधिकार का प्रयोग कर सुलझाई जा सकती है; किंतु यह समस्या का अंशोन्मूलन ही होगा पूर्णोन्मूलन नहीं।

चारुदत्त की पत्नी धूता द्वारा वसंतसेना को कुलवधू के पद पर प्रतिष्ठित कर इस समस्या का एक स्थायी हल प्रस्तुत किया गया है।

1. **चारुदत्त व उसकी कूटनीति :** वर्तमान राजनीति पूर्णतः स्वार्थयुक्त हो गई है। राजनेता वोट बैंक की राजनीति के चलते विदेशी घुसपैठियों को वे सभी सुविधाएँ उपलब्ध करवा देते हैं जो देश के नागरिकों को प्राप्त हैं, किंतु समय आने पर वे देश के लिए शिरोवेदना का कारण बनते हैं और कभी-कभी तो इसकी परिणति राष्ट्र के लिए विखंडन तक ले जाती है।

उज्जयिनी के राजा पालक द्वारा विदेशियों को जो अनुचित सुविधाएँ दी गई थीं उनका लाभ उठाकर न केवल उन्होंने चारुदत्त का सार्थवाह अवंती की सीमा पर रोक लिया वरन् आततायी राजा पालक को पुनः राजा बनने हेतु सेना का संगठन भी किया; किंतु चारुदत्त ने राष्ट्रहित को सर्वोपरि मानकर उनके दमन का निश्चय किया। इस विषय में संवाहक व चारुदत्त का संवाद द्रष्टव्य है—

संवाहक—एक सूचना तो यह है कि उज्जयिनी के बाहर पालक को पुनः राजा बनने के लिए एक सेना संगठित की जा रही है।

चारुदत्त—सेना! किसके द्वारा?

संवाहक—विदेशी व्यापारियों द्वारा

संवाहक—कुछ पालक के पक्षधर उनको भड़का रहे हैं।

चारुदत्त—ठीक है, उनको उचित दंड मिलेगा। कुचक्री कभी सफल नहीं होंगे।

वसंतसेना को लेकर उपद्रवियों द्वारा चारुदत्त का घर घेर लिए जाने पर वसंतसेना को चारुदत्त की पत्नी घोषित कर धूता ने भी इसी कूटनीतिक चातुर्य का परिचय दिया है।

समग्रतः हम कह सकते हैं कि नाटक के सभी पात्र किसी रूप में पालक द्वारा पीड़ित, दलित और दमित है। उनकी दिशाएँ खो गई हैं; किंतु उन्होंने अपनी दुरवस्था को अपने पैरों की बेड़ी नहीं बनने दिया और परिस्थितियों पर मानवता के 'सुनहरे स्वप्न' सँजोए हैं जिसकी परिणति अनिवार्यतः 'सत्यं शिवं सुंदरम्' ही है।

❖❖❖

सांस्कृतिक मूल्यों की संवाहिका

अजीत कुमार पटेल

भारत की गौरवशाली परंपरा और मूल्यों को अपने लेखन का आधार बनाने वाले डॉ. बद्रीप्रसाद पंचोली साहित्य के उस समूह से आते हैं जहाँ केवल और केवल साधना है, तपस्या है, पूजा है। बहुत ज्यादा बाहरी उछलकूद न दिखाकर पंचोली जी निरंतर मौनरत साहित्य सर्जना करते रहे। बहरहाल, यह दुर्भाग्यपूर्ण रहा कि उनके साहित्य का मूल्यांकन उस तरह नहीं हो सका जिस तरह होना चाहिए। वैसे तो इन्होंने साहित्य की विविध विधाओं में हस्तक्षेप किया; परंतु कविता पर कलम चलाकर ये अपने हृदय की मुक्त भावनाओं को एक नई उड़ान देते हैं, एक नया आकार देते हैं। कविता दृष्टि और कविता सौंदर्य के साँचे में इनकी कविता भावों की मार्मिकता, राष्ट्रीय चेतना का आग्रह, प्रकृति-प्रेम की प्रामाणिकता को साथ लेकर ढली हुई है, साथ ही, एक सांस्कृतिक मूल्यों के पुजारी के रूप में जिन उपमानों और प्रतिमानों को अपने काव्य में आधार बनाते हैं वह स्तुत्य है। *चितवन की सीमाएँ* डॉ. पंचोली की कविताओं का संकलन है, जिसमें इन्होंने मातृभूमि के कल्याण और शुभमंगल की कामना करते हुए मधुमय जीवन का उद्‌बोधन किया है। कुछ कविताएँ तो वैदिक ऋचाओं का भावानुवाद भी हैं जो हमें अपनी गौरवशाली सांस्कृतिक परंपरा में समन्वय की विराट् चेतना से जुड़ने का निवेदन करती हैं, केवल निवेदन ही नहीं; अपितु भारतीय मानवतावाद से साक्षात्कार कराने का उपक्रम भी रचती हैं।

कविता अपनी रचनाधर्मिता को लेकर जिस उद्देश्य और प्रेरणा से परिचालित होती है, वह न केवल विशिष्ट है, अपितु अनुकरणीय भी है। काव्य साहित्य की वह विधा है जिसके मूल में महान् प्रेरणाएँ, महान् उद्देश्य, महान् आदर्शों का भाव सन्निहित होता है, मतलब मानव-जीवन में व्याप्त विषमताओं के मध्य माधुर्य को सहचर बनाते हुए उत्कृष्ट विचारधाराओं के समुच्चय के रूप में जो शब्द संयोजन किया जाता है वह होती है कविता। काव्य संकलन के आमुख में ही कवि के दृष्टिकोण को समझा जा सकता है, 'जीवन संघर्ष है तो उसका लक्ष्य विजय होता है— केवल विजय। इस विजय को पाने के लिए जीवन कठोर होता है तो वज्र बन जाता है और कोमल बनता है तो कविता बन जाता है। हृदय की भावनाओं के मुक्त प्रवाह को कविता कहा जाता है। पर, हृदय में मुक्त प्रवाह तभी उमड़ता है जब हृदय स्वयं जड़ीभूत न हो। अंकुर तभी लहलहा सकता है जब बीज को उर्वरा भूमि मिले।'

लेखक हिंदी साहित्य और भूमंडलीकरण के युवा शोधार्थी हैं।
इलाहाबाद (उ.प्र.)
मो. : 8503889691

डॉ. पंचोली की कविताओं में आत्मनिवेदन का भाव सन्निहित है। इन्होंने अंत:करण की अनुभूतियों को कविता के धरातल पर स्थापित कर जीवन दर्शन के सूक्ष्म संकेतों की ओर बिना कोलाहल के चुपचाप इशारा किया है। नैतिक कर्तव्यबोध एवं आचरण की पवित्रता इनकी कविताओं का प्रमुख धर्म है। जीवन के सूनेपन को दूरकर आत्मजगत् में दीये ही दीये जल जाएँ, फूल ही फूल खिल जाएँ, ऐसी अभिलाषाओं के सहारे *चितवन की सीमाएँ* कविता संकलन अपनी सार्थकता के नींव पर खड़ा है। मनुष्य की आकांक्षाओं और सपनों को गति देने में इनकी कविता प्राणवायु का कार्य करती है :

इस उफनती लहर को मत बाँध दो
दे सको तो दो, इसे नाव-साध दो।
बूँद को दो स्वप्न सुखकर सिंधु का,
फूल में भर दो हिमालय गन्ध का,
किसलयों के राग से रञ्जित अधर
चूम लो, विश्वास दो नव इन्दु का।'

चितवन की सीमाएँ काव्य संकलन में संग्रहीत सभी कविताओं की सौंदर्य चेतना की ओर चलें तो जगह-जगह रूप सौंदर्य, प्रकृति सौंदर्य, चित्र सौंदर्य, नाद सौंदर्य और अर्थ सौंदर्य का सम्मिश्रण देखने को मिलता है। मतलब सौंदर्य भावना इनकी रचनाओं में सर्वत्र विद्यमान है, फलस्वरूप कविता विचार के स्तर पर, अनुभूति के स्तर पर एक विशेष प्रकार के सौंदर्य की भावना का संचार करती है। 'हिमालय की जवानी' कविता में हिमालय के स्वरूप में मानवीकरण स्थितियों का समायोजन कर कवि ने अपनी सौंदर्य दृष्टि का परिचय दिया है या कहे कि उच्चतर जीवन की आकांक्षा और इन सबके लिए अनवरत संघर्ष की प्रेरणा इस कविता का स्थायी संदेश है :

मान जिसका उच्चतम गौरीशिखर बनकर खड़ा है,
दान जिसका विश्व में भागीरथी बनकर बढ़ा है,
त्राणकारी शिव बना, पीकर हलाहल भी अड़ा है,
प्राण जिसका कोटि मानव रूप धर यम से लड़ा है।

उल्लेखनीय है कि इस काव्य संग्रह में कुछ भक्तिपरक कविताओं का भी सर्जन किया गया है, खासकर वे कविताएँ आध्यात्मिकता से सम्बन्धित है, जिनका वेदों से भावानुवाद किया गया है। भक्ति को आधार बनाकर कवि ने आत्मजगत् को परमात्मा से साक्षात्कार कराने की कोशिश की है। बहरहाल, ऐसी कविताओं में किसी भी प्रकार का ऊँच-नीच का भेदभाव और कोई भी दुराव-छिपाव देखने को नहीं मिलता। हाँ! अगर कहीं कुछ है भी तो वह है आत्मीयता का भाव, आध्यात्मिक चेतना का विस्तार। *यजुर्वेद* और *ऋग्वेद* के बहुत से सूक्तों का भावानुवाद कर कवि ने सांस्कृतिक जागरण की धार को प्रखर बनाया है :

'हे अग्रणी पिता परमेश्वर!
परम रम्य देवों के केतु।

सब कार्यों की मूल प्रेरणा,
धरा-गगन में मिलन सेतु
गृहस्वामी बन सभी मानवों को
देते हो सुन्दर वास।
रथासीन हो, साध यज्ञ में,
देवों को लाते हो पास।

लेखक ने काव्य सर्जना में काव्यशास्त्रीय दृष्टिकोण को भले ही ध्यान में न रखा हो; परंतु इनके रचना संसार का परिभ्रमण करें तो प्रत्यक्ष या परोक्ष रूप से बहुधा रस, छंद, अलंकारों का दिग्दर्शन होता है। कविताओं में प्रयुक्त बिंब और प्रतीक कवि के कविता-कर्म और भावनाओं को मूर्त रूप देने में काफी सशक्त एवं समर्थ हैं। जैसे हिमालय, सूरज, धरती, नदी, ज्योति, गंगाजल, उषा, अग्नि, नील-नभ, जवान-किसान, जीवन-मृत्यु आदि न जाने ऐसे कितने शब्द हैं जो कवि हृदय की उत्कंठाओं को मानव-जीवन में एकमेक हो जाने का विधान प्रस्तुत करते हैं। 'वाणी-वंदना' कविता माँ सरस्वती का केवल स्तुतिगान भर नहीं है, इस कविता में एक कवि की अभिलाषा, एक भक्त का अनुनय, एक याचक का अनुग्रह आदि भावों का संगम है। स्मरण रहे कि कवि निराला ने भी इसी प्रकार वीणा वादिनी के वंदन स्वरूप कविता का सर्जन किया जिसमें उन्होंने 'नव गति नव लय ताल छंद नव' कहकर काव्य तथा जीवन में नवीनता के आगमन को शुभ माना है। इसी परिपाटी को गति देने में यह कविता अत्यधिक महत्त्वपूर्ण है:

मेरे छंदों के बंधन को
नवल ताल लय नवल राग दे
मेरे भक्ति-प्रणत मस्तक पर
मात: दया-पाणि धर वर दे

इनकी कविताओं मे पायल की रुनझुन, फूलों की महक से अठखेलियाँ करती तितलियों का सतरंगी स्वरूप, खेतों मे झूम रही बालियाँ, मधुमास की हवाएँ आदि मनोहरी छटाओं का अच्छा खासा हस्तक्षेप देखने को मिलता है। मातृभूमि से अथक प्रेम कवि की कविताओं का प्रमुख विषय रहा है। वे धरती के अभिनंदन में शिशुओं की किलकारी, बादलों की अमृत रूपी बारिश, चाँद-तारों का प्यार भरा आलिंगन, सागर की लहरों का ओजस्वी संबोधन न जाने ऐसे कितने विधान प्रस्तुत करते हैं कि अनायास ही यह भाव उमड़ने लगता है कि जैसे हम अपनी माँ से गुफ़्तगू कर रहे हों। हृदय की धमनियों में कर्तव्यबोध रूपी लहू का संचार कराना कवि अपना कर्म समझता है। मतलब वे दृश्य या घटना को लेकर अद्भुत काव्य प्रतिभा का निर्माण करते हैं :

जब तक उत्पाती लहरों
पर नाव नहीं खे पाएँ
तब तक पाहुन नहीं बनेगी तटवर्ती आशाएँ।
काली घटा उमड़ छाएगी,

फिर फिर मन को बहकाएगी,
कब तक रोक उन्हें पाएँगी-
चितवन की सीमाएँ?

कविता में राष्ट्रवाद की भावना को आहूत करना डॉ. पंचोली की कविताओं का प्रमुख ध्येय है। राष्ट्रीय चेतना का भान पंचोली जी की कविताएँ समाज को अपनी संस्कृति, अपनी अस्मिता से जुड़ने को प्रेरित करती हैं। इनकी कविता में देश-प्रेम से जुड़ी हुई जो भी कविताएँ हैं, उनमें कहीं भी किसी भी प्रकार की नारेबाजी और हुल्लड़पन देखने को नहीं मिलेगा बल्कि अपनी प्रकृति के अनुसार उसमें शालीनता और सूक्ष्मता विद्यमान है। आज़ादी के बाद भले ही कुछ प्रगतिशील प्रतिबद्ध कवियों का मोहभंग हुआ हो; पर यहाँ एक आशा है, एक विश्वास है, एक प्रकार से अपनी जमीन-अपनी मिट्टी से अगाध प्रेम है :

यह दिन है गांधी-नेहरू
के आदर्शों को अपनाने का
पंद्रह अगस्त दिन जीवन में
नूतन संकल्प जगाने का।

अधंकार में भर उजियारा
विजयी हो गणतङ्त्र हमारा!
खेतों और कारखानों में
श्रम की शपथ सही मानों में
रूप गहे, हुलसे प्राणों में

कवि डॉ. पंचोली काव्य का प्रमुख प्रयोजन लोकमंगल का विधान करना मानते हैं। कविता के समाजशास्त्रीय वर्णन में कवि का ध्यान प्रमुख रूप से पारिवारिक एवं सामाजिक जीवन में भारतीय संस्कृति की उपादेयता की ओर बरबस जाता है। इनकी मधुर कोमलकांत पंक्तियों के माध्यम से समूचे परिवेश में कल-कल, छल-छल करती हुई जलधारा की ध्वनियाँ गुंजित हो जाती हैं। *चितवन की सीमाएँ* काव्य संग्रह कवि की रचनाधर्मिता की महत्तम उपलब्धि है। इस संग्रह में जीवन मूल्यों और सांस्कृतिक मूल्यों के जिन प्रतिमानों को स्थापित किया गया है, वे किसी न किसी स्तर पर इस देश की महान् सांस्कृतिक परंपरा को एक सूत्र में पिरोने का कार्य भी करते हैं। उनकी दृष्टि में जो कविता मन में सतत वृत्तियों को जाग्रति करे और हमें संस्कारी बनाएँ वही श्रेष्ठ है। जहाँ तक मैंने अपनी दो-चार भेंट-मुलाकातों में पंचोली जी को देखा-परखा जाना है तो दावे के साथ यह बात कही जा सकती है कि कथनी और करनी में इनके यहाँ भेद नहीं है। मतलब वे केवल कहते ही नहीं बल्कि अपनी रचनाओं में लोकमंगल का विधान करते हुए स्वयं इसका पालन भी करते हैं अर्थात् इनका जीवन सरल, सौम्य और सात्विक रहा है। संक्षेप में कहें तो डॉ. पंचोली की कविताएँ मानव जीवन में मिठास घोलने का कार्य करती हैं।

❖❖❖

◆ समीक्षा विशेष— *ध्रुवश्री* (नाटक)

राष्ट्रीयता का भावात्मक वितान

सौम्य

यूँ तो मौर्यकाल बड़े विचित्र और भारी राजनीतिक परिवर्तन के प्रस्थान बिंदु के रूप में भारत के इतिहास में जाना जाता रहा है, परंतु यह समय नए मूल्यों के आगमन से भी अविच्छिन्न रूप से जुड़ा हुआ है। चाहे कार्नेलिया-चंद्रगुप्त विवाह हो या 'संपूर्ण भारतवर्ष पर आधिपत्य का विचार', एक खेलते हुए बालक का सम्राट् पद पर आरोहण हो या 'नीति नियति' में तीव्र संघर्ष, ये समस्त लक्षण किसी नए समय की आहट थे। राजनीतिक छल छंदों, साम्राज्यवादी विस्तारनीति, विदेशी आक्रमणों, आंतरिक द्वेष, आपसी कलह एवं कुटिल रणनीतियों के घात-प्रतिघात के पंक में सना हुआ यह समय सांस्कृतिक उन्नयन एवं राजनयिक चातुर्य के बूते पर 'युग' की संज्ञा से अभिहित होता है। इसी युग में चंद्रगुप्त हुए, इसी में चाणक्य हुए, इसी में बिंदुसार-अशोक, इसी में सेल्यूकस और इसी में-ध्रुवश्री। मौर्य युग के संबंध में ध्यातव्य तथ्य है कि इसके प्रारंभ, विकास एवं अवसान में एक समान आवेग, आवेश एवं ऊर्जा तैरती दिखाई पड़ती है। *ध्रुवश्री* जिस काल-खंड की रचना है, उसे मौर्यकाल का अवसान काल समझना चहिए। अंतिम मौर्य सम्राट् की पहले ही अंक में मृत्यु प्रदर्शित है। इसके उपरांत की जनित परिस्थितियों का द्वंद्व इस नाटक का विवेच्य है।

ध्रुवश्री वर्तमान साहित्य के सशक्त हस्ताक्षर बद्रीप्रसाद पंचोली द्वारा राष्ट्र की भावात्मक एकता को ध्येय बनाकर लिखा गया है। भारतवर्ष के एक छोटे खंड के प्रति प्रेम को व्यापकता प्रदान कर राष्ट्रीयता का विराट् वितान रूप दिया गया है। प्रस्तुत नाटक मौर्य-शुंग युगीन ऐतिहासिक पृष्ठभूमि पर आधारित है। वर्तमान की अतीत के किसी खंड से सापेक्षता सिद्ध कर अतीत में प्राप्त परिणामों से एक प्रकार की सिद्धि प्राप्त की जाती है—'अनुभव सिद्धि', उस प्राप्त अनुभव का उपयोग व्यक्ति समस्याओं के समाधान में करता है। वस्तुतः साहित्य इतिहास के इस लक्षण को पहचान कर उसे सर्जनात्मक आयाम प्रदान करता है। लेखक के शब्दों में—'जब मनुष्य वर्तमान में अतिशय सुख का अनुभव करता है तो वह उस स्थिति की तुलना इतिहास के किसी कालखंड से करने लगता है। यह सत्य ही कहा गया है कि स्वर्णयुग के दर्शन सदैव भूतकाल में ही होते हैं। जब मनुष्य वर्तमान से क्षुब्ध होता

लेखक भरतपुर की साहित्यिक संस्था 'नागरी निर्झर' के सक्रिय सदस्य हैं।
व्याख्याता-हिंदी, राजकीय उच्च माध्यमिक विद्यालय, हथैनी, भरतपुर, राज.
सरस्वती विद्या निकेतन के पास, गोविंद नगर, मडरपुर रोड, भरतपुर (राजस्थान)-321001
मो. : 9414877632

है या समसामयिक समस्याओं से जूझता है तब भी उसका ध्यान भूतकाल की ओर जाता है, वह इतिहास की सुदीर्घ परंपरा में से ऐसे प्रसंग खोज लेता है जो वर्तमान से समता रखते हैं। वह अपनी वर्तमान समस्याओं का समाधान अतीत में से खोज निकालता है। इस प्रकार अतीत वर्तमान के लिए अवचेतन का काम करता है।'

ध्रुवश्री नाटक में ध्रुवश्री कलिंग नरेश खारवेल की प्रथम पत्नी है, जिसका ऐतिहासिक विवरण जैन सूत्रों में 'धूसी' के उपनाम से मिलता है। ध्रुवश्री एक ऐसे पात्र के रूप में चित्रित है जो विघटनकारी तत्त्वों एवं बैर की मानस भूमि पर पलने वाले दुराचारियों से लोहा लेती है। इस समय की सबसे बड़ी घटना यवन-विजेता देमैत्रेय का आक्रमण था। वह पाटलिपुत्र तक बढ़ चला था। पाटलिपुत्र के अंतिम मौर्य सम्राट् बृहद्रथ का वध कर दिया गया और राजकार्य सेनापति पुष्यमित्र शुंग देख रहा था। यही पुष्यमित्र शुंग प्राचीन भारत के उस कालखंड में पुनः ब्राह्मण वंश की नींव डालता है।

ध्रुवश्री की चारित्रिक दृढ़ता को प्रकट करते अनेक प्रसंग नाटक में वर्णित हैं, यथा—ध्रुवश्री की कलिंग नरेश खारवेल से प्रथम मुलाकात पाटलिपुत्र के एक चैत्य में होती है, जहाँ ध्रुवश्री पुरुष वेश में है और खारवेल मगध को नष्ट करने की योजना के साथ आगंतुक वेश में है। खारवेल के इरादों को भाँपकर ध्रुवश्री का कथन था कि—'जब किसी जाति का पतन हो जाता है तो उसमें तुम्हारे जैसे सुपुरुष पैदा हो जाते हैं।' खारवेल जिस प्रकार अपनी महत्त्वाकांक्षाओं को पूरा करने हेतु षड्यंत्रों का सहारा लेता है, उस पर ध्रुवश्री कटाक्ष करते हुए कहती है कि—'महत्त्वाकांक्षा का दुर्ग विजय करने के लिए अपने पैरों पर चलना पड़ता है।' विभिन्न आधारों पर विभाजन के संदर्भ में ध्रुवश्री कहती है कि—'यदि परमात्मा को मानव जाति का इस प्रकार से विभाजन ही अभीष्ट होता तो क्या वह प्रत्येक के लिए पृथक्-पृथक् भूमि खण्डों की रचना न कर देता।'

नाटक का विकास पाते-पाते ध्रुवश्री न केवल खारवेल के मगध-अधिग्रहण संबंधी विचारों को परिवर्तित कर पाती है, अपितु अपने शासक की नज़रों में 'विस्तृत राष्ट्रीयता' युक्त 'समर्पित देशभक्त' की भाँति प्रस्तुत होती है। नाटक के ही एक पात्र 'धारिणी' के शब्दों में—'एक छोटा सा व्यक्ति संपूर्ण जाति के भाग्य की रेखाओं को किस तरह विशिष्ट दिशा में मोड़ सकता है, इसका उदाहरण देखना हो तो ध्रुवश्री के कार्यों को देखना चाहिए।'

नाटक के पटाक्षेप तक आते-आते एक और सुंदर भावना का सुंदर समन्वय हुआ है, वह है—नारी सम्मान की भावना। ध्रुवश्री के राष्ट्रहित में किए कार्यों से पुष्यमित्र प्रसन्न तो हैं ही, साथ ही, धारिणी व अन्य स्त्री पात्रों के विचारों व उद्गारों के प्रति भी उनका सकारात्मक दृष्टिकोण नाटक में व्यक्त हुआ है। नाटक में एक स्थान पर पुष्यमित्र के शब्दों में—'विश्वमैत्री की कुंजी परमेश्वर ने नारी के हाथ में सौंपी है।'

नाटक राष्ट्रीयता के आदर्श को युगीन यथार्थ की परिस्थितियों में सर्वाधिक अनुकूल ढंग से पिरोता है। नाटक का प्रत्येक पात्र, प्रत्येक सैनिक 'मगध' या 'कलिंग' नहीं है, वह संपूर्ण भारतवर्ष है, संपूर्ण आर्यावर्त है। वह क्षेत्र एक प्रखंड विशेष न होकर संपूर्ण भारत के रूपक के रूप में उभरा है। प्रत्येक व्यक्ति 'भारत' व उसके कर्म 'राष्ट्रहित में व्याप्त' ऐसे आदर्शों को लेकर चलता यह नाटक एकता व एकसूत्रता को व्यक्त करते हुए इस सिद्धांत वाक्य की पुष्टि करता है कि—'हम सब इस भारत भूमि की संतान हैं-यह भूमि हमारी माता है।'

राष्ट्रीय एकता के अमर स्वर को ऐतिहासिक नाटक के माध्यम से प्रस्तुत करने में लेखक को आशातीत सफलता मिली है। ऊपरी कलेवर में नाटक नायिकाप्रधान है जिसकी व्यंजना शीर्षक से भी होती है, जो वर्तमान के नारी-विमर्श भाव को व्यक्त करता है। इसकी पुष्टि इस तथ्य से भी होती है कि नाटक में व्यापक राष्ट्रीयता का

प्रकटीकरण ध्रुवश्री के माध्यम से ही होता है; परंतु अपने व्यापक रूप में यह नाटक, विमर्श के एक तय ढाँचे में न होकर, राष्ट्रवाद का सांस्कृतिक आधारों पर व्यक्त एक वैचारिक आख्यान है।

वस्तुतः ध्रुवश्री एक प्रेरणास्पद ऐतिहासिक नाटक है। इसमें राष्ट्रीय भावना से युक्त ध्रुवश्री को एक कर्मठ एवं देशप्रेमी वीरांगना के रूप में चित्रित किया गया है। वर्तमान परिवेश में जिन मानवोचित गुणों की आवश्यकता है, उन मानवीय गुणों व आदर्शों को ध्रुवश्री के माध्यम से जनमानस तक पहुँचाने का प्रयास इस कृति के द्वारा किया गया है। नारी सम्मान एवं मर्यादा से युक्त ध्रुवश्री का चरित्र अद्भुत साहस का चरित्र है। जिन गुणों के कारण एक पुरुष राष्ट्रपुरुष बन सकता है, उन्हीं गुणों को धारण करने पर एक नारी राष्ट्रीय नारी का स्थान पा सकती है। प्रस्तुत नाटक में भावात्मक एकता का सांस्कृतिक आधार तो है ही, साथ ही राष्ट्रीय एकता, देशभक्ति, मानवीय मूल्यों के प्रसार का ईमानदार प्रयास भी है। अतः लेखक ने नाटक के माध्यम से राष्ट्रीय चरित्र को व्यक्त किया है। जिसका लक्ष्य है कि मानव के लिए राष्ट्र से बढ़कर कुछ नहीं है।

❖❖❖

संयमित और संस्कारी भाषा का पाठ

सुमित्रा कुमारी बुरानियां

किसी विद्वान् ने कहा है—भाषा पर संयम रखना जरूरी है, अगर भाषा बिगड़ती है तो तूफान मचा देती है। इसी संयम को लेकर चलने वाले हैं—डॉ. बद्रीप्रसाद पंचोली। वे निरंतर इसी भाषा संयम के साथ साहित्य सर्जना करते रहे। मेरे द्वारा उनके साहित्य का मूल्यांकन करना तराजू में मेढक को तोलने का काम है। कहने का मतलब है कि मूल्यांकन उस तरह नहीं हो सका जिस तरह होना चाहिए। *भविष्य की भाषा : भाषा का भविष्य* डॉ. पंचोली का निबंध संकलन है, जिसमें उन्होंने भाषा को मनुष्य के लिए ईश्वर का सबसे बड़ा वरदान बताते हुए भाषा को संस्कारवती माना है। साथ ही, उद्‌बोधन करते हैं कि इस देश को ये संस्कार संस्कारवती भाषा ने दिए हैं। जिस भाषा को हमारे पूर्वजों ने संस्कारवती बनाया उसी ने भारतीयों को दिव्यभावों से अनुप्राणित करके भारत को देवभूमि बनाया है।

डॉ. पंचोली जी ने एक तरफ हिंदी को भविष्य मानते हुए अपने निबंधों में बताया है कि 'हिंदी संस्कृत की जेठी बेटी है और उसे एक ओर संस्कृत की सम्पूर्ण विरासत मिली है और दूसरी ओर सभी जनपदीय भाषाओं का पूरा-पूरा सहयोग मिला है। इसीलिए वह राष्ट्रभाषा है और संविधान में उसे राजभाषा भी घोषित किया गया है।' हिंदी का इस तरह राष्ट्रीय और अंतरराष्ट्रीय महत्त्व बढ़ा है उसके कारण वह निकट भविष्य में संसार की प्रथम भाषा होने का दावा करने लगी है। इसलिए ब्रिटेन और अमेरिका में भी हिंदी पढ़ने की आवश्यकता अनुभव की जा रही है और अनेक विश्वविद्यालयों में हिंदी के अध्ययन और शोध की व्यवस्था की गई है। वहीं दूसरी तरफ कहते हैं, 'अंगरेजी साहित्य का अध्ययन करने की लिए कोई व्यक्ति अंग्रेजी पढ़ता है तो उसकी प्रशंसा की जाएगी। वह हमारी अतिरिक्त योग्यता हो सकती है; पर उसकी आधारशिला तो हिंदी-ज्ञान ही है। यह सुनिश्चित है कि अपनी भाषा के बिना न व्यक्ति आत्मगौरव का अनुभव कर सकता है, न राष्ट्र का; लेकिन विकास की दौड़ में भागमभाग पर तुली हुई हमारी पीढ़ी भविष्य कुंठित करने को आतुर है। यह भ्रांत धारणा घर कर गई है कि अंगरेजी के बिना वर्तमान में कुछ नहीं हो सकता है। भावार्थ है कि अपने हाथ से बनी हुई रोटी भी मीठी लगती है। इसी तरह सभी अपनी चीजें अच्छी लगती हैं—अपना तन, अपनी भाषा, अपनी सोच, अपना राष्ट्र, अपनी संस्कृति। हमेशा अपनी

राजस्थान की बोलियों पर संलग्न युवा शोध छात्रा,
हिंदी विभाग, राजस्थान केंद्रीय विश्वविद्यालय, अजमेर (राज.)
मो. : 9887120410

चीजों का प्रयोग हम निर्भय रूप से करते हैं। अंगरेजी पढ़ें; पर अंगरेजों के गुलाम न बनें। भाषा का अध्ययन मानसिक विकास के लिए किया जाता है, न कि बंधन में जकड़ जाने के लिए।

आज की पहली आवश्यकता इस समस्या का समाधान खोजने की है और यह मानकर चलना चाहिए कि हिंदी में सबको एक सूत्र में बाँधने की शक्ति है। इस शक्ति से विदेशी लोग भी भलीभाँति परिचित हैं। भाषा में वे सारे प्रयास शब्द रूप में सुरक्षित हैं जिनसे समाज और राष्ट्र बनता है। प्रत्येक व्यक्ति उन प्रयासों को समझे और श्रेष्ठ जीवन जीने की प्रेरणा ले। संस्कारों से राष्ट्र बनता है और भाषा इन संस्कारों को प्रेरित करती है। संस्कारयुक्त भाषा व्यक्ति को सभ्य और सुसंस्कृत बनाती है तो मिठास भर कर जीवन को उत्सव का रूप देने वाली बोली पर भी गर्व करना चाहिए। वह मनुष्य को मनुष्य बनाती है। जब भाषा संस्कारयुक्त है तो रक्त संबंध होना आवश्यक नहीं है, मुँह से बोलकर ही अनेक संबंध बना लिए जाते हैं। डॉ. पंचोली जी ने अपने राष्ट्र के प्रति चिंता व्यक्त करते हुए कहा है—'भारत राष्ट्र जिसकी त्यागभूमि, देवभूमि, यज्ञभूमि, वेदभूमि आदि सार्थक संज्ञाएँ पहचान बनाती हैं—इस तथ्य को हम भारतीय भूलते जा रहे हैं।'

व्यक्ति जो कुछ बोलता है वह जितना कहना चाहता है उसका बहुत कम अंश होता है। अनकहा अधिक रह जाता है पर वह जितना बोलता है उसे इस तरह बोलता है कि उसका अनकहा भी व्यंजित हो जाता है। ऐसी भाषा को सर्वथा सक्षम भाषा कहते हैं। सक्षम भाषा का उदाहरण देते हुए पंचोली जी कहते हैं—'कृष्ण का संदेश लाने वाले उद्धव के प्रति गोपियों ने कुछ बोलकर कहा, कुछ संकेत से कहा और रहा-सहा हिचकियों से कह दिया :

नैकु कही बयननि अनेक कही सयननि सौं
रही सही सोऊ कहि दीनि हिचकीनि सौं॥

ऐसी सक्षम भाषा का भविष्य में क्या रूप रह जाएगा? यह चिंता का विषय है। हिंदी भाषा भारत के अखंड और एक समाज की भाषा है। वह ऐसा कोमल सूत्र है जो सबके मन को बाँधता है। इसकी ऐसी विशेषता देखकर ही महात्मा गांधी ने कहा था कि 'यदि हिंदी और आजादी में से एक को चुनना पड़े तो मैं हिंदी को चुनूँगा क्योंकि आजादी हिंदी से ही आएगी।'

डॉ. पंचोली राष्ट्रीय एकता में भाषा और साहित्य के योगदान की बात करते हुए अपने निबंध में कहते हैं कि जिस तरह धर्म का पालन करने से धर्म व्यक्ति और समाज की रक्षा करता है, उसी तरह की बात भाषा के विषय में भी कही जा सकती है—संस्कारवती भाषा मनुष्य और समाज का संस्कार करती है। संस्कारवती भाषा ही वास्तविक आभूषण है। साथ ही बताया कि मौन-साधना कठिन साधना है। लोग जनता की सहनशक्ति की बात किया करते हैं। जब पानी सर से ऊँचा निकल जाता है तब सब्र का बाँध टूटता है। उस समय यह आवश्यकता नहीं कि व्यक्ति चिल्लाकर आक्रोश व्यक्त करे। वह मौन रहे तब भी उतना ही प्रभाव पड़ता है।

इस वैश्वीकरण और बाजारीकरण के फलस्वरूप भविष्य का क्या स्वरूप होगा? यह प्रश्न संसार भर के बुद्धिजीवियों के लिए चिंता का विषय होता जा रहा है। क्योंकि संसार की लगभग 6500 प्रमुख भाषाओं में से एक भाषा प्रतिदिन लुप्त होती चली जा रही है। साथ ही अंगरेज़ी-मोह से हमारी भाषाओं के सामने संस्कारहीनता का मोह पैदा हो गया है। स्थिति यहाँ तक बिगड़ी है कि दो व्यक्ति भारतीय भाषाओं में अंगरेज़ी के बिना आपस में बात नहीं कर सकते। आज हमें भारतीय भाषाओं के स्वरूप के साथ संस्कार भी जीवित रखने की आवश्यकता है।

'हमारी भाषाएँ इस आशा की पूर्ति तब कर पाएँगी जब हम पूरे विवेक के साथ इनका प्रयोग करेंगे और पश्चिम की आँधी से इनको बचाएँगे।'' इस प्रकार डॉ. पंचोली जी ने अपने निबंध-संकलन में भाषा और संस्कार पर बात करते हुए भविष्य को लेकर चिंता व्यक्त की एवं बोलचाल की भाषा, राष्ट्रीय एकता, राष्ट्रीय एकता में भाषा और साहित्य के योगदान, मौन भाषा पर विचार व्यक्त करते हुए अपनी भाषा में ही आत्मीयता नियति का गुण बताया। जहाँ तक मैंने अपनी दो-चार भेंट-मुलाकातों में पंचोली जी को देखा, जाना-समझा, महसूस अनुभूत किया है तो यह बात सच साबित होती है कि न केवल वे अपनी रचनाओं में ही संस्कारी, संयम, सरल और मधुर भाषा का प्रयोग करते है; बल्कि उनसे बात करने पर लगता है कि इनकी रसना ही मधु में गोते लगाती है।

❖❖❖

मेरा भारत

मेरा भारत! मेरा घर!
देवलोक से भी सुंदर!

यह मेरे गीतों का स्वर
यह मेरे सपनों का वर
इसकी रज की शीश धरूँ मैं
यह है मेरी जीत अमर!

–*'चितवन की सीमाएँ'* पुस्तक से

शब्दानुशीलन के बहाने लोक संस्कृति का भ्रमण

सुनील कुमावत

पुस्तक का शीर्षक अपने अभिप्राय को स्वत: ही स्पष्ट कर देता है। डॉ. बद्रीप्रसाद पंचोली द्वारा लिखित *शब्दानुशीलन* पुस्तक में लोक संस्कृति में प्रयुक्त होने वाली शब्दावली को उसके विविध अर्थ में व्याख्यायित करने का सफल प्रयास किया गया है। महाकवि तुलसीदास ने शब्द और अर्थ का संबंध जीवन के मंगल विधान के साथ जोड़ा है। 'शब्द सीमित है और अर्थ तो अपरिमित होते हैं।' आज लेखकों के सामने समस्या रहती है कि इनमें किस शब्द को चुनें। इस संबंध में लेखक का कहना है 'शब्द की पहचान जानने वाला सही शब्द की पहचान कर सकता है' आज का लेखक शब्द चयन को लेकर बहुत असमंजस में रहता है। ऐसे में वह या तो चर्चित होने के लिए विवादास्पद लिखता है या जिन शब्दों का अर्थ सामंजस्य ही न हो उनका चयन कर लेता है। लेखक की इस समस्या का समाधान बताते हुए पंचोली जी कहते हैं, 'लोक वेद की रीति से की जाती है शब्द-साधना अर्थात् किसी भी लेखक को लोक-रीति की गहरी पैठ हो तो वह अपनी रचना में प्रासंगिक, सारगर्भित शब्दों को ला सकता है।'

इसी लोक शब्दावली में एक ही शब्द के होने वाले कई अर्थों को उद्‌घाटित करने का प्रयास पंचोली जी ने किया है। राजस्थान की लोकसंस्कृति से जुड़ी शब्दावली जो जन सामान्य द्वारा अधिकतर प्रयुक्त की जाती है, उसमें गहरी पैठ बनाकर *शब्दानुशीलन* की रचना की गई है। शब्दों का अर्थ और संस्कृति का परिचय दोनों एक ही साथ पंचोली जी अपनी पुस्तक *शब्दानुशीलन* में प्रस्तुत करते हैं। 'सुवासिनी' परिवार की सबसे बड़ी बेटी को कहा जाता है, यह 'सुभाषिणी' भी हो सकता है। जिसका अर्थ होगा वह जो भाषण करती है। 'सुवसना' सुंदर वस्त्रों से सज्जित। एक पुत्री अपने पिता के घर में किसी मांगलिक कार्य में सुंदर वस्त्र पहनती है, वही मंगल-कार्य संपन्न करवाने में महत्त्वपूर्ण भागीदारी निभाती है और परिवार में किसी प्रकार की गमी से त्योहार में आँट (रुकावट) पड़ जाती है तो बहन-बेटी आकर पिता के घर में कढ़ाई चढ़ा कर शोक संताप को दूर करती है। इस प्रकार शब्दों की व्याख्या से बहन-बेटी की सामाजिक भागीदारी को उद्‌घाटित कर 'स्त्री-सम्मान' को स्थापित करने का करने का संदेश दिया है। पश्चिमी लहर से प्रभावित होकर जब आज स्त्री विमर्श का राग अलापा जा रहा है, उसका जवाब

हिंदी महिला कथा साहित्य पर संलग्न युवा शोधार्थी,
हिंदी विभाग, राजस्थान केंद्रीय विश्वविद्यालय, अजमेर
मो. : 9828233867

पंचोली जी ने राजस्थान में प्रचलित 'सुवासिनी' शब्द की व्याख्या में ही दे दिया है।

पुस्तक में मनोविज्ञान का भी आभास होता है। 'बधणी' (वर्धनी) शब्द की व्याख्या में यह दिखाई देता है। 'माता और उसके शिशु के बीच अतींद्रिय संबंध होने की बात परामनोवैज्ञानिक स्वीकार करता है। चतारना या चितारना उस संबंध को प्रकट करने वाली लोक स्वीकृत क्रिया है।'

आज जब भाषा के मानकीकरण की चर्चा चलती है तो समस्या खड़ी हो जाती है कि किस शब्द को संबंधित अर्थ में 'मानक' रूप प्रदान किया जाए। इसी प्रकार वर्तमान समय में राजस्थानी भाषा को संवैधानिक दर्जा दिलाने के लिए आंदोलन चलाकर आवाज बुलंद की जा रही है, तो सवाल उठता है किसे राजस्थानी भाषा स्वीकार किया जाए जो स्वयं में ही अत्यधिक विभिन्नता रखती है। ऐसे में पंचोली जी का *शब्दानुशीलन* के माध्यम से किया गया प्रयास सराहनीय है।

आज अनुवाद कार्य खूब जोर-शोर से चल रहा है। अनुवाद में सर्वाधिक व्यापकता साहित्य या भावानुवाद की है। साहित्यिक अनुवाद की महत्त्वपूर्ण आवश्यकता यह होती है कि अनुवादक को स्रोत भाषा तथा लक्ष्य भाषा दोनों के सांस्कृतिक-परिदृश्य और उससे जुड़ी शब्दावली का ज्ञान हो। राजस्थानी भाषा में अनुवाद करने या राजस्थानी का किसी अन्य भाषा में अनुवाद करने के लिए इसके भाषिक-सांस्कृतिक परिदृश्य को पंचोली जी की *शब्दानुशीलन* पुस्तक से स्तरीय ढंग से समझा जा सकता है।

'उच्छव' शब्द की व्याख्या करते हुए लेखक ने बताया है कि भारतीय संस्कृति के परंपरागत स्वरूप में एक-दूसरे के शादी-विवाह या अन्य उत्सवों में परस्पर सहभागिता होती थी; परंतु आज यह सहयोग के मानवीय संबंध केवल अर्थ (धन)-हित तक ही सिमटते जा रहे हैं। शहरी परिवेश में संवेदनहीन होते मनुष्य की चिंता भी इस शब्द की व्याख्या के साथ स्पष्ट हुई। 'आज तो प्रत्येक वस्तु बिकने लगी है'' पंचोली जी की यह पंक्ति ही आज की बाजारवादी संस्कृति और वस्तु बनते मनुष्य को समझने के लिए पर्याप्त है।

यद्यपि अपनी तरफ से लेखक ने शब्द-अर्थ को स्पष्ट करने का सफल प्रयास किया है। तथापि कुछ शब्दों को पर्यायवाची शब्दों से समझना अपेक्षित-सा महसूस होता है। जैसे 'चूँप' शब्द को बार-बार प्रयुक्ति पर भी स्पष्ट नहीं हो पाया कि इसका अर्थ क्या है। इसी प्रकार 'मीठा छोड़ देना खण है', झूठ न बोलना 'खण' है। 'खण' शब्द को किस अर्थ में प्रयुक्त किया जाए यही स्पष्ट नहीं है, दूसरा वे जिस भूल-भुलैया में 'खण' शब्द की व्याख्या करते हैं ऐसा कोई शब्द अधिक लोकप्रचलित नहीं है। ऐसे शब्द अपने आस-पास के हिंदी शब्दों से भी स्पष्ट किए जा सकते हैं, 'सिरोपाव' शब्द की व्याख्या में पंचोली जी ने दहेज-प्रथा जैसी सामाजिक बुराई का प्रतिकार करने का प्रयास किया है। लेखक की चिंता है कि शिक्षित वर्ग में दहेज की प्रथा अधिक विकराल रूप धारण करती जा रही है।

शब्दानुशीलन पुस्तक में कृषक जीवन से जुड़ी शब्दावली के माध्यम से किसान के जीवन की व्याख्या की गई है। इसी प्रकार राजस्थानी परिवेश में व्याप्त व्यंग्य, वीरता को ललकारने वाले, मान-प्रतिष्ठा, पर्व त्योहार से जुड़े शब्दों की व्याख्या की गई है। लोक-संस्कृति से जुड़े विचारकों, लेखकों, अध्येताओं के लिए यह पुस्तक 'गागर में सागर' कही जा सकती है। शोधार्थी के लिए लोक-संस्कृति पर सामग्री संकलन में पुस्तक प्रामाणिक, सटीक व्याख्या सहित अपना महत्त्वपूर्ण स्थान रखती है।

❖❖❖

चिंतन का नया पैमाना

अशोक कुमार

अनुचिंतन निबंध संग्रह में डॉ. बद्री प्रसाद पंचोली ने रचनाकारों की विशेषताओं पर चिंतन-मनन किया। तदुपरांत उस पर अपना आलोचनात्मक मत रखा है। इस तरह के विचारपरक मत उनके निबंधसंग्रह 'अनुचिंतन' में दृष्टिगत होते हैं। उनकी विचार-विवेचन की यह प्रक्रिया चिंतन तथा विश्लेषण पर आधारित है।

प्रस्तुत निबंध-संग्रह में गद्य-पद्य के रचनाकारों को केंद्र में रखकर उनकी रचनाओं के उन मार्मिक पक्षों का उद्घाटन किया जो विषय के मूल में थे या अनछुए पहलुओं की श्रेणी में आते थे। उन्हीं विषयों का विवेचन तथा विश्लेषण उन्होंने सुनिश्चित रीति से किया। पद्य में उन्होंने आदिकाल के मैथिली कवि विद्यापति तथा भक्तिकाल के कबीर, सूर, तुलसी और मीराँ आदि भक्त कवियों को अपने चिंतन का आधार बनाया। इसके अतिरिक्त उन्होंने रीतिकाल को भी अपने चिंतन का आधार बनाया। इसमें उन्होंने रीतिकाल की मूलभूत समस्या को व्यक्त किया। काल-विभाजन की समस्या तथा नामकरण की समस्या के साथ उसकी कुछ सीमाओं पर भी दृष्टिपात किया और अपने निष्पक्ष मत प्रामाणिकता के साथ प्रस्तुत किए।

आधुनिक काल के महत्त्वपूर्ण कवि मैथिलीशरण गुप्त, महाकवि अयोध्या सिंह उपाध्याय 'हरिऔध' और 'एक भारतीय आत्मा' नाम से ख्यात माखनलाल चतुर्वेदी को भी इसमें सम्मिलित किया गया। वहीं छायावाद के प्रवर्त्तक कवि जयशंकर प्रसाद और क्रांति चेता महाकवि सूर्यकांत त्रिपाठी 'निराला' की काव्यगत चेतना को उन्होंने अपने चिंतन तथा विश्लेषण का विषय बनाया।

इसके अतिरिक्त इस युग के समानांतर गद्य रचना के महत्त्वपूर्ण हस्ताक्षर मुंशी प्रेमचंद के कथा-साहित्य में 'राष्ट्रीयता' विषय पर विचार किया। राष्ट्रीयता की धारा को उन्होंने द्विवेदी युग के कवियों के साथ-साथ छायावाद के कवियों से जोड़कर देखा। कथा-साहित्य में राष्ट्रीयता की धारा इन कवियों के समानांतर चल रही थी। जिसे परस्पर जोड़कर देखने का प्रयास निबंधकार के द्वारा किया गया है। निबंध-संग्रह में कुछ एक अतिरिक्त निबंध भी हैं। जो किसी विषय के अंग को ही विवेचित करते हैं। यथा-'पार्वती की वासंती भूमिका'।

यहाँ पर *अनुचिंतन* निबंध-संग्रह में संकलित कुछ प्रमुख निबंधों पर ही विचार किया जा रहा है।

युवा शोधार्थी, हिंदी विभाग
दिल्ली विश्वविद्यालय, दिल्ली
मो. : 09462073687

'मैथिलीशरण गुप्त के खंडकाव्य' विषय पर चर्चा करते हुए उन्होंने खंडकाव्य की विशेषताओं को प्रस्तुत किया। इस तरह उन्होंने खंडकाव्य के नियामक तत्त्वों के आधार पर गुप्त जी की रचनाओं का विश्लेषण किया। इसके अतिरिक्त गुप्त जी की रचनागत विशेषताओं का भी उल्लेख किया। छंद, अलंकार और बिंब तथा प्रतीक आदि को भावों की अभिव्यक्ति का माध्यम मानते हुए भावों के उद्रेक तथा उनका उत्प्रेरक भी माना।

काव्यत्व की दृष्टि के महत्त्व स्वीकार किया। यही विशेषता उनके निबंधों में देखने को मिलती है। वस्तुत: इस निबंध में परिचयात्मक दृष्टिकोण परिलक्षित होता है। रचना परिचय के साथ-साथ रचनागत संवेदन-गांभीर्य वाले स्थल पर उनकी विश्लेषण शक्ति और सूक्ष्म हो जाती है। इस विवेचन दृष्टि के फलस्वरूप वे रचना मर्म को परत-दर-परत खोलते चले जाते हैं। यथा-रचना परिचय के साथ वस्तु-वर्णन तथा मौलिकता, पात्र एवं उनकी चारित्रिक संगति, रस-स्थिति की चित्रण, प्रभाव प्रेषणीयता, युगबोध तथा शैली को आधार मानकर रचनागत मर्म को खोलने का प्रयास किया, जो काफी हद तक सफल भी रहा। अत: उल्लिखित बिंदुओं के आधार पर हम कह सकते हैं कि पंचोली जी ने रचना के व्यापक फलक को प्रस्तुत करने का प्रयास किया। इसके साथ ही उन्होंने मैथिलीशरण गुप्त की रचनाओं के आधार पर उनका साहित्य में स्थान निर्धारित किया। उनके काव्य में विषय वैविध्य की व्यापकता के साथ-साथ उनकी काव्यत्व की भी विविधता दृष्टिगोचर होती है। जिन्हें निम्न बिंदुओं के रूप में देख सकते है—

- रामकथा पर आधारित काव्य
- महाभारत पर आधारित काव्य
- ऐतिहासिक पृष्ठभूमि पर आधारित
- सांस्कृतिक पृष्ठभूमि पर आधारित
- कल्पना-प्रेरित काव्य

इस तरह उनका विवेचन विषय पर आधृत होकर क्रमबद्ध रीति से आगे चलता है।

महाकवि अयोध्या सिंह उपाध्याय 'हरिऔध' के महाकाव्य में वर्णित विरह वर्णन में लोक-आराधन की उपासना है। जो उनके महाकाव्य का मूल विषय है। इसके महत्त्व को निबंधकार ने अपने निबंध में तथ्य के साथ प्रस्तुत किया। *प्रिय-प्रवास* महाकाव्य की नायिका लोक-आराधन सेविका 'राधा' है। जिसका विरह वर्णन व्यक्तिगत न होकर समष्टिगत रूप में सामने आता है। जिसमें 'लोक-आराधन' का भाव छिपा है। यही भाव विश्व मानवता की ओर संकेत करता चलता है। 'हरिऔध' जी के खंडकाव्य *वैदेही वनवास* में भी इसी तरह का भाव सूचित होता है।

निबंधकार पंचोली जी ने विरह वर्णन संबंधी प्रसंगों को आधार बनाकर उसकी मूल-संवेदना की ओर हमारा ध्यान आकृष्ट किया। इसके अतिरिक्त उन्होंने विरह वर्णन की परंपरा तथा राधा-कृष्ण और सीता के युगानुरूप चित्रित किए गए प्रसंगों का भी उल्लेख किया। विरह-वेदना को विश्व-वेदना तथा प्रेम को विश्व-प्रेम के रूप में प्रतिष्ठित किया। इस विषय में भी निबंधकार ने दृष्टि डाली तथा तथ्यपरकता को प्रामाणिक रूप में हमारे सामने रखा। उन्होंने *प्रियप्रवास* की मूल कथा के साथ रचना की महत्ता को भी रेखांकित किया।

प्रियप्रवास महाकाव्य में कृष्ण के मथुरा गमन के साथ राधा की प्रेम-कथा है। इसमें कृष्ण महान उद्देश्य की

साधना के लिए मथुरा से प्रस्थान कर जाते हैं। तत्पश्चात् ब्रजवासी दु:खी होते हैं। इसी दु:ख का संधान और लोक-रक्षा राधा के द्वारा की जाती है। इसी दु:ख को केंद्र में रखकर इसका नामकरण 'व्रजांगना-विलाप' रखा गया। फिर इस नामकरण की सोद्देश्यता पूर्ण न होने के कारण इसका नामकरण *प्रिय-प्रवास* अर्थात् प्रिय (कृष्ण के)-प्रवास (मथुरा प्रस्थान) रखा गया। यह नामकरण सार्थक प्रतीत होता है।

इस महाकाव्य में कृष्ण और राधा के उद्देश्य एक हो जाते हैं। उद्देश्य की एकरूपता युगानुरूप चला आया विचार है। इसमें समन्वयात्मक दृष्टिकोण का चयन कवि ने समयानुरूप किया। इसके पीछे कवि के मंतव्य का अर्थ अधिक गहरा है। जिसमें प्रगतिशीलता के तत्त्व समाए हुए हैं। *प्रिय-प्रवास* के समकालीन जयशंकर प्रसाद की कहानी 'पुरस्कार' ली जा सकती है। जिसमें व्यक्ति-प्रेम और राष्ट्र-प्रेम का अंतर्विरोध तो व्यक्त हुआ है पर वहीं इसका अंत में समन्वय भी कर दिया जाता है।

'हरिऔध का युग-दर्शन *कामायनी* का मुख्य विषय बन जाता है।' (पृष्ठ संख्या 12 *अनुचिंतन* निबन्ध-संग्रह)

इस तरह हम देखते हैं कि हरिऔध का युग-दर्शन प्रसाद जी के युग-दर्शन के करीब पहुँच जाता है। अत: स्पष्ट कह सकते हैं कि हरिऔधजी के विरह-वर्णन में लोक-आराधन की भावना का समावेश पहले से चली आ रही परंपरा का स्वाभाविक विकास है। राधा-कृष्ण के चरित्र में समयानुकूल परिवर्तन होता चला आया। इसकी एक अविरल परंपरा है। जो *प्रिय-प्रवास* महाकाव्य में परिलक्षित होती है। राधा के चारित्रिक विकास का एक साक्ष्य प्रस्तुत है—

दीनों की भी बहिन, जननी थी अनाश्रितों की।
आराध्या थीं ब्रज अवनि की, प्रेमिका विश्व की थी।'

(पृ.सं. 12, ***अनुचिंतन, निबंध संग्रह***)

इस तरह की विशेषता उनके खंडकाव्य *वैदेही-वनवास* में भी दृष्टिगोचर होती है। यथा—

सुख-वासना स्वार्थ की चिन्ता दोनों से मुँह मोड़ूँगी।
लोकाराधन या प्रभु-आराधन निमित्त सब छोड़ूँगी।।

(पृ.सं. 12, ***अनुचिंतन, निबंध संग्रह***)

इस प्रकार 'राधा' और 'सीता' अपने जीवन की आहुति देकर सच्ची विश्व-प्रेमिका बनकर सामने आती हैं।

'स्वतंत्रता का साधक निराला' नामक शीर्षक में सूर्यकांत त्रिपाठी 'निराला' का स्वतंत्रता की साधना में कितना योगदान है। इसका मूल्यांकन उनकी प्रमुख रचनाओं के आधार पर किया गया। उन्होंने राष्ट्रीय जीवन की असमंजस स्थिति की समस्या को उजागर कर उसे दूर करने का प्रयास किया। *राम की शक्ति पूजा, सरोज-स्मृति* और *कुकुरमुत्ता* इत्यादि रचना के माध्यम से अपनी स्वतंत्र जीवन की साधना को स्पष्ट किया। यह साधना सम्पूर्ण राष्ट्र के लोगों की साधना है जिसमें आमजन की समस्या को अभिव्यक्ति मिली है। इसके साथ ही राष्ट्र की स्थिति भी उजागर हुई है।

'निराला' का जीवन-संघर्ष घोर अंधकारमय रहा। इसका अध्ययन उनकी प्रमुख रचना *राम की शक्ति पूजा* में

मिलता है। इस प्रकार की स्थिति में रहने के पश्चात् भी उन्होंने मुक्ति के रास्ते की तलाश की। यही उनकी एक आशा की किरण थी जो अंततः सफल रहती है। ये प्रगतिशीलता के गुण उनके काव्य में यत्र-तत्र सर्वत्र मिलते हैं। इस विशेषता के फलस्वरूप उनके काव्य में वैविध्य पाया जाता है। युग-बोध से उत्पन्न उनकी बेचैनी और विकट मानसिकता की अभिव्यक्ति उनके काव्य में हुई यथा—

घन-तम से आवृत धरनी है।
निविड़ विपिन पथ अराल भरे हिंसक जन्तु व्याल।।

यह स्थिति निराला मात्र की न थी। वे तो तात्कालिक समाज की स्थिति को भी उजागर करते चलते हैं। जो सघन अंधकार से घिरा रहा है। इसमें मुक्ति की बेचैनी और छटपटाहट भी दृष्टिगत होती है। एक ओर तात्कालिक व्यवस्थागत विसंगतियाँ हैं। वहीं दूसरी ओर सामाजिक हिंसा और क्रूरता है। जो सामंती व्यवस्था का ही विकसित रूप है। उसमें शोषण का भयानक चक्र चलता रहता है। इसका संकेत हमें कुकुरमुत्ता में मिलता है। उनका मत है कि यह परिवर्तन श्रमिक वर्ग से संभव है। जिससे देश का भविष्य बदलेगा। यही प्रगतिशील विशेषता *कामायनी* में मनु के माध्यम से अभिव्यक्त हुई। युगीन रचनाओं के कथा प्रसंगों में परिवर्तनशीलता के प्रसंग मिलते हैं। ये परिवर्तनशीलता के प्रसंग इस बात के प्रमाण हैं।

❖❖❖

सिरोपाव (शिरो-पाँव)

प्रसन्नता के क्षणों को स्मरणीय बनाने के लिए पुरुषों को जो वस्त्रालंकार भेंट किए गए जाते हैं उनको सिरोपाव, शिरोपाँव या केवल सरोपा कहा जाता है। सिरोपाव का अर्थ है सिर से लेकर पांव तक पहनने योग्य वस्त्रालंकार। सिर पर पगड़ी या साफा, पहनने को चोला, कटिवस्त्र—धोती, कंधे पर दुपट्टा या अंगोछा मिला कर शिरोपाँव बनते हैं—सिर से पैरों तक के वस्त्र। आधुनिक शैली के पैंट-बुश-शर्ट, तोलिया और टोपी को शिरोपाँव मान लिया गया है। साथ में सम्मान के प्रतीक नारियल और नकद रुपया भेंट किए जाते हैं। नारियल और शिरोपाँव भेंट करना हमारी परंपरा में पुरुष का सबसे बड़ा सम्मान होता है।

–'*शब्दानुशीलन*' पुस्तक से

सामाजिक जीवन की जटिलताओं का वास्तविक चित्रण

अंशुल शर्मा

आज के दौर में व्यक्ति को जीवन जीने के लिए अनेक प्रकार की जटिलताओं से साक्षात्कार करना पड़ता है। इन जटिलताओं में फँसकर उसकी स्थिति इस प्रकार की हो जाती है कि उसे भूत, भविष्य की सुध तक नहीं रहती।

दायरे नाटक वर्तमान साहित्य जगत के सशक्त रचनाकार बद्रीप्रसाद पंचोली जी द्वारा रचित एक ऐसा नाटक है जो अभिनय के समस्त गुणों को समाहित किए हुए है। मंचन की दृष्टि से श्रेष्ठ है, साथ ही, समाज के विभिन्न व अलग-अलग परिवेश के सूक्तियों की मानसिकता तथा स्वार्थ सिद्धि हेतु किए जा रहे कार्यों को प्रदर्शित करता है।

नाटक का मूल भाव यह है कि यदि व्यक्ति समाज में सीधा व सच्चा बनकर जीवन जीना चाहता है तो कुछ आपराधिक तत्त्व उसे अपनी पूँजी के बल पर खरीद लेते हैं। वे उसकी सच्चाई व ईमानदारी का लाभ उठाकर स्वार्थवश उससे गलत कार्य करवाते हैं।

बेईमान व्यक्ति गुणों को साधन मात्र मानते हैं जिनका प्रयोग कर वे अपने मक्कारी के साध्य तक पहुँच सकें। गुण तो उनके लिए एक आवरण मात्र होते हैं जो दुर्गणों का ढँक सके तथा समाज केवल गुण रूपी बाह्य आवरण को ही देख पाए, उसमें छिपे अवगुणों को न जान सके।

दायरे नाटक का आरंभ होता है एक सामान्य मध्यवर्गीय परिवार के सदस्यों के वार्तालाप से। नाटक का मुख्य पात्र रवि, जो कि बहुत सच्चा व ईमानदार युवक है के अपनी ईमानदारी के कारण विषम परिस्थितियों में फँसने का वर्णन है।

रवि कविताएँ लिखने का शौकीन है। वह अपनी कविताओं के माध्यम से समाज की वास्तविकता की पोल खोलता है। शशि, जो कि उसके यहाँ की पली-बढ़ी अनाथ युवती है, रवि की डायरी में बंद कविताओं को स्वर देती है।

नाटक के आरंभ में रवि के परिवार के सदस्यों को गरीबी व रवि को बेरोजगारी से जूझते हुए दिखाया गया है।

रवि की भाभी, जो कि एक शिक्षित महिला है, आर्थिक परिस्थितियों में भी संतुलन स्थापित करने का प्रयास

उभरती हुई नव युवा रचनाकार,
हिंदी विभाग, पारीक महाविद्यालय, राजस्थान विश्वविद्यालय, जयपुर
मो. : 08824443466

लगातार करती है। रवि की बुआ बसंती एक रूढ़िवादी विचारधारा की स्त्री है तथा लड़कियों की पढ़ाई-लिखाई को एक अवगुण के रूप में देखती है। वह अपनी पढ़ी-लिखी बहू सरोज को उसकी पढ़ाई का ताना देना कभी नहीं भूलती है।

नाटक का मध्य आते ही कई नए पात्रों के साथ नाटक का विकास हेता है। सेठ फकीरचंद, जो कि एक बहुत ही स्वार्थी व लोभी प्रवृति का व्यक्ति, साम, दाम, दंड, भेद द्वारा अपने कार्यों को पूर्ण करने में विश्वास रखता है कि सहायता से रवि को नौकरी प्राप्त होती है। फकीरचंद रवि के भोलेपन व उसकी ईमानदारी का फायदा उठाकर उससे गलत कार्य करवाना चाहता है, रवि के मना करने पर चोरी व रिश्वत जैसे आरोप लगाकर उसे फँसा देता है।

रवि का परम मित्र, जिसने पोल खोल समिति का निर्माण किया है वह उस समिति की व सोमी नामक एक दलित व्यक्ति की सहायता से फकीरचंद के कार्यों का पर्दाफाश कर देता है व रवि को निर्दोष साबित करता है।

इस प्रकार इस नाटक की समाप्ति में सच्चाई व ईमानदारी की विजय होती है।

❖❖❖

मानवीय भावों का उत्सर्ग

भरत दवे 'साहित्य पुत्र'

संसार भर की समस्त रचनाओं की प्रथम द्रष्ट्या आकर्षण शक्ति उस रचना का 'नाम या शीर्षक' में निहित होती है। कोई विचार किसी व्यक्ति विशेष में रुचि उत्पन्न करता है तो कोई नाम अनाकर्षण; परंतु जब हृदय के उदात्त धरातल से प्रेक्षक आकाश मंडल में अपने अनुकूल तारों की तरफ टकटकी लगाता है तो हृदय की निश्छल भाव धारा अपना मार्ग (सहज सार्थक तथा मानवीय धरातल की चिर परिचित प्रवाह नालिका) ढूँढ़ ही लेती है। अच्छे मानवीय गुण एवं उच्च विचार कण, किस साहित्य प्रेमी को संवेदित, स्पंदित न करते होंगे? त्याग, करुणा, प्रेम, सहयोग मानवता के उच्च मापदंडों के आधार खंभों में गिने जाते हैं। यहाँ पर आलोच्य कृति के शीर्षक की सार्थकता तथा उसके चरित्रों में बढ़-चढ़कर, उस शीर्षक की सार्थकता में सहयोग की भावना का किंचित् प्रयास किया गया है।

आलोच्य कृति की प्रथम पंक्ति से अंतिम वाक्य विन्यास में, जिसे हम सच्चे अर्थों में उत्सर्ग की भाव धारा से सराबोर पाते हैं। उनमें एक का नाम गिनाना, न केवल अन्य पात्रों की गौण पंक्ति ही स्थापित करेगा; वरन् उनके अपमान का दोष भी पाठक वर्ग पर लगेगा। अमर सिंह का उत्सर्ग न केवल स्वामी भक्ति से संबंध है वरन् उत्सर्ग में अपनी भाव धाराओं तथा भविष्य में प्राप्त हो सकने योग्य अपने कर्म एवं कर्त्तव्य के दो खंभों के बीच की रस्सी पर अपने मनोभावों का उत्सर्ग इस कृति की सुंदरता स्पष्ट करता है।

परमारों का अपने आप में राज्य-राजा संबंध होने पर भी सलख तथा जैतसिंह का 'अहम् का उत्सर्ग' इस कृति में अलिखित होते हुए भी व्यंजित है। सच्चे अर्थों में एक रचना जो कुछ स्वयं कहती है, वह तो साहित्य के अर्थों में क्रम स्तर का व्यंजन है। जबकि जो साहित्य पाठक के मन के अनछुए पहलुओं के प्रति विचार कण अपने कार्यों/चरित्रों के माध्यम से स्पष्ट करता है, वही उनका उच्च स्तरीय लेखन का ताज धारण करता है। सलख तथा जैतसिंह के गुर्जरेश्वर के प्रति निष्ठा के लिए अपने अभिमान अहम् तथा सार्वभौमिकता का उत्सर्ग 'उत्सर्ग' शीर्षक का ऊँचा पायदान पाने का हकदार है।

भीमदेव व इस रचना के साधारण रूप से 'उत्सर्ग' करने वाले चरित्रों में सामान्य रूप से विवेचित विषयों का केंद्र बिंदु है। सच में इस ग्रंथ की रचना के औत्सुक्य विचार से जहाँ पाठक यह सोच के आगे बढ़ता है कि हो न हो इच्छिनी देवी ही सर्ग का उच्च ताज अपने माथे पर धरने में समर्थ होगी। वहीं बड़े ही अलग अंदाज ने पाठक

लेखक पठन-पाठन में रुचि रखने वाले दिल्ली अधीनस्थ सेवा में हिंदी के शिक्षक हैं।
मो. : 09015978975

की बँधी-बँधाई धारणा के 'उत्सर्ग' को भी लेखन ने हवा दी है। भीमसिंह यहाँ पर अज्ञान के 'उत्सर्ग' को भी उच्च स्तरीय वाद-विवाद में प्रधान प्रश्न प्रेषक बन कर उभरता है। यहाँ पर एक राजा के 'उत्सर्ग' पर एक साधारण प्रेमी का 'उत्सर्ग' भीमसिंह पर हावी होकर उभरता है।

उत्सर्ग की भाव धारा में देवबोधाचार्य का यह विचार रखना कि अखंड भारत के लिए 'सभी क्षेत्रीय लाभों तथा संकीर्णताओं का उत्सर्ग' करना वरेण्य है तथा नीतिकार के अनुसार जरूरी है। कौन पाठक उनके 'उत्सर्ग' पर आधारित दृष्टिकोण तथा दर्शन से सहमत नहीं होगा?

श्रीमान पंचोली जी के नाटक *उत्सर्ग* की विचारधारा स्वयं पंचोली जी के लेखन की आधारशिला बनी है। नहीं तो सोचिए यह कृति, जो उनकी अपनी निजी थाती थी, उसका 'उत्सर्ग' उन्होंने सभी के विकास के लिए नहीं किया होता।

गुरुवर पंचोली जी की लेखनी का मेरे द्वारा विश्लेषण कर पाना मेरी धृष्टता ही होगी, परंतु मुझ पर उनका अनुग्रह मेरी कलम का संबल बना है।

❖❖❖

धनी

धणी का राजस्थानी जनपदीय भाषा में अर्थ है गृहस्वामी। सामान्यतया दंपती को धण-धणी कहा जाता है। धण पत्नी है और धणी पति। पति धणी क्यों है? इसलिए कि वह धण वाला है। धण मूलत: तो धन ही है। स्त्री रत्न और स्त्री-धन शब्दों का बहुधा व्यवहार होता है। इनमें स्त्री को धन और रत्न कहा गया है।

गृहस्वामिनी को घर (गृहिणी गृहम् उच्यते) कहा जाने की बहुत पुरानी परंपरा है। वेद में कहा गया है—**जाया इत् अस्तम्** अर्थात् जाया ही घर है। उसे धरयाणी (=धारिणी) भी कहा जाता है इसलिए कि वह घर को धारण करती है।

–**'*शब्दानुचिन्तन*' पुस्तक से**

साक्षात्कार

बात ही बातों में

आत्मश्लाघा से दूर एक मौन साधक

मोनिका टंडन (पंचोली)

सर्दी हो, गर्मी हो या बरसात। उनके शिष्य हमेशा आश्वस्त रहते थे। किसी भी परिस्थिति में उन्होंने अपनी 'क्लास' नहीं छोड़ी। कभी भी शौकिया या अनावश्यक छुट्टियाँ नहीं लीं। उन्होंने शिक्षक होने को कभी 'पेशा' नहीं माना, इसलिए पैंतीस साल से अधिक के अध्यापकीय जीवन में उनकी कुल पैंतीस भी छुट्टियाँ नहीं हैं। कैसी भी परिस्थितियाँ हों, कैसा भी मौसम और माहौल हो, वक्त पर कक्षा में पहुँचना उनके जीवन का पहला नियम रहा।

राजकीय महाविद्यालय, अजमेर में पढ़े छात्र निश्चित रूप से जान गए होंगे कि यह डॉ. बद्रीप्रसाद पंचोली की बात हो रही है। शुरू-शुरू में छात्रों को यह बड़ा अजीब लगता। शैक्षिक अराजकता के इस युग में जहाँ क्लासेज लिया जाना महज औपचारिकता बन गया हो और 'शिक्षक' जैसा महत्त्वपूर्ण पद सिर्फ एक 'नौकरी' हो-ऐसे दौर में डॉ. पंचोली के इस नियम को सनक कहे जाने पर कोई आश्चर्य भी नहीं होना चाहिए लेकिन डॉ. पंचोली के शिष्य जैसे उन्हीं के साँचे में ढल गए। क्लास की घंटी बजते ही सब कक्षा में पहुँच जाते और अगले दो मिनट में उनके अध्यापक हाजिर होते। वे सिर्फ अपनी ही क्लास नहीं लेते, उनके जिस साथी की क्लास नहीं हो रही होती उनके छात्र-छात्राओं को भी घेर लेते, कॉरिडोर में व्यर्थ घूम रहे छात्रों को भी डर बराबर बना रहता कि कहीं डॉ. पंचोली की नजर न पड़ जाए। वे उन्हें पकड़ कर अपनी क्लास में बैठा लेते। व्यक्तित्व ऐसा कि कोई चूँ भी नहीं कर पाता और पूरे चालीस, पैंतालीस मिनट उन्हें क्लास में बैठे रहना पड़ता। कॉलेज के बदमाश छात्र भी न तो उनकी क्लास से गैर-हाजिर रह सकते थे; न ही आर्ट्स ब्लॉक में उनके रहते व्यर्थ घूम सकते थे। वे कहते हैं, 'मैंने तो पाया कि उद्दण्ड नौजवान ही सबसे बढ़िया छात्र होते हैं।'

डॉ. पंचोली के बहु-आयामी व्यक्तित्व का सिर्फ यह एक पक्ष है। वे देश के गिने-चुने वेद व्याख्याताओं में से एक हैं, मौलिक चिंतक एवं बेहतरीन साहित्यकार हैं। हिंदी-संस्कृत-राजस्थानी के आधिकारिक विद्वान् हैं, भाषाविज्ञ हैं और सामाजिक कार्यों से बराबर जुड़े रहे हैं। भारतीय लोक, लोक मानस, लोक दर्शन, लोक संस्कृति एवं लोक साहित्य पर प्रभूत मात्रा में लेखन कर चुके है। संस्कृति, भाषा और साहित्य पर भारतीय दृष्टिकोण से गंभीर चिंतन करने वालों में अग्रणी हैं; लेकिन आत्मश्लाघा से दूर मौनसाधक की तरह उन्होंने जीवन जीया।

लेखिका डॉ. पंचोली की पुत्रवधू हैं, जिन्होंने विवाह से पूर्व 21 अगस्त, 1993 को यह साक्षात्कार लिया।

बी-6, दाता नगर, रेंबल रोड, अजमेर
मो. : 09414364218

सन् 1935 में झालावाड़ जिले की खानपुर तहसील में एक किसान परिवार में जन्मे डॉ. पंचोली इंटर पास करके घर बैठ गए। पिता पुलिस में नौकरी करते थे, इसलिए इकलौते पुत्र होने के कारण घर का काम-काज उन्हें ही देखना था। इंटर उस समय पर्याप्त पढ़ाई होती थी, लिहाजा पिता भी आगे नहीं पढ़ाना चाहते थे; लेकिन एक दिन एक पड़ौसी ने उनकी पत्नी को ताना कस दिया। उस दिन से उनके जीवन का लक्ष्य बदल गया। पिता की अनिच्छा के बावजूद वे आगे पढ़ने के लिए कोटा आ गए और ट्यूशन करके अपने पढ़ाई के क्रम को आगे बढ़ाया। 1956 मे हर्बर्ट कॉलेज, कोटा से स्नातक डिग्री पाई एवं 1958 एवं 60 में क्रमश: संस्कृत एवं हिंदी में स्नात्तकोत्तर किया। कॉलेज में संस्कृत व संस्कृति के मर्मज्ञ डॉ. फतह सिंह एवं प्रसिद्ध इतिहासकार डॉ. मथुरालाल शर्मा जैसे शिक्षकों का सान्निध्य मिला। डॉ. फतह सिंह का उन पर विशेष आशीर्वाद था, इसलिए जीवन की राह तय करने एवं संस्कृति व वेद उन्मुख अध्ययन चिंतन की शुरुआत उन्हीं की प्रेरणा से हुई। अपने पैरों पर खड़े होने के लिए डॉ. पंचोली को बड़ा संघर्ष करना पड़ा, इसलिए ट्यूशनों के साथ उन्होंने कोटा के चर्चित साप्ताहिक पत्र *स्वदेश* में नौकरी भी की। इस दौरान उन्होंने कोटा के हमउम्र साहित्यकार कवियों की रचनाएँ प्रकाशित करके उन्हें प्रोत्साहित किया; लेकिन उन्हें शिक्षक बनना था। इसलिए उन्होंने अंडमान निकोबार में केंद्रीय लोक सेवा आयोग की 'चीफ जर्नलिस्ट' तक की नौकरी को ज्वॉइन नहीं किया। यह पद उस वक्त 360 से 1100 रुपये की ग्रेड का था, जो सिविल सर्विसेज ऑफिसर के समकक्ष था। 'लेकिन मैंने उसकी जगह 30 सितंबर सन् 58 को सत्तर रुपये महीने की अध्यापक की नौकरी चुनी'-डॉ. पंचोली याद करते हैं। इसके कुछ बरस बाद वे राजस्थान लोक सेवा आयोग से हिंदी प्राध्यापक के लिए चुन लिए गए और गंगानगर में पहली नियुक्ति मिली। वे दिन भारत-चीन के बीच युद्ध के दिन थे। इस दौरान उन्होंने वहाँ होमगार्ड के अधिकारी के रूप में युद्ध से भयग्रस्त लोगों के बीच काम किया। पाँच बरस बाद वे किशनगढ़ आ गए फिर 1968 में अजमेर।

सादा जीवन उच्च विचार डॉ. पंचोली के जीवन का आदर्श रहा। पूरी जिंदगी उन्होंने साइकिल के अलावा कोई दूसरा वाहन नहीं चलाया। राजकीय महाविद्यालय, अजमेर से दो बार उनकी साइकिल चोरी चली गई, लेकिन उन्होंने कभी खोजने की कोशिश भी नहीं की। उनका तर्क रहा कि जिसे ज्यादा जरूरत थी वही ले गया होगा। भरी सर्दी में भी वे आधी बाँह की कमीज में कॉलेज जाते। जीवन की न्यूनतम आवश्यकताओं से अधिक उन्होंने कभी कुछ नहीं चाहा। व्यक्तित्व की यही सादगी उनके विचारों एवं साहित्य में भी रही। 1953 में *ऊषा* नामक एक छोटी से रचना से उनके लेखन की शुरुआत हुई। इसके बाद से वे एक सौ पचास से ज्यादा पुस्तकें विभिन्न विधाओं मे लिख चुके हैं। हिंदी के चर्चित नाटककार सेठ गोविंद दास के अहम् से चुनौती लेकर उन्होंने नाटय-लेखन की शुरुआत की और अब तक 15-16 नाटक लिखकर वे राज्य के प्रतिष्ठित नाट्यकारों में स्थान बना चुके हैं। उनकी कुछ पुस्तकें पाठ्यक्रमों में भी रहीं। *नींव के स्वर* नामक नाटक अभी राजस्थान माध्यमिक शिक्षा बोर्ड की बारहवीं कक्षा में पढ़ाया जा रहा है। डॉ. पंचोली कहते हैं—'मेरे नाटकों के सारे पात्र जीवित हैं, रोजमर्रा के जीवन से उठाये हुए।' *ध्रुवश्री* नाटक भी वर्षों तक पाठयक्रम में रहा।

भारतीय लोक संस्कृति एवं लोक दर्शन पर भी डॉ. पंचोली ने काफी चिंतन और लेखन किया है। भाषा-विज्ञानी होने के कारण लोक में प्रचलित विभिन्न शब्दों का उन्होंने गहन विश्लेषण किया। इस संबंध में अभी विश्वविद्यालय अनुदान आयोग (यू.जी.सी.) को भी एक प्रोजेक्ट भेजा है। अपने साहित्य में भी उन्होंने लोक प्रचलित शब्दों को स्थान दिया है। पद यात्रा उनका प्रिय शौक है। इसके माध्यम से उन्होंने लोक-मन और लोक

मानस को समझने की चेष्टा की। 'हाड़ौती क्षेत्र की पद यात्रा करके मैंने दस हजार के करीब नए शब्द एवं मुहावरे ढूँढ़े, जिन पर छह विद्यार्थी शोध कार्य कर चुके है'-डॉ. पंचोली ने बताया।

हिंदी के अतिरिक्त संस्कृत एवं राजस्थानी के विकास एवं प्रचार-प्रसार में भी डॉ. पंचोली का योगदान रहा। राजस्थान में लोक भाषा प्रचार समिति के तत्त्वावधान में उन्होंने संस्कृत में बोलना सिखाने के कई शिविर लगवाए। इसके अतिरिक्त वे केंद्रीय साहित्य अकादमी, राजस्थान साहित्य अकादमी, राजस्थान संस्कृत अकादमी, राजस्थानी भाषा एवं साहित्य अकादमी, विश्व संस्कृत प्रतिष्ठान, राजस्थान हिंदी परिषद् एवं राजस्थान संस्कृत परिषद् से भी सक्रिय रूप से जुड़े रहे। राजस्थान साहित्य अकादमी ने विशिष्ट साहित्यकार एवं राजस्थान संस्कृत अकादमी ने वेदानुशीलन के लिए उन्हें सम्मानित भी किया। भारतेंदु समिति कोटा भी उनका सार्वजनिक अभिनंदन कर चुकी है। साहित्य अकादमी के सम्मान पर उनकी प्रतिक्रिया थी—'इससे मेरे मित्रों को बड़ी खुशी हुई। प्रेम जी 'प्रेम' (राज्य के चर्चित साहित्यकार) तो अस्पताल से उठकर आए थे। उनका कहना था कि जिंदगी में मैं यह कब देख पाता। दुर्भाग्य से कुछ ही दिनों बाद वे नहीं रहे'-डॉ. पंचोली उदास होकर बताते हैं।

भारतीय संस्कृति उन्मुख लेखन की प्रेरणा से डॉ. पंचोली की, वेदों में रुचि बढ़ी। इसी कारण उन्होंने *ऋग्वेद में गो तत्त्व* विषय पर पीएच.डी. की उपाधि प्राप्त की और लोक एवं वेद समन्वित दृष्टि को लेकर प्रभूत लेखन किया। इसमें शोध-ग्रंथ के साथ एक हजार के करीब शोध लेख शामिल हैं। वे अभी वेद संस्थान से सक्रिय रूप से जुड़े हैं और वेदों की व्याख्या की एकमात्र पत्रिका *वेद सविता* के संपादक भी हैं। उन्होंने वेदों को सुबोध बनाने के लिए सरलतम विधि में एक लाख पृष्ठ की सामग्री लिखने और लिखाने का संकल्प लिया है। राजकीय सेवा से निवृत्ति के बाद वे इसी भागीरथ संकल्प की पूर्ति में जुटे रहना चाहते है। वेदों के बारे में फैली भ्राँतियों को डॉ. पंचोली मिथ्या प्रचार बताते हैं। वे कहते हैं—'वेदों को पूजा पाठ एवं कर्मकांड की सामग्री मान लेने से ही सारी भ्रांतियाँ उत्पन्न हुई हैं जबकि वेद ज्ञान-विज्ञान की चीज हैं, जीवन का संविधान हैं। जीवन की हर समस्या, ज्ञान की -विज्ञान की किसी भी समस्या का जवाब वेदों में है।' वेदों पर ब्राह्मणों के एकाधिकार को भी वे नकारते हैं। वे मानते हैं—'भारतीय संस्कृति में ब्रह्म कर्म अर्थात् ज्ञानार्जन एवं ज्ञान के प्रचार-प्रसार करने वाले को ब्राह्मण माना गया है। इसलिए कोई भी व्यक्ति चाहे वह किसी भी वर्ण या जाति का हो, ब्रह्म कार्य करके ब्राह्मण पद पा सकता है।'

वेदों को समर्पित हो चुके डॉ. पंचोली अपने जीवन एवं कार्यों से परम संतुष्ट है। यदि वे शिक्षक नहीं होते तो पत्रकार बनना पसन्द करते। अपने जीवन को मौजूदा अवस्था से उन्हें कोई शिकायत नहीं है। 'मैं जहाँ हूँ वही रहना चाहता हूं ताकि अपने से ऊपर एवं नीचे वाले दोनों को देखता रहूँ'—डॉ. पंचोली कहते हैं।

❖❖❖

संकल्प तो लीजिए...कुछ भी असंभव नहीं !

डॉ. विमलेश शर्मा

डॉ. बद्रीप्रसाद पंचोजी जी जिन्हें गुरु जी कहती हूँ, मानती हूँ। सच कहूँ तो किसी सुयोग की ही तरह उनसे पहले पहल साक्षात्कारों में मेरी भेंट हुई थी, बिना किसी परिचय के, बिना किसी भूमिका के। स्वयं को सौभाग्यशाली मानती हूँ कि उनसे मिलने के अवसर मुझे निरंतर प्राप्त हो रहे हैं। बिना किसी परिचय के भी वे अपने सुदीप्त आभामंडल से सदैव मुझे आकर्षित करते रहे हैं। सब कुछ नियत होता है और उनसे मिलना भी तय ही था। उनसे हुई भेंट चाहे छोटी से छोटी रही हो पर लौटते हुए सदा मेरे साथ रही हैं कुछ अनमोल सीखें। आज जब अखिलेश जी ने गुरुजी का साक्षात्कार लेने को कहा तो मन में बहुत संकोच था। गुरु से प्रश्न कैसे कर पाऊँगी; पर साक्षात्कार तो लेना ही था। भेंट के लिए समय लेते वक्त कि उनकी ये पंक्तियाँ उनकी स्नेहिल आवाज के साथ ही मेरे जेहन में अंकित हैं–'एक शिक्षक का घर सदैव खुला होता है, कभी भी आ जाओ...'

प्रश्न तो नहीं कहूँगी उनके साथ जो पल बिताएँ, जो बातचीत की और जो मैंने सुना। उसका कुछ अंश आपके सम्मुख प्रस्तुत कर रही हूँ। लिखते हुए बहुत कुछ छूट गया क्योंकि गुरुजी जब बोलते हैं तो आप सिर्फ सुन रहे होते हैं। लिखने में सुनना छूट जाता है। मैंने उस ऊर्जा के जादू को तोड़ने की कोशिश करते हुए साथ-साथ लिखने की चेष्टा की, पर विफल रही। जो सुना, जो सीखा वह सभी स्मृति के सहारे आप तक पहुँचा रही हूँ। जो मैंने सुना और आँचल में समेटा उसे शब्दों में व्यक्त कर पाना कठिन है पर एक प्रयास यह भी...

❖ **डॉ. विमलेश शर्मा : प्रत्येक साधना के नेपथ्य में कोई न कोई आदर्श रहता है, आपकी इस रचनात्मक यात्रा के नेपथ्य पर प्रकाश डालें?**

डॉ. पंचोली : सर्वप्रथम तो इन दो शब्दों पर ही प्रकाश डालने की आवश्यकता है। अनेक शब्दों का हम आज गलत प्रयोग कर रहे हैं और यों अर्थ का अनर्थ कर रहे हैं। आदर्श स्थिति से तात्पर्य है जो पूरी तरह दिखाई दे रहा है और यथार्थ का विच्छेद है, यथा अर्थंते अर्थात् जैसा चाहिए। तो मेरे लिए इन दोनों में अधिक भेद कुछ नहीं रहा।

लेखिका युवा रचनाधर्मी एवं सोशल मीडिया पर प्रयोगशील हस्ताक्षर हैं।
सहायक आचार्य-हिंदी विभाग, राजकीय कन्या महाविद्यालय, अजमेर (राज.)
मो. : 09414777259

अगर हम जीवन के प्रति दृष्टि विकसित करें, सौ वर्षों तक पढ़े, सौ वर्षों तक सुनें और फिर सौ वर्षों तक बोलें तो इस प्रकार हर कर्म एक साधना बन जाता है। इस प्रकार आज महज सोचने की शैली का फ़र्क है। हमें स्वस्थ दृष्टिकोण अपनाने की आवश्यकता है। सीखना तो सतत जारी रहता है। वैसे मेरे जीवन में चेतना और पथ प्रदर्शक के रूप में मेरे गुरु डॉ. फतहसिंह जी हैं।

❖ **डॉ. विमलेश शर्मा : भारतीय संस्कृति की जड़ें बहुत गहरी हैं। आप इस संस्कृति को अपने लेखन से कैसे जोड़ते हैं?**

डॉ. पंचोली : प्रश्न ठीक है। स्पष्ट करना चाहूँगा कि *यजुर्वेद* में कहा गया है कि 'सा प्रथमा संस्कृति विश्ववारा' अर्थात् जो विश्व के द्वारा वरण करने योग्य है वही एकमात्र संस्कृति है। हम यह कहकर पुकारते हैं कि बौद्ध संस्कृति, आर्य संस्कृति या अमुक संस्कृति तो यह गलत है। इसके स्थान पर कहना होगा कि संस्कार युक्त बौद्ध, संस्कार युक्त आर्य आदि। भारतीय संस्कृति इस दृष्टि से अनूठी है और विश्व के कल्याण की कामना रखने वाली है और हम चूँकि भारतीय हैं तो हमारे रक्त में, यहाँ की हवा घुली मिली है। इसके लिए किसी विशेष प्रयास की कहाँ आवश्यकता है।

❖ **डॉ. विमलेश शर्मा : काव्यशास्त्र और व्याकरण में आपका अच्छा दखल है, एक तरह कहूँ तो एकाधिकार है। ये विषय गहन साधना की माँग करते हैं। इनमें रुचि के बीज बिंदुओं से हमारा परिचय करवाएँ?**

डॉ. पंचोली : व्याकरण के बारे में कहूँगा कि प्रथम वर्ष में अध्ययन करते समय छह आने की पुस्तक *ऋजुपाणिनीयम्* पढ़ी थी, उसमें 1100 सूत्र हैं और वह आज भी याद हैं, बस उतना ही जानता हूँ। बाकी यहाँ कुछ भी असंभव नहीं, बस संकल्प लीजिए और चल पड़िए कर्म की ओर......सब कुछ संभव है।

❖ **डॉ. विमलेश शर्मा : नवलेखन की बात की जाए तो आधुनिकता के नाम पर संस्कृति से खिलवाड़ कर रचनाएँ लिखी जा रही हैं, इस बारे में अपनी क्या राय है?**

डॉ. पंचोली : यह पश्चिम का प्रभाव है। आज अनेक रचनाएँ जिन्हें कविता कहा जा रहा है; पर वास्तव में वे कविता हैं ही नहीं। इसी तरह कथाएँ कथातत्त्व से हीन हैं। मूल बात यह है कि व्यंजना से कथात्मकता पैदा की जाती है; पर व्यंजना को कोई नहीं समझता। किसी को शब्द की ही समझ नहीं है और जिस ध्वनिकाव्य को श्रेष्ठ माना जाता है उसकी छाया भी कोई नहीं लिख पा रहा है। कहने को तो दो पद में भी कविता हो जाती है जैसे कि 'रात बहक गई, सुबह न हुई' और इसी के विपरीत आप शब्दों की झड़ी लगा दें तो वह कविता नहीं कही जाएगी।

❖ **डॉ. विमलेश शर्मा : गुरुजी बहुत ही विनम्रता के साथ मैं आपके रचना संसार के बारे में जानना चाहती हूँ।**

डॉ. पंचोली : देखिए, पहले कुछ बताना चाहूँगा कि 1953-54 में इंटर के बाद से मैंने एक नियम बनाया कि रोज़ दो नए आदमियों से नमस्ते करना और एक पृष्ठ रोजाना लिखना। आज भी यह व्रत कायम है। इसलिए अब तक 160 पुस्तकें प्रकाशित हैं और लगभग इतनी ही अप्रकाशित। इन सबके पीछे बस अपनी संकल्पशीलता काम करती है। छोटा सा संकल्प ही प्रबल होता है, देर होती है तो बस उसे लेने भर की।

❖ **डॉ. विमलेश शर्मा : आज अध्यापकों में एक अहंभाव देखने को मिलता है, क्या यह सही है?**

डॉ. पंचोली : अध्यापक तो वही है जो बच्चों के बीच रमा रहे। मैं आज भी विद्यार्थियों के बीच सहज महसूस करता हूँ। हाँ, पर थोड़ा स्वाभिमान ज़रूर हो पर अहं नहीं। और राजनीति को कोढ़ समझकर उससे दूर रहना चाहिए।

❖ **डॉ. विमलेश शर्मा : वर्तमान साहित्यिक परिवेश में विमर्शों की बाढ़ आई हुई है, इस पर अपनी राय दें?**

डॉ. पंचोली : सबसे पहले कहना चाहूँगा कि विमर्श शैव दर्शन का पारिभाषिक शब्द है और पारिभाषिक शब्दों को सामान्य व्यवहार में लाना अप्रतीत्व दोष कहलाता है। विशिष्ट अर्थों का यूँ सामान्यीकरण नहीं करना चाहिए। लेखन की बात करें तो ये जो धाराएँ आज आ गई हैं। असल में इनकी ज़रूरत थी ही नहीं। हमारे समाज और संस्कृति में तो जीवन को यज्ञ माना गया है और यज्ञ अपत्नीक नहीं हो सकता। हम श्रद्धाविश्वास रूपेण मानने वाले लोग हैं तो स्त्री और पुरुष को अलग समझने की हमारी दृष्टि कभी रही ही नहीं है। ये दोनों परस्पर समाहित हैं। 'पुरि शेते इति' अर्थात् जो पुरी में शयन करता है वह पुरुष होता है। अतः जो इस संसार में निवास कर रहा है सभी पुरुष हैं, भेद कहाँ हैं। ये सभी अवधारणाएँ पश्चिम की देन हैं। दलित लेखन की बात की जाए तो सभी को मनुष्य समझते हैं और यह जो बाँटने की प्रवृत्ति चल पड़ी है, वह आदमी को आदमी से अपरिचित करने की प्रवृत्ति है। इससे बचना होगा। अगर हम गाँवों की तरफ़ रुख करें तो गाँव समृद्ध हैं, वहाँ असुरक्षा का भाव नहीं है, वे संगठित हैं इसीलिए अपराध वहाँ प्रायः नहीं मिलते। सबसे पहले तो हमें अपने भीतर नागरिक बोध विकसित करना होगा। सन् 53 की बात है मैं प्रथम वर्ष का विद्यार्थी था। मैंने एक दुकान से घी का डिब्बा खरीदा। घर आकर खोला तो उसके भीतर गोबर पाया। मैंने उसी समय नेहरू जी को पोस्टकार्ड लिखा कि डिब्बे के भीतर इस प्रकार अखाद्य पदार्थ पाया गया। जाँच हुई और सही पाया गया। पूरे देश में उस समय ऐसी घटनाएँ घट रही थीं। उस समय एक पोस्टकार्ड पर राष्ट्रीय हित में निर्णय लिया गया और तब से डिब्बों पर डबल ढक्कन लगाने का चलन हुआ। तो देखिए, एक सामान्य छात्र का पोस्टकार्ड कितना बड़ा कदम उठाने में सहायक हो सकता है। यह देखने और गौर करने योग्य बात है। हम अपना कर्तव्य निभाने में आलस कर जाते हैं। किसी भी प्रकार की धारा की बजाय आत्म चेतना को विकसित करना आज समय की सबसे बड़ी माँग है।

❖ **डॉ. विमलेश शर्मा : गुरुजी क्या साहित्य राजनीति सापेक्ष भी होता है?**

डॉ. पंचोली : राज का अर्थ है प्रकाश.... राजनीति का अर्थ हुआ प्रकाश की नीति। तो आज प्रकाश की नीति है ही कहाँ। आज तो वोट की नीति है। वोट के लिए आदमी को महज दो टाँगों वाला प्राणी समझा जाता है जिसमें प्राण हैं ही नहीं। कितनी विडंबना है कि इंग्लैंड में 1969 में स्त्री को मत देने का अधिकार मिला अर्थात् उससे पहले उसे मनुष्य ही नहीं माना गया।

❖ **डॉ. विमलेश शर्मा : आज इंटरनेट के बढ़ते चलन पर आप क्या सोचते हैं?**

डॉ. पंचोली : सनत्कुमार इंटरनेट पर एक विश्वविद्यालय चला रहे हैं। 7,600 विद्यार्थी इस माध्यम से शिक्षा अर्जित कर रहे हैं। निस्संदेह यह सुखद स्थिति है। इंटरनेट का साहित्य के क्षेत्र में सकारात्मक प्रयोग हो रहा है। व्यापारियों को हैकर्स परेशान कर रहे हैं, वहाँ सोचने की जरूरत है। इंटरनेट पर बहुत कुछ उपलब्ध है। यही कहूँगा कि अच्छा पढ़ें और अच्छा लिखें।

❖ **डॉ. विमलेश शर्मा : हिंदी अध्ययन, अध्यापन में शिक्षण संस्थाओं की भूमिका पर अपनी राय दें।**

डॉ. पंचोली : हिंदी की स्थिति तो सहज सुखद रही है। हाँ, बड़े दु:ख के साथ कहूँगा कि इस दृष्टि से राजकीय संस्थाओं के हाल बुरे हैं। वहाँ विद्यार्थियों को उचित मार्गदर्शन ही नहीं मिल पाता। मैं जब शिक्षक था तब प्रतिवर्ष प्रांतीय और राष्ट्रीय स्तर पर आयोजन करता था। मेरा उद्देश्य था कि अधिक से अधिक छात्र इन आयोजनों से लाभ प्राप्त करें; परंतु अब ऐसे आयोजन होते ही नहीं। सही मायने में अब आयोजन करना किसी को आता ही नहीं है। अच्छाई की गंध फैलाने से फैलती है, इस सूत्र को सभी भूल गए हैं। यू.जी.सी. आज 6,000 में से 5,500 शोध ग्रंथों को अयोग्य और सामाजिक अनुसंधान की दृष्टि से अनुपयोगी बताती है तो हमें इस दिशा में सोचने की वाकई जरूरत है।

❖ **डॉ. विमलेश शर्मा : साहित्य में नवलेखकों और शोधार्थियों के लिए आपकी क्या सलाह है?**

डॉ. पंचोली : आज का युवा अधीर है। दरअसल, गलती उसकी नहीं है। वास्तविकता में उसे जीवन के प्रति कोई सही दृष्टि नहीं दे पा रहा है। जीवन मूल्यों और संस्कारों से दूर होती पीढ़ी को सँभालने के लिए उसमें निवेश करना होगा और यह प्रत्येक चेतनावान् मनुष्य की प्राथमिकता होनी चाहिए। पहले खूब पढ़ें और जो पढ़ें वह स्तरीय पढ़ें। जीवन के प्रति एक दृष्टि विकसित करें। हर जीवन का अलग साँचा है, उसी के अनुसार दिशा तय करें। हाँ, एक बात कहूँगा कि एक सामान्य आदत हम हमारे बालकों में जरूर विकसित करें कि वे एक सच रोजाना बोलें। शुरुआत करनी होती है, अपना धर्म निभाना होता है और आवश्यकता होती है एक प्रतिबद्धता की। युवा खूब पढ़ें, लिखें और सार्थक लिखें। आज व्यक्ति टूट गया है, वे जोड़ने का काम करें। वे सामाजिक समस्याओं पर अपनी लेखनी चलाएँ। शिक्षा और लेखन एक प्रकार का सामाजिक यज्ञ है, दक्षिणा है। जीवन में आत्मचेतना को साक्षी बनाकर किए जाने वाले कार्य यज्ञ की संज्ञा पा लेते हैं। आत्मदक्षिण होना यज्ञ का सर्वोत्कृष्ट रूप है। जीवन रूपी यज्ञ में अपनी आहूति दें, इसमें श्रेष्ठ विचारों का चंदन डाले, मिर्च नहीं, यही शुभकामना।

❖❖❖

श्रेष्ठ कर्म और श्रेष्ठ विचारों से व्यक्ति राष्ट्र बन जाता है !

उमेश कुमार चौरसिया

जब कभी भी मैं श्रद्धेय डॉ. बद्रीप्रसाद पंचोली जी से मिलता हूँ, अनेक बातें होती हैं। एक विषय से जुड़ते हुए दूसरे विषय तक विस्तृत अनंत चर्चा। लगता है, मानो पूरा दिन भी बैठे रहें तो संभवतः बात समाप्त नहीं हो सकेगी। महत्त्वपूर्ण बात यह है कि उन बातों में, उन संस्मरणों में, उन संदर्भों में संस्कृत, वेद वाक्य और उनके निहित अर्थ के साथ-साथ लोक संस्कृति से लेकर देश-विदेश की संस्कृति और साहित्य की तार्किक व तथ्यपूर्ण जानकारियाँ भरी होती हैं। मेरा सौभाग्य है कि मुझे ऐसे मूर्धन्य वेदविज्ञ, शिक्षाविद्, साहित्यविद् सादगी व मनुष्यत्व के साक्षात् प्रमाण श्रद्धेय पंचोली जी का निकट स्नेह प्राप्त हुआ है, इसीलिए मुझसे अनेक अंतरंग-संवेदनशील वार्ताएँ भी होती रही हैं। किसी की कोई निजी समस्या हो, पारिवारिक समस्या हो या स्वास्थ्य संबंधी परेशानी हो, आपके पास हर एक समस्या का सहज और कारगर समाधान उपलब्ध रहता है। आपके बताए अनेक नुस्खे कईयों के जीवन में खुशहाली का संचार करने वाले होते हैं। आपके बताने-कहने का अंदाज भी इतना रोचक होता है कि कभी-कभी तो समय का खयाल ही नहीं रहता। आपका कहा एक-एक शब्द कहीं न कहीं कोई अर्थ, भाव, संदेश लिए होता है, मिथ्या चर्चा जैसा कुछ भी नहीं होता। हर समय व्यक्ति-व्यक्ति के लिए चिंता, मानवीय मूल्यों से परिपूर्ण समाज और राष्ट्र की यथार्थ उन्नति का चिंतन। बस यही तो है पंचोली जी का जीवन।

जब मैं उनसे साक्षात्कार करने बैठा तो अपने बारे में कहते हुए लगा कि जैसे उनके शब्द कहीं ठहर गए हों। कहने लगे अपने बारे में क्या कहूँ, आप लोग जो जानते हैं वही तो हूँ, बस इससे ज्यादा कहने की आवश्यकता क्या है। सत्य भी है। आपका व्यक्तित्व तो वास्तव में खुली किताब की तरह ही है, जैसा वे सोचते हैं, कहते हैं वैसे ही वे स्वयं भी हैं। आज के भौतिकवादी युग की आम-विकृति, झूठ और बनावटीपन तो उन्हें कभी छू भी नहीं पाया है। तब लगता भी है कि उन्हें जानने के लिए बस उनके पास बैठना ही पर्याप्त है; किंतु मुझे लगा कि जो लोग उनके निकट नहीं आ पाए हैं, उनके लिए आपकी कही बातें जीवनोपयोगी हो सकती हैं, इनमें कई विद्यार्थी भी होंगे ही। तब मैंने एक दूसरा मार्ग निकाला और एक

वरिष्ठ रंगकर्मी एवं साहित्यकार,
बी-104, राधा विहार, हरिभाऊ उपाध्याय नगर-मुख्य, अजमेर-305004 (राजस्थान)
मो. : 9829482601

प्रश्नावली उन्हें थमा दी, कहा कि इन प्रश्नों का उत्तर भर लिख दीजिए आपके शिष्यों के लिए मार्गदर्शन हो जाएगा। शिष्यों के लिए कोई बात हो तो वे तुरंत तैयार हो जाते हैं। अब तक के जीवनकाल में आपने शिष्यों को ही अत्यधिक महत्त्व दिया है। वे सदैव एक शिक्षक के रूप में ही दिखते हैं। किसी शिष्य के पास पढ़ने के लिए पुस्तकें नहीं है तो दिला देंगे, फीस के पैसे नहीं तो भर देंगे, रहने-खाने का ठिकाना नहीं तो अपने घर में रखेंगे और पढ़ाएँगे भी। अपने विद्यार्थियों के प्रति पूर्णत: समर्पित शिक्षक को देखना हो तो डॉ. बद्रीप्रसाद पंचोली जी से उत्तम गुरु मुझे कोई नहीं दिखता। शिष्य के हित की बात सुन हँसते हुए उन्होंने मेरा प्रस्ताव स्वीकारा और अति संक्षेप में उत्तर लिखे, उन्हीं मार्गदर्शक बिंदुओं को आपके समक्ष प्रस्तुत कर रहा हूँ :

❖ **मनुष्य कैसा हो**—मनुष्य को केवल मनुष्य होना चाहिए जिसका धर्म मनुष्यता या मानवता हो।

❖ **साहित्यकार कैसा हो**—व्यक्ति और समाज में आशा, उत्साह, ऊर्जा जगाने वाला-लोकहित साधने वाला। 'कीरति भणिति भूति भलि सोई। सुरसरिसम सब कर हित होई।' आदर्श साहित्यकार साहित्य की हितसाधना को पूरा करे।

❖ **आदर्श समाज कैसा हो**—'वसुधैव कुटुम्बकम्' की धारणा आदर्श समाज पर केंद्रित है जिसमें अपने-पराये का भेद न हो। सब उदारचरित बनें।

❖ **स्वामी विवेकानंद और विवेकानंद केंद्र**—विवेकानंद ने अपने भारत को समझा और पुनर्निर्माण का निश्चय किया। मेरा भारत हताशा, टूटा हुआ भारत है जिसमें इतिहास की सबसे बड़ी उपलब्धि को संसाधन बना दिया गया। प्रत्येक व्यक्ति अकेला और असुरक्षित हो गया। मेरी कामना है कि मनुष्य और मनुष्य के बीच की खाइयाँ पटें। सारा भारत एक अखंड परिवार बने। इस धारणा से विवेकानंद की धारणा भी पुष्ट होगी ही। विवेकानंद केंद्र को भारत और विश्व के अध्यात्मप्रेरित पुनर्निर्माण के लिए एक युगपुरुष का ध्येय पूरा करने में संपूर्ण शक्ति से जुटना श्रेयस्कर है।

❖ **जीवन में वेद का महत्त्व**—प्रत्येक का नाम नामकरण के समय वेद रखा जाता है। इसलिए सबका जीवन वेदमय होना चाहिए। 'वेदात् सर्व प्रसिद्ध्यति।' वेद मानव जीवन का संविधान है। श्रेष्ठ मानव का निर्माण-विकास उसका ध्येय है। 'वेदोऽखिलो धर्ममूलम्।'

❖ **कविता के माने**—प्रयत्नपूर्वक लिखी हुई कविता पाठक पर भार होती है। कविता कविता हो तो तन-मन को शीतल करेगी।

❖ **संस्कृत की स्थिति**—अज्ञान के कारण संस्कृत भाषा और साहित्य को प्रोत्साहन नहीं मिला।

❖ **रचनाधर्मिता**—अपना लिखा पढ़ता हूँ तो लगता है-मैंने नहीं लिखा। किसी ने लिखाया है। उस शाश्वती शक्ति का शब्द रूप में अवतरण हुआ। निमित्त मुझे बनाया गया।

❖ **कौनसी विधा प्रिय है**—यह कहने का मुझे अधिकार नहीं है। सभी रचनाएँ व्यक्ति को यत्किंचित् मनुष्य बनाती है। इसलिए सभी प्रिय हैं।

❖ **लेखन का ध्येय**—रचनाकर्म का उद्देश्य समाज या राष्ट्र की किसी समस्या का समाधान खोजना होता है। रचनाकार का मूल्यांकन पाठक करता है, समाज करता है।

❖ **आपकी अमूल्य कृतियों से संतुष्टि है**—मेरे साहित्य को मन से पढ़ने वाले आज नहीं तो कल होंगे-

भवभूति ने कहा था—'उत्पत्स्यते मम तु कोऽपि समानधर्मा कालो ह्ययं: निरवधिर्विपुला च पृथ्वी।'

❖ **साहित्य अकादमियों के बारे में**—50 वर्ष से अकादमियों से संबद्ध रहा हूँ। कोई लाभ नहीं उठाया। किसी भी अकादमी ने कभी परिचायिका तक नहीं छापी। कोई मलाल नहीं रहा।

❖ **राजनीति प्रश्रय और साहित्य**—राजनीति अपना काम करे। रचनाकार राजनीति के लिए न लिखे।

❖ **वेद, शिक्षा, साहित्य और संस्कृत के संवर्द्धन में आपके अथक प्रयासों को कितना सम्मान मिला**—सम्मान के लिए नहीं लिखा। मनु का वचन है—'व्यक्ति सम्मान से दूर भागे।' किंतु समाज का काम है कि सम्माननीय को यथोचित सम्मान दे। मैंने स्वयं यह किया है। अनेक कार्यक्रमों में ऐसे व्यक्तियों की खोज करके उनको सामने लाया गया है।

❖ **नाटक *ध्रुवश्री* की प्रसिद्धि का कारण**—*ध्रुवश्री* नाटक लगभग 12 वर्ष तक राजस्थान में पाठ्यक्रम में रहा। शिक्षक-चयन परीक्षा में पाठ्यक्रम में रहा। विश्व के कई विश्वविद्यालयों में अब तक पढ़ाया जा रहा है।... एक सामान्य युवती असाधारण परिस्थितियों का शिकार होकर विषम परिस्थितियों में भी राष्ट्र के लिए सभी करणीय कर्म करती है। निष्कर्ष-हर परिस्थिति में व्यक्ति समर्पित भाव से कार्य करके जीवन का सर्वोच्च लक्ष्य सिद्ध कर सकता है।

❖ **जीवन का लक्ष्य**—श्रेष्ठ अध्यापक बनने की साध ने आगे बढ़ाया। उसे ही पूरा करने में लगा हूँ और अंतिम साँस तक अध्यापक बना रहना चाहता हूँ।

❖ **नए रचनाकारों के लिए**—नए रचनाकार पर्याप्त स्वाध्याय करके लिखें। मनु का कथन है—'स्वाध्याय: परमो ज्योति:।' उर्दू में परंपरा है कि प्रत्येक सिखतड़ अपनी रचना प्रतिष्ठित रचनाधर्मी को दिखाकर उनकी सहमति प्राप्त करता है। 'निज कवित्त केहि लागि न नीका'—यह तुलसी का कथन है। यह दृष्टि छोड़ें। कालिदास की उक्ति है—'आपरितोषाद् विदुषां न साधु मन्ये प्रयोग-विज्ञानम्।' (*अभिज्ञानशाकुंतलम्*) समझदार संतोष व्यक्त तब करेगा जब रचना उद्देश्य पूरा करेगी।

❖ **मन की बात**—अपनी भाषा और परंपरा को भूल गए कि मनु के अनुसार भारत प्रशांत महासागर से-उदयाचल से (इंडोनेशिया में) से पश्चिम समुद्र (भूमध्यसागर, कृष्णसागर, मृतसागर, लालसागर) तक, अस्ताचल-सिनाई प्रायद्वीप के टेरेसा पर्वत तक विस्तीर्ण है। हमने इस सारे क्षेत्र से अंगरेज घुसपैठियों को निकाल कर बाहर किया था। सेक्यूलरी जमात इसे नहीं जानती कि 26 जनवरी, 1945 को संयुक्त राष्ट्र संघ चार्टर पर भारत ने संप्रभु राष्ट्र के रूप में हस्ताक्षर किए थे। पंद्रह अगस्त शौर्य दिवस है-स्वतंत्रता दिवस नहीं। पराधीन तो हुए ही नहीं। शकुनि मामा अंगरेजों से मिलकर जुआ खेलते रहते थे।

❖ **राष्ट्र**—का अर्थ चमक होता है। श्रेष्ठ कर्म करने और श्रेष्ठ विचारों से सात्त्विक भावों का उद्रेक होता है तब व्यक्ति प्रकाशधर्मी राष्ट्र बन जाता है। ऐसे प्रकाशधर्मी राष्ट्र जहाँ बसते हों वह भूखंड भी राष्ट्र बनता है। यह राष्ट्र राज् धातु से बनता है। इसका अर्थ है—राजते-प्रकाशित होता है—दीप्तिमान् होता है। प्रत्येक माता अपनी संतान को 'राजा बेटा' बनाना चाहती है। वह राष्ट्र बन कर ही राजा बनता है। भा-रत—प्रकाश में लीन।

एक 'राष्ट्र' शब्द और प्रचलित है लोक में। भारत को त्यागभूमि कहा जाता है—अन्य भोगभूमियों से भिन्न। यह राष्ट्र शब्द रा दाने धातु से ष्ट्रन् प्रत्ययपूर्वक बनता है। वेद की उक्ति है—'वयं राष्ट्रे जागृयाम पुरोहिता:। उपसर्प मातरं भूमिम्। माताभूमि: पुत्रोऽहम् पृथिव्या:।' हम सब एक परिवार के हैं। राष्ट्र प्रकाशमान हो या

त्यागशील—दोनों ही प्रकार के राष्ट्रभावों में हम जागरूक पुरोहित बनना चाहते हैं। हम भूतल के सब मनुष्य एक ही जाति के हैं। ज्ञाति—कर्मसंगठन हमारे पृथक्-पृथक् होते हैं। ज्ञाति न्यात है—सामान्य व्यक्ति भी इसे जानता है।

हम जन्म से ऋण स्वरूप है—'ऋणं ह वै जायमानः।' ऋण से धन बनना ही हमारी जीवन साधना है। मातृभूमि को 'सगुणमूर्ति सर्वेश की' कहा जाता है। उसकी उपासना भौम-ब्रह्म की उपासना कही जाती है।

❖❖❖

पधरावणी

पधरावणी शब्द पद+धर+आवणी का संक्षिप्त रूप प्रतीत होता है जिसका अर्थ है—पैर बढ़ाते हुए आना। जिस उत्सुकता, उत्कटता, त्वरा और कामना के साथ इष्टदेव को स्मरण किया गया है उतनी ही त्वरा और आत्मीयता के साथ इष्टदेव के आने की क्रिया है—पधरावणी।

मंदिर में देवता की प्रतिष्ठा की जाती है। प्राण-प्रतिष्ठा करने को ही लोक में 'पधराना' कहा जाता है। 'मंदिर में मूर्ति पधरा दी' का अर्थ है—मूर्ति की प्राण-प्रतिष्ठा कर दी। आने वाला अतिथि देवता-तुल्य होता है। 'अतिथिदेवो भव' अर्थात् अतिथि को देवता मानने वाले बनो—उपनिषद् का प्रेरक वाक्य है। इसलिए किसी भी अतिथि के आने पर कहा जाता है—'पधारिये श्रीमन!'

–*'शब्द-विवेक'* पुस्तक से

विश्व का भविष्य वेद पर निर्भर

लाल सिंह पुरोहित

प्रख्यात साहित्यकार एवं शिक्षाविद् डॉ. बद्रीप्रसाद पंचोली से साहित्य में जीवन मूल्यों की उपादेयता, लोक जीवन का चित्रण, मातृभाषा का महत्त्व, शोध की आवश्यकता, लेखन में भविष्य की संभावनाओं व सर्जनात्मक लेखन प्रक्रिया जैसे मुद्दों पर लालसिंह पुरोहित 'शोधार्थी' द्वारा की गई बातचीत के प्रमुख अंश :

लालसिंह : आपने वेद के प्रचार-प्रसार में अपना जीवन समर्पित किया है। क्या लोग वेदों की ओर लौट रहे हैं?

डॉ. पंचोली : विश्व का भविष्य वेद पर निर्भर है। प्रत्येक विवेकशील व्यक्ति वेद के लिए कार्य करे।

लालसिंह : वर्तमान युग में व्यक्ति के मातृभाषा के संस्कार गायब होते जा रहे हैं, इन संस्कारों की स्थापना के बारे में आप क्या सोचते हैं?

डॉ. पंचोली : हिंदी के राष्ट्रीय स्वरूप को जीवन से जोड़ने और शब्दों के तर्कसंगत अर्थ समझने का व्यापक अभियान चले तो संस्कारों की स्थापना हो जाएगी। घर पर हम मातृभाषा का ही प्रयोग करें।

लालसिंह : आपकी पहली रचना क्या थी? वह कब लिखी गई और उसे किसने किस पत्र-पत्रिका में प्रकाशित किया उसके छपने पर जो प्रतिक्रियाएँ मिलीं, उससे आपको कैसा लगा?

डॉ. पंचोली : मेरी प्रथम रचना गद्यगीत थी। वह 1953 में लिखी गई और वह हर्बट कॉलेज, कोटा की मैगजीन में 'उषा' शीर्षक से छपी थी। इसने प्रथम स्थान प्राप्त किया और पुरस्कृत हुई। अध्यापकों एवं साथियों ने प्रशंसा की तो उत्साह बढ़ा।

लालसिंह : एक लेखक के रूप में सबसे ज्यादा संतोष आपको किस पुस्तक ने दिया और सबसे ज्यादा पाठक किस कृति को मिले?

डॉ. पंचोली : सभी कृतियाँ अलग-अलग दृष्टि से महत्त्व की हैं। सब संतान एक जैसा आनंद देती हैं, वैसे ही

लेखक युवा शोधार्थी हैं।
श्रीराम भवन, गाँव-जावला, वाया-डेगाना, जिला-नागौर (राजस्थान)
मो. : 9785441371

सभी कृतियों ने समान रूप से आनंदित किया। जहाँ तक सबसे ज्यादा पाठक की बात है तो वह कृति *ध्रुवश्री* नाटक है।

लालसिंह : **आपको विश्व साहित्य, हिंदी साहित्य तथा अन्य भारतीय भाषाओं में कौन-सा कवि, लेखक पसंद है जिनसे आप प्रभावित भी हुए।**

डॉ. पंचोली : मैं कालिदास, भवभूति, तुलसीदास, सूरदास से प्रभावित हुआ। मुझे ये पसंद भी हैं।

लालसिंह : **हिंदी रंगमंच के विकास और उसकी भावी संभावनाओं के विषय में आप क्या सोचते हैं? उसका भविष्य कैसा है?**

डॉ. पंचोली : आधुनिक साधनों ने रंगमंच को समृद्ध किया है। भविष्य बनाना होगा।

लालसिंह : **साहित्य के अतिरिक्त आपकी रुचि किन-किन कार्यों तथा क्षेत्रों में है?**

डॉ. पंचोली : शिक्षण, प्रशिक्षण और शोध कार्यों में।

लालसिंह : **'लेखन में भविष्य' की संभावनाओं पर आपकी क्या राय है?**

डॉ. पंचोली : यूँ तो लेखन आनंद के लिए ही किया जाता है। ईमानदारी से निरंतर लेखन किया जाए तो आनंद और समाज स्वीकृति भी मिलती है। अंतिम साँस तक कलम चले। यही कामना है।

लालसिंह : **आपने नाटक, कहानियाँ, काव्य रचनाएँ की हैं; परंतु उपन्यास लेखन नहीं किया, ऐसा क्यों?**

डॉ. पंचोली : द्रुत अध्ययन में विश्वास रहा। उपन्यास बड़ी कृति है।

लालसिंह : **नाटकों के नामकरण के पीछे क्या उद्देश्य रहा है?**

डॉ. पंचोली : मानवीय प्रवृत्तियों का दर्शन।

लालसिंह : **जयशंकर प्रसाद ने नाटक के बारे में कहा है कि रंगमंच के लिए नाटक नहीं, नाटक के लिए रंगमंच होता है। आपका इस संबंध में क्या मत है?**

डॉ. पंचोली : प्रसाद जी ने सही कहा है। उनका नाटक *चंद्रगुप्त* कालिदास अकादमी, उज्जयिनी में सफलतापूर्वक खेला गया। नाटक के लिए रंगमंच का निर्माण हुआ।

लालसिंह : **आपका कौनसा नाटक रंगमंच पर सर्वाधिक अभिनीत हुआ?**

डॉ. पंचोली : *ध्रुवश्री*।

लालसिंह : **आपने निबंध और नाटक ही अधिक लिखे हैं, आप निबंध से नाटक की ओर प्रवृत्त हुए या नाटक से निबंध की ओर?**

डॉ. पंचोली : गद्य की कसौटी निबंध होती है—चुनौती भरा लेखन। नाटक लेखन के अन्य कारण हैं।

लालसिंह : **वर्तमान युग में लोगों के जीवन में मूल्यों की गिरावट दर्ज की जा रही है, आप क्या कारण मानते हैं?**

डॉ. पंचोली : संक्रमण काल है। पुरानी व्यवस्थाएँ टूट रही हैं। नई अपनाई जा रही हैं। जीवन मूल्य छूटते नजर आ रहे हैं। व्यक्ति-व्यक्ति में संस्कारों को जीवित रखने के लिए 'परिवार' को मजबूत रखना होगा। जीवन मूल्यों और संस्कारों की खान है—परिवार। आज परिवार टूटा है इसलिए जीवन मूल्यों में गिरावट हुई है।

लालसिंह : **एक तरफ आपका इस तरह का आस्थावादी एवं जीवन-मूल्यपरक लेखन और दूसरी तरफ**

राजनीतिक भ्रष्टाचार का वातावरण इन दोनों में कैसे सामंजस्य स्थापित होगा?

डॉ. पंचोली : साहित्य के द्वारा भी राजनीति को दिशा प्रदान की जा सकती है। साहित्यकार अपनी निष्ठा से साहित्य सर्जन करें-राजनीति से दूर रहकर। जब सभी लोग अपना-अपना कार्य करेंगे तो समस्याएँ रहेंगी ही नहीं।

लालसिंह : जीवन-मूल्यों के बारे में आपकी क्या राय है, ये व्यक्ति-व्यक्ति के जीवन में कैसे स्थापित हो सकते हैं?

डॉ. पंचोली : जीवन मूल्य व्यक्ति के जीवन में ही स्थापित होते हैं। शिक्षा के पाठ्यक्रमों, किस्से-कहानियों, रस्म-रिवाजों, तीज त्योहारों, सोलह संस्कारों के माध्यम से जीवन मूल्यों की स्थापना होती है; परंतु सबसे बड़ा माध्यम है परिवार।

लालसिंह : आपकी नजर में शोधकर्त्ता का क्या महत्त्व है?

डॉ. पंचोली : मूल कृति का वैचारिक भाव विस्तार ही शोध है।

लालसिंह : जीवन-मूल्यों के संदर्भ में साहित्य की क्या भूमिका है?

डॉ. पंचोली : साहित्य की बहुत बड़ी भूमिका है। वेद द्वारा पारिवारिक, सामाजिक और शासकीय जीवन मूल्यों की स्थापना आज तक हो रही है। आधुनिक अधिकतर साहित्यकार भी यही कार्य कर रहे हैं। 'साहित्यकार विधायक होता है' अर्थात् अपनी रचना के माध्यम से वह व्यक्ति, परिवार और समाज के संचालन का विधान करता है।

❖❖❖

लेखन के लिए पठन-पाठन में डूबना पड़ता है

नेमीचंद तंबोली

मूर्धन्य साहित्यकार डॉ. बद्रीप्रसाद पंचोली से खास बातचीत :

नेमीचंद तंबोली : सर अब तक आपने साहित्य के क्षेत्र मे जितना लेखन कार्य किया है, वह किसी एक व्यक्ति की परिधि से काफी बाहर है। मैं अतिशयोक्तिपूर्ण वक्तव्य तो इसे नहीं मानता हूँ; लेकिन मेरे विचार में आप एक व्यक्ति नहीं, संस्था हैं। आपके इस प्रभावपूर्ण व्यक्तित्व के साथ मेरा पहला प्रश्न है आपको इस अद्‌भुत लेखन की क्षमता की प्रेरणा कब व कहाँ से मिली?

डॉ. पंचोली : विद्यार्थी जीवन में कॉलेज पत्रिका के लिए कभी-कभी छोटी-छोटी रचनाओं का प्रयास करता था। 1953 की बात है, मेरे महाविद्यालय के मित्र जगदीश सिंह खींची व मेरा कॉलेज पत्रिका में एक गद्य गीत प्रकाशित हुआ था। इस गद्य गीत पर मुझे व मेरे साथी को महाविद्यालय द्वारा पुरस्कृत किया गया था। छोटी-सी रचना पर यह पुरस्कार प्रेरणा का विषय बना। इससे प्रभावित होकर मैंने महाविद्यालयी जीवन में 1953 में दो प्रतिज्ञाएँ की थीं कि हमेशा एक पृष्ठ का लेखन अवश्य करूँगा तथा दो अपरिचित व्यक्तियों से नमस्ते। आज भी एक पृष्ठ हमेशा लिखने का संकल्प यथावत् है और आगे भी जारी रहेगा।

नेमीचंद तंबोली : आपने अब तक कितना साहित्य लिखा तथा साहित्य रचनाओं के अलावा भी किस क्षेत्र में विशेष लेखन कार्य किया है?

डॉ. पंचोली : लेखन का सिलसिला अनवरत है। अब तक कोई 160 पुस्तकों का लेखन कार्य किया जा चुका है। इनमें से कुछ अभी तक पांडुलिपि के रूप में ही हैं। इसके अलावा अनेक समाचारपत्रों में संपादकीय व आलेख का कार्य भी जारी है।

नेमीचंद तंबोली : वर्तमान साहित्य में भाषा सहित अनेक विकृतियाँ आ गई हैं। इसके पीछे आप किसको जिम्मेदार मानते हैं?

डॉ. पंचोली : वर्तमान में लोग भाषा का संस्कार भूलते जा रहे हैं। भाषा की एक तरह हत्या की जा रही है।

लेखक युवा पत्रकार हैं।
मकान नं. 476, हरिभाऊ उपाध्याय नगर (विस्तार), पुष्कर रोड, अजमेर (राज.)
मो. : 09460178984

संस्कार का खत्म होना ही भाषा में उपजी विकृतियों का मूल कारण है। इसके पीछे पठन-पाठन की कमी महत्त्वपूर्ण जिम्मेदार है।

नेमीचंद तंबोली : वर्तमान में लेखन में जितनी कमी आई है, उससे कहीं अधिक पाठकों की संख्या कम हुई है। इसके पीछे आपका क्या दृष्टिकोण है ?

डॉ. पंचोली : देखिए, लेखन के लिए पठन में डूबना पड़ता है। इसके लिए स्वाध्याय की जरूरत होती है। शिक्षा का दायरा सिमटने से भी लेखन कार्य में कमी आई है। शिक्षक विद्यार्थियों को जगाने के कार्य को प्राथमिकता दें तो लेखन व पठन में बढ़ोतरी हो सकती है।

नेमीचंद तंबोली : भारत एक बहुभाषी देश है, जिसमें प्रत्येक भाग की अपनी संस्कृति है। यह स्थिति साहित्य में साधक है या बाधक।

डॉ. पंचोली : भारत एक देश है और उसकी एक भाषा है। अनेक भाषाओं की बात नहीं कह सकते। इसलिए साहित्य में अनेक भाषाएँ बाधक नहीं हैं। राजस्थानी भाषा से हिंदी का आदिकाल आगे बढ़ता है तो ब्रज भाषा से मध्य काल। इसी प्रकार मैथिली, उड़िया, बंगाली आदि भाषाओं ने भी साहित्य को श्रेष्ठता की ओर अग्रसर किया है। इंडोनेशिया की कवि भाषा है। वह भी संस्कृति व साहित्य में महत्त्वपूर्ण योगदान प्रदान करती है। लोगों ने भाषाओं का अध्ययन नहीं किया जिसके कारण यह बाधक वाली स्थिति सामने आई है।

नेमीचंद तंबोली : यदि आप साहित्य और भाषा की तरफ अग्रसर नहीं होते तो किसका चुनाव करते और क्यों ?

डॉ. पंचोली : साहित्य का जुड़ाव बचपन से ही रहा है और भाषा व्यक्ति को संस्कार प्रदान करती है। अगर इसकी तरफ नहीं भी आ पाता तो गाँव के जीवन में रची-बसी संस्कृति में भाषा से जुड़ाव स्वतः ही हो जाता।

नेमीचंद तंबोली : आप द्वारा रचित ऐसी कौन-कौन सी मुख्य रचनाएँ जो विद्यार्थियों को प्रेरणा प्रदान करती हैं।

डॉ. पंचोली : प्रत्येक रचना का विद्यार्थी जीवन में उपयोगी स्थान है। वेद जीवन का मार्ग प्रशस्त करता है और मेरी अधिकतर रचनाओं का आधार वेद है। *जीवन शतपथ, जीवन सुरभि, जीवन दीप्ति* आदि पुस्तकें विद्यार्थियों सहित आम लोगों के लिए भी मार्गदर्शन प्रदान करती हैं। इसके अलावा लगभग 18-20 नाटक लिखे गए हैं, इन नाटकों के पात्र ऐतिहासिक नहीं है; बल्कि अपने आसपास ही मौजूद हैं। नाटक में इनका नाम राम, कृष्ण या श्याम हो सकता है; लेकिन ये ऐतिहासिक कदापि नहीं हैं। वर्तमान युग के जीवित पात्र हैं।

❖❖❖

अंतिम श्वास तक अध्यापक बना रहना चाहता हूँ !

डॉ. विष्णुदत्त शर्मा

दुनिया तेजी से बदल रही है, घर-परिवार, रिश्ते-नाते और इनकी अवधारणा भी उतनी ही तीव्रता से बदल रही है। रिश्तों की इन बदलती अवधारणाओं में एक रिश्ता शिक्षक व शिष्य का भी है। इन रिश्तों की कोई स्थिर अवधारणा नहीं रही। गुरुर्ब्रह्मा गुरुर्विष्णुः...से लेकर कबीर के 'गुरु कुम्हार सिष कुंभ है...एवं 'कबीरा हरि के रूठते गुरु के सरने जाय' बदलती रही हैं। शिक्षक -आचार्य है, आचार-विचार सिखाता है, गुरु गुरुत्व व गरिमा से युक्त होता है। दुनिया की जटिल परिस्थितियों से संघर्ष करना सिखाता है। जीवन में कल्याणकारी मार्ग का मार्गदर्शन कराता है। अजमेर के सूफियाना एवं ब्रह्मा की भूमि में आत्म तत्त्व की तरह इस धरती को जिन गुरुवर ने अपना गौरव प्रदान किया, वे डॉ. बद्रीप्रसाद पंचोली, जिनसे बातचीत कर रहे हैं-डॉ. विष्णुदत्त शर्मा। डॉ. पंचोली की रचना प्रक्रिया और भाषा-साहित्य के कुछ विचारणीय प्रश्नों के साथ :

डॉ. विष्णु शर्मा : आप एक साहित्यकार के रूप में पहचाने जाने पर अधिक प्रसन्नता महसूस करते हैं या शिक्षक के रूप में।

डॉ. बी.पी. पंचोली : अध्यापक होने पर अधिक गौरवान्वित महसूस करता हूँ। अंतिम श्वास तक अध्यापक बना रहना चाहता हूँ।

डॉ. विष्णु शर्मा : आपका साहित्य पूर्ववर्ती किस साहित्यकार से प्रभावित है ?

डॉ. बी.पी. पंचोली : मेरा संपूर्ण साहित्य वैदिक वाङ्मय से प्रभावित है।

डॉ. विष्णु शर्मा : महिला शक्तीकरण का गृहस्थ रूप अधिक अच्छा है या घर से बाहर निकलकर राष्ट्र निर्माण के विविध कार्यों में योगदान श्रेष्ठ है ?

डॉ. बी.पी. पंचोली : गृहस्थ जीवन में महिला का योगदान हो या घर से बाहर निकलकर राष्ट्र-निर्माण हो, दोनों ही कार्य रचनात्मक एवं श्रेष्ठ हैं। भारतीय दर्शन में स्त्री शरीर परमात्मा का मंदिर है, भोगमय चिंतन

लेखक हिंदी के प्राध्यापक हैं।
412, प्रगति नगर कोटड़ा, पुष्कर रोड, अजमेर (राज.)
मो. : 9460091141

पश्चिम का है।

डॉ. विष्णु शर्मा : अपने विद्यार्थियों के प्रति आपका सदैव सदय बने रहना, आपका आदर्श है या स्वभाव ?

डॉ. बी.पी. पंचोली : यह मेरा स्वभाव है। अच्छे विद्यार्थियों का मिलना मेरे लिए किसी उत्सव से कम नहीं। (बहुत सारे विद्यार्थियों को याद करते हुए, अनेक संस्मरण सुनाते हैं, लखावत, जयदेव...अनेक विद्यार्थियों के संस्मरण सुनाते हुए...) पूर्व राष्ट्रपति अब्दुल कलाम को वेद पढ़ाने का अवसर मिलते-मिलते रह गया। (इस पर दु:ख जाहिर करते हैं)।

डॉ. विष्णु शर्मा : वर्तमान में शिक्षक व विद्यार्थियों के लिए कोई संदेश।

डॉ. बी.पी. पंचोली : अपनी ख्याति के अनुरूप शिक्षक सदैव अपनी अध्यापकीय दृष्टि रखे एवं विद्यार्थी अपने दायित्व को समझे, विद्या की अर्थी न निकाले।

डॉ. विष्णु शर्मा : राष्ट्र में कुछ नकारात्मकता का वातावरण बन रहा है। इसके विषय में आपके द्वारा कुछ टिप्पणी।

डॉ. बी.पी. पंचोली : साहित्य में नव भाव आते-जाते रहते हैं। वीभत्स रस भी साहित्य का भाव है। समाज में जब वीभत्स की प्रवृत्तियाँ बढ़ जाती हैं तो सामाजिक पतन दिखाई देता है। मनुष्य स्व का स्वभाव भूल गया है, मनुष्यत्व भूल गया।

डॉ. विष्णु शर्मा : राष्ट्र सेवा क्या है ?

डॉ. बी.पी. पंचोली : व्यक्ति के द्वारा किया गया प्रत्येक कार्य राष्ट्र सेवा है। समर्पण भाव एवं निष्ठा से किया गया कार्य राष्ट्र सेवा है।

डॉ. विष्णु शर्मा : विद्यालय स्तर पर पाठ्यक्रम में लगी आपकी पुस्तकों में मैंने कई पुस्तकें पढ़ाई हैं। आपका रचना कर्म किस पूर्ववर्ती लेखक से प्रभावित रहा ?

डॉ. बी.पी. पंचोली : मेरा रचना कर्म वेद से प्रभावित है। *ध्रुवश्री* नाटक में एक साधारण सी लड़की धूसी ('ध्रुवश्री') नायिका है। नाटक में प्रधान पात्र है। मेरे रचनाकर्म के पात्र जीवंत पात्र हैं। वे समाज के साधारण से साधारण वर्ग से लेकर उच्च-मध्य वर्ग में सर्वत्र व्याप्त हैं।

डॉ. विष्णु शर्मा : शिक्षक के रूप में; लेखक के रूप में एवं अनेक संस्थाओं से जुड़े रहने पर भी आपने अपने परिवार को पूरा समय दिया। यह कैसे संभव हुआ ?

डॉ. बी.पी. पंचोली : समय प्रबंधन से सब कुछ संभव है। नित्य एक पृष्ठ लेखन एवं नित्य दो व्यक्ति के संपर्क के व्रत ने ही विपुल साहित्य को जन्म दिया एवं विश्व के किसी भी कोने में मुझे जानने वाले व्यक्ति मिल जाएँगे।

डॉ. विष्णु शर्मा : कुछ निजी प्रश्न पूछ सकता हूँ।

(डॉ. बी.पी. पंचोली हँसते हुए हाँ भरते हैं।)

डॉ. विष्णु शर्मा : आपके लेखन, अध्यापन एवं सामाजिक कार्यों के बीच कभी पारिवारिक तनाव उभरा ?

डॉ. बी.पी. पंचोली : बिना नोक-झोंक के पारिवारिक जीवन कहाँ सरस बन पाता है। यह तो गृहस्थी का वरदान है। मैंने 6 आने से जीवन की शुरुआत की। पत्नी ने कभी मुझे अपनी आवश्यकताओं के बारे में बताया ही नहीं।

डॉ. विष्णु शर्मा : आपके रचना धर्म के बारे में कुछ विशेष।

डॉ. बी.पी. पंचोली : रचना धर्म पेट भरना नहीं, स्वांत:सुखाय रहा। मैं रोजाना एक पृष्ठ लिखता हूँ। दो व्यक्ति से संपर्क बनाता हूँ। सामाजिक उत्तरदायित्वों को पोस्टकार्ड पर लिखकर अधिकारी व मंत्रियों तक पहुँचाता हूँ।

इस साक्षात्कार में मेरी योग्यता एवं पात्रता केवल इतनी है कि मैं गुरुदेव के साहित्य के प्रति श्रद्धा रखता हूँ। उसे पढ़ने से जीवन में प्रेरणा मिलती है। मैं उनके व्यक्तित्व से प्रभावित रहा हूँ। मुझे कालिदास का वह श्लोक याद आ रहा है :

क्व सूर्यप्रभवो वंश: क्व चाल्पविषया मति:।
तितीर्षु दुर्स्तरं मोहादुडुपेनास्मि सागरम्॥

(रघुवंश, प्रथम सर्ग)

❖❖❖

चिट्ठी-पत्री

जो आई-गई

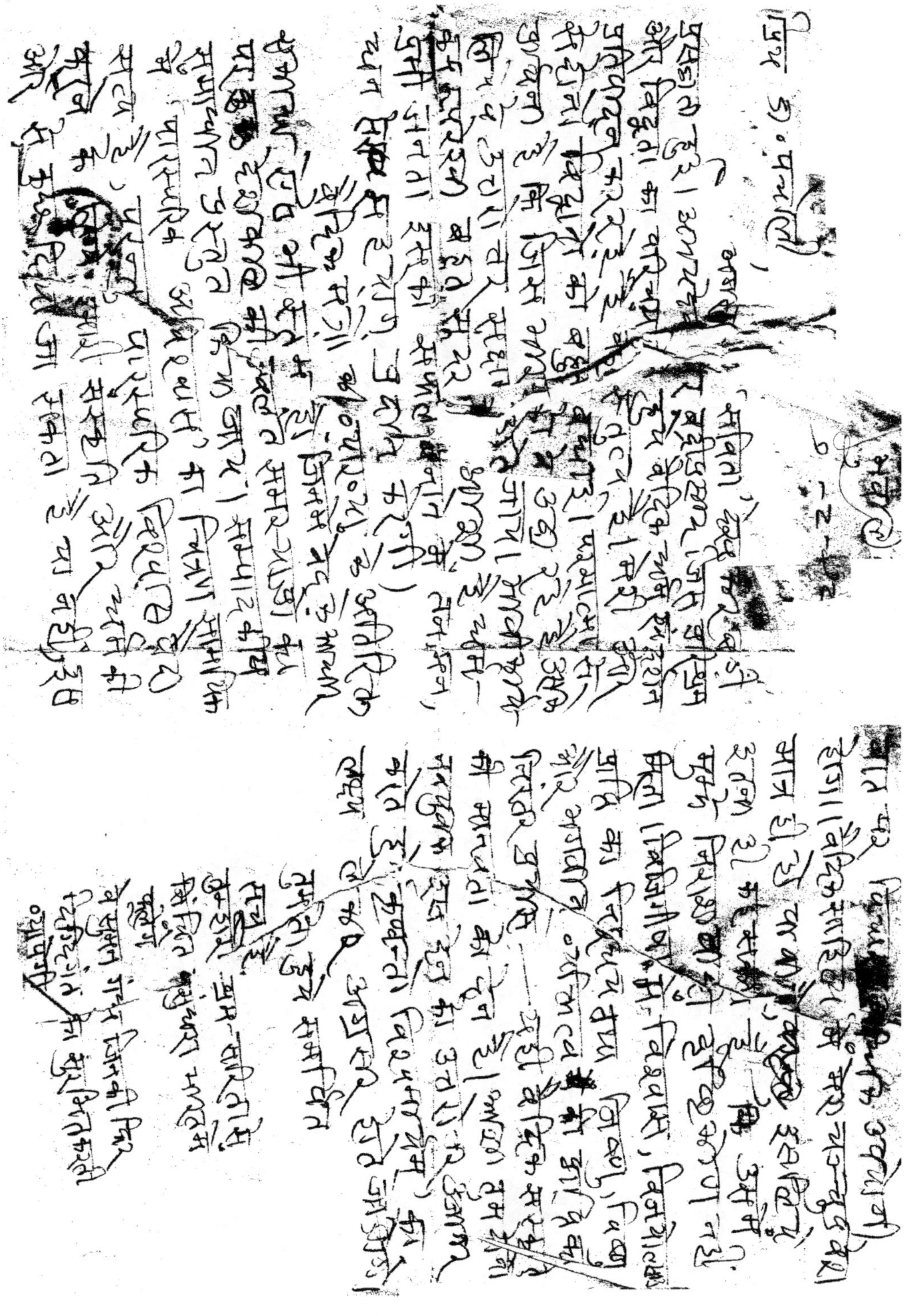

भवदीय
८-२-७२

प्रिय डा० पचौली,

आपका 'सविता' देखकर बड़ी प्रसन्नता हुई। आपने [illegible] बद्रीप्रसाद जी का परिश्रम और विद्वता का परिचय [illegible] हुये वैदिक धर्म एवं दर्शन प्रतिपादन कर रहे हैं वह स्तुत्य है। मेरी ओर से दोनों विद्वानों को बहुत बधाई। परमात्मा से प्रार्थना है कि जिस भार को ये उठा रहे हैं उसके लिये वे उत्तरोत्तर सक्षम होते जायें। भावी कार्य-क्रम रूपरेखा बहुत सुन्दर [illegible] आशा है धर्म-प्रेमी जनता इसको सफल बनाने में तन, मन, धन से सहयोग प्रदान करेगी।

वैदिक मंत्रों की व्याख्या के अतिरिक्त यदि एक भी स्तंभ हो जिसमें वेद के आधार पर [illegible] देश काल की ज्वलंत समस्याओं का समाधान प्रस्तुत किया जाये। सम्पादकीय में 'पारस्परिक अविश्वास' का चित्रण सामयिक सत्य है, परन्तु पारस्परिक विश्वास पैदा करने के [illegible] हमारी संस्कृति और धर्म की ओर से कुछ दिया जा सकता है या नहीं, इस बात पर विचार [illegible] उपयोगी होगा। वैदिक साहित्य में मेरा चञ्चुप्रवेश मात्र ही है [illegible] इसलिये इतना ही कह सकता हूँ कि उसमें मुझे निराशा का कोई दृष्टिकोण नहीं मिला। विजिगीषा में विश्वास, विजयोल्लास प्राप्ति का निश्चय तथा जिष्णु, विष्णु और भगवान व्यक्तित्व की प्राप्ति का निरंतर प्रयास — यही वैदिक संस्कृति की मानवता को देन है। आशा है तुम जैसे नवयुवक इस देन को उत्तरोत्तर उजागर करते हुए 'कृण्वन्तो विश्वमार्यम्' का लक्ष्य लेकर अग्रसर होते जाओगे।

तुमको हुये समर्पित
सच है,
तुम्हारी श्रम-सरिता से
सिंचित वसुंधरा भारत में
फूलेंगे
वे सुमन गंध जिनकी फिर
दिग्दिगंत को सुरभित करती
व्यापेगी

द्यावापृथिवी अंतरिक्ष में
'मनुर्भव जनो [illegible] दैव्य'
घोष बना।
ऋषि योगी है [illegible] अभिनव
मान, मर्यादा, [illegible]
सबको।
'उरुज्योति' की अवलि [illegible]
करती जनमानस को गतिया
प्रेरित करती
कहने को कुछ, कहने को
'मैं' तो हुआ समर्पित।

आपदेव से पता चला होगा या होगा
कि पुत्रवधू का स्थानान्तरण हो गया
से मैं यहाँ आ गया हूँ। [illegible] केन्द्रीय
संभवतः विश्व हिन्दू परिषद की प्रयागराज
समिति की बैठक के लिये [illegible] हुआ तो
आऊँगा। वहाँ से यदि [illegible] हुआ तो
राजस्थान आते आऊँ यत्न करूँगा
पत्र मिलते ही, जरा पता लगाकर
सूचित करना कि R.A.S. की परीक्षा
किन तारीखों में हो रही है।
श्रीमती पंचोली और सभी
बच्चों को बहुत आशीर्वाद
और स्नेह [illegible] सस्नेह
[illegible]

बहुआयामी विद्वान्

आप हमारे अंचल के शीर्ष तेजस्वी विद्वान् हैं। पूरे जीवन साहित्य-सेवा से जुड़े रहे हैं। हर विधा में आपने उत्कृष्ट रचनाएँ समाज को दी हैं। हाड़ौती अंचल को आप जैसे चिंतक, बहुआयामी विद्वान् पर गर्व है।

रामनवमी के अवसर पर हाड़ौती अंचल के विद्वत् समाज ने आपको 'साहित्य शिरोमणि' की उपाधि से विभूषित किया है। इस उपाधि में इस अंचल के जनमानस की श्रद्धा भावना जुड़ी हुई है। अत: इस उपाधि को आप स्वीकार करें। इससे हम सबको बड़ी मन:शांति मिलेगी। आपका सम्मान हमारे पूरे हाड़ौती अंचल का सम्मान है। आप जन्म और कर्म से सच्चे ब्राह्मण हैं। ईश्वर आपको शतायु करे।

(स्वर्गीय) डॉ. रामचरण महेंद्र

❖❖❖

विद्यावाचस्पति साहित्य मनीषी
डा. दयाकृष्ण विजयवर्गीय 'विजय'
पूर्व विधायक, पूर्व अध्यक्ष रा.सा. अकादमी
पूर्व रा. अध्यक्ष अ.भा. साहित्य परिषद
पूर्व अध्यक्ष अ.भा. विजयवर्गीय वैश्य महासभा

ॐ

मो. 09460570883 फोन : 0744–2324677
विजय भवन,
228–बी, सिविल लाइन्स कोटा–324001

दिनांक : 20-8-2015

बंधुवर डॉ० पंचोली जी,

नमस्कार।

पत्र मिला। यह जानकर अतीव प्रसन्नता हुई कि आपने अपने सक्रिय एवं कर्मठ जीवन के अस्सी सावन पार कर लिये हैं। मेरी मंगल कामनाएँ लें।

आप जन्म जात सारस्वती पुत्र हैं। प्राध्यापकी भी एक सारस्वत कर्म ही है। लेखन तो है ही। आपने अपने बौद्धिक कृतित्व से एक यशस्वी इतिहास रचा हैं। प्रभु से प्रार्थना है कि आपको स्वस्थ एवं कुशल रखे। अभी तो आपको बीस यशस्वी

और वर्ष पार करने हैं। आपकी स्वस्थता नीरोगता तथा कर्मठता इसका प्रमाण ही नहीं, आपका जीवन-कर्म बचपन से ही इस सत्यता को मुखर होकर कह रहा है।

आपने बहुतों को आशीर्वाद दिया है आपको मैं क्या प्रेरणा दूं। प्रेरणा तो उसे दी जाती है जो कर्म के तथा श्रम के प्रति उदासीन हो। जीवन संघर्ष में परा जित हुआ हो। 'जीवेम शरदः शतम्' यह आप्त वाक्य उनके ही लिए है, आप तो स्वयं आशीर्वाद देते रहे हैं। बस शक्ति के उत्तराधिकारी हैं। आप जीवन का मूल्य जानते हैं। शतायु स्वयं आपको आशीर्वाद देने को उद्यत है। भवदीय

R. Vijayvargiya [signature]

संस्कारी व्यक्तित्व

हमें अनेक वर्ष विभागीय सहयोगी होने का सुयोग मिला है—यह मेरे लिए प्रसन्नता की बात है। पंचोली जी सकारात्मक वृत्ति के मननशील व्यक्ति हैं—वाणी, लेखनी, आचार, व्यवहार सब में भारतीय संस्कृति के नैष्ठिक उपासक। वे विपुल अनुभव समृद्ध हैं—वेद से परिवेश, जीवन जगत् की बहुविध विसंगतियाँ, सरोकार सभी उनके चिंतन, लेखन के विषय हैं। वे स्वस्थ, सार्थक जीवन व्यतीत करते हुए सारस्वत साधना में सतत् निरत रहें—यही हार्दिक कामना है।

–पं. सत्येंद्र चतुर्वेदी

❖❖❖

शुभकामना

आपने निरंतर हिंदी-संस्कृत भाषा, साहित्य एवं भारतीय संस्कृति की सेवा करते हुए प्राध्यापक पद को गौरवान्वित किया है अपनी आयु के 80 बसंत पूर्ण कर लिए हैं। एतदर्थ में सपरिवार हार्दिक बधाइयाँ प्रेषित करता हूँ। आप इसी प्रकार जीवनपर्यंत सारस्वत साधना करते हुए अध्यापन व्यवसाय की गरिमा में वृद्धि करते रहें, इन्हीं शब्दों में इस शुभ अवसर पर आपके चिरायुष्य एवं उत्तम स्वास्थ्य के लिए सपरिवार हार्दिक शुभकामनाएँ प्रेषित करता हूँ।

–डॉ. मोहन लाल गुप्त

पूर्व अध्यक्ष, स्नातकोत्तर-संस्कृत विभाग,

राजकीय महाविद्यालय, बूँदी (राज.)

❖❖❖

मुझे कल ही विदित हुआ कि आपने परमेश्वर की असीम कृपा से इसी माह अपने जीवन के अत्यंत ही सार्थक 80 वर्ष पूर्ण कर लिए हैं। इस अवसर पर उस परमेश्वर से यही करबद्ध प्रार्थना है कि वह आपको शतायु रखे और आप पूर्ण स्वस्थ रहें ताकि आप जैसे भारतीय संस्कृति के संवाहक, वेद-वेदांग के उद्‌भट विद्वान् बहुआयामी व्यक्तित्व के धनी, आजन्म मातृभूमि के प्रति समर्पित जीवन जीने वाले, महान् भगवद्‌भक्त हमेशा की तरह अनथक शिव भाव से जीव-सेवा करते रहें। आप अहर्निश यही सेवा करते रहें। यही मेरी शुभकामना है जो दयालु परमेश्वर अवश्य पूर्ण करेंगे।

–महावीर प्रसाद व्यास

सांस्कृतिक अधिकारी,

एसोसिएट प्रोफेसर (से.नि.)

जयनारायण व्यास विश्वविद्यालय, जोधपुर (राज.)

❖❖❖

ओम्

3 सितम्बर 95

परमसम्माननीय तथा स्नेहास्पद
भाई पञ्चौलीजी
नमस्ते

आपसे अतीव प्रिय सूचना अशीति पूर्ति की पाकर अतीव प्रसन्नता हुई एवम् चाह उठी कि आपसे अभिनन्दनीय यह सूचना प्रतिवर्ष पाता रहूँ। आपके मार्गदर्शन से जीवन की भव्यता प्राप्त आपके शतशः शिष्यों को यह स्नेह सम्बल सदैव मिलता रहे। भारती की अनवरत सेवा का यह दीप आलोकित आभा प्रसार से दीपपरम्परा का स्रोत बना रहे. ईश्वर से यही विनम्र प्रार्थना है।

आदरणीया भाभीजी को सादर नमस्ते।

आपका
अनन्तशर्मा,
जयपुर

अजमेर

दिनांक 19-8-15

सम्माननीय श्री पंचोली जी,

सादर नमन।

यह जानकर हार्दिक प्रसन्नता हुई कि आपने अपनी आयु के 80 वर्ष आनंदपूर्वक उत्तम स्वास्थ्य के साथ व्यतीत कर लिए हैं। इस शुभ अवसर पर मैं अपके और भी अधिक स्वस्थ और दीर्घ जीवन की हार्दिक कामना करता हूँ।

आपका जीवन कर्मठता, त्याग और तप का अनुकरणीय उदाहरण है। आप ज्ञान-यज्ञ में अपनी प्राणाहुति जीवन भर देते रहे हैं।

इसीलिए आपका जीवन आनंदमय पवित्रता से ओत प्रोत रहा 'न हि ज्ञानेन सदृशं पवित्रमिह विद्यते' (*गीता*-4-38)।

अंत में, मैं पुनः आपके मंगलमय दीर्घ-जीवन की कामना करता हूँ।

दर्शनाभिलाषी

खेमचंद्र चतुर्वेदी

❖❖❖

द्वारका लाल 'गुप्त'
बारां दि० 20-8-15

आदरणीय भाई डा० श्री पंचोली जी,

सादर प्रणाम।

आपका कृपा पत्र विलम्ब से ही सही मिला तो, बड़ी प्रसन्नता हुई। पत्र मैं भी लिखने वाला था, क्योंकि बहुत दिनों बाद भी आपकी प्रतिक्रिया नहीं आई। मुझे आपकी प्रतिक्रिया की पूरी आशा थी खैर। आपने लिखा आप अस्सी वर्ष के हो गए हैं मुझे आश्चर्य हुआ क्योंकि मैं 1 जनवरी, 16 को चौहत्तर वर्ष का हो जाऊँगा और अस्सी के। आपके और मेरे बीच इतना अन्तर तो अस्वाभाविक लगता है, आप तो मुझसे बड़े होना चाहिए। स्पष्ट करें। मैं सदैव आपसे प्रेरणा पाता रहा हूँ। आपके आशीर्वाद से ही अब तक चलता रहा हूँ। आप राजस्थान के ही नहीं, पूरे भारत में जाने माने वाले एक विद्वान हैं। आपका साज सदा फूले-फले मेरी सदैव यही कामना है। आपका

संकल्प - अंतिम साँस तक अध्यापक बने रहने और कलम तथा सरस्वती के प्रति समर्पित रहने का' ईश्वर पूरा करे। आप शतायु हों और मुझ पर आपकी कृपा बरसती रहे यही कामना के साथ -

धन्यवाद

आपका
[illegible]

परम श्रद्धेय गुरुवर डॉ. पंचोली जी,

सादर चरण वंदन!

आपके स्वस्थ जीवन के 80 बसंत देखने पर हार्दिक बधाई एवं शुभकामनाएँ। लगभग 55 वर्ष पूर्व राजकीय महाविद्यालय में आपके सान्निध्य में अध्ययन का सौभाग्य प्राप्त हुआ था।

आपकी विषयनिष्पादनक्षमता, धैर्य, अनुशासनप्रियता, समय के प्रति प्रतिबद्धता, कर्तव्यनिष्ठा, औदार्य, छात्रों से स्नेहिल व्यवहार, अभिभावकों से मृदुल व्यवहार तथा अध्ययनरत रहने की प्रेरणा आज भी मेरे हृदय पटल पर अंकित है।

आपने अपने साहित्यिक जीवन में असंख्य छात्रों के जीवन को सजाया एवं सुधारा है। निर्धन एवं असहाय छात्रों के जीवन को उन्नत बनाने हेतु आप सदैव संलग्न रहे तथा हर प्रकार से उनका सहयोग कर जीवन की मुख्य धारा से जोड़ने का प्रयास किया।

मैं परम पिता परमेश्वर से प्रार्थना करता हूँ कि आप परिवार सहित सदैव स्वस्थ, सुखी एवं सानंद रहें एवं शतायु को प्राप्त करें ताकि भावी पीढ़ी आपके दीर्घानुभवों का लाभ उठाए। इसी तरह अहर्निश साहित्य साधना में लीन रहें। इसी शुभकामना के साथ।

–डॉ. रामचंद्र शर्मा

से.नि. उप प्रधानाचार्य,

1171, धींगड़ा स्ट्रीट, पुरानी आबादी, श्रीगंगानगर (राज.)

❖❖❖

डॉ. बद्रीप्रसादजी पंचोली

सप्रेम वंदेमातरम,

प्रबिसि नगर कीजे सब काजा।
हृदयँ राखि कोसलपुर राजा॥

श्रीरामजी को मन में ध्यान करते हुए पत्र लिखने का कारण, आपके सान्निध्य में दि. 25 से 27 अक्टूबर, 2015 को हुए अखिल भारतीय महिला साहित्यकार सम्मेलन, अजमेर का सफलतापूर्वक आयोजन का हर्ष है। आपके मुख्य संयोजन में अनेक प्रांतों की महिलाओं को संगोष्ठी के फलस्वरूप एवं पत्रवाचन द्वारा मंच उपलब्ध किया गया। उसमें आपके द्वारा नागपुर से सपरिवार पधारी सौ. सीमा उमेश मिश्रा की काव्य पंक्तियों/काव्यवाचन को विशेष रूप से पुनः पठन का मौका आपने दिया उसके लिए सप्रेम धन्यवाद। जिसके कारण सीमाजी का प्रथम समय में ही मंच उद्‌बोधन का साहस, मनोबल आपके द्वारा बढ़ाया गया।

तीन दिवसीय सत्र में विमोचित पुस्तक *महिला महीयसी* के स्तंभ में 'नारी परिवार का बल' विषय पर लिखित लेख को आपके द्वारा पुस्तक में स्थान देने के लिए बहुत-बहुत धन्यवाद।

पुरुष होने के नाते पत्नी, बहन, भाभी और अन्य का हौसला बढ़ाना हमारा कर्तव्य है जिसके कारण नारी समाज और मजूबत हो। तीन दिवसीय सत्र में हमने देखा कि महिला ही महिलाओं से ईर्ष्या रखती हैं जिसके कारण

उदारतावाद, अपारंपरिक वेशभूषा को बढ़ावा मिल रहा है।

हम लोग अजमेर दरगाह शरीफ समय निकालकर दर्शन को गए। हमारी 11 वर्षीय बच्ची मानसी को पहनावे के कारण दर्शन से रोक दिया गया। बच्ची के घुटने के ऊपर तक के पहनावे के कारण क्या दरगाह शरीफ की मर्यादा भंग हो रही थी ? क्या ख्वाजा मोईनुद्दीन चिश्ती की मजार पर लोग उठकर बच्ची के घुटने देखने वाले थे। हम तो श्रद्धा और विश्वास से दर्शन करने गए थे।

आपकी आयोजन व्यवस्था आपके पूर्ण सहयोगी अखिलेश जी शर्मा, उमेश जी चौरसिया एवं प्रत्यक्ष-अप्रत्यक्ष रूप से आपका सहयोग करने वाले माननीय को सप्रेम धन्यवाद।

विशेषत: आपका मार्गदर्शन हम पर बनाए रखें धन्यवाद।

सप्रेम वंदेमातरम।

–उमेश मिश्र

नागपुर

❖❖❖

सुलझे हुए शिक्षाविद्

सर्वप्रथम गुरुदेव को नमन।

डॉ. बद्रीप्रसाद पंचोली को 81वें जन्मदिवस की हृदय से बधाई।

डॉ. पंचोली जी का मतलब एक सुलझे हुए शिक्षाविद्। पंचोली जी मेरे बहुत ही पुराने व अजीज मित्र हैं, जब भी मैं आपसे मिलता हूँ, शीश झुकाता हूँ। आप बहुत-बहुत आशीर्वाद देते हैं। डॉ. पंचोली अजमेर शहर के राजकीय महाविद्यालय में हिंदी विभागाध्यक्ष रहे।

लंबे समय तक आपने उच्च शिक्षा की सेवा की। इतने उच्च पद पर रहते हुए भी आप सादा जीवन उच्च विचार की भावना से ओतप्रोत हैं।

आप इस दुनिया की चकाचौंध से परे सादगी से परिपूर्ण हैं। आप अपने प्राध्यापकीय जीवन में भी कॉलेज साइकिल पर जाते थे।

आप साहित्य के सागर, अनोखी प्रतिभा के धनी हैं। आपके बारे में जितना कहें, उतना ही कम। आपका अपने शिष्यों से बड़ा लगाव है और आपके शिष्य उच्च पदों पर आसीन होकर देश सेवा में लगे हुए हैं।

आप शुरू से ही राष्ट्रीय कार्यों में लगे हुए हैं, ऐसे व्यक्तित्व को मैं बारंबार सादर नमन करता हूँ।

–देवकिशन राजपुरोहित

वरिष्ठ साहित्यकार

चंपाखेडी, नागौर (राज.)

मो. : 9610299299

❖❖❖

आदरणीय पंचोली जी,

सादर नमन,

दिनांक 25 से 27 अक्टूबर, 2015 को आयोजित 'अखिल भारतीय महिला साहित्यकार सम्मेलन', अजमेर का सफल कार्यक्रम अविस्मरणीय रहा। आपका मुख्य संयोजन निःसंदेह बहुत सराहनीय है।

मैं एक मध्य वर्गीय परिवार की साधारण-सी गृहिणी हूँ। मैंने अंग्रेजी साहित्य से एम.ए. किया है तथा हिंदी साहित्य से मैं बिल्कुल अनजान हूँ; किंतु हिंदी कविता लेखन में मेरी विशेष रुचि है। लगभग चौदह वर्ष की आयु से ही मैंने कविता लेखन प्रारंभ किया; परंतु मैंने कभी कल्पना भी नहीं की थी कि कभी मुझे 'अखिल भारतीय' मंच मिलेगा।

आपके सान्निध्य में मुझे काव्य पाठ का अवसर प्राप्त हुआ, जो मेरे लिए बहुत हर्ष की बात है; परंतु मेरे गर्व की पराकाष्ठा तो तब हुई जब आपने मुझे पुनः कविता पठन का मंच उपलब्ध कराया।

इसके अतिरिक्त तीन दिवसीय आयोजन में विमोचित पुस्तक *महिला महीयसी* के अंक में 'नारी परिवार का बल' विषय पर मेरे लेख को आपने स्थान दिया।

इस तीन दिवसीय साहित्य सम्मेलन में मैंने तथा मेरे परिवार ने बहुत ज्ञान अर्जन तो किया ही, अपितु अजमेर से अविस्मरणीय यादें साथ लेकर आए। इस तरह अजमेर तो मेरी कर्मभूमि बन गई।

आपका आयोजन, व्यवस्था, आपके सहयोगी अखिलेश जी शर्मा, उमेश जी चौरसिया आदि सभी की भूमिका सराहनीय रही।

आशा करती हूँ आपका मार्गदर्शन और ज्ञान की बौछारें यूँ ही मुझे पर बरसती रहेंगी।

सादर प्रणाम।

आपकी शिष्या

सीमा मिश्र

इतवारी, नागपुर, (महाराष्ट्र)

❖❖❖

श्रीगंगानगर

2-9-2015

आदरणीय गुरुवर पंचोली जी,

सादर प्रणाम।

आपने अपने जीवन के 80 वर्ष स्वस्थ रहकर, प्रत्येक वर्ष को चिंतन, मनन व ज्ञान को सर्वोपरि महत्त्व देकर, स्नेह व आदर का ताना-बाना अपने आस-पास बुनकर सार्थक बनाएँ। आपका व मेरा गुरु-शिष्य के रूप में नाता बहुत कम समय का रहा। सन् 1960-62 का मेरा बी.ए. का अध्ययन काल। इतने कम समय में अपना अमिट प्रभाव छोड़ना एक विद्वान् व अनुकरणीय शिक्षक ही कर सकता है। आपने हमें कथाओं व अन्य साहित्यिक पुस्तकों का अध्ययन करते समय उनमें से भारतीय सांस्कृतिक मूल्यों व गुणों को ढूँढ निकालना सिखाया। व्यक्तिगत

तौर पर हिंदी भाषा का शुद्ध व परिष्कृत रूप में प्रयोग करना भी मैंने आपसे सीखा। किसी भी विषय को एकाग्रता से उसके पूर्ण रूप में ग्रहण करना भी आपसे ही सीखा और बच्चों को सिखाने में भी सफल रही। ईश्वर से प्रार्थना है कि वह आपको आगामी जीवन-काल में भी स्वस्थ व प्रभावशाली बनाएँ रखे।

मंगलमयी शुभकामनाओं के साथ

आपकी पुत्री स्वरूप शिष्या

सुषमा

A Warm Note of Gratitude and Appreciation

FOR YOU TEACHER

YOU'RE SO WONDERFUL!

If there's someone I really
look up to, someone I really adore-
It's you, my teacher!
You've set an example of excellence,
brilliance and wisdom,
and you always live up to the
standards that you set.

❖❖❖

शुभकामनाएँ

सम्मानमिश्रित हर्ष का विषय है कि आदरास्पद बद्रीप्रसाद पंचोली जी के 81वें जन्मदिवस के शुभ अवसर पर एक अभिनंदन ग्रंथ का प्रकाशन किया जा रहा है। शताधिक पुस्तकों के रचयिता, अनेकानेक मूल्यवान् शोधकार्यों के प्रणेता, बद्रीप्रसाद पंचोली जी हिंदी साहित्य की अनुपम थाती हैं। आपका सुस्पष्ट चिंतन व बेबाक प्रकटीकरण साहित्य में अलग स्थान रखता है। आपने साहित्य की विभिन्न विधाओं—नाटक, एकांकी, काव्य, वेद चिन्तन, भाषा वैज्ञानिक चिंतन, गांधीवादी व लोकपरक चिंतन, लघुकथा, समीक्षा, बाल साहित्य, कोश संपादन आदि में अनवरत अपनी लेखनी चलाई और कालजयी रचनाएँ साहित्य जगत् को दीं। साहित्य के क्षेत्र में मुझ जैसे नवांकुरों के लिए आप सदा सर्वदा प्रेरणा स्रोत व मार्गदर्शक हैं।

अभिनंदन ग्रंथ के प्रकाशन के शुभातिशुभ अविस्मरणीय अवसर पर मैं श्रद्धेय श्री बद्रीप्रसाद पंचोली को आदर सहित हार्दिक शुभ मंगलकामनाएँ प्रेषित करती हूँ।

–संगीता सक्सेना

❖❖❖

83, गल्ला मंडी
भिण्ड (म० प्र०)
14/10/1992

परम श्रद्धेय पंचोली साहब,
सादर प्रणाम।

आशा है आप सपरिवार प्रसन्न एवम् स्वस्थ होंगे। हम भी सानंद हैं। आप से अजमेर में भेंट कर प्रसन्नता ही हुई। जैसी आपकी इच्छा है और निर्देश था मैंने आशुतोष से चर्चा की है। प्रभु की इच्छा पर सब कुछ छोड़ते हुए मैंने उसे बिना स्थाई रोजगार के प्राप्त हुए भी वैवाहिक सूत्र में बंधने के लिये मानसिक रूप से तैयार कर लिया है। अर्थात् सहमत कर लिया है। यद्यपि उसकी बराबर यही मंशा रही है कि जीवन में वांछित रोजगार (वृत्ति) प्राप्त होने पर ही गृहस्थाश्रम में प्रवेश करना श्रेयस्कर है तथा समय की मांग है। आपने लिखा था कि एक साथ दो के भाग्य जुड़ने से संभवतः इसमें शीघ्रता हो सकती है। इसी को आधार मान कर, आपकी आज्ञा शिरोधार्य करते हुए हम अपनी ओर से सौ. अर्चना (बबली) को अपनी पुत्री ~~स्वीकार कर रहे हैं। हमारी तरफ से स्वीकृति है।~~ मैं घर पर भी पूज्य पिताजी को अंतिम रूप से इस सहमति की सूचना भेज रहा हूँ।

अब आगे का कार्यक्रम आप बनायें। सौ. अर्चना के भाग्य से सब शुभ होगा। ऐसा हमारा विश्वास है। हमारी इच्छा है आप और सौ. अर्चना जब भी समय मिले यहां पर पधारने का कष्ट करें। मैं सोचता हूँ कि शायद मन में इस सम्बन्ध की स्वीकृति देने का विचार करने का परिणाम भी आज ही मिला है। आज ही आशुतोष को पुनः मान से की सहा. अध्यापक की नियुक्ति का पत्र मिला है। उसे कल 15/10 को ही पहुँचना है। वह आज ही यहां से प्रस्थान कर रहा है। शिवपुरी जिले के आन्तरिक भाग के महाविद्यालय में नियुक्ति मिली है भिण्ड, दतिया, मुरैना, ग्वालियर में समाजशास्त्र के सहा. अध्यापक का स्थान रिक्त नहीं है उसे शासकीय महाविद्यालय पिछोर (शिवपुरी) में नियुक्ति मिली है।

हमारे यहाँ है 23 से 28 तक दीपावली अवकाश होने की संभावना है, तभी वह लौटेगा। अतः यदि आप कार्यक्रम बनायें तो इसी के अनुसार बनायें। नहीं तो जब ईश्वर की इच्छा होगी तब ऐसा होगा। आप सुविधानुसार अकेले भी पधारें तो सूचित अवश्य करावें। प्रिय भाई नवलजी को भी संकेत कर दिया गया है- फिर आप जैसा चाहें उसके अनुसार लिखावें।

जहाँ तक मैं सोचता हूँ अब कुछ खास-ताल्लुक या देखभाल के लिये शेष नहीं रह गया है। फिर भी यदि आवश्यकता हो तो भाई नवलजी वहाँ हैं। भीलवाड़ा में मेरे पिताश्री भी हैं- वे उनकी तरफ से भी स्वीकृति दी है- संभव हो तो सौ. अर्चना का फोटो भिजवाने का कष्ट करें।

शेष शुभ है। घर में बड़ों को प्रणाम। छोटों को स्नेह। सौ. अर्चना को शुभाशीष। पत्र आगे के कार्यक्रम के सम्बन्ध में लिखावें। आपका शुभाकांक्षी राधेश्याम

पहला मोड़ FIRST FOLD

शुभ
17-8

556
प्रा० 17·8·88 को प्राप्त हुआ
उ० ... दिया

ॐ

60 आर्यनगर
कानपुर
11-8-88

प्रिय पंचोलीजी,

वेद सविता आ जाता है। पढ़ता हूँ तो प्रकाशित सामग्री हृदय में तरंगें भर देती है। कल पढ़ा तो उसमें आपका लेख दृष्टिगोचर न हुआ- क्या कारण है? मेरी वृद्धावस्था अब तंग कर रही है। फिर भी लिख लेता हूँ। श्लोक बहुत निकल रहे हैं। बारह हजार हो गये।

अथर्व का हिन्दी काव्यानुवाद पूरा हो गया। वह भुवन वाणी ट्रस्ट लखनऊ से प्रकाशित हो रहा है। ऋग्वेद चल रहा है। तीन मण्डल पूरे हो गये। चतुर्थ मण्डल का भी कुछ अंश हो चुका है।

वेद सविता की सामग्री से प्रभावित होकर कुछ श्लोक निकल पड़े। भेज रहे हैं। अच्छे लगें तो सविता में छाप देना।

शेष कुशल है।
मंगलकामी
मुंशीराम शर्मा
'सोम'

वेद सविता

वेदस्य सविता मेरौ ज्योतिषा संप्रकाशते ।
मंत्राणां रश्मिभिः कूटं काम्यां कीर्तिं ददाति च ॥ १

डाक्तर जयसिंहेन वेदे प्रावेश्य दैवतः ।
प्राप्ता सिद्धिः शुभा भद्रा मंत्रबोधार्थदायिनी ॥ २

तस्य सान्निध्यमागत्य बहवो ज्ञानमादधुः ।
अभयोऽप्यभयो जातः पंचोली पंचपारगः ॥ ३

मनोहरेण लालेन मनोज्ञा मंत्रगर्भिता ।
वैज्ञानिकी कृती व्याख्या वेदप्रभा प्रकाशिनी ॥ ४

शैलेन्द्रश्च वसन्तोऽपि वेदस्वाध्यायभावितो ।
ददाति वैदिकं तेजः पाठकेभ्यो निरन्तरम् ॥ ५

विदेहो मुदितः श्रुत्वा चतुर्दिक्षु श्रुतेः यशः ।
सर्वेभ्य आशिषं दत्ते स्वर्गतोऽपि श्रुतिप्रियः ॥ ६

अजयमेरु कूटस्थाः देहलीञ्च गताः द्विजाः ।
पृथ्वीराजं चन्द्रमसं सावित्र्या द्योतयन्तु वै ॥ ७

कुंजीलाल शर्मा
-'लोभ'

पत्र मिलने की
सूचना
कृपया दें ।

[illegible]

॥ श्री राम ॥

जयपुर – ६
दिनांक ५/११/८८

परोपेहि मनस्पाप!
मन में घुसपैठ किये मेरे मन के छद्म परे हट!

xxxx

~~स्नेहास्पद पं. चौधरी जी,~~

दीपावलि के घृत-दीप के समान सब-
मानस-दीपों की बाती को प्रकाश एवं ज्योति
लौ से सदा ऊर्ध्वगामी रखने में समर्थ हो।

पत्र दिनांक डाकघर की मुहर की ०३/११/८८ कल सान्ध्य भ्रमण से लौटने पर हस्तगत हुआ। मैंने चि० अभय को 'वेद-सविता' में विज्ञापन पत्र से बहुत पहले लिखा था कि संस्थान की कार्य-समिति की बैठक बुला कर श्री० रुक्मिणी की इच्छा और चि० विश्वदेव की त्वरित आवश्यकता को विचारार्थ प्रस्तुत किया जाना उचित एवं आवश्यक है। मेरा पत्र सर्वथा पारिवारिक स्तर का था। पर अभय की मनोदशा एवं दिशा का मुझे कुछ परिचय था। अतः का कुछ संकेत को विश्वास में ले कर जो उचित समझा जाता, संस्थान एवं स्वयं चि० अभय के लिये कल्याणकर होता। परन्तु उसने मुझे भी विश्वास में नहीं लिया। अतः कोई उत्तर देना आज तक, उचित नहीं समझा। और, अब भी इस मट्ठर के आचरण का हठी रहा है। साथ ही नवम्बर मास की वेद-सविता की प्रतिक्रिया नं. २, ३, ४, ६, ७, जो उसमें मान्य संदर्भ की संज्ञा से अंकित किया जायेगा। उनके साथ ले सभी स्थिति स्पष्ट होने पर अभय जी, अध्यक्ष वेद-संस्थान की करनी और कथनी के अंतर स्पष्ट हो जायेगा। इनमें से नं. ६, ७, और ४ को मैं पत्र भी लिख रहा हूँ।

आप, चौहान जी या उपाध्याय जी पद-मुक्ति की चेष्टा करने के स्थान पर साहस, स्पष्टता और सदाशयता से निर्भय हो कर कार्य करें। आप को तो अध्यक्ष महोदय ने तो संपादक के नाते और मंत्री के नाते विश्वास में लिया है। चौहान जी को भी नहीं। अतः उसी कार्य-समिति की बैठक में निर्णय हो जाने के बाद आप लोग त्याग-पत्र पुनः प्रस्तुत करें और इस प्रकार

अध्यक्ष महोदय को आप सब से और मि० विश्व से क्षमा-याचना करने के लिये बाध्य करें।

इस बीच यदि मि० विश्वदेव सहमत हों तो विद्युत एवं जल के कनैक्शन के अपने नाम से कनैक्शन लेने के कारण संस्थान पर पारिवारिक कब्जा करने के प्रयत्नों की धूर्तता के आधार पर ताला लगवा दिया जाये अथवा तुरन्त खाली करने के आदेश ~~दिये जायें।~~

बात बाहर न जाये- इसके लिये प्रयत्न करने के लिये मैंने स्वयं आपको पहुँचने का मन बनाया था। परन्तु, यह सोचकर कि बात बाहर चली गयी है तो उसकी प्रतिक्रिया की प्रतीक्षा करना उचित होगा- मैंने इरादा बदल दिया। फिर मुझे यह भी पूर्ण विश्वास नहीं था कि मि० आनन्द मेरी कार्यवाही को पक्षपात रहित ही मानेगा तथा मेरे चाचा होने का मान देगा ही। यों, मि० विश्व तथा आनन्द ने मुझे सदा उचित मान दिया है। फिर भी मि० विश्व ~~जहाँ स्पष्ट एवं शालीन है~~, मि० आनन्द का ही, आपने मैं सिमटा और अस्पष्ट है। ऐसा मेरा विचार रहा है।

पिछली कार्य-समिति के अन्य विषयों के परिप्रेक्ष्य में एक पत्र लिखा था जो समिति की बैठक से दो-तीन दिन पहले मेरे पास और आया था। इस पत्र में और वर्तमान संदर्भ में लिखे मि० विश्व (एवं दोनों) को मैंने स्पष्ट लिखा कि कोई भी संस्थान का अधिकारी, सदस्य आदि संस्थान भवन में अकेला या परिवारजन के साथ निवास करने का अधिकारी नहीं है और न उसे इस प्रकार किसी को निवास करने की अनुमति देने या स्वयं उस प्रकार के अधिकार का सृजन करने का अधिकार है- स्वयं संस्थान अध्यक्ष को भी नहीं - यदि संस्थान अध्यक्ष या सदस्य आदि का अपना ~~[illegible]~~ है और जब तक वह आजीविकोपार्जन (Service, Govt. की चाकरी) करता है और सर्वात्मना मात्र संस्थान को ही समर्पित नहीं है। अतः मेरी नीयत पर या पक्षपात रहितता पर प्रश्न-चिह्न लगा ही नहीं सकता। मैंने अपना अविकलित पत्र आनन्ददेव जी को संस्थान

का मोहन ने अपने सामने पढ़ने को दिया था और मेरा
विचार था कि उस कार्यसमिति की बैठक में अध्यक्ष
को पढ़कर सुनाने को कहूँगा। परन्तु, वह हो न सका।
इस विषय में मैंने श्री चौहान, संयुक्त मंत्री को अपना
~~का~~ समिति कार्यवाही विषयक पत्र की भी प्रति पर
विरोध-पत्र लिखा था जो उनके पास File में होना
~~चाहिये~~ फिर वह उत्तर मेरे पास है।

जहाँ तक संस्थान के प्रति आलोचना की बात है
उस पर कोई आँच आती ही नहीं है। यदि अध्यक्ष
को कार्यसमिति और मंत्री, संयुक्त मंत्री, सम्पादक द्वय
पर विश्वास नहीं है तो ये सब और सदस्य मिलकर
अध्यक्ष के विरुद्ध अविश्वास प्रस्ताव पारित करा
सकते हैं, कर सकते हैं।

आज तो परिवार का ही सदस्य अध्यक्ष है। कल
को कोई इतर भी हो सकता है और वह संस्थान को
अपना निवास बना लेगा अतः आज जब तक सब
कुछ होकर विवेक की ही वह सर्वोत्तम संस्थान का
ही समर्पित नहीं हो जाता, उस संस्थान में पत्नी
और बच्चों सहित न तो रहना चाहिये, न उनका
अधिकार है चाहे उसका मन स्वतः सात्विक
निर्विकार भी हो। और फिर, विश्वनाथ जी अन्यथा
यदि कोई दोष है तो सामने लगाया जाना चाहिये था।
जिस प्रकार दोष जाहिर किया गया है वह भी गलत है।

मैं नहीं जानता कि श्री मिश्रा जी लिखने वालों ने यह
प्रयत्न और इच्छा नहीं की कि वस्तुस्थिति का स्वयं
परिचय प्राप्त करें और तब बात चलायें। और यह
मैं लिख रहा हूँ। उनके पत्रों की प्रतिक्रिया की
प्रतीक्षा करूँगा।

उचित समझें तो यह पत्र मि० मिश्र को पढ़वा दें।
पत्र उन्हीं को लिखना सम्भव है जिनका नाम प्रकाशित
हो पायेगा। मैं ९ को कुछ ठहर कर पत्र लिखूँगा। मैं २०
का पता ज्ञात हो जाये तो उन्हें भी पत्र लिखने की इच्छा है।
आपकी क्या राय बनी—यह मेरी प्रतीक्षा रहेगी।

शुभकामना — श्रुतिशील

(श्रुतिशील शर्मा)

ओम्

द्वारा– वेद-संस्थान, 395/29, ब्यावर रोड
अजमेर 305001

२७.७.९८-९८

वत्सो ! प्रणाम।

आपका पत्रोत्तर मिला। कृपया अपने इस पत्र के साथ, मेरी ओर से, यह पत्राचार समाप्त है। बिन्दुमात्र निवेदन है।

१ मुझे पता है कि नवीन पदस्थापन का क्रम आ चुकने के कारण परिवर्तन आया, जो आना था ही। सरकारी तन्त्र के बाहर के व्यक्ति के लिए यह परिवर्तन कराना दुःसाध्य था और है। वस्तुस्थिति हर समझदार व्यक्ति समझ रहा है। तथापि कोई अपने श्रीमुख से इस परिवर्तन का श्रेय स्वयं ले, तो मुझे देना है। बस, यही मैंने किया है। श्रेय लेनेवाले, और जिनको यह बात गई, दोनों प्रामाणिक पुरुष हैं। आप उनमें से किसी को 'दुष्ट' नहीं कह सकेंगे। ऐसी बात न लिखते तो बहतर था।

२ जी, नहीं। मैंने अपनी ओर से 'अपने घनिष्ठ' से इच्छा ज़ाहिर नहीं की थी। उन्होंने मुझे आकर उत्प्रेरित किया था, जिस पर मैंने कुछ दिनों तक सोच कर उन्हें हरी झंडी दी थी। मेरे स्वभाव में प्रचारपरायणता नहीं। पर 'उन्होंने' प्रचार कर दिया। जब ये काम होने आरम्भ हुए थे तब स्थिति भिन्न थी। बाद में स्थिति बिलकुल बदल गई। तब गन्तव्य बदला। और नए माध्यम भी बीच में उभरे। ~~नसीराबाद का प्रस्ताव जिसने बनवाया~~, उसका मुझे पता है, आपको अनुमान नहीं है। उसे करवाने का श्रेय लेनेवाले का नाम भी मुझ तक ~~आ चुका है~~

३ डॉ फतहसिंह जी जिन लक्ष्यों के लिए यत्नशील रहे उस बारे में आपका कथन त्रुटित है। जैसा मैंने अपने पूर्व पत्र में लिखा था, आप दोनों में स[illegible] सम्पर्क और तालमेल नहीं रहा प्रतीत होता है।

४ आपकी धारणा अंशतः शोधनापेक्षित है। मुझमें उभयविध कार्य के लिए समानबल वाले संस्कार हैं; मैं उभय कार्यों को आत्मीय समझता हूँ।

५ श्रीगंगानगर की कथा भी मुझे पता है। दूसरे के कंधे पर रखी बन्दूक चलाने में दीर्घ प्रतीक्षा, परमुखापेक्षिता अनिवार्य है। दोनों बार वह हुआ। प्रथम बार के पत्रों से मुझे आश्वस्त रखा गया, जब कि दूसरी बार मुझसे बात करने की ज़रूरत नहीं समझी गई। वैसे दोनों मामलों में अर्ध साम्य, अर्ध वैषम्य है।

शेष शुभ। परिवार में सबको मेरे अभिवादन, आशीः दें।

ओमप्र

पुनः – मधुच्छन्दाः ऋषि के वेदांश पर अपनी व्याख्या को प्रकाशनार्ह [illegible] देते का निवेदन लें। इसमें सविशेष यह दृष्टि रखनी है कि मधुच्छन्दाः [illegible] मधुच्छन्दस्त्व की दृष्टि से देवता (विषय) का विवेचन स्पष्ट हो जाए। डॉ[illegible] जी पुस्तक को देख लें। फिर उसका सम्पादन-प्रकाशन हो। संस्थान इसे प्रका[illegible]त करके गौरवान्वित होगा।

एक अन्य निवेदन पृथक् से, फ़रवरी-अंक के प्रसंग से, पहुँचेगा।

ओ

ओम्

द्वारा– वेद-संस्थान, 395/29, ब्यावर रोड
अजमेर 305 001
10.9.1989

प्रिय बन्धो श्री पंचोली जी! प्रणाम।

आपका 6.9.'89 का पत्र गंगापुर सिटी से री-डायरेक्टेड होकर मुझे 12.9.'89 को श्री प्रो. डॉ जोशी जी ने उपलब्ध कर दिया।

आपका दूरभाष अप्रत्याशित था अतः मैं हतप्रभ रह गया था। मेरे प्राचार्य जी मुझे छोड़ना नहीं चाहते थे, किन्तु मुझे बहला रहे थे ताकि मैं तबादले को मना कर दूं। पोस्टिंग बदलने की हानियां भी मुझे समझा रहे थे। अतः मैं सतत अस्थिरता में था। वही बात दूरभाष पर मैंने आपसे कही भी थी। जब आपसे बात हो रही थी, मेरे प्राचार्य जी पास में बैठे हुए थे। सारी बात उन्होंने सुनी और फिर समझाया कि मैं तबादला निरस्त कर दूं।

उधर मुझे प्रामाणिक सूचना प्रामाणिक लोगों ने दी कि किसी ने मेरी तरफ से यह अण्डरस्टैंडिंग सरकार को दी है कि मैं अजमेर 'ही' चाहता हूं और कि पोस्टिंग बदलने को राजी हूं। तबादला और पोस्टिंग, दो अलग बातें हैं। गंगापुर मेरा तबादला और नया पोस्टिंग हुआ था। अजमेर मेरा तबादला और वापिस पुराना पोस्टिंग बहाल किया गया है। न मेरी तब सहमति थी, न अब थी। शतरंज की गोटी की तरह जहां जब सरकार ने चाहा मुझे धर दिया। यह मुझे खला।

पोस्टिंग बदलकर अजमेर लौटने के लिए तो ज्योतिष्य पत्र की अपेक्षा ही नहीं थी। यह तो मेरे चाहने मात्र से किसी भी क्षण मेरे लिए स्वतः ही शक्य था। जैसे प्रो. गोविला दो-चार दिनों में ही लौट आए थे। विभागाध्यक्षत्व के लिए तो कोई अन्य दावेदार न था, न है, न होगा।

2) आपका इस परिवर्तन में कोई रोल था, आपके पत्र से यह मेरे लिए नई सूचना है। आपने डॉ फतहसिंह जी के किस आदेश पर क्या कुछ किया, यह आपके और उनके बीच का विषय है। लगता है, आपके और उनके बीच पत्रों का तालमेल नहीं था। मुझे तो यही पता है कि डॉ जी मेरा अजमेर स्थानान्तरण तो चाहते थे पर पोस्टिंग बदले, यह उन्होंने कभी नहीं सोचा था। डॉ जी तो स्वयं ही ब्यावर के लिए यत्नशील थे क्योंकि प्रथम बार में ही (जब वे अजमेर आए थे) उन्हें यह पता चल गया था कि अजमेर के लिए प्रबलतर दावेदार हैं अतः वहां मेरा पहुंचना शक्य नहीं है। दूसरे, उनका यत्न मेरी पोस्टिंग बदलवाने का तो कदापि नहीं था। जब वे अजमेर के लिए यत्नशील हुए थे तब तो अजमेर में एक उपाचार्यत्व रिक्त था या होनेवाला था।

3) आप जैसे 'जड़ीभूत मति' (आपके ही शब्द) के व्यक्ति को सचमुच समझ नहीं है कि मेरा इशारा किधर था जब मैंने आपसे दूरभाष पर यह कहा था कि "जिन्होंने मेरा स्थानान्तरण कराया है, मुझे सबक सिखाने के लिए, उनसे पूछ लें कि क्या वे मुझे अजमेर में चाहते हैं"। कौसल्या ने भरत को जब उलाहना दिया था कि तुम्हारी साजिश से राम वन को गए हैं तो भरत ने 'यस्यार्योनुमते गतः' टेक के साथ एक लम्बा अभिशाप में ढेरों शपथें खाई थीं कि जिसकी अनुमति से राम वन को गए हों उसे अमुक अमुक पाप लगे। यदि मेरा संकेत आपकी ओर हो तो मेरी सारी वेदभक्ति, सारा वेदानुशीलन, सारा पुण्य जो मैंने आज तक कमाया हो, तुरन्त नष्ट हो जाए। मेरे संकेत को अपनी ओर समझते हुए आपने जो कुछ लिखा है वह सब अस्थान में है, अतः स्वतः निरस्त हो जाता है।

आपको किसने कब कहां क्यों क्या संकेत दिया कि मुझे (अभय को) किसी ने बताया है कि सबक सिखाने वाले आप हैं, यह तो आप ही जानते हैं, अभय को तो .000011% भी पता नहीं है। वरन् यह मेरे लिए नई जानकारी है आपके इस पत्र से कि किसी ने आपको ऐसा कोई संकेत कभी दिया था।

आपकी पंक्ति, " अब यह भी मानने लगूंगा कि मैं इशारे पर अपने आत्मीयों का अच्छा और बुरा कर सकता हूं", में 'इशारे पर' – इस शब्दद्वय की व्यंजना 'वेदाभ्यासजड़बुद्धि' मैं नहीं समझ पाया, समझ भी कैसे सकूंगा जब तक आप न समझाएं।

4) आपके और मेरे बीच ईर्ष्या की तो बात ही नहीं है। इस सृष्टि में दो व्यक्ति भी एक जैसे नहीं हैं। आप मेरे पूरक रहे हैं, हैं, रहेंगे, यह मैंने अपने लोगों की गत 25 वर्षों से अधिक की मैत्री में सदा अनुभव किया है। आगे भी आप और मैं हर शुभ कार्य में सदा कंधे से कंधा भिड़ाए रहेंगे, यह मेरा विश्वास है। श्रीमती इंदिरा के वे शब्द मुझे सदा याद रहेंगे कि आप और मैं तो राम-लक्ष्मण की जोड़ी हैं।

शेष शुभ। परिवार में मेरे अभिवादन हैं।

वेद का वेद मैं, अकिंचन

अभय

(अभयदेव)

डॉ0 कमल किशोर गोयनका
A-98, अशोक विहार
फेज-प्रथम, दिल्ली-110052

29/7

बन्धुवर,

'संदीप्त जीवन' की प्रति आपने
भेजी थी। आभारी हूँ।

पिछले सप्ताह मैंने पुस्तक पढ़ी तो
मुझे अपनी आत्मा में दीप्ति का
अनुभव हुआ। वेदों के साथ हिन्दू
संस्कृति, धर्म तथा जीवन-मूल्यों के
बारे में आपके ये लेख अद्भुत
ज्ञान की दीप्ति देते हैं और पाठक
उत्कर्ष का अनुभव करता है।
इस पुस्तक से हिन्दू जीवन के श्रेष्ठ
तत्वों तथा उपादानों का ज्ञान
होता है तथा यह विश्वास भी पैदा
होता है कि आज के विश्व के
लिए भी हिन्दू-मूल्य ही
हितकारी हैं।

कृपया मेरी बधाई स्वीकार
करें।

सप्रेम,

आपका

कमल किशोर गोयनका

33, सिन्धी मुस्लिम बस्ती, श्री
राम हॉस्पिटल के पीछे, पाल रोड
जोधपुर-342003 (राज.)
16 अगस्त, 2016

आदरणीय श्री [illegible]प्रसाद पचौली,

सादर नमस्कार,

"मधुमती" के जुलाई अंक में आपका लेख "भारतीय विज्ञान-साधना" पढ़ा। आज जब हम तकनीकी, चिकित्सा, सुरक्षा, शिक्षा के लिये पश्चिम की ओर देखते हैं ऐसी दशा में यह लेख हमें हमारे देश के प्राचीन ज्ञान विज्ञान, उत्कृष्ट विरासत का हमें बोध कराता है।

भारतीय विरासत का बोध विशेषकर मेरे जैसे अल्पवय विद्यार्थियों के लिये जरूरी है। जो आज पाश्चात्य चीजों से ज्यादा प्रभावित हैं। आपका लेख बहुत ज्ञानवर्धक है।

भवदीय

अशोक चौधरी
9460202555

"केन्द्र भारती" के अगस्त अंक में आपका संपादकीय पढ़ने वाला पाठक बहुत उत्साह से भर जाता है। राष्ट्र के प्रति समर्पण का भाव एवं आत्म प्रकाश का उदय इससे होता है।

आपको बहुत बहुत शुभकामनाएं

॥ ओ३म् ॥ ६६, कान्तिनगर, जयपुर-६
दिनांक २०।४।६६

पवित्रता ही ध्यान, धारणा और
समाधि है।

श्रीयुत पंचोलीजी, नमस्ते।

मेरा पूर्व पत्र आप को मिल गया होगा। मेरी जानकारी में यह बात आयी है कि वेद-संस्थान अजमेर की नियमावलि में यह प्रावधान नहीं है कि यदि कभी, किसी कारण, ऐसी स्थिति बन जाये कि संस्थान-कार्य करने की स्थिति में न रहे तो इस संपत्ति का मालिक कौन होगा। ऐसी व्यवस्था दिल्ली-संस्थान के नियमों में तो है। फिर अजमेर-संस्थान के नियमों में यह कमी क्यों, कैसे रह गयी। और इसी कारण चि० अभय और विश्वदेव के बीच शंका और भय की स्थिति बनी लगती है। अतः मेरा सुझाव है कि साधारण-सभा और कार्यसमिति की यथाक्रम और नियमों के अनुसार बैठक आयोजित कर के सर्वानुमोदक प्रस्ताव पारित कर के यह कमी दूर कर दी जाये। इस विषय में मैंने चि० विश्व को अपने पत्र में लिखा है और चि० अभय को भी लिख रहा हूँ। बस - शंका, विवाद, अस्तित्व की रक्षा की पुकार - सब का शमन हो जाना चाहिये। हस्तिनापुर (मेरठ) से आपके पास पत्र आया है। क्या लिखा है, सूचित करें।

परिवार में सब को मेरा स्नेहाशीष।

मैना जी को धन्यवाद! श्री ध्यानी को कार्य भी आप कर सकते हैं।

आपका अपना ही

श्रुतिशील शर्मा

(श्रुतिशील शर्मा)

प्रस्ताव :-

अजमेर में।

१. प्रस्तावित - कि वेद संस्थान में केवल वे व्यक्ति ही निवास के योग्य होंगे जो परिवार और गृहस्थ के समस्त ~~उत्तरदायित्व~~ उत्तरदायित्वों से मुक्त होकर वानप्रस्थ/संन्यास ग्रहण कर के, पारिवारिक समस्त संबंधों का संन्यास (त्याग) कर के संस्थान के लिये संपूर्णतः समर्पित रहेंगे/होंगे और ~~[illegible]~~ जो किसी भी प्रकार का व्यापार, धन्धा या सरकारी या गैर सरकारी नौकरी ~~[illegible]~~ से संलग्न नहीं होंगे/रहेंगे।

२. प्रस्तावित - कि यदि किसी कारण संस्थान का ~~कार्य~~ उद्देश्य कार्य संपन्न होना/करना संभव न रहे तो संस्थान की समस्त चल, अचल संपत्ति का अधिकार आर्य सार्वदेशिक सभा दिल्ली को होगा और वह संस्थान-कार्य के ~~संपादन~~ यथावत संचालन की व्यवस्था करती रहेगी/करेगी।

आनंद कुटीर,
नई हवेली, नाथद्वारा

परम आदरणीय पंचोली सा.,

आपका कृपापत्र मुझे आज ही मिला। आपने अपना अमूल्य समय मेरी पुस्तकों को पढ़ने में व्यतीत किया इसके लिए मैं आपका अत्यन्त आभारी हूँ।

आपका आशीर्वाद मेरे लिए अमूल्य है।

आपको व आपके परिवार में सभी को हमारी ओर से दीपावली की हार्दिक शुभकामनाएं।

आपका स्नेहाकांक्षी,
सदाशिव श्रोत्रिय

24.10.2016

हस्तलिपि

एक पृष्ठ रोजाना–अनवरत

शब्द-चिन्तन

नभस्

नभः शब्द नपुंसक लिंग है। इसका अर्थ है – "जिसमें भा या प्रकाश न हो।" भास्वत का अर्थ है – प्रकाश में लीन और न-भ का अर्थ है – प्रकाश से रहित। आकाश खाली स्थान है। इसलिए इसे न-भ कहा जाता है। सभी ग्रह नक्षत्रों का प्रकाश आकाश से होकर गुजरता है; पर आकाश में प्रकाश नहीं है।

सावन महीने का नाम नभः है और भादव का नाम नभस्य। इन दोनों महीनों में रातें तो अँधेरी होती ही हैं। दिन में भी गहरे बादल छाये रहते हैं। इसलिए अँधेरा रहता है। शूद्रक ने अँधेरी रात का वर्णन किया है –

लिम्पतीव तमोऽङ्गानि वर्षतीवाञ्जनं नभः।
असत्पुरुष सेवेव दृष्टिर्विफलतां गता:॥ [मृच्छकटिकम्]

प्रकाश के अभाव को घनघोर अन्धकार कहा गया है। आषाढ़ में देवता सो जाते हैं। श्रावण श्रवण-अनुश्रवण के लिए होता है। श्रीमद्भागवत तथा पुराणों की कथा सुनने का कार्यक्रम होता है।

आकाश में देवता निवास करते हैं उनको दिवौकस कहा जाता है। पाताल में असुर रहते हैं। उत्तर में देवतात्मा हिमालय होता है – अस्त्युत्तरस्यां दिशि देवतात्मा हिमालयो नाम नगाधिराजः। पितरों की दक्षिण दिशा होती है।

आठ वसु, ग्यारह रुद्र, बारह आदित्य, इन्द्र और बृहस्पति – ये तैंतीस कोटि के देवता हैं। यज्ञ में इन देवों का आह्वान किया जाता है। ये सब देवशयनी के बाद सो जाते हैं और देवोत्थानी एकादशी के दिन ये उठेंगे। साधक को हर समय जागना पड़ता है – साधक की कामना होती है – वयं राष्ट्रे जागृयाम पुरोहिताः – हम राष्ट्र में जागरूक और पुरोहित बनें।

वेद का कथन है – जो जागता है उसे ऋग्वेद की ऋचाएँ प्राप्त होती हैं। जो जागता है उसे यजुः प्राप्त होते हैं और जो जागता है उसे साम प्राप्त होते हैं –

यो जागार तं ऋचः कामयन्ते
यो जागार तं सामानि यन्ति
यो जागार तम् यजूंषि यन्ति।

जागरण प्रकाश में होता है अन्धकार में नहीं।

शब्दचिन्तन

पण्डित

ब्राह्मण अपने नाम के आगे पण्डित क्यों लगाते हैं? इस प्रश्न पर पर्याप्त चर्चा हो रही है। प्रश्न राज्य के एक मंत्री ने उठाया है। ब्राह्मण बहुत कुपित हैं। विरोध प्रदर्शन के स्थान पर प्रश्न का उत्तर किसी ने प्रस्तुत नहीं किया।

श्रीमद्भगवद्गीता में कहा गया है कि विद्याविनयसम्पन्न ब्राह्मण, गो, हाथी, कुत्ता और चाण्डाल में समानदृष्टि रखता हो वह पंडित होता है—

विद्याविनयसम्पन्ने ब्राह्मणे गवि हस्तिनि।
शुनि चैव श्वपाके च पंडिताः समदर्शिनः॥

अन्यत्र नीतिकार ने कहा है कि पराई स्त्री को माता के समान, पराये धन को मिट्टी के समान और सभी प्राणियों को आत्मवत् समझे – वही पंडित है —

मातृवत् परदारेषु परद्रव्येषु लोष्टवत्।
आत्मवत् सर्वभूतेषु यः पश्यति सः पण्डितः॥

ज्ञातव्य यह भी है कि केवल ब्राह्मण के नाम के साथ ही पण्डित नहीं जुड़ता। पं० राहुल सांकृत्यायन, जैन पं० चैनसुखदास पं० आनन्द भदन्त कौसल्यायन के नाम भी प्रसिद्ध हैं। पण्डिता प्रज्ञाकुमारी का नाम भी है। कलिकाल सर्वज्ञ हेमचन्द्राचार्य भी पण्डित कहे गए जिन्होंने कहा था —

यं शैवाः समुपासते शिव इति ब्रह्मेति वेदान्तिनो
अर्हन्नित्यथ जैनशासनरताः कर्मेति मीमांसकाः।
बौद्धाः बुद्ध इति प्रमाणपटवः कर्तेति नैयायिकाः
सोऽयं वो विदधातु वाञ्छितफलं त्रैलोक्यनाथो हरिः॥

वे इस्लाम के खुदा और मसीही मत के गॉड को भी इसी दृष्टि से स्वीकार करते। इस सनातन दृष्टि को अपनाने वाला तो पंडित है ही। शास्त्रवेत्ताओं को पण्डित कहने की परम्परा रही है। पण्डित जवाहरलाल नेहरू, पण्डित गोविन्दवल्लभ पन्त, पण्डित सोहनलाल द्विवेदी, पण्डित बालकृष्ण भट्ट, पण्डित हरिभाऊ उपाध्याय, पण्डित जनार्दन राय नागर, पण्डित गिरधर शर्मा नवरत्न, पण्डित भवानीदयाल संन्यासी, पण्डित शंकरदयाल शर्मा के नाम भी प्रसिद्ध हैं। पं० प्रतापनारायण मिश्र, पं० रामचन्द्र शुक्ल, पं० पदमलाल पन्नालाल बख्शी, पं० पद्मसिंह शर्मा भी, इसी तुलसीदास

को पण्डित नहीं कहा गया; पर केशवदास को पण्डित कहा गया। पण्डित जयदेव विद्यालंकार वेदभाष्यकार हुए। वेद के धुरन्धर विद्वान् दयानन्द को महर्षि दयानन्द कहा गया। जगन्नाथ और राजशेखर तो पण्डितराज थे।

वेद से ही सब परम्पराएँ प्रारंभ हुई हैं- वेदात् सर्वं प्रसिध्यति। ब्रह्मर्षि वसिष्ठ और राजर्षि विश्वामित्र को पण्डित नहीं कहा गया। ब्राह्मण ग्रन्थों में कहा गया है — ऋणं ह वै जायमानः। मानवी माता से ऋण मानव, ब्राह्मणी माता से ऋण ब्राह्मण, क्षत्रिय माता से ऋण क्षत्रिय, वैश्य माता से ऋण वैश्य और शूद्र माता से ऋण शूद्र पैदा होता है। पंडिता माता से भी ऋण पंडित ही पैदा होगा। जीवन साधना से मनुष्य ऋण से धन होता है। ऋण से धन होने की साधना अपनावे उसी को धन्य कहा जाता है। हमने धन्य का अर्थ ही नहीं समझा।

हमने हिन्दी की बहुत अवहेलना की। इसलिए हिन्दी की अर्थ सम्पदा और संस्कार सम्पदा नष्ट होती चली गई। यथार्थ का अर्थ होता है— यथा अर्हति — जैसा चाहिए। हम उसका उलटा ही अर्थ कर रहे हैं। गोस्वामी ने इसीलिए कहा था— पण्डित सोइ जो गाल बजावा। अर्थात् पण्डित वह कहलाया जो व्यर्थ की बकवास करता रहे। जिसमें पाण्डित्य का कोई लक्षण घटित न होता हो।

पण्डा जिसमें हो वह पण्डित होता है। इस का अर्थ में '। प्रश्न उठता है — पण्डा क्या है? यह मूल शब्द प्रज्ञा है जिससे प्राकृत 'पन्ना' बना। किसी प्राकृत में उसे 'पण्डा' कहा गया। उसी से पंडित कहा गया। जब विज्ञानमय कोश की बुद्धि का स्पर्श आनन्दमय कोश के आत्मा से होता है तो उसे प्रज्ञा कहा जाता है।

यों तो जो भी बोले — उसका अर्थ समझकर बोलना चाहिए। पर, जब कथन विवाद में पड़ जाय तब उसका अर्थ अवश्य ही अर्थवेत्ता को स्पष्ट करते रहना चाहिए। पण्डित शब्द संस्कृत में स्वीकार तो कर लिया गया; पर है वह 'प्रज्ञात' ही। उसका णिजन्त 'प्रज्ञापित' होता है। समाज पण्डित को पद पर बिठा कर पदाभिषेक करता है। वह तदनुरूप प्रमाणित न हो, आचरण न करे तो उसे पद से उतार 'पारावत को ठीकरो' कहा जाता है।

डॉ. बद्रीप्रसाद पंचोली
B/ दातानगर रेम्बल रोड, अजमेर (३०५००१)

इधर की तराजू उधर धरे

[त्वरित टीप

कहावत प्रचलित है — बैठा बनिया क्या करे — इधर की तराजू उधर धरे। सरकार में बैठे हुए नेता निठल्ले बनिये की तरह से आचरण करते हैं। अन्तर इतना ही है कि बनिया तराजू-बाट इधर उधर करके अपना समय काटता है, किसी को नुकसान नहीं पहुँचाता। ये सरकार चलाने वाले अपनी दृष्टि हर समय राजकोष पर लगी रहती है। उसे लूटने की साजिश रचते रहते हैं।

राष्ट्र में जनगणना करनी है। उसका एक चरण समाप्त होगया। दूसरा चरण शुरू होना है। इसी बीच घोषणा कर दी गई — इस वर्ष भारत के नागरिकों की जनगणना करना है, अगले वर्ष जातियों की जनगणना होगी। माने जनगणना पर जितना व्यय हो रहा है उतनी ही राशि जाति जनगणना पर खर्च की जायगी।

राज्यों में सभी मतदाताओं के लिए मतदान परिचयपत्र बने हुए हैं। उनसे नागरिकों की पहचान हो जाती है। परिचयपत्र बनाने पर राजकोष ने अच्छी-खासी राशि खर्च की है। अब इनके उर्वर मस्तिष्क में नया विचार आगया — राष्ट्रीय परिचय पत्र बनाये जाएँगे। आगे नागरिकों की पहचान उनके नम्बर से होगी - जैसे जेल में कैदियों की होती है।

नागरिक की पहचान उसके नाम से होनी चाहिए, उसके काम से होनी चाहिए और उनके चरित्र से होनी चाहिए। संविधान में व्यवस्था है कि जाति, मजहब, धर्म, क्षेत्रीयता और भाषा से किसी की पहचान नहीं होगी। केवल भारत के नागरिक के रूप में ही पहचान होगी। उसी में संप्रभु भारत की संप्रभुता निहित है।

संविधान को तो पढ़कर ताक में रख दिया गया। सत्तापक्ष ने तो सदैव उसमें मनचाहा परिवर्तन करने के लिए थेगलियाँ लगाईं। उनको सबको हटा दिया जाय तो भी कोई अन्तर आने वाला नहीं है। थेगलियों से केवल निहित स्वार्थ वाले नेताओं को सन्तोष मिलता है। उनकी सबकी दृष्टि स्वार्थ केन्द्रित होती है।

राशन व्यवस्था अँगरेजों ने शुरू की थी और राशन कार्ड जारी किए थे। अपना परिचय देने के लिए भारतीयों को अपना राशनकार्ड दिखाना पड़ता था। अब उनके उत्तराधिकारियों को भी कार्ड दिखाकर परिचय देना पड़ेगा। नागरिक केवल स्वयं को भारतीय नागरिक कह दे इतना पर्याप्त नहीं है क्या? ये नम्बर से पहचानेंगे देशवासियों को, नाम से नहीं।

इन तराजू-बाट पलटते रहने वाले निठल्लों के हाथ में भारत की बागडोर है। इनकी दृष्टि सुबह से शाम तक राजकोष पर लगी रहती है। ये जो भी सोचते-करते हैं उसका उद्देश्य अपनी और अपने रिश्तेदारों की तिजोरी भरना है। ऐसे लोगों के लिए ही आचार्य रामचन्द्र शुक्ल ने कहा था— लोभियो! तुम धन्य हो तुमको धिक्कार है।

इनसे इतनी ही प्रार्थना की जा सकती है — देश के नागरिकों पर कृपा करें। वे अबोध हैं आपके इन्द्रजाल को नहीं समझते। उनका परिचय है — सरलचित्त होना, सहज विश्वासी होना, भोले भण्डारी होना। उनको नम्बरी मत बनाइये। आप नम्बरी हैं — यही बहुत है। देश इससे ज्यादा नम्बरियों का भार वहन नहीं कर पायेगा।

—डॉ० बद्रीप्रसाद पंचोली
B-6 दातानगर, रेम्बलरोड, अजमेर

धर्म की स्थापना हेतु

लोकमान्य बाल गंगाधर तिलक ने सौ वर्ष पहले श्रीमद् भगवद् गीता पर
कर्मयोग भाष्य लिखा था। गीता वेदव्यास द्वारा रचित महाभारत का अंश
है। इसमें श्रीकृष्ण ने अर्जुन को युद्ध करने के लिए प्रेरित किया है। जीवन
संघर्ष है तो इसमें विजयी होने के लिए गीता का ज्ञान आवश्यक है।
सरकार ने निर्णय लिया है कि गीता को प्रत्येक शिक्षण संस्थान में अनिवार्य पढ़ाया
जाय। इसका एक फल तो होगा ही। जीवन से निराशा और अकर्मण्यता भाग जायगी।

गीता यजुर्वेद के चालीसवें अध्याय के दो मंत्रों का अर्थ विस्तार है।
इसको ईशोपनिषद् भी कहा जाता है। गीता में जीवन का दुःखहर योग
भी विवेचित है। योगयुक्त आहार-विहार, कर्म में चेष्टा है और सोना
जागना दुःखहर योग है। इससे ज्यादा योग का सरल रूप नहीं हो सकता।
गीता का ज्ञान देने वाले श्रीकृष्ण को योगीश्वर कहा गया।

तिलक के गीता-भाष्य को सौ वर्ष बीत गए। इस कृति
ने आजादी की लड़ाई में नेताओं और आम देशवासियों को प्रेरणा दी थी। आज भी रोजमर्रा की जिन्दगी में उनका भाष्य नयी कर्म-ऊर्जा और नया उत्साह पैदा करता है। देश बदलाव आ रहा है। यह बदलाव अकर्मण्यता और हताशा को दूर भगाने के रूप में होना चाहिए।

अर्जुन ने श्रीकृष्ण से उपदेश की कामना की तब स्वयं
को उनका शिष्य बता कर मार्गदर्शन हेतु प्रार्थना की थी। श्रीकृष्ण ने भी
इतनी ही आत्मीयता के साथ अर्जुन को उद्बोधित किया। यह भी कहा
कि जो मरने को हैं वे तो मरेंगे ही। हे अर्जुन तू तो निमित्त मात्र बन जा।
कार्य का श्रेय लेने का ढंग तो सभी पा लेते हैं।

यह जीवन दृष्टि हर बालक के मन में जागे इसलिए। विद्यालयों
में प्रत्येक छात्र को गीता नैतिक शिक्षा का साधन बना कर पढ़ाई
जायगी। सुषमा स्वराज गीता को राष्ट्रीय ही नहीं, विश्व ग्रन्थ मानती
हैं। गीता के ज्ञान को वे संकुचित सीमा में नहीं बाँधना चाहतीं।
विश्वभर के लोग उससे प्रेरणा लें यह उनका दृष्टिकोण।

गीता में अन्त में कहा गया है कि जहाँ योगीश्वर कृष्ण
प्रेरक के रूप में हों और धनुर्धर पार्थ कर्मसाधना के प्रस्तुत हों, वहाँ
श्री, विजय और भूति तीनों को एक साथ देखा जा सकता है। श्रीकृष्ण
ने यह भी कहा था कि उन्होंने धर्म स्थापना के लिए अर्जुन को युद्ध
हेतु प्रेरित किया था।

श्रीकृष्ण ने विश्वभर को आश्वस्त किया है कि जब धर्म
धर्म की हानि और अधर्म की बढ़त होती है तब वे स्वयं संसार
में अवतार लेकर धर्म की स्थापना करते हैं। स्वयं ही वे अपना
कर्तव्य करने के लिए तत्पर हो जाते हैं।

डॉ. बद्रीप्रसाद "पंचोली", बी-६ दातानगर, अजमेर

आदर्श शिक्षक परशुराम

परशुराम सच्चे शिक्षक हैं। वे चिरंजीवी हैं। वे भीष्म पितामह, कर्ण, समर्थ गुरु रामदास आदि के गुरु थे। शिव को त्रिपुरसंहार के लिए पिनाक उन्होंने ही दिया था। पौराणिक परम्परा के अनुसार विष्णु को सुदर्शन चक्र भी उन्होंने ही दिया था। शिव के धनुष पिनाक को राम ने तोड़ दिया तो परशुराम को चिन्ता हो गई कि धर्म की रक्षा और अधर्म का नाश कैसे होगा?

गीता में श्रीकृष्ण कहते हैं—

यदा यदा हि धर्मस्य ग्लानिर्भवति भारत।
अभ्युत्थानमधर्मस्य तदात्मानं सृजाम्यहम्॥
परित्राणाय साधूनां विनाशाय च दुष्कृताम्।
धर्मसंस्थापनार्थाय संभवामि युगे युगे॥

अर्थात् जब जब धर्म की ग्लानि होती है और अधर्म बढ़ता है तब मैं उत्पन्न होता हूँ। सज्जन पुरुषों को सुरक्षित करने और दुष्कर्मियों के विनाश के लिए — धर्म की संस्थापना के लिए मैं युग-युग में पैदा होता हूँ।

मनुष्य की यह विशेषता है कि वह धरती का भार उतार सकता है। जब धरती अपना भार उतारने के लिए प्रार्थना करने हेतु देवताओं के साथ विष्णु के पास गई तब विष्णु ने कहा था कि वे स्वयं उसका भार उतारने के लिए मनुष्य रूप धारण करेंगे। स्पष्ट है कि उनकी दृष्टि में मनुष्य ही पृथिवी का भार हल्का कर सकता है।

परशुराम ने अत्याचारी क्षत्रियों को मारकर कई बार पृथिवी का भार कम किया था। राम ने धनुष तोड़ दिया तो आशंका हो गई थी कि पृथिवी को भारमुक्त कौन करेगा। राम ने परशुराम द्वारा रमापति का धनुष स्वीकार करके परशुराम को चिन्ता मुक्त कर दिया। वनवास काल में भुजा उठा कर प्रण किया कि वे पृथिवी को निशाचर मुक्त कर देंगे—

निसिचर हीन करौं महि भुज उठाइ प्रण कीन्ह।

जर्मनी के चिन्तक दार्शनिक ने कहा था कि संसार में पुरुषोत्तम — सुपर मैन का विकास होगा जिसका एक मात्र गुण शक्ति होगी — अतिशय शक्ति। उनका यह विचार गलत प्रमाणित हो गया। जर्मनी दो विश्व युद्ध करके हार गया। सुपरमैन पैदा नहीं हुआ। महात्मा गान्धी का कहना था कि पुरुषोत्तम सत्य और अहिंसा

का पुजारी होगा। वैसा भी नहीं होगा। योगिराज अरविन्द ने कहा कि पुरुषोत्तम में अतिशय शक्ति शक्ति होगी, अतिशय ज्ञान होगा और अतिशय प्रेम भी होगा। परशुराम एक हाथ में शस्त्र धारण करते थे और दूसरे में शास्त्र। वे अपने शिष्यों के प्रति उदार भी थे। कर्ण को शक्ति-दिव्यास्त्र प्रदान किया उस को कुपित होने पर भी छीना नहीं। केवल यह शाप दिया कि वह भूल जायगा कि शक्ति का प्रयोग कहाँ करना है। उसने शक्ति का प्रहार घटोत्कच पर कर दिया।

उनके पिता जमदग्नि थे – जलती हुई अग्नि के साक्षात् रूप और माता थी रेणुका – धरती का साक्षात् रूप। दोनों में सामंजस्य पैदा करने वाले वे ये ही। वे अतिशय शक्ति, ज्ञान और प्रेम के पुंज थे। दाशरथि राम भी शक्ति, शील और सौन्दर्य के रूप माने गए हैं। दंभी रावण उनके इन मानवीय गुणों से हारा था। इन्हीं के कारण वे मर्यादा पुरुषोत्तम कहलाए। श्रीकृष्ण अपने गुणों के कारण ही लीला पुरुषोत्तम कहे गए।

परशुराम को पुरुषोत्तम के गुणों की पहचान थी। इसीलिए उनको अपना दायित्व निभा सकें इसलिए उन्होंने शस्त्रास्त्र प्रदान करके उन्होंने उनकी सहायता की।

जब भी मानव समाज को सार्थक परिवर्तन की आवश्यकता होगी – परशुराम के सिद्धान्तों की आवश्यकता भी होगी। राष्ट्रकवि दिनकर ने प्रत्यक्षतः देखा चीन के हाथों भारत की हार को। उन्होंने परशुराम की कविता के माध्यम से परशुराम का आह्वान किया था। लाल किले के प्रांगण में प्रधानमंत्री जवाहरलाल नेहरू के सामने उन्होंने ओजस्वी स्वर में कविता सुनाई तब सभी श्रोताओं की आँखों में आँसू थे। आगे वे आँसू संकल्प बने तभी भारत पाकिस्तान से दो युद्ध जीत पाया। कारगिल युद्ध में भी विजय प्राप्त की।

अक्षय तृतीया परशुराम का जन्मदिन है। उनके जन्म दिन पर अक्षय संकल्प लेकर भारतीय समाज भारत को सफलता के चरम शिखर तक पहुँचा सकता है। किसी भी महापुरुष की जयन्ती मनाने का यही सही तरीका हो सकता है।

डॉ. बद्रीप्रसाद पंचोली
बी-२, दातानगर, रेम्बल रोड, अजमेर
३०.४.०७

रामायण और महाभारत इतिहास हैं। इतिहास और पुराण से वेद का उपबृंहण किया जाता है। दोनों कृतियाँ परिवार संगठन और परिवार-विघटन की कहानियाँ हैं।

वेद मानवता का संविधान है। वह मनुष्य को मनुष्य बनाता है। मनुष्य में मनुष्य होने का विचार और विश्वास जगाता है। वेद का मंत्र है—

वेदाहमेतं पुरुषं पुराणमादित्यवर्णं तमसः परस्तात्।

सूर्य को देखकर आह्लादित मन की भावना व्यक्त हुई है इस मंत्र में। इससे दो प्रकार के विचार पैदा होते हैं; पहला-अहं सूर्यइव अजनि - मैं सूर्य की तरह पैदा होऊँ और दूसरा, क्या ऐसा सूर्य जैसे प्रखर व्यक्तित्व का धनी पुरुष संसार में है?

इस दूसरे प्रश्नात्मक विचार का उत्तर महर्षि वाल्मीकि रचित रामायण महाकाव्य है। वाल्मीकि के मन में प्रश्न जागा-प्रश्न ब्रह्म उत्पन्न हुआ। समाधान किया नारद ने— पृथ्वी पर सूर्यवंश में दशरथपुत्र राम साक्षात् सूर्य की तरह हैं—अन्धकार से अपार।

इस बीच तमसा नदी के किनारे क्रौञ्चवध की घटना हो गई और वाल्मीकि के मुख से श्लोक का अवतरण हुआ—

मा निषाद! प्रतिष्ठां त्वमगमः शाश्वतीः समाः।
यत्क्रौञ्चमिथुनादेकमवधीः काममोहितम् ॥

यह शापयुक्त वाणी हृदय की गहरी संवेदना से प्रकट हुई थी। यह प्रथम लौकिक कविता थी। ब्रह्मा ने आदेश दिया कि तुम्हारे मुँह से जो सरस्वती प्रकट हुई है उसका सहारा लेकर रामकथा का गान करो। यों रामायण की रचना का विधान हुआ।

वाल्मीकि ने ऐसे व्यक्ति के विषय में पूछा था—जिसमें १६ गुण हों। नारद ने दाशरथि राम का परिचय दिया जिनमें 33 गुण थे। उस गुणसागर के चरित का गान रामायण में किया गया।

दशरथ की रानी कौसल्या ने राम को जन्म दिया और कैकेयी ने भरत को। सुमित्रा के दो पुत्र हुए लक्ष्मण और शत्रुघ्न।

राम के विषय में राष्ट्रकवि मैथिलीशरण गुप्त ने लिखा

राम तुम्हारा चरित स्वयं ही काव्य है
कोई कवि बन जाय सहज संभाव्य है।

आधुनिक चिन्तन में जब राम मनुष्य बन गए तो उन्होंने यह भी कहा—

राम तुम मानव हो, ईश्वर नहीं हो क्या?
तन मन में रमे हुए सब कहीं नहीं हो क्या?
तो मैं निरीश्वर हूँ ईश्वर क्षमा करे
तुम न रमो तो मन तुम में रमा करे।

राम रमते—रमण करने वाले न भी हों—कणकण में व्याप्त न भी हों तो कोई अन्तर नहीं आता। कवि का मन राम में रमना चाहता है—रम्यते असौ।

वाल्मीकि की रामायण सामने है जिसमें राम की सत्ता पुराण पुरुष की है जो अन्धकार से परे है—सब दोषों से मुक्त है। तुलसी के रामचरितमानस में राम मर्यादा पुरुषोत्तम हैं और मैथिलीशरण गुप्त के साकेत में वे रम्य पुरुष हैं जिनको आराध्य मान कर कवि मन उनमें रमता है।

राम के भ्राता भरत के लिए तुलसी ने कहा—

विश्व भरण पोषण कर जोई। ता कर नाम भरत अस होई।

लक्ष्मण को लक्षण धाम माना गया। शत्रुघ्न शत्रुसंहारकारी थे। अयोध्या में दशरथ के भवन में चारों भाई बड़े हुए। विद्या प्राप्त करके योग्य बने। मिथिला नरेश की पोषिता पुत्री सीता के साथ राम का और उनके भ्राता की कन्या उर्मिला के साथ लक्ष्मण का पाणिग्रहण संस्कार हुआ। भरत और शत्रुघ्न का विवाह भी उनकी बहिनों के साथ ही हुआ। माण्डवी से भरत का श्रुतकीर्ति से शत्रुघ्न का।

राम का राजतिलक हो रहा था कि कैकेयी ने दो वरदान—दशरथ से मांग लिए—भरत का राज्याभिषेक हो और राम चौदह वर्ष तक वन में वास करें। राम के साथ सीता और लक्ष्मण भी वन को गए। सुमित्रा ने लक्ष्मण को यह कह कर विदा किया—

रामं दशरथं विद्धि मां विद्धि जनकात्मजाम्।
अयोध्यामटवीं विद्धि गच्छ पुत्र यथा सुखम्॥

राम वन को चले गए। दशरथ का देहान्त हो गया। राम ने दक्षिण भारत में निशाचरों का वध किया। रावण ने सीता का अपहरण

Teacher's Signature

कर लिया तो राम ने लंका पर आक्रमण करके रावण का वध कर दिया। उसका भाई कुम्भकरण और पुत्र मेघनाद भी मारे गये। राम ने विभीषण को लंका राज्य सौंप दिया। वे अयोध्या लौट आये। उनका कहना था —

अपि स्वर्णमयी लंका न मे लक्ष्मण रोचते।
जननी जन्मभूमिश्च स्वर्गादपि गरीयसी।।

वन में राम ने अपने शील और सौन्दर्य से सुग्रीवादि वनवासियों को अपना बना कर रावण के विरुद्ध अजेय बना कर खड़ा कर दिया। यह राम के पराक्रम की कहानी है। राम का राज्याभिषेक अयोध्या में हुआ तब अयोध्या अयोध्या बनी।

वेद के अनुसार 'अष्टचक्रा नवद्वारा देवानां पूरयोध्या' है उसमें आत्माराम विराजते हैं। ऐसे ही राम के अभिषेक से अयोध्या पुरी का नाम सार्थक हुआ।

रामकथा ने भारतीय समाज के लिए अनेक आदर्श दिए। माता-पिता और पुत्र, भाई-भाई, स्वामी और सेवक, पति और पत्नी, और श्रेष्ठ मानव व्यवहार को रामायण में देखा जा सकता है। मानवीय ~~सम्बो~~ सम्बन्धों की पवित्रता का आदर्श रूप राम कथा में देखा जा सकता है। राम लक्ष्मण के साथ हनुमान का सम्बन्ध भी आदर्श है।

पुरुषार्थ के प्रतीक राम थे और सीता तुलसी के शब्दों में-

उद्भवस्थितिसंहारकारिणीं क्लेशहारिणीम्।
सर्वश्रेयस्करीं सीतां नतोऽहं रामवल्लभाम्।।

वनगमन के समय वह राम को आश्वस्त करती है —

अग्रतस्ते गमिष्यामि मृद्नन्ती कुशकण्टकान्।

सीता के श्रेष्ठ व्यक्तित्व का चित्रण होने के कारण वाल्मीकि ने रामायण को 'सीताचरित' नाम दिया है। सीता के विषय में पोषक पिता जनक ने कहा — यदि पवित्रता की परिभाषा करनी हो तो सी और ता कह दीजिए। कौसल्या ने सीता का परिचय दिया — सीता — रघुकुलमहत्तराणां तु वधू अस्माकम् सुता एव।

डॉ. बद्रीप्रसाद पंचोली
बी-५ दयानन्दनगर, रेम्बल रोड, अजमेर
३०५००१

'विज्ञान' भारत की राष्ट्रभाषा और राजभाषा का शब्द है। जब अँगरेजी के Science शब्द का अनुवाद मान लिया गया तो इसकी अर्थवत्ता और संस्कारवत्ता गौण हो गई। गोस्वामी तुलसीदास ने कहा है—

सीताराम गुण ग्राम-पुण्यारण्य विहारिणौ।
वन्दे विशुद्धविज्ञानौ कवीश्वर कपीश्वरौ॥ [रामचरितमानस]

इसमें कवीश्वर वाल्मीकि और कपीश्वर हनुमान को विशुद्ध-विज्ञान स्वरूप कहा गया है। क्यों? इसलिए कि वे सीता और राम के गुणसमूह के पवित्र अरण्य में विहार करने वाले थे। पुरुषोत्तम के गुणों के पारखी थे। अपने अनुभव के आधार पर वे मानवीय आदर्शों के आधार पर श्रेष्ठ मनुष्य की पहचान कर सकते थे।

वेदव्यास का कहना है कि मनुष्य से बढ़कर कुछ भी नहीं है— न मानुषात् श्रेष्ठतरं हि किञ्चित्। मनुष्य बनो और अपने भीतर दिव्यजन को जन्म दो— यह वेद वचन है— मनुर्भव जनया दैव्यं जनम्। उस दिव्यजन या पूर्ण मनुष्य की पहचान करना भारतीय विज्ञान है।

महामात्य चाणक्य ने कहा है—

सुखस्य मूलं धर्मः। धर्मस्य मूलम् अर्थः। अर्थस्य मूलं राज्यम्। राज्यस्य मूलम् इन्द्रियजयः। इन्द्रियजयस्य मूलं विनयम्। विनयस्य मूलं वृद्धोपसेवा। वृद्धोपसेवायाः मूलं विज्ञानम्। विज्ञानेन पुरुषः जितात्मा भवति। [चाणक्य नीति सूत्राणि]

अर्थात् सुख का मूल धर्म है। धर्म का मूल अर्थ है। अर्थ का मूल राज्य है। राज्य का मूल इन्द्रियजय है। इन्द्रियजय का मूल विनय है। कहा गया है— विद्या ददाति विनयः। विद्या विनयेन शोभते। वैशाली का गणप्रमुख विनयधर हुआ करता था। आज अँगरेजी का प्रेसीडेण्ट शब्द राष्ट्रपति है। वस्तुतः राष्ट्र का पति— पालक कोई नहीं हो सकता। साम्राज्यवादियों का शब्द है यह।

विनय का मूल वृद्धोपसेवा है। ज्ञानवृद्ध, तपोवृद्ध, वयोवृद्ध लोगों की सेवा— वृद्धोपसेवा है। गुणों में उनका नैकट्य उपसेवा है। वृद्ध वे ही होते हैं जो सभा में बैठकर सभासद कहलाते हैं। संसद् भवन पर लिखा है— न सा सभा यत्र न सन्ति वृद्धाः, वृद्धाः न ते ये न प्रवदन्ति धर्मम्। वृद्धों का सांनिध्य विज्ञान होता है। चाणक्य के अनुसार विज्ञान से पुरुष जितात्मा होता है। स्पष्ट है कि आत्मानुशासित बनने के लिए ही विज्ञानयुक्त होना आवश्यक है।

विज्ञान को परम धर्म भी कहा जा सकता है जिसको योगपूर्वक आत्मदर्शन कहा गया है—

अयं तु परमो धर्मः यद् योगेनात्म दर्शनम्। [याज्ञवल्क्यस्मृति]

यही भारतीय संस्कारशीलता है जिसके लिए यजुर्वेद में कहा गया है— सा प्रथमा संस्कृतिः विश्ववारा। यह संस्कृति या संस्कारशीलता विश्व के सभी मनुष्यों— प्राणधारियों के लिए वरणीय है।

का अर्थ न जाने क्या समझते रहे तब कि हमारी भाषा का प्रत्येक
शब्द अपने मुंह से बोलता है।

गोस्वामी तुलसीदास ने कहा है—
बन्दउँ सन्त असज्जन चरणा। दुःखप्रद उभय जाइ नहिं बरणा॥
मिलत एक दारुण दुःख देई। बिछुरत एक प्राण हर लेई॥
और— सन्त हृदय नवनीत समाना। कहा कविन पर कहि नहिं जाना॥
निज परिताप द्रवै नवनीता। परपरिताप सुसन्त पुनीता॥
ऐसी सोच भाषा तत्त्व के जानकार की ही हो सकती है।

हम जनतंत्र, लोकतंत्र, प्रजातंत्र, गणतंत्र शब्दों का प्रयोग करते हैं।
गण्य-मान्य सब हों तो गणतंत्र नाम सार्थक होगा। सब प्र-ज [प्रकृष्टजन्मा]
बनें तो प्रजातंत्र सफल कहलायेगा। सबके हिताहित का अवलोकन करके
व्यवहार करें तो लोकतंत्र नाम सफल और सार्थक होगा। जन न बनें तब
तक जनतंत्र कैसा? इष्ट के गुणों को धारण करके नया जन्म लें तो जन कहलायेंगे।
जब तक हम सब मनुष्य संकल्पपूर्वक श्रेष्ठ—आर्य न बनेंगे तब तक ये
सारी संज्ञाएँ अर्थहीन हैं। हाँ डेमोक्रेसी [दम्: कृषि = घर की खेती]
तो है जिसमें जितना खाया गया, खा लिया—शेष बिखेर दिया।

मनुष्य श्रेष्ठ सात्त्विक आचरण और विचार से सद्गुणों
का उद्रेक होने से प्रकाशमान—राष्ट्र बनता है। राष्ट्र का अर्थ है—
द्युतिमान, द्योतमान, प्रकाशमान, राजमान। राष्ट्र को न समझने के कारण
राष्ट्रकवि दिनकर ने कहा था—एक भैंस अपने ठाण पर चारा खा रही हो
और दूसरी वहाँ आके उसकी ओर घूरने लगे वह राष्ट्र होता है। डॉ.
राधाकृष्णन ने नेशन को 'ग्रिगेरियस ग्लूटोनी'—अतिभोजन की भूख—
धारिता कहा था। अपने राष्ट्र शब्द को समझ जाते तो भारत [भा या रतः
= भारत] का अर्थ भी समझ में आ जाता। रा धातु से ष्ट्रन प्रत्ययपूर्वक
बना हुआ राष्ट्र शब्द भी है—प्रथम से भिन्न; जिसका अर्थ है—त्यागभूमि।

अपनी भाषा को भूल जाने के कारण हम राष्ट्र न बन सके—राष्ट्र-
भक्त भी न बन सके। अपने भारत को भरत का भी न बना सके जिसका
अर्थ होता है—विश्व भरण पोषण कर जोई। ता कर नाम भरत अस होई।
आज भारत का प्रत्येक व्यक्ति के ऊपर 8000/- रुपये का कर्ज है। इसलिए
हमारे रुपये की पैठ नहीं है। कई समस्याएँ पाल बैठे—न ज्ञानी रहे, न
ध्यानी, न विज्ञानी, न नीतिविद्, न धर्मविद्, न योगविद्, न प्राणवान न धीमान।

कर्जदार का कोई धर्म नहीं होता। कोई संज्ञा भी नहीं होती। बहुत
कर्ज़ भले लगा लिए। आदमी को भ्रष्टाचार का पुतला बना दिया। गर्वहीन
गौरवहीन। मनुष्यता का अर्थ ही भूल गए तो कैसे मनुष्य?

अपनी भाषा के गौरव को पहचान कर क्या हम संकल्प ले
सकते हैं—अभियान चला सकते हैं कि अपनी भाषा के गौरव को सार्थकता
दे सकें? यह कब संभव होगा कि हम विज्ञान के द्वारा जितात्मा बनने
की होड़ लगायेंगे? अपनी मुद्रा की, सरकार की और नागरिक की पैठ कब
बनायेंगे?

राजस्थानी लघु कथा

कागद को मोल

— डॉ बद्रीप्रसाद पंचोली

देशी रियासत को जमानो छो। महकमा खास में' एक घणो उलझन भरयो मामलो निर्णय कै लेख' आयो। राजा जी बैठ्या। सभी महकमाण का हाकिम मौजूद छा। फैसलो मांडबा की जिम्मेदारी नायब नाजिम साहब ई। यूँ बड़ा हाकिम क' साग' छोटो हाकिम कोई काम कर' तो ऊँ में' जिम्मेदारी निभाबा की हिम्मत जागगी — यो बच्यार रह' छो राजा जी को।

सारो मामला प' गंभीरता सूँ गौर करया पाछै' नायब साहब न' फैसलो माण्ड्यो अर राजा ई सुणायो। सब हाकिमां न' भी सुण्यो। सब न' एकमत हो 'र राजा जी सूँ अरज करी — हुजूर! फैसलो अतनो कायदा सूँ बच्यार 'र मांड्यो ग्यो छ, क दूसरी रियासतां क' लेख' भी यो नजीर बण जावगो। म्हां न' सुण ल्यो।

राजा जी बोल्या — थां ई आच्छ्यो लाग्यो तो मूँ भी नाखो कोई न ऽ। थां की साथ छूँ। अब एक-एक कर 'र सब ध्यान सूँ देख ल्यो। फेर मूँ भी देख ल्यूँगो। नायब साहब दीखा द्यो सब्यांण ई।

नायब नाजिम न' एक क' बार एक कर' सब्यां ई दिखा द्यो फैसला को कागद। हाथ में' ले ले 'र सब न' राजा जी की आज्ञा मानबा को दिखावो कर ल्यो। न कोई न' देख्यो न पढ्यो। नाटक कर्यो।

अन्त में' कागद राजा जी का हाथ में' पहोंच्यो। राजा जी अनपढ़ छा। पण वां न' नजी बार ऊँ ई पलट [illegible] न देख्यो। ई क' पाछ' बोल्या — नायब

साहब की तनखा मैं दो रुपया कटौती करबा को हुकम जारी कर देओ।

महकमा खास मैं सन्नाटो व्याप ग्यो। एक-एक कर'र सब हाकिम चली ग्या। राजा जी दूसरा काम म' लाग ग्या। सब न' या बात मान ली क' राजाजी नाराज छऽ।

दो-च्यार दन बाद राजा जी क' नेड़' रहबा हाळा हाकिम न' राजाजी सूँ अरज करी — 'अन्नदाता! ऊँ दन नायब साहब न' फैसलो घणो-चोखो मॉड्यो छो।'

तो थाँ अतना समझदार हाकिम-हुक्कामाँ न' वाँ क' लेख कोई तजबीज क्यूँ न करी इनाम की?' राजा जी पूछब' ल्या।

वाँ न' कही — 'महाराज! आप नैं, छह रुपया तनखा पाबा हाळा नायबसाहब की तनखा मैं दो रुपया कटौती कर दी तो कोई तजबीज करबा की हिम्मत कस्याँ करतो?'

राजाजी बोल्या — दण्ड अर इनाम देबो न्यारी-न्यारी बाताँ छऽ। थाँ सब एक बार फेरूँ फैसलो देख ल्यो। जाओ। फेर इनाम की तजबीज करो।

सब न' फेरूँ फैसला को कागद देख ल्यो। ~~बक्त~~ हुकम सूँ इतला पाई अर बात समझ मैं न' आई। राजा जी न' बात समझाई — नायब साहब न' फैसला क' अन्त मैं, दस्तखत करया छऽ। ऊँ की टांग कतनी लाम्बी छऽ। रियासत को कतनो कागद खराब कर' छऽ। कागद क' लेख' पेड़ काटणी पड़' छऽ। कागद को मोल पछाणो।'

डॉ. बद्रीप्रसाद पंचोली : व्यक्तित्व और कृतित्व

डॉ. सुधा वर्मा

साहित्यकार का संपूर्ण जीवन उसकी कृतियों में समाहित होता है। अत: रचनाकार के व्यक्तित्व को समझकर उसके साहित्य को भली प्रकार समझा जा सकता है। हिंदी के साहित्याकाश में देदीप्यमान नक्षत्र डॉ. बद्रीप्रसाद पंचोली अपनी लेखनी से पहचाने जाते हैं। वे ऐसे प्रकाश स्तंभ हैं, जिसके प्रकाश से अगणित जीवन प्रकाशित हुए हैं। बहुमुखी प्रतिभा के धनी पंचोली जी केवल नाटककार ही नहीं, कवि, निबंधकार, वेदज्ञ, भाषावैज्ञानिक, चिंतक एवं प्रखर वक्ता सब एक साथ हैं। ऐसे सुधी साहित्यकार के व्यक्तित्व और कृतित्व का अध्ययन आने वाली पीढ़ियों के लिए अत्यंत उपयोगी सिद्ध होगा। डॉ. पंचोली के व्यक्तित्व और कृतित्व का संक्षिप्त परिचय इस प्रकार है :

जीवन परिचय

पारिवारिक पृष्ठभूमि—व्यक्तित्व-निर्माण में परिवार के वातावरण का बहुत महत्त्व होता है। वंश-परंपरा और शिक्षा-दीक्षा व पारिवारिक वातावरण व्यक्ति के जीवन की दिशा निर्धारित करते हैं। डॉ. पंचोली का जीवन भी इसका अपवाद नहीं है। उनके दादा का परिवार राजस्थान के कोटा जिले के बोहत नामक ग्राम में निवास करता था। दादा फतहलाल जी मूलत: कृषक थे। एक समय प्राकृतिक आपदा (ओलावृष्टि) से परेशान होकर उनका परिवार बोहत छोड़कर जोगड़ा में बस गया। वहाँ छोटे दादा जी ओंकार जी मंदिर की पूजा-अर्चना का कार्य करने लगे। कालांतर में उसी परिवार में श्रावण मास की शुक्ला चतुर्थी को संवत् 1992 (13 जुलाई, 1935) में राधाकृष्ण पंचोली एवं रामनाथी देवी को पुत्र रत्न की प्राप्ति हुई। बालक का नाम बद्रीप्रसाद रखा गया। नाना जी ने बालक को अपना उत्तराधिकारी घोषित किया। आपका पालन-पोषण नानाजी के घर हुआ।

बचपन की सुखद अनुभूतियों का स्मरण करते हुए वे बताते हैं कि 'नाना के घर ग्यारसी नाम की गाय बँधी रहती थी। वह मेरे लिए ही थी। स्तनों से मुँह लगाकर मैं दूध पीता था। वह गौ मेरी माता थी।'[1] इस प्रकार नाना व माता-पिता के वात्सल्य की छाया में बालक बद्रीप्रसाद का बचपन व्यतीत हुआ।

शिक्षा एवं सर्जन संस्कार—बालक बद्रीप्रसाद का विद्यारंभ संस्कार परंपरा के अनुसार पाटी-पूजन और

सेवानिवृत्त प्राध्यापिका एवं कर्मनिष्ठ शोधकर्त्री।
620/11, स्वस्ति सदन, हरिओम कॉलोनी, चंदबरदाई नगर, अजमेर (राज.) 305003
मो. : 09413039639

लड्डुओं के वितरण से हुआ। सातवीं कक्षा प्रथम श्रेणी से उत्तीर्ण करने के बाद आगे पढ़ने के लिए उन्हें बाराँ जाना पड़ा। सन् 1952 में बाराँ के हाई स्कूल से दसवीं कक्षा उत्तीर्ण करने पर उच्च शिक्षा प्राप्ति हेतु आप कोटा आ गए। सन् 1956 में कोटा के राजकीय महाविद्यालय से बी.ए., सन् 1958 में संस्कृत तथा सन् 1960 में हिंदी विषय में एम.ए. प्रथम श्रेणी से उत्तीर्ण किया। ज्ञान के विस्तार हेतु राजपूताना विश्वविद्यालय (संप्रति राजस्थान विश्वविद्यालय) से डॉ. सुधीर कुमार गुप्त के निर्देशन में *ऋग्वेद में गो तत्त्व* विषय पर पीएच.डी. की उपाधि प्राप्त की।

आप में सर्जन संस्कार बाल्यकाल से ही विद्यमान थे। सर्जना के इस गुण को प्राथमिक कथाओं में होने वाली बाल सभाओं ने उद्बुद्ध किया। विद्यालय के अध्ययनकाल में ही आपने 'वसंत' नामक कविता लिखी। महाविद्यालय में पढ़ते समय 'उषा' कविता लिखी जो पुरस्कृत और प्रकाशित हुई।

अर्थाभाव भी आपके लेखन का प्रेरक बना। एक बार चार सौ रुपये कर्ज चुकाने के लिए आपने बहुत कम समय में 'उठो जागो' नामक निबंध-संग्रह लिखा। जिसे पाठ्यक्रम में भी स्थान मिला। आपने नाटक लेखन में विशेष दक्षता प्राप्त की। आपके द्वारा लगभग बीस नाटक लिखे गए। उनमें दस नाटक प्राप्त हैं। ये सभी नाटक किसी विशेष उद्देश्य को आधार बनाकर लिखे गए हैं। *ध्रुवश्री* और *नींव के स्वर* नाटकों को माध्यमिक शिक्षा बोर्ड, राजस्थान के पाठ्यक्रम में स्थान मिला।

आजीविका अर्जन—आजीविका अर्जन की समस्या सभी के जीवन में आती है। यह समस्या युवा बद्रीप्रसाद के सम्मुख भी आई। मुसीबतों का सामना करना पड़ा। अर्थ प्राप्ति हेतु जो भी काम मिला, उसे सहर्ष स्वीकारा। लकड़ियाँ फाड़ने का काम भी किया। शनैः शनैः आपने लेखन को ही आजीविका का साधन बना लिया। राजकीय सेवा में आने से पूर्व आप 'विमल वात्स्यायन' नाम से लेखन करते थे। बाद में निज नाम से लेखन कार्य में प्रवृत्त हुए।

सन् 1958 में आप अस्थायी रूप से विट्ठलनाथ पाठशाला महाविद्यालय में आचार्य कक्षाओं के अध्यापन हेतु चयनित हो गए। उसी समय राजकीय बहुद्देश्यीय उच्चतर विद्यालय में भी अध्यापन किया। सन् 1960 में राजकीय महाविद्यालय, श्रीगंगानगर मे नियुक्त हुए। तदनंतर आपने किशनगढ़, ब्यावर व अजमेर आदि स्थानों पर सेवानिवृत्ति पर्यन्त सेवाएँ दी।

व्यक्तित्व—व्यक्तित्व अर्थात् 'व्यक्ति' के गुण या भाव। वे विशेष गुण जिनके द्वारा किसी व्यक्ति की स्पष्ट और स्वतंत्र सत्ता सूचित होती है व्यक्तित्व कहलाता है। प्रत्येक व्यक्ति की अपनी खास विशेषताएँ होती हैं, जिनके कारण वह अन्य व्यक्तियों से पृथक् पहचाना जाता है। अंतर और बाह्य की विशषताएँ ही व्यक्तित्व का निर्माण करती हैं। इस आधार पर डॉ. पंचोली जी के व्यक्तित्व का संक्षिप्त विवेचन इस प्रकार है :

बाह्य व्यक्तित्व—स्वनाम धन्य पंचोली जी आकर्षक व्यक्तित्व के धनी हैं। स्वस्थ, सुगठित, बलिष्ठ, गौर वर्ण देह, तेजस्वी उन्नत ललाट, विशाल नेत्र, वृषभ स्कंध, विस्तृत वक्ष, लंबी भुजाएँ, सिर पर श्वेत केश, समग्रतः स्वाभिमान युक्त सुंदर आकृति। सफेद कुर्ता-पायजामा या पेंट-शर्ट की सामान्य वेशभूषा।

स्पष्ट स्वर, ओजस्वी वाणी और अनवरत कई घंटे बोलने की क्षमता के धनी हैं—डॉ. बद्रीप्रसाद पंचोली!

आंतरिक व्यक्तित्व—डॉ. पंचोली के आंतरिक व्यक्तित्व में पर्वत की सी ऊँचाई और सागर की गहराई एक साथ देखी जा सकती है। उनके व्यक्तित्व का आधार वेद, योग और मानवता हैं। भाव प्रवणता, अपराजेयता, परदुःखकातरता, सजगता, तत्परता, वक्तृत्वक्षमता, स्वाभिमान, परिश्रम एवं राष्ट्र-प्रेम इन्हीं गुणों की समष्टि है डॉ.

पंचोली का व्यक्तित्व। बहुत संक्षेप में अग्रांकित बिंदुओं के माध्यम से उनके आन्तरिक व्यक्तित्व की झलक देखी जा सकती है :

1. **सहजता**—डॉ. पंचोली गंभीर स्वभाव के अत्यंत मृदुभाषी व्यक्ति हैं। इनके द्वार पर मिलने का समय ...बजे...तक नहीं लिखा है और न ही आपका कोई स्वजन यह कह कर टालता है कि 'ये अभी सो रहे हैं, विश्राम कर रहे हैं अथवा लेखन कार्य में व्यस्त हैं।' आपसे जो मिलने आता है, वह सफल काम होकर जाता है। अपना कार्य बंद कर आप आगंतुक की जिज्ञासा का समाधान करते हैं। साहित्यिक चर्चाएँ घंटों करते रहते हैं। आप सर्वदा सहज और सरल रहने में ही सुख का अनुभव करते हैं।
2. **श्रमनिष्ठा**—आप जीवन में श्रम को सर्वोपरि मानते हैं। श्रम ही तप है। आपका जीवन श्रम का पर्याय है। आप मानते हैं—'देवगण श्रमशील के अतिरिक्त किसी के मित्र नहीं होते।'[2] संप्रति आयु के 81 वर्ष पूर्ण कर लेने पर भी अखिल भारतीय संगोष्ठियों और सम्मेलनों में सोल्लास प्रतिभागी होते हैं। अपना सामान स्वयं उठाते हैं। हाल ही में 24 सितंबर, 2016 को वेद सम्मेलन में भाग लेने हेतु आप दिल्ली हो कर आए हैं। आपके नाट्य साहित्य में सामान्य जन तो श्रमशील है ही, राजा-रानी भी श्रम-साधक हैं। आप वस्तुत: श्रम को आनंद का विधाता मानते हैं।
3. **कर्मनिष्ठता**—श्रम की परिणति किसी न किसी कर्म में होती है। आप सच्चे कर्मशील हैं 'कुर्वन्नेवेह कर्माणि' वेद की इस शिक्षा को आपने जीवन का मूल मंत्र बनाया है। कर्म को अपने जीवन का अंग बनाने वाले महापुरुष चौबीस घंटों में से सोलह घंटे काम और आठ घंटे विश्राम की बात कहते हैं। प्रात: से लेकर रात्रि पर्यन्त कर्म-साधना में निरत डॉ. साहब को कभी किसी ने व्यर्थ बैठे नहीं देखा। आपने अपने छात्रों को भी समय का सदुपयोग करने की सीख दी। कर्म के संबंध में आपके विचार हैं, 'कोई काम छोटा या बड़ा नहीं होता। प्रत्येक कार्य को श्रेष्ठ मानकर फल की आकांक्षा से रहित होकर आनन्दपूर्वक करना चाहिए।' इस विधि से किया गया प्रत्येक कार्य यज्ञ की कोटि में आ जाता है। आपकी कर्मनिष्ठा का ही परिणाम है कि आप अब तक लगभग 160 ग्रंथों का प्रणयन कर माँ भारती के भंडार को समृद्ध कर चुके हैं।
4. **जीवंतता**—जीवन के विषय में आपकी मान्यता है—'यों जीते तो सभी हैं, पर साँस लेना ही तो जीवन नहीं है। खाना और सोना जीवन के लिए आवश्यक है, पर जीवन खाने और सो जाने का नाम ही तो नहीं है। फिर जीना क्या है ? इससे भी बड़ा प्रश्न है कि हम जीते क्यों हैं ? इन प्रश्नों का उत्तर अनादि काल से खोजा जाता रहा है और आगे भी खोजा जाता रहेगा। इस विषय में इतना जानना पर्याप्त होगा कि कौन कितने समय तक जीता है—यह महत्त्वपूर्ण बात नहीं है, वरन् महत्त्वपूर्ण यह है कि कौन कैसे जीता है ?'[3]
5. **राष्ट्रीय भावना**—अध्यापन व लेखन के प्रति समर्पित डॉ. साहब के चिंतन में राष्ट्र को सर्वोपरि स्थान मिला है। वे राष्ट्रानुरागी हैं। उनके अनुसार राष्ट्र की रक्षा करना केवल राजा का कर्त्तव्य नहीं है, वरन् राष्ट्र में निवास करने वाले जन-जन का कर्तव्य है कि वह जहाँ हैं वहीं राष्ट्र की रक्षा के लिए अपनी भूमिका निश्चित कर लें। जिस राष्ट्र में जन्म लिया है उसके प्रति सम्मान की भावना प्रत्येक जन में होनी चाहिए। उसकी उन्नति हमें प्राणों का पण लगाकर भी करनी चाहिए। डॉ. पंचोली मानते हैं कि 'जब

राष्ट्र पर संकट आ जाए तो सारे राष्ट्रवासियों का एक ही धर्म होता है—'राष्ट्र-रक्षा'।[4]

'वयं राष्ट्रे जागृयाम पुरोहिता:' यजुर्वेद की इस सूक्ति के माध्यम से आदर्श नागरिक बनने के संकल्प की बात आप कहते हैं। आपके शब्दों में 'वेद ऐसा नागरिक बनने की प्रेरणा देता है, जो गुणों का विस्तार करके आदर्श नागरिक बनेगा, राष्ट्रीय हिताहित को सोचकर जागरूक बनेगा, वही सच्चा राष्ट्र-भक्त कहलाएगा। अपने लिए तो हर कोई जीता है। राष्ट्र के लिए जीने और मरने वाले का जीवन धन्य होता है।'[5]

6. **कुशल अध्यापक**—अध्यापन गौरवपूर्ण कर्म है। अच्छा अध्यापक अपने शिष्य को अपने हृदय में धारण करता है उसे भली प्रकार शिक्षित करके जीवन-पथ पर चलने के लिए तैयार कर देता है। डॉ. पंचोली ऐसे ही व्यक्तित्व के धनी कुशल अध्यापक हैं। उनका कार्य केवल कक्षा में अध्यापन करने तक ही सीमित नहीं रहा वरन् जीवन जीने की कला सिखाना भी उनके अध्यापन का अंग रहा है। विभिन्न द्रष्टांतों व प्रेरक प्रसंगों के माध्यम से उन्होंने यही सिखाया कि श्वासों का बोझ ढोना मात्र ही जीवन नहीं है, जीवन की सार्थकता सिद्धांतों की व्यावहारिक परिणति में ही है।

7. **(अ) भाषा चिंतक**—डॉ. पंचोली का भाषा-चिंतन उनकी अभूतपूर्व देन है। उन्होंने लोक-प्रचलित शब्दों को अपनी विद्वत्ता से व्याख्यायित कर उन शब्दों का सांस्कृतिक स्वरूप भी व्यक्त किया है। *शब्दानुचिंतन, शब्दानुशीलन, शब्दार्थ-चिंतन, शब्दानुसंधान, शब्दार्थ-संधान, शब्द-विवेक* और *शब्द-लोक* आदि कृतियों के माध्यम से आपका भाषा विषयक चिंतन अभिव्यक्त हुआ है।

   (आ) पत्रकार—डॉ. पंचोली स्वयं अच्छे पत्रकार हैं और अनेक पत्रकारों के जन्मदाता भी हैं। इंटर कक्षा में पढ़ते हुए आपने पत्रकारिता प्रारंभ की दी थी। कोटा में निवास के समय *स्वदेश* सासाहिक पत्र निकाला। निर्भीक अभिव्यक्तियों के कारण यह पत्र राजनीतिक षड्यंत्रों का शिकार हो गया तथा कुछ समय बाद बंद हो गया। अब यह पत्र इंदौर से निकलता है। आप अब भी उसके लिए लिखते हैं। पूर्व में अजमेर से निकलने वाले पत्र *दैनिक न्याय* के भी आप नियमित लेखक थे। अन्य पत्रों के लिए भी आप लिखते रहे हैं।

   'अर्चना प्रकाशन' आपका मुद्रणालय है। सत्साहित्य के प्रकाशन में इसकी अहम भूमिका है।

8. **गोष्ठियों के सफल संचालक**—डॉ. पंचोली को आयोजनों की एक संस्था कहा जाए तो अतिशयोक्ति नहीं होगी। अध्यापन कार्य से जुड़ने के साथ ही तब से आज तक प्रति वर्ष गोष्ठियों के संयोजन का क्रम चल रहा है। साधनों के अभाव में भी प्रारंभ किए कार्य को बीच में छोड़े बिना पूर्णता प्रदान कर सफलता अर्जित कर लेना आपकी विशिष्ट पहचान है।

9. **अपराजेय व्यक्तित्व**—डॉ. पंचोली के व्यक्तित्व की आधारशिला वेद, योग और मानवता है। इन तीनों को आधार बनाकर आपका जीवन-भवन निर्मित हुआ है। आपने कठिनाइयों से कभी हार नहीं मानी। आर्थिक संकट आया हो, चाहे मानसिक संताप, आपने आत्मबल से सब बाधाओं को पराभूत किया। जब डॉ. पंचोली पत्रकारिता के क्षेत्र मे अपने पैर जमा रहे थे तभी आप राजनीतिक षड्यंत्र के शिकार हुए। आपको जेल में डाल दिया गया और पत्र *स्वदेश* बंद हो गया। विपरीत परिस्थितियों में भी आपने हिम्मत नहीं हारी। अनेक कठिन और महत्त्वूपर्ण कार्यों को अल्प अवधि में पूर्ण कर आपने अपने जुझारू

व्यक्तित्व का परिचय दिया। चार संतानों की अकाल मृत्यु ने उन्हें झकझोर दिया जिसकी झलक उनकी काव्य कृति 'इतिहास का आत्मनिवेदन' की कुछ स्मृतिपरक कविताओं में मिलती है।

10. **योग्य शिष्य**—गुरु की आज्ञा पालन करने वाला एक योग्य शिष्य ही अच्छा अध्यापक हो सकता है। डॉ. पंचोली में संस्कार रूप में यह गुण विद्यमान था। उन्होंने बचपन से ही अध्यापक की बात को ध्यान से सुनकर उसी के अनुरूप आचरण किया है। आप ने अनेक बार अपने गुरु स्वामी सुरजन दास और डॉ. फतहसिंह को महाविद्यालय में आमंत्रित कर उनके विचारों से अपने शिष्यों को लाभान्वित करवाया है। फरवरी 2013 में डॉ. फतहसिंह के जन्म शताब्दी समारोह को 'वेद-सम्मेलन' के रूप में मनाकर अपनी गुरुभक्ति और योग्य शिष्यत्व को सिद्ध किया है।

डॉ. पंचोली के व्यक्तित्व के विषय में कुछ सम्मतियाँ द्रष्टव्य हैं :

1. **गुरु की दृष्टि में डॉ. पंचोली**—आप अपने गुरु के प्रिय शिष्य रहे हैं। गुरुवर डॉ. फतहसिंह जी ने उन्हें आशीर्वाद देते हुए कहा है, 'अभयदेव और बद्रीप्रसाद! जिस परिश्रम और विद्वत्ता का परिचय देते हुए वैदिक धर्म और दर्शन का प्रतिपादन कर रहे हैं, वह स्तुत्य है। मेरी ओर से दोनों को बधाई। परमात्मा से प्रार्थना है कि जिस भार को वे उठा रहे हैं, उसके लिए उत्तरोत्तर सक्षम होते जाएँ।'[6]
2. **शिष्यों की दृष्टि में डॉ. पंचोली**—सम्प्रति डॉ. पंचोली के अनेक शिष्य उच्च पदस्थ हैं। वे उनके प्रति अगाध श्रद्धा भाव रखते हैं। यत्र-तत्र जहाँ भी शिष्यगण आपस में मिलते हैं, गुरुजी हमारी चर्चा का विषय होते हैं। डॉ. विष्णुदत्त शर्मा के शब्दों में, 'गुरुदेव सच्चे प्रेरक हैं। वे कहा करते हैं—मैं संस्कृत का संरक्षक तथा हिंदी का अभिभावक हूँ।'[7]
   डॉ. शशिकला सोमानी बताती हैं—'मैं कुछ दिन गुरुजी के घर रही। वहाँ का सात्त्विक वातावरण, संतुलित आहार व 'भोजनान्ते तक्रं पिबेत्' मुझे आज भी याद आता है। गुरुजी का घर साहित्य का भण्डार है। उन्होंने मुझे वेद पढ़ने के लिए प्रेरित किया।'[8]
3. **मित्रों की दृष्टि में डॉ. पंचोली**—डॉ. पंचोली का व्यक्तित्व चुंबकीय आकर्षण से युक्त है। नित्य दो नए व्यक्तियों से 'नमस्ते' कर उनसे मैत्री भाव स्थापित करना आपकी जीचनचर्या का अंग है। इस प्रकार 'वसुधैव कुटुम्बकम्' की भावना से ओत-प्रोत पंचोली का मित्र-मंडल विस्तीर्ण है। आपके भ्राता तुल्य अभिन्न मित्र डॉ. अभयदेव शर्मा वेद-कार्य को आगे बढ़ाने हेतु विचार विनिमय करते रहते हैं। आपके युगानुरूप लेखन की सराहना करते हुए मित्र भगवान अटलानी कहते हैं, 'हिंदी व संस्कृत के उद्‌भट विद्वान् नाटक सहित विभिन्न विधाओं को अपने लेखन से समृद्ध करने वाले डॉ. बद्रीप्रसाद पंचोली आयु की सीमाओं में कैद न रहकर निरंतर, साहित्यिक, सामाजिक, संस्कारोन्नयन हेतु प्रतिबद्ध जीवन यापन करते हुए भारतीय श्रेष्ठ मूल्यों के ज्वलंत प्रतीक हैं।'[9]
4. **पत्नी और बच्चों की दृष्टि में डॉ. पंचोली**—पत्नी की सम्मति में डॉ. पंचोली अच्छे पति है। मुझे प्रेम, सम्मान और सहयोग देने वाले, सुख-दुःख के साथी विद्वान् पति को पाकर मैं स्वयं को धन्य मानती हूँ।[10]

आकर्षक व्यक्तित्व के स्वामी डॉ. पंचोली ने निम्नांकित संस्थाओं को अपना कार्य क्षेत्र बनाया है :

राजकीय सेवा में शिक्षण कार्य

1. विट्ठलनाथ पाठशाला, कोटा
2. राजकीय बहुद्देश्यीय विद्यालय, कोटा
3. राजकीय महाविद्यालय, श्रीगंगानगर
4. राजकीय महाविद्यालय, किशनगढ़
5. राजकीय महाविद्यालय, ब्यावर
6. राजकीय महाविद्यालय, अजमेर

शोध निर्देशक

1. राजस्थान विश्वविद्यालय, जयपुर
2. महर्षि दयानंद सरस्वती विश्वविद्यालय, अजमेर
3. कोटा विश्वविद्यालय, कोटा

संयुक्त निदेशक, भारत विद्या अध्ययन संकुल

1. महर्षि दयानंद सरस्वती विश्वविद्यालय, अजमेर

सदस्य, पाठ्यक्रम समिति

1. अटल बिहारी वाजपेयी हिंदी विश्वविद्यालय हिंदी पाठ्यक्रम समिति, भोपाल, अजमेर
2. लोक सेवा आयोग, राजस्थान
3. राजस्थान माध्यमिक शिक्षा बोर्ड

संस्थाओं से संबद्ध

1. राजस्थान हिंदी परिषद्—पूर्व मंत्री
2. राजस्थान संस्कृत परिषद्—पूर्व मंत्री
3. राजस्थान साहित्य अकादमी, उदयपुर—पूर्व उपाध्यक्ष
4. राजस्थानी भाषा एवं साहित्य अकादमी, बीकानेर—सदस्य
5. अखिल भारतीय साहित्य परिषद्—पूर्व अध्यक्ष (चित्तौड़ प्रांत)
6. अखिल भारतीय साहित्य परिषद्—पूर्व राष्ट्रीय उपाध्यक्ष
7. राजस्थान साहित्य अकादमी—सदस्य (सरस्वती-सभा)
8. राजस्थान ब्रजभाषा अकादमी—सदस्य कार्यक्रम समिति
9. राजस्थान संस्कृत अकादमी, जयपुर—पूर्व सदस्य (कार्य समिति)
10. विवेकानंद केंद्र, कन्याकुमारी—संचालक (राजस्थान)

11. राजस्थान प्रौढ़-शिक्षण समिति—निदेशक राज्य संदर्भ केंद्र
12. अजमेर प्रौढ़ शिक्षण समिति—पूर्व उपाध्यक्ष

डॉ. पंचोली का कृतित्व—डॉ. पंचोली ने अपने चिंतन को रचनाओं के माध्यम से व्यक्त किया है। आपने साहित्य की विविध विधाओं में लेखन कार्य किया है। कविता, कहानी, नाटक, एकांकी और निबंध के अतिरिक्त भाषा-चिंतन विषयक ग्रंथों का प्रणयन भी किया। आपके लेखन का मूलाधार वैदिक जीवन दर्शन है। वेद को आधार बनाकर पृथक् ग्रंथों का प्रणयन करना लेखक के अतिरिक्त सामर्थ्य को सिद्ध करता है। आपके उपलब्ध साहित्य का परिचय इस प्रकार है :

(1) वेदानुशीलक—डॉ. पंचोली वेद के अध्येता हैं। आपने वेद विषयक चिंतन निम्नांकित ग्रंथों में प्रस्तुत किया है :

1. *ऋग्वेद में गोतत्त्व* (पीएच.डी. की उपाधि हेतु लिखा गया शोध ग्रंथ सन1964)
2. *वेदानुचिंतन*—सन् 1987
3. *जीवन शतपथ*—सन् 1998
4. *श्रुति संजीवनी*—सन् 1999
5. *श्रुति संदीपनी*—सन् 1999
6. *जीवन सुरभि*—सन् 2000
7. *वेद-जीवन सृष्टि और जीवनदृष्टि*—सन् 2000
8. *उपनिषन्नवनीत*—सन् 2001
9. *जीवन-दीप्ति*—सन् 2003
10. *श्रुति विमर्शिनी*—सन् 2003
11. *नवगति-नवलय*—सन् 2003
12. *स्वराज्य की अर्चना*—सन् 2004
13. *गति साध्यों की साध्य*—सन् 2004
14. *श्रुति मंगला*—सन् 2006
15. *वेद ने क्या दिया?*—सन् 2013
16. *वेद की मानवता को देन*—सन् 2014
17. *गीता*—नवनीत

(2) भाषा-चिंतक—भाषा मनुष्य को ईश्वर का सबसे बड़ा वरदान है। डॉ. पंचोली ने भाषा विषयक अद्वितीय चिंतन निम्नांकित ग्रंथों में प्रस्तुत किया है :

1. *शब्दानुचिंतन*—सन् 1993
2. *शब्दानुशीलन*—सन् 1996
3. *शब्दार्थ चिंतन*—सन् 1996
4. *शब्दानुसंधान*—सन् 1997

5. *शब्दार्थसंधान*—सन् 1998
6. *शब्द विवेक*—सन् 2003
7. *भविष्य की भाषा, भाषा का भविष्य*—सन् 2009
8. *भाषा और उसके संस्कारों की समस्या*—सन् 2011
9. *शब्द-लोक*—सन् 2011
10. *शरीरमाद्यं खलु शब्दसाधनम्*—सन् 2013

(3) नाटककार—डॉ. पंचोली मूलत: नाटककार हैं। आपने नाटक सर्जना के नए आयाम खोजे हैं। आपके नाटकों में ऐतिहासिकता के साथ-साथ आधुनिक युग बोध का चित्रण भी हुआ है। आपने बीस से अधिक नाटकों की रचना की है। निम्नांकित नाटक ही उपलब्ध हैं :

1. *ध्रुवश्री*
2. *सूत्रधार*
3. *लहर-लहर मधुपर्क*
4. *अमृत धुले हाथ*
5. *हम नचिकेता*
6. *उत्सर्ग*
7. *सुनहरे सपनों के अंकुर*
8. *नींव के स्वर*
9. *दायरे*
10. *सुखी परिवार*
11. *सुगत-सुजाता*
12. *पाणी पैली पाल* (राजस्थानी) आदि

(4) एकांकी संग्रह

1. *उद्घाटन एक यात्रा का* (सात एकांकी)—सन् 1975
2. *बंदे एक राम के* (ग्यारह एकांकी)—सन् 1996
3. *धर्म माता* (बारह एकांकी)—सन् 2000
4. *धूलि वंदना*—सन् 2000

(5) कहानीकार—कहानी के संबंध में डॉ. पंचोली का मानना है कि कथा घटनापरक हो या प्रतीकात्मक; वह उद्देश्यपूर्ण होनी चाहिए। आपकी कहानियाँ राष्ट्र प्रेम और भारतीय संस्कृति पर आधारित हैं। निम्नांकित कहानी संग्रह प्रकाशित हो चुके हैं :

1. *सागर चुप हो गया*—सन् 1983
2. *मनु का संकल्प*—सन् 1983

3. *लघु कथार्चन* (भाग-1)—सन् 2015
4. *लघु कथार्चन* (भाग-2)—सन् 2016
5. *लघु कथार्चन* (भाग-3)—सन् 2017

(6) संस्मरण लेखक—डॉ. पंचोली ने सम्माननीयों की स्मृति में निम्नांकित संस्मरण लिखे हैं :

1. *यादों के वातायन-स्वामी सुरजनदास जी*
2. *एक शिव संकल्प-डॉ. विश्वनाथ शुक्ल*
3. *जीवन साहित्य और विचार-महोपाध्याय विनय सागर*
4. *शिक्षा के आयाम-लक्ष्मी लाल जोशी*
5. *विदेह-स्मृति-ग्रंथ-स्वामी विद्यानंद विदेह*
6. *डॉ. फतहसिंह-अभिनंदन ग्रंथ*

(7) जीवनीकार

1. *भारत के निर्माता*
2. *जीवन ज्योति*
3. *बाल-चरित-कोष-3 भाग*

(8) निबंधकार—डॉ. पंचोली ने विभिन्न विषयों को आधार बनाकर निम्नांकित ग्रन्थों का प्रणयन किया :

1. *उठो जागो*—सन् 1958
2. *महात्मा गाँधी : द्रष्टा और दर्शन*—सन् 1969
3. *अथातो राष्ट्र धर्म जिज्ञासा*—सन् 1985
4. *अनुचिंतन*—सन् 1987
5. *चिंतन-अनुचिंतन*—सन् 1987
6. *नारद नियरे राखिए* (हास्य व्यंग्य)—सन् 1990
7. *भारतीय लोकदर्शन*—सन् 1991
8. *आस्था के आयाम*—सन् 2000
9. *जागो देव! देश में मेरे*—सन् 2009

(9) काव्यकार—'जहाँ न पहुँचे रवि, वहाँ पहुँचे कवि' डॉ. पंचोली ने इस उक्ति को सिद्ध किया है। आपके निम्नांकित सात कविता संग्रह प्रकाशित हो चुके हैं :

1. *धनुर्भंग*—खंडकाव्य
2. *विधृता*—खंडकाव्य
3. *नई किरण के गीत*
4. *चितवन की सीमाएँ*

5. *इतिहास का आत्मनिवेदन*
6. *देहकारा—2017*
7. *रूप रूप प्रतिरूप*

(10) **अनुवादकार**—डॉ. पंचोली ने निम्नांकित अंग्रेजी रचनाओं को हिंदी में अनूदित किया :

1. *गजेटियर*
2. *हिस्ट्री ऑफ विजिब्लिटी*

(11) **संपादन कार्य**—डॉ. पंचोली कुशल संपादक हैं। आपने अनेक ग्रंथों, अभिनंदन ग्रंथों, कोषों, विश्वकोषों, पत्र-पत्रिकाओं का कुशल संपादन किया है :

कोष संपादन :

1. *शैक्षिक शब्दावली का पारिभाषिक कोष*
2. *विश्व का प्रथम मानव-मूल्यपरक शब्दावली का विश्व कोष* (पाँच भाग)—संयोजक सहायक
3. *डॉ. फतहसिंह अभिनंदन-ग्रंथ-संयोजक*
4. *मरुधर केसरी अभिनंदन ग्रंथ* (एक खंड)
5. *वेद सविता-सुपर्ण अंक*

ग्रंथ-संपादन :

1. *विदेह-स्मृति ग्रंथ*
2. *जन कवि माघ*
3. *प्रेमयोगिनी मीराँ*
4. *काव्यार्चन-भाग 1 एवं 2 भाग* (अजमेर क्षेत्र के 150+150 से अधिक रचनाकारों का काव्य-संग्रह।)

स्मारिका-संपादन :

1. *सिरजन तीर्थ रमण तीर्थ*
2. *चेतना के शिखर*
3. *राष्ट्रीय सर्वभाषा साहित्यकार कुंभ*
4. *श्रुति प्रवाह*
5. *श्रुति संदोह*
6. *कालिदास समारोह-स्मारिका*
7. *महाकवि माघ समारोह-जनकवि माघ*

पत्रिका संपादन :

1. *स्वदेश* (साप्ताहिक) कोटा
2. *वेद सविता* (मासिक) सन् 1970 से लगभग 33 वर्षों तक, वेद संस्थान, अजमेर
3. *केंद्रभारती* पत्रिका के संपादक

ग्रंथ संपादन :

1. *ब्रज विलास*
2. *शिक्षा के आयाम*
3. *मूल रामायण–वाल्मीकि*
4. अनेक पत्रिकाओं के विशेषांक अतिथि संपादक

पत्र-संपादन :

1. *दैनिक न्याय, दैनिक भास्कर, गुजरात वैभव* (अहमदाबाद), *विराट् वैभव* (दिल्ली) समाचार पत्रों में संपादकीय कॉलम के लेखक

लेखन-संपादन :

1. *हमारे पुरोधा : डॉ. फतहसिंह* (अकादमी पुस्तकमाला-23) सन् 2008
2. *संत शिरोमणि दयानंद सरस्वती* (जीवन और वाणी) सन् 2012

इनके अतिरिक्त आप अनेक गोष्ठियों व वेद-गोष्ठियां के आयोजक तथा स्मारिकाओं के संपादक रहे हैं।

पुरस्कार सम्मान :

अनुपम व्यक्तित्व और कृतित्व वाले सुधी साहित्यकार डॉ. बद्रीप्रसाद पंचोली को अनेक सम्मेलनों व संस्थाओं ने सम्मानित कर स्वयं का मान बढ़ाया है। उन्हें अलंकृत करने वाली संस्थाओं, सम्मेलनों एवं गोष्ठियों का संक्षिप्त परिचय इस प्रकार है :

1. 'भारतेंदु समिति' कोटा द्वारा सम्मान—'**साहित्य मनीषी**' उपाधि, सार्वजनिक सम्मान।
2. भाषा, साहित्य एवं संस्कृति अकादमी, बीकानेर से सम्मान।
3. राजस्थान साहित्य अकादमी से '**देवराज उपाध्याय**' पुरस्कार।
4. राजस्थान साहित्य अकादमी-**विशिष्ट साहित्यकार सम्मान**।
5. हिंदी साहित्य संसद चूरू से स्व. मघी बाई चौपड़ा **साहित्य सेवा-स्वर्ण पदक**।
6. अखिल भारतीय ज्योतिष सम्मेलन, पुष्कर।
7. वेदभाष्यकार सम्मेलन, नाथद्वारा।
8. क्षेत्रीय साहित्यकार सम्मेलन, बाराँ।
9. क्षेत्रीय साहित्यकार, झालावाड़

10. कालिदास समारोह, अजमेर।
11. साहित्यकार सम्मेलन, जोधपुर।
12. राष्ट्रीय वेद-संगोष्ठी, वेद संस्थान, नई दिल्ली।
13. कालिदास समारोह, उज्जयिनी। तीन वर्ष तक
14. अंतरराष्ट्रीय संगोष्ठी, पुरी (*अथर्ववेद में विज्ञान दृष्टि*)
15. राष्ट्रीय संस्कृत-संगोष्ठी, महापुरा, जयपुर।
16. क्षेत्रीय संस्कृत-संगोष्ठी, बाँसवाड़ा।
17. राष्ट्रीय संस्कृत-संगोष्ठी, जयपुर।
18. मैथिलीशरण शताब्दी समारोह, झालावाड़।
19. विश्व वेद सम्मेलन, उज्जैन।
20. **'वेद विद्या पुरषोत्तम'** उपाधि-लोकभाषा प्रचार समिति।
21. राष्ट्रीय हिंदी परिषद्-नागपुर-**कान्हल लोढा सम्मान**।
22. राष्ट्रपति द्वारा-**पं दीनदयाल उपाध्याय हिंदी सेवी सम्मान**।

इस प्रकार डॉ. पंचोली का व्यक्तित्व और कृतित्व अद्वितीय है। समग्रत: उनके व्यक्तित्व में एक ओर उदधि जैसी गहराई, धीरता और गंभीरता है तो दूसरी ओर हिमालय सदृश ऊँचाई और दृढ़ता है। ऐसे महान् व्यक्तित्व का चित्रण करने की मेरे शब्दों में सामर्थ्य नहीं है। मैं तो गुरुतर व्यक्तित्व का किंचित् स्पर्श कर सकी हूँ। परिवार, समाज व राष्ट्र के प्रति समर्पित पंचोली जी आत्मदक्षिण होने को ही जीवन की सार्थकता मानते हैं। पूज्य गुरुवर को मेरा शत-शत नमन। आपके लिए शुभाशंसाएँ अर्पित हैं :

आप शतायु होकर गुरुवर, जन-मन का कल्याण करें।
ऋण से धनी हुए हैं आप, अब नि:श्रेयस् का वरण करें॥

संदर्भ

1. डॉ. बद्रीप्रसाद पंचोली से हुए संवाद का अंश
2. न ऋते श्रान्तस्य सख्याय देवा:। ऋग्वेद ४.३३.१
3. *लहर लहर मधुपर्क,* अंक 5, पृष्ठ-105
4. *श्रुति मंगला,* पृष्ठ-30
5. *श्रुति मंगला,* पृष्ठ-08
6. डॉ. बद्रीप्रसाद पंचोली—हमारे पुरोधा-23, डॉ. *फतहसिंह,* पृष्ठ 18
7. दिनांक 8-01-2013 को बस-यात्रा के दौरान चर्चा का अंश।
8. डॉ. शशिकला सोमानी से हुई चर्चा का अंश।
9. शारदा मालाकार—*डॉ. बद्रीप्रसाद पंचोली के नाटकों का साहित्यक मूल्यांकन,* पृष्ठ 14
10. माताजी (श्रीमती कमला देवी पंचोली) से सुधा वर्मा की बातचीत का अंश।

❖❖❖

चित्र वीथिका

जीवन यात्रा की झलकियाँ तस्वीरों में

एक पारिवारिक आयोजन में पौत्री अमी के साथ पंचोली दंपती

सम्पादक मण्डल (1962-63) 'नवभारती रश्मि पत्रिका, राजकीय महाविद्यालय श्री गंगानगर'
बैठे हुए प्राध्यापकगण श्री बद्रीप्रसाद पंचोली एवं श्री गजरात जैन (मुख्य सम्पादक), प्राचार्य श्री मक्खनलाल सहल, श्री श्रीपाल जैन
पीछे खड़े हुए विद्यार्थी सम्पादकगण श्री कल्याण सिंह (हिन्दी), श्री ओमप्रकाश (अंग्रेजी) और विद्यासागर संस्कृत)

किशोरावस्था

भविष्य में झाँकते हुए

एक साक्षात्कार हेतु उद्यत

कन्या विवाह - एक दृश्य

प्राचार्य अटल बिहारी माथुर और सत्येंद्र चतुर्वेदी के साथ,
राजकीय महाविद्यालय, अजमेर

राजस्थानी भाषा साहित्य संगोष्ठी में अभिनंदन

श्री रघुराज सिंह हाड़ा और डॉ. नन्दकिशोर पाण्डेय के साथ,
राजकीय महाविद्यालय, झालावाड़, 1997

राजस्थानी महिला साहित्यकार सम्मेलन का आयोजन

प्रो. रतनलाल को सम्मानित करते हुए

प्रो. घनश्याम शलभ के साथ

श्रोता की भूमिका में

ऋषि उद्यान, अजमेर में ब्रह्मचारियों को संबोधित करते हुए

राजस्थानी समारोह में वक्तव्य, 1997

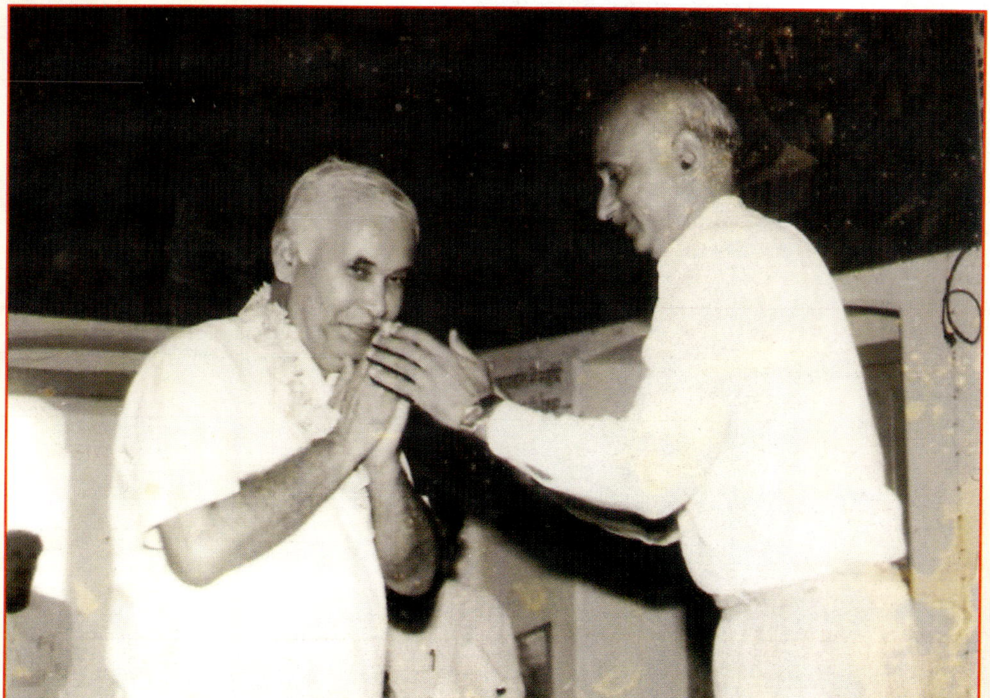

श्री श्यामसुंदर बिस्सा के साथ

राजस्थानी भाषा शिक्षक संगोष्ठी में

अध्यक्षता करते हुए

मीरा महोत्सव, मेड़ता में वक्तव्य

दौहित्र के साथ पंचोली दंपती

एक पारिवारिक दृश्य

नई दिल्ली में राजस्थानी गोष्ठी

राजस्थान साहित्य अकादमी की पूर्व अध्यक्ष डॉ. अजीत गुप्ता, मंगल सक्सेना और उमेश चौरासिया के साथ

रचनाकार शिविर में वंदे मातरम्

राष्ट्रीय परिचर्चा - संवाद

राष्ट्रीय नाट्यकला कार्यशाला, अजमेर

एक आयोजन में

संयोजक द्वारा परिचय - स्वागत

पारिवारिक आह्लाद

रचनाकार शिविर में परिचर्चा

उद्‌बोधन

पुत्र डॉ. इंदुशेखर पंचोली के साथ

श्री रामचन्द्र के साथ

अग्रज श्री रघुराज सिंह हाडा के साथ

डॉ. श्रीगोपाल बाहेती (पूर्व विधायक, अजमेर) के साथ

76वाँ जन्मदिन आयोजन 2010

76वें जन्मदिन पर परिवारजन के साथ

परिवार के साथ

परिवार के साथ

कानाबाती

परिवार संगम

परिवार संगम

परिवार संगम

परिवार संगम

श्री वासुदेव देवनानी एवं श्री देवकिशन राजपुरोहित के साथ

विवाह की 61वीं वर्षगाँठ - ऋषि उद्यान में यज्ञ

इष्ट मित्रों के साथ, ऋषि उद्यान, अजमेर

बाल सुलभता

श्री पूर्णाशंकर दशोरा एवं श्री जुगलकिशोर पंत के साथ

शिशुओं के साथ क्रीडारत

धर्मनिष्ठ दंपती

ब्रिगेडियर दास जी के साथ

राष्ट्रीय सर्वभाषा साहित्यकार कुंभ का संयोजन, जनवरी, 2011

एक सामाजिक कार्यक्रम में सम्मान, नाथद्वारा

राष्ट्रीय सर्वभाषा साहित्यकार कुम्भ में स्मारिका विमोचन, जनवरी, 2011

गोवा की राज्यपाल डॉ. मृदुला सिन्हा अपना नवप्रकाशित उपन्यास 'परितप्त लंकेश्वरी' भेंट करती हुई, साथ में किरण माहेश्वरी (उच्च शिक्षा मंत्री, राजस्थान) दुष्यंत पारीक एवं अखिलेश, म.द.स.वि.वि., अजमेर, नवम्बर, 2014

डॉ. रवीन्द्र शुक्ल और प्रो. नन्द किशोर पाण्डेय के साथ
विश्व हिन्दी सम्मेलन, भोपाल

डॉ. मृदुला सिन्हा (राज्यपाल, गोवा) द्वारा 'कथार्चन' और 'महिला महीयसी' स्मारिका का विमोचन साथ में हैं सुमन शर्मा (अध्यक्ष-राजस्थान महिला आयोग)
राष्ट्रीय महिला साहित्यकार सम्मेलन, अक्टूबर, 2015

विश्व हिन्दी सम्मेलन, भोपाल
साथ में हैं आत्मीय सर्वेश मिश्र और शिष्य अखिलेश

स्मारिका विमोचन, राष्ट्रीय वेद सम्मेलन, अजमेर, 2016

एक अनौपचारिक भेंटवार्ता, विवेकानंद केन्द्र, कन्याकुमारी

लघुकथार्चन, भाग-3 का लोकार्पण, सान्निध्य - सुमित्रा महाजन (लोक सभा अध्यक्ष) एवं डॉ. मृदुला सिन्हा (राज्यपाल, गोवा)

'पाँचवा स्तंभ' पत्रिका परिवार द्वारा अभिनंदन

सदस्य, हिन्दी सलाहकार समिति, रेल मंत्रालय, नई दिल्ली, पुरस्कार वितरण

सामाजिक समारोह, नाथद्वारा

मा. एकनाथ रानड़े जन्मशती समापन समारोह, कन्याकुमारी

राष्ट्रीय संगोष्ठी में अभिनंदन

गुरु ग्राम भदेङ कंजा (पीलीभीत, उ.प्र.) में डॉ. फतहसिंह
के चित्र के समक्ष दीप प्रज्वलन, 2015

मा. श्रीधर गोविंद पराड़कर (संगठन मंत्री, अ.भा.सा. परिषद्) का सान्निध्य, श्रीगंगानगर 2014

उद्बोधन - जिला साहित्यकार सम्मेलन, धार (म.प्र.)

राष्ट्रीय संगोष्ठी में श्रीराम परिहार के साथ,
राजस्थान केन्द्रीय विश्वविद्यालय, अजमेर, 2016

प्रो. चमनलाल रैना और श्री जे.पी. सिंहल के साथ

अनंत श्री जगद्‌गुरु रामानंदाचार्य रामनरेशाचार्य (काशी) का सान्निध्य

प्रो. त्रिभुवन नाथ शुक्ल और प्रो. नंदलाल कल्ला के साथ,
राष्ट्रीय विद्‌वत् संगोष्ठी - सितम्बर, 2015

माननीय निवेदिता भिड़े (उपाध्यक्ष – विवेकानंद केन्द्र, कन्याकुमारी) के साथ

मुख्य वक्तव्य, राष्ट्रीय संगोष्ठी, जोधपुर

डॉ. फतहसिंह द्वारा रचित 'कामायनी सौंदर्य' के अभिनव संस्करण का लोकार्पण

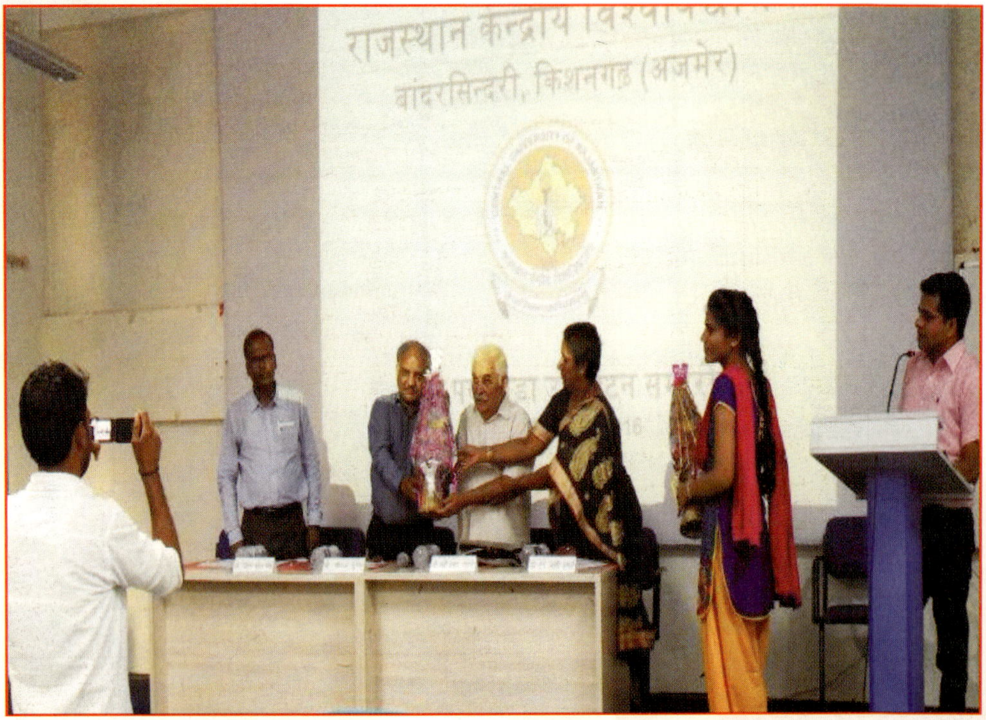

हिन्दी पखवाड़ा उद्‌घाटन समारोह में डॉ. लक्ष्मी अय्यर द्वारा स्वागत

डॉ. कल्याणसिंह शेखावत के अभिनंदन ग्रंथ के लोकार्पण समारोह में, जयपुर

नैमिषारण्य में, दिसम्बर, 2016

विभिन्न भाव मुद्राओं में